TEORIA DA INTEGRAÇÃO
E POLÍTICAS COMUNITÁRIAS

MANUEL CARLOS LOPES PORTO

TEORIA DA INTEGRAÇÃO
E POLÍTICAS COMUNITÁRIAS

3.ª edição – ampliada e actualizada

ALMEDINA

TÍTULO:	TEORIA DA INTEGRAÇÃO E POLÍTICAS COMUNITÁRIAS
AUTOR:	MANUEL CARLOS LOPES PORTO
EDITOR:	LIVRARIA ALMEDINA – COIMBRA www.almedina.net
LIVRARIAS:	LIVRARIA ALMEDINA ARCO DE ALMEDINA, 15 TELEF. 239 851900 FAX 239 851901 3004-509 COIMBRA – PORTUGAL LIVRARIA ALMEDINA – PORTO R. DE CEUTA, 79 TELEF. 22 2059773 FAX 22 2039497 4050-191 PORTO – PORTUGAL EDIÇÕES GLOBO, LDA. R. S. FILIPE NERY, 37-A (AO RATO) TELEF. 21 3857619 FAX 21 3844661 1250-225 LISBOA – PORTUGAL LIVRARIA ALMEDINA ATRIUM SALDANHA LOJA 31 PRAÇA DUQUE DE SALDANHA, 1 TELEF. 21 3712690 atrium@almedina.net
EXECUÇÃO GRÁFICA:	G.C. – GRÁFICA DE COIMBRA, LDA. PALHEIRA – ASSAFARGE 3001-453 COIMBRA E-mail: producao@graficadecoimbra.pt FEVEREIRO, 2001
DEPÓSITO LEGAL:	160475/01

Toda a reprodução desta obra, por fotocópia ou outro qualquer processo, sem prévia autorização escrita do Editor, é ilícita e passível de procedimento judicial contra o infractor.

ÍNDICE

INTRODUÇÃO	13
PARTE I – O COMÉRCIO INTERNACIONAL	19
1. Relevo actual.	21
2. A alternância entre o livre-cambismo e o proteccionismo na história recente dos factos e da ciência económica	26
2.1. Na história dos factos	27
2.2. Na história da ciência	36
3. Teorias explicativas do comércio	44
3.1. Determinantes do lado da oferta	44
3.1.1. Teoria clássica (Smith e Ricardo)	44
3.1.2. Teoria neo-clássica (Heckscher-Ohlin-Samuelson): da 'proporção dos factores'	49
3.1.2.1. A formulação da teoria	49
3.1.2.2. O 'paradoxo de Leontief'	56
3.1.3. Outras teorias	60
3.1.3.1. Explicações tecnológicas	60
a) A teoria do intervalo(*gap*) tecnológico(Posner)	61
b) A teoria do ciclo do produto (Vernon)	63
3.1.3.2. Economias de escala	65
3.2. Determinantes do lado da procura	67
3.2.1. Explicação pela 'sobreposição de procuras' (Linder)	68
3.2.2. Explicação pela 'diferenciação de atributos' (Lancaster)	70
3.3. O comércio intra-sectorial	72
3.3.1. Noção, significado e medição	72
3.3.2. Expressão actual	75
3.3.2.1. Nos países da OCDE	75
3.3.2.2. Em Portugal	80
3.3.3. A especialização e o ajustamento das economias	84
Anexo I.A – A problemática da afectação óptima dos recursos	85
Anexo I.B – As matrizes das relações inter-sectoriais	101
PARTE II – AS RESTRIÇÕES AO COMÉRCIO	107
1. Formas	109
1.1. Impostos alfandegários	109

1.1.1. Impostos proteccionistas e fiscais(livre-cambistas) 110
1.1.2. Impostos de importação, de exportação e de trânsito 114
1.1.3. Impostos específicos e *ad valorem.* 115
1.1.4. Outras distinções 119
1.2. Restrições quantitativas 119
1.3. Restrições aos pagamentos 121
1.4. Outros obstáculos 122
2. Medição 122
   2.1. A 'protecção' nominal 123
   2.2. A protecção efectiva 124
       2.2.1. Noção 124
       2.2.2. Fórmula de medição e exemplos 127
       2.2.3. A medição da protecção efectiva em Portugal 130
       2.2.4. Juízo acerca da medição da protecção efectiva 136
3. Efeitos 139
   3.1. Sobre o consumo 139
   3.2. Sobre a produção 140
   3.3. Sobre a balança dos pagamentos 141
   3.4. De receita fiscal 142
   3.5. De transferência de rendimento (para os produtores) 142
   3.6. De bem-estar 143
   3.7. Sobre os termos do comércio 145
4. Apreciação 147
   4.1. O juízo negativo da teoria das divergências domésticas 147
       4.1.1. Ideia geral 147
       4.1.2. Os custos de bem-estar e os meios alternativos de intervenção. 150
           4.1.2.1. A promoção da produção 151
           4.1.2.2. A orientação(incentivo à redução) do consumo 155
           4.1.2.3. A cobrança de receitas 156
           4.1.2.4. A alteração dos termos do comércio 160
   4.2. A persistência (ou mesmo o aumento) das restrições ao comércio 162
       4.2.1. As estratégias em mercados imperfeitos 163
       4.2.2. A influência dos grupos de pressão 165
       4.2.3. A consideração dos custos administrativos 173
   4.3. A permanência do relevo do argumento das indústrias nascentes 177
       4.3.1. Lógica do argumento 178
       4.3.2. Condições de validade 182
           4.3.2.1. O 'teste de Mill' 182
           4.3.2.2. O 'teste de Bastable' 184
           4.3.2.3. O 'teste de Kemp' 184
               a) A criação de economias externas 185
               b) O afastamento de imperfeições no mercado 189
       4.3.3. As vias a seguir e as dificuldades a ter em conta 191
   4.4. O argumento das indústrias senescentes 193

Anexo II.A – Noção e significado da protecção efectiva: representação diagramática 195
Anexo II.B – Os efeitos da intervenção alfandegária num modelo de equilíbrio geral 203

PARTE III – A TEORIA DA INTEGRAÇÃO   207

1. A integração económica.. 209
   1.1. Breve evolução histórica... 209
   1.2. Formas. O caso da União Europeia 212
   1.3. As medidas negativas e as medidas positivas de integração............... 215
   1.4. Justificação para a prioridade dada na leccionação à teoria das uniões aduaneiras 216
2. A teoria estática das uniões aduaneiras 217
   2.1. Formulação básica 217
   2.2. Extensões da teoria 223
      2.2.1. À formação de um mercado único 223
      2.2.2. À formação de um mercado comum 226
3. Outras razões económicas apontadas para a formação de espaços de integração... 228
   3.1. O aproveitamento de vantagens de especialização............................. 228
   3.2. O aproveitamento de economias de escala... 228
   3.3. Efeitos dinâmicos.. 231
   3.4. Efeitos de criação de rendimento 233
4. As limitações das justificações apresentadas... 234
   4.1. As uniões aduaneiras como soluções de segundo óptimo.................. 234
   4.2. A possível vantagem das áreas (zonas) de comércio livre................. 237
   4.3. Extensão da crítica às demais justificações.. 238
5. A promoção dos termos do comércio ou do domínio de empresas em mercados imperfeitos 239
   5.1. A promoção dos termos do comércio... 239
   5.2. A política comercial estratégica 242
   5.3. O 'dilema do prisioneiro' 243
6. A medição dos efeitos de integração 244
   6.1. As dificuldades de medição.. 244
   6.2. A escassez dos resultados apurados 245
   6.3. As medições feitas na União Europeia e em Portugal 245
7. Os espaços de integração visando o fornecimento de bens públicos 246
8. Razões não económicas para a criação de espaços de integração............... 247
9. Os espaços de integração como passos no sentido do comércio livre mundial   248
   9.1. Lógica desta evolução... 248
   9.2. A implantação de novos sectores com perspectivas a nível mundial ... 249
      9.2.1. Critérios a satisfazer 249

9.2.2. Os meios mais adequados para intervir. As políticas internas em vez da política comercial 250
9.2.3. A possível justificação para a intervenção em espaços de integração 251
9.2.4. Implicações para as políticas estruturais (v.g. para a política regional) 253
9.3. Outras razões para a intervenção 254
10. Conclusões. As dúvidas levantadas pelo 'novo (segundo) regionalismo'... 256
Anexo III.A – A teoria estática das uniões aduaneiras considerando apenas efeitos sobre a produção 257
Anexo III.B – A teoria estática das uniões aduaneiras considerando a oferta não infinitamente elástica do(s) país(es) parceiro(s) 261

PARTE IV – POLÍTICAS COMUNITÁRIAS 267

1. Introdução 269
2. Políticas mais directamente ligadas à promoção da concorrência e da circulação 272
   2.1. A política de concorrência 272
      2.1.1. Os 'acordos' restritivos da concorrência e os abusos de posições dominantes 274
         2.1.1.1. Os acordos, associações e práticas concertadas entre empresas 275
         2.1.1.2. Os abusos de posições dominantes 277
         2.1.1.3. As concentrações de empresas (*mergers*) 277
         2.1.1.4. A aplicação das regras da concorrência às empresas públicas 280
      2.1.2. Os auxílios estaduais 282
      2.1.3. As compras públicas 286
      2.1.4. Os monopólios nacionais 288
   2.2. A política de transportes 290
      2.2.1. Introdução 290
      2.2.2. A liberalização e a harmonização de normas técnicas 292
         2.2.2.1. A liberalização dos transportes 292
         2.2.2.2. A harmonização de normas 294
         2.2.2.3. As medidas tomadas em relação aos diferentes modos de transporte 295
      2.2.3. A construção e a melhoria de infraestruturas 296
      2.2.4. Uma mais racional utilização dos vários modos de transporte 299
   2.3. A política monetária 303
      2.3.1. Introdução 303
      2.3.2. As três fases decorridas anteriormente 303
         2.3.2.1. A primeira fase, de 1958 a 1969 303

Índice

2.3.2.2. A segunda fase, de 1969 a 1979 304
2.3.2.3. A terceira fase, de 1979 a 1989 306
2.4. A liberdade de circulação dos factores 307
   2.4.1. Introdução 307
   2.4.2. A livre circulação da mão-de-obra 309
   2.4.3. A livre circulação do capital 311
   2.4.4. As liberdades de estabelecimento e de prestação de serviços.... 314
3. Políticas sectoriais 315
   3.1. A política agrícola comum (PAC) 315
      3.1.1. Introdução 315
      3.1.2. Os objectivos fixados no Tratado 316
      3.1.3. A especial delicadeza do problema 316
      3.1.4. Os princípios da PAC: unicidade do mercado, preferência comunitária e solidariedade financeira 317
      3.1.5. A solução de primeiro óptimo seguida no Reino Unido antes da integração 318
      3.1.6. A via seguida pela política agrícola comum (PAC). Apreciação 320
      3.1.7. As reformas de 1992 e da Agenda 2000 333
   3.2. A política de pescas 339
   3.3. A política industrial 342
      3.3.1. Introdução 342
      3.3.2. Uma filosofia correcta de actuação 344
      3.3.3. Os grandes projectos europeus 346
      3.3.4. A problemática das indústrias em crise. 348
   3.4. A política de investigação e desenvolvimento tecnológico (I&D) 350
      3.4.1. Introdução 350
      3.4.2. A filosofia e as vias de actuação 351
   3.5. A política energética 355
      3.5.1. Introdução 355
      3.5.2. A filosofia seguida 357
      3.5.3. A tributação da energia 359
      3.5.4. A diversificação e a racionalização dos gastos energéticos 366
   3.6. A política do ambiente 368
      3.6.1. Introdução 368
      3.6.2. A filosofia e as vias de actuação 369
         3.6.2.1. Uma preocupação alargada e integrada pelo ambiente. 369
         3.6.2.2. Objectivos, princípios e formas de actuação 370
4. A coesão económica e social e a política regional 375
   4.1. Introdução 375
   4.2. A razão de ser da política regional 380
   4.3. A atenção crescente dada à problemática dos desequilíbrios espaciais 385
      4.3.1. Passos mais importantes 385
      4.3.2. Os critérios e os meios de apoio 386
   4.4. Os resultados da política seguida 391

4.4.1. No conjunto da União Europeia 391
4.4.2. Em Portugal 395
4.4.3. A política regional e o sentido contrário de outras políticas comunitárias. A regressividade dos recursos próprios. 405
4.5. O futuro da política regional.. 412
5. O Acto Único Europeu e o 'mercado único de 1993' 416
5.1. O procedimento seguido 416
5.2. As barreiras afastadas 419
5.2.1. As barreiras físicas.. 419
5.2.2. As barreiras técnicas... 419
5.2.3. Referência às barreiras fiscais 420
5.3. Os resultados alcançados 421
6. Os passos no sentido da união monetária 423
6.1. Introdução 423
6.2. A adopção da moeda única.. 424
6.2.1. Os antecedentes em relação à união monetária........................ 424
6.2.2. Os passos dados na sequência do Tratado de Maastricht.......... 425
6.2.3. Os benefícios e os custos da moeda única 431
6.2.3.1. Benefícios e custos gerais 433
6.2.3.2. Benefícios e custos para Portugal 443
6.2.3.3. Os riscos e as exigências de competitividade............. 450
6.3. O Pacto de Estabilidade e Crescimento... 454
6.4. A necessidade de reforçar as políticas estruturais................................. 455
7. Os alargamentos que se avizinham 461
7.1. Os números dos alargamentos... 463
7.2. As razões determinantes 465
7.3. As maiores dificuldades nas duas políticas principais.......................... 469
7.3.1. As dificuldades com a PAC... 470
7.3.2. As dificuldades com a política regional 473
7.4. A insuficiência dos recursos orçamentais 475
8. A União Europeia face ao exterior. A tendência actual para a formação de blocos regionais 480
8.1. Introdução 480
8.2. Blocos 'formais' e blocos 'informais'.. 482
8.3. A situação nos anos 60 (o 'primeiro regionalismo')............................. 483
8.4. A tendência actual (o 'segundo regionalismo')..................................... 484
8.4.1. Os círculos 'concentricos' na Europa....................................... 485
8.4.2. A NAFTA 487
8.4.3. O MERCOSUL (e a América Latina) 488
8.4.4. O espaço asiático 491
8.4.5. Outros espaços (em África) 492
8.5. O significado dos movimentos em curso 494
8.5.1. A abertura muito diferente dos vários blocos........................... 494
8.5.2. O aumento dos comércios intra e extra-regional...................... 495
8.6. As estratégias dos blocos 497

8.7. A perspectiva de que se caminhe para o comércio livre mundial.............. 499
8.8. O papel da Organização Mundial do Comércio (OMC)........................... 505
ANEXO IV.A — As redes transeuropeias de transportes................................. 509
ANEXO IV.B — As perspectivas financeiras da União: 2000-2006 513
ANEXO IV.C — As polarizações regionais 517
BIBLIOGRAFIA CITADA 527
ÍNDICE DE ASSUNTOS 619

INTRODUÇÃO

Estes apontamentos – cobrindo, desde a segunda edição, a totalidade da matéria – seguem o ensino que o autor tem vindo a ministrar no Curso de Estudos Europeus da Faculdade de Direito da Universidade de Coimbra; tendo em conta, naturalmente, os propósitos do Curso e a qualificação dos alunos que o frequentam.

Trata-se de um Curso que, conforme se sublinha no regulamento respectivo, visa facultar uma preparação especializada, pos--licenciatura, em questões jurídicas e económicas atinentes à integração europeia. Neste quadro a disciplina de Teoria da Integração e Políticas Comunitárias tem o objectivo de proporcionar um conhecimento básico da teoria económica da integração, nas suas explicações e nos seus efeitos, bem como de algumas das principais políticas da União Europeia (UE), ilustrando assim os ensinamentos teóricos e fornecendo uma informação inicial em relação a essas políticas.

Com o propósito assinalado o programa da disciplina distribui-se por quatro partes.

Tendo a integração o efeito de fazer aumentar o comércio entre os países participantes, na primeira parte (I) é feita uma exposição abreviada das teorias do comércio internacional, visando aliás mostrar não só as razões que levam à sua existência como também os benefícios que dele resultam. Nos dois números iniciais, ainda antes da exposição das teorias, parece-nos interessante salientar o relevo crescente que o comércio internacional tem vindo a ter e fazer uma resenha da evolução que se tem verificado, desde o século passado, nos planos dos factos e da teoria económica, com predomínio do livre-cambismo, entrecortado todavia por períodos de maior intervenção no comércio internacional e de formulação de explicações teóricas que têm procurado justificá-la.

Ao passarem a fazer parte de uma área de integração os países por um lado afastam as barreiras entre si e por outro mantém (ou levantam mesmo) barreiras em relação a terceiros. Justifica-se pois, por ambas as razões, que a segunda parte (II) seja dedicada à análise da intervenção no comércio, descrevendo-se primeiro as formas que pode revestir, expondo-se depois as dificuldades que se levantam e como tem sido resolvido o problema da sua medição e analisando-se por fim os seus efeitos: afastados no interior mas mantidos face ao exterior. Constatando-se que, a par de outros efeitos, a intervenção no comércio tem efeitos indesejáveis de bem-estar, procurará ver-se que meios alternativos poderão ser utilizados no plano interno e que razões poderão explicá-la, ao arrepio do que a experiência e a teoria parece aconselharem.

Os elementos fornecidos nas duas primeiras partes facilitam depois a exposição da terceira (III), sobre a teoria e em alguma medida sobre a prática da integração, com a qual se verificam em relação aos países membros efeitos desejáveis de criação de comércio mas em contrapartida desvios inconvenientes em relação a terceiros países de onde pudesse importar-se em melhores condições de qualidade ou preço. Podendo questionar-se, por conseguinte, a prevalência de espaços regionais de integração sobre o comércio livre mundial, importa saber, contudo, se outras razões poderão justificar a sua criação, como política de segundo óptimo ou de índole não económica. Na exposição são privilegiadas as uniões aduaneiras, vendo-se todavia em que medida a análise é extensível a outras formas de integração.

Por fim, a quarta parte (IV) é dedicada a algumas políticas da União, distinguindo-se primeiro políticas que visam mais directamente a concorrência e a livre circulação das mercadorias, dos serviços, das pessoas e dos capitais, depois políticas sectoriais e em terceiro lugar a política regional; concluindo-se o capítulo com as perspectivas abertas em relação ao mercado único, à moeda única, aos alargamentos que se avizinham e ao exterior.

Na escolha das políticas a tratar somos determinados não só pelo seu interesse teórico (ilustrando a teoria leccionada) e prático (dado o relevo da intervenção da União nesses domínios) como também pela circunstância de não serem objecto de ensino comum às duas variantes do Curso: de Direito e de Economia. Sendo escasso o tempo disponível compreender-se-á que, não obstante a sua importância, nos dispensemos de tratar políticas – como são os casos da política orçamental, da política fiscal, da política social e da política económica externa – que, no primeiro ou no segundo semestre, são estudadas pelos alunos das duas variantes. Algumas referências breves a estas políticas são feitas apenas na medida em que estão estreitamente ligadas a políticas consideradas, por exemplo a política social à livre circulação da mão-de-obra e a política orçamental à política agrícola e à política regional.

Não deixamos de considerar já políticas desenvolvidas depois apenas numa das variantes: como são os casos da política de concorrência, a que se dedica a disciplina de Direito Europeu I na variante de Direito, e das políticas monetária, agrícola e regional, às quais são dedicadas disciplinas especializadas na variante de Economia. A sua consideração na disciplina de Teoria da Integração e Políticas Comunitárias, além do fim de ilustração referido, tem o objectivo de dar aos alunos da outra variante uma informação básica em domínios da maior importância de que deverão ter também algum conhecimento.

Para além desta explicação acerca da escolha das matérias do programa da disciplina justificar-se-á um esclarecimento sobre o modo de as abordar, tendo em conta a qualificação dos alunos que frequentam o Curso.

Tratando-se de alunos com um grau cultural elevado – são todos licenciados – é possível avançar nas matérias com mais à-vontade do que se se tratasse de uma disciplina de licenciatura. Mas, em contrapartida, tratando-se de uma disciplina fundamentalmente de ciências económica e política o ensino ministrado não pode deixar de ressentir-se da circunstância de o Curso ser frequentado por alunos com qualquer licenciatura, em grande parte dos casos por alunos não licenciados em Economia, muitos dos quais tiveram antes talvez apenas uma disciplina de introdução a esta matéria.

Sendo assim, no programa seguido tem que se começar desde o início o tratamento dos vários temas, como são os casos das explicações do comércio internacional e da teoria das divergências domésticas, fornecendo ensinamentos que estariam já adquiridos se se tratasse de licenciados em Economia. A experiência de dezassete anos de leccionação da disciplina mostra todavia que os alunos do Curso, com a sua maturidade, rapidamente se integram nestas áreas, através de uma exposição abreviada que serve simultaneamente para reavivar a memória de quem tenha passado há mais tempo pelo seu estudo.

Trata-se além disso, em grande parte dos casos, de alunos com licenciaturas para que não são requeridos estudos de matemática, não dispondo neste domínio de mais do que os conhecimentos elementares adquiridos no ensino secundário.

Estamos assim face a uma lacuna que seria bem mais difícil de colmatar com o fornecimento, no espaço de tempo disponível, dos conhecimentos indispensáveis para seguirem uma exposição matemática das matérias da disciplina. Mas felizmente uma compreensão correcta da teoria da integração e das políticas comunitárias pode ser conseguida através de uma exposição verbal complementada com uma exposição diagramática: sendo aliás esta forma de análise e exposição especialmente adequada no campo da economia internacional, onde tem a maior tradição e continua a ter a maior actualidade, com uma utilização predominante nos livros de texto, mesmo tratando-se de livros dirigidos a estudantes e licenciados em Economia. Contrastando com o que se passaria com a preparação matemática que seria requerida, verifica-se ainda que o conhecimento dos elementos básicos para o acompanhamento de uma exposição diagramática podem ser rapidamente adquiridos, quando muito numa aula expressamente dedicada a tal fim: necessária aliás apenas para a compreensão dos diagramas de equilíbrio geral, com os esclarecimentos que inserimos em anexo à primeira parte destes apontamentos (Anexo I.A).

Ultrapassado o conhecimento inicial que se proporciona é natural que muitos dos leitores dos apontamentos, por interesse cultural ou profissional, queiram aprofundar alguns dos temas tratados, explicando-se por isso a extensão da bibliografia citada. Não se trata de qualquer modo, como é óbvio, de uma bibliografia completa, fugindo-se designadamente a referir tratamentos muito sofisticados das matérias e obras mais antigas que pouco tenham inovado ou acrescentado; mas sim de uma bibliografia que, além de mencionar de um modo geral os contributos originais para as teorias expostas, visa abrir caminho para algum alargamento posterior dos conhecimentos adquiridos (procurando nos vários casos não deixar de referir o que tenha sido publicado no nosso país).

A venda das duas primeiras edições antes dos prazos previstos mostra que a procura das lições ultrapassou várias vezes o número dos alunos do Curso, com o que muito nos congratulamos. Procurando continuar a corresponder ao interesse manifestado, não poderíamos limitar-nos à mera reimpressão, havendo indicações estatísticas e bibliográficas a actualizar, uma nova numeração dos artigos dos Tratados e, com maior relevo, novidades importantes em algumas políticas, em especial nas políticas agrícola, regional e monetária, com as consequentes implicações orçamentais. Introduzimos ainda um novo número, o número IV.7, sobre a problemática de grande actualidade dos próximos alargamentos.

São muitos os agradecimentos devidos em relação às três edições, incluindo colegas e amigos que nos forneceram elementos e sugestões, alunos que com as suas dúvidas contribuiram para uma maior clareza da exposição, bem como quem desde o início nos ajudou na elaboração dos quadros e no processamento do texto. Mesmo sem referir os seus nomes, aqui fica o testemunho do que as lições ficam a dever-lhes.

Manuel Porto

PARTE I

O COMÉRCIO INTERNACIONAL

1. Relevo actual

Independentemente de uma análise das relações de causalidade entre o comércio internacional e outras variáveis económicas, da sua importância é esclarecedora só por si a observação de alguns dados estatísticos [1].

Assim acontece, desde logo, com a observação da taxa (ou grau) de abertura das economias (Z), medindo a percentagem que o conjunto das exportações (X) e das importações (M) de cada país representa no respectivo produto interno (ou nacional) bruto (PIB ou PNB), através da fórmula:

$$Z = \frac{1}{2} \frac{[X+M]}{PIB} \cdot 100$$

Sendo diferentes os papéis das exportações e das importações pode ser visto também, de forma separada, o que umas e outras representam em relação ao PIB ou em relação ao PNB de cada país.

Do relevo destes valores, nos países da União Europeia (UE) e em outros países da OCDE [2], europeus e não-europeus, é-nos dada uma imagem no quadro I.1 [3].

---

[1] Sendo além disso o comércio apenas uma das vias de influência das relações internacionais sobre as economias dos países: assumindo igualmente uma enorme importância – em alguns casos mesmo maior – as prestações de serviços (de transportes, bancários, de seguros, de turismo, etc.), os movimentos dos factores de produção (v.g. de trabalhadores e de capitais) e ainda relações de índole não económica, por exemplo de índole política, social e cultural.

[2] Apresentando um quadro com valores de abertura relativos a um número muito maior de países, embora num ano anterior, ver Greenaway (1983, p. 3).

[3] Os dados da Bélgica e do Luxemburgo são considerados conjuntamente (União Económica Belgo-Luxemburguesa).

QUADRO I.1
Taxa de abertura (1998)

PAISES	Z	X/PIB	M/PIB
Alemanha	23,3	25,1	21,5
Áustria	30,8	29,2	32,4
Bel./Lux	64,3	66,5	62,1
Dinamarca	27,4	28,0	26,8
Espanha	19,6	17,9	21,4
Finlândia	29,7	33,9	25,6
França	21,5	22,0	21,1
Grécia	15,5	8,7	22,3
Holanda	51,7	53,3	50,1
Irlanda	63,9	77,6	50,3
Itália	19,2	20,3	18,1
Portugal	27,8	22,1	33,6
Reino Unido	21,1	19,4	22,8
Suécia	32,1	35,6	28,6
EU – (15)	9,4	9,6	9,3
EU – (11)	12,7	13,4	12,8
Noruega	26,2	25,6	25,2
Suíça	29,9	29,7	30,1
Canadá	34,5	35,6	33,5
EUA	9,1	7,6	10,6
Japão	8,6	10,0	7,2

Fonte: Eurostat, *Annuaire. Vue statistique sur l'Europe,* Luxemburgo, 2000, pp. 213 e 283.

Pode ver-se, pois, que é grande o grau de abertura da generalidade dos países europeus, tanto da UE como da EFTA, muito maior do que os graus de abertura dos Estados Unidos e do Japão (é semelhante ao de alguns países europeus o grau de abertura do Canadá). Mas já o conjunto da União Europeia (UE-15), mesmo a Eurolândia (UE-11, conjunto dos países que integram o euro: ver *infra* IV.6.2.2), tem em relação ao exterior um grau de abertura muito menor, semelhante ao dessas grandes economias nacionais. Na UE são especialmente grandes os graus de abertura da Bélgica-Luxemburgo, da Irlanda e da Holanda, vindo a seguir, muito abaixo mas com diferença assinalável em relação aos seguintes, os graus de abertura das economias sueca, austríaca, finlandesa, portuguesa e dinamarquesa[4]. São já muito inferiores os graus de abertura dos países de maior dimensão – está mais próximo da Alemanha – e da periferia sul da Europa, como são os casos da Espanha, da Itália e da Grécia, com os graus de abertura mais baixos da União[5].

Para além das indicações de ordem geral que são assim colhidas, a importância do comércio internacional é naturalmente muito diferente de sector para sector: com implicações de maior ou menor relevo consoante o que estes representam nas economias, designadamente na ocupação de mão-de-obra e nas balanças dos pagamentos[6].

Além de se tratar de um relevo muito grande, ilustrado pelos números já apresentados, é de referir também que a importância do comércio internacional tem vindo a crescer ao longo das décadas, em termos reais e em termos relativos.

Verifica-se, de facto, que o crescimento verificado não foi um crescimento apenas nos valores nominais (como consequência de aumentos dos preços dos bens comercializados): tratou-se de um crescimento real, em volume, com uma multiplicação de mais de 20 vezes entre 1900 e 1986[7].

---

[4] Têm curiosamente graus de abertura semelhantes os países que eram e são da EFTA. Comparando algumas das diferenças assinaladas num diagrama de barras ver Krugman e Obstfeld (2000, p. 3)

[5] Sendo de esperar que o grau de abertura dependa de diferentes factores, entre os quais da dimensão dos países, apontando no sentido de dever ser maior a abertura de uma economia pequena como a portuguesa, da situação geográfica e do grau de desenvolvimento, apontando já, pelo contrário, no sentido de dever ser menor o grau de abertura de um país periférico e com um nível menor de desenvolvimento (uma taxa enorme de abertura encontra-se por exemplo em Hong-Kong).

[6] A título de exemplo, em Portugal o comércio internacional é especialmente relevante para o sector textil e das confecções, com grande dependência em relação ao exterior tanto no que respeita às importações (v.g. de matérias-primas e de máquinas) como no que respeita às exportações (de produtos acabados), sendo exportada grande parte da produção (mais de metade, 56% em 1996) de uma indústria que ocupa cerca de 26% da mão-de-obra da indústria transformadora e representa cerca de 23% das exportações portuguesas (ver Lança, 2000).

[7] Cfr. Maddison (1989, p. 25), com os cálculos feitos em relação a 32 países: 16 países da OCDE, 15 países em desenvolvimento (9 da Ásia e 6 da América Latina) e a União Soviética. O conjunto destes países (cuja escolha foi condicionada pela existência de dados estatísticos fiáveis desde o início do século) constitui uma

Por outro lado, é de assinalar que o crescimento real do comércio tem sido muito mais acentuado do que o crescimento real dos PIB's, verificando-se, assim, que o comércio internacional tem vindo a ter uma importância crescente para as várias economias. Reportando-nos de novo ao início do século, verificamos que enquanto a multiplicação do volume de exportações (até 1986) foi de mais de 20 vezes a multiplicação dos PIB's (até 1987) foi de cerca de 13 vezes: tendo a média anual de crescimento das exportações sido de 3,6% e a média anual de crescimento dos PIB's de 3% (Maddison, 1989, pp. 13 e 25). Trata-se de diferença confirmada nos anos mais recentes, designadamente na segunda metade dos anos 80, quando o crescimento médio das exportações foi de 6,4% e dos PIB's de 3,5%, e já nos anos 90 (Comissão Europeia, 1997a, p. 37)[8].

---

amostragem significativa do comércio mundial, correspondendo, ao longo do século, a cerca de 4/5 da população, da produção e das exportações totais e incluindo casos muito diversos de níveis de desenvolvimento e de taxas de crescimento.

[8] Tendo além disso sido impressionante o aumento do investimento directo estrangeiro, com uma subida média de 40% até 1990, seguida todavia de uma quebra no início desta década (ver Bouma, 1996, pp. 43-5, também com as evoluções das exportações e dos PIB's até 1993).

Em Portugal, país não considerado no estudo de Maddison, o grau de abertura da economia elevou-se de 11,7% em 1938 para 15,4% em 1948, 18,8% em 1958, 19,5% em 1968, 26,2% em 1978 e 33,0% em 1988, registando-se todavia alguma redução no início da presente década: sendo, como vimos, de 28% em 1996.

A evolução do relevo do comércio no nosso país a partir de 1960 pode ser vista na fig. I.1:

FIG. I.1
Comércio português de mercadorias: 1960-93

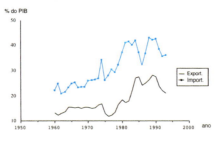

Fonte: Porto e Costa (1999, p. 240)

Constata-se pois a tendência geral para as exportações e as importações irem

Conforme veremos no número seguinte (em relação ao nosso país vê-se já na fig. I.1), ao longo da evolução geralmente crescente do comércio internacional tem havido contudo abrandamentos e alternâncias, incluindo pois períodos de diminuição, tal como aconteceu durante a grande depressão do início dos anos 30 e mais recentemente em alguns anos das primeiras metades das décadas de 70, 80 e 90.

Verifica-se por outro lado, vale a pena sublinhá-lo, que também nos anos de recuo foram mais acentuados os valores de variação do comércio do que os valores de variação dos produtos, o que indicia que alguma relação de causa e efeito se terá verificado não só pela positiva como pela negativa, tal como a fig. I.2 nos mostra em relação ao conjunto do comércio mundial (exportações e importações).

FIG. I.2.
Volume do comércio e da produção mundiais
(percentagens de variação anual)

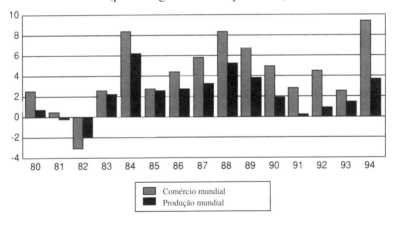

Fonte: Jepma e Rhoen, ed. (1996, p. 2, com dados da Organização Mundial do Comércio: OMC))

---

representando percentagens maiores do produto interno bruto, embora com períodos do recuo.

Trata-se ainda, compreensivelmente, de uma evolução do comércio mundial que ao longo das décadas deste século tem vindo a sofrer modificações sensíveis tanto no que respeita à sua repartição sectorial como no que respeita à sua repartição geográfica [9]: podendo sublinhar-se sobre a primeira o predomínio que passou a ter o comércio de produtos industriais, passando de 44,7% em 1955 para 62,3% do total em 1985, em deterimento do comércio de bens primários, que desceu entretanto de 53,3 para 36% [10]; e sobre a repartição geográfica o crescimento do peso de países do Sudeste Asiático e do Médio Oriente (neste caso fundamentalmente devido a exportações de petróleo), à custa da perda relativa da generalidade dos demais espaços, incluindo (embora em pequena medida) a Europa comunitária (em IV.7 faremos algumas referência à geografia e às perspectivas dos blocos regionais).

2. A alternância entre o livre-cambismo e o proteccionismo na história recente dos factos e da ciência económica

Havendo pois com o decurso das décadas um aumento nítido do relevo do comércio internacional, constata-se que o processo de abertura das economias não tem sido um processo regular, mas sim um processo entrecortado, ao longo da história, por períodos de maior intervenção proteccionista [11]; verificando-se, compreen-

---

[9] Sobre estas alterações sectoriais e geográficas ver Grimwade (1989, cap. 2) e de novo Maddison (1989).
   A uma outra alteração, no sentido do alargamento do relevo do comércio intra--sectorial, referir-nos-emos em I.3.3.

[10] Em Portugal foi especialmente sensível a evolução nestes sentidos ocorrida nas últimas décadas, tendo entre 1961 e 1990 o relevo dos produtos industriais passado de 60 para 73% nas nossas importações e de 53 para 80% nas nossas exportações (esta segunda evolução, muito sensível, foi especialmente determinada pelo comércio com os outros países da União Europeia, em relação aos quais as exportações de produtos industriais subiram entre esses anos de 40 para 82% do total: ver Porto e Costa, 1999, p. 242).

[11] Quando a intervenção no comércio internacional é feita através de impostos alfandegários – com a maior tradição a tal propósito – importará saber se a sua

sivelmente, que também no plano da ciência económica a influência prevalecente do pensamento livre-cambista foi entrecortada por tentativas de justificação de políticas de intervenção.

2.1. Na história dos factos

Começando pela evolução dos factos, pode dizer-se que o século passado e os primeiros anos deste século – até ao início da Primeira Guerra Mundial – constituiram um período longo de predomínio livre-cambista, associado aliás a um movimento internacional também sensível dos factores de produção, v.g. de mão-de-obra e de capitais, não só entre países europeus como entre países europeus e países de outros continentes (em especial da América). Não se tratou de um livre-cambismo total (que de facto nunca terá existido), devendo recordar-se que durante o período em análise houve situações de acentuado proteccionismo de produtos agrícolas e que economias hoje em dia predominantes, como a norte-americana e a alemã, sentiram a necessidade de proteger sectores industriais em implantação (por exemplo o sector siderúrgico) para poderem competir depois com a nação então mais importante, a Inglaterra; mas de um livre-cambismo prevalecente, num mundo em que a libra esterlina desempenhava as funções de termo de referência e de meio geral de pagamentos entre as diferentes nações[12]. Dos resultados desta situação de abertura já nos

---

elevação tem um objectivo proteccionista ou antes de aumento da cobrança de receitas: conseguido, de facto, se a elasticidade-preço das importações é menor do que um. Quando, pelo contrário, a elasticidade-preço das importações é maior do que um, uma diminuição dos impostos alfandegários pode por seu turno ser igualmente determinada, não por um propósito livre-cambista, mas sim pelo propósito de fazer aumentar as receitas fiscais (ver *infra* II.1.1.1).

[12] Com uma síntese da evolução geral no século passado ver Kenen (1994, cap. 11) e com uma síntese da evolução no nosso país entre 1840 e os últimos anos Fontoura e Valério (1994 e 1996; ver também Reis, 1992 e Neves, 1994).

Sobre a ligação do livre-cambismo à prevalência de uma nação ver Kindleberger (1973), Findlay (1979), Gilpin (1987, v.g. cap. 10), Mansfield (1993), Tuo e Gadzei (1994), Krasner (1995), Gadzey (1996), Gray (1997), Lairson e Skidmore (1997) ou, perspectivando o futuro, Thurow (1996) (suscitando dúvidas ver Strange, 1985 e as referências aqui feitas).

primeiros anos deste século (comparando-os com os períodos que se seguiram) dão-nos uma imagem os números do quadro I.2, mostrando, em relação a 32 países especialmente significativos [13], que entre 1900 e 1913 a média anual de crescimento das exportações foi de 4,8%, acompanhada de um crescimento homólogo dos PIB's de 2,8%, dos PIB's *per capita* de 1,4% e dos preços de 2,0%.

QUADRO I.2
Evolução em quatro períodos distintos

	1900-13 "Liberal World Order"	1913-50 "Conflict and Autarky"	1950-73 "Golden Age"	1973-87 "Growth Deceleration, and Accelerated Inflation"
		Exportações		
16 países da OCDE	4,8	1,0	8,6	4,2a
15 países em desenvolv.	4,8	1,1	5,9	6,9a
32 países	4,8	1,1	7,4	5,5a
		PIB		
16 países da OCDE	2,9	2,0	4,9	2,4
15 países em desenvolv.	2,6	2,1	5,3	4,7
32 países	2,8	2,1	5,1	3,4
		PIB *per capita*		
16 países da OCDE	1,6	1,2	3,8	1,9
15 países em desenvolv.	1,2	0,7	2,7	2,5
32 países	1,4	1,0	3,2	2,2
		Nível de preços		
16 países da OCDE	1,4	(-0,7)b	4,1	8,2a
15 países em desenvolv.	3,0c	(-0,5)b,e	17,5	38,8a
31 países	2,0d	(-0,6)b,f	10,6	23,0a

a) 1973-86; b) 1920-38; c) 9 países; d) 25 países; e) 13 países; f) 29 países
Fonte: Maddison (1989, p. 32)

A deflagração da Primeira Guerra Mundial constituiu o início de um período de limitações acentuadas ao comércio internacional,

---

[13] São os 32 países considerados por Maddison a que nos referimos na n. 7 p. 23.

que viria a terminar só uns anos depois de concluída a Segunda, já no final da década de 40; acrescendo às naturais limitações resultantes dos conflitos armados as limitações que se seguiram ao desencadear da grande depressão de 1929-32, quando alguns dos principais países procuraram sair da crise através de políticas de restrições de importações em relação aos demais, numa estratégia mal sucedida que haveria de ser aliás uma das causas da deflagração do segundo conflito. Do recuo verificado (especialmente acentuado nas fases mais críticas do período) é esclarecedor o quadro I.2, mostrando que o crescimento anual médio das exportações desceu para 1,1%, acompanhado de uma diminuição do crescimento dos PIB's para 2,1% e dos PIB's *per capita* para 1,0% (tendo o crescimento médio dos preços sido negativo, de -0,6%).

O reconhecimento do insucesso dos isolacionismos, no plano económico e no plano político, fez despertar em espíritos mais esclarecidos, ainda no decorrer da Guerra [14], a necessidade de se caminhar depois com determinação para a criação de condições para um comércio mais livre: com a consciência de que tal só seria possível através de instituições internacionais promotoras do afastamento de barreiras, de um maior equilíbrio económico entre as nações e da multilateralização dos pagamentos internacionais.

E, de facto, depois de estabelecida a paz não se perdeu tempo na criação e na dinamização de instituições com estes propósitos, no espaço europeu e no espaço mundial.

No espaço europeu logo em 1948 a Organização Europeia de Cooperação Económica (OECE), formada por 16 países, entre os quais Portugal, veio promover o afastamento de direitos alfandegários e restrições quantitativas e administrar a ajuda financeira norte-americana do plano Marshall, instituída com o intuito de ajudar o ressurgimento das economias europeias devastadas pela

---

[14] Retomando todavia ideias em alguns casos bem mais recuadas, designadamente em relação ao projecto de integração europeia (ver por ex. Lipgens, 1982, Gerbet, 1987 e 1994, Morin, 1987, Pires, 1992, P.P. Cunha, 1993, v.g. pp. 9-58 e 91-136, Zorgbibe, 1993, Bitsch, 1996, Brunetean, 1996, Stink, 1996, Campos, 2000, pp. 19 ss., De Teyssier e Bauvier, 2000, A.G. Soares, 2000 ou Gorjão-Henriques, 2000-1).

guerra; tendo a União Europeia de Pagamentos (UEP), criada pela OECE em 1950 (na sequência dos Acordos Intra-Europeus de Pagamentos de 1948 e 1949), vindo facilitar a convertibilidade entre as moedas europeias, ultrapassando as limitações graves do bilateralismo estabelecido pelo sistema de *clearings* [15].

Depois em 1952, na sequência da ratificação do Tratado de Paris, a Comunidade Europeia do Carvão e do Aço (CECA) veio promover a liberdade do comércio destes dois produtos de relevo básico para a economia europeia, abrindo assim caminho ao alargamento posterior (pluri-sectorial) do movimento de integração europeia [16].

E de facto uns anos mais tarde, em 1957, a assinatura do Tratado de Roma veio constituir um marco de importância primordial na história contemporânea do nosso continente (mesmo na história mundial, num processo de que se está ainda longe de conhecer os contornos e as consequências finais), ao instituir, com seis países fundadores, a Comunidade Económica Europeia (a par da Comunidade Europeia de Energia Atómica, EURATOM, criada por um outro tratado de Roma com a mesma data) [17].

---

[15] Com uma análise do papel desempenhado por esta instituição ver Eichengreen (1993) (sobre as limitações impostas pelos *clearings* ver *infra* II.1.3).

[16] Havendo aliás já um precedente a tal propósito, quando três dos países membros, a Bélgica, a Holanda e o Luxemburgo, estabeleceram entre si em 1932 (pela Convenção de Ouchy) uma união aduaneira (o Benelux), aprofundada, nos seus laços sociais e económicos, pelo Tratado da União Económica do Benelux, de 1958.

[17] O conjunto das três Comunidades, com todas as instituições e orgãos comuns já desde 1968, passou com frequência a ser designado por Comunidade Europeia (CE).

O Tratado de Maastricht, por seu turno (em 1992), além de ter passado a designar por esta forma mais abreviada (CE) mas mais abrangente a antiga Comunidade *Económica* Europeia, no reconhecimento do relevo que passou a ser dado a vertentes de outras naturezas (não económicas), veio instituir a União Europeia, fundada nas três Comunidades anteriores e propondo-se além disso novos objectivos (com dois novos pilares, o pilar da 'política externa e de segurança comum', PESC, e o pilar da 'cooperação no domínio da justiça e dos assuntos internos'; a actual – com Amersterdão – – 'cooperação policial e judiciária em matéria penal', CPJMP).

Não deixou todavia de continuar a falar-se geralmente em políticas *comunitárias* : assim fazemos nós logo no título destas lições, numa referência mais curta a políticas que de um modo geral são da actual CE (constituirá excepção a posição

Dois anos depois, na sequência do malogro dos esforços britânicos no sentido de ter sido criado apenas um espaço europeu de comércio livre (em lugar da CEE), foi assinado o Tratado de Estocolmo, instituidor da EFTA, que entrou em funcionamento em 1960 (englobando sete países, entre os quais o nosso).

No espaço mundial (ou pelo menos com esta vocação) são de salientar por seu turno: no campo da liberalização do comércio, datando de 1947 e na sequência do fracasso na instituição da Organização Internacional do Comércio[18], o Acordo Geral sobre Impostos Alfandegários e Comércio (GATT), assinado por 27 países, a que progressivamente se foram juntando muitos mais (chegando já hoje a 125, sem que tenham cessado as candidaturas) e tendo o acordo do Uruguai Round determinado a criação de um estrutura mais eficaz, a Organização Mundial do Comércio (OMC, ou WTO de acordo com as iniciais em inglês); no campo do reforço das economias mais desfavorecidas, datando já de 1945 o Banco Internacional de Reconstrução e Desenvolvimento (geralmente conhecido por Banco Mundial) e datando de 1956 a sua filiada Sociedade Financeira Internacional (SFI); por fim, no campo da multilateralização dos pagamentos o Fundo Monetário Internacional (FMI), criado, tal como o Banco Mundial, em 1945[19].

Do êxito destas instituições[20], a par de (e potenciando) outros factores, são sintomáticos os números apurados durante o período

---

mais 'abrangente' tomada por Druesne, ao intitular o seu livro – 1998 – *Droit et Politique de la Communauté et de l'Union Européenne*).

Em 1958 a par da CEE entrou também em vigor o Acordo Monetário Europeu (AME), aprovado em 1957, por decisão do Conselho da OECE, com o intuito de substituir a União Europeia de Pagamentos. O relevo do AME veio a ser todavia diminuto na medida em que já então prevalecia a utilização mais alargada dos mecanismos do Fundo Monetário Internacional (ver Porto e Calvete, 1999a).

[18] Depois da falta de ratificação de vários dos 50 países que haviam assinado a Carta de Havana, entre eles a União Soviética, cuja participação estava inicialmente prevista; e tendo havido reservas do Congresso dos Estados Unidos em relação a uma estrutura tão avançada.

[19] Na sequência da Conferência de Bretton Woods, de 1944, tendo o Banco Mundial e o FMI passado a constituir agências das Nações Unidas a partir de 1947.

[20] Sobre o papel por elas desempenhado ver por exemplo, na literatura portuguesa, André (1960), Moura (1960), J. T. Ribeiro (1962-3, pp. 211 ss.), P. P. Cunha

que decorreu desde 1950 até 1973, sem paralelo no século actual, conforme pode ser visto de novo no quadro I.2: com uma taxa anual média de crescimento das exportações de 7,4%[21], acompanhada do crescimento dos PIB's de 5,1% e dos PIB's *per capita* de 3,2% (tendo os preços tido uma subida média de 10,6%, mas fundamentalmente devido à inflação nos países em desenvolvimento, onde atingiu uma subida média de 17,5%; já nos países da OCDE a subida média foi de 4,1%).

Dado o êxito verificado, nestes indicadores e ainda por exemplo nas taxas de desemprego e em outros valores das economias, pode dizer-se com justiça que o período que decorreu entre o final dos anos quarenta e 1973 foi 'um período de ouro'[22]: associando--se correctamente boa parte do êxito conseguido às possibilidades proporcionadas pelo comércio internacional (e pelos demais movimentos internacionais, v.g. dos factores e dos serviços)[23] e pensando-

---

(1963-5 e 1970, pp. 125ss.), V. R. Correia (1969), Xavier (1970), Franco (1972, pp. 43-92), Macedo (1977 e 1990), S. Ribeiro (1978 e 1994), Barbosa (1979 e 1987), Guerra, Freire e Magalhães (1981), Romão (1983), Queiroz (1984), Porto (1984 e 1986$_b$), A. Silva (1986), Macedo, Corado e Porto (1988), Medeiros (1990) e Porto e Calvete (1999a e 1999b).

Trata-se de literatura que de um modo geral refere a posição que Portugal foi tendo neste movimento de abertura e integração.

[21] Contribuindo decisivamente para as alterações sensíveis na composição sectorial e geográfica do comércio mundial a que nos referimos já no final do número anterior.

[22] Na expressão de Maddison (1989). Com mais frequência distinguem-se dentro deste período os anos 60, apelidando-os de *golden sixties*.

[23] McCulloch (1979) defendeu que para o crescimento das transacções foram mais importantes algumas rápidas inovações tecnológicas, designadamente reduzindo os custos dos transportes e comunicações, desenvolvendo a gestão em larga escala que facilitou o rápido crescimento das empresas multinacionais e levando ao aparecimento de novos produtos e processos de produção que, por exigirem uma escala muito grande, foram mais um factor de expansão dos mercados.

Trata-se todavia, segundo julgamos, de uma opinião não compartilhada pela maioria dos autores, que atribui fundamentalmente à liberalização levada a cabo a expansão sem precedentes do comércio mundial a partir do final da guerra (a título de exemplo ver Long, 1977, Nowzad, 1978, Greenaway e Milner, 1979, Batchelor, Major e Morgan, 1980, Scott, 1981 e Bhagwati, 1988, bem como os resultados de projectos de investigação sobre o processo de liberalização levados a cabo pela OCDE, com a síntese em Little, Scitovsky e Scott, 1970, pelo National Bureau of

-se, naturalmente, que a partir de então não voltaria a verificar-se nenhum retrocesso, caminhando-se sem hesitação para o comércio livre mundial [24].

Constituiu por isso uma surpresa e uma desilução o retrocesso verificado na década de 70 (a partir de 1973), com um primeiro período de ressurgimento proteccionista (designado por 'novo proteccionismo') e, em grande medida como consequência deste ressurgimento, de resultados macro-económicos menos favoráveis: tendo o crescimento anual médio das exportações baixado para 5,5%, acompanhado de um aumento dos PIB's de 3,4%, dos PIB's *per capita* de 2,2% e dos preços de 23,0% (de 8,2% nos países da OCDE), a par, também, de um agravamento do problema do desemprego [25].

Economic Research, NBER, com a síntese em Bhagwati, 1978 e Krueger, 1978, e pelo Banco Mundial, primeiro com um projecto no início dos anos 80, com a síntese em Balassa *et al.* 1971 e depois com um novo projecto no final da década, com a síntese em Papageorgiou, Choksi e Michaely, 1990).

Procurando analisar no plano teórico os efeitos do afastamento de barreiras e da expansão do comércio sobre o crescimento das economias há uma literatura extensíssima, remontando aos clássicos e passando por Lewis (1952 e 1980), Kaldor (1966), Bhagwati (1968), Corden (1971$_a$), Findlay (1973), Bhagwati e Srinivasan (1979), Dixon e Thirlwall (1979) e Thirlwall (1983) (ver ainda as sínteses de Krueger, 1985, Riedel, 1988 e, entre nós, Mendes, 1988; bem como as dúvidas de Strange, 1985).

[24] Contribuindo também para esta convicção contributos teóricos recentes – a que nos referiremos em I.3 e em II.4 – que vieram reforçar a fundamentação do livre--cambismo.

[25] Do desencanto pelo retrocesso verificado são bem expressivos os relatórios anuais e outras publicações de instituições cuja razão de ser é precisamente a promoção do comércio livre. Conforme nota Page (1981, p. 17), 1974 foi um ano de viragem, quando a OCDE começou a empenhar-se no sentido de se evitarem estas novas restrições. No seio do FMI o *Annual Report on Exchange Restrictions* de 1975 encontrou já mais aumentos do que diminuições de restrições, situação que se foi reflectindo de um modo acentuado nos relatórios seguintes; distinguindo-se depois, também no âmbito desta organização um estudo de Nowzad (1978, cit.), no âmbito do GATT uma publicação da autoria de Blackhurst, Marian e Tumlir (1977), no âmbito da Organização das Nações Unidas para o Desenvolvimento Industrial (UNIDO) e do Banco Mundial uma publicação editada por Cody, Hughes e Wall (1980) e no âmbito da OCDE uma publicação da sua responsabilidade (1985). Por fim, na mesma linha de preocupação e de defesa do livre-cambismo podem salientar-se igualmente publicações promovidas por instituições de índole privada, tais como o American Enterprise Institute for Public Policy Research (com Amacher,

Houve assim um agravamento geral de que se saíu na segunda metade dos anos oitenta, depois de uma acentuação na primeira metade da década; num processo que em alguma medida se repetiu na década de noventa, com uma quebra nos primeiros anos de que se saiu de seguida.

Trata-se de evolução que pode ser vista no quadro I.3, considerando a União Europeia, Portugal, os Estados Unidos da América e o Japão, numa linha semelhante à registada nos demais países da OCDE[26]:

Haberler e Willet, ed. 1979), o International Center of Economic Policy Studies (com Greenaway e Milner, 1979) e o Trade Policy Resarch Centre (com a revista *World Economy* e diversas publicações, tais como McFadzean *et al.* 1972 e Corden e Fels, ed. 1976, apoiadas também pelo Institut fur Weltwirtschaft).

Fora alguns anos mais críticos, as restrições introduzidas não foram contudo de molde a provocar uma quebra geral do comércio internacional e do crescimento das economias. Mas o perigo de que tal acontecesse foi evidenciado pelos resultados de um projecto de investigação, o Projecto LINK, mostrando em que medida agravamentos não muito mais elevados do proteccionismo teriam levado a reduções significativas do comércio mundial e do bem-estar das populações (ver Klein, Pauly e Petersen, 1987, onde referem também alguns dados já apurados antes no âmbito do projecto). É diferente a opinião de Strange, julgando que "protectionism in fact poses no great threat to the world trade system" (1985, p. 234).

[26] Em Macedo, Corado e Porto (1988) analisámos a evolução ocorrida na política comercial do nosso país desde o final dos anos 40 até 1986, com as alternâncias que procurámos ilustrar com a figura que se segue (fig. I.3), representando no eixo vertical o grau de liberalização (o inverso do proteccionismo, numa escala de 0 a 20), que, segundo o nosso critério de avaliação, se foi verificando:

FIG. I.3
Índice de Liberalização do Comércio – 1948-1986

Nesta evolução, designámos o período de 1948 a 1974 como de 'liberalização

QUADRO I.3
Evolução (incluindo estimativas para os anos mais recentes)

Taxas anuais de crescimento (preços de 1990)

	1961/73	1974/85	1986/90	1991/95	1996	1997	1998	1999	2000
Exportações									
EU 11	8,8	4,7	5,4	5,5	4,4	9,8	6,2	3,1	6,4
EU 15	8,1	4,4	5,1	5,5	4,8	9,6	5,6	3,2	6,5
Portugal	12,4	4,2	9,8	4,3	7,9	8,9	9,3	4,3	6,7
EUA	7,1	4,2	11,0	7,0	8,3	12,7	2,2	2,9	5,4
Japão	14,3	9,2	3,1	4,3	6,3	11,6	-2,3	-1,0	3,3
PIB									
EU 11	5,2	2,2	3,4	1,6	1,4	2,3	2,7	2,1	2,9
EU 15	4,8	2,0	3,3	1,5	1,6	2,5	2,6	2,1	3,0
Portugal	7,0	2,2	5,5	1,8	3,0	4,1	3,5	3,1	3,3
EUA	5,4	3,0	1,6	4,2	8,6	8,2	10,7	8,6	4,6
Japão	14,2	1,7	8,4	0,1	11,1	-1,9	-8,8	0,3	-0,3
Investimento									
EU 11	5,8	-0,13	6,1	-0,02	1,1	2,4	4,5	4,6	5,2
EU 15	5,7	-0,025	5,9	-0,16	1,8	3,3	5,6	4,7	5,3
Portugal	8,1	-0,9	11,1	2,1	2,9	14,5	9,5	6,4	6,2
EUA	5,4	3,0	1,6	4,2	8,6	8,2	10,7	8,6	4,6
Japão	14,2	1,7	8,4	0,1	11,1	-1,9	-8,8	0,3	-0,3
Nível de preços									
EU 11	4,6	10,5	3,8	3,9	2,6	2,0	1,5	1,3	1,6
EU 15	4,6	10,9	4,5	4,2	2,8	2,2	1,6	1,4	1,7
Portugal	3,9	19,9	12,1	7,7	3,1	2,2	2,9	2,3	2,5
EUA	2,9	6,9	3,8	2,6	2,0	1,7	0,9	1,6	2,4
Japão	6,2	6,6	1,3	1,2	0,1	1,4	0,4	-0,3	0,2
Desemprego (média anual)									
EU 11	2,4	6,5	9,3	10,3	11,6	11,5	10,8	10,0	9,4
EU 15	2,3	6,6	9,0	10,0	10,8	10,6	9,9	9,2	8,6
Portugal	2,5	6,9	6,0	5,6	4,3	4,4	4,7	4,3	4,1
EUA	4,9	7,4	5,9	6,6	5,4	4,9	4,5	4,2	4,4
Japão	1,2	2,2	2,5	2,6	3,4	3,4	4,1	4,9	4,9

Fonte: Comissão Europeia, *European Economy*, 1999

ambígua' (*ambiguous liberalization*), incluindo uma primeira fase de influência predominante da UEP e da OECE (1948-59), uma segunda de influência da EFTA

O especial papel de liderança do comércio nos períodos de maior prosperidade pode ser visto ainda na fig. I.4.

FIG. I.4.
Crescimento do comércio e da produção anuais
(com agregação de anos)

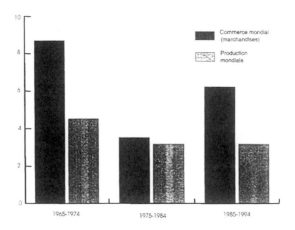

2.2. *Na história da ciência*

Procurando ver agora, também em traços muito largos, a evolução verificada na ciência económica, é de começar por assinalar que a prevalência livre-cambista do século passado e do início deste século foi acompanhada (mais do que influenciada)[27] pela

---

(1960-69) (a que acresceu a influência do FMI e do GATT, de que nos tornámos participantes em 1962) e uma terceira já de influênica da CEE (1970-74), com a negociação e a celebração do primeiro acordo comercial com esta organização; designámos o período de 1974 a 1977 como período de 'revolução e retrocesso' (*revolution and reversal*); e, por fim, o período de 1977 a 1985 como período de 'transição para a CEE' (*transition to EC membership*) (com análises das décadas aqui consideradas, ou parte delas, ver também por ex. J. S. Lopes, 1980 e 1996 e A. Silva, 1986).

[27] Sobre a probabilidade de os economistas influenciarem as políticas são especialmente cépticas as palavras de McCulloch (1979, p. 76): "Os economistas internacionais aceitaram prontamente algum crédito pelo enorme crescimento do

formação e pela consolidação de um corpo teórico que aprofundava não só as razões pelas quais haveria comércio internacional como também as vantagens dele resultantes.

Foi o que aconteceu com a escola clássica, que se evidenciou (a par de outros aspectos do seu pensamento), por se ter demarcado da perspectiva proteccionista do mercantilismo (defensora da promoção das exportações mas da dificultação ou mesmo do impedimento das importações): logo com o seu 'fundador', Adam Smith (1776), formulando a primeira versão da teoria clássica do comércio internacional, a teoria da vantagem absoluta; à qual se seguiu, com David Ricardo (1817), a teoria da vantagem comparativa [28] (sobre os contributos dados por estas teorias falaremos no número I.3, dedicado à exposição das teorias do comércio internacional).

Não obstante a prevalência do pensamento livre-cambista, consolidada também com outros autores da escola clássica, já no século passado, num dos casos com origem bem mais remota, se verificaram duas excepções importantes.

Uma delas consistiu na defesa de restrições ao comércio para melhorar os termos do comércio de um determinado país com possibilidades de ter influência sobre eles (não poderá tratar-se, pois, de um 'país pequeno', relativamente ao qual a procura de exportações e a oferta de importações são infinitamente elásticas) [29].

---

comércio mundial e do investimento que se verificou desde a Segunda Guerra Mundial. Contudo, as políticas realmente escolhidas pela maioria dos países industrializados durante esse período compreenderam elementos liberais e proteccionistas e é improvável que, em qualquer caso, mudanças liberalizantes que tivessem sido feitas reflectissem a persuasão de argumentos académicos. Além disso, acumula-se agora evidência clara de um renovado interesse pelo proteccionismo – uma linha política que por certo não encontra as suas raízes em produção escolar recente".

[28] Pode discutir-se se não terá sido Torrens (1815) a formulá-la primeiro (cfr. Chipman, 1965, p. 480); mas a 'paternidade', em livros de texto e artigos, é de um modo geral reconhecida a Ricardo (com uma perspectiva histórica da teoria ver Maneschi, 1998).

[29] Os termos do comércio (ou 'termos de troca', ou ainda 'razões de troca' ou 'preços internacionais') dão-nos a medida do que pode ser importado em troca de cada unidade de exportação. Tratando-se de um 'país grande', a diminuição de importações provocada por uma restrição ao comércio faz diminuir a procura mundial

Trata-se de uma ideia que remonta a Torrens (1824 e 1844) e Mill (1848), tendo o argumento tido depois uma formulação mais precisa, incorporando a ideia do grau de intervenção óptimo, com Bickerdike (1906 e 1907).

A outra excepção, sem dúvida a mais popularizada, consistiu na defesa da introdução de restrições ao comércio para promover o aparecimento de uma ou várias novas indústrias ou da indústria em geral. Trata-se de um argumento – o 'argumento das indústrias nascentes' – que, diferentemente do 'argumento dos termos do comércio', é válido para todos os países, mesmo para 'países pequenos', distinguindo-se deste argumento também por se justificar no interesse geral, mesmo no interesse dos países em relação aos quais se estabeleceu o proteccionismo, na medida em que, com o êxito da política seguida, venha a verificar-se uma mais eficiente afectação dos recursos produtivos e uma descida dos preços de que todos passem a beneficiar. A sua origem parece remontar aos séculos XVII e XVIII, tendo sido seus popularizadores mais famosos, nos séculos XVIII e XIX, A. Hamilton (1791) e Carey (1837-40) nos Estados Unidos e List (1841) na Alemanha, mas tendo sido aceite também por pensadores livre-cambistas, como foi o caso de Mill (1848) (o argumento será objecto da nossa análise em II.4.3).

A crise dos anos trinta deste século, levando à já referida acentuação de políticas restricionistas, conduziu ao aparecimento de ressurgidas ou novas argumentações procurando justificá-las, em alguns casos tirando partido de desenvolvimentos recentes verificados na ciência económica, em especial do desenvolvimento

---

numa medida significativa, ocasionando por isso a diminuição dos preços internacionais (sobre a representação gráfica desta situação ver *infra* II.3.7, p. 143). O mesmo não está obviamente ao alcance de um 'país pequeno', cuja procura não seja significativa no conjunto da procura mundial.

Como segunda limitação do argumento dos termos do comércio (além da acabada de referir, de ter de tratar-se de um 'país grande') é de sublinhar que, na medida em que é beneficiado o país que os altera a seu favor, são prejudicados os países em relação aos quais ficam deteriorados. Ou seja, é um argumento na perspectiva de um determinado país, ou conjunto de países, não na perspectiva do bem-estar geral (sobre o(s) prejuizo(s) que o(s)primeiro(s) também pode(m) ter ver *infra* III. 5).

proporcionado por John Maynard Keynes [30]. Tal foi o caso da argumentação que viu na protecção um modo de colocar desempregados nos sectores protegidos, através do desvio da procura de bens importados para bens produzidos internamente, sendo então discutido se por represália (*beggar-my-neighbour tariff building*) ou por mera diminuição do rendimento nos países de onde se importava não viriam a ressentir-se as exportações e consequentemente o emprego nos sectores exportadores do país inicialmente proteccionista, que poderia ao fim e ao cabo não ganhar nada com a iniciativa; e também o caso da argumentação que viu na dificultação de importações o modo de evitar a deterioração da balança dos pagamentos quando, sendo os salários rígidos para baixo e os câmbios estáveis, era seguida uma política keynesiana de aumento de despesas para resolver o problema do desemprego, com implicações, naturalmente, tanto no mercado interno como no mercado externo (na medida da propensão para importar).

Aproximadamente a partir da mesma época o reconhecimento da vantagem de transferir trabalhadores da agricultura para a indústria, onde era maior o valor da sua produtividade marginal, levou, na esteira de Manoïlesco (1929), à defesa do uso de restrições ao comércio como forma de promover essa transferência [31].

---

[30] Keynes, depois de ter sido um ardente defensor do livre-cambismo (ficou célebre a pergunta: "Is there anything a tariff can do, which an earthquake cannot do better?", inserida num artigo de 1923; ver ainda 1926), em publicações seguintes (entre 1930 e 1936, onde fez uma interessante 'recuperação' da perspectiva mercantilista) admitiu a necessidade de se seguir a política referida no texto, juntando considerações de criação de emprego e de equilíbrio da balança dos pagamentos, tendo em atenção as circunstâncias da época, com a grande depressão e as suas sequelas (v.g. no plano do emprego).

[31] Devendo distinguir-se dois casos: no primeiro, considerado por Manoïlesco (1929), Ohlin (1931 e 1933), Viner (1932 e 1951), Lewis (1954) e Hagen (1958), à diferença dos valores da produtividade marginal corresponde alguma diferença (embora menor) nos salários nominais, levando já naturalmente ao movimento pretendido, que a intervenção proteccionista viria apenas apressar; no segundo caso, considerado por Nurkse (1953) e também por Lewis (1954), tem-se em conta a possibilidade (por vezes verificada de facto) de a diferentes valores nas produtividades marginais corresponderem remunerações iguais, como consequência de serem seguidas na agricultura práticas de repartição do rendimento (*income-sharing*) sem relação

Por fim, na década de trinta e nas seguintes também os velhos argumentos dos termos do comércio e das indústrias nascentes foram reavivados e reforçados, o primeiro principalmente devido ao aparecimento de contributos teóricos – no contexto da problemática dos direitos alfandegários óptimos – capazes de lhe darem uma fundamentação mais correcta e o segundo por se entender que correspondia a um modo de desenvolvimento dos novos Estados resultantes do desmembramento do Império Austro-Húngaro, primeiro, e da descolonização já em anos mais recentes (cfr. H. Johnson, 1964).

Não parece, todavia, que todas as referidas justificações restricionistas, com o intuito de justificar políticas seguidas, tenham sido suficientes para que a sua defesa se sobrepusesse ao pensamento livre-cambista. Este continuava a ser o paradigma, relativamente ao qual as soluções restricionistas apareciam, para a generalidade das pessoas, como soluções transitórias e de segundo óptimo: paradigma esse aliás muito reforçado, depois da Segunda Guerra Mundial (no período deste século de maior expansão do comércio, conforme vimos há pouco), com um maior alicerçamento das teorias explicativas do comércio internacional. Assim aconteceu com a formulação dada por Samuelson (1939, 1948 e 1949; ver também 1962 e 1971) ao teorema de Heckscher-Ohlin (1919-1933) e depois com as novas teorias a que nos referiremos no próximo número, bem como com a elaboração da teoria das divergências domésticas, mostrando, numa aplicação da teoria do bem-estar, que a intervenção no comércio internacional não constitui uma intervenção de primeiro óptimo para se atingirem objectivos desejados no plano interno (a ela nos referiremos em II.4.1).

Sendo assim, o ressurgimento do proteccionismo a partir de 1973, com o 'novo proteccionismo', fez defrontar os economistas com a questão delicada de procurar saber o que levaria os políticos

---

com os valores das prestações proporcionadas pelas pessoas que aí trabalham: pelo que o proteccionismo seria o único incentivo à mudança dos trabalhadores, necessária para evitar a ineficiência assim existente (com a representação diagramática de cada um destes casos ver Porto, 1982, pp. 352-4).

a afastarem-se de novo dos ensinamentos do pensamento dominante, com práticas que em princípio não corresponderiam, pois, à satisfação da generalidade dos cidadãos [32].

Como primeiras hipóteses poderão pôr-se a de estar em causa a capacidade de compreensão dos políticos em relação aos fenómenos económicos ou a de serem seguidos processos de formação das decisões em que a opinião dos economistas não é devidamente ouvida: assim se explicando que não tenha vindo a ser seguido o que a teoria aconselha (ver por ex. Pechman, 1975).

Trata-se todavia de hipóteses cuja aceitação em nada favorece os economistas, no intuito desejável de influenciarem os políticos na adopção de políticas que sejam do interesse da generali-

---

[32] Tendo-se levantado também a questão, segundo julgamos de muito menor relevo, de saber se se tratará de uma nova figura económica ou apenas do ressurgimento, mais uma vez, da figura tradicional do proteccionismo (*old wine in new bottles*, na expressão sugestiva de Bhagwati, 1987).

Como elementos distintivos, que não serão todavia de molde a orientar-nos no primeiro sentido, o 'novo proteccionismo' pode ser caracterizado por dois elementos básicos: por um lado, por estar preocupado fundamentalmente com determinados sectores em crise, v.g. têxtil e confecções, calçado, siderúrgico, automóvel, electrónico e construção e reparação navais, com grande ocupação de mão-de-obra e dificuldades na concorrência com terceiros países (tendo aparecido, a seu propósito, o 'argumento das indústrias senescentes': ver *infra* II.4.3.2.5); e, por outro lado, por ser feito através de formas de intervenção diferentes das tradicionais (como veremos em II.1, os impostos alfandegários, as restrições quantitativas e as restrições cambiais), às quais deixou de poder recorrer-se como consequência dos compromissos assumidos internacionalmente no âmbito das instituições referidas no número anterior, compromissos estes que os países não têm querido ou não têm tido a coragem de denunciar (cfr. Porto, 2000b; procurando mostrar, segundo julgamos sem convencer, que são diferentes os 'ideais' num e noutro caso, tendo o proteccionismo anterior tido o propósito de manter situações de desigualdade e o actual o propósito de as afastar, ver o livro de Lang e Hines, 1994, p. 154).

Algumas das novas formas de intervenção são inventariadas por Nowzad (1978, p. 19, onde sem ser exaustivo inventaria 33, sublinhando que "embora as principais nações que intervêm no comércio internacional tenham resistido com sucesso a muita da pressão geral para restringir o comércio, têm tido menos êxito em resistir a pressões de sectores específicos para aplicar formas directas e indirectas de acção proteccionista"; entre a vastíssima literatura sobre este tema ver também por ex. Salvatore, ed. 1987 e Grilli e Sassoon, ed. 1990).

dade dos cidadãos[33]. Conforme veremos em II.4.2 a razão de ser da desconformidade existente estará antes na circunstância de as justificações do comércio internacional assentarem em pressupostos que não se verificam na realidade, como são os casos, de maior relevo, de se tratar de mercados de concorrência perfeita, de o Estado (ou outra entidade, como a União Europeia) ser uma entidade acima dos cidadãos, preocupada apenas com a prossecução do interesse geral e imune à influência de grupos de pressão minoritários que beneficiam com o proteccionismo e de a intervenção não ter custos administrativos (devendo lembrar-se além disso o benefício, há pouco referido, que um país com condições para tal pode ter alterando os termos de comércio a seu favor através da aplicação de medidas proteccionistas).

Teremos ocasião de sublinhar aí que o afastamento destes pressupostos pode explicar que de modo repetido voltem a ser impostas restrições ao comércio, tendo dado lugar designadamente, com a consideração de formas de mercado não perfeitas, à perspectiva proteccionista recente – já da década de 80 – a que nos referiremos em II.4.2.1 [34]; mas não nos parecendo que fique em

---

[33] Não os favorecendo designadamente a convicção ingénua, expressada por Pechman, de que se trata de "uma situação que está a melhorar gradualmente, através de uma participação crescente de economistas em assuntos públicos e um tratamento mais sofisticado dos acontecimentos económicos nos jornais, revistas e outros meios de comunicação" (ver p. 72).

[34] Nos anos 70 teve algum acolhimento a defesa de restrições ao comércio feita por um grupo de Cambridge, o *Cambridge Economic Policy Group*, do Departamento de Economia Aplicada, editor da *(Cambridge) Economic Policy Review*. Em diversos artigos quer o grupo no seu conjunto (1975, 1976 e 1979, por ex.), quer alguns dos seus elementos (ver por ex. Cripps e Godley, 1976 e 1978, Godley e May, 1977 e Neild, 1979), defenderam a utilização de restrições gerais das importações, tanto através de impostos alfandegários como de quotas, como única forma viável de o Reino Unido e outros países industrializados (designadamente os Estados Unidos, cfr. o artigo do Grupo de 1979, cit.) poderem aliviar o constrangimento da balança dos pagamentos e manter uma expansão do produto nacional suficiente para restaurar o pleno emprego na década de oitenta. Apoiando os políticos com propósitos nesse sentido, o *Cambridge Economic Policy Group* (1979, p. 37) salientou, sobre a imposição de restrições às importações, que "quer isto seja feito com direitos alfandegários ou com quotas, será contrário às regras da CEE. Mas, dada a escala dos

causa – ainda então – o reconhecimento geral das vantagens do comércio livre mundial.

---

problemas do Reino Unido indicados atrás, a argumentação a favor do controlo de importações é suficientemente forte para que deva considerar-se a violação das regras, caso se torne necessária".

Vários autores entraram em polémica com o Grupo de Cambridge, em particular defendendo antes a desvalorização como modo menos distorçor e mais efi-ciente de atingir os objectivos pretendidos: ver Corden, Little e Scott (1975), Bispham (1975), Rowan (1976), Corbet, Corden, Hindley, Batchelor e Minford (1977), Lal (1979), Greenaway e Milner (1979), Scott, Corden e Little (1980), Scott (1981) e Hindley (1981). Alguma extensão dos pontos de vista do Grupo aos países menos desenvolvidos – menos conhecida, dada a sua preocupação fundamentalmente com a problemática dos mais industrializados, em especial do Reino Unido – foi objecto da crítica negativa de Balassa (1989).

A título de curiosidade, pode acrescentar-se que mesmo em Itália, um país tradicionalmente livre-cambista (cfr. Grilli, 1980), as ideias do grupo de Cambridge tiveram acolhimento junto de um grupo de economistas da Universidade de Modena.

Em França pela mesma época distinguiu-se Jeanneney (1978), ex-Ministro de De Gaulle e Professor de Paris I, propondo 'um novo proteccionismo' com a utilização de impostos alfandegários selectivos.

Nos anos mais recentes a defesa do proteccionismo na Europa tem estado geralmente ligada ou à defesa de determinados interesses sectoriais, como é o caso da defesa da PAC (ver *infra* IV.3.1) ou, numa linha que se estende a diferentes sectores (mesmo a todos eles), à recusa de uma maior integração comunitária invocando-se, entre outros objectivos, a manutenção do emprego (entre uma extensa literatura ver por exemplo Allais, 1991, num plano mais 'académico', e Goldschmidt, 1994 e 1995, num plano mais 'político', no segundo livro em 'resposta' a críticas ao primeiro feitas entre outros por Leon Brittan, Brian Hindley e John Kay). Escrevendo no outro lado do Atlântico será de referir a 'conversão' ao proteccionismo de Batra (1993), convicto defensor anterior do livre-cambismo.

Conforme veremos em III.10 e em IV.7, embora tal não seja desejável há o risco de que venham a ser proteccionistas as estratégias dos novos blocos regionais de integração.

3. Teorias explicativas do comércio

3.1. *Determinantes do lado da oferta*

3.1.1. Teoria clássica (Smith e Ricardo)

Conforme se referiu já atrás, a escola clássica foi marcada em grande medida pela justificação que fez do comérico internacional, afastando-se radicalmente do pensamento mercantilista, que a antecedeu.

Na sua base e na sua formulação assenta, entre outros, nos pressupostos seguintes:
1. Dois países (I e II), produzindo cada um deles dois bens (A e B).
2. Um único factor de produção determinante do valor dos bens, o trabalho (l), com mobilidade completa, sectorial e geográfica, dentro de cada país, mas sem mobilidade entre os países.
3. Funções de produção diferentes na produção de cada bem (A e B) e em cada país (I eII) (sendo diferentes, pois, as horas de trabalho requeridas em cada um destes casos).
4. Funções de produções com rendimentos de escala constantes.
5. Concorrência perfeita nos mercados dos produtos e dos factores de produção, com os custos de produção reflectidos nos preços dos bens.
6. Condições tecnológicas dadas, acessíveis nos dois países.
7. Homogeneidade dos produtos e dos factores de produção.
8. Condições de procura dadas, sendo as preferências dos consumidores idênticas nos dois países
9. Ausência de restrições ao comércio internacional (barreiras alfandegárias, custos de transporte ou quaisquer outras).

Neste quadro os custos de produção de A e de B seriam os seguintes:

$$A = w \, l_A$$
$$B = w \, l_B$$

onde w é o salário de cada unidade de trabalho e l_A (l_B) o número de unidades de trabalho por unidade de bem produzido (A ou B). Sendo os salários iguais nos dois sectores, havendo concorrência e reflectindo-se os custos de produção nos preços, os preços relativos dos bens (A e B) seriam determinados, consequentemente, pelo trabalho neles incorporado:

$$\frac{P_A}{P_B} = \frac{l_A}{l_B}$$

a) Com base nos pressupostos referidos defendeu Smith (1776) que haveria comércio internacional se (e apenas se) houvesse diferenças absolutas nos custos de produção, ou seja, se um dos bens (A) fosse produzido com menos horas de trabalho num dos países (por exemplo em I) e o outro bem (B) com menos horas de trabalho no outro país (em II)[35].

Assim aconteceria, a título de exemplo, se

	Bem A	Bem B		Total de horas
País I	20 h	40 h	=	60
País II	40 h	20 h	=	60

Neste caso o país I especializar-se-ia na produção do bem A e o país II na produção do bem B, com o que se conseguiria uma melhor afectação dos recursos, na medida em que cada um deles

---

[35] Nas palavras de Smith (loc. cit.), "it is the maximum of every prudent master of a family, never to attempt to make at home what it will cost him more to make than to buy. The taylor does not attempt to make his own shoes, but buys them of the shoemaker. The shoemaker does not attempt to make his own clothes, but employs a taylor ....

What is prudence in the conduct of every private family, can scarce be folly in that of a great kingdom. If a foreign country can supply us with a commodity cheaper than we ourselves can make it, better buy it of them with some part of the product of our own industry, employed in a way in which we have some advantage".

poderia continuar a produzir duas unidades (agora, do bem em que tivesse vantagem absoluta) apenas com o custo de 40 horas ou, em alternativa, passar a produzir mais unidades com o tempo que já era dispendido (60 horas): o país I 3 unidades de A e o país II 3 unidades de B (no total, duas unidades a mais, ou seja, mais 50% do que com as economias fechadas).

Haveria assim um ganho geral com o comércio internacional, dependendo por seu turno a sua repartição pelos países dos termos de troca entre os dois bens (podendo os termos de troca ser de tal maneira desfavoráveis a um deles que, conforme veremos daqui a pouco, um país com vantagem num bem poderá não ter interesse em se especializar na sua produção e participar no comércio internacional)[36].

b) A formulação de Ricardo (1817), da teoria da vantagem relativa (ou comparativa)[37], veio a constituir depois um passo muito importante nas explicações do comércio internacional (não só para a teoria clássica, também para as teorias que surgiram mais tarde), mostrando que mesmo um país que tenha vantagem absoluta na produção dos dois bens (de todos os bens, generalizando-se a teoria) terá interesse no comércio internacional se, no cotejo com o outro ou os outros países, houver vantagem comparativa diferente.

Da possibilidade de se verificar este interesse pode ter-se noção de novo através da observação de um exemplo muito simples[38].

	Bem A	Bem B		Total de horas
País I	20	50	=	70
País II	80	60	=	140

---

[36] Com a noção de termos de troca, ou de comérico, recorde-se a n. 29 p. 35.

[37] Havendo contudo, como se disse (recorde-se a n. 28 p. 34), quem lhe conteste a paternidade da teoria.

[38] O exemplo de Ricardo, que continua a ser citado em muitos livros de texto, é um exemplo com Portugal e a Inglaterra, tendo nós vantagem comparativa na produção de vinho e a Inglaterra na produção de tecidos (1817, p. 151).

Deve sublinhar-se, aliás, que a ideia da vantagem comparativa, aplicada assim ao comércio internacional, é uma ideia válida igualmente no plano interno (tal como

Tendo o país I vantagem absoluta (com o dispêndio de menos unidades de trabalho) tanto na produção de A como na produção de B, na perspectiva de Smith não deveria haver comércio internacional. O exemplo mostra-nos, todavia, que sendo diferentes os custos relativos (tendo o país I vantagem comparativa na produção do bem A, 20/50, e o país II vantagem comparativa na produção do bem B, 60/80), há um ganho geral se I se especializar na produção de A e II na produção de B. De facto cada um dos países, produzindo apenas o bem em que tem vantagem comparativa, poderá produzir a mesma quantidada com menos horas de trabalho (gastando o país I 40 horas a produzir duas unidades do bem A e o país II 120 horas a produzir duas unidades do bem B) ou uma maior quantidade com as horas de trabalho já dispendidas (podendo o país I com 70 horas produzir 3,5 unidades de A e o país II com 140 horas produzir 2,3 unidades de B: verificando-se, pois, um acréscimo global de 1,8 unidades, ou seja, de mais 45% do que estando as economias fechadas).

O mesmo exemplo pode mostrar-nos também, valendo o que vamos ver agora igualmente para a teoria de Smith (conforme adiantámos há pouco) e para as demais teorias do comércio internacional, que o ganho geral conseguido pode todavia, como consequência dos termos de troca, repartir-se de tal forma que beneficie apenas um dos países (em detrimento do outro).

Para vermos esta possibilidade podemos considerar quatro hipóteses, primeiro a hipótese de uma unidade de A corresponder

---

a ideia da vantagem absoluta, conforme havia sido sublinhado pelo próprio Smith: recorde-se a n. 35 p. 42). Num exemplo de escola, podemos pensar no caso de um bom advogado que é simultaneamente um bom dactilógrafo, não lhe sendo possível encontrar uma secretária capaz de desempenhar melhor esta segunda função. De acordo com o princípio da vantagem absoluta, esse advogado dedicar-se-ia não só ao estudo e à defesa dos processos como também à sua passagem à máquina (hoje em dia, ao processamento do texto no computador). Mas já de acordo com o princípio da vantagem comparativa vale-lhe a pena (havendo assim também um ganho do ponto de vista geral) dedicar-se apenas às tarefas jurídicas e contratar alguém que, embora pior dactilógrafo, tenha vantagem comparativa no desempenho desta segunda função.

a (ser trocável por) uma unidade de B (1A = 1B) e depois, sucessivamente, uma hipótese em que são melhores os termos de troca para o bem A (1A = 2B, ou seja, com a mesma unidade de A consegue-se uma maior quantidade de B) e duas hipóteses em que são melhores os termos de troca para o bem B (1B = 2A e 1B = 3A). No exemplo supomos em todos os casos que o país que se especializa num determinado bem continua a precisar apenas de uma unidade desse bem para o mercado interno, utilizando o restante da sua produção (incluindo o acréscimo proporcionado pela especialização) na importação de bens do outro país.

	País I (prod. bem A)	País II (prod. bem B)
Se 1 A = 1 B	+ 1,5 de B	+ 0,3 de A
1A = 2 B	+ 4 "	- 0,35 "
2A = 1 B	+0,25 "	+ 1,6 "
3A = 1 B	- 0,17 "	+ 2,9 "

No primeiro caso, dispondo o país I de 2,5 de A para trocar pela importação do bem B, terá um ganho líquido de 1,5 de B; e o país II, dispondo de 1,3 do bem B para trocar pelas importações do bem A, terá um ganho liquído de 0,3 do bem A.

No segundo caso, com a melhoria dos termos de troca para o bem A, o país I com os 2,5 que exporta consegue importar 5 de B, ficando pois com um ganho líquido de 4 de B; mas o país II, dispondo de 1,3 de B para exportar, consegue apenas a importação de 0,65, ficando consequentemente com menos 0,35 do que se não houvesse comércio internacional: no qual não terá por isso nenhum interesse.

No caso seguinte, em que há já pelo contrário uma desvantagem nos termos de troca de A (2A=1B), verifica-se que mesmo assim o país I tem vantagem no comércio: pois com 2,5 a mais de A consegue 1,25 de B, tendo, pois, um ganho líquido de 0,25; mas sendo bem maior o benefício do país II (beneficiado com os termos de troca), na medida em que com os 1,3 de B que exporta consegue 2,6 de importações de A, ou seja, um ganho líquido de 1,6.

Uma maior deterioração dos termos de troca de A (para 3A =
= 1B) leva todavia já o país I a perder todo o interesse em comercializar, na medida em que 2,5 de A apenas lhe porporcionam 0,83 de B, tendo pois um prejuízo líquido de 0,17 de B; sendo, pelo contrário, bem maior o ganho que o país II consegue, obtendo com 1,3 de B 3,9 de A, ou seja, um ganho líquido de 2,9 de A.

3.1.2. Teoria neo-clássica (Heckscher-Ohlin-Samuelson): da 'proporção dos factores'

A teoria neo-clássica remonta a dois economistas suecos, Heckscher (1919) e Ohlin (1933), tendo tido depois uma formulação mais rigorosa e uma extensão em relação à tendência que deveria haver para a igualização dos preços dos factores com Samuelson (v.g. 1948 e 1949), cujo nome aparece por isso com frequência associado à designação do teorema formulado: designado aliás também, dando já uma indicação acerca do seu conteúdo, como 'teorema da proporção dos factores'.

3.1.2.1. *A formulação da teoria*

Trata-se de uma teoria formulada com base nos pressupostos seguintes:
1. Dois países (I e II), produzindo cada um deles dois bens (A e B).
2. Dois factores de produção, por ex. o trabalho e o capital (L e K), com mobilidade completa, sectorial e geográfica, dentro de cada país, mas sem mobilidade entre os países.
3. Funções de produção iguais nos dois países, mas diferentes na produção de cada um dos bens, sendo por exemplo a produção de A relativamente trabalho-intensiva e a produção de B relativamente capital-intensiva.
4. Países (I e II) diferentemente dotados dos factores de produção (L e K), sendo por exemplo o país I mais dotado em trabalho e o país II mais dotado em capital: resultando

naturalmente daqui que L é mais barato em I e K mais barato em II.
5. Funções de produção com rendimentos de escala constantes.
6. Concorrência perfeita nos mercados dos produtos e dos factores de produção, com os custos de produção reflectidos nos preços dos bens.
7. Condições tecnológicas dadas, acessíveis nos dois países.
8. Homogeneidade dos produtos e dos factores de produção.
9. Condições de procura dadas, sendo as preferências dos consumidores idênticas nos dois países.
10. Ausência de restrições ao comércio.

Pode notar-se, assim, que o teorema de Heckscher-Ohlin se distingue da teoria clássica ao considerar funções de produção com dois factores e iguais nos dois países (na produção de cada um dos bens; diferindo todavia já de um bem para o outro).

Sendo os países diferentemente dotados nesses dois factores temos que

$$\left(\frac{L}{K}\right)_I > \left(\frac{L}{K}\right)_{II} \Rightarrow \left(\frac{P_L}{P_K}\right)_I < \left(\frac{P_L}{P_K}\right)_{II}$$

ou seja, o preço do trabalho é mais baixo no país onde é mais abundante (no país I) e o preço do capital é por seu turno mais baixo no país onde é maior a sua oferta (no país II).

Tendo em conta, depois, que são diferentes as funções de produção de A e de B, sendo a primeira trabalho-intensiva e a segunda capital-intensiva, conclui-se que

$$\left(\frac{L}{K}\right)_A \geq \left(\frac{L}{K}\right)_B \Rightarrow \left(\frac{P_A}{P_B}\right)_I \leq \left(\frac{P_A}{P_B}\right)_{II}$$

ou seja, da circunstância de o bem A ser mais trabalho-intensivo (e o bem B mais capital-intensivo) resulta que o país I consegue produzir o bem A com um preço mais baixo, sendo o bem B, por seu turno, produzido por um preço mais baixo no país II.

O teorema de Heckscher-Ohlin acaba por fazer, assim, uma constatação que se julgava que deveria corresponder à realidade, sendo de esperar que estando em causa dois países, um com mais trabalho (por ex. Portugal) e o outro com mais capital (por ex. a Alemanha), o primeiro se especializasse na produção de bens mais trabalhos-intensivos (por ex. confecções) e o segundo na produção de bens mais capital-intensivos (por ex. automóveis)[39].

Tem-se assim uma especialização que pode ser ilustrada diagramaticamente através do diagrama de caixa de Edgeworth-Bowley[40] (fig. I. 5):

FIG. I.5

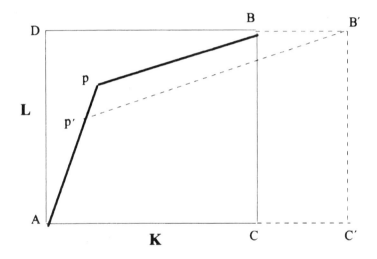

---

[39] Curiosamente, trata-se de ideia que parecia estar aliás já presente no espírito de um dos autores clássicos, Ricardo (1817, p. 147), ao referir que "é quase tão importante para a felicidade humana que as satisfações aumentem devido à melhor distribuição do trabalho – distribuição essa proveniente do facto de cada país produzir aqueles produtos que *melhor se adaptem à sua situação, ao seu clima e às outras vantagens naturais ou artificiais*, trocando-as pelos produtos dos outros países – – como alcançar o mesmo fim através da taxa de lucro" (itálico nosso); ou seja, ao referir, embora sem mais elaboração, a existência de factores além do trabalho determinantes da especialização dos países.

[40] Nos números 1 e 2 do Anexo I.A é mostrado como se constroi e deve ser interpretado este diagrama. Sobre a exposição seguida no texto ver Findlay (1970, pp. 50-3, acrescentando depois uma exposição algébrica do teorema de Heckscher--Ohlin).

Considerando o país I como o país representado na 'caixa' de base (ACBD), podemos representar o país II, mais dotado em capital, na 'caixa' AC'B'D, ou seja, numa caixa em que a maior dotação (relativa) de capital é expressada pela circunstância de à mesma quantidade de trabalho (L), medida nos eixos verticais, corresponder uma maior quantidade de capital (K), através de um alargamento dos eixos horizontais.

Nesta circunstâncias temos que

$$\frac{Ap}{pB} > \frac{Ap'}{p'B'}$$

denotando (com uma diagonal mais na vertical) uma especialização do país I na produção do bem mais trabalho-intensivo, A; especializando-se por seu turno o país II, mais dotado em capital, na produção do bem mais capital-intensivo, B [41].

---

[41] A situação inversa, de I ser mais capital-intensivo, seria representada por um diagrama como o que se segue (fig. I.4):

Fig. I.6

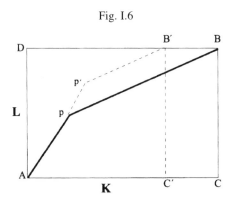

Neste caso, ao contrário do que se passava no caso visto no texto, o país I já se especializaria na produção do bem B, dado que

$$\frac{Ap}{pB} < \frac{Ap'}{p'B'}$$

Depois, face às curvas de possibilidades de produção de cada um dos países (diferentes, como consequência da sua diferente dotação factorial)[42], podemos ver as vantagens gerais que resultam da abertura das economias, repartíveis entre os países de acordo com os termos do comércio (fig. I.6).

Por fim, a situação de os dois países terem a mesma proporção dos factores, embora com quantidades diferentes, pode ser vista na fig. I.5 (podendo aliás estas diferentes quantidades ser representadas na mesma 'caixa', com unidades de medida diferentes para o país I e para o país II):

Fig. I.7

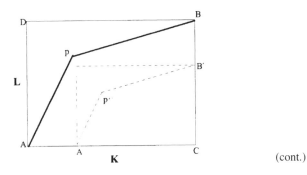

(cont.)

não havendo já razão para que se verifique comércio internacional, dado que:

$$\frac{Ap}{pB} = \frac{A'p'}{p'B'}$$

ou seja, na lógica do teorema de Hechscker-Ohlin (*a contrario*), não havendo diferença (relativa) na dotação dos factores não haveria comércio internacional.

[42] Sobre o modo de elaborar e interpretar estas curvas, v.g. a partir do diagrama de caixa de Edgworth-Bowley, ver os demais números (3 a 7) do Anexo I.A.

Fig. I.8

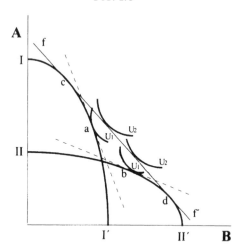

Temos no país I, mais dotado em trabalho, por consequência melhor habilitado para se especializar na produção do bem mais trabalho-intensivo (o bem A), a curva de possibilidades de produção I-I'; e no país II, mais dotado em capital e por isso mais habilitada para a produção do bem mais capital-intensivo (o bem B), a curva de possibilidades de produção II-II'.

Com as economias fechadas, no país I temos o ponto óptimo *a* e no país II o ponto óptimo *b*, de tangência entre as curvas de possibilidades de produção e as curvas de indiferença no consumo mais afastadas da origem que com elas são atingíveis: U_1 (ver *infra* a fig. I. A.5, p. 94).

Abrindo-se a perspectiva de comercializar internacionalmente o país I terá vantagem em se especializar na produção do bem A, que pode então exportar pelo preço internacional representado por uma recta de relação de preços internacionais mais inclinada, ff' (conseguindo com as mesmas unidades de A obter em troca mais unidades de B); e o país II terá vantagem em se especializar na produção do bem B, conseguindo, com a referida relação de preços internacionais, para si menos inclinada, a troca de B por uma quantidade maior do bem A. Com esta abertura atingem-se curvas de indiferença no consumo mais afastadas da origem, correspondendo a situações de maior bem-estar: por ex. as curvas U_2, não estando nós neste exemplo diagramático preocupados com que haja equilíbrio entre as exportações e as importações (ver infra a pág. I.A.6, pág. 96, com os triângulos do comércio a que é dada origem).

Só deixará de verificar-se o referido movimento de especialização quando, com o aumento do custo de produção de A no país I (v.g. com a utilização progressiva do factor trabalho) e com o aumento do custo de produção de B no país II (v.g. com a utilização progressiva do factor capital) deixar de haver diferença entre as relações de preços interna e externa, ou seja, quando o país I estiver a produzir no ponto c e o país II estiver a produzir no ponto d.

Nesta linha, na sequência de Heckscher (1919) e Ohlin (1933) coube a Samuelson (1948 e 1949) o mérito de, além de ter feito uma formulação mais rigorosa do teorema, ter procedido à sua extensão em relação às consequências do comércio internacional sobre os preços dos factores: especializando-se o país I no bem trabalho-intensivo (A) aumenta nele a procura deste factor, cujo preço tem por isso tendência para se elevar (sendo pelo contrário menor a pressão da procura de capital); por outro lado, no país II com a especialização no bem B há uma maior pressão da procura do factor capital (e menor do factor trabalho), tendendo para subir o preço daquele.O comércio internacional deverá levar, pois, à elevação do preço do factor abundante (e barato) no início em cada um dos países, até ao ponto em que acabem por se igualar; ou seja, até ao ponto em que deixe de haver razão para o comércio internacional[43].

---

[43] Num outro teorema famoso, conhecido pelos seus nomes, Stolper e Samuelson (1941) procuraram mostrar a possibilidade de um factor de produção ficar globalmente prejudicado com o comércio livre: podendo explicar-se assim a resistência feita a movimentos neste sentido, não obstante o ganho geral que é proporcionado (ver por ex. Porto, 1982, pp. 263-7, Grimwade, 1989, p. 15, Chacholiades, 1990, pp. 77-9, Södersten e Reed, 1994, pp. 233-5, Salvatore, 1998, pp. 248-52 ou Pugel e Lindert, 2000, pp. 60-3).

3.1.2.2. *O paradoxo de Leontief*

Parecia de esperar, face à sua lógica e a uma primeira observação da realidade, que o teorema de Heckscher-Ohlin viria a ter confirmação empírica quando viesse a ser sujeito a testes econométricos, tal como começou a ser possível com a elaboração de matrizes de relações inter-sectoriais.

Através destas, dando-nos a medida das matérias-primas, dos bens intermediários e dos factores primários utilizados na produção de cada bem, tornou-se possível medir o grau de trabalho-intensidade e de capital-intensidade (ainda, eventualmente, o grau de utilização de algum outro factor, como os elementos naturais): assim acontecendo, designadamente, em relação aos bens exportados e aos bens importados [44].

Foi aliás o próprio economista a quem ficou a dever-se o contributo inicial na elaboração destas matrizes, Leontief (com os trabalhos pioneiros de 1936 e 1941), que, procurando testar o comércio internacional dos Estados Unidos, veio a deparar com a surpresa de apurar que este país exportava bens mais trabalho-intensivos e importava bens mais capital-intensivos (1953).

Não era este o resultado esperado, mais sim o resultado contrário, dado que os países considerados no comércio com os Estados Unidos eram países menos desenvolvidos, que se esperaria que exportassem predominantemente bens mais trabalho-intensivos. O resultado a que se chegou veio a ficar conhecido, por isso, como o 'paradoxo de Leontief', tendo feito correr rios de tinta, na procura da razão ou das razões que pudessem explicá-lo [45].

---

[44] Para quem não disponha de nenhum conhecimento acerca do modo com se constroi e se lê uma matriz das relações 'inter-sectoriais' no segundo anexo a esta parte das lições (Anexo I.B) damos um exemplo, muito simples, visando proporcionar uma primeira ideia a tal propósito.

[45] Diz por isso Findlay (1970, p. 92), face às investigações feitas, que "one is almost tempted to wish for another paradox to be uncovered, so fruitful has been the effect of this first one" (depois de ter referido que "a flood of articles and even books has appeared, attempting to 'explain' or 'dispel' the paradox, and contributing greatly to our theoretical and factual knowledge of international trade in the process").

a) Como primeira hipótese, posta por Swerling (1954) e pelo próprio Leontief (1956), admitiu-se que o 'paradoxo' se devesse à circunstância de os cálculos terem sido feitos em relação a um ano excepcional, o ano de 1947, quando as economias sofriam ainda os efeitos próximos da II Guerra Mundial.

Mas uma nova realização de testes com base já num outro ano – o ano de 1955 – veio dar resultados idênticos, afastando por isso esta primeira hipótese de explicação (ver Leontief, 1956, cit.); verificando-se de facto que após a destruição de uma guerra os países ressurgem com os mesmos padrões de vantagens comparativas.

b) Uma segunda hipótese, ligada também à base dos cálculos, foi a de o 'paradoxo' resultar da grande agregação com que os sectores foram considerados. Mas cálculos feitos com uma maior desagregação levaram ao apuramento de resultados idênticos.

Afastadas estas duas hipóteses, sentiu-se naturalmente a necessidade de encontrar outras explicações, designadamente através do afastamento de algum dos pressupostos, apontados atrás, em que se baseia o teorema de Heckscher-Ohlin [46].

c) Uma primeira ordem de (diferentes) explicações tem sido a de que o teorema se baseia na existência de factores de produção homogéneos, v.g. o trabalho e o capital, não tendo em conta, em especial, que são muito diferentes as qualificações do trabalho, podendo aliás considerar-se no capital o investimento feito na formação dos trabalhadores (capital humano).

---

[46] Trata-se de afastamento(de um ou mais pressupostos) que pode ser tido em conta nos testes a afectuar, tal como tem vindo a ser feito, testando 'modelos alargados' do teorema de Heckscher-Ohlin; estando aliás em alguns casos esse afastamento na base de explicações mais recentes do comércio internacional, que consideramos a seguir nestes apontamentos (tendo-se então os modelos 'neo-factoriais" e 'neo-tecnológicos).

Com descrições e apreciações mais pormenorizadas dos testes feitos e das possíveis 'explicações' do 'paradoxo' ver por ex. Ellsworth (1954), Findlay (1970, pp. 92-106), Robert Baldwin (1971, pp. 126-46), Stern (1975), Leamer (1980), Deardorff (1984), Chacholiades (1990, pp. 90-7), Södersten e Reed (1994, pp. 103--16), Blaug (1994, pp. 168-74), Markusen, Melvin, Kaempfer e Markus (1995, pp. 220-5), Caves, Frankel e Jones (1996, pp. 140-6), Appleyard e Field (1998, pp. 155-61), Salvatore, 1998, pp. 130-4, Kenen (2000, pp. 74-9), e entre nós Faustino (1990).

Uma correcta avaliação da utilização dos factores deveria ser feita, pois, ou multiplicando o trabalho norte-americano por um factor correspondente à sua maior produtividade, apurando-se, assim, que os EUA são um país com grande intensidade de trabalho[47], ou calculando no capital também o capital humano, podendo chegar-se assim à conclusão de que eram afinal mais capital-intensivos os produtos exportados.

d) Uma outra explicação do 'paradoxo' pode estar no pressuposto da existência apenas de dois factores de produção (nos exemplos que temos vindo a dar, o trabalho e o capital).

Ora, pode acontecer que os EUA importassem produtos com grande intensidade de capital, não por serem capital-intensivos, mas por terem um conteúdo muito importante de elementos naturais. Um exemplo com actualidade poderá ser o do petróleo, importado, não por ser capital-intensivo, mas por conter um factor natural raro e muito valorizado, determinante na sua procura internacional[48].

e) Mesmo não considerando mais nenhum factor de produção (um terceiro factor, ou algum mais), o pressuposto da igualdade das funções de produção nos dois países é outro pressuposto que, quando afastado, poderá explicar o 'paradoxo de Leontief'.

Quando os testes foram feitos, não se dispondo de matrizes dos países que comercializavam com os Estados Unidos, procedeu-se ao cálculo apenas com a matriz deste país, pressupondo-se que as funções de produção (a intensidade na utilização de cada um dos factores) fossem as mesmas nos países de onde se importava e para onde se exportava.

Pode todavia acontecer, e aconteceu por certo, que fossem muito diferentes as funções de produção dos países com os quais

---

[47] O próprio Leontief (1956), que considerou também esta hipótese de explicação, admitiu que o trabalho norte-americano fosse três vezes mais eficiente do que o trabalho na generalidade dos demais países.

[48] Trata-se de uma explicação adiantada por Vanek (1963), com base numa ideia de complementaridade entre recursos naturais e capital.

Já aliás com Leontief, no seu segundo estudo (1956), a exclusão dos cálculos de 19 sectores da matriz baseados em recursos naturais havia levado a que não se verificasse o 'paradoxo'.

os EUA comercializavam, países que, precisamente por serem mais pobres, produziam bens similares com processos produtivos adequados a essas circunstâncias: com um equipamento mais rudimentar e à custa de uma maior utilização de mão-de-obra.

Sendo assim, terá por certo acontecido que produtos importados pelos Estados Unidos tenham sido produzidos por processos trabalho-intensivos, mas que nos cálculos feitos tenham sido considerados como capital-intensivos por ser capital-intensivo o processo no país (os EUA) cuja matriz era utilizada. A utilização de matrizes dos países de origem teria levado aos resultados esperados.

f) Foi sugerido ainda que o 'paradoxo' se explicaria como consequência do pressuposto da identidade das preferências dos consumidores, podendo acontecer que os consumidores dos EUA tenham uma maior preferência por bens capital-intensivos (v.g. como consequência dos mais elevados níveis de rendimento de que dispõem): sendo esta preferência a determinar a procura no exterior dos bens de tal natureza.

Trata-se contudo de circunstância que não deveria levar a que, no computo geral, fossem mais capital-intensivas as importações do que as exportações[49]. A opção por bens capital--intensivos dirigir-se-á aos dois mercados, interno e externo, sendo sempre de esperar que a repartição da origem dos produtos se verifique de acordo com a vantagem comparativa existente na oferta: apontando pois no sentido de no conjunto de uma procura geral de bens capital-intensivos serem menos capital-intensivos (relativamente mais trabalho-intensivos) os bens importados.

g) Por fim, o 'paradoxo' poderá ser explicado ainda pela circunstância de haver restrições ao comércio, podendo acontecer (assim terá acontecido, de facto) que os EUA protegessem mais os bens trabalho-intensivos como forma de proteger o emprego no país (sendo aliás o objectivo de manutenção e criação de emprego um objectivo muito frequente das políticas proteccionistas).

---

[49] Tendo-se levantado além disso dúvidas acerca da confirmação empírica da referida diversidade nas preferências dos consumidores (ver Houthakker, 1957).

Assim se compreende que as importações se tivessem desviado para produções mais capital-intensivas, explicando ou ajudando a explicar o 'paradoxo'.

3.1.3. Outras teorias

Como se disse, foi no reconhecimento da influência de outros factores, levando designadamente ao afastamento de alguns dos pressupostos da teoria neo-clássica, que se chegou mais recentemente à formulação de novas teorias: entre as quais, ainda pelo lado da oferta, podem distinguir-se as explicações tecnológicas e a explicação do comércio através de economias de escala [50].

3.1.3.1. *Explicações tecnológicas*

Estamos agora face a teorias que se afastam do pressuposto da imutabilidade das condições tecnológicas: sendo mesmo o progresso tecnológico o factor desencadeador do comércio internacional, na medida em que o progresso feito não seja imediatamente acessível a todos os países (a ambos, continuando a considerar um modelo com dois países).

---

[50] Neste *survey* poderiam ser mencionadas outras explicações apontadas para o comércio internacional, como são os casos (ver Findlay, 1970, pp. 70-81) das explicações do *vent for surplus* (desenvolvida por J. H. Williams, 1929 e mais recentemente por Mynt, 1958, mas podendo reportar-se a Adam Smith, 1791) e da *resource availability* (Kravis, 1956). Parece-nos contudo que podem ser consideradas na linha da explicação da 'proporção dos factores', verificando-se uma melhor utilização ou uma maior disponibilidade de determinado ou determinados recursos (v.g. de recursos naturais).
No texto seguimos em boa medida a exposição de Greenaway (1983, pp. 9-28, sendo daqui, com adaptações, algumas das figuras que apresentamos). Com uma apreciação actualizada das 'novas teorias' ver Fontoura (1997); ou, também em português, Guillochon e Guedes (1998, pp. 142 ss).

a) A teoria do intervalo (*gap*) tecnológico (Posner)

Na sua formulação Posner (1961) pressupõe a existência de dois países com a mesma dotação relativa dos factores, pelo que, nos termos da teoria de Heckscher-Ohlin, não haveria comércio internacional.

Neste quadro o comércio seria desencadeado pelo aparecimento de uma inovação tecnológica num determinado país, levando ao aparecimento de um novo produto, de uma nova qualidade de um produto ou ainda de uma nova maneira de produzir um produto já existente. Depois, haver comércio internacional ou não dependeria do intervalo (*gap*) de reacção verificado no outro país, maior ou menor com a 'procura' ou antes com a 'imitação' na produção do bem.

Assim, se no outro país houver uma reacção de imitação mais rápida, levando à produção do produto novo ou melhorado ou à utilização do novo processo produtivo antes de se verificar uma reacção de procura, não chegará a haver comércio internacional: podendo a produção deste segundo país corresponder já à procura, quando esta se manifestar.

É todavia possível (mesmo provável) que o intervalo de procura seja menor do que o intervalo de imitação, começando por isso por se importar do país onde se verificou a inovação. Depois a evolução poderá dar-se de modos diferentes, tais como os que foram representados por Posner numa figura semelhante à que aqui reproduzimos (fig. I.9).

Considerando sempre o país que tem a inovação, acima dos eixos horizontais (t's) temos a situação de o bem 'novo' ser exportado e abaixo a situação de o bem 'novo' ser importado.

Dando-se a inovação no período t_1 e sendo entre t_1 e t_2 o intervalo de procura menor do que o intervalo de imitação, temos uma exportação líquida do país em causa. Depois, a partir daqui, podemos ver em *a*, em *b* e em *c* evoluções diferentes que podem ocorrer.

Em *a* é considerada a hipótese de o outro país não reagir no sentido de imitar a produção iniciada, continuando a satisfazer o seu consumo com importações e mantendo-se por isso o nível das exportações do país que inovou.

FIG. I.9

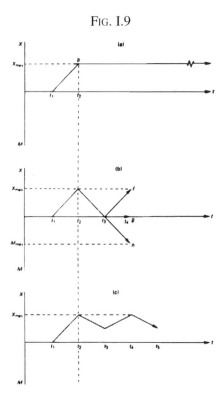

Em *b* é considerada a hipótese de a seguir a t_2 o intervalo de imitação ser menor do que o intervalo de procura, de maneira que em t_3 o segundo país satisfaz o consumo interno com a sua produção. Depois, a partir de t_3 várias hipóteses são encaradas, tais como (em *f*) a de o primeiro país voltar a fazer uma inovação, reagindo no segundo a procura primeiro que a imitação (sendo pois o intervalo de procura menor do que o intervalo de imitação); a de continuar cada país a abastecer-se a si próprio (em *g*); e a de o segundo país, que começou mais tarde a produzir o bem (ou a produzi-lo em melhores condições), ter vantagem comparativa nessa produção, tornando-se por isso num exportador líquido do produto em causa (em *h*).

Por fim, em *c* Posner considera uma hipótese intermédia, em que depois do período t_2 o segundo país tem uma reacção de imitação que não chega todavia para anular a vantagem comparativa do primeiro, o qual, por seu turno, volta a inovar, voltando a ter em t_4 o nível de exportação que tinha em t_2 (seguindo-se, em t_5, uma nova mas ténue reacção de imitação do segundo país).

b) A teoria do ciclo do produto (Vernon)

Neste caso o autor em análise (1966) já se aproxima em alguma medida do teorema de Heckscher-Ohlin ao considerar que o desencadear do processo de inovação tecnológica é de esperar que se verifique num país (tinha presentes os Estados Unidos) com grande dotação de capital e salários altos. Depois, nos termos que podem ser melhor vistos na figura que apresentou (e nós reproduzimos de novo de Greenaway, loc. cit., com adaptações, na fig. I.9) considera uma sucessão de fases, com a prevalência de países diferentes de acordo com a dotação e os preços relativos dos factores de produção.

Um produto 'novo' aparece no país dotado com mais capital, como referimos atrás, não havendo aliás numa primeira fase senão um pequeno consumo em outros países (a partir de certo momento, em países com salários médios).

Estes países começariam por seu turno a produzir o produto na fase de 'maturidade', sendo todavia a produção insuficiente para corresponder à totalidade da procura, satisfeita em grande medida com importações do país inovador.

Trata-se de situação que se inverte na terceira fase, de 'estandardização' do produto, tornando-se o segundo país exportador e o primeiro (que havia feito a inovação) um importador líquido a partir de determinado momento; acontecendo ainda que ganha então relevo a produção de países pobres em capital e salários baixos, que já desde a segunda fase consumiam o produto em causa (importando-o todavia quase na totalidade) e nesta terceira passam, a partir de um momento dado, a ser seus exportadores líquidos.

Se pensarmos na evolução que tem havido na localização de indústrias como a têxtil e de confecções podemos reconhecer o padrão de evolução acabado de referir, que parece estender-se

FIG. I.10

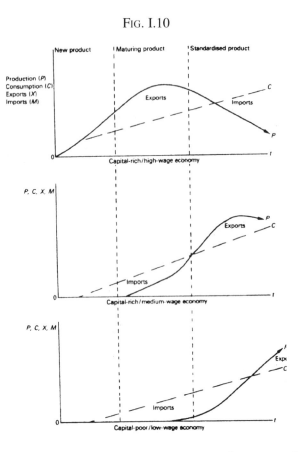

agora para outros sectores, como por exemplo para a indústria automóvel[51].

---

[51] Aos modelos que acabamos de descrever pode adicionar-se o modelo de Hufbauer (1966) considerando, em acréscimo ao modelo de Posner e na linha do modelo de Vernon, a influência que um elevado nível de salários deverá ter na procura de novos processos de produção menos utilizadores de trabalho, e além disso a influência que economias de escala (a que nos referiremos no próximo número) no país inovador podem ter no sentido de ser maior o intervalo de imitação no segundo país; ou ainda o modelo de Hirsch (1967), pressupondo que a inovação surja em países mais dotados de 'trabalho qualificado' (cfr. Roque, Fontoura e Barros, 1990).

Com uma descrição e uma apreciação de explicações tecnológicas ver os artigos inseridos em Vernon, ed. (1970).

3.1.3.2. *Economias de escala*

A existência de economias de escala pode levar também ao comércio internacional, neste caso independentemente de haver diferentes dotações de factores e de haver alguma inovação tecnológica.

Sendo indiferente, por não se verificar nenhuma destas circunstâncias, que um país se especialize num dos produtos (por exemplo em A) e o outro no outro produto (por exemplo em B), pode acontecer todavia que produzindo cada um dos países os dois bens nunca chegue a ser atingida a escala que lhes permitiria produzir com custos médios mais baixos[52]: escala essa que já poderá ser atingida com a especialização de cada um em apenas um dos bens, produzido para o mercado conjunto dos dois países.

Trata-se de possibilidade e vantagem que podem ser vistas na fig. I.11[53].

FIG. I.11

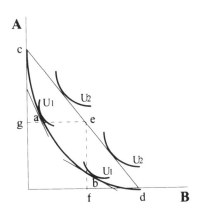

---

[52] Sobre as reduções de custos que podem ser proporcionadas pelas economias de escala ver por ex. J. T. Ribeiro (1959, pp. 297-305).

[53] Constituindo excepção, com uma curva convexa em relação à origem, à figuração comum – côncava – das curvas de possibilidades de produção: ver *infra* o número 3 do Anexo I.A (designadamente a n. 5 p. 91).

Num diagrama de equilíbrio parcial a existência de economias de escala

Sem especialização (sem comércio internacional), no país I produzir-se-ia no ponto *a* e no país II no ponto *b*, atingindo-se as curvas de indiferença (U_1) tangentes a esses pontos.

Com a especialização do país I no bem A e do país II no bem B, admitindo que se dá uma especialização total (não tem de ser necessariamente assim) os bens passam a ser trocados pela relação de preços internacionais representada pela recta *cd* e são atingidas curvas de indiferença no consumo mais afastadas da origem (por ex. U_2), ou seja, situações mais elevadas de bem-estar[54-55].

---

exprime-se através de uma curva de custos médios de inclinação geralmente decrescente (fig. I.12):

FIG. I.12

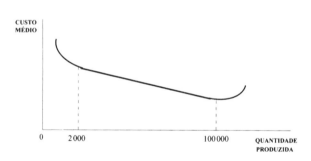

[54] Embora tenha tido agora um aumento assinalável de popularidade, com o afastamento do pressuposto clássico e neo-clássico dos rendimentos de escala constantes, pode reportar-se já a Ohlin (1931) a explicação do comércio internacional pela existência de economias de escala (podendo todavia economias de escala internas levar a situações de monopólio, oligopólio e concorrência monopolista justificando antes, na perspectiva de alguns autores – a que nos referiremos em II.4.2.1 – intervenções proteccionistas).

[55] Conforme referimos já atrás (n. 46 p. 54), a procura da explicação do comércio internacional de um país pelo lado da oferta pode ser feita testando uma versão alargada do teorema de Heckscher-Ohlin, com o afastamento de algum(ns) dos pressupostos do modelo inicial ou mesmo da teoria (dando lugar, em alguns casos, à elaboração das teorias mais recentes que acabámos de expôr).

Assim fizeram Roque, Fontoura e Barros (1990) em relação ao caso português (referindo testes feitos em outros países europeus ver por ex. Mucchielli, 1987,

3.2. Determinantes do lado da procura

Tanto a teoria clássica como a teoria neo-clássica pressupunham identidade dos gostos dos consumidores (bem como homogeneidade dos produtos): pressuposto este que, sendo afastado, abriu caminho para explicações do comércio internacional pelo lado da procura.

Da possibilidade de, sendo as curvas de possibilidades de produção iguais em dois países, diferenças nas preferências dos consumidores justificarem o comércio internacional, pode ser-nos dada uma imagem através de um diagrama de equilíbrio geral, como o da fig. I.13:

---

pp. 210-62), num desenvolvimento mais recente de testes vários feitos por Courakis e Roque (ver por ex. 1989), com o modelo:

$$(X-M)_i = a_0 + a_1 K_i + a_2 LU_i + a_3 LS_i + a_4 ES_i + a_5 TC_i + a_6 TCL_i$$

em que a variável explicanda (X-M) é o saldo líquido das exportações menos as importações e, entre as variáveis explicativas, a_0 a a_6 (j = 1, ... 6) são parâmetros, i é a i-ésima indústria, K o estoque de capital físico, LU o trabalho não qualificado, LS o trabalho qualificado, ES uma variável indiciária de economias de escala/concentração industrial, TC um indicador de tecnologia e TCL um indicador da tecnologia no país 'inovador' do qual se imita (percentagem aí – EUA – de cientistas e engenheiros no emprego total) (considerando no modelo também a intervenção proteccionista ver Courakis, Roque e Fontoura, 1991).

Correspondendo em boa medida ao que seria de esperar, os autores apuraram que entre 1973 e 1982 Portugal terá tido desvantagem comparativa em produtos de indústrias capital-intensivas, com grande intensidade de trabalho semi-qualificado e com grandes economias de escala (grandes *ratios* de concentração), mas vantagem comparativa em indústrias com grande intensidade de trabalho não qualificado bem como, com a desagregação agora feita, em sectores de mais rápida adaptação (imitação) tecnológica (ultrapassa-se assim alguma perplexidade suscitada pelo modelo que referimos na nossa ed. anterior, 1991, p. 63, dando-nos vantagem "em indústrias com altos índices de influência tecnológica").

Com a consideração da problemática geral da medição dos factores de vantagem comparativa ver a obra de Leamer (1987).

FIG. I.13

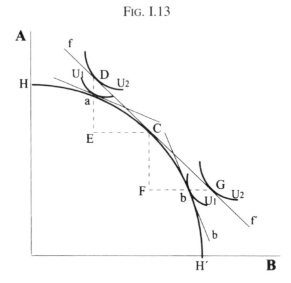

Estando as economias fechadas as preferências dos consumidores têm que se exprimir em pontos de tangência das curvas de indiferença no consumo (U_1) com as curvas (iguais) de possibilidades de produção: na figura, o ponto *a* para o país I e o ponto *b* para o país II.

Com a abertura ao comércio, através da relação de preços internacionais expressada pela linha *ff'* já é possível atingir curvas de indiferença no consumo mais afastadas da origem (por ex. as curvas U_2, tangentes no ponto D e no ponto G), sendo os triângulos do comércio, no pressuposto de que os dois países produzem a mesma quantidade de A e de B, de ECD para o país I e de FGC para o país II (por exemplo, o primeiro exportando EC de B e importando DE de A).

3.2.1. *Explicação pela 'sobreposição de procuras' (Linder)*

Num artigo de 1961 Linder veio chamar a atenção para que a níveis diferentes de rendimento *per capita* deverão corresponder tipos de consumo diferentes, sendo de esperar que nos países com níveis de rendimento mais altos sejam procurados bens de melhor qualidade e que nos países com rendimentos mais baixos sejam procurados bens de pior qualidade.

Diz-nos além disso Linder que é de esperar que a produção de cada país tenda a corresponder, pelo menos no início, à procura que nele é feita, sendo naturalmente maior aqui a probabilidade de colocação dos produtos: tendendo por isso os países de menor rendimento a produzir bens de pior qualidade e os países com maior rendimento a produzir bens de melhor qualidade (e desenvolvendo-se, assim, uma especial aptidão para essas produções, justificando-se, também por isso, que passem a exportá-las)[56].

Acontece todavia que em certos níveis haverá sobreposições, havendo pessoas de países de maior rendimento que procurarão bens de qualidade inferior (com correspondência na produção de países mais pobres), por um lado, e por outro pessoas de países com menor rendimento que procurarão bens de qualidade melhor (com correspondência na produção dos países mais ricos).

Trata-se de sobreposições que podem ser vistas na fig. I.14.

FIG. I.14

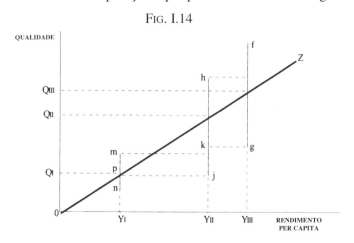

Fonte: Greenaway (1983, p. 25)

---

[56] Linder limitou a sua teoria – conhecida igualmente por *spillover theory* – à explicação do comércio de produtos industriais, devendo aplicar-se a explicação neo--clássica aos produtos primários.

Sendo o país III o país com o rendimento *per capita* mais elevado, Y_{III}, há nele preferência por bens de melhor qualidade, considerados na figura entre f e g; sendo já de qualidade inferior, situados entre h e j, os bens procurados pelos habitantes do país II, com um rendimento *per capita* de nível intermédio, Y_{II}. Não deixa todavia de haver alguma sobreposição, de hk, tal como, por razões similares, há uma sobreposição entre as procuras do país II e do país I no intervalo mp (podendo ainda na realidade – não no exemplo da figura – haver alguma sobreposição entre as preferências do país III e do país I).

Da existência destas sobreposições é que resultaria o comércio internacional, ficando todavia por explicar se, quando se verificam, o bem deverá ser produzido no país mais rico ou no país mais pobre (ou ainda, naturalmente, no país – ou nos países – de nível intermédio).

Por outro lado, trata-se de uma explicação que terá valor para uma primeira fase e em casos de imperfeições do mercado, quando é naturalmente mais seguro o escoamento dos produtos junto dos consumidores do próprio país. Mas já a médio prazo e não havendo dificuldades no comércio internacional será de esperar uma especialização entre os países de acordo com as vantagens comparativas do lado da oferta: devendo por exemplo os consumidores de um país com preferência por produtos de alta qualidade procurar estes produtos num país mais pobre se forem produzidos aqui em melhores condições (de qualidade ou/e preço).

3.2.2. Explicação pela 'diferenciação de atributos' (Lancaster)

Também com esta explicação há um afastamento do pressuposto da homogeneidade dos produtos, havendo além disso diferença no modo como em cada um dos países os produtos são valorizados.

Repetindo o exemplo dado pelo próprio Lancaster (1966), podemos considerar dois tipos de automóveis, um deles caracterizado pelo 'baixo consumo' de combustível e o outro pelo 'espaço oferecido', admitindo que num dos países (seria o caso de Portugal) fosse privilegiado o primeiro e no outro (seria o caso dos EUA) o segundo dos atributos referidos.

Tanto os atributos como o modo como se situam as preferências podem ser vistos num diagrama (fig. I.15), representando no eixo vertical o atributo 'baixo consumo' (notado por *a*) e no eixo horizontal o atributo 'espaço oferecido' (notado por *b*) e sendo a preferência, diferente em cada um dos países, representada por diagonais com inclinações diferentes: correspondendo a diagonal I à situação em Portugal e a diagonal II à situação nos EUA.

Privilegiando-se no país A o atributo *a*, na linha do que vimos em relação à posição de Linder tenderá a produzir-se aí o bem com o atributo preferido; e, pelo contrário, no país B o bem com o atributo *b*. Tratar-se-á, todavia, de uma correspondência inicial que só se manterá se houver dificuldades no comércio internacional; pois, não sendo assim, os consumidores de cada país não deixarão de ir buscar o bem ao país em que, por razões do lado da oferta, o consigam em melhores condições[57].

FIG. I.15

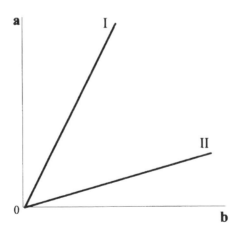

---

[57] Em acréscimo às obras já referidas, sobre a problemática das explicações do comércio internacional ver ainda os livros de Porter (1980, 1985 e 1990 e, considerando o caso português, 1994).

3.3. O comércio intra-sectorial

3.3.1. Noção, significado e medição

As teorias do comércio internacional, de que demos uma resenha nos números anteriores, foram elaboradas no presssuposto da especialização dos países em bens diferentes: tendo por exemplo um deles vantagem comparativa na produção de vinho e o outro na produção de tecidos (recordando de novo o exemplo de Ricardo). Com a abertura de fronteiras, a nível regional (v.g. europeu) e por maioria de razão a nível mundial, seria de esperar que se acentuasse tal tendência, com o aumento do relevo ou o desaparecimento de sectores, consoante os países tivessem ou não vantagem comparativa nas produções em causa, e os consequentes ajustamentos sectoriais (v.g. com a necessidade de se deslocar mão-de-obra para os sectores que se mantivessem).

Constituiu por isso uma surpresa agradável a constatação, designadamente no seio da CEE, de que os países não têm vindo a especializar-se em sectores diferentes, verificando-se antes, ao longo das últimas décadas, o crescimento sensível do relevo do comércio intra-sectorial[58], com a manutenção ou mesmo o aumento simultâneo das exportações e das importações de cada sector (exportando-se e importando-se automóveis, tecidos, produtos químicos, etc.)[59].

---

[58] Ou intra-ramo (por exemplo ver Dias, 1996). Mas mesmo em Portugal será mais comum a designação de 'comércio intra-industrial', na tradução à letra da designação inglesa *intra-industry trade* (IIT, iniciais pelas quais é designado – assim temos feito nós – na generalidade dos textos). Tratando-se todavia de situação verificável e relevante em todos os sectores é mais correcto designá-la por comércio intra-sectorial ou intra-ramo. Nesta linha, em França costuma ser designado como *commerce intra-branche* (cfr. Mucchielli, 1987, cap. 8).

Além do comércio intra-sectorial de produtos acabados tem vindo a assumir um relevo crescente o comércio intra-sectorial de bens intermediários (v.g. em sub-contratação, de enorme relevo por exemplo nas indústrias automóvel e electrónica, com componentes feitos em diferentes países): com implicações importantes a vários propósitos (e tendo chamado a atenção para a conveniência de medir a protecção efectiva: ver *infra* II.2.2).

[59] A evolução referida tem-se constatado de um modo muito especial nos espaços de integração, conforme se verificou não só com a CEE (ver Balassa, 1974, Grubel

Trata-se todavia, compreensivelmente, de tendência com um limite, havendo aliás mesmo a partir de determinado momento algum retrocesso: nítido em alguns países da União Europeia, como veremos (em I.3.3.2.1.), devido talvez ao reforço do aproveitamento de economias de escala por empresas multinacionais (cfr. Brülhart, 1995a).

Na procura da explicação da constatação feita chegou a pensar-se que estivesse em causa um problema de agregação, dado que se procedia aos cálculos com base em sectores muito agregados, incluindo produtos com qualidades claramente diferentes. Procedendo-se à análise com uma maior desagregação, considerando-se cada espécie (por ex. no sector têxtil) como um produto distinto, chegar-se-ia talvez já a valores diversos, mostrando antes uma acentuação do comércio inter-sectorial.

Análises mais desagregadas (dentro do que seria razoável) não deixaram todavia de confirmar o relevo e o incremento do comércio intra-sectorial. Mas mesmo uma especialização entre produtos do mesmo sector não levanta já os problemas de reajustamento que se recearam no início, sendo por exemplo bem mais fácil deslocar trabalhadores da produção de um determinado produto têxtil para a produção de outro produto desse sector e podendo, tanto um como o outro, ser colocados no mercado através das mesmas redes de comercialização. Não deixa de verificar-se, pois, a consequência favorável reconhecida à existência do comércio intra-sectorial (ver *infra* I. 3.3.3).

---

e Lloyd, 1975 e Kreinin, 1979; sendo a evolução mais recente referida *infra*, pp. 76-7) como também com a Zona de Comércio Livre Latino-Americana, com o Mercado Comum da América Central (sobre este dois casos ver Balassa, 1979), com a Comunidade Andina (Reinoso, 1996), com a Associação das Nações do Sudeste Asiático, ASEAN (Ezram e Laird, 1984) e com os países que fazem agora parte do MERCOSUL (Behar, 1991, Lucángeli, 1993, Trogo, 1995, Terra, Nin e Oliveras, 1995, Fernandez e Pereyra, 1997 e Calfat, 1997) (a evolução em Portugal será vista em I. 3.3.2.2).

Os resultados recentes do Projecto SPES, envolvendo 11 Universidades, entre elas a de Coimbra, passaram a constituir o contributo mais alargado para a análise do comércio intra-sectorial na União Europeia (tendo sido publicados pela Macmillan, em ed. de Brülhart e Hine, 1999, mas constando versões anteriores de alguns deles, casos de Brülhart e Elliot e de Porto e Costa, de uma edição do Curso de Estudos Europeus,1996).

Mais recentemente tem vindo a distinguir-se entre o comércio horizontal (*horizontal intra-industry trade, HIIT*) e o comércio vertical (*vertical intra-industry trade, VIIT*), consoante se trate de bens semelhantes (v.g. tendo preços unitários semelhantes os bens que se exportam e os bens que se importam) ou diferenciados, procurando-se saber, neste segundo caso, se os bens exportados são de melhor ou pior qualidade do que os importados.

Com o conhecimento do comércio intra-sectorial admitiu-se que ficassem em causa as explicações do comércio internacional pelo lado da oferta, ficando em aberto apenas as explicações pelo lado da procura. Não parece todavia que assim aconteça, verificando-se que em especial quando se trata de produtos diferenciados (mas não só neste caso) poderá haver funções de produção muito diferentes, justificando uma repartição da especialização nos termos analisados pelas explicações do comércio do lado da oferta. Trata-se de especialização que, por outro lado, pode encontrar explicação em estratégias seguidas em mercados sem ser de concorrência perfeita, na lógica dos modelos a que nos referiremos em II.4.2.1 (desenvolvidos por autores que, conforme adiantámos já no final de I.2.2, julgam justificar-se assim o estabelecimento de restrições do comércio)[60].

---

[60] Procurando fazer uma síntese das determinantes do comércio intra-sectorial ver Grimwade (1989, cap. 2), Clive Hamilton e Kniest (1991) e Tharakan e Calfat (1996), bem como os estudos já referenciados: sendo claro designadamente que não está em causa apenas uma questão de agregação e diferenciação correcta dos sectores.

Na procura das razões explicativas e dos efeitos do comércio intra-sectorial importará correlacionar as variáveis postas como hipóteses com as mudanças verificadas, medindo-se para tanto o comércio intra-sectorial marginal (*marginal intra-industry trade*, MIIT): ver Brüllhart (1999).

Sobre as ligações do comércio intra-industrial ao investimento estrangeiro (v.g. em estratégias de empresas multinacionais) ver por ex. Grimwade (1989, cap. 3) e as referências aqui feitas.

A medição do comércio intra-sectorial pode ser feita através da fórmula[61]:

$$Bj = \left[1 - \frac{Xj-Mj}{(Xj + Mj)} \right] \cdot 100$$

em que Xj e Mj representam as exportações e as importações de cada sector, respectivamente; aproximando-se Bj de 100 quando é mais significativo o comércio intra-sectorial (aproximando-se Mj de Xj) e de 0 quando é mais significativo o comércio inter-sectorial (quase só se exportando ou importando de cada um dos sectores).

3.3.2. Expressão actual

3.3.2.1. Nos países da OCDE

Do relevo geral do comércio intra-sectorial nos países da OCDE é-nos dada uma imagem pelo quadro seguinte (I. 4).

---

[61] Foi a fórmula utilizada por Grubel e Lloyd (1975), como simplificação da fórmula:

$$Bj = \frac{(Xj+Mj) - (Xj-Mj)}{(Xj + Mj)} \cdot 100$$

Autores que se seguiram criticaram esta fórmula, utilizando nas medições outras julgadas mais correctas (v.g. mais realistas): casos de Aquino (1978) e Bergstrand (1983) (ver já antes Balassa, 1974).

Em acréscimo a estes ver os contributos inseridos em Giersch, ed. (1979), Tharakan, ed. (1983) e Greenaway e Tharakan, ed. (1986), bem como o livro de Greenaway e Milner (1986).

QUADRO I. 4
Comércio intra-sectorial (indústria transformadora)

Países	Ano	Total	OCDE	OCDE-Europa	Não OCDE
Alemanha	1964	45	52	55	12
	1970	54	61	67	15
	1980	59	68	73	22
	1991	68	76	81	29
Austria	1964	43	48	50	14
	1970	49	55	57	20
	1980	58	66	69	17
	1991	63	68	72	30
Bélgica/ /Luxemb.	1964	49	53	58	16
	1970	53	57	61	20
	1980	59	63	66	27
	1991	68	70	73	49
Dinamarca	1964	43	46	48	10
	1970	50	54	57	10
	1980	55	61	64	13
	1991	57	62	66	18
Espanha	1964	17	18	19	11
	1970	27	30	36	10
	1980	40	49	56	9
	1991	55	59	64	26
Finlândia	1964	15	15	17	12
	1970	27	31	33	8
	1980	35	42	45	13
	1991	43	48	53	19
França	1964	52	64	71	9
	1970	58	68	74	12
	1980	62	73	79	19
	1991	68	75	81	33
Grécia	1964	6	6	6	11
	1970	11	11	13	13
	1980	13	14	17	12
	1991	21	21	23	26

Países	Ano	Total	OCDE	OCDE-Europa	Não OCDE
Holanda	1964	54	57	60	21
	1970	60	63	66	24
	1980	63	68	71	23
	1991	69	74	78	40
Irlanda	1964	27	28	29	12
	1970	35	35	37	26
	1980	50	52	57	19
	1991	52	54	55	23
Itália	1964	46	55	62	10
	1970	49	58	66	14
	1980	48	56	60	18
	1991	55	60	63	35
Portugal	1964	15	18	19	4
	1970	19	21	23	8
	1980	29	30	40	16
	1991	39	40	42	18
R.Unido	1964	36	45	57	14
	1970	44	55	67	17
	1980	55	65	71	31
	1991	68	75	80	45
Suécia	1964	48	53	56	7
	1970	54	60	64	10
	1980	57	65	70	12
	1991	60	65	70	19
Islândia	1964	1	1	2	0
	1970	3	3	3	1
	1980	6	6	6	1
	1991	5	5	6	2
Noruega	1964	28	31	34	6
	1970	41	43	47	14
	1980	34	41	45	10
	1991	43	44	48	39
Suíça	1964	42	47	50	10
	1970	46	51	55	11
	1980	54	61	65	18
	1991	56	61	65	27

Países	Ano	Total	OCDE	OCDE-Europa	Não OCDE
Turquia	1964	2	2	3	1
	1970	4	4	4	7
	1980	6	5	5	9
	1991	18	16	18	23
Canadá	1964	27	29	25	5
	1970	44	46	29	6
	1980	47	50	35	12
	1991	52	56	40	16
Est. Unidos	1964	25	35	47	8
	1970	36	43	45	16
	1980	38	48	57	22
	1991	47	53	63	36
Japão	1964	15	22	32	6
	1970	20	29	40	7
	1980	19	27	35	11
	1991	31	35	39	24
Austrália	1964	7	6	7	15
	1970	9	8	8	13
	1980	15	13	10	25
	1991	18	16	16	24
N. Zeland.	1964	2	2	1	8
	1970	7	6	2	15
	1980	15	14	6	19
	1991	23	24	11	19

Fonte: OCDE (1994a, pp. 114-5).

Vê-se que é muito diferente o nível do comércio intra-sectorial de país para país (mesmo entre países da OCDE), variando também consoante o espaço em relação ao qual é considerado.

Como nota geral pode notar-se a tendência para ser maior nos países da União Europeia e da EFTA (é excepção a Islândia), seguindo-se os países da América do Norte e por fim o Japão, a Nova Zelândia, a Austrália, a Turquia e a Islândia. Por outro lado é maior em relação aos demais países das áreas geográficas de que fazem parte (que estão mais perto) e ainda em geral em relação aos demais países da OCDE, ou seja, em relação a países com estruturas económicas mais próximas (é em alguma medida excepção o caso da Turquia)[62].

Trata-se além disso de um comércio que se foi acentuando ao longo dos anos. Mas conforme se adiantou já análises mais recentes mostram que na Europa, particularmente no comércio intra-UE de produtos industriais, depois de se ter chegado a um certo limiar se verificou estagnação ou mesmo inversão da tendência, com alguma recuperação de relevo do comércio inter-sectorial (fig. I.16).

FIG. I.16
Comércio intra-industrial na União Europeia: 1961-92, por países

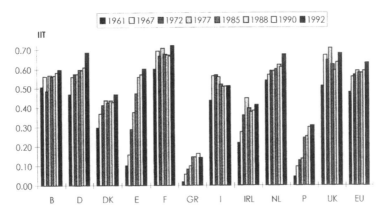

Fonte: Brülhart e Ellitot (1999, p. 107, considerando os produtos industriais, com o índice Grubel-Lloyd, G-L, não ajustado))

Nota-se claramente uma tendência para a estabilidade a partir de 1967-72[63]. Como seria de esperar, dado que partiram de níveis muito mais baixos e continuam aquém dos demais, a progressão

---

[62] Com uma desagregação maior dos países em relação aos quais foi medido o comércio intra-sectorial veja-se o quadro original (OCDE, 1994a, loc. cit.).

[63] Consideram todavia Brülhart e Elliot (1999, p. 113) que "it must be suspected that at least part of the detected stagnation in IIT growth had been caused by changes in the compilation of trade statistics. It would certainly be permature to diagnose a general reversal of the upward trend in IIT". Mas haverá um limiar que não será ultrapassado...

continua a ser especialmente grande na Grécia, em Portugal e em Espanha (recorde-se do quadro I.4).

Trata-se de qualquer modo de relevo muito maior para os produtos industriais do que para os produtos do sector primário (Fig. I. 17).

FIG. I.17
Comércio intra-sectorial na UE: 1961-92, por sectores
(Índice G-L)

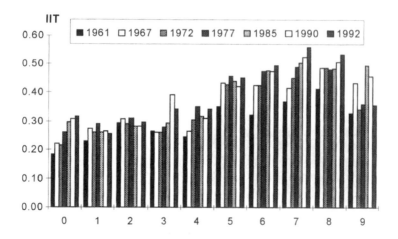

Fonte: Brülhart e Elliot (1999, p. 109). Os sectores considerados (a um dígito na Standard International Trade Classification, SITC) são: 0, alimentação e animais vivos; 1, bebidas e tabaco; 2, matérias-primas; 3, combustíveis minerais; 4, óleos animais e vegetais; 5, produtos químicos; 6, produtos industriais classificados principalmente por materiais; 7, máquinas e material de transporte; 8, produtos industriais diversos e 9, bens não especificados. São pois do 'sector' primário os sectores 0 a 4 e do secundário (indústria transformadora) os sectores 5 a 8.

3.3.2.2. Em Portugal

A evolução geral do comércio intra-sectorial no nosso país pode ser vista na fig. I.18, mostrando também o seu maior relevo para os produtos industriais:

FIG. I.18
(Comércio total (índice G-L)

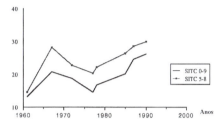

Fonte: Porto e Costa (1999, p. 243)[64]

São todavia muito diferentes as evoluções verificadas em relação a países membros e em relação a países não membros da União, conforme pode ver-se nas figuras I.19 e I.20.

FIG. I.19
Comércio intra-sectorial com os países da União Europeia (UE)

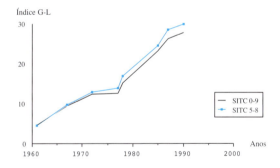

Fonte: Porto e Costa (1996, p. 149)

---

[64] Antes do nosso estudo há a referir a medição do comércio intra-sectorial em Portugal feita por Chouzal (1992), sendo mais ou menos contemporâneos do nosso os estudos de Faustino (1995), Africano (1995 e 1996), Corado (1996) e Dias (1996). O país tem sido além disso considerado em estudos gerais medindo o comércio intra-sectorial em vários países (casos de Aquino, 1978, Havrylyshyn e Civan, 1983, Buigues, Ilzkovitz e Lebrun, 1990, Greenaway e Hine, 1991, OCDE, 1994a, cit., Brülhart, 1995b e Brülhart e Elliot, 1999).

FIG. I.20
Comércio intra-sectorial com países terceiros à UE

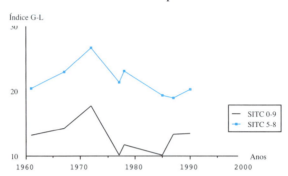

Fonte: Porto e Costa (1996, pp. 149-150)

É bem nítida a diferença verificada, crescendo em relação aos demais países da UE e tendo alguma quebra em relação a terceiros[65].

Houve aliás mesmo uma inversão de posições: sendo até 1977 o comércio intra-sectorial com países da União menor do que com países terceiros; mas desde então, por certo com a aproximação das economias, passou a ser mais importante o papel dos países da UE (sendo em 1990 de 41,8%em relação aos países da UE e de 26,1% em relação aos países terceiros).

Uma primeira indicação da evolução sectorial verificada é-nos já dada pelas figuras I.16 a I.18, distinguindo a produção industrial da totalidade da produção (os sectores 5 a 8 do conjunto dos sectores).

Com uma maior desagregação pode ver-se a fig. I.21.

---

[65] Embora Portugal seja membro da UE (da CEE) apenas desde 1986 há que ter presente que já desde 1972 temos um acordo de comércio livre (renegociado em 1976) e alguns dos países membros tinham sido parceiros nossos na EFTA (o que levou, num caso e no outro, à liberalização do comércio da generalidade dos produtos industriais).

Procurando ver-se se a evolução do comércio intra-sectorial estará ligada à evolução da política comercial em Portugal, a comparação da fig. I.16 com a fig. I.3 (*supra* p. 32) aponta no sentido de o primeiro aumentar nos períodos de maior liberalização (até aos anos 70 e a partir dos anos 80) e diminuir quando há maior proteccionismo (nos anos 70): cfr. Porto e Costa (1999, pp. 246-7).

FIG. I.21
Comércio total (índice G-L)

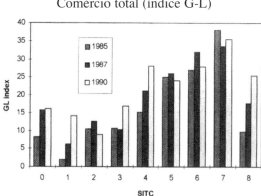

Fonte: Porto e Costa (1999, p. 243)

Pode notar-se que enquanto os valores dos sectores 5, 6 e 7 (produtos industriais) pouco subiram desde 1985 (subiu muito apenas o do sector 8), os valores dos sectores 0 a 4 (produtos primários) tiveram desde então subidas maiores (foi excepção o sector 2): o que encontra explicação na circunstância de só para estes sectores a integração na União Europeia ter trazido algo de substancialmente novo, tratando-se de sectores que não haviam sido considerados nem na EFTA nem nos acordos comerciais com a CEE de 1972 e 1976, promovendo a liberalização apenas de produtos industriais [66].

---

[66] Procurando ver ainda se no nosso país tem prevalecido o comércio horizontal (HIIT) ou o comércio vertical (VIII) (recorde-se da p. 71) constatámos, como seria talvez de esperar, que são de melhor qualidade (*v.g.* de preço mais elevado) os bens importados do que os bens exportados no comércio com os demais países da UE, verificando-se a situação inversa no comércio com terceiros países (ainda aqui como consequência da melhor qualidade dos produtos primários, aliás também de melhor qualidade no comércio com os demais países da UE, mas com um peso insuficiente para se alterar a situação geral de desvantagem portuguesa): cfr. de novo Porto e Costa (1999, pp. 244-6).

3.3.3. A especialização e o ajustamento das economias

Com a constatação do relevo do comércio intra-sectorial não se confirmou, pois, o receio que havia acerca do desaparecimento de determinados sectores como consequência da abertura de fronteiras, levantando problemas delicados de reafectação de recursos, designadamente de mão-de-obra. O que contribuiu, naturalmente, para que não tenham vindo a verificar-se reacções mais desfavoráveis a tal propósito.

Tendo tido a preocupação de saber se seriam de facto menores os problemas de ajustamento na economia portuguesa, na análise a que procedemos (ver mais uma vez Porto e Costa, 1996, agora pp. 155-9) constatámos que têm sido mais favoráveis os efeitos de criação de emprego e crescimento em sectores com níveis mais elevados de IIT (e IIS, substituição intra-sectorial, nas iniciais de *intra-industry specialisation*). Para além disso, e com maior significado (recorde-se n. 60, p. 72), pudemos constatar que assim aconteceu em maior medida em sectores com maior *acréscimo* do comércio intra-sectorial (*marginal intra-industry trade*, MIIT), v.g. relativamente ao acréscimo do comércio inter-sectorial[67].

Deve ver-se favoravelmente, pois, a tendência também verificada no nosso país com o acréscimo do IIT; o que não significa, naturalmente, que possam deixar de ser tomadas as medidas de ajustamento indispensáveis num período de transição como o actual.

---

[67] Com a síntese dos resultados apurados em relação aos demais países ver de novo Brülhart e Elliott (1999).

ANEXO I.A

**A PROBLEMÁTICA DA AFECTAÇÃO ÓPTIMA
DOS RECURSOS**

Havendo escassez (ou raridade) da generalidade dos bens de que carecemos, no cerne da economia está um problema de afectação de recursos [1], tanto para produção (v.g. através da afectação dos factores, também escassos, necessários para a obtenção dos bens produzidos) como para consumo. Trata-se de problemática que pode ser analisada através de diagramas de equilíbrio geral, mostrando quais são as combinações óptimas que podem ser atingidas.

Além de se colherem assim indicações de índole teórica, fornecendo a explicação dos fenómenos, colhem-se indicações de política económica, com a sugestão do que deve ser feito para se chegar às afectações mais eficientes (podendo servir de base ainda, naturalmente, para a formulação de juízos de valor acerca das afectações existentes ou a promover).

Embora nos exemplos que vamos dar nos coloquemos num plano micro-económico, das escolhas dos indivíduos – produtores e consumidores – a problemática em causa coloca-se tanto a este nível como a nível colectivo, da produção e do consumo globais. Trata-se além disso de opções que se põem em qualquer sistema económico, capitalista ou socialista, de mercado ou de direcção central: em cada um deles resolvidas por entidades diversas, usando processos e motivações diferentes, mas tendo sempre de se optar e devendo as combinações feitas aferir-se pelos mesmos critérios de eficiência [2].

---

[1] Na definição de Robbins (1937) a economia é precisamente a ciência que se ocupa da problemática da afectação de recursos escassos e de emprego alternativo em finalidades de desigual importância (cfr. J. T. Ribeiro, 1981 e Porto, 2000a).

[2] Problema diferente, durante muito tempo objecto de discussões, é o de saber em que sistema, capitalista ou socialista, de mercado ou de direcção central, será mais provável ou mesmo possível que se atinja o objectivo desejado de afectação óptima dos recursos (na discussão 'clássica' distinguiram-se Von Mises, 1920 e 1938 e Von Hayeck, 1935, 1940 e 1944, por um lado, e Dickinson, 1933, Dobb, 1933 e 1969, cap. 9, Lange, 1936-7 e 1938 e Lerner, 1944, por outro; com apreciações recentes desta polémica cfr. J. T. Ribeiro, 1991, Richter, 1992 e Stiglitz, 1994-5; ver ainda, com as exposições diagramáticas do texto, Bator, 1957 e por ex. Heller, 1973, Apendice, pp. 217-31).

1. Em relação à produção, devemos começar por ver como se põe o problema da utilização de dois factores – por exemplo o capital e o trabalho – que o produtor pode utilizar alternativamente, em maior ou menor medida, para se chegar a cada nível de produção.

No diagrama (da fig. I.A.1) um dos factores, o capital (K), é representado no eixo vertical (ou das 'ordenadas') e o outro factor, o trabalho (L), no eixo horizontal (ou das 'abcissas'). Cada nível de produção é por seu turno representado por uma curva de igual quantidade de produção (de 'isoquanta'), atingível com diversas combinações de factores.

FIG. I.A.1

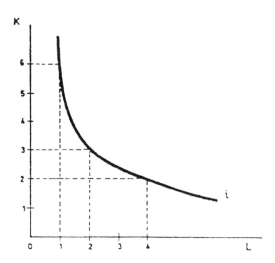

Vê-se, assim, que o produtor pode utilizar mais (menos) capital ou mais (menos) trabalho para produzir cada quantidade do produto. Por exemplo, a quantidade i (inicial da palavra 'isoquanta') pode ser produzida com a utilização de 6 unidades de capital e 1 de trabalho, 3 unidades de capital e 2 de trabalho ou 2 unidades de capital e 4 de trabalho.

Qualquer ponto mais afastado da origem só seria atingível com a disponibilidade e a utilização de mais capital, de mais trabalho ou dos dois factores simultaneamente, ou então com progresso técnico ou de gestão proporcionador de um aumento de eficiência na produção, tirando melhor partido da utilização dos factores existentes. Não se verificando nenhuma destas circunstâncias (que não podem aliás alterar-se de um momento para o outro), não pode ser atingido nenhum ponto mais longínquo, correspondendo a isoquanta *i* ao máximo aproveitamento dos recursos disponíveis. Inversamente, a produção num ponto mais próximo da origem corresponde a uma ineficiente utilização dos recursos e da técnica existentes, capazes de proporcionar um quantitativo maior.

A configuração da curva, convexa relativamente à origem, corresponde à hipótese mais provável na realidade de haver uma taxa de substituição (custo de oportunidade) decrescente, ou seja, de à diminuição na utilização de um factor ter de corresponder um aumento progressivamente maior na utilização do outro. Embora os factores de produção sejam em boa medida substituíveis, por um lado umas unidades de factores serão mais eficientes do que as outras para a produção de cada bem e, por outro, para a produção de cada bem haverá uma combinação de factores mais adequada do que outras. A título de exemplo, por muito que se vá mecanizando uma produção, utilizando cada vez mais capital, ir-se-á aproximando uma situação em que será muito difícil substituir eficientemente algum trabalho que se torna sempre necessário. Cada unidade a menos de trabalho terá de ser substituída por isso por cada vez mais unidades de capital. Inversamente, e por motivos similares, caminhando-se para um processo mais trabalho-intensivo cada unidade a menos de capital terá de ser substituída por cada vez mais unidades de trabalho [3].

---

[3] Será pois meramente académica a hipótese de as 'curvas' de isoquanta serem rectas ou côncavas em relação à origem (correspondendo por exemplo, neste segundo caso, à situação irrealista de uma menor utilização do factor trabalho poder ser compensada com cada vez menos unidades de capital).

Não é além disso de esperar ou mesmo possível uma substituição completa dos factores: que, embora substituíveis, nunca deixam de ser em alguma medida complementares. A título de exemplo, por mais automatizada que esteja uma fábrica há-de haver pelo menos alguém para accionar os mecanismos 'automáticos'; e por mais primitivo que seja o processo produtivo não deixará de ser utilizado pelo menos algum instrumento ou equipamento de produção. Sendo assim, as curvas de iso-

2. Desta representação da utilização dos factores produtivos pode passar-se para a representação da curva de possibilidades de produção através de uma técnica que ficou a ser conhecida pelo nome dos seus introdutores (tendo-a introduzido, aliás, para a análise de um outro problema económico): a técnica da caixa de Edgeworth-Bowley (fig. I.A.2).

FIG. I.A.2

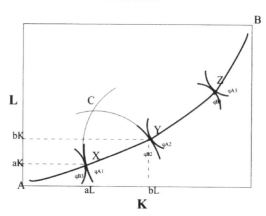

A produção do bem A (por ex. alimentos) é representada a partir da origem sudoeste e a produção do bem B (por ex. tecidos) é representada a partir da origem nordeste, num caso e no outro com a utilização dos factores trabalho e capital. Estes factores de produção, L e K, são fixos para o conjunto da economia (onde se dispõe de L na medida dos eixos verticais e de K na medida dos eixos horizontais), tendo mobilidade total, imediata e sem custos, entre as duas funções de produção.

Nos termos que vimos a propósito da fig. I.A.1, a partir da origem A podem traçar-se as isoquantas relativamente à produção

---

quanta não coincidirão nunca com o eixo horizontal, o que corresponderia a uma situação de nenhuma utilização de capital (aproximar-se-ão desta situação alguns casos de produção de serviços, por exemplo de advogados); e não coincidirão nunca com o eixo vertical, o que corresponderia a uma situação de nenhuma utilização de trabalho.

de alimentos, por exemplo qA_1, qA_2 e qA_3, correspondendo as isoquantas mais afastadas da origem a situações de maior produção, com uma maior utilização dos factores L e K. E as isoquantas na produção de tecidos, por exemplo qB_1, qB_2 e qB_3, são por seu turno representadas a partir da origem B, aplicando-se-lhes, simetricamente, o que acabou de se dizer das isoquantas de A.

A partir daqui é possível ver que a linha ligando todos os pontos de tangência das isoquantas, quando elas são convexas entre si, ou seja, a linha AXYZB (curva de contratação) é a linha de máxima eficiência na produção de ambos os bens, tendo designadamente em conta que esta máxima eficiência pressupõe que não fiquem factores (L ou K) por utilizar e que se trate de uma produção possível, ou seja, que não se trate de um caso em que a maior produção de um dos bens (A ou B) só pudesse ser feita à custa da renúncia à produção do outro.

Para ilustrar o primeiro pressuposto (da necessidade de aproveitamento completo dos factores) na figura pode ver-se que a produção em qualquer outro ponto, por exemplo em C, corresponderia a um desaproveitamento de factores de produção disponíveis. De facto, desejando-se uma produção qA_1 do bem A, tal corresponderia a uma produção de B na isoquanta qB_2 quando os recursos da economia permitiriam a produção de B na isoquanta qB_3. Inversamente, desejando-se uma produção de B na quantidade qB_2 a intersecção do ponto C corresponderia a uma produção de A na isoquanta qA_1, quando os recursos da economia permitiriam uma produção de A na isoquanta qA_2.

Por outro lado, na figura vê-se também que não pode ir-se além dessas combinações (segundo pressuposto). A título de exemplo, pretendendo produzir-se qA_2 do bem A, poderia desejar-se uma produção de qB_3 do bem B. Trata-se todavia de uma acumulação de produções que não seria possível na economia, dados os factores disponíveis: obrigando a uma dupla utilização do trabalho (entre aL e bL) e do capital (entre aK e bK), impossível uma vez que está a partir-se do princípio, obviamente, de que é feita uma utilização plena destes factores.

Vê-se pois que só uma produção na curva AXYZB corresponderá à máxima eficiência na utilização dos factores de produção existentes na economia.

3. A curva AXYZB é, assim, uma 'curva de possibilidades de produção'[4], transponível – é a curva HH – para um novo diagrama de dois eixos em que no eixo vertical se representa um dos produtos, os alimentos (A), e no eixo horizontal o outro produto, os tecidos (B) (fig. I.A.3).

FIG. I.A.3

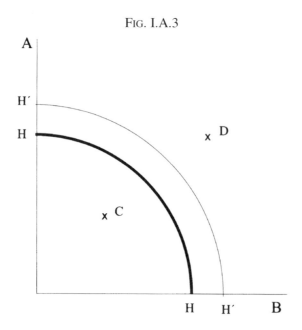

Trata-se agora de uma curva côncava relativamente à origem, denotando uma taxa marginal de transformação (custo de oportunidade) crescente: por se passar um limiar intermédio onde se verificaria de qualquer modo uma combinação de factores mais favorável ou por ser necessário começar a recorrer a factores (v.g. capital ou trabalho) menos adequados (por razões naturais ou de

---

[4] Pode chegar-se a esta curva não só a partir do diagrama de caixa de Edgeworth-Bowley, como se mostra no texto, mas também a partir do diagrama de Lerner-Pearce (cfr. por exemplo Krauss, 1979, pp. 1-12).

preparação prévia) para a produção do bem que passa a ser produzido em maior quantidade (estamos a considerar, pois, o caso provável a curto prazo de haver custos marginais crescentes – rendimentos decrescentes – na produção de qualquer dos bens). Sendo assim, por exemplo a afectação sucessiva de recursos à produção de B exigirá, para cada unidade a mais, medida no eixo horizontal, a renúncia à produção de volumes cada vez maiores de A, medidos no eixo vertical. O inverso se passa, naturalmente, quando se pretende produzir cada vez mais de A, tendo de renunciar-se à produção de quantidades cada vez maiores de B [5].

Com os recursos disponíveis é impossível uma produção para além da curva de possibilidades de produção, por exemplo em D. Pelo contrário, uma produção no interior da curva de possibilidades de produção, por exemplo em C (é o ponto C da fig. I. A. 2), é possível mas ineficiente, correspondendo a uma não utilização completa (v.g. quando há desemprego) ou a uma utilização por qualquer outra razão ineficiente dos factores de produção.

4. Temos assim a produção óptima mas no curto prazo, com base na dotação existente e no máximo aproveitamento então possível dos factores de produção. Já a médio prazo estas circunstâncias podem alterar-se (é aliás natural que se alterem), com o aumento da população activa e da sua qualificação, com novos investimentos, levando a uma maior quantidade e uma melhor adequação do capital ou ainda (trata-se de alterações que poderão verificar-se e em princípio se verificarão simultaneamente) com uma maior eficiência de gestão, permitindo uma melhor utilização dos factores de produção.

Sendo assim, pode chegar-se a médio prazo a uma curva de possibilidades de produção mais afastada da origem, como é o caso da curva H'H'.

---

[5] Também aqui (recorde-se a n. 3 p. 87) podem conceber-se 'curvas' com configurações diferentes, rectas ou convexas em relação à origem: neste caso com algum realismo quando está em causa a possibilidade de, através da produção de maiores quantidades, se beneficiar de economias de escala (rendimentos crescentes). Trata-se de hipótese a que nos referimos no texto entre as explicações do comércio (em I.3.1.3.2), com um relevo especial para a teoria das uniões aduaneiras (conforme veremos em III.3.2).

Deve notar-se aliás ainda que com o investimento se põe igualmente um problema de utilização de recursos escassos em empregos alternativos, correspondendo o investimento a uma renúncia a um maior consumo no presente. O próprio tempo é um factor escasso, nesta medida um bem económico, que pode ser utilizado em cada momento para consumir ou produzir, ou para ser utilizado em medidas diferentes no consumo ou na produção. Cada hora ou minuto que passa nunca se repetirá, relativamente a ele há que fazer as opções que só não têm que ser feitas em relação aos bens livres (ou exuberantes)[6].

5. Vista assim a problemática em relação à produção, podemos ver agora como ela se põe em relação ao consumo, através da técnica das curvas de indiferença.

Para tal recorremos mais uma vez a um diagrama de dois eixos, representando cada um deles um dos bens (A e B) que, num modelo simplificado, são postos em alternativa aos consumidores (fig. I.A.4).

Fig. I.A.4

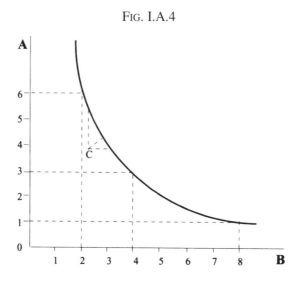

---

[6] Ainda em relação à escolha do local (ou locais) onde produzir se põem problemas que a economia tem de resolver, procurando a minimização dos custos e a máxima eficiência na utilização dos recursos.

Estando em causa (mantendo-se o exemplo) uma opção entre alimentos (A) e tecidos (B), qualquer ponto da curva de indiferença corresponde a uma satisfação exactamente igual: assim se explicando, pois, a designação da curva. A título de exemplo, para o consumidor é indiferente consumir 6 unidades de tecidos e 2 de alimentos, 3 unidades de tecidos e 4 de alimentos ou 1 unidade de tecidos e 8 de alimentos.

A possibilidade de se atingirem pontos mais afastados da origem, correspondendo a níveis mais elevados de satisfação, dependeria da existência de recursos mais avultados. Inversamente, pontos no interior da curva corresponderiam a uma satisfação inferior à possível com os recursos disponíveis. Relativamente a qualquer desses pontos, por exemplo relativamente ao ponto C, há na curva de indiferença pontos onde com o mesmo consumo de tecidos pode consumir-se mais de alimentos, com o mesmo consumo de alimentos pode consumir-se mais de tecidos, ou pode consumir-se simultaneamente mais de ambos os bens. Podendo dispôr-se de mais de pelo menos um dos bens sem que se reduza o consumo do outro há seguramente um aumento de satisfação [7].

A configuração da curva, convexa relativamente à origem, corresponde à situação (por certo mais frequente na realidade) de haver uma taxa de substituição (custo de oportunidade) decrescente, ou seja, de à diminuição unidade a unidade no consumo de um bem dever corresponder um consumo progressivamente maior do outro bem. Compreende-se na verdade que, consumindo-se de dois bens, só se aceite a redução no consumo de um deles através da compensação obtida através de um consumo cada vez maior do outro [8].

---

[7] A menos que se estivesse na hipótese, excepcional, de os bens a mais terem utilidade marginal negativa (ver de novo Porto, 2000a, p. 25).

[8] Uma taxa de substituição constante seria representada por uma 'curva' de indiferença recta e uma taxa de substituição crescente por uma curva côncava em relação à origem. Mas tratar-se-á por certo de hipóteses com menor realismo, por exemplo (no segundo caso) a hipótese de alguém aceitar renunciar a unidades sucessivas de um dos bens através do consumo cada vez menor do outro.

Diferentemente do que se passa com as curvas de isoquantas (recorde-se de novo a n. 3 p. 87), é já de admitir (em determinados casos) que as curvas de indiferença no consumo coincidam com algum dos eixos. Tratando-se de um bem por si

6. Chegados assim à representação das combinações possíveis nos campos da produção e do consumo podemos ver agora qual é a situação óptima que poderá ser atingida num modelo de economia fechada, ou seja, sem comércio internacional, conjugando as duas esferas de intervenção: tal como fazemos no diagrama da figura I.A.5.

Fig. I.A.5

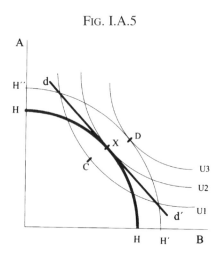

Estando representadas aqui as curvas de possibilidades de produção e de indiferença no consumo, imediatamente se verifica que o ponto óptimo (de máximo bem-estar) que pode ser atingido é o ponto X, de tangência da curva de possibilidade de produção (HH) com a curva de indiferença do consumo U_2.

De facto um ponto mais no interior, por exemplo C, é um ponto atingível, situado numa curva de indiferença (U_1) que inter-

---

mesmo não essencial (v.g. por haver um sucedâneo) pode renunciar-se por completo ao seu consumo com a 'compensação' do consumo de uma quantidade maior de outro (com a adaptação devida, dada a importância do bem alimentar em causa numa alimentação equilibrada, era este o caso do célebre 'paradoxo de Giffen', apurado na sua origem junto de operários escoceses: que prefeririam renunciar a um bem de maior valor – carne – de que só poderiam dispôr em muito pequena medida quando o seu preço subia, 'preferindo' então passar a dispôr de maior quantidade de um bem mais acessível – batatas).

secta a curva de possibilidades de produção. Todavia a curva de possibilidades de produção atinge também curvas de indiferença no consumo mais afastadas da origem, ou seja, conforme vimos, curvas correspondentes a níveis mais elevados de bem-estar: encontrando-se o máximo de bem-estar na curva que lhe é tangente.

Por outro lado, para além do referido ponto de tangência estão curvas de indiferença no consumo mais afastadas da origem, correspondendo por isso a níveis ainda mais elevados de bem-estar. Trata-se, todavia, de curvas inatingíveis nas circunstâncias da economia em análise.

Pode concluir-se pois, mesmo por exclusão de partes, que o ponto de tangência X acaba por ser o ponto óptimo na afectação dos recursos de que se dispõe.

Só a médio prazo, podendo passar a produzir-se na curva H'H' – como consequência, conforme vimos atrás, de uma maior dotação e (ou) qualificação de factores e (ou) de uma maior eficiência na sua utilização – será possível atingir uma curva de indiferença no consumo mais afastada, como é o caso da curva U_3.

7. Por fim, depois de termos visto quais são as combinações óptimas em economia fechada, podemos ver, recorrendo à fig. I.A.6, que com a abertura da economia, através do comércio internacional, também é possível atingir (já no presente) situações de maior bem-estar. Trata-se, pois, de um passo decisivo se se pretende explicar ou, mais do que isso, se se pretende justificar o comércio internacional.

Estando-se em economia fechada a relação de preços, resultante da coincidência entre a taxa de transformação na produção e a taxa de substituição no consumo, é o gradiante *dd'* representado na fig. I.A.5. Com a sua inclinação exprime o preço de um dos bens em termos do outro, que pode ser melhor medido através do seu prolongamento até aos eixos do diagrama. Como é óbvio e conforme vimos há então – sem comércio externo – coincidência entre os bens produzidos e consumidos, produzindo-se e consumindo-se (veja-se agora já a fig. I.A.6) OA' do bem A e OB' do bem B e atingindo-se a curva de indiferença no consumo aqui designada por U_1.

Abrindo-se a perspectiva do comércio internacional pode acontecer que o bem A, que passamos a designar por bem M (importável), medido no eixo vertical, seja conseguido em melhores condições: designadamente, que seja conseguido no estrangeiro por troca por menor quantidade do bem B, que passamos a designar por bem X (exportável), medido no eixo horizontal. Ou seja, que haja uma valorização do bem X (B), dado que com a mesma quantidade se compra no estrangeiro uma maior quantidade de M (A); tendo, pelo contrário, este último um preço internacional mais baixo, na medida em que é preciso dar mais unidades para conseguir cada unidade de X (B).

A vantagem do comércio internacional resulta, pois, de a respectiva relação de preços, expressa através da curva *ff'*, ser diferente (mais na vertical, neste caso) da relação de preços internos, expressa através da curva *dd'*, conforme é ilustrado pela fig. I.A.6.

FIG. I.A.6

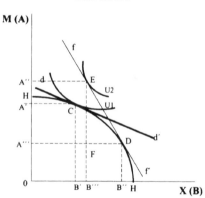

O país em causa tem vantagem, assim, em se especializar na produção do bem X e em o transaccionar internacionalmente (em troca de M), atingindo curvas de indiferença no consumo mais afastadas da origem[9], como é o caso da curva U_2 na figura agora em análise.

---

[9] De novo no ponto de intersecção da curva de 'rendimento-consumo' (*income-consumption line*), tal como mostramos em Porto (1982, pp. 43-6).

Não havendo portanto, com o comércio internacional, coincidência entre as quantidades produzidas e consumidas em cada país, temos aquilo que é conhecido por 'triângulo do comércio', mostrando as diferenças entre a produção e o consumo do bem que se exporta e do bem que se importa. Na figura, fixando-se a produção em D e o consumo em E, aparece-nos o triângulo do comércio FDE, evidenciando que da produção do bem X, OB''' é destinada ao consumo interno e B'''B'' à exportação; e, por outro lado, que do consumo do bem M, OA''' é satisfeito através da produção do país e o restante, A'''A'', através de importações[10].

---

[10] Com uma exposição diagramática muito clara da temática do comércio internacional e das restrições ao comércio, acompanhada por vários exemplos, ver Salvatore (1996, caps. 1 a 6).

ANEXO I.B

AS MATRIZES DAS RELAÇÕES INTER-SECTORIAIS

Deve-se a Leontief (1936 e 1941, na linha de perspectivas abertas antes por Quesney, 1758 e Walras, 1874-7) a iniciativa da construção de matrizes de relações inter-sectoriais (*input-output*, ou 'de relações inter-industriais', como frequentemente são designadas), através das quais pode ficar a conhecer-se a interdependência entre os sectores de uma economia.

Da sua estrutura e do seu interesse pode ter-se uma imagem com um exemplo muito simples, considerando (no quadro I.B.1) uma economia apenas com três sectores: agricultura, indústria e serviços.

QUADRO I.B.1
Matrizes das relações inter-sectoriais

	AGRICULTURA	INDÚSTRIA	SERVIÇOS	INVESTIMENTO	CONSUMO	EXPORTAÇÕES	TOTAL
Agricultura	20	30	20	5	40	25	140
Indústria	30	40	30	40	50	30	220
Serviços	15	35	20	10	50	20	150
Trabalho	30	25	30				
Capital	15	20	20				
Importações	25	40	20				
Impostos	15	30	10				
Total	140	220	150				

Temos na matriz quatro quadrantes, sendo o quadrante noroeste o 'quadrante das transacções inter-sectoriais'[1], o quadrante nordeste

---

[1] Trata-se neste caso de uma matriz com igual número de linhas e colunas: uma matriz quadrada, nxn.

o 'quadrante dos usos finais', o quadrante sudoeste o 'quadrante do valor acrescentado' ('dos factores primários') e o quadrante sudeste o 'quadrante da compra dos factores directos'[2].

Face a uma matriz, lendo em linha vê-se o que cada sector proporciona a ele próprio e a cada um dos demais, com matérias-primas ou bens intermediários, e o que destina a uso final, em bens de investimento e em bens de consumo, incluindo o que é destinado à exportação. A título de exemplo, a indústria fornece bens (por ex. fertilizantes) no valor de 30 à agricultura, no valor de 40 a ela própria (por ex. fios para a indústria têxtil) e no valor de 30 aos serviços (por ex. em papel para escrever), destinando além disso, já em bens finais, 40 ao investimento (equipamento), 50 ao consumo e 30 ao mercado externo. O somatório dá-nos o total da produção do sector: 220 no exemplo.

Lendo em coluna (na vertical), vê-se por seu turno onde cada sector vai buscar as matérias-primas e os bens intermediários necessários para a produção, bem como a parcela do valor da produção que resulta da participação dos factores primários, v.g. do trabalho e do capital (devendo somar-se ainda as matérias-primas e os bens intermediários importados e os impostos devidos pela actividade empresarial). A título de exemplo, a actividade agrícola vai buscar bens no valor de 20 a ela própria (por ex. em sementes), no valor de 30 à indústria (os fertilizantes referidos há pouco) e no valor de 15 aos serviços (por ex. em transportes e seguros), sendo o valor produzido o resultado também da participação indispensável dos factores primários, 30 do trabalho e 15 do capital, a que acresce o valor das matérias-primas e dos bens intermediários importados, 25, e do que é pago em impostos, 15, num total de 140: ou seja, num total que corresponde, necessariamente, ao total da produção do sector.

Dispondo-se de matrizes fica a conhecer-se a estrutura de uma economia, podendo apurar-se os coeficientes técnicos na produção

---

[2] De relevo menor, não considerado por isso no nosso exemplo simplificado.
[3] Sem dúvida, com a limitação de se considerarem funções de produção com coeficientes fixos.

de cada sector[3] através da divisão do valor de cada contributo intermediário, i, pelo valor do bem final, j[4]; ficando a conhecer-se, designadamente, os graus de trabalho-intensidade ou de capital--intensidade de cada um deles, que determinariam, nos termos do teorema de Heckscher-Ohlin, a especialização dos países de acordo com a dotação relativa desses factores[5].

---

[4] Ou seja, sendo os coeficientes técnicos aij, o quociente

$$aij = \frac{Xij}{Xj}$$

em que Xij é o valor do bem intermediário i requerido para a produção de j e Xj o valor da produção do sector.

[5] Reflectindo as estruturas das economias, as matrizes são naturalmente elementos importantes de previsão dos efeitos de qualquer alteração, resultante ou não de uma política que esteja a ser seguida (ou que se pensa seguir): podendo mostrar a título de exemplo os efeitos que o aumento da procura de um determinado bem tem sobre a utilização das matérias-primas e bens intermediários e sobre a utilização dos factores primários necessários para a sua produção (sobre o uso de matrizes em tarefas de planeamento ver por ex. Todaro, 1971).

PARTE II
AS RESTRIÇÕES AO COMÉRCIO

Depois de termos visto, na parte I, o relevo actual, as explicações e as vantagens de aumento da produção que o comércio internacional pode proporcionar, vamos ver agora a temática das restrições, vendo primeiro as formas que podem revestir, depois como podem ser medidas e em terceiro lugar os seus efeitos, designadamente os efeitos de bem-estar que, sendo negativos, constituem uma razão adicional para que deva caminhar-se no sentido do comércio livre. Por fim consideraremos meios alternativos mais favoráveis de intervenção no plano interno, bem como as razões, más ou boas, que poderão explicar a persistência (em alguns casos, mesmo o aumento) da intervenção no comércio internacional.

1. Formas

Além das formas tradicionais, que vamos começar por analisar, há formas 'novas' que, conforme referimos já atrás, têm vindo a ser progressivamente utilizadas, face à impossibilidade de utilizar as primeiras como consequência de compromissos assumidos que os países não têm querido denunciar[1].

1.1. *Impostos alfandegários*

Trata-se de uma forma de restrição do comércio com a maior tradição, justificando-se todavia que se estabeleçam algumas distinções, a primeira, aliás, distinguindo os impostos alfandegários como forma de restrição do comércio (proteccionistas, numa designação não inteiramente correcta: ver a n. 3, p. 110) dos impostos alfandegários como instrumento de cobrança de receitas (fiscais).

---

[1] Sobre as formas de restringir o comércio ver, na literatura portuguesa, J.S. Lopes (1964) e Medeiros (1985).

De um modo geral os impostos alfandegários constam de 'pautas', aplicando-se a elas as distinções que vamos considerar[2].

1.1.1. Impostos proteccionistas e fiscais (livre-cambistas)

Ao aplicar impostos alfandegários as autoridades tanto podem pretender evitar a entrada de produtos para favorecer produções ou factores próprios[3] como a obtenção de receitas.

Conforme se referiu (na n. 11 p. 24), trata-se de objectivos alternativos, na medida em que impostos altos muito eficazes do ponto de vista proteccionista, ou seja, levando a uma grande redução das importações, proporcionarão provavelmente (com elasticidades-preço maiores do que um) um nível muito baixo de receitas (no limite, se impedirem por completo as importações, deixará de haver qualquer receita); sendo pelo contrário necessário manter um nível baixo de direitos, permitindo um volume elevado de importações, se se pretende uma receita fiscal avultada.

E tem sido este, de facto, um objectivo importante na generalidade dos países, não havendo até há pouco tempo no campo fiscal sucedâneos próximos à tributação do comércio (tributando-se com frequência em épocas anteriores, além das entradas e saídas

---

[2] Sobre a noção e as categorias de 'pautas aduaneiras', ou 'alfandegárias', ver Porto (1986a).

Em Portugal a primeira pauta geral data de 1837, decretada por Passos Manuel, com base nos trabalhos de duas comissões, a primeira das quais presidida por Mouzinho da Silveira. Antes dela os impostos alfandegários eram cobrados em medidas diferentes nas várias alfândegas. Seguiram-se depois diversas pautas novas e alterações sensíveis das pautas em vigor, tal como aconteceu em 1841, 1852, 1856, 1857, 1860, 1861, 1871, 1875, 1882, 1885, 1887, 1892, 1921, 1923, 1929, 1930, 1938, 1950, 1959 e 1980-2 (cfr. Monteiro, 1964 e M. Ribeiro, 1976), até ao momento presente em que, com a integração na CE, se aplica em Portugal a Pauta Exterior Comum da Comunidade.

[3] Podendo, além disso, a dificultação ou o impedimento à entrada de produtos ser determinados por outras razões económicas, designadamente de reequilíbrio da balança dos pagamentos, ou ainda por razões de outras naturezas, v.g. de defesa ou de protecção sanitária ou ética, nestes casos penalizando ou impedindo o consumo de bens julgados lesivos dos valores em causa.

dos países, também movimentos dentro destes, com as portagens, as peagens e outros tributos sobre a circulação dos bens).

Só recentemente, em países com um nível mais elevado de desenvolvimento, proporcionando por isso condições para a aplicação de impostos de administração mais difícil[4], passou a ser secundária a percentagem das receitas fiscais cobradas através dos impostos alfandegários: compreendendo-se, por isso, o apuramento de valores de correlação negativos[5] entre os diferentes níveis de desenvolvimento e a percentagem representada pelos impostos alfandegários no conjunto das receitas fiscais. Da evolução verificada no nosso país (onde aliás agora os direitos da Pauta Exterior Comum são receitas da União) é-nos dada uma imagem pelo quadro II.1 (podendo naturalmente algumas diferenças resultar de alterações nas bases de cálculo):

---

[4] Sobre a maior facilidade administrativa da aplicação dos impostos alfandegários ver *infra* II.4.2.3.

[5] Tanto em análises temporais (*time series*) para cada país, considerando a evolução ao longo dos anos, como em análises horizontais (*cross section*), analisando vários países num mesmo período.

QUADRO II.1
Estrutura percentual das receitas dos vários tipos de impostos

Anos	Imp. alfande-gários (1)	Tributação geral do consumo (2)	Impostos especiais sobre o consumo (*accises*) (3)	Imposto de selo (4)	Impostos sobre o rendimento e ganhos de capital (5)	Impostos sobre o património (6)	Contribuições para a segurança social	Outros impostos
1960	20,7	–	14,8	3,8	27,8	7,0	18,3	7,6
1965	21,1	–	15,0	6,9	24,6	5,1	21,9	5,4
1970	15,7	8,4	13,8	5,7	23,7	4,2	23,9	4,6
1975	9,8	11,1	13,0	5,5	17,4	2,5	34,6	6,1
1980	5,4	16,2	16,4	6,4	19,7	1,4	29,5	5,0
1985	3,3	12,6	16,1	9,6	25,7	1,9	25,9	4,9
1990	2,5	20,0	14,1	6,1	25,7	2,4	27,5	1,7
1995	2,0	22,2	14,2	3,9	26,0	2,5	25,3	3,9
1999	0,6	23,9	14,7	2,6	28,8	3,3	25,4	0,7

Fonte: Estatísticas da OCDE
(1) Inclui a taxa de salvação nacional (aplicada até 1987); trata-se agora de receitas da União Europeia, excluindo-se os direitos niveladores da PAC.
(2) Inclui o 'imposto de transacções' e a partir de 1986 o IVA.
(3) Inclui desde 1988 o imposto sobre produtos petrolíferos (ISP), bem como os impostos automóvel (IA), sobre o tabaco, sobre bebidas alcoólicas (v.g. sobre a cerveja), etc.
(4) Inclui os selos sobre prémios de seguros, operações bancárias e diversas, bem como as estampilhas fiscais.
(5) Inclui o imposto complementar, os impostos parcelares sobre o rendimento (excluindo a contribuição predial) e o imposto de mais-valias da reforma fiscal anterior; e desde 1989 o IRS e o IRC.
(6) Inclui a contribuição predial da reforma fiscal anterior e desde 1989 a contribuição autárquica, bem como a sisa e o imposto cobre sucessões. e doações.

Sobre cada receita indicamos a percentagem que representa em relação ao total, começando em 1960, ou seja, o primeiro ano de aplicação da pauta de 1959 e de participação na EFTA: verificando--se que a perda de relevo maior[6] foi de longe a perda dos impostos alfandegários, descendo de 20,7% em 1960 (em 1965 ainda representavam 21,1%) para 2% em 1995 e para 0,6% em 1999.

Sem dúvida, ao longo destas quatro décadas todas as fontes de tributação tiveram reformas profundas e em muitos casos verificaram-se alterações substanciais nas taxas. Assim, para os impostos alfandegários há que assinalar, com mais importância, a subida para o dobro de muitas das taxas específicas em 1976, as sobretaxas aplicadas entre este ano e 1979, a adopção da pauta *ad valorem* de 1980-82 e a aplicação da Pauta Exterior Comum da CE a partir de 1986; ainda no campo da tributação indirecta, a introdução do imposto de transacções – como imposto único sobre os grossistas – em 1966, com o alargamento a alguns serviços a partir de 1979, e a introdução do IVA em 1985, com o afastamento da taxa 0 em 1992 (ver a n. 54 p. 157); e, por fim, no campo da tributação directa a ampla reforma da primeira metade dos anos 60, mantendo todavia o sistema de impostos cedulares, e a introdução dos impostos únicos sobre os rendimentos das pessoas físicas (IRS) e das pessoas colectivas (IRC) a partir de 1989.

Mas a perda de relevo relativo das receitas alfandegárias não foi consequência de reformas legislativas. Tratou-se de um movimento natural, paralelo ao movimento verificado na generalidade dos países mais desenvolvidos, tendo aliás as mudanças legislativas referidas constituido mesmo um esforço no sentido de evitar que fosse ainda maior a perda de peso dos impostos alfandegários em Portugal: todavia inevitável, face ao aumento de relevo que se tornou possível para as outras receitas, por um lado, e por outro face à diminuição e ao afastamento da sua aplicação como consequência dos compromissos internacionais assumidos, no seio da OECE (depois, da OCDE), da EFTA, do GATT e da CE (primeiro

---

[6] Relevo relativo, não deixando de aumentar de um modo geral o volume das receitas cobradas (com os valores até 1982 ver Porto, 1982, p. 34).

com os acordos comerciais de 1972 e de 1976 e depois com a integração, a partir de 1986)[7]; relevando agora os compromissos da UE face ao exterior.

Assim aconteceu não obstante parecer que as pautas alfandegárias portuguesas, designadamente a pauta de 1959, visaram, em medida assinalável, um objectivo fiscal de cobrança de receitas: conforme foi reconhecido no preâmbulo do Código do Imposto de Transacções (Decreto-Lei n. 47 066, de 1 de Junho de 1966), dizendo-se que vinha preencher a 'lacuna' resultante da quebra de receitas fiscais ocasionada pela "participação do país no movimento de integração económica internacional". Trata-se de objectivo confirmado, em relação a dois anos para os quais foi possível proceder aos cálculos (1970 e 1974), com o apuramento de valores de correlação negativos entre as taxas nominais dos impostos aplicados (ver *infra* II.2.1) e a elasticidade-preço das importações em cada sector, indiciando, pois, uma preocupação de ajustar as taxas à prossecução desse objectivo [8].

1.1.2. Impostos de importação, de exportação e de trânsito

Trata-se neste caso de uma distinção consoante o tipo de movimento que é tributado.

Na aplicação de impostos sobre a exportação e sobre o trânsito (diferentemente do que se passa com os impostos sobre a importação) costuma prevalecer o objectivo fiscal de cobrança de receitas, embora possa ter também relevo, em relação a determinados

---

[7] Recorde-se de I. 2.1. Além dos referidos compromissos internacionais são de mencionar o afastamento de medidas alfandegárias entre a metrópole e os territórios ultramarinos, na sequência do Decreto-Lei n. 44 016, de 8 de Novembro de 1961, e a perda natural de relevo reditício de uma pauta que até 1980-2 era predominantemente específica (ver *infra* II.1.1.3).

[8] Curiosamente, nos preâmbulos da pauta de 1959 e de diplomas que a alteraram não é feita referência ao objectivo fiscal; sendo antes mencionado por vezes um objectivo de protecção sectorial, em alguns casos com a noção clara dos interesses contrários – na tributação dos bens finais e na tributação dos bens intermediários – que são tidos em conta com a medição da protecção efectiva (ver Porto, 1982, pp. 219-26, 251-5 e 304-16; e *infra* II.2.2).

sectores, a aplicação de impostos de exportação com o intuito proteccionista de manter no país um produto (v.g. uma matéria-prima) utilizado no seu processo produtivo [9], ou, de novo a título de exemplo, a aplicação de impostos sobre produtos em que se julga que o país deve ser auto-suficiente por razões de segurança e defesa nacional (ex. bens alimentares).

Em Portugal as pautas de 1950, 1959 e 1980-2 não continham já direitos de exportação (apenas direitos de importação), mas os direitos de exportação da pauta de 1929 continuaram a ser aplicados até serem revogados por um diploma de 1965 [10]. Também a pauta da UE, a que estamos agora sujeitos, não tem direitos de exportação.

1.1.3. Impostos específicos e *ad valorem*

Trata-se, neste caso, de uma distinção consoante o modo de apuramento da colecta, sendo os impostos específicos quando estabelecem os quantitativos a pagar por unidade física (ex. 200 contos por automóvel importado), de peso (ex. 20$00 por cada quilo de trigo), de capacidade (ex. 30$00 por cada litro de petróleo) ou de superfície (ex. 80$00 por cada metro de fazenda), e *ad valorem* quando estabelecem uma percentagem a aplicar ao valor do que é importado [11].

---

[9] As instituições da UE têm expressado discordância em relação à protecção que alguns países dão à sua indústria do calçado através de restrições à exportação das matérias-primas de que dispõem; mas muitos mais exemplos poderiam ser dados, designadamente em relação à exportação de minérios.

Serão todavia bem mais comuns os casos em que a tributação das exportações, restringindo-as, prejudica os interesses gerais dos países (v.g. diminuindo as oportunidades de venda dos produtos e deixando de contribuir para o equilíbrio das balanças dos pagamentos), assim se explicando a tendência mais comum (de que são exemplos os casos referidos no próximo parágrafo do texto) no sentido de as pautas não incluírem direitos de exportação.

[10] O Decreto-Lei n. 46 494, de 18 de Agosto. Nos anos seguintes mantiveram-se apenas alguns resíduos na sua cobrança.

[11] Em qualquer destes casos pode haver ainda impostos variáveis (*sliding-*

Em Portugal a tradição pautal foi no sentido da tributação específica, sendo ainda específicos mais de 85% dos artigos da pauta de 1959 [12]. Só em 1980-2 passou a ser *ad valorem*, abrindo-se caminho para a Pauta Exterior Comum da UE, também *ad valorem*.

Como elemento de vantagem importante, determinando a preferência que mereceu em muitos casos, verifica-se que uma pauta específica é de aplicação mais fácil e dá menos oportunidades de fraude: sendo mais simples e controlável a identificação e a apreciação das unidades físicas do que o apuramento dos valores dos bens, podendo aliás quem comercializa iludir o fisco com a apresentação de documentos com valores abaixo do real. Foi esta vantagem que explicou a manutenção em Portugal de uma pauta fundamentalmente específica até 1980-2, não obstante os inconvenientes de equidade e económicos que lhe estão necessariamente ligados: com a tributação regressiva dos cidadãos, a distorção no aproveitamento das vantagens comparativas dos países e a erosão da sua capacidade reditícia.

Pagando-se o mesmo montante por cada unidade física importada, com um imposto específico tributa-se mais pesadamente um bem de preço mais baixo (de pior qualidade) e em menor medida um bem mais caro (de qualidade superior): a título de exemplo, um imposto específico de 1 000$00 por metro de fazenda tributa

---

scale), variando por exemplo a colecta de acordo com o preço dos bens importados. Nesta linha pode salientar-se o caso dos impostos igualizadores (*equalizing tariff*), variando por forma que os preços dos bens importados *mais* os impostos alfandegários igualizem sempre os preços internos, defendendo-se assim os produtores nacionais em relação à concorrência (assumiram por vezes esta forma, que põe em causa o reconhecimento das vantagens do comércio internacional, as célebres *Corn Laws*, que entre 1463 e 1846 defenderam da concorrência continental os produtores de cereais ingleses, e assumem-na agora os direitos niveladores da política agrícola comum da União Europeia).

[12] Tendo sido publicada pelo Decreto-Lei n. 42 656, de 18 de Novembro, a pauta de 1959 seguiu a nomenclatura da Convenção de Bruxelas (1950), estando dividida em 21 secções, divididas em 99 capítulos, divididos por seu turno em posições e sub-posições, geralmente chamadas artigos (mais de 5 200 no conjunto pautal). A mesma estrutura foi mantida quando da conversão *ad valorem* de 1980 e 1982, feita pelos Decretos-Leis n.os 201-A/80, de 28 de Junho, e 201/82, de 21 de Maio (ficando apenas um pequeno resquício de tributação específica).

em 100% uma fazenda de pior qualidade, que custe 1 000$00 por metro, e em 20% uma fazenda de melhor qualidade que custe cinco vezes mais (5 000$00 por metro). Como em princípio são as famílias de menores rendimentos que compram os bens de pior qualidade, um imposto específico atinge os cidadãos de um modo regressivo e iníquo.

Trata-se de consequência que pode ser vista num diagrama de equilíbrio parcial (fig. II.1)[13].

FIG. II.1

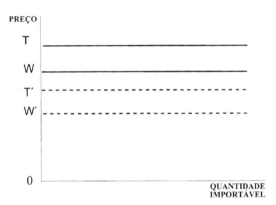

Um imposto específico de 20 (TW), em relação ao preço internacional de 100 (WO) representa 20%; mas já se o preço internacional for mais baixo, por exemplo de 60 (W'O), por se tratar de uma gama ou de uma qualidade inferior do bem, o imposto específico de 20 (T'W') representa 33%, ou seja, um encargo muito maior.

Poder-se-ia tentar evitar este inconveniente através de uma tributação mais desagregada, distinguindo, por exemplo no sector têxtil, as diferentes gamas e qualidades de tecidos e estabelecendo

---

[13] Considerando além disso o caso de um 'país pequeno', ou seja, um país que não tem peso suficiente para alterar os preços mundiais (recorde-se *supra* a n. 29 p. 37). A situação de um 'país grande' pode ser representada através de um diagrama como da fig. II.5, em II.3.7 (p. 145).

impostos diferentes para cada uma delas. Tratar-se-ia todavia de um procedimento complicado e de êxito duvidoso, mesmo inatingível de um modo rigoroso, dada a infinidade das gamas e qualidades que vão aparecendo e a circunstância de os preços estarem sempre a variar (sendo preciso proceder, por isso, a actualizações permanentes). Mesmo com uma intervenção sem excessiva preocupação de rigor perder-se-ia, pois, a vantagem decisiva – de simplicidade – que, como vimos, a tributação específica pode proporcionar.

Com os desequilíbrios na oneração dos bens acabados de assinalar a tributação específica constitui também um factor de distorção no comércio internacional, favorecendo as produções mais caras em relação às produções mais baratas: quando a lógica de eficiência exige que a especialização se verifique de acordo com as diferentes vantagens comparativas, expressas nos custos de produção. No plano das relações entre os países, sendo de esperar que em muitos casos os países menos desenvolvidos tenham vantagem comparativa em bens de menor custo (assim acontece, a título de exemplo, nos produtos têxteis e de confecções), trata-se de uma distorção que os penaliza (bem como, em geral, os consumidores nas suas escolhas), não correspondendo a procura que lhes é dirigida à diferença de preços (sem tributação) que podem oferecer em relação aos outros países.

Por fim é de apontar ainda que com a tributação específica a receita cobrada não acompanha a subida (natural) dos preços dos bens (importados), diferentemente do que se passa com a generalidade dos demais impostos (sobre as actividades e as situações internas) que, sendo *ad valorem*, acompanham a evolução dos valores das respectivas matérias colectáveis (em correspondência, aliás, com as necessidades normais de aumento das despesas públicas).

Seria de esperar, pois, a tendência verificada para as pautas passarem a ser *ad valorem*, não podendo deixar de estranhar-se que em Portugal uma pauta fundamentalmente específica tivesse sido mantida até 1980-82 (tendo em conta, em especial, a perda de receita a que levou, dado o propósito em grande medida fiscal que a pauta portuguesa parecia ter: recorde-se o que dissemos em II.1.1.1).

1.1.4. Outras distinções

Além das já referidas, têm também importância outras distinções nas pautas (e nos impostos alfandegários); assim, de acordo com a fonte podem ser *convencionais*, se resultam de um tratado internacional, ou *autónomas*, se são impostas unilateralmente pelo país; tendo em conta alguma distinção geográfica podem ser *únicas* ou *múltiplas*, conforme não se distinga ou se distinga entre os países com os quais se comercializa, podendo estabelecer-se neste segundo caso um sistema de pauta *máxima* e *mínima* (uma das quais é aplicada como pauta geral) ou um qualquer outro sistema de preferência; e, consoante o âmbito material, podem ser *latas*, se abrangem todas as mercadorias que passam nas fronteiras, ficando isentas apenas as expressamente indicadas, ou *restritas*, se são tributadas as mercadorias mencionadas, considerando-se livres todas as demais.

1.2. *Restrições quantitativas*

Uma outra via com grande tradição de estabelecer restrições ao comércio é a das restrições quantitativas, sob diferentes formas: *proibições*, proibindo-se por exemplo a entrada de determinados produtos por razões de saúde pública (produtos com uma composição nefasta), de segurança (ex. armas) ou morais (ex. artigos pornográficos); *licenciamentos*, sujeitando-se as importações à outorga de uma licença, condicionada por alguma das razões acabadas de referir ou ainda por exemplo por um propósito proteccionista, sendo concedida a licença (ou sendo concedida mais rapidamente) se não estiver em causa uma produção doméstica que se queira proteger[14]; e *quotas*, estabelecendo os limites dentro dos quais podem ser feitas as importações[15].

---

[14] Parecia ser este em grande medida o caso da outorga dos Boletins de Registo de Importação (BRI's) em Portugal, embora, formalmente visassem uma finalidade estatística.

[15] Hoje em dia assumem um grande relevo, com as implicações gerais das restrições quantitativas, as restrições 'voluntárias' de exportações (VER's, *voluntary export restraints* na designação inglesa), 'impostas' muitas vezes pelos principais países importadores: ver por ex. OCDE (1993a), Carl Hamilton e Reed (1996) ou Grimwade (1996, pp. 65-93).

No caso das quotas põe-se naturalmente o problema delicado de saber quem beneficiará com a importação dos bens que nelas caibam, na medida em que podem passar a ser vendidos por um preço mais alto, como consequência da restrição da oferta que provocam.

Temos assim um elemento de distinção em relação aos impostos alfandegários se este ganho proporcionado pelas quotas reverter para os comerciantes que são autorizados a importar dentro dos limites disponíveis; aproximando-se já as situações se as quotas forem atribuídas aos importadores mediante o pagamento ao Estado de um montante igual ao ganho por elas proporcionado (sobre a representação deste valor ver *infra* II.3.4, p. 140).

Para além da diferença referida, é de assinalar que as quotas são um meio mais preciso e mais fácil de atingir o objectivo visado de restrição das importações.

De facto, pretendendo-se por exemplo limitar as importações de automóveis a 1 000 unidades por ano, bastará fixar-se esta quota para que o objectivo seja atingido; quando, tratando-se de impostos alfandegários, só com o conhecimento rigoroso das elasticidades-preço das importações, quase impossível de se conseguir *a priori*, seria possível saber o nível de taxa que levaria a que se ficasse nessa quantidade.

Por outro lado, curiosamente, a esta muito maior eficácia em relação ao objectivo a atingir corresponde uma muito maior facilidade legal (constitucional) no estabelecimento das quotas, que pode ser feito por via administrativa, diferentemente do que acontece com os impostos alfandegários, sujeitos em Portugal, tal como na generalidade dos países, ao princípio da legalidade dos impostos, obrigando a uma intervenção difícil e morosa através do Parlamento.

Não pode deixar de reconhecer-se todavia, pelo contrário, que em termos de funcionamento da economia é preferível a intervenção com impostos alfandegários, com a qual se mantem em maior medida o jogo das forças do mercado, assegurando uma afectação mais eficiente dos recursos (na sua afectação à produção e ao consumo). Também com eles há distorções, conforme veremos em II.3.6, mas distorções de menor relevo.

1.3. *Restrições aos pagamentos*

Trata-se de uma terceira forma de estabelecer restrições, não disponibilizando ou limitando as disponibilidades de divisas para pagar as importações: o que leva a que estas deixem de ter lugar, dado que os empresários dos países exportadores têm de um modo geral de fazer nas suas moedas os pagamentos dos factores de produção, das matérias-primas, dos bens intermediários e dos equipamentos utilizados na produção.

Os anos 30 forneceram-nos casos muito expressivos deste tipo de restrições, com o sistema de *clearings*, ficando por exemplo as nossas importações da Alemanha limitadas às disponibilidades em marcos proporcionadas pelas nossas exportações para esse país.

Face às limitações drásticas assim estabelecidas, compreende-se que quando depois da guerra se pretendeu promover a abertura das economias se tivesse considerado como passo indispensável promover a multilateralização dos pagamentos: no espaço mundial com o Fundo Monetário Internacional (1945) e no espaço europeu com a União Europeia de Pagamentos (1948) (recorde-se *supra* I. 2.1).

Além das restrições aos pagamentos é possível influenciar o comércio internacional através da variação da taxa de câmbio, por exemplo desvalorizando a moeda do país como forma de diminuir as importações (tornadas mais caras para os nossos residentes, obrigados a dar mais unidades monetárias para obter a mesma quantidade de moeda estrangeira) e promover as exportações (tornadas mais baratas para os residentes de outros países, que com o mesmo montante das suas moedas conseguem mais unidades da nossa moeda). Constitui assim um modo de intervenção que deixa funcionar o mercado (com as suas virtualidades na afectação dos recursos) em maior medida do que as restrições quantitativas, oferecendo ainda, em relação aos impostos alfandegários, a vantagem de agir simultaneamente sobre as importações (dificultando-as) e sobre as exportações (promovendo-as), proporcionando por isso com menores custos de distorção a possibilidade de serem atingidos os objectivos desejados (de promoção de um sector ou ainda por exemplo de reequilíbrio da balança dos pagamentos).

1.4. Outros obstáculos

Além destes obstáculos, com maior tradição e por isso melhor conhecidos, muitos outros poderiam ser referidos, com influência maior desde quando os primeiros passaram a ter menor relevo, como consequência dos movimentos de integração visando o seu afastamento; querendo todavia os países em muitos casos continuar a proteger as suas economias, mas não tendo a coragem ou o desejo de denunciar os acordos celebrados (recorde-se o que dissemos em I.2.1, com especial relevo desde 1973).

Com o 'novo proteccionismo' passaram a ser mais utilizados, pois, meios alternativos, não se tratando todavia, em grande parte dos casos, de instrumentos desconhecidos, tendo sido considerados designadamente no Tratado de Roma (1957) como obstáculos entre os países membros que era necessário ultrapassar para se chegar ao mercado comum que se almejava.

Mantendo-se alguns destes obstáculos como elementos importantes que ainda hoje impedem o comércio livre e a livre concorrência entre os países membros da Comunidade, debruçar-nos-emos sobre eles na parte IV (em IV.2.1) quando falarmos da política de concorrência; servindo então para exemplificar a referência geral que deveriamos fazer aqui, com relevo também, naturalmente, como modos de restringir relações entre os países da União e países terceiros.

2. Medição

Havendo restrições ao comércio internacional tem a maior importância saber, na medida do possível, quanto representam.

Trata-se de problema – de medição da intervenção – que se põe em relação a todas as formas de intervenção, agora em muitos casos com maior acuidade em relação às 'novas' formas de intervenção. Mas aqui vamos considerá-lo fundamentalmente em relação aos impostos alfandegários, com um relevo prioritário quando foram feitas as primeiras medições e ainda com um relevo assinalável face a países terceiros em relação aos espaços de integração (v.g. em relação à UE); verificando-se, além disso, que os impostos alfandegários permitem uma exposição especialmente clara do problema em análise, que com facilidade pode ser adaptada aos demais casos (sendo contudo já muito mais difícil, conforme referiremos dentro em pouco, proceder na prática à medição dessas outras formas de intervenção).

2.1. A 'protecção' nominal

Até muito recentemente, até aos anos 60, mediu-se o proteccionismo através do valor nominal dos impostos alfandegários (ou dos outros meios de intervenção), vendo-se quanto representavam relativamente ao valor final dos bens.

Tratando-se de impostos *ad valorem* sobre os valores CIF dos bens [16], o valor nominal é dado pela própria taxa [17]. Em qualquer

---

[16] Na terminologia inglesa (consagrada) os valores CIF são os valores que incluem *cost*, *insurance* e *freight* (custo, seguro e transporte).

[17] Já tratando-se de impostos recaindo sobre valores FOB (*free on board*), menores, a mesma taxa representa obviamente um valor nominal mais baixo em relação aos valores CIF, com que os bens são postos à venda no país importador.

A título de exemplo, sendo o valor CIF de um bem importado de 1 000 contos e representando o transporte e o seguro 15% desse valor, a aplicação da mesma taxa ao valor FOB (850 contos), por exemplo a taxa de 20%, proporciona uma receita (de 170 contos) que em relação ao valor CIF representa 17%.

A medição dos valores nominais quando são utilizadas outras formas de intervenção suscita de um modo geral maiores dificuldades, v.g. obrigando a fazer comparações entre os bens nos vários países, que só proporcionarão resultados correctos se os mercados forem de concorrência perfeita, sendo os bens homogéneos (com uma análise das dificuldades que se levantam e do modo de as ultrapassar ver a obra recente de Laird e Yeats, 1990; cfr. também Fontoura, 1992b, pp. 149-68, com medições feitas em Portugal, e OCDE, 1996a, com avaliações para os países deste espaço).

caso é a percentagem em que os valores domésticos (inflacionados com a tributação ou com outra forma de restrição) excedem os preços de comércio livre [18], de acordo com a fórmula

$$t = \frac{P' - P}{P}$$

em que t é a taxa nominal, P' são os preços domésticos e P os preços do comércio livre. Supondo que se trata de um bem cujo preço interno, com a aplicação de um imposto alfandegário, é de 1 200 contos, e cujo preço de comércio livre é de 1 000 contos, a taxa nominal é de 20%.

$$t = \frac{1\,200 - 1\,000}{1\,000} = \frac{200}{1\,000} = 20\%$$

A indicação assim colhida é a indicação adequada se pretendemos saber os efeitos da intervenção alfandegária sobre o consumo, afectado de facto na medida da 'protecção nominal'. Mas a teoria da protecção efectiva veio mostrar-nos que já não é assim se o que pretendemos conhecer são os efeitos da intervenção sobre a produção e sobre a distribuição do rendimento.

2.2. A protecção efectiva

2.2.1. Noção

A teoria da protecção efectiva tem na sua base o reconhecimento de que a actividade produtiva de um país não é afectada apenas pela tributação (ou outra intervenção com o mesmo efeito)

---

[18] No caso de um 'país grande' (recorde-se de novo a n. 29 p. 37 e veja-se o diagrama que apresentaremos em II.3.7, p. 145) os preços do comércio livre não correspondem aos preços internacionais (actuais), dado que a aplicação das restrições ao comércio leva à alteração dos primeiros (a uma descida), como consequência do peso da procura desse país nos mercados mundiais.

sobre o valor final dos bens importáveis (favorecendo a sua produção interna), sendo-o também pela tributação que recai sobre os bens intermediários [19] importáveis (onerando a produção do bem final e desfavorecendo quem nela participa) e dependendo ainda, conforme veremos melhor através dos exemplos, do relevo da participação dos bens intermediários na produção em análise.

Nesta linha, a medição da protecção efectiva veio atender às estruturas produtivas, tendo em conta o que os produtos intermediários representam na produção dos bens finais e medindo apenas o acréscimo do valor acrescentado em cada circuito: o acréscimo do 'preço efectivo', constituindo de facto, só ele, a participação produtiva do sector. É afinal esta a indicação que importa conhecer se pretendemos saber os efeitos da intervenção sobre a produção, tanto na perspectiva dos sectores como na perspectiva dos factores (v.g. em relação à distribuição do rendimento).

Trata-se de ideia que pode ser representada através de uma figura muito simples, como a figura II.2 [20].

Sendo a importação do bem final tributável com um imposto de 20% e passando por isso o seu preço interior para 1 200 o valor acrescentado, ou 'preço efectivo', não sobe de 200 (1 000-800) para 400 (1 200-800), mas sim de 200 para 320 (1 200-880), dado que à protecção conferida há que deduzir a 'desprotecção' resultante de os bens intermediários serem tributáveis em 10% (com o montante de 80).

---

[19] Considerando bens intermediários todos os *inputs* não primários, incluindo portanto as matérias-primas. Não será uma designação inteiramente correcta, mas a palavra *input*, além de não ter tradução portuguesa adequada (não nos satisfaz a palavra 'insumo' usada pelos brasileiros), em inglês abrange também os *inputs* primários (os factores de produção, designadamente o trabalho e o capital), que têm de ser distinguidos na problemática em análise: sendo a medição da protecção efectiva precisamente a medição da sua protecção. Seguimos assim o critério seguido por autores de língua francesa, com os *biens intermédiaires* (cfr. Henner, Lafay e Laussudrie-Duchêne, 1972, Henner, 1975 e Phan, 1980; já por ex. Gamir 1970, em Espanha, prefere usar entre aspas a designação de *inputs*).

[20] Adaptada de Lindert e Pugel (1996, p. 123). Com uma exposição diagramática muito mais completa da noção e do significado da medição da protecção efectiva ver o Anexo II.A.

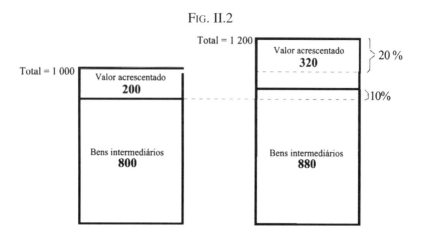

Fig. II.2

Nestes termos os produtores dos bens finais, enquanto por um lado são protegidos com os impostos alfandegários que recaem sobre bens finais importáveis (tanto mais quanto mais elevado for o nível destes impostos), por outro são penalizados com a tributação que recai sobre a importação de bens intermediários como os que são por eles usados [21] (a protecção será obviamente tanto menor quanto maior for o nível desta, e vice-versa), sendo além disso a protecção dos primeiros tanto maior quanto maior for o relevo do contributo dos segundos (ou seja, quanto menor for a percentagem do valor acrescentado), e vice-versa.

A aplicação de impostos alfandegários a bens intermediários, promovendo a sua produção mas penalizando a produção do bem final poderá levar, pois, a aumentos ou diminuições gerais da pro-

---

[21] Com a tributação 'nominal' destes últimos e não com a sua protecção efectiva, a qual interessará apenas se o que estiver em causa for o conhecimento da protecção proporcionada à produção respectiva. Ao produtor do bem final, podendo importar os bens-intermediários pelo preço CIF mais a taxa nominal, é esta (e apenas esta) que lhe interessa, onerando a sua produção (que assim é vê-se muito claramente na exposição diagramática do Anexo II.A).

Sendo a intervenção feita através de outras formas, que não os impostos alfandegários, a medição da protecção efectiva tem naturalmente de ser feita com base em valores nominais apurados com as dificuldades que referimos na n. 17 p. 123.

dução do país, consoante o acréscimo na produção desses bens seja maior ou menor do que o decréscimo na produção dos bens finais que os incorporam [22]. Na expectativa de que se verifique a segunda hipótese, numa negociação internacional a concessão de reduções beneficiando principalmente a importação de bens intermediários poderá ser uma forma de promover um acréscimo geral da protecção efectiva e da produção do país: ficando prejudicados os produtores dos bens intermediários e diminuindo a sua produção nacional, mas sendo o aumento da produção dos bens finais de molde a mais do que compensar tal redução [23]. Em muitos casos os *inputs* são aliás matérias-primas que não existem e bens intermediários que não interessa produzir no país que oferece a redução dos direitos sobre eles; o qual só terá então a ganhar, com a redução concedida, aumentando o valor acrescentado na produção dos bens finais.

1.2.2. Fórmula de medição e exemplos

Tendo em conta os três factores referidos, com a medição da protecção efectiva apura-se, pois, a percentagem de acréscimo do valor acrescentado conseguida com a intervenção alfandegária, relativamente ao valor acrescentado em mercado livre.

Referindo por Z o grau de protecção efectiva, por V' o valor acrescentado internamente como consequência da intervenção

---

[22] Sobre a fórmula aplicável para ver quando se verificará cada uma destas situações ver Porto (1982, pp. 50-1).

[23] Assim terá acontecido, a título de exemplo, com as reduções aceites pelo Canadá nas negociações do Kennedy Round (Melvin e Wilkinson, 1968).

Naturalmente, para a prevalência dos interesses dos produtores dos bens finais ou dos produtores dos bens intermediários contribuirá a capacidade que uns e outros tenham para exercer influência sobre as autoridades. Prevalecendo os interesses dos primeiros ficam prejudicados os interesses dos consumidores, obrigados a comprar os bens por um preço mais elevado: trata-se todavia, como teremos ocasião de ver em II.4.2.2, de um conjunto de pessoas que, embora numeroso, não costuma ter uma organização capaz de assegurar a defesa dos seus interesses com a mesma eficácia que os participantes na produção (empresários e trabalhadores).

alfandegária e por V o valor acrescentado a preços de mercado livre, temos que

$$Z = \frac{V' - V}{V}$$

Não havendo tributação nem do bem final nem dos bens intermediários, $V = P_j (1 - a_{ij})$, em que P_j é o preço do bem final e a_{ij} a percentagem que os bens intermediários representam no bem final (o valor acrescentado é, conforme sublinhámos já, o inverso da participação dos bens intermediários).

Por seu turno, podendo haver tributação sobre o bem final (t_j) e sobre os bens intermediários (t_i), temos que $V' = P_j [(1 + t_j) - a_{ij} (1 + ti)]$.

Sendo assim

$$Z = \frac{P_j [(1+t_j)- a_{ij} (1+t_i)] - P_j (1- a_{ij})}{P_j (1 - a_{ij})} = \frac{[(1+t_j)- a_{ij} (1+t_i)] - (1- a_{ij})}{1-a_{ij}} = \frac{t_j - a_{ij} t_i}{1 - a_{ij}}$$

ou, considerando o somatório dos bens intermediários [24]:

$$Z = \frac{t_j - \Sigma a_{ij} t_i}{1 - \Sigma a_{ij}}$$

Continuando com o exemplo dado há pouco, a propósito da medição da 'protecção' nominal, podemos ver agora como a medição da protecção efectiva tem valores bem diferentes [25] e

---

[24] Com extensões várias da fórmula de medição, designadamente para poderem ser tidos em conta os impostos indirectos e os subsídios, os custos de transporte, a utilização da taxa de câmbio ou ainda a difícil problemática do tratamento dos bens intermediários não importáveis, ver Porto (1982, pp. 101 ss.).

[25] Diferentes ainda dos valores da medição da protecção nominal ajustada, que tem em conta a diferença entre os impostos sobre os bens finais e os impostos sobre os bens intermediários, como percentagem dos preços nominais dos bens finais em comércio livre:

$$Za = \frac{t_j P_j - \Sigma a_{ij} t_i P_j}{P_j}$$

em que Za é a taxa nominal ajustada, P_j o preço do bem final, $t_j P_j$ o imposto sobre o

reflecte os factores referidos: a tributação do bem final, a tributação dos bens intermediários e o que estes representam na produção daquele (ou, vendo pela negativa, o que representa o valor acrescentado, $1 - a_{ij}$, no processo em análise).

Assim, não sendo tributados os bens intermediários ($t_i = 0$), sendo o bem final tributado em 20% e representando os bens intermediários 80% do preço do bem final temos que

$$V' = Pj [(1 + t_j) - \sum a_{ij} (1 + t_i)] = 1\,200 - 800 = 400$$

e

$$V = Pj (1 - a_{ij}) = 1\,000 - 800 = 200$$

logo,

$$Z = \frac{V'-V}{V} = \frac{400 - 200}{200} = \frac{200}{200} = 100\%$$

Sendo o bem intermediário tributado com um imposto de 10%, temos que $V' = 1\,200 - 880$, pelo que

$$Z = \frac{320 - 200}{200} = \frac{120}{200} = 60\%$$

Pode acontecer mesmo que a tributação dos bens intermediários seja de tal forma alta que a protecção efectiva seja negativa: por exemplo se a sua tributação for de 60%, levando a que $V' = 1\,200 - 1\,280 = -80$ e $Z = -140\%$ [26].

---

bem final e $\sum t_i a_{ij} Pj$ a tributação sobre os bens intermediários. Acaba por corresponder ao numerador da fórmula de medição da protecção efectiva, dado que

$$Za = \frac{t_j P_j - \sum a_{ij} t_i P_j}{P_j} = \frac{P_j (t_j - \sum a_{ij} t_i)}{P_j} = t_j - \sum t_i a_{ij}$$

[26] Além destes casos de verdadeira protecção efectiva negativa o apuramento de valores negativos pode resultar de ser negativo o denominador da fracção (V), como consequência do modo de cálculo seguido: não sendo os valores acrescentados 'do comércio internacional' valores reais – os quais, como é óbvio, serão em princí-

Por fim, podemos ver ainda a influência que pode ter a variação do peso dos bens intermediários no valor do bem final, supondo por exemplo que a_{ij} em vez de 80% é de 60% (sendo o valor acrescentado, portanto, de 40%). Admitindo de novo que o bem final é tributado com 20% e os bens intermediários com 10%, temos que

$$Z = \frac{540 - 400}{400} = \frac{140}{400} = 35\%$$

Vemos pois que a protecção efectiva é menor quando é maior o valor acrescentado na produção, podendo um exemplo inverso, considerando por hipótese $a_{ij} = 90\%$, mostrar-nos que Z é pelo contrário maior quando é menor o valor acrescentado: tendo neste caso

$$Z = \frac{210 - 100}{100} = \frac{110}{100} = 110\%$$

2.2.3. A medição da protecção efectiva em Portugal

Requerendo o conhecimento dos valores acrescentados em cada sector da economia (1- Σ a_{ij}), a medição da protecção efectiva com um rigor e com um dispêndio de esforços aceitável terá de ser feita com a utilização de matrizes de relações inter-sectoriais [27]. Compreende-se por isso que de um modo geral a medição tenha sido feita em relação a anos para os quais estas foram elaboradas, em Portugal em relação a 1959, 1964 (matrizes elaboradas pelo INII), 1970 e 1974 (matrizes elaboradas pelo GEBEI) [28].

---

pio positivos – mas sim valores calculados a partir dos valores nacionais, deflacionados dos impostos aplicados, e sendo diferentes as funções de produção nos demais países (sobre este ponto ver mais uma vez Porto, 1982, pp. 177-185).

[27] Sobre a estrutura e a utilidade proporcionadas pelas matrizes recorde-se o Anexo I-B, pp. 99-103.

[28] Vários autores têm apurado a protecção efectiva a que terá levado a aplicação de impostos em determinados anos com base em matrizes de anos anteriores, no pressuposto de que as estruturas de produção de uma economia (as funções de produção) não mudam senão a médio ou longo prazo (assim procederam por exem-

Apesar de se tratar de anos já recuados[29], julgamos que vale a pena reproduzi-los aqui, ilustrando a importância da medição (sendo a protecção efectiva bem diferente da 'protecção' nominal) e uma faceta interessante da história da intervenção alfandegária em Portugal, que sublinharemos de seguida[30].

---

plo na Alemanha Federal Hiemenz e Rabenau, 1976, procedendo ao cálculo da protecção efectiva em 1972 com a utilização de uma matriz de 1964).

[29] A partir de 1974 o proteccionismo, designadamente o proteccionismo conferido por impostos alfandegários, passou a ter menos relevo em Portugal, principalmente como consequência dos compromissos assumidos no seio da EFTA, desde 1960, no GATT desde 1962 e com os países da CEE a partir do Acordo Comercial de 1972 (recorde-se do quadro II.1, p. 110, a quebra nas receitas proporcionadas; e veja-se em Fontoura, 1992b, p. 163, um apuramento de valores mais recentes feito pelo Ministério da Indústria).

Agora, com a integração na União, tem relevo naturalmente apenas a protecção alfandegária em relação a terceiros: devendo todavia notar-se que, apesar de todos os países aplicarem os mesmos impostos nominais (com a Pauta Exterior Comum), terá cada um uma protecção efectiva diferente, como consequência de serem diferentes as suas estruturas de produção (os valores acrescentados). Trata-se de diferenças sensíveis, constatadas nos estudos abrangendo países da UE (já mesmo no estudo pioneiro de Balassa, 1965, não obstante estarem então em causa ainda apenas os países fundadores, com estruturas económicas mais próximas do que as de alguns que vieram a aderir mais tarde).

No trabalho que temos vindo a referir (Porto, 1982, pp. 195-203) apurámos ainda o que resultaria da aplicação da Pauta Exterior Comum à economia portuguesa, comparando esses resultados com a protecção efectiva conferida pela nosso pauta. Pôde antever-se assim que com a integração haveria uma diminuição da 'protecção' nominal, de 16,4 para 10,6 (com o benefício consequente para os consumidores) e da protecção efectiva de 32,9 para 22,6% (ficando nesta medida desprotegidos os produtores); com implicações muito diferentes de sector para sector (com alguns aumentos de protecção) que a simples média estaria longe de mostrar.

[30] Tendo a matriz de 1959 uma maior agregação e sido calculada com menos rigor, nos quadros que se seguem apresentamos apenas os valores apurados para 1964, 1970 e 1974 (podendo indicar no mesmo quadro os valores de 1970 e 1974, em virtude de termos nos dois casos matrizes com a mesma agregação: tendo aliás a matriz de 1974 sido elaborada a partir da de 1970). Os bens intermediários não importáveis foram considerados utilizando um método que nos pareceu mais correcto, diferente dos de Balassa (1965 e 1971 *et al.*) e Corden (1966 e 1971b): ver Porto (1982, pp. 129-32).

Quadro II.2 – 1964

Sector da matriz	Taxa nominal (t)	Taxa efectiva (z)
1. Agricultura	15,2	16,6
3. Pecuária	1,6	(-1,0)
4. Pesca	5,1	3,1
5. Extr. de carvão	1,6	1,4
6. Extr. minerais metál.	O	(-0,6)
7. Extr. min. não metál.	O	(-0,7)
8. Moagem e padaria	15,7	30,3
9. Massas.al.conf., past e doc.	32,2	313,1
10. Carnes, prep. cons. carne	*11,6	*(-124,6)
11. Lacticínios	*63,4	*(-295,5)
12. Conservas de peixe	0,8	(-13,5)
13. Frutas prep. e em conserva	27,6	60,1
14. Outros prod. alimentares	14,9	21,5
15. Refinação óleos veg. alim.	9,5	3,1
16. Bebidas	186,2	809,2
17. Tabacos	*131,6	*(-266,8)
18. Têxtil de lã	33,2	108,0
19. Têxt.alg.,fib.art. sint. e mistas	26,7	52,6
20. Têxt. fib. duras, cord. tap.	14,7	17,0
21. Vestuário	26,7	28,5
22. Calçado	19,7	31,1
23. Manufactura de cortiça	6,1	11,8
24. Ser. e trab. mec. de mad.	6,1	6,5
25. Mobiliário e colchoaria	25,2	46,2
26. Pasta de papel	0,4	(-1,9)
27. Papel e cartão	11,5	24,3
28. Resinosos	11,5	61,1
29. Borracha e art. de borracha	35,7	70,3
30. Cimento e cal	10,4	13,7
31. Cerâmica e prod. de cim.	12,0	15,4
32. Vidro e artigos de vidro	23,5	36,0
33. Produtos químicos de base	9,5	16,1
34. Adubos manufac. e pesticidas	9,8	17,5
35. Oleos e gorduras animais	1,9	(-21,8)
36. Alimentos para o gado	1,4	(-25,3)
37. Tintas prep., vern. e lacas	25,5	52,8
38. Produtos químicos diversos	10,7	15,3
39. Refinação de petróleo	13,5	79,2
40. Derivados de carvão	1,0	0,3

Sector da matriz	Taxa nominal (t)	Taxa efectiva (z)
41. Art. de pasta pap., pap. e cartão	24,3	116,9
42. Artigos de mat. plástica	29,2	68,4
43. Tipografia e editoriais	13,6	15,2
44. Curtumes e corte de pelo	11,5	13,5
45. Ind. básicas do ferro e aço	23,9	40,7
46. Ind. bás. met. não ferrosos	3,8	3,3
47. Outros produtos metálicos	10,4	6,5
48. Outros produtos metálicos	45,1	114,5
49. Máq. e material eléctrico	13,7	16,8
50. Construção e rep. navais	4,9	2,7
51. Aut. e outro mat. transp.	74,3	168,2
52. Transformadoras diversas	37,0	60,9
64. Transp. marít. e fluviais	4,9	4,9
65. Transportes aéreos	O	(-5,1)
67. Comércio	O	(-7,9)
Média simples	**18,2**	**48,4**
Desvio-padrão	**27,7**	**120,7**

Fonte: Porto (1982, p. 188)
* Sectores excluídos do apuramento das médias em virtude de não se tratar (na segunda coluna) de valores de verdadeira protecção negativa (recorde-se a n. 26 p. 127).

Quadro II.3

Sector da matriz	1970 Taxa nominal (t)	1970 Taxa efectiva (z)	1974 Taxa nominal (t)	1974 Taxa efectiva (z)
1. Agricultura	9,7	8,7	7,0	8,2
2. Silvicultura	1,7	1,3		(-0,2)
3. Pecuária	1,8	0,6	0,7	(-0,4)
4. Pesca e cons. de peixe	8,9	6,5	1,3	0,2
5. Extr. petr. carvão min. met.	0,5	(-1,5)	0,1	0,5
6. Extr. minerais não met.	0,2	(-2,5)	0,1	(-0,4)
7. Carne e conserv. de carne	10,8	219,3	1,8	6,6
8. Lacticínios	*93,3	*(-633,5)	23,1	226,4
9. Conservas de fruta	12,2	9,6	9,4	14,3
10. Óleos alimentares	12,5	162,6	7,9	40,8
11. Alimentos para animais	1,4	(-45,4)	1,0	(-9,6)
12. Outros produtos alimentar.	19,8	86,5	9,9	44,6
13. Bebidas	*315,8	*(-312,5)	65,3	606,9
14. Tabacos	*215,0	*(-123,7)	*104,0	*(150,5)
15. Têxteis de lã e mistos	19,8	43,2	9,7	16,4
16. Têxtil de algodão e mistos	18,1	33,5	14,7	31,4
17. Têxtil de fibras duras	21,5	85,4	8,0	22,6
18. Vestuário	25,0	51,9	5,8	(-0,5)
19. Calçado	18,3	18,4	19,5	53,5
20. Curtumes e corte de pelo	18,0	53,8	6,3	22,6
21. Madeira	4,7	1,7	2,6	4,8
22. Cortiça	10,0	18,0	0,6	0,6
23. Mobiliário e colchoaria	25,6	55,4	14,3	32,0
24. Pasta para papel	0,1	(-9,7)		(-0,5)
25. Papel de cartão e artigos	10,6	18,3	6,0	11,3
26. Tipografia e editoriais	16,7	25,7	6,8	10,4
27. Borracha e artigos	23,0	117,7	14,8	57,0
28. Artigos mat. plásticas	43,7	161,1	13,2	33,1
29. Prod. químicos diversos	7,1	2,3	1,3	0,3
30. Resinosos	8,4	28,9	0,3	0,4
31. Óleos não alimentares	16,9	500,8	0,2	(-5,1)
32. Tintas, vernizes e lacas	19,8	76,3	8,4	23,0
33. Prod. químicos diversos	21,1	56,5	2,6	4,1
34. Deriv. petróleo e carvão	7,8	37,4	*7,1	*(-1081,6)
35. Vidro e artigos	30,8	49,9	12,3	19,2
36. Cimento	11,4	15,6	9,2	18,4
37. Outros minerais não met.	14,2	16,8	7,3	9,3
38. Ind. ferro e aço	16,0	32,9	0,9	1,3

As Restrições ao Comércio 135

Sector da matriz	1970		1974	
	Taxa nominal (t)	Taxa efectiva (z)	Taxa nominal (t)	Taxa efectiva (z)
39. Ind. metais não ferrosos	2,6	2,1	1,0	2,5
40. Produtos metálicos	19,0	36,0	8,4	24,9
41. Máquinas excl. eléctricas	9,0	9,3	3,0	4,6
42. Máq. e mat. eléctrico	15,8	25,1	8,1	17,8
43. Constr. e reparação naval	11,7	11,9	1,2	0,6
44. Material de transporte	28,2	118,9	2,1	2,3
45. Transformadoras diversas	13,2	14,2	6,4	9,9
58. Serviços diversos	23,0	26,4	15,2	18,2
Média simples	**14,4**	**50,7**	**7,7**	**31,5**
Desvio-padrão	9,6	86,9	10,6	95,7

Fonte: Porto (1982, pp. 189-90)
* Sectores excluídos do apuramento das médias pela razão mencionada no quadro II.2.

Uma primeira nota a destacar nestes quadros é de facto a expressão muito maior (em alguns casos várias vezes maior) que a protecção efectiva tem de um modo geral relativamente à 'protecção' nominal, sendo também muito mais elevados os desvios-padrão: apontando estas diferenças, conforme voltaremos a sublinhar dentro em pouco, para que seja indispensável medir a protecção efectiva se se pretende conhecer com maior rigor o sentido e os efeitos do proteccionismo sobre a produção e a distribuição do rendimento.

Pode notar-se, além disso, que à quebra (acentuada) da média dos valores nominais, de 18,2% em 1964 para 14,4% em 1970 e 7,7% em 1974[31], ou seja, de 20,9% entre 1964 e 1970 e de 46,5% entre 1970 e 1974, não correspondeu um movimento semelhante na média das taxas de protecção efectiva, que subiu mesmo de 1964 para 1970 (de 48,4% para 50,7%, ou seja 4,8%) e só entre 1970 e 1974 teve já uma descida (sensível: de 50,7% para 31,5%, ou seja, de 38,1%). Com as cautelas que deve haver, em virtude da

---

[31] Explicável pelas razões referidas em I.2.1 e há pouco recordadas, em II.1.1.1.

diferente exclusão de alguns sectores entre os vários anos e de poder ter havido alterações sensíveis no peso dos sectores (nos quadros apurámos médias simples), parece poder concluir-se que, como resultado de uma política nesse sentido ou não, os produtores portugueses não foram sendo desprotegidos na medida da redução da 'protecção' nominal: passando mesmo a ser mais protegidos entre os dois primeiros anos considerados (entre 1964 e 1970) e não tendo a queda sido tão grande entre os dois últimos (1970 e 1974).

2.2.4. Juízo acerca da medição da protecção efectiva

Apesar do maior sentido que parece ter, face ao objectivo de conhecer os efeitos da intervenção alfandegária sobre a produção e a distribuição do rendimento, a medição da protecção efectiva foi posta em causa por alguns autores, sendo questionadas a sua vantagem ou mesmo qualquer utilidade por ela proporcionada[32].

a) Numa primeira linha, defendeu Cohen (1969) que não valeria a pena dispender os esforços requeridos por tal medição, tendo em conta a correlação existente com os valores da 'protecção' nominal, de cálculo muito mais simples. Não se justificaria, por isso, proceder ao apuramento daquela, oferecendo ainda o apuramento dos valores nominais a vantagem de não estar dependente da periodicidade, do atraso[33] e da desagregação das matrizes inter--sectoriais, de que tem de fazer-se uso se, com um dispêndio e um rigor aceitáveis, se pretende medir as taxas de protecção efectiva. As taxas nominais serviriam, pois, como variáveis indiciárias das taxas efectivas.

---

[32] Numa argumentação estranha, até porque o problema não é de modo algum exclusivo deste domínio, Travis (1964 e 1968) pôs em causa a própria noção de protecção efectiva, com o argumento de que não há nada de real que constitua o 'valor acrescentado' (o 'preço efectivo'): questionando por isso toda a elaboração feita pela teoria da protecção efectiva (ver Porto, 1982, pp. 148-9).

[33] Recorde-se contudo o que dissemos na n. 28 p. 130.

Tendo por base os dados deste estudo (de Cohen), Guisinger e Shydlowsky (1971) e Balassa *et al.* (1971) apuraram todavia que entre os países considerados a correlação é maior quando a agregação dos sectores é maior, e vice-versa. Ou seja, a correlação é menor com uma maior desagregação, precisamente quando é maior a utilidade (mesmo o rigor) da medição da protecção efectiva: não podendo confiar-se de igual forma nas taxas nominais como variáveis indiciárias aceitáveis.

Em Portugal, embora de um modo geral tivessemos encontrado valores de correlação significativos, apurámos valores mais altos para as taxas de correlação de ordem do que para as taxas de correlação linear (Porto, 1982, pp. 164-5), o que aponta igualmente no sentido de as taxas nominais serem um sucedâneo menos satisfatório quando, como acontecerá na generalidade dos casos, se pretende conhecer a extensão dos efeitos da protecção (não apenas como se ordenam os sectores de acordo com a protecção conferida).

Por fim, a análise dos resultados apurados em Portugal (vistos há pouco, no número anterior) desfará as últimas dúvidas a este propósito, mostrando como são bem diferentes os valores efectivos e nominais e que pode ter mesmo sentidos opostos a evolução de uns e outros.

b) Procurando também pôr em causa a utilidade da medição da protecção efectiva, foi referido por outros autores (Ramaswami e Srinivasan, 1971) que o seu interesse seria irrelevante face ao reconhecimento, feito pela teoria das divergências domésticas, de que a intervenção alfandegária não constitui uma intervenção de primeiro óptimo nas economias dos países (conforme teremos ocasião de ver *infra*, em II.4).

Vimos contudo que, embora não se tratando de uma intervenção de primeiro óptimo, continua a ser feita (mesmo de modo crescente, em alguns períodos recentes), importando saber por isso quanto representa; e, caminhando-se de facto na referida linha desejada, no sentido do seu afastamento, é importante saber a extensão exacta da protecção conferida para saber em que medida os sectores que deixam de ser protegidos sofrerão (terão de se ajustar) como consequência da abertura ao comércio internacional.

c) Numa terceira linha foi dito (ver Bhagwati e Srinivasan, 1973, Bruno, 1973 e Khang, 1973) que, verificando-se determinadas elasticidades de substituição dos factores de produção, não pode ter-se a certeza de que a uma determinada diferença de valores da protecção efectiva corresponda uma variação esperada na utilização dos factores. Trata-se todavia de elasticidades que de facto parece não serem as mais comuns nas economias[34], sendo por isso de esperar efeitos de afectação de recursos correspondendo às taxas e protecção efectiva (principalmente se houver uma alteração de determinadas taxas, subindo ou descendo, podendo talvez não se verificar a continuidade de efeitos face a taxas sem alteração); não sendo além disso de esperar os referidos efeitos de substituição enviezados (*biased*) em relação a factores que estejam sub-utilizados (por ex. em relação ao factor trabalho, havendo desemprego ou sub-emprego), e sim uma maior participação sua na produção e na distribuição do rendimento, na sequência da protecção efectiva conferida ao sector em que são chamados a participar[35].

É de concluir, pois, que tem sentido e vantagem a medição da protecção efectiva, sendo antes de estranhar que, face à sua lógica e ao acréscimo de informação proporcionado, fosse necessário esperar pelas décadas de 50 e 60 para que se dispusesse desta fórmula de medição[36].

---

[34] Tal como resultou dos estudos empíricos de Humphrey e Wolkowitz (1972 e 1976).

[35] Por fim, é de notar ainda que a segunda e a terceira linhas de objecções referidas no texto (em b e c) não se limitariam a pôr em causa a utilidade da medição da protecção efectiva: poriam em causa igualmente a utilidade da medição das taxas nominais, que não haveria também interesse em conhecer face à falta de sentido da intervenção alfandegária (como via de intervenção de primeiro óptimo) ou face à eventual prevalência de efeitos de substituição enviezados: não devendo esperar-se também então, tal como em relação às taxas de protecção efectiva, efeitos de acordo com o seu escalonamento e/ou o seu valor.

[36] Depois de alguns elementos percursores (ver Porto, 1982, pp. 68-9), o conceito apareceu com toda a precisão em Barber (1955) e Meade (1955), tendo sido decisivos, na sua sequência, os desenvolvimentos teóricos de H. Johnson (1965a) e Corden (1966 e 1969) e os estudos empíricos pioneiros de Balassa (1965) e Basevi (1966).

Era de qualquer modo já clara em décadas anteriores, para políticos envolvidos na definição de políticas alfandegárias ou em negociações comerciais, para

3. Efeitos

As restrições ao comércio têm efeitos em diversos domínios, que vamos analisar – mais uma vez – em relação aos impostos alfandegários, não sendo todavia de um modo geral diferentes (veja-se contudo o que diremos a propósito do efeito de receita fiscal) com outros meios de intervenção.

Trata-se de efeitos que podem ser melhor vistos através da figura II.3, continuando a considerar um modelo de equilíbrio parcial [37] e ainda, correspondendo à situação portuguesa, o caso de um 'país pequeno' [38].

3.1. *Sobre o consumo*

Na ausência de restrições, podendo os consumidores do país comprar o bem pelo preço do comércio livre, o consumo é de OB.

---

homens de negócios e para economistas a noção dos efeitos contrários da tributação dos bens finais e dos bens intermediários. O que constituiu novidade foi o apuramento da noção de valor acrescentado e de uma fórmula para medir o acréscimo respectivo, podendo ter contribuído para o seu aparecimento tardio que só recentemente tenha ganho maior relevo o comércio internacional de bens intermediários (recorde-se a n. 58 p. 72) e que só nos anos 30-40, com o contributo de Leontief, pudesse passar a dispôr-se de matrizes de relações inter-sectoriais (recorde-se o Anexo I.B). A maior facilidade e o maior rigor da medição em 'países pequenos', para os quais o 'preço internacional' corresponde ao 'preço do comércio livre' (recorde-se a n. 18 p. 124 e veja-se Porto, 1982, pp. 141-5), poderá ter contribuido também para este atraso, podendo explicar ainda o papel muito especial que tiveram em toda a elaboração da teoria os autores de países deste tipo (além disso países desenvolvidos, abertos ao exterior, dispondo de matrizes e, o que é sem dúvida muito importante, com escolas económicas de valor: casos da Austrália, do Canadá e de Israel).

[37] Mais simples e, segundo julgamos, mostrando de um modo mais claro os efeitos da intervenção alfandegária: que todavia podem ser representados também em diagramas de equilíbrio geral, na linha do que exemplificamos no Anexo II.B.

Com as consequências da tributação também dos bens intermediários (num diagrama de equilíbrio parcial), tidas em conta na medição da protecção efectiva, ver o Anexo II.A.

[38] Podendo os efeitos no caso de um 'país grande' ser vistos a partir de um diagrama como o da fig. II.5, em II.3.7 (p. 145).

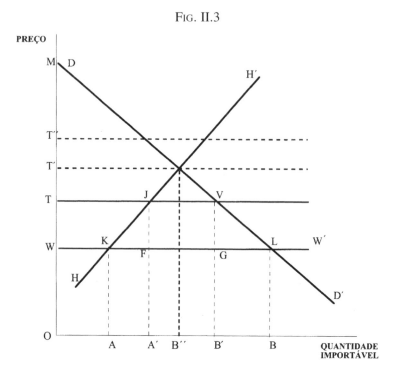

Fig. II.3

Levando a restrição (v.g. o imposto alfandegário) a um aumento de preço (de WO para TO), verifica-se uma diminuição do consumo, numa medida determinada pela elasticidade da curva da procura (DD'): para OB', sendo a redução de B'B o efeito sobre o consumo da restrição ao comércio.

3.2. *Sobre a produção*

Com a concorrência dos bens importáveis pelo preço WO a produção nacional tinha de circunscrever-se ao espaço em que o custo marginal das unidades produzidas no país (dado pela curva da oferta interna, HH') é inferior ao preço praticado (o preço internacional), WO: ou seja, até ao ponto da intersecção das duas curvas, em K, sendo a produção OA.

Com a subida do preço interno proporcionada pelo imposto TW/WO, passando a ser TO, as mesmas e outras empresas serão atraídas a produzir até ao ponto em que a curva do custo marginal intersecta este novo preço, o que acontece em J: há por consequência um aumento da produção, para OA', sendo AA' o efeito sobre a produção da restrição ao comércio.

3.3. *Sobre a balança dos pagamentos*

Antes da aplicação da restrição o volume das importações, onerando em tal montante a balança dos pagamentos, era de AB: sendo o consumo do país, OB, satisfeito nessa medida por bens importados e em OA através da oferta interna.

Levando o imposto, como vimos, a uma diminuição do consumo para OB' e a um aumento da oferta para OA', na medida da soma destas diferenças (B'B + AA') há uma diminuição das importações, que constitui o efeito (positivo) sobre a balança dos pagamentos.

Trata-se, de qualquer modo, de uma situação em que se mantem alguma importação (A'B'), ou seja, em que o imposto alfandegário não é proibitivo. Já o será por exemplo um imposto de T'W/WO, levando a que, pela diminuição do consumo, para OB", e pelo aumento da produção interna, até esse montante, deixe de ser importada qualquer quantidade[39].

Um imposto ainda mais elevado (por ex. de T"W/WO), determinado talvez por uma razão de precaução (admitindo que venha a verificar-se uma descida do preço internacional que leve a um novo movimento de importação), já nada acrescenta a este propósito, sendo redundante (tendo 'água') na medida do excesso T"T'[40].

---

[39] Trata-se da hipótese – de aplicação de um imposto alfandegário proibitivo – que consideramos no exemplo de equilíbrio geral do Anexo II.B (pp. 203-4).

[40] Sobre as implicações deste excesso na medição da protecção efectiva ver Porto (1982, pp. 145-7)

Em IV. 3.1 veremos as implicações que a fixação de um limiar de garantia de preços acima do nível de equilíbrio entre a procura e a oferta internas tem tido na política agrícola comum.

3.4. De receita fiscal

Passando a haver importações de A'B', oneradas por um imposto alfandegário, há uma cobrança de receita para o Estado correspondente ao produto das unidades importadas (A'B') pelo imposto cobrado por cada uma delas, TW/WO: ou seja, um efeito de receita fiscal representado pelo quadrilátero FGVJ.

Trata-se, como é óbvio, de efeito que em princípio não se verifica com uma outra forma de restrição, v.g. com uma quota, que leve a uma redução das importações quiça na mesma medida (para A'B'). Neste caso se há comerciantes que, sem contrapartida, beneficiam de vender por um preço mais alto (TO) os bens que importam por um preço mais baixo (WO), o quadrilátero em análise (FGVJ) representa a renda por eles conseguida. Como vimos (em II.l.2), teremos todavia uma situação equiparada à de um imposto alfandegário, constituindo FGVJ uma receita fiscal para o Estado, se a quota da importação é atribuida aos importadores em contrapartida de um pagamento equivalente (ou se forem tributados nesta medida).

3.5. De transferência de rendimento (para os produtores)

Além do efeito de transferência de rendimento que acabámos de ver, dos consumidores para o Estado (efeito de receita fiscal; ou, no caso da quota, de transferência – pelo menos imediata – para os importadores), com a intervenção alfandegária (através de um imposto ou, neste caso, também através de qualquer outra forma) há ainda um efeito de transferência de rendimento para os produtores: representado pelo quadrilátero WKJT e correspondendo ao ganho a mais que os produtores que vendiam OA passam a ter (vendendo por TO e já não por WO) e pelo ganho que passam a ter os que (os mesmos ou outros) vêm preencher agora o espaço (referido em II. 3.2) entre OA e OA', vendendo cada unidade por um preço (TO) superior ao custo marginal, até se chegar ao ponto de intersecção da curva da oferta (do custo marginal) com esse preço, em J.

3.6. De bem-estar

Com os rectângulos FGVJ e WKJT acabados de analisar há já uma diminuição da renda dos consumidores, a qual, como se sabe, consiste no produto das unidades compradas pela diferença entre o preço por que cada consumidor admitiria comprar o produto e o preço pelo qual o consegue[41].

---

[41] Trata-se da renda representada na fig. II.4:

Fig. II.4

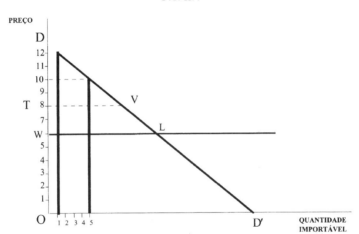

Por exemplo, quando compram a primeira unidade estariam dispostos a comprá-la por 12 mas conseguem-na por 6; ou, estando dispostos a comprar a quinta unidade por 10, conseguem-na pelos referidos 6. A renda dos consumidores é, pois, o somatório de todas estas rendas, representado pelo triângulo WLD.

Como se diz no texto, trata-se de renda que fica diminuida na medida de um imposto alfandegário que seja aplicado: por exemplo, um imposto de 2, fazendo subir o preço interno para 8, faz diminuir a renda dos consumidores na medida do quadrilátero WLVT.

Alternativamente, pode dizer-se que a renda dos consumidores é a diferença entre o gozo proporcionado pelo bem, representado pela totalidade do triângulo abaixo de DD' (OD'D), e o custo suportado para ter esse gozo, ou seja, o preço a pagar, representado pelo rectângulo OD'LW: ficando diminuida na medida do aumento deste rectângulo, v.g. para OD'VT, como consequência do encarecimento causado pelo imposto alfandegário TW/WO.

A aplicação do imposto TW leva à redução desta renda na medida do quadrilátero WLVT, ficando a renda dos consumidores restringida ao triângulo TVD.

Vimos contudo há pouco (em II. 3.4 e em II. 3.5) que parte desta renda é perdida pelos consumidores para o Estado (a receita fiscal FGVJ) e para os produtores (o rectângulo WKJT) (de novo na fig. II. 3, p. 138): não sendo seguro, nestes casos, se haverá uma perda ou um ganho para a sociedade, face à dificuldade (ou mesmo à impossibilidade) de fazer comparações inter-pessoais de utilidade, não podendo dizer-se (pelo menos com segurança), designadamente, que seja mais favorável que a renda WKJT caiba aos consumidores ou aos produtores (e podendo pôr-se como hipótese, em relação à renda FGVJ, que o Estado volte a distribuir a receita cobrada a favor dos consumidores onerados com a cobrança dos impostos alfandegários).

Acontece todavia que a renda perdida pelos consumidores é superior aos ganhos acabados de referir, favorecendo os produtores e o Estado (de imediato); numa medida que na figura é representada pelos triângulos KFJ e GLV, representando o primeiro o custo de distorção na produção (como consequência de se renunciar a uma produção que, em termos sociais, teria sido mais eficiente) e a segunda o custo de distorção no consumo (como consequência de os consumidores se verem forçados a comprar os bens mais caros)[42]. Tratando-se de prejuízos que a ninguém aproveitam, constituem perdas líquidas da intervenção alfandegária.

---

[42] Seguindo a terminologia de Corden (cfr. 1997, p. 10), uma 'divergência marginal' (*marginal divergence*) resulta de um afastamento entre o custo marginal privado e o custo marginal social, ou entre a receita marginal privada e a receita marginal social, independentemente da sua causa (por ex. uma situação de monopólio ou uma economia externa); sendo uma 'distorção' (*distortion*) uma 'divergência' que seja causada por uma intervenção pública (por ex. através de um direito alfandegário ou de um outro imposto); e uma 'distorção derivada' (*by-product distortion*) uma distorção que seja o sub-produto de uma política governamental com o propósito de corrigir, total ou parcialmente, uma divergência existente. As distorções são, pois, espécies dentro das divergências.

3.7. Sobre os termos do comércio

Por fim, podemos considerar os efeitos que a intervenção alfandegária pode ter sobre os termos do comércio, sendo um país capaz de os influenciar. A aplicação de uma restrição (v.g. um imposto) que faça diminuir as suas importações levará então a um abaixamento dos preços internacionais.

Trata-se de situação que não pode obviamente ser representada pela fig. II.3, aplicável ao caso de um 'país pequeno' (com uma oferta de importações infinitamente elástica)[43], mas sim por uma figura como a figura II.5.

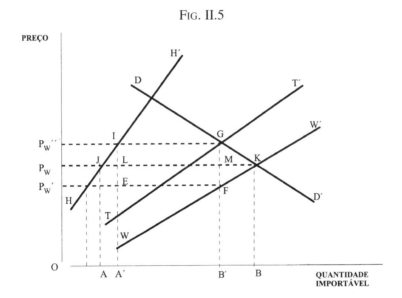

FIG. II.5

---

[43] É esta a situação geral de Portugal, que não tem uma procura significativa de nenhum produto, capaz de provocar, com a sua alteração, uma alteração dos preços internacionais. Só do lado da oferta há uma excepção importante, no caso da cortiça, tendo nós mais de metade da oferta mundial (havendo ainda naturalmente excepções em espécies mais desagregadas dos produtos, como é o caso do vinho do Porto, dentro da categoria dos vinhos).

Sendo o país em análise um país com peso no mercado mundial, encontra neste caso uma curva da oferta que não é infinitamente elástica: mas sim uma curva como a curva WW'. Em comércio livre o preço internacional resulta, naturalmente, da intersecção desta curva com a curva da procura do 'país grande', estabelecendo-se o preço PwO.

Com a aplicação de um imposto alfandegário TW a referida curva da oferta internacional (WW') desloca-se para a esquerda, para TT', constatando-se, todavia, que o preço do bem importável não aumenta na medida do imposto. De facto, como consequência do peso da procura do país, com um preço maior (com imposto) há uma menor procura, que leva a que o preço internacional (sem imposto) desça para Pw'O (sendo o preço interno, com imposto, Pw"O). Há assim, pois, uma alteração dos termos do comércio, favorável ao país que aplica o imposto na medida do prejuízo dos demais.

Trata-se de consequência que leva, compreensivelmente, a que sejam diferentes os efeitos sobre o consumo, a produção, a balança dos pagamentos, a receita (em geral, a distribuição do rendimento) e o bem-estar. O consumo não se reduz em tão grande medida, pois não sobe tanto o preço a pagar pelos consumidores, e é menor o acréscimo da produção, em virtude de se elevar menos o preço por que os produtores poderão vender os bens, conjugando-se estas duas circunstâncias para ser menor o efeito sobre a balança dos pagamentos. A receita do imposto (EFGI) deixa de ser apenas à custa dos consumidores nacionais, passando a ser também (em PwPw' por unidade) à custa dos produtores estrangeiros (no quantitativo EFML). Por fim, é de sublinhar que do ponto de vista do país que estabelece a restrição esta última área, EFML, corresponde a um benefício de bem-estar, que deve ser comparado com os seus custos de distorção na produção, JLI, e no consumo, MKG. Sendo assim, se (EFML) > |(JLI) + (MKG)| o país está melhor como consequência da intervenção, estando pelo contrário pior se (EFML) < |(JLI) + (MKG)|. Trata-se pois de um ganho eventual que dependerá da sua capacidade para influenciar os termos do comércio (ou seja, da elasticidade da oferta internacional, sendo maior quando esta for menor e pelo contrário desaparecendo se esta for infinita).

4. Apreciação

Vistos os efeitos da intervenção alfandegária, designadamente os efeitos negativos em termos de bem-estar, apontados em II. 3.6, é agora ocasião de vermos se não haverá modos mais adequados de intervir para atingir os objectivos em vista.

Para além disso, face à constatação da manutenção e mesmo de algum aumento recente da intervenção alfandegária, não obstante os contributos teóricos que vieram mostrar de um modo ainda mais claro as maiores vantagens do livre-cambismo, será importante saber se nos terá falhado algum elemento ou, de qualquer modo, o que poderá explicar esse tipo de intervenção.

4.1. *O juízo negativo da teoria das divergências domésticas*

4.1.1. **Ideia geral**

Para apreciação dos modos de intervenção podemos beneficiar do contributo proporcionado pela teoria das divergências domésticas[44].

---

[44] Trata-se de uma teoria recente, no quadro da teoria do bem-estar, que deve muito da sua origem a Haberler (1950) e a Meade (1955), o primeiro dando um quadro geral de análise e o segundo aprofundando já algumas vias de aplicação. Depois, vários outros autores se distinguiram na elaboração e na extensão da teoria, podendo salientar-se Corden (1957), Hagen (1958), Fishlow e David (1961), Bhagwati e Ramaswami (1963) e H. Johnson (1965b). Na sequência destes contributos, um artigo de Bhagwati, de 1971, teve o mérito de ter vindo fazer uma sistematização (e alguma generalização) da teoria (com uma actualidade sublinhada em Srinivasan, 1996), tendo um livro de Corden (1974, primeira edição do livro de 1997) constituido talvez a obra mais influente para a sua divulgação, com a preocupação de salientar também as limitações e as preocupações a ter com os pressupostos em que se baseia (podendo distinguir-se ainda num campo particular, o das divergências nos custos dos factores, um artigo e um livro de Magee: 1973 e 1976, respectivamente; ou, numa exposição considerando as diferentes formas de mercado, Vousden, 1990).

Desde o início da teoria do comércio internacional [45] o livre--cambismo foi associado ao liberalismo interno (*laissez-faire*). Assim aconteceu com a sua defesa, a qual, como vimos, constituiu a 'teoria oficial' durante a maior parte do tempo [46]. E assim aconteceu igualmente com a sua rejeição, quando se defenderam antes restrições, designadamente o proteccionismo em relação ao comércio internacional: quer por razões estruturais, v.g. para defender indústrias nascentes, quer por razões conjunturais, tal como se verificou em épocas de grande desemprego ou de desequilíbrio das balanças dos pagamentos. Em qualquer destes casos julgava--se que o mal estava na não intervenção, não se distinguindo o plano externo do plano interno.

A grande inovação da teoria das divergências domésticas consistiu em ter vindo distinguir os dois planos, mostrando que sempre que haja qualquer divergência ou distorção (sobre estas designações recorde-se a n. 42 p. 142) no mercado só é eficiente (na lógica do princípio de Pareto [47], sendo atingido o objectivo desejado sem que se originem novas distorções), uma solução directamente dirigida e circunscrita à correcção da divergência ou distorção em causa. De outra forma, ou seja, havendo um efeito negativo (uma distorção), não será talvez possível saber se há um benefício ou uma perda geral, dada a dificuldade (ou mesmo a

---

[45] Remontando aliás aos primórdios da ciência económica e cuidando desde então não só de aspectos positivos (v.g. das explicações do comércio) como também de aspectos de bem-estar ('normativos', v.g. com a apreciação das suas vantagens ou das suas desvantagens, tendo a polémica entre o livre-cambismo e o proteccionismo atraido repetidas vezes a atenção dos economistas, conforme vimos em I.2.2).

[46] Na expressão crítica de Krugman (1987a, p. 91; sobre a sua posição ver *infra* o final de II.4.1.2.4 e II.4.2.1), "if there were an Economist's Creed, it would surely contain the affirmations 'I understand the Principle of Comparative Advantage 'and' I advocate Free Trade'".

[47] Segundo o qual se verifica uma situação de primeiro óptimo apenas se alguém ficar melhor sem que ninguém fique pior. Não sendo assim temos situações de segundo óptimo, de bem mais difícil (ou mesmo impossível) avaliação (ver por ex. Franco, 1992(9), pp. 23-6, J. C. Santos, 1993, pp. 95-120 e J. T. Ribeiro, 1994(7), pp. 43-5, referindo também critérios de compensação que têm vindo a ser seguidos no caso de se ficar em situações de segundo óptimo).

impossibilidade) de comparar o ganho de quem fica melhor com o custo de quem fica pior.

Nesta lógica, tivemos ocasião de ver no Anexo I. A quando se consegue a máxima eficiência na combinação dos factores e no ajustamento da produção ao consumo e ao comércio internacional: em termos que podem sintetizar-se dizendo que tal acontece quando

$$TMS_{LK} M = TMS_{LK} X$$

ou seja, quando a 'taxa marginal de substituição' (*marginal rate of substitution*) dos factores (LK) na produção de M é igual à 'taxa marginal de substituição' na produção de X (produzindo-se assim na curva de contrato de Edgworth-Bowley, que vimos na fig. I.A.2, p. 88); e quando

$$TSD = TTD = TTI$$

ou seja, quando a 'taxa marginal de substituição no consumo doméstico' (*domestic marginal rate of substitution*) é igual à 'taxa marginal de transformação na produção doméstica' (*domestic marginal rate of transformation*) e ambas por sua vez iguais à 'taxa marginal de transformação no comércio externo' (*foreign marginal rate of transformation*).

A teoria das divergências domésticas nasceu precisamente da preocupação de estudar as consequências e sugerir as medidas adequadas quando se verifica alguma fuga à situação óptima da economia, resultante da não verificação, isolada ou cumulativamente, das igualdades referidas. Ou seja, vendo as coisas isoladamente, quando se verifica qualquer das desigualdades seguintes:

$$TTD \neq TSD = TTI$$
$$TMS_{LK} M \neq TMS_{LK} X$$
$$TSD \neq TTD = TTI$$
$$TTI \neq TSD = TTD$$

A primeira destas situações (TTD ≠ TSD = TTI) verifica-se por exemplo nos casos de existir uma externalidade (economia ou deseconomia) na produção, levando a que seja socialmente desejável uma produção maior ou menor, respectivamente, do que aquela que é feita; a segunda (TMS $_{LK}$M ≠ TMS $_{LK}$X) pode ocorrer por exemplo quando haja imobilidade ou rigidez dos preços dos factores de produção ou externalidades geradas pela sua utilização; a terceira (TSD ≠ TTD = TTI), ou seja, a divergência resultante de a taxa marginal de substituição no consumo diferir das taxas marginais de transformação tanto no mercado doméstico como no mercado internacional, verifica-se quando há externalidades no consumo, podendo consistir em o consumo de facto feito ser maior ou menor do que o consumo socialmente desejável; referindo-se por fim a quarta hipótese (TTI ≠ TSD = TTD) aos casos em que o preço internacional não corresponde ao preço interno.

Em todas estas situações tem-se recorrido à intervenção alfandegária como modo de sanar a divergência existente. Veremos todavia no número seguinte que, com a excepção da última, a intervenção alfandegária só poderá sanar a divergência em causa com a criação de uma nova divergência (de uma distorção: recorde-se mais uma vez o que se disse na n. 42 p. 142) não se atingindo, pois, uma situação de óptimo de Pareto e não sendo seguro que passe a ficar-se numa situação de maior bem-estar.

A teoria das divergências domésticas, além de ter vindo mostrar deste modo a ineficiência da intervenção alfandegária, veio mostrar simultaneamente que há vias mais adequadas de intervenção, capazes de atingir o objectivo desejado sem que seja provocada nenhuma distorção (tendo-se então uma solução de primeiro óptimo) ou sendo provocadas distorções de menor monta (tendo-se, nestes casos, soluções de segundo óptimo).

4.1.2. Os custos de bem-estar e os meios alternativos de intervenção

Para mostrar os custos de bem-estar da intervenção alfandegária e a existência de meios mais adequados de intervenção não se justificará estar a analisar todos os casos que poderiam ser considerados em cada uma das situações. A título exemplificativo vamos analisar primeiro o caso (muito frequente) de se querer promover a produção (ainda aqui, dando maior atenção à hipótese de dever ser promovida no seu conjunto, independentemente da promoção específica de algum dos factores de produção) e depois o caso de se pretender restringir o consumo de um determinado bem (v.g. o consumo de um bem que se julga prejudicial à saúde da população). Verificando-se, aliás com grande relevo ainda na história recente do nosso país (recorde-se o quadro II. 1, p. 110), que os impostos alfandegários podem ter uma função prevalecente de cobrança de receitas, veremos em terceiro lugar que a sua utilização constitui uma solução ineficiente também quando se visa este objectivo, havendo soluções mais adequadas para o efeito. E veremos, por fim, que a possibilidade de utilizar a via alfandegária como solução de primeiro óptimo acaba por ficar restringida à situação de haver diferença entre o preço nacional e o preço internacional.

4.1.2.1. *A promoção da produção*

Conforme se sublinhou há pouco, com muita frequência a intervenção no comércio internacional tem sido determinada pelo propósito de promoção da produção (no seu conjunto ou de determinados produtos). Em alguns casos a defesa tem sido feita no campo tradicionalmente considerado como 'económico', vendo-se no crescimento da produção uma forma de a curto ou longo prazo se conseguir um acréscimo do rendimento real e do bem-estar económico do país em causa, enquanto em outros casos têm sido invocadas razões 'não económicas', com particular destaque para a defesa nacional ou por qualquer motivo para a conquista de uma maior auto-suficiência[48].

Para que se consiga um aumento de produção poderá acontecer – será o caso que consideraremos primeiro, com mais aten-

---

[48] Como se disse, pode acontecer que o objectivo a atingir não seja o objectivo, sem dúvida mais frequente, de aumentar a produção, mas pelo contrário o objectivo de a reduzir, por resultarem dela deseconomias externas (efeitos indesejáveis, por ex. de poluição: ver *infra* IV. 3.6).

ção – que seja necessário actuar, independentemente de cada factor, sobre circunstâncias gerais que a condicionam, desde a melhoria da gestão a uma maior agressividade comercial; mas pode acontecer também que se verifiquem dificuldades apenas com a utilização de um dos factores, justificando um tratamento próprio, tal como referiremos a seguir.

a) A promoção global da produção

Se a produção está aquém da que é socialmente desejável temos a situação de TTD ≠ TSD = TTI. Sabendo-se que o restabelecimento das condições de óptimo de Pareto só será conseguido se a correcção de uma divergência não for feita à custa da criação de uma distorção, facilmente pode ver-se que a intervenção alfandegária não é o meio ajustado. Para o mostrar, bem como para mostrar que por outras vias pode ser feita a referida correcção sem criar uma distorção, podemos utilizar o diagrama de equilíbrio parcial da fig. II.6 (na linha do diagrama da fig. II.3, p. 138).

FIG. II.6

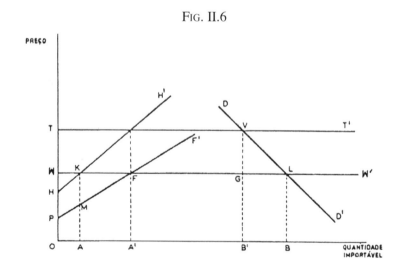

DD' representa simultaneamente a avaliação social e a avaliação privada da procura, que coincidem, mas já HH' representa apenas o custo marginal privado: sendo o custo social mais baixo, de PF', determinando-se por isso a produção socialmente desejável na intersecção desta curva com a curva da receita marginal (e do preço), WW'. Por outras palavras, por exemplo devido à existência de economias externas na produção, é socialmente desejável que esta aumente de OA para OA' (a hipótese inversa, de ser desejável uma oferta menor de um bem – por ex. por ser poluente – seria representada por uma curva da oferta à esquerda da curva HH').

Conforme vimos, um aumento da produção para este valor pode ser conseguido com um direito de importação TW/WO. Há assim um ganho social, de MFK, dado que o custo social de AA' é AA'FM (a área debaixo da curva do custo marginal social), enquanto o custo das importações que são substituídas seria de AA'FK. Todavia, em virtude de o preço do produto subir então para OT, o consumo diminui para OB', com um custo de distorção no consumo (perda da renda dos consumidores, como vimos na fig. II.3) de GLV, o qual pode ser maior ou menor do que o ganho social de MFK. Verifica-se, pois, que a divergência TTD ≠ TSD = = TTI é 'corrigida' à custa da criação da distorção TSD ≠ TTD = = TTI, não sendo seguro se com vantagem ou com desvantagem[49].

---

[49] A utilização de impostos alfandegários já seria mais vantajosa do que qualquer outra via na hipótese de à economia externa no lado da produção corresponder exactamente (na mesma medida e no mesmo momento) uma deseconomia no lado do consumo: ou seja, na hipótese de ser desejável promover a produção no país de um bem cujo consumo é desejável que se reduza então de igual montante. Não será contudo provável ou pelo menos frequente que se verifique esta coincidência.

A utilização dos subsídios à produção com estratégias de promoção ou ajustamento tem dado origem a uma literatura vasta, tanto com abordagens de índole teórica como com abordagens de índole prática, procedendo-se à análise de sectores: ver por exemplo, Corden e Fels, ed. (1976), OCDE (1975, 1978-9 e 1989, num quadro mais alargado), Wolf (1979), Trebilcock, Chandler e Howae (1990), Gerritse, ed. (1990) e Corden (1997). No seio da União Europeia põe-se com frequência a questão de saber se apoios estaduais ou comunitários na linha aqui defendida estarão de acordo com as regras da concorrência (vê-lo-emos em IV.2.1.3.). Sobre a problemática dos sectores em crise, onde tal intervenção poderá ser sugerida na linha do 'argumento das indústrias senescentes', ver o que diremos *infra*, em II.4.3.2.5 e em IV.3.3.4).

Já se terá todavia uma solução de primeiro óptimo, restabelecendo-se as condições de Pareto, se se usar um subsídio de TW/WO. Tal como com o imposto alfandegário da mesma medida, a produção é aumentada para OA', com o ganho social de MFK; não havendo neste caso nenhuma alteração (distorção) no consumo, dado que os consumidores continuam a pagar WO por unidade. Sendo assim, permanece apenas o ganho referido, MFK.

b) A promoção da utilização de um factor de produção

Já estando em causa alguma ineficiência apenas na utilização de um dos factores de produção (v.g. o trabalho ou o capital), por estar desempregado ou subaproveitado (no caso do trabalho, havendo desemprego ou sub-emprego), ou seja, verificando-se então, como vimos atrás, que $TMS_{LK}M \neq TMS_{LK}X$, pode provar-se que não constitui solução de primeiro óptimo promover indiscriminadamente a produção.

A título de exemplo, levantando-se apenas um problema de desemprego de mão-de-obra, a promoção indiscriminada da produção levará a uma utilização excessiva de capital no sector protegido, acrescendo esta distorção ao custo de distorção no consumo (com a elevação do preço resultante da intervenção proteccionista) que temos vindo a considerar.

Compreende-se, pois, que nestes casos constitua política de primeiro óptimo actuar apenas sobre o factor ou os factores em causa, promovendo a sua melhor utilização (v.g. afastando divergências nos seus preços e obstáculos à sua mobilidade) ou promovendo o seu aumento (designadamente o aumento de capital, com a utilização de aforro interno ou com a atracção de investimento estrangeiro)[50].

---

[50] Sobre várias hipóteses que podem pôr-se a propósito da utilização mais eficiente de um dos factores ver Porto (1982, pp. 352-71).

4.1.2.2. *A orientação (o incentivo à redução) do consumo*

Haverá também interesse em intervir quando se verifique alguma divergência no consumo, sendo o consumo real maior ou menor do que o que é julgado desejável em termos sociais. Em qualquer dos casos, TSD ≠ TTD = TTI.

Aqui, a teoria das divergências domésticas mostra-nos que a intervenção alfandegária corrige esta divergência (economia ou deseconomia externa) à custa da criação de uma distorção derivada na produção. Para o efeito, bem como para mostrar que o mesmo objectivo pode ser atingido sem se criar nenhuma distorção, vejamos de novo um diagrama de equilíbrio parcial (fig. II.7).

FIG. II.7

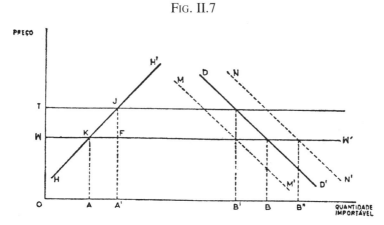

Na primeira linha, suponhamos que é socialmente desejável que seja menor o consumo de determinado bem, por exemplo de tabaco, dado o prejuízo que provoca na saúde das pessoas.

Sendo assim, enquanto HH' representa tanto o custo privado como o custo social da produção, que coincidem, DD' representa apenas a procura privada, por se tratar de um bem nocivo, sendo MM' a curva social da procura, aquém (correspondente a uma procura menor) de DD'. Havendo esta diferença entre a avaliação privada e a avaliação social pode compreender-se que o Estado pretenda a redução do consumo, na figura que o diminua de OB para OB' (a hipótese inversa, de ser socialmente desejável que determinado bem seja mais consumido, está representada na figura com a curva da procura NN').

Como vimos, o objectivo em causa pode ser atingido com um imposto alfandegário de TW/WO, mas ao mesmo tempo a produção doméstica é aumentada para OA', com um custo adicional de AA'JK: sendo a diferença sobre o preço internacional, KFJ, o custo da distorção derivada resultante da aplicação do imposto alfandegário (recorde-se a fig. II.3, p. 138). Havendo um ganho de bem-estar no consumo à custa desta perda na produção, ou seja, corrigindo-se TSD ≠ TTD = TTI à custa de se ficar com TTD ≠ TSD = TTI, não é seguro que se verifique uma melhoria social geral[51].

Diferentemente, já um imposto geral sobre o consumo também de TW/WO, ao tributar tanto os bens importados como os que são produzidos internamente, não leva ao aparecimento de nenhuma distorção derivada na produção: sendo portanto seguro que de um ponto de vista geral se verifica então um ganho de bem-estar.

As condições de óptimo de Pareto serão restabelecidas, pois, com um imposto interno sobre o consumo que, não afectando a produção, leve o consumo a situar-se no ponto óptimo, tendo-se então TSD = TTD = TTI.

4.1.2.3. A cobrança de receitas

Tendo a cobrança de receitas constituído um objectivo importante na aplicação de impostos alfandegários, designadamente em Portugal, compreende-se que procuremos ver também se se tratará do modo mais adequado de atingir tal propósito. Trata-se de preocupação que deveria estar especialmente presente alguns anos atrás, quando, conforme vimos no quadro II. 1 (p. 110), era muito maior o seu relevo a tal propósito.

---

[51] Não seria assim, transformando-se o imposto alfandegário em instrumento de primeiro óptimo, se à deseconomia externa do lado do consumo correspondesse exactamente uma economia do lado da produção. Trata-se todavia de uma possibilidade pouco provável, conforme referimos na n. 49 p. 153.

Para vermos, igualmente aqui, não só que a intervenção alfandegária constitui um modo distorçor de intervenção, como também que é possível atingir o mesmo objectivo de um modo mais favorável, vamos compará-la com a aplicação de um imposto geral de consumo (um imposto de transacções, como é o caso do IVA). Não se pretende dizer, com isto, que um imposto desta natureza seja o menos distorçor de todos, referindo-se aliás por vezes os economistas a um 'pacote ideal de impostos' (*minimum cost tax package*), incluindo por certo em grande medida impostos directos, mais favoráveis a tal propósito. Mas a comparação com o imposto de transacções tem razões que a justificam: foi a alternativa seguida em Portugal quando em 1966 se quis compensar (recorde-se de p. 112) a perda de receitas alfandegárias que então se acentuava (no quadro II.1 é muito clara a evolução inversa do papel dos dois tipos de impostos na estrutura das receitas fiscais portuguesas); tendo custos de administração que podem considerar-se baixos, face à sua capacidade reditícia, conforme é evidenciado não só pela experiência portuguesa como pela experiência da generalidade dos demais países [52].

---

[52] É a conclusão a que se chega, designadamente, no cotejo com os impostos directos principais, podendo pôr-se a dúvida, por seu turno, sobre se o IVA actual é de aplicação mais cara ou mais barata do que o imposto de transacções anterior.

Aplicando-se a um número muito menor de contribuintes e sendo de aplicação muito menos complexa (na medida em que recai, num só estádio, sobre o valor bruto das vendas), é natural que numa fase de menor desenvolvimento dos países um imposto único sobre os grossistas tenha custos de administração mais baixos. Era esta a nossa opinião há três décadas (ver Porto, 1970, p. 332), tendo fundamentalmente em conta a situação portuguesa, mas sendo no mesmo sentido a opinião de autores consagrados (Gerelli, 1964, p. 533, Steve, 1964, p. 379 e Cosciani, 1968, p. 9).

Já então admitiamos, contudo, que não fosse assim em países mais desenvolvidos, com empresas e com uma máquina administrativa melhor organizadas, dispondo por isso de condições para que a aplicação do IVA não constituisse uma sobrecarga difícil de suportar; com a vantagem, muito relevante, de a sua própria aplicação ter na base o conhecimento cruzado das transacções (no Preâmbulo do Código do IVA português atribui-se por outro lado ao sistema monofásico – sem distinguir – – uma "nítida" "incapacidade de crescimento das receitas para além de certos limites, traduzindo-se antes na subida das taxas e no aumento da evasão e fraude fiscais").

Face a estas circunstâncias e devendo obviamente o custo administrativo de aplicação de um imposto ser avaliado, não em termos absolutos, mas em relação à

Perante esta alternativa, podemos ver que com um imposto geral sobre o consumo é possível cobrar o mesmo montante de receitas com custos menores de bem-estar.

Assim, no que respeita aos custos de distorção no consumo provocados pelos impostos alfandegários, vimos na fig. II.3 (p. 138) que podem medir-se pelo triângulo GLV. Tratando-se de um imposto com uma base mais ampla, permitindo por isso a cobrança do mesmo volume de receitas com uma taxa menor, compreende-se que esse custo seja menor. De facto, de acordo agora com a fig. II.8, para obter o mesmo volume de receitas, FGVJ, que se obtém com o imposto alfandegário, basta um imposto geral sobre o consumo de T"W/WO, dado que WG'V'T" = FGVJ; sendo o custo de distorção no consumo representado pelo triângulo G'LV', muito menor do que o triângulo GLV [53].

No que diz respeito ao custo de distorção na produção vimos que nas figs. II.3 e II.8 pode ser medido pelo triângulo KFJ. Ora, já uma tributação absolutamente geral do consumo, não favorecendo alguns produtores em, produtores de bens não importáveis com os impostos alfandegários), não leva a nenhum custo de distorção na produção.

---

receita, conclui Basto (1991, p. 47) que "feitas assim as contas, o IVA aparece seguramente como solução superior": sendo de facto inigualável, hoje em dia, a sua capacidade reditícia (salvo naturalmente no cotejo com um imposto cumulativo, todavia inaceitável por outras razões).

É aliás esta capacidade que, sem prejuízo de outros méritos (ver Porto, 1970, pp. 289-388 e as referências já aqui feitas), explica em grande medida que o IVA passasse a ser preferido como imposto de transacções na grande maioria dos países da OCDE (ver de novo Basto, 1991, p. 49).

[53] Uma tributação mais alta do consumo de bens importáveis seria desejável havendo divergências a corrigir e pretendendo-se onerar ou limitar precisamente apenas o consumo desses bens importáveis. Mas não será este por certo nunca o caso. Em qualquer país, designadamente em Portugal, são não importáveis muitos bens (v.g. serviços) que, pela sua não essencialidade ou mesmo superfluidade, nada justifica que fiquem favorecidos relativamente aos bens importáveis.

Pelo contrário, entre os bens importáveis há muitos bens essenciais, designadamente alimentares. Pode-se tê-los em conta, não os tributando. Mas então a base tributável fica ainda menor, exigindo a mesma receita a aplicação de taxas mais altas, o que agrava os custos de distorção e administração.

FIG. II.8

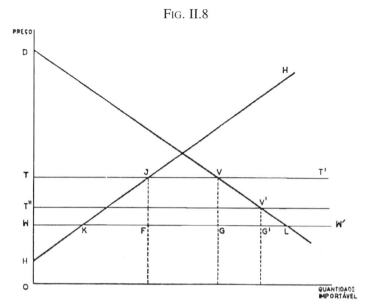

É certo que, como vimos, não tem estado nestas circunstâncias o imposto de transacções português, quer no seu início, quer com o Decreto-Lei n. 374-D/79 quer ainda agora com o IVA [54].

---

[54] Naturalmente, o custo de distorção no consumo será tanto menor quanto maior for a generalidade da tributação. Na sua forma inicial (com o Decreto-Lei n. 47066 de 1 de Junho de 1966) o imposto de transacções português estava longe de ser geral, em virtude de não se aplicar à prestação de serviços e de estar isenta a generalidade dos bens de consumo de primeira necessidade. Com o Decreto-Lei n. 374--D/79, de 10 de Setembro, passou a abranger serviços, mas apenas uma pequena gama. E não era ainda absolutamente geral o IVA português, introduzido pelo Decreto-Lei n. 394-B/84, de 26 de Dezembro, admitindo a taxa 0 para "produtos alimentares" e "factores de produção agrícola" e outros casos de isenção, num conjunto mais alargado (ver o cap. II) do que o que seria admitido pela 6ª Directiva (ver o cap. X da 6.ª Directiva do Conselho, 77/388/CEE, de 17 de Maio).

Face a estas circunstâncias poderia estimar-se que o IVA português tributasse cerca de 50% das despesas familiares (Basto, 1991, p. 4); quando já numa estimativa feita há cerca de duas décadas se admitia que um imposto geral de consumo pudesse atingir 2/3 dessas despesas (McLure, 1972).

Algum maior alargamento veio a dar-se mais recentemente, v.g. passando a tributar-se também os produtos alimentares, com o afastamento da taxa 0, pela Lei

Estando todavia em causa comparar o imposto de transacções com os impostos alfandegários, não poderá deixar de concluir-se pela existência de maiores custos de distorção na produção com estes últimos. Desde logo, também com eles há isenções e outras diferenciações. Para além disso, os impostos alfandegários, dada a sua menor base, só podem proporcionar o mesmo montante de receitas à custa da aplicação de taxas mais altas, do que resultará serem maiores e de maior significado as distorções por eles ocasionadas, mesmo quando comparadas com as resultantes de nunca ser absolutamente geral a aplicação de um imposto de transacções [55].

4.1.2.4. A alteração dos termos do comércio

Por fim, falta-nos ver a hipótese de haver divergência entre o preço internacional e os preços internos, ou seja, a hipótese em que TTI ≠ TSD = TTD.

Já neste caso, estando em causa uma divergência no plano externo, a intervenção alfandegária constitui intervenção de primeiro óptimo, não conduzindo a nenhuma nova divergência (distorção), ficando TTI = TSD = TTD.

Trata-se de ideia que podemos ver, por exclusão de partes, na sequência das figs. II.3 (p. 138) e II.5 (p. 143), permitindo concluir que só no caso de a curva da oferta internacional ser infinitamente

---

n.º 2/92, de 9 de Março (atingindo-se a generalidade 'possível', com a tributação de cerca de 80% do consumo).

[55] Também aqui uma tributação mais alta dos bens importáveis seria desejável se fosse conveniente proteger precisamente apenas a produção de bens susceptíveis de vir do estrangeiro. Mas igualmente neste caso não se verificará coincidência, havendo produções de bens não importáveis que devem por certo ser igualmente promovidas. São por outro lado importáveis bens de que não interessa estimular a produção no nosso país, e igualmente uma correcção a este propósito, isentando os bens cuja produção interna não interessa promover, faria diminuir a base, requereria a aplicação de taxas mais altas nos casos remanescentes, enfim, agravaria distorções.

Por último, deve salientar-se que coincidências como as referidas, ainda que se verificassem, não seriam suficientes para justificar a utilização de impostos alfandegários, dado que muitas vezes os bens cujo consumo se pretende penalizar não são também aqueles cuja produção deve ser promovida, e vice-versa.

elástica é que o país não teria vantagem em aplicar um imposto que o favoreça: ou seja, só no caso de se tratar de um país pequeno, incapaz de impor aos demais uma perda (como a de EFML, na fig. II.5)[56] que o favoreça[57].

A figura mostra ainda claramente que o custo de bem-estar imposto aos outros países será tanto menor quanto maior for a elasticidade da curva da oferta internacional (WW'): ou seja, irá diminuindo na medida em que o país vá deixando de ser um 'país grande', e vice-versa.

Trata-se, pois, conforme tivemos ocasião de referir já mais do que uma vez (logo em I.2.2.), de intervenção ao alcance apenas de um país que tenha a possibilidade de influenciar os termos do comércio: ou seja, de uma intervenção de primeiro óptimo apenas na sua perspectiva, ficando, na mesma medida, prejudicados os demais, com os termos do comércio deteriorados.

Além disso, importa acrescentar que uma política desta índole levará provavelmente a atitudes de represália, conduzindo a uma guerra comercial (*beggar-my-neighbour tariff building*) que acabará por prejudicar todos (a experiência tem-o mostrado), mesmo o país que tome a iniciativa de alterar os termos do comércio a seu favor. Conforme conclui Nevin (loc. cit. p. 89), em tom jocoso, "competitive tariff wars, may achieve the *intelligent* result of leaving *everyone* worse off than when they started" (primeiro itálico nosso).

Compreende-se pois que esta razão contribua para que o livre--cambismo acabe por ser 'aceite' mesmo por autores com 'inclinação proteccionista', como uma 'regra de conduta' a seguir. Assim acontece com Krugman (1987, pp. 104-5; sobre a sua posição de defesa do proteccionismo ver *infra* II.4.2.1), concluindo que, dado que "it is very difficult to come up with any simple set of rules of the game that would be better", "there is a reasonable case for conti-

---

[56] Não sendo todavia este o único custo de bem-estar para os demais países (ver Nevin, 1991, pp. 88-89).

[57] Com uma demonstração algébrica ver de novo Nevin (ob. cit. pp. 96-7), mostrando que o imposto alfandegário óptimo será 0 se e só se for infinita a curva da oferta internacional (WW').

nuing to use free trade as a focal point for international agreement to prevent trade wars" (1987, pp. 104-5) [58].

4.2. A persistência (ou mesmo o aumento) das restrições ao comércio

Apesar do contributo acrescido que a teoria das divergências domésticas veio dar à defesa do comércio livre, mostrando que há meios mais adequados de intervenção para atingir objectivos desejáveis no plano interno, vimos já que têm continuado a verificar--se, por vezes mesmo aumentado, restrições ao comércio internacional.

Sendo assim põe-se naturalmente a questão de saber se o que os economistas têm vindo a construir no plano científico estará errado ou baseado em pressupostos não realistas. Com especial relevo a este propósito, consideraremos: primeiro o caso de, sendo o mercado imperfeito, poder haver estratégias (v.g. em mercados de oligopólio) que levem os países a beneficiar com a intervenção; depois, a possibilidade de se verificar a prevalência dos interesses de determinados grupos sobre o interesse da generalidade dos cidadãos (em especial dos consumidores); e, por fim, a influência que podem ter os custos administrativos da intervenção, levando a que possa acabar por ser mais favorável uma intervenção (como a alfandegária) que, embora desfavorável do ponto de vista da teoria do bem-estar, seja de aplicação administrativamente menos custosa.

---

[58] Não sendo todavia esta a única razão referida aí para matizar a defesa do proteccionismo.

Entre outras, entende que o comércio livre seria o modo de evitar a influência de grupos de pressão. Resultará todavia do que diremos em II.4.2.2 que não nos parece que seja bastante para o efeito, face às forças reais que são capazes de se impôr nos mercados...

4.2.1. As estratégias em mercados imperfeitos

Recentemente alguns autores[59] vieram mostar a possibilidade de em mercados destes tipos os países poderem desenvolver estratégias favoráveis aos seus empresários beneficiando-os com a aplicação de restrições ao comércio internacional, com base designadamente na 'teoria dos jogos estratégicos' (levando a exposições de alguma complexidade, que não se justifica que reproduzamos aqui)[60].

Trata-se de situações de mercado que podem resultar da existência de economias de escala internas às empresas, tendo todavia nós mostrado atrás (em I.3.1.3.2) que a existência de economias de escala (economias internas ou economias externas, mais frequentemente consideradas) pode ser precisamente a razão explicativa e justificativa do comércio internacional. Havendo no mercado interno situações de monopólio, oligopólio ou concorrência monopolista tem sido além disso sublinhado que a abertura de fronteiras é um factor que leva à concorrência, obrigando as empresas desses mercados a ter de concorrer com empresas de outros países[61].

Mantendo-se todavia mesmo então situações de oligopólio ou concorrência monopolista no mercado internacional defendem os autores da nova perspectiva que poderá justificar-se a inter-

---

[59] Casos de Krugman (1979 e 1980; cfr. 1995), Brander (1981), Spencer e Brander (1983), Helpman e Krugman (1985 e 1989) (ver ainda os artigos inseridos em Kierzkowski, ed. 1984 e em Krugman, ed. 1988, bem como um livro em que este autor, 1990a, faz uma síntese dos seus contributos, reconhecendo o muito que havia escrito até então...). Com exposições e apreciações destas posições ver por ex. Vousden (1990, parte II), Heffernan e Sinclair (1990, parte 4), Haberler (1991) e entre nós Fontoura (1989a, pp. 25-35 e 1989b).

[60] Sendo designadamente muito simples o exemplo que viremos a dar em III.5.3, pp. 243-4, a propósito da teoria das uniões aduaneiras (e de outras formas de integração).

[61] Trata-se, na perspectiva de defensores do livre-cambismo, de um argumento importante a seu favor. Conforme sublinha Haberler (1991, p. 25), "free traders argue that the existence of local imperfectly competitive firms greatly strengthens the case for free trade. The reason is that the larger the market, the less scope there is for monopolies and oligopolies, and free trade greatly increases the size of the market. In fact, freer or free trade is a potent antimonopoly weapon".

venção no comércio, como forma de manter para o país ganhos que não sendo assim reverteriam para um outro país[62].

Sem negar o interesse das análises feitas, verifica-se contudo que se trata de argumentações que, na linha do argumento dos termos do comércio, ficam confinadas a países com peso no mercado internacional e têm em conta apenas os interesses do país que beneficia da posição de 'força', ficando na mesma medida prejudicados os demais (havendo um ganho líquido apenas se forem absorvidas rendas indesejáveis: ver *infra* III.5.2, p. 242); com os riscos de quebras de rendimento e guerras comerciais mencionados há pouco.

Além destas limitações é possível provar que em princípio a exploração de situações do domínio por empresa(s) do país (ou de um outro espaço económico, por exemplo a Comunidade Europeia) deverá levar antes, na lógica da teoria das divergências domésticas (conforme vimos em II.4.1.2.1, tendo naturalmente em conta as especificidades aplicáveis aos casos agora em análise), a intervenções directas de apoio e não ao proteccionismo, com custos de distorção no consumo que podem ser evitados[63].

Curiosamente, são os próprios defensores da nova perspectiva a ilustrá-la com exemplos de intervenção com subsídios: assim faz Krugman no último artigo referido (1987), quando dá um exemplo de 'luta comercial estratégica' no campo da aviação civil, no confronto entre os Estados Unidos, promovendo um modelo da Boeing,

---

[62] Entende por isso um destes autores, Krugman (no que não tem a concordância de Haberler, loc. cit.), que com a nova perspectiva se quebrou um 'credo' de cento e setenta anos de crença no livre-cambismo (recorde-se a n. 46 p. 148). Assim teria acontecido não como consequência das pressões políticas a favor do proteccionismo, "which have triumphed in the past without shaking the intellectual foundations of comparative advantage theory. Rather, *it is because of the changes that have recently taken place in the theory of international trade itself*" (itálico nosso) (1987, p. 91).

[63] Concluem pois Heffernan e Sinclair (ob. cit. p. 133), depois de analisarem as 'novas teorias', que "the only key result worth stressing is that free trade remains the best, provided that the correct policies are applied to deal with the distortions to which market imperfections give rise. If you need an industrial policy to get rid of these distortions, have an industrial policy – not a policy of protection".

e a Comunidade Europeia, promovendo um modelo equivalente do consórcio produtor do Airbus [64].

Poderá concluir-se, pois, com as palavras do próprio Krugman, no final do artigo, dizendo que "free trade is nevertheless the right policy" (não deixando todavia de acrescentar que "free trade is not passé – but it is not what it was once").

4.2.2. A influência dos grupos de pressão

Também com uma elaboração recente, a teoria económica da política (ou *public choice*, na terminologia americana) tem vindo a proporcionar um quadro de referência para explicar a intervenção no comércio internacional, com a consideração da possibilidade de a política dos países ser determinada por grupos com interesses não coincidentes com o interesse geral.

Tradicionalmente a análise económica, positiva ou normativa, tem sido feita predominantemente sem considerar o Estado ou considerando-o como uma variável exógena ao sistema, portanto como uma variável não influenciada por ele, determinando-se pela prossecução do interesse geral, inquestionado pelos economistas. Trata-se do que foi designado por 'modelo de ordem política do déspota benevolente' (Tullock, 1976, p. 2) [65].

---

[64] Veja-se o que diremos em III.9.2.3 (v.g. p. 252), em IV.3.3.3 e em IV.3.4.2.
Naturalmente, levantar-se-á sempre a dificuldade de escolher correctamente os sectores 'de sucesso' a apoiar. Sobre esta dificuldade ver o que diremos já em II.4.3.2.4.

[65] Assim aconteceu designadamente com as posições keynesiana e post-keynesiana, defendendo, como se sabe, alguma intervenção estatal. Mas, conforme salienta expressivamente Buchanan (1978, p. 4) "Lord Keynes, along with [his] American counterparts, continued to proffer policy advice as if they were talking to a benevolent despot who stood at their beck and call" (ver ainda Buchanan e Wagner, 1977 e Buchanan, Burton e Wagner, 1978), acrescentando pouco depois que "durante a maior parte deste século os economistas britânicos e americanos continuaram a parecer cegos face ao que agora nos parece ser tão simples, que não existem déspotas benevolentes e que a política governamental emerge de uma estrutura institucional altamente complexa e intrincada, ocupada por homens e mulheres vulgares, muito pouco diferentes dos demais, incluindo nós próprios. Os cientistas foram se possível ainda mais ingénuos (*more naive*) do que os economistas e ainda hoje não aprenderam muito".

Numa perspectiva recente de defesa de que as autoridades prosseguem de

Ultrapassando esta perspectiva, a 'teoria económica da política' considera o Estado como uma entidade complexa, formada por indivíduos preocupados com a prossecução do seu interesse pessoal. Sendo assim, as posições das autoridades acabam por reflectir os desejos de maiorias da população ou de grupos de interesse [66] de que os políticos e burocratas [67] dependem através do

---

facto o interesse geral, rejeitando a posição da 'teoria económica da política, ver Lewin (1991).

[66] Olson (1965) deu um contributo decisivo para a integração dos grupos na teoria, sem dúvida depois de importantes contributos anteriores, ainda numa perspectiva diferente, entre os quais podem salientar-se os de Bentley (1908) e Truman (1951 e 1971). No nosso país R. Soares (1969) e J.C.V. Andrade (1977) analisaram os grupos na perspectiva da ciência do direito público, procurando ver em que medida a sua existência, reflectindo circunstâncias da sociedade actual, tem implicações na organização e no funcionamento do Estado (com uma apreciação do primeiro trabalho ver Queiró, 1970).

Apesar dos progressos já feitos deve todavia continuar a reconhecer-se, tal como reconhecia Wiseman (1978, p. 80; ver também Judge, 1978, p. 142), "que nos falta ainda um modelo satisfatoriamente *compreensivo* do comportamento dos grupos englobando empresas, burocracias, grupos de pressão, famílias, corporações estaduais, governos e sindicatos".

[67] O estudo do papel dos burocratas e das motivações que os determinam tem merecido recentemente uma grande atenção (ver por ex. Downs, 1967, Niskanen, 1971, 1973 e 1975, Tullock, 1965 e 1976, cap. IV, Peacock, 1977 e 1978, Van den Doel, 1979, n.os 1.2 e 6, Messerlin, 1981, Dunleavy, 1991 e entre nós A.C. Silva, 1978). Na expressão feliz de Buchanan (1978, p. 11), que transcrevemos no original, "the mythology of the faceless bureaucrat following orders from above, executing but not making policy choices and motivated only to forward the 'public interest', was not able to survive the logical onslaught. Bureaucrats could no longer be conceived as 'economic enuchs'. It became obligatory for analysts to look at bureaucratic structure and at individual behaviour within that structure".

Faz-se de qualquer modo, com esta análise da actividade dos burocratas, tal como dos políticos, uma análise positiva, não estando em causa apreciá-los, quiçá em termos negativos. Mais uma vez na redacção expressiva de Buchanan (1978, pp. 156--7), "that is obvious, but I think it requires emphasising. There is no presumption in these models or in this approach that politicians and bureaucrats are any different from the rest of us. It is not an 'evil man' assumption. There is no implication at all that politicians and bureaucrats behave any differently from other people. There is no implication that they are grabbing, self-interested, maximizing, squeesing, any more than you or I or anyone else".

Com uma posição interessante de defesa desejável da 'independência' e do prestígio da 'burocracia' ver Salazar (1940).

voto e de outras influências. Conforme salienta Downs (1957, p. 3), um dos pioneiros desta perspectiva, "em cada campo separado da economia, o pensamento científico concentrou-se com bons frutos no impacto do governo sobre a tomada de decisões privadas ou na participação do governo. Mas foi feito pouco progresso em direcção à determinação de uma regra de comportamento generalizada mas realista para um governo racional, semelhante às regras utilizadas tradicionalmente para os consumidores e os produtores racionais. Como consequência, o governo não tem sido integrado com sucesso, juntamente com os decisores privados, numa teoria de equilíbrio geral". Ora, a nova teoria económica da política veio precisamente procurar proceder à "análise do funcionamento do próprio governo, i.e. do processo através do qual o governo toma as decisões" (Tullock, 1976, loc. cit.)[68].

Trata-se de teoria cuja novidade básica não está, deve sublinhar-se, numa perspectiva eventualmente diferente acerca da natureza do Estado, remontando a épocas mais recuadas e com correntes de pensamento de índoles diversas a sua concepção como uma entidade reflectora de interesses sociais. O que antes não havia sido feito é a análise intrínseca do processo decisional dos seus representantes, sendo o contributo original da nova teoria ter procedido a tal propósito a uma "aplicação e extensão da teoria económica ao cerne das escolhas políticas ou governamentais"[69]. Ao aplicar o modelo neo-clássico parte de uma concepção também

---

[68] Segundo Robbins (1978, pp. 26-7) "hoje em dia não procuramos tanto perguntar que luz lançou a política e a história sobre a economia, mas a questão inversa: em que sentido a análise económica lança luz sobre o problema que temos de investigar na esfera política"? Não discutindo o peso relativo das duas posições, pode sem dúvida salientar-se que a teoria económica da política veio dar uma nova abertura nesta segunda perspectiva (entre nós ver C.P. Correia, 1997; e sobre as possibilidades de um maior contributo académico europeu Schneider, 1995).

[69] Buchanan (1978, p. 3). A perspectiva marxista, referida por alguns autores mais representativos da 'teoria económica da política' (ver por ex. Olson, 1965, cap. IV, Tullock, 1976, p. 1 e Van den Doel, 1979, cap. 3), é muito agregada, não permitindo, como aqui, uma análise do processo decisional das pessoas e dos grupos. Esta é, naturalmente, uma análise aplicável, com as adaptações devidas, a todos os sistemas político-económicos.

não nova acerca do homem, segundo a qual em qualquer situação, quer de procura quer de oferta, ele actua com a preocupação de maximizar o seu interesse [70], e aplica na análise processos já consagrados na ciência económica. Mas em nenhum caso se havia procurado chegar antes, da mesma forma, ao apuramento das razões determinantes dos políticos [71].

---

[70] Como salienta Buchanan (1978, p. 17), depois de dizer que "we refuse to accept the Hobbesian scenario in which there are no means to bridle the passions of the sovereign", "toda a escolha pública ou teoria económica da política pode ser sumariada como a 'descoberta', ou 'redescoberta', de que as pessoas deveriam ser tratadas como maximizadoras racionais de utilidade em todas as suas capacidades de comportamento. Esta perspectiva central, em todas as suas elaborações, não leva à conclusão de que toda a acção colectiva, toda a acção governativa, é necessariamente indesejável. Leva antes à conclusão de que, em virtude de as pessoas tenderem a maximizar as suas próprias utilidades, as instituições têm de ser conformadas de maneira a que o comportamento individual prossiga os interesses do grupo, pequeno ou grande, local ou nacional".

Convirá aliás sublinhar também que o "reconhecimento de que os políticos são pessoas normais, não sendo, nas suas motivações, diferentes dos consumidores, trabalhadores ou empresários", não significa que eles, "tal como os outros indivíduos, não tenham qualquer interesse pelo bem-estar dos outros ou pela sociedade, mas apenas que este interesse só influencia as suas decisões na medida em que faz parte da sua própria função de preferência i.e., em resultado da interdependência das funções de utilidade" (A.C. Silva, 1978, p. 492).

[71] Rowley (1978, p. 37) faz uma síntese particularmente feliz da nova teoria, que transcrevemos (tal como em casos anteriores) na língua original: "In essence, the public choice approach attempts to analyse the process of collective decision-making by reference to techniques which have proved successful in analysing private decision-making. Public policies are viewed as the outcome of the forces of demand and supply as they impinge on the political market-place. Individual citizens are assumed to make known the profile of their individual preferences over alternative social states to the extent that they deem to be economic. And they attempt to influence governement to satisfy those preferences by resort to the instruments available, notably by voting, by pressure-group and social movement activities, by private provision, by migration or even by revolution. Political parties are viewed as coalitions which 'log-roll' on electoral platforms designed to satisfy a variety of objectives, such as power, patronage, ideology, private income and probability of election. The government is viewed as maximising such objectives during its period of office subject to some constraint defined on the probability-of-election variable. A further important influence in the supply of public policies is seen to stem from bureaucracy, with senior bureaucrats as maximising their utility in terms of the specific reward-cost structure which confronts them".

Compreende-se que a este propósito tenha suscitado um interesse primordial o estudo do processo decisional conducente ao fornecimento dos bens públicos, cuja produção, pela sua própria natureza, cabe necessariamente ao Estado: estando entre esses bens públicos a intervenção alfandegária, em relação à qual deve pôr-se, pois, o problema de saber quais são os interesses que poderão determinar os políticos a fazê-la de determinado modo ou, pelo contrário, pura e simplesmente a não intervir[72].

Na escolha e na apreciação das variáveis a testar assume por seu turno uma grande importância o conhecimento da capacidade de intervenção das pessoas e dos grupos a quem interessa a intervenção alfandegária e daqueles a quem ela não interessa, ou entre as pessoas e grupos a quem ela interessa em termos diferentes[73].

---

[72] Pois também o livre-cambismo, mesmo que justificável de um ponto de vista normativo, em cada caso concreto será o resultado da confluência de vários interesses em jogo.

Com exposições recentes da 'economia política do proteccionismo' ver Vousden (1990, cap. 8), Magee (1994) e Frey e Weck-Hannemann (1996).

[73] Trata-se naturalmente de ponderação para que terá o maior relevo conhecer os diferentes efeitos da intervenção alfandegária, com uma desagregação muito maior do que a que considerámos em II.3.

Na elaboração dos modelos e nas escolhas das variáveis a testar importará ainda ter um bom conhecimento das realidades dos países em análise, só assim sendo possível chegar ao apuramento de resultados correctos. Sobre os modelos e as variáveis testados em outros países ver as referências em Porto (1982, v.g. pp. 237-49, com a menção de trabalhos que remontam à tese de Pincus, 1972; cfr. 1977) ou ainda por exemplo os estudos posteriores de Lavergne (1983), Findlay e Wellinz (1983), Frey (1984), Wagner (1987), Hillman (1989) e Magee, Brock e Young (1989; com a recensão em Bernholz, 1991). Procurando explicar a intervenção alfandegária em Portugal, com a preocupação que sublinhamos nesta nota, ver esse nosso estudo (1982, pp. 284-316) e Fontoura (1989a, pp. 276-321 e 1989b).

Magee, Brock e Young iniciam o seu livro (1989, Prefácio), onde incluem aliás muitos dos contributos dados antes, com uma curiosa 'afirmação de fé' no 'credo' da eficiência política, bem diferente do 'credo' convencional da eficiência económica, em termos que vale a pena transcrever: "We have tariffs and other economic policy distortions because they are efficient – that is, they are politically efficient. Because they are politically optimal, they are not aberrations, but a necessary part of any reasonable political equilibrium. We have regressive policies because income inequality is politically efficient; we have lobbies giving funds to parties because that is politically eficient; and we have politicians using these funds to edu-

Na resolução destes conflitos assumem relevo não só o peso dos interesses em causa como também os custos e as possibilidades de organização com vista à obtenção dos objectivos pretendidos.

Assim, seja grande ou pequeno o ganho ou o prejuízo resultantes de se introduzir ou afastar uma intervenção alfandegária, qualquer interessado ou grupo de interessados pugnará pelos seus interesses enquanto o custo marginal da luta travada não exceder o ganho marginal que espera conseguir, atingindo aí o seu limite (ver por ex. Breton, 1978, p. 57 e Anderson, 1980, p. 133). Isto pode levar naturalmente, a título de exemplo, a que haja um predomínio de *lobbying*[74] quando estão em causa grandes interesses, podendo obter-se grandes ganhos para fazer propaganda, corromper pessoas, etc., ou quando os custos são comparativamente pequenos[75]. Dentro desta lógica, compreende-se que o *lobbying* seja mais provável quando os interessados tenham já outro(s) motivo(s) para se associarem.

Por outro lado, dada a natureza de bem público da intervenção alfandegária, vigora o princípio da não exclusividade, pelo que quem pugna pela introdução, alteração ou extinção de uma

---

cate voters who are underinformed, and this is politically efficient. For decades, economists have been stuck on the concept of economic efficiency, but this concept is too narrow to provide a proper understanding of economic policy formation. In this book we define and illustrate the concept of *political efficiency*. An action is politically efficient if it increases the chances of election of one of the political parties".

Acrescendo aos exemplos acabados de dar, pode bem acontecer que uma política agravadora de desequilíbrios regionais, por isso iníqua e ineficiente, seja 'politicamente eficiente' na medida em que se concentre nas áreas já mais favorecidas a maior parte dos eleitores (numa concentração aliás acentuada por essa mesma política): referindo esta situação no nosso país ver *infra* IV. 4.4.2, pp. 395-405 e Porto (1996a e 1998b).

[74] Embora nas nossas exposições procuremos sempre encontrar as expressões portuguesas adequadas, neste campo da teoria económica da política torna-se por vezes difícil consegui-lo, estando aliás as expressões anglo-saxónicas consagradas na generalidade dos países (cfr. Soares, 1969, p. 103).

[75] Tem sido salientado (ver por ex. Tullock, 1967, p. 228, Krueger, 1974, p. 302 e McCulloch, 1979, p. 83) que os custos de *lobbying* devem ser acrescentados aos custos de bem-estar resultantes da intervenção (recorde-se *supra* II.3.6), pelo que o prejuízo de bem-estar social passa a ser ainda maior (sendo o cálculo tradicional dos custos de protecção uma subavaliação do verdadeiro custo social). Bhagwati (1980), tendo em conta que a situação anterior podia ser já uma solução de segundo óptimo, procurou mostrar todavia que não tem de ser assim.

intervenção alfandegária não pode ter a garantia de poder colher para si, em exclusivo ou pelo menos em termos compensatórios, os benefícios da medida tomada ou mantida [76]. Trata-se do conhecido problema de *free-riding* (beneficiar sem contribuir), de acordo com o qual acabam ao fim e ao cabo por beneficiar mais as pessoas e os grupos que, tendo exactamente os mesmos interesses, incorrem em menores custos de *lobbying* [77] e têm uma maior probabilidade de garantir a seu favor a utilização do 'investimento' feito.

Sendo assim, se forem idênticos os ganhos e os custos esperados, terão maior incentivo para pugnar pelos seus interesses as pessoas e os grupos que, pela sua posição monopolista ou por qualquer outra razão de dificuldade de difusão de inovações introduzidas com o proteccionismo, estejam em melhores condições para se apropriarem de um ganho compensador [78]. Um caso muito importante de dificuldade (ou mesmo impossibilidade) de organização e apropriação exclusiva dos ganhos (em princípio os ganhos da não intervenção) é o dos consumidores, que, conforme vimos (em II.3.6) acabam geralmente por ficar prejudicados com as restrições ao comércio internacional. Sendo em grande número (está em causa a generalidade dos cidadãos) e dispersos por todo o território não conseguem organizar-se, pelo menos em termos tão eficientes como aqueles em que os empresários e trabalhadores geralmente logram fazê-lo [79], sofrendo por isso com o problema de *free-riding* há pouco referido.

---

[76] Sobre a caracterização dos bens públicos ver por exemplo Garrett (1989, pp.35-8), Franco (1992(9), pp. 25-41) J. T. Ribeiro (1994(7), pp. 19-28) ou Connolly e Munro (1999, cap. 4).

É já totalmente diferente o caso de um subsídio que um empresário possa conseguir só para si, justificando-se na íntegra o dispêndio de recursos na sua procura (ver por ex. Rodrick, 1986 e Fontoura, 1992a, pp. 130-1).

[77] É o problema muito sensível que se põe por ex. a propósito do processo de 'aprendizagem fazendo' (*learning by doing*) que, como veremos em II.4.3, está no cerne do argumento das indústrias nascentes.

[78] Como veremos (loc. cit. n. ant.), pôr-se-á todavia então o problema de saber se num caso destes se justifica a intervenção estadual.

[79] Olson (1965, pp. 165-6) inclui os consumidores entre os 'grupos esquecidos' (*forgotten groups*), "daqueles que sofrem em silêncio", salientando que "os consumidores são pelo menos tão numerosos como qualquer outro grupo da sociedade,

Ainda na perspectiva da procura deve sublinhar-se, por fim, que a probabilidade de êxito no sentido de se conseguir uma determinada política alfandegária dependerá em muito da conjugação ou da conflitualidade dos interesses em jogo, devidamente ponderados: encontrando-se aqui razões acrescidas para a prevalência dos interesses proteccionistas. Assim acontece como consequência da conjugação de interesses que a tal propósito se verifica entre os empresários e os trabalhadores, beneficiados igualmente com o benefício proporcionado ao seu sector. Por certo a defesa dos interesses proteccionistas não teria o êxito que tem se porventura um dos grandes grupos participantes na produção ficasse prejudicado, mobilizando apoios no sentido do comércio livre[80]. E acontece também em termos de influência sobre a opinião pública, conseguindo fazê-la julgar – iludindo-a – que o interesse nacional corresponde ao interesse do sector, em especial quando a concorrência vem de outros continentes (v.g. de determinados países da Ásia) com condições sociais (v.g. de trabalho) bem diferentes das nossas[81] (ver de qualquer modo o que diremos sobre o *dumping* social *infra* n. 24 p. 281).

---

mas não têm organização, para contrabalançar o peso dos produtores organizados ou monopolistas" (neste sentido ver já Schattschneider, 1935).

No plano comunitário o caso mais significativo de falta de capacidade dos consumidores para se defenderem de produtores organizados será o caso da política agrícola comum (PAC), que tantos rios de tinta tem feito e continuará a fazer correr (ver *infra* IV.3.1).

Sobre a temática da influência dos grupos de pressão na intervenção alfandegária ver ainda os trabalhos de Tumlir (1985), Bhagwati (1988), Pomfret (1991a, cap. 14) (ou, em relação ao processo decisório na União Europeia – não apenas em relação à política comercial – Sidjanski e Barroso, 1982, Schuknecht, 1992 e Greenwood, 1997, bem como algumas das obras que serão referidas na parte IV a propósito das políticas seguidas).

[80] Sobre a coincidência de interesses geralmente existente neste domínio ver os estudos empíricos de Magee (1980), considerando a realidade americana.

[81] Anderson (1980, pp. 135-6) aponta razões para que seja assim, sublinhando que "sendo fortes o nacionalismo ou a xenofobia, pode haver menos oposição à assistência a uma indústria em declínio se os seus problemas forem devidos – ou pelo menos se se entender serem devidos – a uma crescente concorrência de importações ou deterioração nos mercados de exportação, e não a factores domésticos presumivelmente mais previsíveis".

Passando para a perspectiva da oferta, compreende-se por seu turno que a probabilidade de intervenção de um modo determinado (ou de não intervenção) será fortemente acrescida ou reduzida consoante haja também a conjugação ou, pelo contrário, a oposição dos interesses dos políticos (e eventualmente dos burocratas), determinados por exemplo (no primeiro caso) por interesses eleitorais[82].

4.2.3. A consideração dos custos administrativos

A teoria das divergências domésticas foi elaborada – tal como tem acontecido aliás com grande parte da teoria económica, do comércio internacional às finanças públicas – no pressuposto da ausência de custos administrativos, tanto na atribuição dos subsídios e na utilização de outros meios mais directos de intervenção como na cobrança dos meios de financiamento que para tal são necessários[83].

A realidade é todavia bem mais complexa, sendo muito grande o peso dos custos administrativos nestas duas vias indispensáveis de intervenção, tanto os custos suportados pela administração como os custos suportados pelos particulares (que são

---

[82] Sobre as especificidades da intervenção proteccionista dos burocratas ver de novo Messerlin (1981) e Fontoura (1992a, pp. 129-30).

[83] A este propósito tem-se verificado, entre os autores que deram contributos para a teoria das divergências domésticas, uma de três atitudes: ou omitem pura e simplesmente a dificuldade (casos de Haberler, 1950 e Bhagwati, 1971); ou negam expressamente o seu interesse dizendo que os custos administrativos são "de consequências práticas e não teóricas" (caso de H. Johnson, 1965b, p. 123); ou então julgam-na de "fácil solução, dado que pode conceber-se sempre um esquema de 'imposto com subsídio' [*tax-cum-subsidy*] que simultaneamente elimine a divergência estimada e promova a cobrança de impostos suficiente para pagar os subsídios", sendo por isso "falaciosa a argumentação de que o pagamento de subsídios envolveria a cobrança de impostos que na realidade não podem ser cobrados de um modo não distorçor" (caso de Bhagwati e Ramaswami, 1963, p. 50).

Entre as excepções, de autores que entraram em consideração com custos administrativos na análise da intervenção para corrigir divergências, contam-se Meade (1955), Due (1970), Keesing (1974) e Corden (1997).

também, obviamente, custos para a sociedade). Em toda esta problemática assume um relevo muito grande o efeito 'cosmético'[84] ou 'anestesiante'[85] de alguns meios de intervenção que, fazendo diminuir a resistência dos onerados de facto faz diminuir também o respectivo custo administrativo para o Estado.

Trata-se sem dúvida de uma situação estranha, não parecendo aceitável mesmo o que fez Mieskowski (1966) a propósito dos custos de cobrança: embora reconhecendo a sua importância e que "o pressuposto de que estes custos são os mesmos com diferentes impostos pode constituir um grande afastamento da realidade em economias subdesenvolvidas", não considera a sua incorporação "na análise por falta de informação".

Na verdade, ainda que seja insuficiente a informação, há sempre algum conhecimento da realidade dos países que permite formular juízos ponderando o que os custos administrativos podem representar nas diferentes formas de intervenção. Parece-nos ser este o caso em Portugal, onde, com juízos simples feitos a partir de alguns indicadores, é possível chegar a conclusões bem mais próximas da realidade do que se nos satisfizessemos com modelos teóricos que desconhecem ou menosprezam uma variável de tão grande importância[86].

Começando por comparar os custos administrativos da intervenção alfandegária com os de lançamento, liquidação e cobrança de um 'pacote ideal' dos impostos financiadores de medidas mais directas de intervenção (o *ideal tax package* que referimos há pouco), constata-se haver indicações no sentido de que os primei-

---

[84] Expressão de Corden (1997, p. 43), aplicada precisamente aos impostos alfandegários.

[85] Expressão de Lauré (1956, pp. 281-91), distinguindo por esta característica os impostos indirectos dos directos, qualificados por ele como 'irritantes'.

[86] Salienta Wolfson (1979, p. 250) que uma razão para a falta de atenção com os mecanismos da administração fiscal "na literatura académica é, sem dúvida, a de se tornar difícil dizer alguma coisa em geral sobre eles, sem ligação com o diferente quadro institucional de cada país".

Mas é precisamente este quadro institucional que importa procurar ter em conta, com o rigor que seja possível, tal como procuramos fazer no texto em relação a Portugal.

ros são em princípio mais baixos, numa medida que pelo menos em parte compensará os seus custos mais elevados de bem-estar.

Verifica-se, em primeiro lugar, que tanto a cobrança dos impostos alfandegários como os controlos quantitativos e cambiais são feitos, ainda que depois ou antes de eventuais diligências a nível central, quando os bens atravessam os postos fronteiriços dos países. Mesmo que se trate de um país com muitos postos são decerto em menor número do que os serviços onde se lançam, liquidam e cobram os impostos fazendo parte da combinação óptima, os quais são aplicados por sua vez a contribuintes e factos tributáveis espalhados por todo o território. Por outro lado, as intervenções alfandegárias são em princípio de aplicação mais simples do que a da generalidade dos referidos impostos, por exemplo os que recaem sobre os rendimentos das pessoas singulares ou colectivas ou sobre o valor acrescentado no processo produtivo (seja qual for o processo de aplicação do IVA, ou seja, mesmo seguindo-se o processo comunitário – e português – de deduzir 'imposto do imposto'). É de sublinhar, por fim, que a resistência a estes impostos é maior do que a feita em relação a intervenções no comércio internacional, de um modo geral pouco sentidas pelas pessoas em última análise oneradas com elas (em princípio os consumidores). Além de uma (discutível) vantagem para os cidadãos, há assim uma resistência menor, que constitui uma incontestável vantagem política para as autoridades.

Pensando no caso português constata-se aliás que com o desaparecimento das fronteiras terrestres (rodoviárias e ferroviárias), com o 'mercado único de 1993' (ver *infra* IV. 5.2.1), ficámos reduzidos apenas a um número muito pequeno de delegações fronteiriças aéreas e marítimas; quando as repartições e tesourarias de finanças ou outros departamentos intervenientes no procedimento de lançamento, liquidação e cobrança são, em relação aos demais impostos, na casa das centenas e relativas a factos tributáveis e a sujeitos passivos espalhados por todo o país[87], sendo além disso as

---

[87] Mesmo com a centralização permitida pela utilização de processos modernos de informatização e comunicação, tal como acontece com o lançamento e a liqui-

intervenções alfandegárias relativamente pouco sentidas pelos contribuintes de facto, fundamentalmente preocupados e sensíveis em relação aos impostos directos sobre o rendimento, não obstante constituirem uma parcela que não chega a representar muito mais do que um quarto das receitas fiscais totais (conforme tivemos ocasião de ver no quadro II.1 p. 112). Em relação à estrutura da pauta até 1980-2 podia salientar-se ainda a circunstância de, sendo os impostos alfandegários específicos em mais do que 80% dos casos, estarem muito diminuídos os riscos de subavaliação.

Trata-se de vantagem administrativa importante, mesmo em relação a um imposto como o imposto de transacções, quer como imposto monofásico quer como IVA: com custos que, de acordo com o que vimos em II.1.2.3, podem considerar-se comparativamente baixos, face à receita proporcionada [88].

Na análise dos custos não podemos limitar-nos, ainda, a comparar os meios de cobrança de receitas, dado que, enquanto com a própria intervenção alfandegária é atingido (em alternativa à cobrança de receitas) o objectivo de limitação das importações e com isso promovida a produção (como vimos em II.3.2), com os meios mais directos de intervenção, na lógica da teoria das divergências domésticas, há que suportar os encargos respectivos, por certo significativos (atribuindo subsídios, formando pessoas, dando uma melhor informação no mercado dos capitais, promovendo melhor as vendas no estrangeiro, ou em quaisquer outras

---

dação do IVA, do IRS e do IRC, não pode deixar de haver uma grande dispersão geográfica no esclarecimento do público, na fiscalização e na cobrança: com reflexos na estrutura do Ministério das Finanças ou – o que vem dar o mesmo – na estrutura de outras entidades, casos dos bancos e dos correios, participando na actividade de cobrança.

[88] O baixo custo da intervenção alfandegária não tem de qualquer modo sido suficiente para evitar a sua quebra, sem paralelo no conjunto das receitas fiscais, conforme vimos também no quadro II.1, p. 112: estando todavia a razão para tal, não só no abaixamento relativo do custo da cobrança dos outros impostos, em especial do IVA, em fases mais avançadas de desenvolvimento (recorde-se a n. 52 p. 157), como fundamentalmente no reconhecimento das vantagens do comércio livre (levando aos compromissos internacionais que vimos em I.2.1), vantagens que ficariam em causa com essa intervenção.

acções), simultaneamente com o custo da cobrança das receitas fiscais necessárias para levar a cabo estas acções.

Constata-se portanto que a intervenção alfandegária, embora ocasione custos de distorção no consumo e na produção, é feita com menores custos administrativos, se está em causa a cobrança de receitas, e ainda bem menores se contribui de facto para impedir importações e promover assim a produção do país (terá então apenas os encargos de instalação e manutenção da estrutura de restrição das importações, não chegando a verificar-se a actividade de aplicação dos impostos).

4.3. *A permanência do relevo do argumento das indústrias nascentes*

Curiosamente, toda a evolução científica, recuada e recente, acaba por sublinhar o relevo do 'velho'[89] argumento das indústrias nascentes, como argumento justificativo de alguma intervenção: embora, como veremos, a evolução mais recente tenha vindo mostrar que em princípio tal intervenção não deverá consistir em restrições ao comércio, conforme se julgou durante mais de século e meio.

Justifica-se, pois, que dediquemos algumas páginas ao desenvolvimento da sua lógica, das condições de validade, das vias que devem ser seguidas e das cautelas a ter[90].

Trata-se aliás de argumento que tem conduzido a regimes especiais de que Portugal tem podido dispôr, tal como aconteceu

---

[89] Como vimos em I.2.2, parece remontar aos séculos XVII e XVIII, estando estreitamente relacionado, tanto em princípio como na sua história, aos privilégios de monopólio dados a companhias comerciais explorando negócios novos e arriscados e a invenções (*as patentes de monopólio*) (Viner, 1937, pp. 71-2, acrescentando várias referências a autores desses séculos com justificações da protecção das indústrias nascentes). Seguiram-se, depois, os contributos decisivos de autores proteccionistas, como A. Hamilton (1791), Carey (1937-40) e List (1841), bem como mesmo de um consagrado autor livre-cambista, Mill (1848).

[90] Sobre estes vários pontos ver Porto (1979 e 1982, pp. 371-409, bem como as referências aqui feitas).

no seio da EFTA, com o Anexo G da Convenção de Estocolmo, bem como com disposições dos acordos comerciais de 1972 e 1976 e do tratado de adesão à CE; e que, conforme teremos ocasião de ver na parte IV destas lições [91], poderá justificar a intervenção comunitária, v.g. através das políticas estruturais.

4.3.1. Lógica do argumento

A ideia que está na base do argumento é a de que a indústria pode vir a revelar-se capaz de competir com as indústrias estrangeiras dentro de um espaço de tempo previsível, no mercado doméstico e mesmo no mercado internacional, mas não ser capaz de suportar um período inicial de implantação e desenvolvimento. Havendo vantagem na sua criação ou dinamização, justificar-se-á o estabelecimento de restrições ao comércio que a protejam até ao momento em que possa singrar por si [92].

Trata-se de ideia que pode ser representada num diagrama de equilíbrio parcial, tal como fazemos na fig. II.9, sendo mais uma vez DD' a curva da procura doméstica, HH' a curva da oferta doméstica e WW' a curva da oferta internacional.

---

[91] E procurámos sublinhar em Porto (1989).

[92] O argumento tem sido geralmente formulado em relação à implantação de novo de um sector industrial (da indústria transformadora), ou da indústria em geral, mas deve ser alargado à expansão de indústria(s) já existente(s) e à implantação e desenvolvimento de outros sectores económicos, v.g. da agricultura. Não há de facto diferença substancial na lógica do argumento, em especial no processo de aprendizagem e adaptação que lhe está no cerne, consoante se trate de uma indústria nova no país ou de uma indústria já instalada mas onde os empresários e outros participantes na produção têm de fazer um esforço temporário até se tornarem mais competitivos; bem como consoante se trate de sector(es) industrial(ais) ou de outros sectores, v.g. da agricultura (a favor desta extensão ver por ex. Little, Scitovsky e Scott, 1970, pp. 118-9 e Corden, 1997, p. 154). O relevo dado tradicionalmente à indústria deve-se ao especial papel que costuma ser-lhe atribuído nos processos de desenvolvimento, descurando outros sectores, em especial o sector agrícola (que seriam dinamizados depois por arrastamento, por exemplo na linha defendida por Hirschman, 1958; sobre a polémica surgida, entre seguir-se esta estratégia ou antes uma estratégia de crescimento equilibrado, ver por ex. Gill, 1963, pp. 179-84).

Numa fase inicial, antes da aplicação do imposto alfandegário (ou de outra restrição às importações) toda a procura interna é satisfeita através de importações, no montante de OB.

Fig. II.9

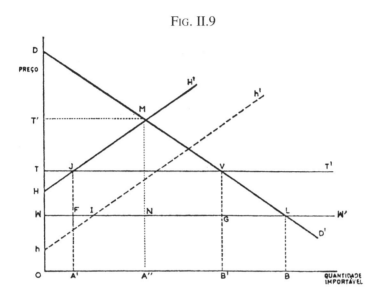

Pretendendo-se restringir as importações, com o objectivo de fazer desenvolver a indústria nacional, pode aplicar-se o imposto TW/WO. Em termos de ganhos ou perdas de bem-estar verifica--se, conforme vimos a propósito da fig. II.3 (p. 138), haver um custo de distorção no consumo, GLV, e um custo de distorção na produção, WFJH. Mas a protecção conferida é suficiente para que surja alguma produção nacional, no início OA', com a renda para os produtores de HJT.

Tendo êxito a política desencadeada desloca-se para a direita a curva da oferta interna e vai sendo maior a renda dos produtores, mantendo-se todavia, enquanto não é afastado o imposto alfandegário, um custo de distorção na produção, na medida em que há produção interna por mais alto custo do que aquele por que os bens poderiam ser obtidos através de importações, e um custo de distorção no consumo, na medida em que os consumidores têm de comprar os produtos mais caros do que se prevalecesse o preço internacional.

Passará a haver apenas renda dos produtores, sem a contrapartida de se verificarem custos de distorção na produção e no consumo, se o imposto alfandegário for afastado, podendo mesmo assim pelo menos parte da procura ser satisfeita através da oferta interna, em virtude de a respectiva curva ter descido abaixo do preço internacional. Trata-se da situação representada na figura pela curva da oferta hh'. Sendo o preço praticado internamente de novo WO, o ganho líquido é então expresso por hIW.

A ideia do argumento das indústrias nascentes pode ser vista também num diagrama de equilíbrio geral, agora na linha dos das figs. I.A.6 (do Anexo I.A) e II.B (do Anexo II.B), tal como fazemos na fig. II.10:

FIG. II.10

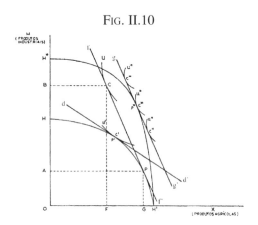

Pretendendo-se por exemplo promover toda a indústria em relação à agricultura, podemos representar a primeira no eixo vertical (M) e a segunda no eixo horizontal (X).

Tendo o país inicialmente a curva de possibilidades de produção HH', em comércio livre atinge-se a situação óptima produzindo P e consumindo C, num ponto de tangência à curva social de indiferença U. O país importa então AB de produtos industriais, exportando FG de produtos agrícolas.

Também tal como na fig. II.B podemos supor que a promoção da produção industrial seja feita com um imposto alfandegário que reduza as importações a zero (em muitos casos o objectivo em vista não fica prejudicado com a manutenção de algumas importações). Nesta situação de autarquia completa (não há também exportações de produtos agrícolas), com a relação de preços *dd'* coincidem a produção e o consumo internos tanto de produtos industriais como de produtos agrícolas, em P'C'. Há então uma diminuição de bem-estar, expressa pelo facto de se atingir apenas a curva social de indiferença U', a qual por sua vez pode ser decomposta, como mostramos no Anexo II.B (fig. II.B), num custo de distorção na produção e num custo de distorção no consumo.

O proteccionismo é todavia feito na expectativa de que mais tarde a indústria venha a tornar-se competitiva, através de uma diminuição relativa dos custos de produção. Se tal acontecer, atingir-se-á uma curva de possibilidades de produção, na figura H*H', que no eixo vertical fica mais afastada da origem. Abrindo-se de novo o país ao comércio externo o ponto óptimo de produção P*, estará na tangência dessa curva com a relação de preços internacional, representada agora por *ff'*, e será possível atingir curvas sociais de indiferença também mais afastadas, tanto na posição de o país ser um exportador de produtos industriais (U"), como na de o ser de produtos agrícolas (U"') ou ainda na de ser auto-suficiente em ambos os sectores (U*).

Está subjacente pois ao argumento das indústrias nascentes um elemento de temporariedade que permite distingui-lo de outros argumentos.

Pode de facto acontecer, como vimos em números anteriores, que a existência de economias externas ou de outros motivos de divergência entre o custo social e o custo privado pareça justificar a utilização de restrições ao comércio a título permanente (como primeiro ou segundo óptimo). Todavia, embora por vezes tenha havido confusões[93], não estamos neste caso perante o argumento

---

[93] Haberler em 1950 (pp. 227-8) reconhece, dando razão a Viner (1937, p. 482), não ter distinguido anteriormente os dois casos (em 1936, bem como aliás já num trabalho que o antecedeu).

das indústrias nascentes, que implica a existência de economias irreversíveis, capazes de dentro de um certo prazo assegurar a competitividade das empresas.

Não se tratará, por outro lado, de um ganho de competitividade resultante apenas da existência de economias de escala, quando existam. Sem dúvida um aumento de escala para o produto do país, conseguido com o encerramento do mercado interno a produtos estrangeiros, pode auxiliar o processo de ganho de eficiência[94]. Mas a criação e o desenvolvimento da indústria deverá depender (também) de um processo de aprendizagem (*learning by doing*), tanto dos empresários como dos trabalhadores. Tratando-se de tecnologias já usadas em outros países, para além de uma aprendizagem equivalente pode requerer-se uma adaptação às condições diferentes do país.

4.3.2. Condições de validade

Desde longa data foram estabelecidas condições que devem ser preenchidas para que se justifique a intervenção na linha do argumento das indústrais nascentes.

4.3.2.1. O 'teste de Mill'

Assim acontece com o teste de Mill, formulado por este autor clássico (1848, p. 922), sublinhando que "é essencial que a protecção se confine a casos em que haja a garantia de que a indústria por ela promovida possa dispensá-la passado algum tempo". Só então fica satisfeito o que, tendo sido referido por este autor, ficou consagrado por 'teste de Mill'.

É necessário, portanto, que com o aumento de eficiência o custo doméstico de produção, c', passe a estar abaixo do custo

---

[94] O contributo possível dos aumentos de escala é referido por ex. por Corden (1997, pp. 157-8). Com o argumento em mercados oligopolistas ver por ex. S. Martin (1993) e To (1994).

internacional, *c*. Se este está a descer claro que o custo interno deverá estar a descer mais acentuadamente. Mas pode acontecer que o custo internacional esteja a subir, bastando então que o custo da produção doméstica, embora suba também, suba em menor medida. Naturalmente, também neste casos se justificará a intervenção[95], conforme pode ser visto na fig. II.11.

FIG. II.11

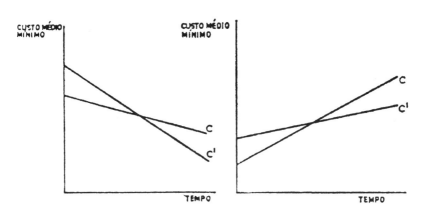

Na lógica das vantagens do comércio livre importa, pois, que passado algum tempo as restrições ao comércio sejam afastadas por completo. De outro modo manter-se-ão as distorções no consumo e na produção a que fizemos referência atrás. Tal não exclui todavia que, com o aumento de eficiência conseguido nas indústrias nascentes, mesmo com a manutenção das restrições se passe a estar numa situação mais vantajosa do que a existente no início, quando havia comércio livre. Podemos vê-lo na fig. II.10 em que, com o afastamento da curva de possibilidades da produção, se atinge com autarquia a curva de indiferença U*, mais afastada do que a atingida inicialmente com comércio livre (U), mas provavelmente menos afastada do que deixando de haver de novo restrições ao comércio.

---

[95] Trata-se de ponto tido em conta por ex. por Taussig (1924).

4.3.2.2. O 'teste de Bastable'

Compreende-se, em segundo lugar, que não baste que depois de um período de protecção a indústria passe a ser competitiva. Na verdade, havendo no início de um empreendimento um excesso dos custos sobre as receitas, a protecção só se justificará se à satisfação do teste de Mill se juntar a do 'teste de Bastable': que "a vantagem última exceda as perdas verificadas" (1921, p. 142).

Para avaliar se a protecção deve ou não ser conferida deverá aplicar-se, pois, um processo correcto de *discounted cash flow*, entrando em conta com as perdas dos anos do começo (C_n) e com os ganhos obtidos mais tarde (G_{n+m}). Tendo presente a fórmula.

$$\frac{C_1}{1+i} + \frac{C_2}{(1+i)^2} + ... + \frac{C_n}{(1+i)^n} < \frac{G_{n+1}}{(1+i)^{n+1}} + \frac{G_{n+2}}{(1+i)^{n+2}} + ... + \frac{G_n}{(1+i)^{n+m}}$$

na qual i é a taxa de juro, n o número de anos durante os quais se conta com prejuízos e m o número de anos durante os quais se esperam ganhos, valerá a pena proteger a indústria, satisfazendo-se o teste de Bastable, se for maior o valor no lado direito da desigualdade.

4.3.2.3. O 'teste de Kemp'

Além da passagem dos testes de Mill e de Bastable há quem invoque como indispensável[96] a passagem do que alguém[97] chamou o 'teste de Kemp'.

Lembra-se a tal propósito que a circunstância de ter de se passar uma fase inicial de prejuízos, com o investimento em aprendizagem, até se obterem remunerações compensadoras, é comum à generalidade das actividades empresariais. Geralmente um investidor conta com um período inicial de perda mas não deixará de fazer o investimento se, através de um processo de *discounted cash*

---

[96] Casos de Kemp (1964, p. 187) e Michaely (1977, pp. 82-3).
[97] Negishi (1968, p. 56). Ver também Robert Baldwin (1969).

flow, julgar vir a ter um saldo final positivo. Não se justifica, portanto, qualquer intervenção estadual, uma vez que investidores privados não deixarão de tomar as iniciativas sempre que sejam compensadoras. Se as não tomam é porque verificam, através da sua avaliação, que não são rentáveis ou pelo menos as mais favoráveis.

Só não será assim, acrescenta-se, quando haja economias externas, não apropriáveis, que levem a que um empreendimento não rentável ou pelo menos aconselhável na perspectiva dos empresários o seja na perspectiva social ou ainda quando haja imperfeições no mercado que levem a que os empresários não tomem iniciativas julgadas desejáveis. Compreender-se-á que então não haja iniciativa privada e se torne necessária a intervenção do Estado (ou de outras entidades públicas, v.g. da União Europeia), criando as economias externas que se tornam indispensáveis e afastando as imperfeições do mercado que impedem o seu aparecimento.

a) A criação de economias externas

Neste campo tem uma grande importância, ligada ao cerne do próprio argumento[98], a criação de economias externas com a preparação empresarial e com a formação profissional, face ao risco de poder beneficiar, mesmo em maior medida, quem não teve a iniciativa e não teve o custo de as promover.

Se o empresário for capaz de guardar só para si os conhecimentos adquiridos, poderá ressarcir-se mais tarde do investimento feito com a sua aquisição se a indústria tiver de facto condições para se tornar competitiva. Mas em muitos casos não acontecerá assim, não sendo possível manter em proveito exclusivo o investi-

---

[98] Podendo todavia ter importância também, mesmo decisiva, outras economias externas, por exemplo as resultantes da implantação de infraestruturas (estradas, portos, telecomunicações, etc.), ou ainda, tal como refere Corden (1997, p. 150), a criação de uma atmosfera conducente a uma actividade económica organizada, especialmente no campo industrial, o desenvolvimento de "interesses mecânicos e científicos", ou economias externas de vendas (*selling externalities and goodwill*), através de uma maior aceitação daquilo que é produzido no país.

mento feito com a aquisição de conhecimentos, que podem aproveitar também a outros empresários. Ninguém se sentirá estimulado, por isso, a tomar a iniciativa[99]. Havendo todavia vantagens sociais que ultrapassem a vantagem para o empresário inovador justificar-se-á o proteccionismo concedido a este como forma de conseguir aquelas.

O segundo caso referido é o da aprendizagem dos trabalhadores com a sua actividade numa produção nova ou promovida, podendo resultar também dela o aumento de eficiência capaz de tornar a indústria competitiva. Igualmente aqui não se justificará qualquer intervenção se os empresários que incorrerem nos custos iniciais de aprendizagem tiverem a garantia de beneficiarem suficientemente do acréscimo de produtividade. Na fase inicial os salários e outros custos ligados à aprendizagem dos trabalhadores estarão acima da produtividade do trabalho, mas com o aumento desta e a possível manutenção dos salários haverá ganhos nos períodos posteriores: podendo tais benefícios ser suficientes, se a nova indústria se justificar, para cobrir os custos suportados[100].

---

[99] É aliás a própria possibilidade de utilização por outras pessoas que poderá fazer subir os custos dos factores (passando a ser mais procurados) e baixar o preço do produto (com uma oferta maior), tirando qualquer vantagem ou dando mesmo prejuízo a quem, sem estímulo exterior ou induzido pelo proteccionismo, tome a iniciativa da produção.

Naturalmente, nestes casos poderá por outro lado faltar o estímulo para o *lobbying*, necessário para, nos termos que vimos em II.4.2.2, se fazer a pressão bastante no sentido de ser atribuído o proteccionismo.

[100] Usando notação de Becker (1962 e 1964), sendo W_0 os salários, K os custos ligados à aprendizagem e MP_0 a produtividade marginal, tudo na fase inicial, apesar de então $W_0 + K$ ser maior do que MP o justifica-se o investimento se

$$MP_0 + \Sigma \frac{MPt}{(1+i)^t} > W_0 + K + \Sigma \frac{Wt}{(1+i)^t}$$

ou seja, se houver uma diferença positiva entre a produtividade marginal e os custos salariais, ao longo dos períodos seguintes (i é a taxa de juro e t os vários períodos).

Podemos designar tal diferença por

$$G = \left(\Sigma \frac{MPt - Wt}{(1+i)\,t} \right) = 0$$

(cont.)

Sendo assim, não haveria razão para intervenção se o empresário pudesse garantir a permanência dos trabalhadores na sua empresa. O investimento feito inicialmente na aprendizagem, com o custo de uma produtividade abaixo dos salários e outros encargos, seria compensado mais tarde com o contributo acrescido dado pelos trabalhadores.

Todavia, não podendo haver vínculo jurídico que prenda duradouramente um trabalhador ao mesmo emprego, a única hipótese em que um empresário poderá ambicionar ter um benefício compensador do trabalho de alguém por ele preparado será a de se tratar de trabalho que não possa ser útil em qualquer outra empresa (*completely specific training,* na expressão de Becker, *ibid.*): compreendendo-se que nestas circunstâncias não haja razão para uma intervenção estadual.

Tal intervenção também não se justificará, mas por uma razão bem diferente, na hipótese oposta de se tratar de treino geral (*general training*, de novo segundo Becker, *ibid.*), ou seja, treino que leve a um aumento de produtividade capaz de aproveitar também e em igual medida a outras empresas. Claro que neste caso não poderá esperar-se um investimento de aprendizagem feito pelos empresários: pagariam no período de aprendizagem dos trabalhadores o salário corrente, acima da produtividade[101], e não poderiam depois mantê-lo abaixo da maior produtividade posteriormente conseguida, sob pena de os trabalhadores se transferirem para empresas pagando em função da sua produtividade marginal acrescida. Mas quem terá razão para intervir então serão os próprios trabalhadores, investindo em aprendizagem através da recepção de salários mais baixos, correspondentes à produtividade

---

ficando a equação

$$MP_o + G > W_o + K$$

O excedente de receitas sobre despesas futuras, G, será portanto suficiente para compensar o empresário pelo prejuízo inicial.

[101] O pagamento de salários correspondendo à produtividade, portanto abaixo do corrente, corresponderia já a serem os trabalhadores a suportar os encargos de aprendizagem.

marginal do trabalho, e ressarcindo-se mais tarde com os salários mais altos correspondentes à maior produtividade conseguida com o processo de aprendizagem[102]: não chegando a levantar-se, pois, problemas de divergências entre valores privados e sociais.

Alternativamente, se os trabalhadores não quiserem ou não puderem suportar na fase inicial de aprendizagem os salários abaixo da média correspondentes então à produtividade marginal, o processo mais adequado consistirá em financiarem o seu treino através do recurso ao mercado dos capitais. Se este não funcionar devidamente o problema deverá ser resolvido através do seu aperfeiçoamento.

Sendo assim, em que casos poderá justificar-se a protecção (ou o apoio) de indústrias nascentes? Poderá justificar-se em dois tipos de situações.

Por um lado, mesmo tratando-se de treino completamente específico, o empresário poderá não estar seguro de que o trabalhador permaneça na empresa durante um espaço de tempo suficiente. Embora o trabalho em que se qualificou não possa ser útil noutras empresas, o trabalhador pode eventualmente prescindir de continuar a exercer a mesma função e passar a exercer outra, ou mesmo deixar de trabalhar. Compreende-se, por isso, que o empresário não corra o risco com o seu treino.

Por outro lado, na prática será mais frequente que a preparação do pessoal não seja absolutamente específica nem absolutamente geral. Tratar-se-á antes de treino específico (*specific training*, mais uma vez na terminologia de Becker, *ibid.*), o qual pode ser caracterizado por poder aproveitar também a outras

---

[102] Usando de novo notação de Becker (*ibid.*) verifica-se que MPt iguala Wt em todos os períodos, pelo que

$$G = \sum \frac{MPt - Wt}{(1+i)t} = 0$$

ou seja, $\quad MP_o = W_o + K$

ou $\quad W_o = MP_o - K$

empresas, mas em menor medida do que àquela em que é obtido. Sendo assim, o empresário poderá até certo ponto ter vantagem em promover a produção e consequentemente o aperfeiçoamento dos trabalhadores, para poder obter uma produtividade mais alta do que os demais. Mas tal estímulo poderá não ser suficiente, justificando-se o uso do proteccionismo [103].

b) O afastamento de imperfeições no mercado

A existência de imperfeições no mercado pode levar também a que, embora através de um processo de aprendizagem transitório uma indústria viesse a mostrar-se competitiva, ninguém tome a iniciativa do empreendimento, justificando-se por isso o proteccionismo, como modo de o promover.

Trata-se de situação que podemos exemplificar com dois casos.

---

[103] Será de chamar a atenção para que a autonomização do teste de Kemp só tem sentido entendendo o teste de Bastable exclusivamente na perspectiva privada dos produtores, e não na perspectiva de todos os custos e benefícios sociais. Foi daquele modo que o entendemos atrás, talvez seja esse o entendimento do próprio Bastable, não o sendo todavia de autores que entendem dever entrar-se em conta no processo de *discounted cash flow*, para averiguar se é passado o teste de Bastable, com perdas e ganhos de tipo social.

Na verdade, se já no teste de Bastable se atende a considerações de tipo social, entre os ganhos sociais não poderá deixar de atender-se, naturalmente, às economias externas. Sendo assim, o teste de Kemp deixa de ser necessário.

Mantendo o entendimento, por nós seguido, de que o teste de Bastable se refere apenas a receitas e custos privados dos produtores, claro que tem de haver o teste que estamos agora a considerar: só se justificando a intervenção do Estado (ou de outras entidades), para além dos casos de imperfeição do mercado, a considerar na alínea seguinte, se houver ganhos sociais que ultrapassem as perdas sociais.

Acresce que as economias externas consideradas no teste de Kemp não são talvez os únicos ganhos de tipo social e na fase inicial do empreendimento há custos sociais, consistentes na perda das rendas dos consumidores e dos produtores (recordem-se a fig. II.3 e o n. II.3.6) que não podem deixar de ser tidos em conta numa decisão política de proteger a indústria. Por isso a produção de economias externas, embora eventualmente requerida, não pode ser o único elemento a atender a este propósito, tornando-se necessária a extensão do teste de Kemp a todos os benefícios e custos sociais.

Um deles é o de haver imperfeições nos sistemas de informação e de expectativas. Pode acontecer que os empresários não tenham acerca de aumentos da procura e de reduções de custos a mesma visão que as autoridades, em virtude de não terem os mesmos conhecimentos sobre a evolução da economia, e que não tomem atitudes arrojadas em virtude de sobre eles pesar o risco de caírem na falência se as coisas não correrem conforme se espera. As empresas de grande dimensão, de um modo especial as multinacionais, terão em muitos casos àcerca das perspectivas futuras uma informação mais precisa do que os técnicos governamentais, incluindo os planeadores, e qualquer falha num determinado ramo de produção não acarretará provavelmente a falência. Mas muitas vezes as produções capazes de competir com as dos produtores estrangeiros devem ser iniciadas e incrementadas em sectores indicados para empresas médias ou mesmo pequenas, provavelmente sem as mesmas possibilidades de previsão que os técnicos governamentais e para as quais os efeitos de um erro podem ser desastrosos [104].

A protecção seria então um meio de induzir os empresários a iniciarem a produção, ultrapassando o obstáculo constituído pela ignorância e pelo receio.

Um outro caso muito citado é o das imperfeições no mercado dos capitais. Com grande frequência, em especial em países menos desenvolvidos, o mercado dos capitais não é perfeito. Assim, de um modo geral favorece as empresas existentes relativamente a empresas a criar, os sectores mais dinâmicos relativamente aos de menor dinamismo, o investimento em bens físicos relativamente ao que é feito em capital humano e o investimento a curto prazo quando comparado com o investimento a longo prazo. Em Portugal todas estas diferenças têm algum relevo, sendo designadamente de salientar o

---

[104] Imperfeições da mesma natureza – nos campos da informação e das expectativas – existem também com frequência, v.g. no nosso país, no mercado do trabalho, não conhecendo os trabalhadores oportunidades existentes ou não estando estimulados para correr o risco de mudar de empresa. Naturalmente, também aqui o proteccionismo pode ser visto como um modo de ultrapassar a dificuldade assim levantada à implantação e ao desenvolvimento de indústrias nascentes (recorde-se o que vimos em II.4.1.2.1.b).

melhor funcionamento do mercado bancário de curto prazo do que o do mercado financeiro. Ora, em muitos casos as empresas que poderiam tornar-se competitivas e deveriam ser promovidas são precisamente empresas novas, de sectores entretanto ainda pouco dinâmicos mas com boas potencialidades, requerendo nos primeiros tempos investimentos a longo prazo, em especial na preparação de pessoas.

Sendo assim, a utilização do proteccionismo seria um modo de estimular o início da produção por empresários que de outro modo não ultrapassariam a dificuldade constituída pelas imperfeições existentes no mercado dos capitais.

4.3.3. As vias a seguir e as dificuldades a ter em conta

Pode haver razões, pois, que justifiquem que os empresários sejam estimulados a iniciar produções ou a aumentar produções existentes.

Todavia, continuando a não entrar em consideração com custos administrativos, deve concluir-se que a comparação é francamente desfavorável à utilização do proteccionismo (restrições às importações) se, à luz da teoria das divergências domésticas, verificarmos o que se passa em termos de custos de distorção no consumo e na produção, sabendo-se que uma situação de óptimo de Pareto só será atingida se a correcção da divergência em causa for feita sem se criar uma nova divergência (uma distorção derivada). Tratando-se de uma divergência indiscriminada a impedir o aparecimento e a consolidação da nova indústria deve promover-se directamente a produção, v.g. com um subsídio. Tratando-se de uma divergência nos factores de produção, será primeiro óptimo intervir directamente junto do factor em causa, v.g. clareando o respectivo mercado (recorde-se de novo de II.4.1.2.1).

Não pode todavia deixar de ter-se presente, mais uma vez, que as conclusões desta análise podem ser postas em causa com a consideração dos custos administrativos, tal como fizemos em II.4.2.3.

Por outro lado, seja qual for a forma de intervenção, há que assegurar – o que, na prática, levanta grandes dificuldades – a escolha correcta do sector ou dos sectores a promover. Sendo a intervenção feita pela via alfandegária, protegendo indiscriminadamente, não pode evitar-se que sejam apoiadas unidades sem perspectivas, protelando ou agravando problemas [105]. Trata-se de inconveniente que pode ser evitado pela intervenção directa, no plano interno, escolhendo e apoiando apenas as empresas capazes de responder aos desafios da concorrência [106].

A lógica do argumento exige, ainda, que o apoio seja retirado o mais depressa possível, logo que deixe de ser necessário (estando assegurada a sua rentabilização); sob pena, aliás, de a manutenção de apoio levar a que não seja estimulada a eficiência na utilização dos recursos: passando o 'teste de Mill' e contribuindo também para a passagem do 'teste de Bastable'. Nesta linha, é de novo clara a vantagem oferecida pelos meios directos de intervenção, exigindo encargos orçamentais apreciados anualmente, com base em impostos que os contribuintes têm dificuldade em aceitar; diferentemente do que se passa com a via alfandegária, não exigindo a mesma apreciação anual e sendo muito menos sentida pelos cidadãos. No primeiro caso serão os próprios cidadãos, através dos seus representantes eleitos, a ajuizar acerca do acerto das escolhas feitas [107].

---

[105] Acontece, além disso, que utilizando-se a via proteccionista ficam naturalmente prejudicados os sectores não protegidos de bens importáveis, os sectores de bens não importáveis e os sectores de exportação.

Trata-se de consequências que deverão ser tidas particularmente em conta em Portugal. Sem podermos entrar na discussão do problema, exigindo uma análise aprofundada e desagregada sector a sector, é de referir por exemplo que as condições do nosso país apontam no sentido de o seu desenvolvimento dever basear-se em grande medida nos sectores de exportação: com razões acrescidas agora, face à desejável e irreversível inserção do país em espaços internacionais de comércio livre (sobre os efeitos positivos da concorrência das importações ver por ex. V.S. Santos, 1990).

[106] Podendo dizer-se todavia, pelo contrário, que a via proteccionista é uma via que deixa mais em aberto o funcionamento do mercado, levando por isso a um estímulo maior da eficiência (trata-se de ideia que remonta a List, 1841, livro I, cap. V e foi retomada recentemente por Haberler, 1978, pp. 438-9 e Jeanneney, 1978, pp. 87-89, pondo aliás o problema não só no plano económico como também no plano político, apontando-se esta como uma via mais liberal, menos burocrática e mais responsável).

[107] No reverso da medalha pode acontecer, contudo, que os empresários não se sintam por isso suficientemente seguros e motivados a arriscar no 'novo' sector, tal como aconteceria pela via proteccionista (ver Porto, 1982, pp. 406-407).

Podendo atingir-se por esta via, pois, as soluções correctas, apoiando só o que deve ser apoiado e apenas durante o tempo indispensável para tal, não pode deixar de ter-se bem presente que se trata de soluções difíceis, exigindo que se 'adivinhe' antecipadamente o que justificará apoio ("picking the winners") e não o mantendo quando já não se justifique. Infelizmente são já também muitos e com altos custos para a sociedade os casos em que se escolheu mal e não se foi capaz (ou não se quis) parar a tempo: com prejuízos muito maiores do que se não tivesse havido nenhuma intervenção (voltaremos a este problema em III.9.2.1, IV.3.3.3 e IV.3.4.2).

4.4. *O argumento das indústrias senescentes*

Por fim, valerá a pena referir que a argumentação acabada de referir se aplica igualmente ao argumento das indústrias senescentes: surgido, conforme referimos atrás (n. 32 p. 38), a propósito do 'novo proteccionismo'.

Estando um sector em crise, não se verifica uma situação óptima, sendo TTD ≠ TSD = TTI. Mas, de acordo com o que vimos atrás, em particular em II.4.1.2.1, a intervenção alfandegária, ao procurar corrigir a referida divergência, leva a uma distorção que se traduz em TSD ≠ TTD ≠ TTI, mais custosa do que a divergência previamente existente [108].

Também aqui, não curando ainda dos custos administrativos, a política de primeiro óptimo consistirá em manter o rendimentos dos sectores em crise através de um conjunto não distorçor de subsídios e impostos [109].

---

[108] Trata-se de conclusão salientada, impressa com côr diferente, num relatório do Banco Mundial (1981, p. 33), sob o título *Preço da Protecção*: "O proteccionismo é um meio ineficiente de transferir rendimento. Eis um modo simples de exprimir uma verdade singela – se alguém ganha com a protecção um dólar, perde muito mais alguma outra pessoa no *mesmo país*. Por cada emprego de $20 000 por ano nos estaleiros suecos, os contribuintes suecos pagam um subsídio anual calculado em $50 000. A protecção da indústria de confecções custa aos consumidores canadianos $500 milhões, para proporcionarem 135 milhões em salários. E quando os consumidores japoneses pagam pela carne oito vezes o preço mundial, os agricultores japoneses não ficam oito vezes melhor".

[109] Mostrando um total desconhecimento da teoria das divergências domésticas

Resulta todavia do que já vimos (v.g. em II.4.3.2.4.) que não se justifica a manutenção de tal intervenção, pelas ineficiências causadas na economia, a menos que se verifique a possibilidade de o sector voltar a ser competitivo. Não sendo assim, devem ser tomadas de imediato medidas de reconversão e reemprego (*redeployment*), promovendo sectores mais favoráveis e facilitando a transferência para eles dos factores dos sectores em crise que não possam encontrar aqui uma ocupação eficiente [110].

A manutenção indefinida de apoios, seja por que forma for, acaba por prejudicar a maior parte dos cidadãos, sendo por isso necessário que, além do teste de Mill, seja passado o teste de Bastable; devendo haver ainda a coragem de não chegar a iniciar a concessão de apoio público a sectores sem expectativas, sendo preferível apoiar directamente as pessoas afectadas pela situação existente e promover sectores alternativos capazes de competir no mercado internacional.

Agravando as coisas, pode acontecer aliás ainda que a manutenção injustificada de sectores sem viabilidade leve a atitudes de represália de outros países, prejudicando sectores com viabilidade que ficam por isso limitados nas suas possibilidades de exportação [111]: chegando por isso ao resultado "inteligente" de que fala Nevin [112], de deixar "toda a gente" pior.

---

em 1973 Gray, um dos pioneiros do conceito de protecção das indústrias senescentes, defende para o efeito a utilização de impostos alfandegários e quotas, preocupando-se no seu artigo fundamentalmente com a determinação da extensão e da direcção das medidas. Num *comentário* feito dois anos depois Wood (1975) coloca o problema na perspectiva correcta; pretendendo Gray (1975) mostrar na resposta dada, segundo julgamos sem êxito, que a teoria das divergências só é válida para o caso, não considerado por ele, de uma análise estática e de longo prazo (ver ainda Hillman, 1977 e de novo Gray, 1985, bem como as reflexões de Magee, Brock e Young, 1989, pp. 242-56).

[110] Recordem-se as referências feitas na n. 49 p. 153.

[111] Trata-se de receio fundado sentido durante as negociações do Uruguai Round, sendo de esperar que como retaliação em relação à política agrícola comum terceiros países (v.g. os Estados Unidos) fechassem os seus mercados a produtos em que a Europa tem vantagem comparativa (ou alguns dos seus membros, como é o caso de Portugal no que respeita aos têxteis e confecções ou ainda por ex. aos produtos cerâmicos).

[112] Na referência feita já *supra* p. 161 (1991, p. 89).

ANEXO II.A

**NOÇÃO E SIGNIFICADO DA MEDIÇÃO
DA PROTECÇÃO EFECTIVA:
REPRESENTAÇÃO DIAGRAMÁTICA**

Uma melhor compreensão da noção e do significado da medição da protecção efectiva pode ser conseguida através de uma exposição diagramática como a que se segue (fig. II.A), com um diagrama de equilíbrio parcial e considerando o caso de um 'país pequeno' (que é, conforme já sublinhámos, o caso português)[1]. São por isso infinitamente elásticas não só a curva da oferta do bem final (WW') como a curva da oferta dos bens intermediários (GG'), sendo WO e GO os preços internacionais CIF (preços nominais) desses bens e WG o preço do valor acrescentado (a que, como dissemos, podemos chamar 'preço efectivo')[2].

FIG. II.A

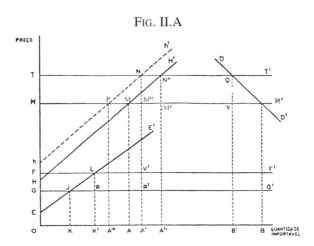

Aplicando-se um direito de importação sobre o bem final, de TW/WO, o seu preço efectivo passa para TG. Com esta subida há

---

[1] Com esta representação ver Corden (1971b, p. 30), Heller (1973, p. 177) e Henner (1975, p. 43). Com uma representação diferente, embora utilizando um diagrama da mesma índole, ver Snape (1972), Michaely (1977, pp. 105 e 114) e Krauss (1975, p. 91 e 1979, p. 49).

[2] Pincus (1977, p. 86) chama-lhe 'preço líquido'.

um acréscimo do valor acrescentado, numa percentagem, TW/WG, que é a taxa de protecção efectiva

$$Z = \frac{V' - V}{V} = \frac{TG - WG}{WG} = \frac{TW}{WG}$$

Se em vez do direito de importação sobre o bem final houver apenas um direito de importação sobre o bem intermediário, de FG/GO, o preço efectivo do bem final desce de WG para WF, sendo negativa a taxa de protecção efectiva:

$$Z = \frac{WF - WG}{WG} = \frac{- FG}{WG}$$

Aplicando-se os dois impostos, sobre o bem final e sobre o bem intermediário, o preço efectivo do bem final é de TF e a taxa de protecção efectiva (TF-WG)/WG. Aumentar ou diminuir o preço efectivo e consequentemente ser positiva ou negativa a taxa de protecção efectiva depende de TW ser maior ou menor do que FG.

Conhecida a taxa de protecção efectiva, podemos ver agora os seus efeitos sobre a produção, para o que temos de entrar em conta também com as curvas da oferta doméstica, tanto do bem intermediário como do bem final.

A curva da oferta doméstica do bem intermediário não requer explicação. Trata-se da curva EE', levando a que na ausência de tributação da importação deste bem a sua oferta doméstica seja de OK. Como de OK em diante a oferta do bem intermediário, com que os produtores dos bens finais podem contar, passa a ser feita com bens importados, ao preço de GO, temos que a sua oferta total é representada pela curva EJG'.

Para o apuramento da curva da oferta doméstica do bem final adiciona-se ao valor da oferta do bem intermediário, GG, a curva da oferta doméstica do valor acrescentado. Chega-se assim à curva HH'[3] levando a que na ausência também de tributação do bem final

---

[3] Corden, Heller e Henner (locs. cits.) desenham esta curva com um ponto de inflexão na vertical de J (notando esse ponto com J'), o que se compreenderá se o

a sua oferta doméstica seja de OA, sendo a partir daí o consumo doméstico satisfeito com importações ao preço de WO.

Sendo a curva da procura doméstica DD', o consumo total é então de OB, satisfeito em AB através de importações.

Se for tributado apenas o bem final, com a aplicação do imposto alfandegário TW/WO a sua produção é determinada na vertical da intersecção de HH' com TT': é portanto OA".

Uma tributação mais pesada do bem intermediário do que do bem final, levando a uma taxa de protecção efectiva negativa, faz diminuir a produção do bem final. Para não complicar demasiado a figura podemos considerar o caso, já referido, de a taxa de protecção ser negativa em virtude de o bem final não ser tributado, ou seja, de a taxa de protecção efectiva ser – FG/WG. A tributação do bem intermediário faz aumentar o custo de produção do bem final, cuja curva de oferta sobe para hh' (aumenta FG por unidade), passando a produção do bem final a ser determinada na vertical da intersecção dessa curva com WW'. Ou seja, diminuindo, relativamente à situação em mercado livre, de OA para OA'''.

Por fim, sendo tributados tanto o bem final como o bem intermediário, mas mais o primeiro do que o segundo (TW/WO > FG/GO), a produção do bem final, determinada, como é óbvio, na vertical da intersecção da curva hh' com a curva TT', é menor do que no primeiro caso que considerámos, OA' em lugar de OA", mas maior do que em mercado livre, OA. Verifica-se portanto que há um efeito de protecção positivo, o qual é todavia diminuído pela tributação do bem intermediário [4].

Por toda esta representação se vê ainda que a taxa de protecção efectiva do bem final em princípio tem influência apenas sobre a sua produção e não sobre a produção do bem intermediá-

---

bem intermediário oferecido pelos produtores domésticos não for exportável, pelo que até OK os produtores do bem final podem obtê-lo por um preço mais baixo do que o preço internacional, GO. Julgamos todavia mais realista considerá-lo exportável, pelo que na nossa figura a curva HH' é uma recta.

[4] Complicando mais a figura poderia por sua vez ser visto que a variação da produção do bem final, além de depender da taxa de protecção efectiva, depende da elasticidade da oferta das várias curvas.

rio, a qual depende apenas do imposto que sobre ele recai (bem como, naturalmente, da sua própria taxa de protecção efectiva e da elasticidade da oferta do seu valor acrescentado). Na verdade, a sua produção apenas cresce, de OK para OK', por efeito do imposto FG/GO com que é tributado. Por outro lado, um aumento da produção do bem final, para OA' ou OA", requer uma maior utilização do bem intermediário, mas que conduz apenas a uma sua maior importação, que passa, estando ele tributado com FG, para K'A' ou K'A", respectivamente; e uma redução da produção do bem final, para OA''', leva apenas a que se passe a requerer uma menor importação do bem intermediário, que passa a ser de K'A'''. Claro que já não é assim se a maior procura induzida do bem intermediário, ou a sua redução, se verificam na zona entre O e K ou O e K' (estando ele tributado), onde há lugar a um aumento ou a uma redução na sua produção.

Verifica-se por outro lado que, para além dos casos acabados de apontar, na medição da protecção efectiva não interessa ir a montante da produção dos bens intermediários utilizados directamente na produção do bem final cuja protecção se quer medir. Trata-se mais uma vez de uma consequência do pressuposto do 'país pequeno' (o seu afastamento levantaria os problemas que referimos em II.3.7), o qual leva a que, seja o que for que se passe antes, os produtores do bem final tenham disponíveis os bens intermediários ao preço internacional, GO, eventualmente acrescido dos direitos de importação (recorde-se a n. 21 p. 124).

Passando agora para os efeitos de receita e em geral de redistribuição do rendimento podemos ver que em princípio também são diferentes dos que se verificam num modelo totalmente integrado.

Só são semelhantes no primeiro dos casos que temos vindo a considerar, de ser tributada apenas a importação do bem final: com o imposto TW/WO a produção desse bem passa de OA para OA", sendo proporcionada uma receita para o Estado de M"VQN" e verificando-se uma transferência de rendimento dos consumidores para os produtores de WMN"T.

No caso de ser tributado apenas o bem intermediário, com FG/GO, há uma transferência de GJLF dos consumidores para os produtores, nos termos vistos para o bem final. Mas já o efeito de receita acaba por ser afectado pelo menor volume de importações que é necessário para a produção de uma menor quantidade do bem final, OA'''.

No terceiro caso, de serem tributados simultaneamente o bem final e o bem intermediário mas sendo positivo o efeito global proteccionista, relativamente a qualquer das hipóteses anteriores o aumento geral da produção faz aumentar os efeitos de receita do imposto sobre o bem intermediário (para RR'V'L) e do imposto sobre o bem final (para MVQN). O que é diminuído, relativamente à primeira hipótese, é o equivalente de subsídio para os produtores do bem final (diminui para WPNT), traduzindo a diminuição de protecção que a tributação do bem intermediário lhes acarreta (como vimos atrás, fica na mesma o equivalente de subsídio para os produtores do bem intermediário).

Por fim, resta salientar que a representação confirma a ausência de influência da protecção efectiva sobre o consumo, o qual depende apenas da taxa nominal sobre o bem final, TW/WO, e da inclinação da curva da procura, DD'. Nenhum outro elemento o afecta.

ANEXO II.B

OS EFEITOS DA INTERVENÇÃO ALFANDEGÁRIA NUM MODELO DE EQUILÍBRIO GERAL

1. A análise dos efeitos da intervenção alfandegária pode ser feita a partir da fig. I.A. 6, p. 96, com que ilustrámos, no Anexo I.A, o modelo de equilíbrio geral: mostrando as situações de maior bem-estar atingíveis em economia aberta.

Para vermos agora os efeitos da intervenção alfandegária temos de seguir os passos inversos dos dados então, passando de uma situação de comércio internacional para uma outra de menor abertura, podendo, a título de exemplo, considerar a hipótese de a intervenção levar de novo ao afastamento completo do comércio (fig. II.B).

FIG. II.B

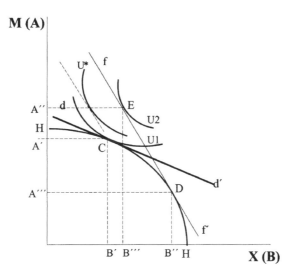

Na linha da fig. I.A.6, vemos que sem nenhuma restrição se transaccionava de acordo com a relação dos preços internacionais *ff'*, produzindo-se por isso OB" de X, OB'" destinados ao consumo interno e B'''B" à exportação; e sendo o consumo doméstico satisfeito com OA" de M, OA''' produzidos internamente e A'''A" importados.

Por esta forma era possível atingir a situação de bem-estar correspondente à tangência da curva de indiferença U_2.

Aplicando-se uma restrição alfandegária impeditiva das importações voltamos a ter a situação de se produzir e consumir no ponto C: havendo pois em relação ao bem M uma redução do consumo de A"A' e um aumento da produção de A'''A'; e em relação ao bem X uma redução do consumo de B'''B' e da produção de B'B". Trata-se de consequências com as implicações correspondentes (acumuladas) na balança dos pagamentos.

Além destes efeitos, com um pequeno acrescento a fig. II.B permite-nos decompor os efeitos de bem-estar da intervenção alfandegária[1], com a passagem da curva de indiferença no consumo U_2 para a curva de indiferença no consumo U_1: distinguindo-se o custo de distorção na produção, correspondente à perda da oportunidade de se produzir uma combinação de bens mais vantajosa em termos internacionais, com a passagem de U_2 para U^*; e o custo de distorção no consumo, correspondente à perda da oportunidade de trocar os bens produzidos por uma combinação mais atractiva do ponto de vista do consumo, com a passagem de U^* para U_1.

---

[1] Sobre o modo como os efeitos de transferência de rendimento podem ser representados num diagrama desta índole ver por ex. Porto (1982 pp. 42-6).

PARTE III

A TEORIA DA INTEGRAÇÃO

1. A Integração Económica

Depois de vistas as teorias (e alguns aspectos da prática) do comércio internacional e da intervenção estamos em condições de abordar a temática da integração.

Seria possível considerar aliás em termos idênticos – no plano económico – a integração de diferentes espaços (v.g. regiões) de um mesmo país, quando haja antes entre eles obstáculos à concorrência; o mesmo não podendo dizer-se em relação à integração do conjunto da economia mundial, sendo precisamente o comércio livre geral a alternativa que, na perspectiva da teoria do primeiro óptimo, pode e deve pôr-se em relação à formação de espaços regionais de integração.

1.1. *Breve evolução histórica*

As experiências neste sentido não são naturalmente experiências só de agora, embora apenas em meados deste século a palavra 'integração' começasse a ser usada para referir a associação de várias áreas 'económicas'[1].

De facto, conforme assinala Robson (1998(0), p. 8), só entre 1812 e 1914 ter-se-ão verificado dezasseis casos de constituição de uniões aduaneiras, sendo de referir como mais significativo

---

[1] A palavra 'integração' tem origem no latim *integratio*, significando 'renovação' ou 'restabelecimento'. Segundo o *Oxford English Dictionary*, a partir de 1629 começou a aparecer em 'letra de forma' com o significado, apontando já para o seu significado actual, de "combinação de partes num todo". No campo da economia começou por ser aplicada logo para referir a integração de diferentes áreas económicas (sobre esta evolução ver Machlup, ed., 1979, na sequência de estudos anteriores aqui referidos, dele e de outros autores).

(antecipando aliás problemas institucionais importantes sentidos depois pela União Europeia) o da criação do *Zollverein* em 1833, com a abertura das fronteiras entre dezoito Estados alemães e o estabelecimento de uma pauta comum em relação ao exterior (cfr. P.P. Cunha, 1993, pp. 91 ss.).

Não obstante esta experiência positiva do século passado (o *Zollverein* manteve-se entre 1833 e 1871) pouco se avançou na primeira metade do século XX, não podendo por isso antever-se então a dinâmica de integração agora em curso na Europa, que tem contribuído por seu turno para o aparecimento de processos semelhantes em outros continentes. Bem pelo contrário, o período que decorreu até à 2.ª Guerra Mundial foi marcado em grande medida por atitudes proteccionistas entre as nações, contribuindo para provocar os exacerbamentos que estiveram na base dos conflitos bélicos que deflagraram [2].

Compreensivelmente foi aliás a experiência dolorosa destas duas guerras, a par do reconhecimento da incapacidade das políticas proteccionistas para dar resposta aos problemas económicos que se levantavam, a inspirar a iniciativa do processo de integração que estamos a viver presentemente.

Já aqui, com ensinamentos para este processo, vale por seu turno a pena ver a experiência comparada dos movimentos de integração que ocorreram na Europa, bem como, na própria União Europeia (v.g. na Comunidade Económica Europeia), a evolução verificada ao longo das suas quase quatro décadas de existência.

Em tal observação não valerá a pena determo-nos no movimento de integração dos países então socialistas que fizeram parte do Conselho de Auxílio Económico Mútuo (COMECOM) [3]: tendo-se alterado o sistema desses países e não se perspectivando um novo movimento de integração da mesma índole.

---

[2] Haberler qualifica o período de 1914 a 1945 como de "desintegration" (1964, pp. 6-10).

[3] Tal como fizeram vários autores em textos escritos até ao final da década passada e mesmo em anos mais recentes: ver por exemplo A.N. Silva e Rego (1984), Robson (no cap. 12 da ed. de 1987, já não na ed. mais recente) ou El-Agraa (1996, pp. 178-9 e 1999, cap. 18).

Justifica já reflexão – mesmo uma reflexão atenta – a experiência dos países da EFTA, formada pouco depois da CEE por países que não puderam ou não quiseram ter então a maior integração desta última.

É certo que a passagem subsequente (em momentos diferentes) da maior parte dos países da EFTA para a CEE (verificando-se em dois dos demais, a Noruega e a Suiça, uma vontade neste sentido de políticos no poder que não é todavia sufragada em referendo pela população) apontam no sentido do reconhecimento dos maiores benefícios conseguidos com a União Europeia.

Pode acontecer todavia que tal vontade de mudança não resulte do reconhecimento das maiores vantagens deste tipo de organização, mas sim da circunstância de estarem na União os países mais poderosos e centrais da Europa, dos quais seria inconveniente ficarem afastados; havendo aliás mesmo aqui quem continue a mostrar preferência por formas menos aprofundadas de integração [4]. Neste quadro assumiu por sua vez uma configuração inovadora o Espaço Económico Europeu, composto pela União Europeia e alguns países da EFTA, com algumas das características essenciais de uma área (zona) de comércio livre (na medida em que a uma união aduaneira se juntam países cada um com a sua política comercial própria) [5].

Justifica-se pois que ao proceder à análise das uniões aduaneiras se estabeleça a comparação com as zonas de comércio livre.

---

[4] Fora da União Europeia tem a configuração de uma área de comércio livre a Associação de Comércio Livre da América do Norte (NAFTA), com um grande significado no quadro mundial (e por seu turno as características de uma união aduaneira o Mercado Comum do Cone Sul: o MERCOSUL) (ver *infra* IV.8.4.2 e IV.8.4.3).

Sobre o 'efeito de dominó', querendo os países integrar-se à medida em que vão fazendo parte das áreas de integração os países que lhes estão mais próximos (com peças com os mesmos números...), ver Richard Baldwin (1993a e 1995) e *infra* IV. 8.4.

[5] Com a integração na UE da Áustria, da Finlândia e da Suécia e com o resultado negativo do referendo na Suíça o EEE engloba apenas, além da UE, a Noruega, a Islândia e o Lichtenstein. Trata-se pois de um espaço agora com pouca expressão mas que, além do interesse teórico que suscita, com a junção de duas formas de integração, poderá eventualmente (em circunstâncias diferentes das actuais) vir a interessar outros países da Europa que não queiram ou que não estejam em condições de integrar a UE.

Por seu turno a própria evolução verificada desde o início na Comunidade Europeia proporciona ensinamentos importantes que vale a pena considerar: tendo havido uma primeira fase em que se avançou rapidamente no afastamento das barreiras alfandegárias e pouco se avançou nos demais domínios (constituindo excepção a PAC, com os seus benefícios mas também com os seus enormes custos); uma segunda, de 1973 a 1985, em que se assistiu mesmo ao ressurgimento de atitudes proteccionistas, não só em relação ao exterior como entre os países membros; e por fim uma última fase, iniciada na segunda metade da década de 80, em que tem vindo a avançar-se para o afastamento da generalidade dos obstáculos (não só alfandegários) à concorrência entre os países e se caminha no sentido da adopção de mais políticas comuns, incluindo a adopção de uma política monetária comum (com uma moeda única), na sequência do êxito da aproximação cambial proporcionada pelo SME.

Pode dizer-se que as duas primeiras fases, com os seus sucessos e os seus insucessos, constituiram antecedentes importantes em relação à fase actual, fornecendo indicações de grande interesse quando, nos termos do Tratado de Maastricht, se caminha agora para a união económica e monetária (embora com reticências e dúvidas da parte de alguns).

1.2. Formas. O caso da União Europeia

Nos movimentos de integração podem distinguir-se várias formas, consoante o maior ou menor aprofundamento verificado a diferentes propósitos: designadamente, zonas de comércio livre, uniões aduaneiras, mercados únicos (ou internos), mercados comuns e ainda formas mais avançadas de integração.

Antes disso podem apontar-se casos de concessão de preferências, como as concedidas por antigas potências colonizadoras a territórios que lhes ficaram ligados (v.g. o caso das 'preferências imperiais' britânicas) e o actual Sistema de Preferências Generalizadas (SPG), bem como casos de integração de apenas um ou outro sector, de que constitui um exemplo muito importante a Comunidade Europeia do Carvão e do Aço (CECA), por si própria e por ter aberto caminho ao movimento mais alargado de integração iniciado com a CEE.

Numa área (zona) de comércio livre há entre os países membros liberdade de movimentos da generalidade dos produtos (podendo tratar-se da generalidade dos produtos industriais, tal como acontece na EFTA), mantendo todavia cada um deles a possibilidade de seguir uma política comercial própria em relação ao exterior. Como zonas de comércio livre podem ser referidas a EFTA, de que Portugal foi membro fundador, a LAFTA (Area de Comércio Livre da América Latina) e agora a NAFTA.

Numa união aduaneira além da liberdade de circulação das mercadorias há uma política comercial comum, traduzida designadamente na aplicação de uma pauta única face ao exterior e na negociação conjunta de qualquer acordo com países terceiros[6]. É como se sabe o caso da Comunidade Europeia, a que acresce agora o do MERCOSUL.

Entre as formas de integração poderá distinguir-se igualmente um mercado único (ou interno) caracterizado pelo afastamento não só das barreiras alfandegárias ao comércio como também pelo afastamento das 'barreiras não visíveis' (*invisible* ou *non-tariff barriers*, NTB, de novo na designação em inglês)[7] que

---

[6] Costuma verificar-se também uma afectação comunitária das receitas alfandegárias: evitando-se que não sendo assim fossem especialmente favorecidos os países por onde entram mais bens na união, independentemente de se destinarem a consumidores de outros países, e podendo proceder-se a uma utilização das verbas de acordo com critérios definidos em comum. Entre os seis países iniciais da Comunidade estariam naquelas circunstâncias – de especial benefício – a Holanda e a Bélgica, na medida em que entram pelos portos de Roterdão e Antuérpia muitas das mercadorias destinadas à Alemanha (trata-se de consequência reflectida na capitação dos recursos próprios cobrados nesses dois países, como percentagem do respectivo PIB *per capita*: ver Coget, 1994, p. 83, Porto, 1996b, p. 44 e *infra* IV.4.4.3, pp. 406-8). Como alternativa a estes desequilíbrios inaceitáveis poderia proceder-se à distribuição das verbas pelos Estados membros com a aplicação de uma fórmula pré-estabelecida, ficando cada um com a possibilidade de as utilizar de acordo com os seus critérios próprios, tal como acontecia no *Zollverein*. Tratava-se, assim, de uma solução 'menos comunitária' (afastada naturalmente quando da unificação alemã em 1871, com a formação do Segundo Império).

[7] Veja-se o que referiremos *infra* em IV. 5.2.

impedem a concorrência plena entre as economias: na linha do que se pretendeu conseguir no 'mercado único de 1993' [8], com o afastamento de barreiras técnicas e fiscais (além das barreiras físicas que se mantinham no atravessamento das fronteiras) entre os países membros [9].

Tratando-se de um mercado comum há a liberdade de circulação dos factores, designadamente do trabalho e do capital. A Comunidade Europeia visa ser não só uma união aduaneira e um mercado único como um mercado comum [10].

---

[8] Embora habitualmente se fale no 'mercado único de 1992' será mais correcto referi-lo a 1993, pois só no dia 31 de Dezembro de 1992, nos termos do Acto Único Europeu, deveria estar aprovada a generalidade das medidas visadas pelo Livro Branco e algumas (quando tal era requerido) só depois seriam incorporadas, apenas a partir de então se produzindo o conjunto dos seus efeitos.

Julgamos por outro lado que a designação de mercado 'único' (em tradução à letra da designação inglesa *single market*) é preferível à de mercado 'interno' na medida em que dá melhor a ideia, correcta e desejável, de que não se visa um mercado fechado em relação ao exterior.

[9] Parece-nos que se justifica de facto a distinção desta forma de integração, com um significado muito especial agora na Comunidade. Não era geralmente feita, v.g. na distinção seguida já por Balassa em 1961 (1961a e 1961b), podendo julgar-se talvez que se estaria apenas perante um alargamento em relação ao afastamento das barreiras alfandegárias (e podendo entender-se que se tratava de objectivo já constante do Tratado de Roma na sua redação inicial: ver por exemplo Pescatore, 1986, bem como Porto, 1988). Veremos todavia que é em alguma medida diferente o significado económico do afastamento dos obstáculos 'não visíveis' às trocas e à concorrência.

Dando uma grande autonomia à criação de um mercado único (por eles chamado 'interno') ver o livro de Nielsen, Heinrich e Hansen (1991; cfr. também Hitiris, 1994), que lhe dedicam um capítulo a par dos capítulos sobre as uniões aduaneiras e sobre os mercados comuns. Não pode deixar de notar-se, todavia, que muito do que aqui é exposto se aplica já – embora os efeitos possam ser menos sensíveis, por ser menor o nível de integração – às uniões aduaneiras: assim acontece com os efeitos de economias de escala e com os efeitos dinâmicos.

O que nos parece seguramente incorrecto é confundir o afastamento desses obstáculos com a livre circulação dos factores, considerando tal afastamento como elemento também definidor de um mercado comum, tal como fazem Nevin (1991, pp. 56-7) e McDonald (1999, p. 42). Pode conceber-se de facto um mercado único sem livre circulação dos factores (não é o caso do 'mercado comunitário de 1993': visando igualmente este segundo objectivo) e vice-versa, tratando-se de situações distintas que, como veremos, requerem um tratamento analítico próprio.

[10] Faltando todavia alguns passos, mesmo agora, para que se verifique v.g. a

Por fim, numa fase de maior integração podemos ter a harmonização (maior ou menor) das políticas seguidas ou mesmo a prossecução de políticas comuns, envolvendo já alguma transferência de poderes para um âmbito supra-nacional: numa linha que, como se sabe, em boa medida está a ser seguida ainda pela União Europeia.

1.3. *As medidas negativas e as medidas positivas de integração*

Numa distinção que remonta a Tinbergen (cfr. 1965) [11] pode distinguir-se uma integração pela negativa de uma integração pela positiva.

Com uma integração pela negativa há apenas um afastamento das barreiras ao comércio livre e a outros movimentos (v.g. dos factores), esperando-se que com a abertura das economias se beneficie das virtualidades proporcionadas pela dinâmica do mercado.

---

liberdade total de circulação dos trabalhadores, assumindo-se plenamente como mercado comum.

Com o Espaço Económico Europeu (EEE) verificar-se-á a situação de haver aceitação da harmonização de legislação do *acquis communautaire* (acervo comunitário), característica de um mercado único, bem como a liberdade de circulação dos factores, característica de um mercado comum, sem que haja uma política comercial comum, característica de uma união aduaneira (cfr. entre nós Ferreira, 1994).

[11] Trata-se da 2.ª edição de *International Economic Integration*, de 1954, que por seu turno veio na sequência de *International Economic Cooperation*, de 1945. A palavra 'integração' não foi ainda usada, pois, no título desta edição dos anos 40. Marcando a distinção entre integração pela negativa e integração pela positiva (ou em alguma medida liberal *versus* dirigista) ver por exemplo Pinder (1968) e Pelkmans (1980, 1984 e 1997) (podendo distinguir-se também uma *shallow* de uma *deep integration*, numa distinção de Lawrence (1990; ver também Cable, 1994, Snape, 1996 e Calvete, 1997).

Sobre as perspectivas 'funcionalistas' (e 'neofuncionalistas') nos processos de integração, v.g. a partir da intergovernamentalidade, ver por ex. entre nós Fernandes (1991), Sande (2000, pp. 26-8) ou, com mais desenvolvimentos, Sandholtz (1996) e Rosamond (2000, caps. 2 e 3) (sobre a formação de blocos regionais pelo mercado ou pela política, *informais* ou *formais,* veja-se *infra* IV.8.2).

Com uma interessante aplicação da 'teoria económica da política (*public choice*: recorde-se de II.4.2.2.) à formação de blocos regionais, procurando analisar os factores de procura e oferta que a terão determinado em cada época histórica, ver Mattli (1999; ou ainda Faiña, 2000, numa análise do caso espanhol).

Passada todavia uma primeira fase – foi claramente esta a experiência da Comunidade Europeia – começa a sentir-se a necessidade de tomar medidas positivas de integração.

Não está de tal forma em causa, hoje em dia, o reconhecimento das virtualidades do mercado. Actualmente não se levantarão dúvidas a este propósito, sabendo-se contudo que se trata de virtualidades que só poderão ser devidamente aproveitadas com medidas correctas de intervenção.

Assim acontece, desde logo, para afastar imperfeições existentes, ou seja, obstáculos ao seu pleno aproveitamento.

Trata-se, além disso, de aproveitamento pleno que só será conseguido com a criação de economias externas indispensáveis, por exemplo com a construção de infraestruturas de transportes e comunicações, com a investigação científica e tecnológica e com a formação profissional.

Como exemplo particularmente expressivo de uma atitude positiva de integração, sobre cujos benefícios económicos poucas dúvidas se levantarão, podemos apontar ainda a política monetária que está a ser seguida na União Europeia: vindo a moeda única a constituir, com passos conducentes à união económica, um meio capaz de permitir um melhor aproveitamento das condições que o mercado proporciona.

1.4. *Justificação para a prioridade dada na leccionação à teoria das uniões aduaneiras*

Compreende-se que se dê prevalência à exposição da teoria das uniões aduaneiras, não só por ter surgido primeiro na ciência económica como por ser uma união aduaneira (além de ter já hoje outras componentes de bem maior integração, como acabámos de referir) a instituição – a Comunidade Europeia, no seio da União Europeia – em que Portugal está agora inserido.

Aliás, mesmo do ponto de vista pedagógico poderá haver vantagem em proceder deste modo: partindo-se da exposição da teoria das uniões aduaneiras para, quando haja elementos distintivos, estabelecer a comparação com as áreas (zonas) de comércio livre[12] ou com formas mais aprofundadas de integração, desde logo com os mercados únicos e com os mercados comuns.

2. A teoria estática das uniões aduaneiras

A teoria estática das uniões aduaneiras[13] beneficiou do contributo que foi dado pela teoria das divergências domésticas: ou seja, da aplicação da teoria do bem-estar às intervenções no comércio (recorde-se *supra* II.3 e II.4).

2.1. *Formulação básica*

Na elaboração da teoria é de sublinhar o contributo de Viner em 1950[14]. Contudo, este autor considerou apenas os efeitos sobre a produção, sendo por isso de grande importância a extensão que depois autores como Meade (1956), Gehrels (1956/7) e Lipsey (1957, 1960 e 1970) fizeram, considerando igualmente os efeitos sobre o consumo[15].

Nesta exposição como elemento adicional face ao que vimos atrás temos que considerar não só o que se passa em relação a um segundo país, no qual podemos simbolizar todos os demais que se

---

[12] Ou ainda com a simples atribuição de preferências alfandegárias.

[13] É esta a designação consagrada para a perspectiva que vamos ver em primeiro lugar; sendo todavia difícil saber, em relação a algumas das explicações que veremos de seguida, onde acaba a perspectiva estática e começa a perspectiva dinâmica.

[14] Também de Byé, no mesmo ano, mas podendo encontrar-se antecedentes já em trabalhos anteriores (ver por exemplo o De Beers, 1941, que por seu turno menciona um contributo anterior de Viner, de 1931).

A ideia que prevalecia anteriormente era, sem a discutir, a ideia de que tanto as uniões aduaneiras como as zonas de comércio livre constituíam passos favoráveis no sentido do livre-cambismo.

[15] Que Viner (1965) diz estarem implícitos na sua argumentação, não sendo todavia essa a ideia nem nossa nem da generalidade dos seus intérpretes (ver por exemplo Krauss, 1972, p. 414 e mais recentemente Ferreira, Paiva e Patacão, 1997, pp. 84-6).

Com uma exposição considerando apenas efeitos sobre a produção ver o anexo III.A, pp. 259-60 (ou por exemplo Gowland, 1983, pp. 56-8); e com uma análise aprofundada das várias teorias das uniões aduaneiras ver Calvete (2001).

integram na união aduaneira, como também o que se passa em relação a um terceiro país, representando todos os que ficam de fora. Mesmo tratando-se de um modelo muito simples, como o que vamos utilizar, não poderá deixar de considerar estes dois tipos de situações.

Com a finalidade pedagógica que nos move é aliás suficiente – e segundo julgamos mais esclarecedora – a utilização de um modelo de equilíbrio parcial: na linha da preferência pedagógica que ficou já reflectida nas exposições anteriores [16]. Trata-se assim de um modelo de três países e um bem (podendo admitir-se, em relação a um modelo de dois ou mais bens, que a alteração da procura e da oferta do bem em análise não altere as condições da procura e da oferta dos demais).

Antes de seguirmos uma exposição diagramática, evidenciando melhor os aspectos básicos da teoria, podemos ver um exemplo numérico muito simples (quadro III.1), em que I é o nosso país, II o país com que nos integramos na união aduaneira (por exemplo a França) e III o terceiro país (por exemplo os Estados Unidos).

QUADRO III.1

	I	II	III
Preço em cada país	50	40	30
Tributação geral de 50%	50	60	45
Integração de I com II numa união	50	40	45

Havendo uma tributação geral de 50% antes da formação da união aduaneira importamos do país III, chegando o bem aos consumidores por 45, menos do que o preço no mercado interno, de 50 [17].

---

[16] Trata-se de preferência que se verifica na generalidade das exposições da teoria das uniões aduaneiras (recorde-se o que dissemos já na n. 37 p. 139).

Seguir-se um modelo de equilíbrio geral não significa aliás a "rejection of the simple demand and supply curve tools of analysis, and in particular" a "rejection of the welfare measure associated with these" (El-Agraa e Jones, 1981, pp. 9-10; tendo já mostrado Arrow e Hahn, 1971, que "partial equilibrium can be regarded as a special case of general equilibrium analysis"). Constitui de facto uma forma de análise especialmente favorável para se evidenciarem e medirem os efeitos de transferência de rendimento e de bem-estar que se verificam com a formação das uniões aduaneiras (ver ainda por exemplo Molle, 1997, pp. 82 ss.).

[17] Já com uma tributação geral de 100% o preço do bem vindo de III ficaria por

Passando os países I e II a fazer parte de uma união aduaneira deixa de haver a aplicação de restrições aos movimentos entre si. Sendo assim, apesar de o custo de produção ser menor em III, o nosso país passa a importar de II, chegando o bem aos consumidores pelo preço de 40.

Temos relativamente à situação anterior um ganho (efeito de criação de comércio) resultante da circunstância de se dispôr do bem por 40 em vez de ser por 45; havendo todavia um prejuízo (efeito de desvio de comércio) por deixar de vir de onde era produzido em melhores condições, por 30 [18].

Trata-se de efeitos – um e outro – que podem ser vistos numa exposição diagramática (fig. III.1):

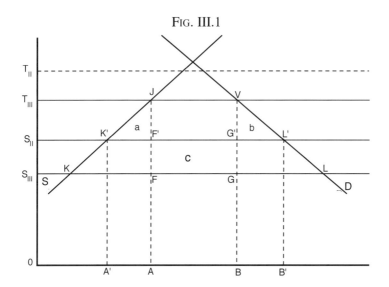

FIG. III.1

60, mais alto do que o nosso preço: pelo que ficaríamos em economia fechada, ou seja, a procura seria satisfeita integralmente com oferta interna (recorde-se de p. 139).

Como é óbvio o mesmo aconteceria se o nosso preço fosse o preço mais baixo a nível mundial, por exemplo um preço de 25.

[18] Conforme poderá ver-se melhor com a figura III. 2 (na n. 21 p. 222), a partir de uma situação de economia fechada (mais desfavorável em termos de bem--estar) o movimento de integração teria apenas um efeito (maior) de criação de comércio, não de desvio de comércio.

Tal como no exemplo numérico, continuamos a considerar que o país terceiro (III, os EUA) tenha um preço menos elevado (S_{III} O) do que o preço (S_{II} O) do país a que nos juntamos na união aduaneira (o país II, a França). Consideramos além disso para simplificar – mas com realismo no caso português – que o país em análise seja um 'país pequeno' face não só aos países terceiros como face aos países parceiros da união: ou seja, que tenha perante si curvas da oferta infinitamente elásticas de III e II[19].

Antes da constituição da união aplica-se a mesma tributação (por exemplo aqui de 80%) às importações vindas de todos os países, o que leva a que o preço no mercado interno seja o preço T_{III} O, resultante da aplicação desse imposto ao preço do bem onde é mais barato e de onde por isso é importado: o preço do país terceiro (os EUA, S_{III} O), sendo a procura interna, de OB, satisfeita em OA por oferta interna e em AB por oferta do país III. Como é óbvio, não tinha sentido importar então da França, onde o preço é de S_{II} O: ficando o preço interno (com imposto) em T_{II}O.

Trata-se todavia, como sabemos, de uma situação causadora de custos de bem-estar: um custo de distorção na produção, representado pelo triângulo KFJ, e um custo de distorção no consumo, representado pelo triângulo GLV (recorde-se de pp. 141-2).

Com a entrada do país II na união aduaneira deixam de ser-lhe aplicados impostos alfandegários (ou outras restrições), não deixando todavia de tributar-se (ou onerar-se de outro forma) o que vem de III. Passa por isso a importar-se do primeiro destes países, chegando o bem aos consumidores pelo preço S_{II} O, mais baixo do que T_{III} O: aumentando o consumo para OB', OA' satisfeito com oferta interna e A'B' com oferta do país II.

Há assim um ganho de bem-estar que não corresponde todavia ao somatório dos triângulos KFJ e GLV: ou seja, ao afastamento dos custos de bem-estar da intervenção alfandegária referidos há pouco.

De facto, descendo o preço para os consumidores de T_{III} O para S_{II} O os triângulos que representam os ganhos conseguidos são

---

[19] A hipótese de não ser infinitamente elástica a oferta de II é considerada no Anexo III.B; sendo por seu turno a hipótese de uma oferta não infinitamente elástica de III, especialmente relevante para a teoria das uniões aduaneiras, considerada em III. 5.1.

menores, os triângulos K'F'J e G'L'V (*a* e *b*, respectivamente): na medida em que o preço não chega a ser de S_{III} O, ficando em S_{II} O.

Por outro lado, há que ter em conta que a par do ganho referido há um prejuízo de bem-estar, representado pelo rectângulo FGG'F' (*c*).

Na verdade, conforme vimos, com a intervenção alfandegária sobre as importações de III a área FGVJ não representava uma perda social, na medida em que a perda da renda dos consumidores constituia receita fiscal do Estado, não podendo fazer-se um juízo de valor sobre se se tratava de uma situação mais ou menos favorável (podendo mesmo admitir-se, como hipótese, que o Estado utilizasse o dinheiro recebido para subsidiar os consumidores na exacta medida do que haviam pago com a tributação alfandegária) [20].

Com a formação da união aduaneira, passando os consumidores a comprar pelo preço do país que dela também faz parte (o preço S_{II}O), há uma decomposição da realidade que era representada pelo rectângulo FGVJ.

O sub-rectângulo F'G'VJ continua a representar (agora por razões inversas) uma situação indiferente de bem-estar, na medida em que uma diminuição da receita fiscal é substituida, nessa mesma medida, por uma melhoria (uma recuperação) da renda dos consumidores, que passam a comprar o bem mais barato.

É todavia já bem diferente a situação representada pelo sub-rectângulo FGG'F' (*c*). Vindo o bem de um país da união aduaneira não é obviamente cobrada receita nenhuma, mas em tal medida não há um benefício para os consumidores, obrigados a pagá-lo por S_{II} 0. Trata-se, pois, de sub-rectângulo que corresponde a uma situação que a ninguém aproveita: nem ao Estado, que deixa de ter qualquer receita cobrada nas alfândegas, nem aos consumidores, que suportam um preço mais alto do que S_{III} O.

---

[20] Podendo dizer-se algo de semelhante se se trata de uma quota, com a qual há um ganho (uma transferência) para os importadores (comerciantes), ou talvez também aqui para o Estado, se os importadores tiverem comprado em hasta pública o direito de importarem ou forem tributados na medida do ganho conseguido (recorde-se de novo *supra*, agora p. 142).

Constata-se deste modo que com a formação de uma união aduaneira a par de um ganho, representado na fig. III.1 pelo somatório dos triângulos *a* e *b*, há uma perda, representada pelo rectângulo *c*: constituindo o primeiro – o ganho – o chamado efeito de *criação de comércio* e a segunda – a perda – o chamado efeito de *desvio de comércio* [21].

Na análise de uma união aduaneira, procurando ver se com ela há uma melhoria ou não, há que contrapor, pois, o efeito de desvio de comércio (havendo-o) ao efeito de criação de comércio: só se verificando um ganho líquido se este segundo for maior do que o primeiro.

Na linha da exposição seguida compreende-se já que a probabilidade de haver vantagem líquida com uma união aduaneira deverá

---

[21] No caso de se estar inicialmente em economia fechada (v.g. sendo a tributação impeditiva de qualquer importação) verifica-se apenas o efeito de criação de comércio, conforme pode ver-se na figura seguinte (fig. III.2):

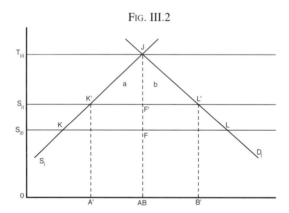

FIG. III.2

Dado que com o imposto T_{III} O nada era importado, não era cobrada nenhuma receita. O ganho com a formação de uma união aduaneira com o país II é assim o resultado – na íntegra – do afastamento dos custos de distorção na produção e no consumo representados pelos triângulos (maiores) K'F'J e F'L'J (*a* e *b*, respectivamente).

Não resulta todavia daqui, como é óbvio, que se trata de uma situação de primeiro óptimo. Há uma vantagem mais sensível em relação à situação de partida, mais desfavorável, mas não pode esquecer-se – como se sublinhará em III. 4.1 – que seria mais vantajosa a situação de comércio livre, com a qual, no leque das hipóteses possíveis, a comparação não poder deixar de ser também feita.

ser tanto maior: *a)* quanto maior for o nível dos direitos aplicados anteriormente entre os países membros; *b)* quanto menor for o nível dos impostos aplicados em relação a terceiros; *c)* quanto maior ou, mais concretamente, quanto mais relevante for a parcela do comércio internacional que se dá entre os países que a constituam; *d)* quanto maior for o comércio (e outras relações económicas) entre estes antes da integração; *e)* quanto mais concorrenciais (não complementares) forem as economias (v.g. entre países igualmente industrializados) e *f)* quanto maior for a proximidade geográfica (sendo mais baixos os custos de transporte) [22] (numa lógica que será melhor compreendida com o que diremos em III. 4).

2.2. *Extensões da teoria*

2.2.1. À formação de um mercado único

Com um mercado único verifica-se também o afastamento de obstáculos não alfandegários (barreiras 'não visíveis') às trocas e à concorrência: obstáculos que foram aliás assumindo maior relevo nas décadas mais recentes, quando, como consequência de compromissos tomados (dentro da Comunidade pelos países que dela fazem parte ou, com um âmbito muito mais geral, por exemplo no seio do GATT), foi afastada ou atenuada a aplicação de impostos e restrições quantitativas à circulação dos bens, não deixando todavia de se manter e exprimir forças proteccionistas nos vários países (em especial desde a primeira crise do petróleo, em 1973, com o 'novo proteccionismo': recorde-se *supra* pp. 38 e 120).

---

[22] Ver por exemplo Swann (2000, p. 123) ou Salvatore (1998, p. 305), alargando o leque das circunstâncias em que são de prever ganhos maiores ao caso de haver proximidade geográfica entre os países (cfr. tb. B. Hamilton e Whalley 1985). Além disso, os efeitos dependem naturalmente das elasticidades-preço das importações e das exportações (sobre a medição ver *infra* III.6).

Mostrando que os ganhos ou as perdas de bem-estar não coincidem com as alterações dos movimentos comerciais ver Pelkmans e Gremmen (1983) ou Nielsen, Heinrich e Hansen (1991, pp. 33-4).

Trata-se de objectivo cuja prossecução o Acto Único visou atingir na Comunidade Europeia, com a fixação de uma data (início de 1993) e a flexibilização do processo legislativo de afastamento dos obstáculos que foram inventariados no Livro Branco de 1985 [23].

Que significado terá o seu afastamento?

Recorrendo a uma figura na linha da figura III.1 [24] temos (fig. III.3):

FIG. III.3

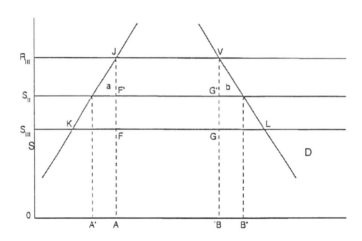

Neste caso o preço do bem está agravado na medida dos obstáculos ao comércio e à concorrência que estamos a analisar. Sendo comuns ao(s) país(es) parceiro(s) (II) e ao(s) país(es) terceiro(s) (III), é preferível importar deste(s) último(s) por um preço mais baixo, S_{III} O, chegando aos consumidores por R_{III} O.

Com o afastamento das barreiras em relação a II (como consequência do afastamento de obstáculos proporcionado por um

---

[23] Tratando-se sem dúvida em grande medida da reafirmação de propósitos já da redacção original do Tratado de Roma (recorde-se da n. 9 p. 214 e veja-se *infra* IV. 5).

[24] Para simplificar continuamos a considerar aqui e nas figuras do mesmo tipo que se seguirão ofertas infinitamente elásticas do(s) país(es) parceiro(s) (II) no espaço de integração (como se disse há pouco, podendo a hipótese de uma oferta de II não infinitamente elástica ser vista no anexo III.B).

mercado único) já se torna mais favorável importar deste país, passando os consumidores a dispôr do bem pelo preço S_{II} O [25].

Foi a este tipo de cálculo que se procedeu no relatório Chechini e em outras análises (ver *infra* IV. 5); sendo aliás os resultados mais sensíveis quando se entra em conta não só com os efeitos estáticos como com os efeitos dinâmicos.

Será de notar que aqui, diferentemente do que se passava na fig. III. 1, o rectângulo F'G'VJ representa uma perda líquida de bem-estar (uma ineficiência) por não se dispôr dos produtos nas melhores condições. Não há de facto neste caso uma transferência de recursos financeiros para o Estado, tal como quando as importações estão sujeitas a tributação (algo de semelhante podendo verificar-se, como vimos, quando se aplica uma quota) [26].

Sendo assim, a integração com o país II num mercado único leva a que F'G'VJ seja um ganho líquido a acrescer aos triângulos *a* e *b*. Por outro lado, não há efeito de desvio do comércio, porque antes não se importava de II em melhores condições (agravadas só internamente com a tributação, constituindo uma transferência para o Estado).

Conforme veremos melhor adiante seria obviamente maior o ganho se a integração fosse com o país III, podendo dispôr-se então do bem pelo preço S_{III} O.

---

[25] Foi em grande medida no reconhecimento desta consequência, beneficiando naturalmente não só quem passa a importar como quem passa a exportar em melhores condições, que a previsão da formação do 'mercado de 1993' levou os países da EFTA a empenhar-se na formação do EEE (recorde-se a n. 10 p. 214): talvez simultaneamente com o receio – fundado ou não – de que a Comunidade se transformasse numa 'Europa Fortaleza'. Na sequência do afastamento das barreiras alfandegárias ocorrido nos anos 60 (e antecedendo a 'transferência' do Reino Unido e da Dinamarca da EFTA para a Comunidade) foram celebrados (em 1972) os acordos comerciais CEE-EFTA, capazes de salvaguardar então os seus interesses. Mas os passos no sentido do mercado único dados na sequência do Acto Único Europeu levaram a que esses países ficassem de novo numa posição desvantajosa, julgando preferível a aceitação do *acquis communautaire* (apesar de não terem participado e continuarem a não participar na sua formação), como forma de não serem vítimas da aplicação de normas diferentes (v.g. físicas, técnicas e fiscais) que prejudicariam o acesso dos seus bens aos países da Comunidade (e os interesses dos seus consumidores) (cfr. G. E. Ferreira, 1997).

[26] Ver Nielsen, Heinrich e Hansen (1991, pp. 50-1), que não tiram todavia depois as consequências desta diferença na exposição relativa à formação de um mercado único.

2.2.2. A formação de um mercado comum

Formando-se um mercado comum, podemos ver agora que também a livre circulação dos factores deve levar a um aumento de bem-estar [27].

Podemos mostrá-lo com um exemplo relativo ao factor trabalho, numa demonstração aplicável igualmente ao factor capital [28] (fig. III.4).

FIG. III.4

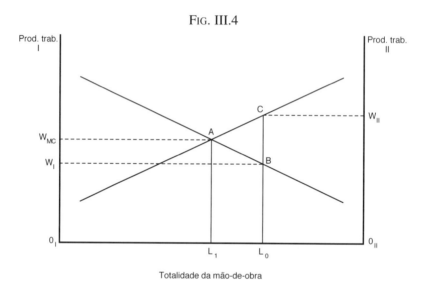

Estando representada no eixo horizontal a totalidade da mão-de-obra existente no mercado comum, temos uma situação inicial, sem a livre circulação dos factores entre os países, em que essa mão-de-obra se reparte por O_I Lo no país I e Lo O_{II} no país II.

---

[27] Conforme refere Wooton (1988, p. 525), "there seems to have been no corresponding growth in the analytic discussion of the next stage in economic integration, the common market" (como excepções importantes podem indicar-se Kemp 1969, Brecher e Bhagwati, 1981 e Robson, 1998-0).

[28] Partindo-se então de uma situação de taxas de juro diferentes, neste caso provavelmente mais altas em I do que em II. Podem considerar-se, além disso, os efeitos conjugados da movimentação dos dois (ou mais) factores.

No eixo vertical da esquerda medimos a produtividade do trabalho do país I e no eixo vertical da direita a produtividade do trabalho no país II. Face à disponibilidade de mão-de-obra num e noutro país produz-se em I com o salário $W_I O_I$ e em II com o salário $W_{II} O_{II}$, ou seja, com um salário muito mais baixo no primeiro do que no segundo.

Abrindo-se o mercado à circulação dos factores é natural que a mão-de-obra de I seja atraída pela remuneração mais elevada de II[29]. Há por isso uma deslocação (uma migração) em tal sentido até que se verifique a estabilização com a igualdade dos salários, em W_{MC}, ficando o país I com a mão-de-obra $O_I L_I$ e o país II com a mão-de-obra $L_I O_{II}$.

Sendo até então o valor da produtividade do trabalho maior em II, vai-se obtendo um ganho que resulta de a mão-de-obra aí utilizada proporcionar produções com um valor que excede o valor da sua remuneração: sendo o ganho acumulado na produção das várias unidades representado pelo triângulo ABC. Trata-se de evolução com benefício para ambos os países: ganhando o país II mas ganhando também (ou podendo ganhar também) o país I com a melhor afectação dos recursos que é assim conseguida.

Haverá por certo é a necessidade de compensar os custos sociais dos movimentos dos factores (caso dos trabalhadores), não só com a sua deslocação e a sua fixação no país de imigração como com a desertificação ocasionada em algumas áreas de emigração[30].

---

[29] Como vimos atrás (em I.3.1.2), a diferença nas remunerações deveria levar aliás já, na linha do teorema de Heckscher-Ohlin, a um movimento comercial com a especialização do país I na produção de bens trabalho-intensivos (devendo o país II especializar-se por seu turno na produção de bens utilizando em maior medida o factor – v.g. o capital – nele mais abundante). Sobre os termos em que os dois tipos de movimentos podem substituir-se ver o 'clássico' Mundell (1957).

Com o exemplo do texto ver também Corden (1974, pp. 129 ss.).

[30] Ver a n. 2 p. 265, no Anexo III.B, e IV. 2.4.2 (bem como Mayes, 1983, e Nielsen, Heinrich e Hansen, 1991, pp. 75-6).

Segundo Wooton (1988, p. 536), "as long as a common external tariff is chosen correctly, a full common market would be better than a customs union alone".

3. Outras razões económicas apontadas para a formação de espaços de integração

3.1. *O aproveitamento de vantagens de especialização*

Com o afastamento de barreiras ao comércio entre os países-membros há naturalmente um aumento do comércio, explicável pelas teorias que analisámos na primeira parte destas lições: constituindo aliás tal aumento o elemento-base do acréscimo de bem-estar considerado no número anterior[31].

Tivemos ocasião de ver aí que de um modo geral essas teorias, além de explicarem por que há comércio, também o justificam, mostrando o ganho geral com ele conseguido (repartido entre os países consoante os termos do comércio).

Há pois um ganho com a especialização proporcionada pelo comércio internacional[32] de que beneficiam os países que passam a fazer parte de uma união aduaneira.

3.2. *O aproveitamento de economias de escala*

Uma outra explicação para a criação de uma união aduaneira é a de poder conseguir-se com ela a dimensão suficiente para se produzir com custos médios mais baixos[33].

---

[31] Mas distinguindo-se as duas situações (recorde-se da n. 22 p. 223).

[32] Tal como, conforme vimos, pode haver um ganho com a especialização no plano interno (ilustrámo-lo, a propósito da teoria da vantagem comparativa, na n. 38 p. 46).

[33] Nos termos e com as representações diagramáticas que vimos em I.3.1.3.2 (pp. 65-6).

Com a elaboração deste argumento ver Corden (1972). Já Viner o tinha considerado (1950, pp. 46-7), julgando todavia que as economias de escala seriam "small enough to be ignored".

Muitos autores distinguem as economias de escala estáticas das economias de escala dinâmicas, dando designadamente relevo, no segundo caso, aos efeitos de aprendizagem (*learning effects*) que a grande escala pode proporcionar.

É todavia duvidoso que seja particularmente a escala a proporcionar a dinamização da produção (através de uma aprendizagem ou por qualquer outro modo), a qual tanto pode ser proporcionada pela grande escala como, pelo contrário, pela concorrên-

Trata-se de dar relevo assim, no quadro de uma união aduaneira, a uma das explicações para o comércio internacional: em lugar de cada país produzir todos os tipos de bens (dois bens, nos exemplos que demos atrás) com custos mais elevados, independentemente de qualquer factor de vantagem comparativa haverá um ganho geral se cada um se especializar na produção apenas de alguns (ou de um deles, no exemplo), podendo vender no mercado mais alargado que abrange o próprio país e os seus parceiros comerciais.

É uma situação que pode ser vista na figura seguinte (fig. III. 5), considerando todavia neste exemplo a existência de condições diferentes em cada um dos dois países, tendo um deles condições mais favoráveis para a produção de um determinado bem (mas menos favoráveis do que um país terceiro)[34].

Começando por admitir (para simplificar) que inicialmente se está em economia fechada (não havendo comércio nem entre os países que formam a união nem entre eles e países terceiros)[35], bem como que não há lucros de monopólio, no país I (em 5.a) é produzida a quantidade O_IA e no país II (em 5.b) a quantidade $O_{II}E$.

Com a participação dos dois países na união aduaneira há a possibilidade de ambos beneficiarem com a concentração de toda a produção num deles. Tendo custos de produção (custos médios) diferentes, é natural que a produção se concentre no país com custos médios mais baixos, no exemplo o país II.

---

cia verificada entre unidades de menor dimensão (vê-lo-emos no número seguinte). Em alguma medida pode comungar-se por isso da dúvida de Pomfret, para quem "why (...) scale economies are dynamic remains a mystery" (1991a, p. 51; ver também Porto, 1979, p. 17 e 1982, pp. 379-80, a propósito do argumento das indústrias nascentes).

[34] Condições de produção iguais eram considerados nos exemplos que demos em I. 3.1.3.2.

Além das economias de escala que são conseguidas internamente nas empresas (levando necessariamente a situações de imperfeição do mercado), aqui consideradas, são de considerar as que resultam do conjunto das condições do mercado: ou seja, há que distinguir entre as economias de escala internas e as economias de escala externas.

[35] Se assim não fosse teriam de ter-se em conta também os efeitos de desvio do comércio (recordem-se *supra* as notas 18 p. 219 e 21 p. 222 e veja-se *infra* a n. 1 p. 264).

FIG. III.5

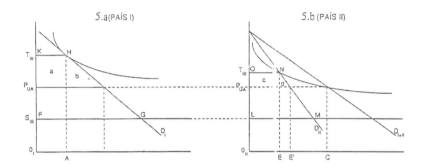

Também aqui com a abertura das economias não se fica pela situação correspondente ao custo médio por que se vendia antes (neste exemplo, no país com custo médio mais baixo, o país II), ou seja, pelo valor $T_{III}O_{II}$. Sendo maior a procura conjunta feita a II, de D_{I+II} (a procura dos dois países), a produção que a satisfaz, $O_{II}C$, é conseguida com um custo médio mais baixo do que na situação de isolamento anterior, podendo ser praticado o preço P_{UA}.

Há assim ganhos de bem-estar de $a + b$ em I e de $c + d$ em II: correspondendo a redução dos custos de distorção na produção aos rectângulos a e c e a reduções dos custos de distorção no consumo aos triângulos b e d. Em I o efeito favorável de produção resulta de se ir buscar a um país parceiro (II) onde a produção é mais eficiente, sendo b o ganho de consumo como consequência de os consumidores conseguirem o bem por um preço mais baixo. Em II o rectângulo c corresponde a produzir-se aí de um modo mais económico, correspondendo d ao aumento de bem-estar por poder consumir-se um bem mais barato.

Temos assim uma vantagem em relação à situação anterior que a participação numa união aduaneira pode proporcionar. A título de exemplo, não sendo o mercado português suficiente para justificar a indústria automóvel, mas tendo nós custos médios menores, já a justificará o mercado da União Europeia, muito mais vasto.

3.3. Efeitos dinâmicos

Passando agora para um outro plano, pode acontecer que com a criação de uma união aduaneira se verifiquem efeitos dinâmicos[36], levando a que se produza com custos médios mais baixos.

Trata-se de situação que pode ser vista na figura que se segue (fig. III.6):

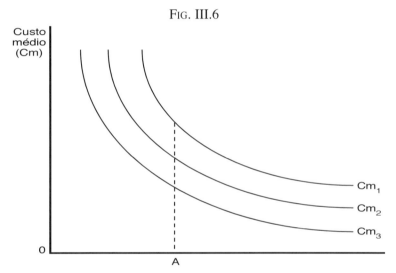

FIG. III.6

Tendo-se inicialmente o custo médio C_{m1}, nos períodos 2 e 3 poderá ser conseguida a produção das mesmas quantidades (por exemplo OA) com custos médios mais baixos (C_{m2} e C_{m3}, respectivamente)[37].

---

[36] Ligados ou não a economias de escala (recorde-se a n. 33 p. 228).

[37] Nielsen, Heinrich e Hansen (1991, p. 43) apresentam uma figura como a do texto para ilustrar o caso de haver economias de escala dinâmicas. É todavia uma evolução das curvas de custo médio na sequência de aumentos de eficiência que tanto podem resultar de haver economias de escala como de haver uma maior concorrência entre empresas de pequena e média dimensão: também então se verificando uma diminuição dos custos médios.

Trata-se de evolução que pode ser igualmente representada com um diagrama de equilíbrio geral, como o da fig. I.A.3, p. 92.

Importará saber que razões poderá haver para que se verifiquem tais reduções de custos.

3.3.1. Em alguns casos poderá tratar-se [38] de diminuição de custos resultante de se produzir com a maior escala proporcionada por uma união aduaneira: conseguindo-se designadamente então efeitos de aprendizagem que levam a uma maior eficiência.

3.3.2. Numa linha diferente tem-se sublinhado que com uma união aduaneira deixam de verificar-se situações de monopólio (ou outras de mercado não perfeito) existentes em cada país, geradoras de ineficiências [39].

Trata-se de ineficiências que desaparecem no mercado mais aberto de uma união, beneficiando-se da concorrência resultante de as empresas terem de passar a competir então com as empresas dos demais países membros.

Temos assim um argumento com relevo para o nosso país, que tinha monopólios estaduais que não puderam manter-se com a integração (cfr. *infra* IV. 2.1.5). Haverá por isso razões para que seja especialmente significativo o estímulo proporcionado pela integração de Portugal na União Europeia.

Poderá acontecer todavia, por outro lado, que com a integração acabem por se criar condições para a existência de monopólios (ou outras formas imperfeitas de mercado), já não ao nível de cada país mas ao nível comunitário: com ineficiências talvez maiores do que as dos primeiros.

Trata-se de um perigo real ao qual, conforme veremos nas aulas mais adiante (em IV.2.1.1), a Comunidade tem estado atenta

---

[38] Embora tendo-se presente o que se disse nas notas 33 p. 228 e 37 p. 331.

[39] Poderá acontecer todavia, pelo contrário, que a grande escala assim conseguida permita uma maior eficácia, com a integração vertical ou horizontal das fases de produção ou ainda por se tratar de uma forma de mercado (v.g. de monopólio) indispensável para que haja inovação, só com ela (ou com maior probabilidade com ela) havendo a garantia de se beneficiar do investimento feito em tal domínio. Poderá então vir a revelar-se mais favorável a formação de um monopólio, com custos acentuadamente mais baixos (ver J. T. Ribeiro, 1959, pp. 342-8 e 1992 ou, com a hipótese mais provável de os preços permanecerem mais altos, McDonald, 1999, p. 49; bem como o que se dirá em IV.2.1 a propósito da política de concorrência na União Europeia).

desde o seu início, v.g. com base nos artigos 85 e 86 do Tratado de Roma: numa luta 'dia a dia' indispensável para que se consiga o aproveitamento máximo dos benefícios do mercado.

3.3.3. Numa terceira linha chama-se ainda a atenção directamente para as vantagens de estímulo da concorrência que a integração numa união aduaneira pode proporcionar, independentemente do afastamento de situações de monopólio, oligopólio ou outras de imperfeição do mercado (podendo nem sequer existir inicialmente, com um mercado de pequenas empresas)[40].

Trata-se de benefício posto muito em destaque quando da adesão do Reino Unido à Comunidade Europeia, em especial pela voz de Harold MacMillan ao falar de um efeito de 'estimulante chuveiro-frio' (*cold shower effect*)[41]. Face a alguma letargia então existente admitiu-se que com a concorrência verificada no seio da Comunidade a indústria britânica teria um 'abanão' benéfico, obrigando-a a ser mais eficiente[42]. Deste tipo de estímulo se falou também muito quando da entrada de Portugal e da Espanha.

3.4. Efeitos de criação de rendimento

Numa perspectiva dinâmica é de dar relevo aos efeitos que uma união aduaneira pode ter no aumento do rendimento, no período inicial e nos períodos seguintes, designadamente como consequência dos efeitos do multiplicador do comércio externo[43].

Trata-se de linha de análise que, com algumas facetas próprias, pode reportar-se a Brown (1961) e Kreinin (1964), parecendo ser

---

[40] Será o caso da 'eficiência X' de Leibenstein (1966; ver também J. Martin, 1978 e Corden, 1997, pp. 120-6).

[41] Vindo a ideia já de Scitovsky (1958). Pode contudo ser, pelo contrário, efeito de 'banho turco' se houver perda de dinamismo resultante de protecção face a terceiros países.

[42] Com uma análise especialmente virada para o aumento de eficiência na Comunidade Europeia ver Pelkmans (1984).

[43] Com a sua noção ver J. T. Ribeiro (1962-3, pp. 165-71) ou qualquer manual de comércio internacional.

sensíveis os efeitos verificados [44], designadamente em cálculos mais recentes relativos ao mercado único de 1993 [45].

4. As limitações das justificações apresentadas.

Foi fecundo o contributo das teorias referidas, mostrando a vantagem da formação de uniões aduaneiras relativamente a situações anteriores de não participação ou de menor participação dos países no comércio internacional.

Acontece, todavia, que em todos os casos a linha de argumentação seguida mostra que não se tem então a situação mais favorável possível, mais concretamente, que melhor do que a participação numa união aduaneira é a existência do comércio livre mundial.

4.1. *As uniões aduaneiras como soluções de segundo óptimo*

Trata-se de constatação feita a propósito da teoria estática das uniões aduaneiras, que está aliás ligada, na sua elaboração, à for-

---

[44] Sublinha Gowland (1983, p. 63) que "the macroeconomic effects of customs unions are much more important than the resource allocation (microeconomic) effects discussed above" (ver também por exemplo Nevin, 1991).

Thirlwall (1979 e 1983) e Mendes (1986, 1987 e 1993), este último em relação a Portugal, procederam à medição dos efeitos do multiplicador do comércio externo com a condicionante da balança dos pagamentos.

Com uma perspectiva diferente Krugman (1987b, pp. 371-2), sem negar a importância dos efeitos macro-económicos acabados de referir, julga todavia que "problems of co-ordination could negate the macroeconomic benefits of expenditures integration" ("emphasis on trade multipliers is now seen to miss the most important point. What matters is not so much how much a given German policy affects France as the way that interdependence affects the policies pursued by both German and France"). Trata-se de problema a que voltaremos mais tarde (em III. 5.2 e 3).

[45] A seu propósito diz Richard Baldwin (1989, p. 269) que "by focusing exclusively on the static effects of 1992, previous studies of 1992 have seriously underestimated its economic impact. My analysis suggests that simply take account of the medium-run growth effect would roughly double the Chechini estimates of 1992's impact on EC income" (voltaremos a este ponto em IV. 5.3).

mulação da *teoria do segundo óptimo* (ver Lipsey e Lancaster, 1956/7). Dado que com a união aduaneira há quem fique melhor, na medida dos efeitos de criação de comércio, mas quem fique pior, na medida dos efeitos de desvio de comércio, não se tem uma situação de óptimo de Pareto. Ainda que se fique melhor em relação à situação anterior, fica-se pior do que com comércio livre geral.

A exposição da teoria estática é de facto bem clara mostrando que só teremos uma situação de primeiro óptimo com o comércio livre mundial. Para tal devemos recorrer a uma figura (a fig. III.7) na linha da figura III. 1, mas neste caso admitindo que o preço mais baixo a nível mundial seja o preço de um dos países que integram a união aduaneira: o preço S_{II} O.

FIG. III.7

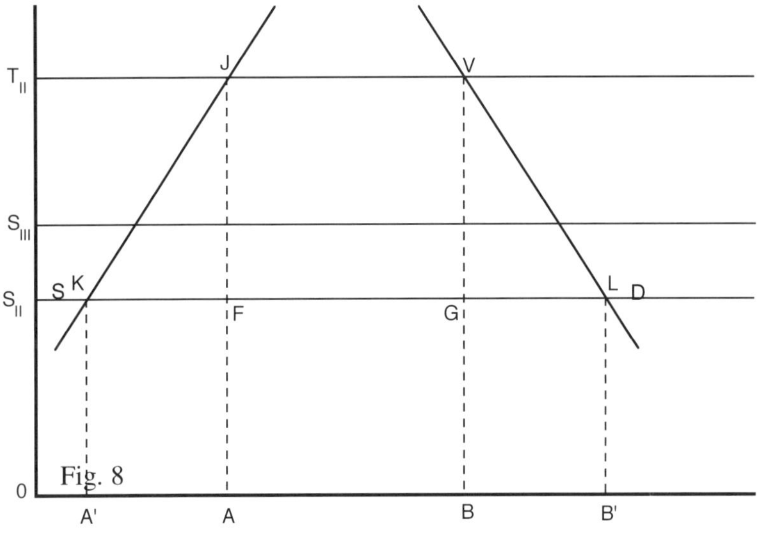

Sendo mais baixo, a nível mundial, o preço do país II, naturalmente que o bem em causa já era importado daí antes da formação da união aduaneira. Com a aplicação do imposto os consumidores podiam comprá-lo por T_{II} O, verificando-se os custos de bem-estar representados pelo triângulos KFJ e GLV.

Integrando-se o país na união aduaneira deixam de verificar-se estes custos, o que nos dá, como sabemos, a medida dos efeitos de criação de comércio.

Por outro lado, passando os consumidores a dispôr do bem pelo preço S_{II} O, que é o preço mais baixo a nível mundial, não há nenhum efeito de desvio de comércio: dado que em toda a medida da redução da receita do Estado, de FGVJ, há um aumento da renda dos consumidores, promovendo o seu bem-estar[46].

Ora, é óbvio que se estará nesta situação se houver comércio livre mundial, sendo seguro que se disporá então necessariamente – e só então – do bem pelo menor preço possível. É essa, pois, a solução de primeiro óptimo, sendo as soluções de formação de uniões aduaneiras apenas soluções menos favoráveis, de segundo óptimo, dado que pode sempre estar de fora algum país com um preço mais baixo[47].

Por outro lado, a mesma lógica mostra que melhores do que 'um' mercado único (como o de 1993) e do que um mercado comum são um 'mercado único mundial' e um 'mercado comum mundial', sem restrições entre os países, havendo entre todos eles concorrência perfeita e mobilidade plena dos factores.

No caso do 'mercado único mundial' beneficiar-se-ia de ter dentro dele o país com os custos mais baixos (o país III, na fig. III.3 p. 222) sem que se tivesse os obstáculos que entretanto impediam a sua concorrência plena no país I: somando-se aqui o ganho dos triângulos KFJ e GLV ao ganho do rectângulo FGVJ.

---

[46] Partindo-se de uma situação inicial (mais desfavorável) de economia fechada (recorde-se de novo a n. 21 p. 222) não haveria já esta transferência de rendimento do Estado para os consumidores. Mas o ganho de criação de comércio seria então maior, representado pelo somatório dos triângulos KFJ e FLJ da figura III.2.

[47] Chega-se naturalmente à mesma conclusão no caso, considerado no Anexo III.B, de não ser infinitamente elástica a oferta do país parceiro na união: pelas mesmas razões, sendo igualmente aqui melhor o comércio livre mundial. Na figura III.B.1 (p. 261) seria o país III a estar na união (com uma curva da oferta infinitamente elástica, como na figura, ou eventualmente com alguma inclinação crescente): sendo a criação de comércio representada pelo somatório dos triângulos EFJ e GLV em *a* e de DEH e EIH em *b*, não havendo por seu turno nenhum efeito de desvio de comércio.

Por seu turno num mercado comum mundial estarão disponíveis todos os factores de produção existentes [48], incluindo necessariamente os factores dos países onde o seu preço for mais baixo. Com a livre transferibilidade para países onde é maior a produtividade marginal alargam-se ao máximo, no interesse geral, os ganhos representados pelo triângulo da fig. III. 4 (p. 224).

4.2. *A possível vantagem das áreas (zonas) de comércio livre*

Na mesma linha de exposição podemos notar agora que com uma zona de comércio livre pode dispôr-se do preço proporcionado pelo país de nível de proteccionismo mais baixo [49].

Tendo cada país uma política comercial própria e havendo comércio livre entre eles haverá vantagem em importar o bem por onde for mais barato fazê-lo, sendo este o valor que se estabelecerá no conjunto da zona (numa lógica que será apenas atenuada com os custos de transporte, de grande relevo se os países estiverem afastados entre si, mas com pouco significado se estiverem próximos: dois tipos de situações, bem distintos, que encontramos no seio da EFTA) [50].

É para evitar as situações de 'deflexão' (*deflection*) do comércio que assim se criariam que as zonas de comércio livre têm de ter regras de origem rigorosas [51]: só havendo comércio livre dentro do espaço se os bens forem integralmente produzidos num dos países membros.

---

[48] Não só toda a mão-de-obra e todo o capital como algum outro factor, generalizando-se o modelo

[49] Comparando as uniões aduaneiras com as zonas de comércio livre ver, na sequência do artigo pioneiro de Shibata (1967), Price (1974) e Robson (1998(0), cap. 2).

[50] Numa união aduaneira não haverá a preocupação de fazer entrar o bem por onde a tributação alfandegária for mais baixa. Mas, naturalmente, dentro dela há também diferenças de preços determinadas pelos custos de transporte.

Sobre a probabilidade de os custos de bem-estar do *lobbying* serem maiores numa zona de comércio livre ver Panagariya e Findlay (1996).

[51] Tal como naturalmente estão também estabelecidas para o Espaço Económico Europeu (recorde-se da p. 211 e da n. 10 p. 214), como consequência de os países da EFTA manterem as suas políticas comerciais próprias em relação ao exterior.

4.2. Extensão da crítica às demais justificações

Por fim, será de sublinhar que o que dissemos em III. 4.1 é aplicável igualmente a todas as demais justificações apresentadas: evidenciando que mais favorável do que a formação de uma união aduaneira é indiscutivelmente a prática do comércio livre mundial.

Assim acontece com a justificação através das vantagens do comércio internacional e da especialização. Como é óbvio as oportunidades serão ainda mais alargadas (terão o alargamento máximo) com o comércio livre mundial, podendo haver uma maior produção com os mesmos custos ou a mesma produção com custos mais baixos. Uma união aduaneira fica necessariamente aquém do que então se consegue.

Também a justificação pelas economias de escala, que referimos a seguir, é fácil ver que não se limita a justificar uma união aduaneira, por maior que seja. Se o problema é um problema de escala, esta é ainda maior no mercado mundial, não se tendo então uma procura de 370 milhões de pessoas, mas sim uma procura de alguns milhares de milhões (tendo-se naturalmente em conta, infelizmente, a capacidade de compra muito fraca de grande parte desta população). Nos termos do que vimos na fig. III. 5 (p. 230) poderá beneficiar-se do preço $S_{III}O$, passando as figuras geométricas que representam o ganho de bem-estar a ser FGHK no país I e LMNQ no país II (distinguindo-se em cada um deles, nos termos vistos, os ganhos na produção dos ganhos no consumo)[52].

O mesmo tipo de constatação aplica-se ainda aos argumentos dinâmicos, sendo maior a escala ou, noutra perspectiva, sendo maior a concorrência com o comércio mundial. Na primeira linha dispõe-se da procura potencial do conjunto dos países. Na segunda temos já uma concorrência feita mesmo aos monopólios do espaço de integração (havendo todavia ainda então o risco de se formarem monopólios – ou oligopólios – a nível mundial, de que há aliás alguns exemplos)[53]. E, independentemente das estruturas do mer-

---

[52] Sem que, pelo contrário, se verifiquem os efeitos de desvio de comércio que se verificavam antes caso não se estivesse em economia fechada.

[53] Pode pôr-se todavia aqui a reserva que referimos na n. 39 p. 232.

cado, é então necessariamente maior a concorrência estimulante feita às empresas da área integrada: no caso da União Europeia vindo já não só do seu mercado como também dos Estados Unidos, do Japão ou de qualquer outro país, com o incentivo à eficiência, há pouco referido, promotor de um maior benefício geral (mas sempre com a dúvida de que uma grande concorrência leve a que ninguém arrisque na inovação).

Naturalmente que todas estas considerações se aplicam igualmente às zonas de comércio livre, a menos que se trate de uma zona de comércio livre sem regras de origem (ainda, onde os custos de transporte não sejam muito significativos) e onde um dos países tenha fronteiras totalmente abertas ao exterior. Não sendo assim o comércio livre é-lhes igualmente superior.

Por fim, também os efeitos macro-económicos de criação de rendimento (v.g. como consequência do efeito multiplicador do comércio externo) serão mais sensíveis a nível mundial do que a nível da união: mesmo que se concentrem especialmente nestes espaços, há um acréscimo geral do rendimento que se reflectirá em toda a parte, designadamente aí.

5. A promoção dos termos do comércio ou do domínio de empresas em mercados imperfeitos

5.1. *A promoção dos termos do comércio*

Novamente neste caso os autores procuraram justificar as uniões aduaneiras com base numa explicação do comércio internacional, aliás uma explicação com grande ancestralidade: o argumento dos termos do comércio [54].

Conforme vimos, tendo-se peso no comércio internacional é possível, v.g. com uma redução significativa da procura, alterar os

---

[54] Recordem-se *supra* os n.ºs I.2.2, II.3.7 e II.4.1.2.4. A ideia da sua aplicação na justificação de uniões aduaneiras foi avançada já por Viner (1950) e Meade (1955); sendo de referir depois, entre outros, os contributos de Mundell (1964) e Arndt (1968) (ver também, entre os livros de texto, Hitiris, 1998, pp. 19-22).

termos do comércio de um modo favorável[55]. Trata-se contudo de uma possibilidade de que não pode dispôr um 'país pequeno', ou seja, um país com um peso de tal forma reduzido que uma alteração da sua procura não leve a uma alteração dos preços mundiais. Não é preciso ir mais longe para o exemplificar, sendo este o caso de Portugal em relação à generalidade dos bens importados.

O que não está ao alcance de um país em tais condições poderá já estar todavia ao alcance de uma união aduaneira, com a política comercial comum, que constitui aliás, como vimos, um elemento definidor desta forma de integração. No caso da União Europeia, representando cerca de um quinto do comércio mundial, é evidente que uma diminuição da sua procura levará em princípio a uma descida dos preços mundiais (e vice-versa se se tratar de um aumento da procura)[56].

Num exemplo que continua a ter grande actualidade e importância podemos considerar o caso do petróleo. A maior parte dos países da União Europeia – é o caso de Portugal – não tem uma procura significativa a nível mundial, de forma que a sua diminuição, v.g. como consequência de uma restrição alfandegária, não levará à descida do preço. Mas já o conjunto comunitário tem peso na procura mundial deste produto, cujo preço diminuirá se houver aqui alguma retracção.

---

[55] A noção de termos do comércio foi dada na n. 29 p. 37.

[56] Com o apuramento de ganhos para a UE através da melhoria dos termos do comércio, nos termos referidos no texto, ver Petith (1977): com resultados muito positivos que não se verificam todavia nos cálculos de Mendes (1986 e 1987, p. 106).

Já numa área (zona) de comércio livre o mesmo efeito não pode ser conseguido, ficando uma alteração dos termos do comércio dependente da eventual força de cada um dos seus membros (ou da conjugação das políticas dos vários países membros, verificando-se então por isso uma situação de facto semelhante à de uma união aduaneira).

Acrescendo à influência que um grande espaço pode ter sobre os termos do comércio, é de sublinhar que sendo grande é maior a possibilidade de se encontrar dentro dele o país com os preços mais baixos a nível mundial (recorde-se do final de III 2.1, p. 223).

Considerando também a alteração dos termos de comércio entre os países de uma união ver por exemplo Nielsen, Heinrich e Hansen, 1991, pp. 51 ss.: neste caso, naturalmente, mostrando como deixa de poder verificar-se com a sua formação.

Em termos diagramáticos podemos recordar a figura II.5 (p. 143), sendo a oferta WW' a oferta dos países terceiros: uma oferta que não é infinitamente elástica.

Conforme vimos então um espaço com peso na procura – na hipótese que estamos a considerar agora, uma união aduaneira – poderá 'forçar', através da sua redução (v.g. como consequência de uma restrição alfandegária), uma redução do preço mundial: que na figura passa para PW'O.

Vimos todavia também já atrás que se trata de uma possibilidade que merece reparos, desde logo porque proporciona uma vantagem conseguida, nessa mesma medida, à custo do prejuízo do país ou dos países que ficam com os termos do comércio desfavorecidos (mostrando a teoria dos jogos estratégicos, conforme referiremos em III.5.3, que será mais vantajoso haver cooperação).

Não é pois um argumento numa perspectiva do bem-estar geral: o que não pode deixar de ser tido em conta numa organização como a União Europeia, dadas as suas responsabilidades e os seus interesses próprios a nível mundial.

A experiência mostra de facto, em relação a este segundo aspecto, que das intervenções nos termos do comércio, promovendo benefícios à custa dos interesses de outros, resultam guerras comerciais que por fim acabarão por prejudicar todos. São muitos os exemplos, mais recuados e mais recentes, que não deixam dúvidas a tal propósito[57].

De um modo especialmente chocante, poderá acontecer que de tais guerras acabem por resultar prejuízos maiores para países da união aduaneira que nada ou pouco beneficiam com a alteração dos termos do comércio. A título de exemplo, valerá a pena sublinhar que a intervenção proteccionista da PAC, com pouco

---

[57] Recorde-se o que dissemos *supra* p. 161. Independentemente de medidas de retaliação, as exportações podem ficar prejudicadas também pela diminuição de rendimento ocorrida nos outros países como consequência da política seguida.

Numa posição bem diferente, julgando dispiciendos os riscos de retaliação, ver por exemplo Strange (1985, p. 252); cfr. ainda Batra (1993).

interesse para Portugal (dado a 'filosofia' seguida)[58] pode prejudicar sectores industriais de grande relevo para nós, com a 'retaliação' de terceiros países (casos dos EUA e sos países do grupo de Cairns, quando retardaram a conclusão do Uruguai Round)[59].

Poderá todavia acontecer também – sendo então desejável a intervenção – que a conjugação de esforços numa união aduaneira ou entre vários blocos 'obrigue' outro ou outros blocos a seguir as regras do comércio internacional, conseguindo-se assim que fiquem todos beneficiados (consideraremos este ponto, igualmente relevante para os números seguintes, em IV. 7.6).

5.2. A política comercial estratégica

Na linha do que vimos em II.4.2.1, poderá haver justificação para intervir na medida em que, com mercados imperfeitos, seja seguida uma estratégia de obtenção de ganhos à custa dos demais.

Tal só pode acontecer, naturalmente, quando o espaço em causa tenha uma posição capaz de fazer ceder os outros: podendo estar aqui uma razão específica para a formação de uniões aduaneiras, conseguindo-se nelas a dimensão e a força que não seriam conseguidas por cada país individualmente.

Trata-se pois de um ganho apenas à custa dos demais países, salvo se, conforme foi sublinhado por Haberler (1991), forem absorvidas assim rendas de monopólios ou oligopólios de empresas estrangeiras sem que, por seu turno, venham as nossas próprias empresas a ficar depois com tais rendas: podendo haver então de facto um ganho geral.

---

[58] Como veremos adiante, em IV.3.1.6, vem para Portugal apenas uma percentagem muito pequena do dinheiro do FEOGA-Garantia (mesmo com a melhoria da reforma de 1992).

[59] Sendo sempre difícil conseguir as compensações adequadas entre os países (ver infra o final do Anexo IIII-B, p. 265).

Por fim, conforme veremos no número seguinte, há que ter em conta o risco de se entrar numa luta de represálias, com a qual podem ficar todos a perder[60].

5.3. O 'dilema do prisioneiro'

A ponderação dos riscos assim ocorridos (comuns à política comercial estratégica e à manipulação dos termos do comércio) contribuiu para que ganhasse divulgação neste domínio o 'dilema do prisioneiro'[61]. Para o efeito podemos reproduzir aliás um exemplo do próprio Krugman[62] considerando dois países, os Estados Unidos e o Japão (quadro III.2):

QUADRO III.2

USA \ Japão	Comércio livre	Protecção
Comércio livre	10 / 10	20 / (-10)
Protecção	(-10) / 20	(-5) / (-5)

---

[60] Havendo além disso as dificuldades de 'escolha de ganhadores' que referimos p. 193 e a que voltaremos em III.9.2.1, IV. 3.3.3 e IV.3.4.2.

[61] Com uma formulação que pode reportar-se a Von Neumann e Morgenstern (1944), ou, no campo da teoria política, a Axelmond (1981) (com a sua história ver Poundstone, 1992).

[62] Um dos grande entusiastas da nova perspectiva da política comercial estratégica, conforme temos vindo a assinalar. O exemplo é de uma edição anterior do seu livro de texto em colaboração com Obstfeld (3.ª ed., 1994, pp. 239-41; ver também Schuknecht, 1992, pp. 13-4, num livro sobre as estratégias comerciais na União Europeia, ou Guimarães, 1998, sobre as exigências institucionais).

Em cada um dos rectângulos da matriz no canto superior direito é representado o ganho ou o prejuízo do Japão e no canto inferior esquerdo o ganho ou a prejuízo dos EUA.

Assim, mostra-se que se o Japão se protege sem que os Estados Unidos reajam (rectângulo superior direito) o primeiro tem um ganho de 20, sendo de -10 o prejuízo dos EUA. Pelo contrário, invertem-se os papeis se forem os Estados Unidos a proteger-se e o Japão a manter-se livre-cambista (rectângulo inferior esquerdo).

Não é todavia de esperar, conforme os autores têm vindo a lembrar, que com a intervenção de um dos países o outro não reaja[63].

E, reagindo, é de prever que ambos acabem por ter prejuízos, de -5 cada no exemplo dado (rectângulo inferior direito). Já o comércio livre tacitamente aceite ou acordado dará no exemplo um ganho de 10 a cada um dos países (rectângulo superior esquerdo).

6. A medição dos efeitos de integração

6.1. *As dificuldades de medição*

A sobreposição e algumas indefinições dos contributos teóricos explicam já por si as dificuldades de medição. Mas elas verificar-se-iam de qualquer modo, num mundo em que são inúmeras as interdependências e de um modo especial quando um juízo acerca dos ganhos e das perdas de um processo (de integração) terá de ser feito estabelecendo-se a comparação com o que teria acontecido se não tivesse tido lugar (*anti-monde*).

Quando se dá um movimento de integração são muitos os factores que se conjugam, sendo difícil ou impossível tê-los todos em conta e distinguir apenas o que diz respeito à integração. E a

---

[63] Pode ver-se aqui uma crítica ao argumento das indústrias nascentes, sem prejuízo do seu valor (a ele voltaremos ainda), na medida em que tem sido formulado pressupondo a ausência de reacção dos demais países. Conforme lembra Stegemann (1996, p. 88) "as presented" "until the early 1980-5" "the theoretical argument for intervention did not depend on recognized policy rivalry or on anticipated reactions by foreign rival firms" (constituindo excepção a exposição de Richardson, 1980, pp. 291-4 ou ainda antes a de Grubel e Lloyd, 1975, pp. 150-3; veja-se depois já Krugman, 1984).

comparação não pode ser feita com a situação de início, uma vez que algo (talvez muito) se teria alterado de qualquer modo: eventualmente de um modo mais favorável do que com a integração (considerando outros aspectos ver Flôres, 1996a).

6.2. A escassez dos resultados apurados

São as dificuldades que se levantam que explicam o reduzido número das medições que têm vindo a ser feitas: deixando sempre uma sensação de insuficiência e incerteza, dependendo os resultados dos pressupostos de que se tenha partido.

Constata-se aliás curiosa e sintomaticamente que passados alguns anos são ainda em maior número as medições *ex-ante*, feitas antecipadamente em relação a um processo de integração, do que as medições *ex-post* (devendo todavia ter-se em conta que só decorrido um período razoável há uma base suficiente para uma medição desta segunda índole).

Para além disso, pode constatar-se que na maior parte dos casos não se tem ido além da medição dos efeitos estáticos, ainda assim considerando-se mais efeitos sobre os movimentos do comércio do que efeitos de bem-estar, nos termos vistos atrás.

Estará aí a explicação para os resultados positivos mas modestos a que geralmente se tem chegado, sendo de julgar (tem sido realmente constatado) que sejam muito mais favoráveis os resultados a que se chega com a consideração dos efeitos dinâmicos da integração.

6.3. As medições feitas na União Europeia e em Portugal

Estão nas circunstâncias acabadas de referir as medições dos efeitos da integração europeia, tendo havido uma quebra de 'entusiasmo' depois das iniciativas das primeiras décadas (cfr. Swann, 2000, p. 124).

Em traços gerais pode dizer-se que as análises apontam para efeitos de criação de comércio ligeiramente superiores aos efeitos de desvio de comércio, sendo os ganhos já mais significativos considerando-se efeitos dinâmicos e de rendimento ([64]). Como seria de esperar (ver *infra* IV. 3.1), são de qualquer modo negativos os resultados apurados em relação ao sector agrícola (cfr. OMC, 1995, p. 45).

Em Portugal podemos referir a elaboração de nove estudos de avaliação dos efeitos da integração, sete com medições *ex-ante* [65] e apenas dois com medições *ex-post* [66] (devendo todavia sublinhar-se que a integração de Portugal teve lugar há pouco mais de dez anos e que em vários domínios houve regimes transitórios).

No estudo mais recente e mais abrangente (Moreira, cit.) é apurado um efeito de bem-estar positivo no período 1986-92 correspondente a 0,2% do PIB (considerando-se efeitos de criação de comércio, de desvio de comércio e de exportação). Já com a consideração acrescida de efeitos de transferências chega-se a 2,4% do PIB, valor a que há todavia que deduzir o efeito negativo verificado na balança comercial, que passou a estar desequilibrada na sequência da integração.

São de esperar novos estudos, v.g. com a consideração dos efeitos dinâmicos da integração (considerando-se o 'mercado único de 1993' ver *infra* IV.5.3).

7. Os espaços de integração visando o fornecimento de bens públicos

Face à limitação de explicações da natureza das apresentadas atrás, mostrando que a formação de um espaço de integração fica em princípio aquém do comércio livre mundial, avançou-se com outro tipo de explicações.

---

[64] Uma apreciação geral dos principais estudos realizados é feita por El-Agraa (1999, parte II; já antes por exemplo em 1996, p. 221, onde conclui que embora o trabalho empírico esteja "on par with the most sophisticated of econometric exercises" "it still does not merit ocrious consideration simply because the nature of the integration problem makes the exercise an impossible one"..., tendo sublinhado antes que "the problems of actual measurement are insurmontable").

[65] De J. S. Lopes (1980), Donges (1981), Feitor *et al.* (1982), Berends (1983), Sousa e Alves (1985), Corado e Melo (1985) e Plummer (1991).

[66] Mendes e Coelho (1990) e Moreira (1995); podendo acrescentar-se a medição de efeitos de crescimento feita por H. Marques (1999).

Assim aconteceu com a explicação considerando tal espaço como um meio de fornecimento de bens públicos, dando satisfação a funções de utilidade colectiva dos cidadãos: a sua industrialização ou ainda por exemplo a sua auto-suficiência em relação ao exterior.

Trata-se de explicação considerada por Cooper e Massell (1965) e ainda no mesmo ano por H. Johnson (1965c e 1965d)[67].

Deve distinguir-se, contudo, consoante queiramos manter-nos no domínio económico ou passar para um outro domínio, v.g. para o domínio político.

De facto, se queremos manter-nos no domínio económico não pode deixar de ser feita à luz dos ensinamentos desta ciência a avaliação das razões para a formação de um espaço de integração.

Sendo assim, estando em causa por exemplo um objectivo de industrialização temos de ver se a sua formação é o modo adequado de a conseguir: com a passagem pelos 'crivos' já referidos, sendo necessário mostrar designadamente que um espaço de integração é superior ao comércio livre mundial, o que, como vimos, não se consegue face aos argumentos expostos atrás.

8. Razões não económicas para a criação de espaços de integração

Para além disso é sem dúvida compreensível que espaços de integração sejam criados por razões políticas, sendo por exemplo claro que foram razões políticas a determinar em grande medida a criação da Comunidade Económica Europeia[68].

---

[67] Considera Krauss (1972; ver também Tovias, 1991) que se terá entrado então numa segunda fase da teoria das uniões aduaneiras, na procura da sua justificação (face às alternativas possíveis), depois de na primeira ter havido mais a preocupação de saber como poderiam medir-se os seus efeitos. Mas já Viner havia questionado o interesse geral das uniões aduaneiras...

[68] Sem prejuízo do seu conteúdo fundamentalmente económico, mantido na vigência do Tratado de Maastricht, com a determinação de fundo de se instituir uma moeda única, não obstante o alargamento importante (mas muito menos concretizado...) a outros domínios (recorde-se a n. 17 p. 28); não tendo sido depois muito significativos os passos dados na no Conselho Europeu de Amesterdão (na 'revisão' de 16-17.6. 1997).

Mas é preferível que se diga claramente que são essas as razões – mais do que legítimas – devendo ser analisado à sua luz o acerto do caminho seguido.

Naturalmente, pode e deve ainda então fazer-se uma avaliação económica do espaço de integração: que será aliás útil mesmo como modo de racionalizar neste campo algo que tem um objectivo de outra natureza. Mas não devemos esperar que se encontre aí a sua justificação, v.g. como solução de primeiro óptimo para a resolução de problemas de índole económica.

9. Os espaços de integração como passos no sentido do comércio livre mundial

9.1. *Lógica desta evolução*

Podem ter-se em conta também aqui argumentos de índole política, na medida em que a abertura comercial e económica constitui um factor de aproximação entre os países[69]. No plano económico, a que fundamentalmente nos cingimos nestas lições, julgamos ter ficado claro na exposição anterior que só o comércio livre mundial constituirá solução geral de primeiro óptimo (com a excepção possível que vimos há pouco em relação a situações de mercados imperfeitos; ainda aí quanto ao objectivo a atingir e não, como veremos, quanto aos meios a utilizar).

Sendo assim os espaços de integração só poderão justificar-se na perspectiva de tal abertura; devendo perguntar-se se serão vias adequadas – ou as mais adequadas – para a ela chegarmos.

Trata-se de perspectiva que justificou aliás o art. 24.º do GATT, ao admitir no seu seio a existência de uniões aduaneiras e zonas de comércio livre[70].

---

[69] Posições de defesa do proteccionismo põem contudo em causa mesmo esta vantagem política, dizendo por exemplo Strange que a "assertion, that restricted trade damages political relations is much more doubtful" (1985, p. 233; antes, p. 231, tinha afirmado que "trade experience in the early 1980's tells us that protection in fact poses no great threat to the world's trade system").

[70] Para tal terá contribuido contudo a convicção então existente (em 1948, antes do livro básico de Viner) de que tais formas de integração eram necessaria-

9.2. A implantação de novos sectores com perspectivas a nível mundial

9.2.1. Critérios a satisfazer

Numa primeira linha poderá dizer-se que os espaços de integração poderão ser vias de promoção da implantação de novos sectores, com a satisfação indispensável das condições de validade do argumento das indústrias nascentes (recorde-se de pp. 175-91).

Em primeiro lugar, como se sabe terá sentido intervir, mesmo no interesse geral, se os sectores em causa puderem vir a competir em mercados abertos e se os benefícios conseguidos forem superiores aos custos suportados (testes de Mill e Bastable).

Teremos então uma situação bem diferente da verificada com o argumento dos termos do comércio e de um modo geral com a 'política comercial estratégica', de acordo com os quais o benefício de quem melhora os termos do comércio e as suas empresas tem a contrapartida (na mesma medida) em quem fica por isso prejudicado. Já com o argumento das indústrias nascentes há um ganho geral, de que todos podem beneficiar: tanto o país que implanta e consolida os novos sectores como os demais, na medida em que poderão passar a dispor dos bens em melhores condições de preço.

Trata-se contudo, como se sabe, de via que tem as dificuldades referidas (*supra* pp. 189-91) de escolher os sectores que justificam de facto apoio[71] e de o retirar logo que deixe de ser necessário[72].

---

mente promotoras do comércio livre e de maior bem-estar (não se tendo ainda em conta efeitos de desvio do comércio).

Sobre o sentido e o alcance do art. 24.º do GATT ver o número seguinte e *infra* IV.7.8.

[71] "Identify real-world industries to which their policy prescriptions might apply", nas palavras de Stegemann (1996 p. 94).

[72] Pode acontecer ainda, na linha do que vimos *supra* pp. 165-73, que o argumento seja 'utilizado' em benefício de determinados grupos de pressão, não sendo esse o interesse geral. Nas palavras de Lawrence e Schultze (1990, p. 5), "political pressures would convert an initially well-meaning intervention policy into a boondoggle for special interests" (chamando Dixit e Grossman, 1986, p. 238, a atenção

9.2.2. Os meios mais adequados para intervir. As políticas internas em vez da política comercial

Nos termos da formulação mais recente do argumento das indústrias nascentes [73], com ensinamentos aplicáveis à política estratégica, sabe-se contudo que mesmo quando se justifica a intervenção pública para a implantação e a consolidação de um sector não é a via proteccionista a via adequada para o efeito, sendo uma política de segundo óptimo, com os custos de bem-estar que assinalámos. Em lugar dessa via deve actuar-se directamente no sentido de afastar as imperfeições que comprometem o seu aparecimento (ou a sua consolidação, no caso de se tratar de um sector já existente) e de criar as economias externas que se tornam necessárias para tal: subsidiando a produção ou, se for apenas o que estiver em causa, actuando de um modo ainda mais directo, a título de exemplo com o fornecimento de formação profissional ou de apoio tecnológico [74]. O mesmo se passa com a política estratégica, devendo ser uma política de apoio 'industrial' (interno) estratégico e não de apoio

---

para casos em determinados domínios 'de ponta', em que "the real beneficiairies are the scientists whose wages rise"...).

É de esperar e desejar, em suma, que sem racionalidade económica a nova perspectiva não acabe por ter o efeito de "lend new ideological support to mercantilistic interventionism"; e de facto "the record might well serve to damper the enthousiasm of policy activity", sendo muito poucos os casos em que foram correctas as escolhas feitas pelas autoridades públicas (mesmo no Japão, país muitas vezes citado, têm sido fundamentalmente as empresas a fazer e a financiar os investimentos estratégicos de maior êxito; cfr. Bangemann, 1992, v.g. pp. 58-9). Voltaremos a estes pontos em IV. 3.3.3 e IV. 3.4.2.

[73] Recorde-se de II.4.3.2.4. No fundo, trata-se de aplicar à problemática das uniões aduaneiras, na linha dessa formulação, os contributos da teoria da intervenção no comércio (conforme é devidamente sublinhado e feito por El-Agraa e Jones, 1981).

[74] Não podendo perder-se de vista todavia os custos administrativos ou políticos (talvez mesmo psicológicos) que estes meios mais adequados de intervenção podem ter (recorde-se *supra* pp. 173-7).

Poderá dizer-se também que com eles será maior a pressão e o perigo de favoritismo de determinados grupos: vendo-se aqui um argumento a favor da via proteccionista. É de julgar todavia, por outro lado, que se trata de intervenções mais directamente dependentes de aprovações orçamentais anuais, sendo por isso mais difícil a sua manutenção quando não estejam a ser devidamente justificadas.

'comercial' estratégico (conforme sublinhámos *supra* p. 162, reproduzindo as conclusões de Helffernan e Sinclair, 1990, p. 133 no sentido de nas circunstâncias em causa dever haver "an industrial policy – not a policy of protection"; cfr. de novo Bangemann, 1992).

9.2.3. A possível justificação para a intervenção dos espaços de integração

Perguntar-se-á, todavia, se mesmo então se justificará a intervenção dos espaços de integração, ou seja, se não deverão ser antes os países – numa linha que, com a sua consagração expressa e genérica no Tratado de Maastricht, o princípio da subsidiariedade veio agora reforçar na União Europeia – a proporcionar as condições indispensáveis para a implantação dos novos sectores (ou a consolidação dos que já existam).

Serão de facto muitos os casos – a larga maioria – em que deverão ser os países, ou entidades mais próximas dentro deles (sempre na lógica do princípio da subsidiariedade), a criar as condições indispensáveis para o aparecimento e a consolidação dos sectores desejados, estando nas melhores condições para o afastamento das imperfeições do mercado e para a criação das economias externas que são necessários.

Acontece, todavia, que em alguns casos a dimensão e as características do apoio a dar levam a que deva intervir-se em espaços mais alargados. Tratando-se de um projecto de grandes dimensão e risco não pode esperar-se por isso que uma empresa ou mesmo um país assumam sozinhos, na íntegra, a responsabilidade de o levar a cabo; estando em causa por exemplo (será um caso provável) uma investigação de grande folego poderia bem acontecer que um outro país (ou uma outra empresa do próprio país) viesse a conhecê-la e a colher os benefícios da sua utilização sem ter suportado os encargos inerentes.

Põe-se aqui, pois, um problema de escala e de externalidade que pode justificar a intervenção comunitária [75].

---

[75] Nas palavras de El-Agraa e Jones (1981, p. 84), pode haver então um

Trata-se de linha de intervenção que tem vindo a ser seguida já com êxito na União Europeia, sendo talvez o projecto Airbus o exemplo mais expressivo até agora ocorrido [76]. Durante duas ou três décadas os países da Europa não concorreram com o fabrico de aviões comerciais de médio e grande porte, sendo o mercado mundial preenchido na integra por empresas dos Estados Unidos da América: a Boeing, a Mc Donnell Douglas e durante algum tempo também a Lockhead. Tendo-se reconhecido todavia que a Europa teria vantagem comparativa na produção de aviões desta natureza foi lançado o projecto Airbus, com a preocupação, correcta, de satisfazer os testes do argumento das indústrias nascentes.

Com a experiência já conhecida parece claro que os testes de Mill e Bastable estão a ser de facto satisfeitos, sendo os Airbus capazes de concorrer em todo o mundo, mesmo no mercado americano.

Trata-se pois de um caso em que se justificava a intervenção comunitária, devido ao custo do empreendimento e às suas externalidades. Não poderia de facto esperar-se, por estas duas razões, que houvesse a iniciativa indispensável da parte de um só dos países: com um grande ónus orçamental e havendo o risco de que outros beneficiassem igualmente com o apoio proporcionado (v.g. com a investigação feita) sem que tivessem suportado o custo inicial.

Além disso, no que respeita ao modo de intervenção não se seguiu a via proteccionista. Teria sido fácil fazê-lo, estabelecendo impostos alfandegários muito altos ou restrições quantitativas à importação dos aviões americanos. Estar-se-ia todavia então a prejudicar os consumidores e toda a actividade económica da Comunidade, com a penalização (muito desvantajosa) de um modo de

---

"strong general case for economic integration" por haver "externalities and market imperfections which extend the boundaries of national states".

[76] Justificando-se por isso o relevo privilegiado que tem tido na literatura económica: entre outras ver as análises de Pomfret (1991b), Golish (1992), Neven e Seabright (1995), Stegemann (1996, pp. 96-7), Gabel e Neven (1996), Krugman e Obstfeld (2000, pp. 291-2) ou Harrop (2000, pp. 135-41). Sobre outros casos de maior ou menor êxito em que se apoiou a investigação que se julgava desejável ver *infra* IV. 3.4.2 (em especial a n. 149 p. 354).

transporte de tanta importância (aliás já hoje mais caro na Europa por ser menor a concorrência na prestação dos serviços)[77].

Em lugar de se seguir tal via preferiu-se, nos termos do que se viu no número anterior, a promoção directa da produção, ajudando o projecto Airbus com apoios que se tornavam necessários, principalmente na investigação tecnológica.

Naturalmente, no futuro poderá vir a revelar-se por seu turno vantajosa ou mesmo necessária – há já alguma iniciativa em tal sentido – a cooperação da União e dos Estados Unidos (talvez também do Japão) em projectos de aviação comercial de tão grande dimensão que mesmo nenhum destes espaços correrá o risco de os levar a cabo isoladamente.

9.2.4. Implicações para as políticas estruturais (v.g. para a política regional)

Para além de casos como o acabado de referir, de projectos de grande dimensão, poderá acontecer que a União tenha competitividade, em economia aberta, em determinadas regiões até agora mais desfavorecidos.

Para além das razões políticas que poderão justificá-la, como veremos mais tarde na sua dimensão actual é em grande medida nesta lógica que se justifica a política regional: uma lógica de eficiência, face aos desafios mundiais, eficiência essa que é comprometida com os grandes desequilíbrios que se verificam (ver *infra* IV.4).

É também em tal lógica, e embora tendo em conta o princípio da subsidiariedade, que se justifica que no Tratado de Maastricht a indústria passasse a ser considerada num título do Tratado (ver já

---

[77] Vê-lo-emos *infra* em IV. 2.2.2.1. Curiosamente, serão ou seriam os consumidores e a actividade económica americanos a ficar (também) prejudicados com a concentração da Boeing e da Mc Donnell Douglas e com o exclusivo na compra de aviões que a Comissão Europeia contestou recentemente (ver *infra* a n. 21 p. 280). 'Esquecendo-se' preocupações tradicionais nesse país (a Federal Trade Comission aprovou a *merger*...) parece ter prevalecido o desejo de 'vencer' o concorrente europeu...

Richardson, 1980, pp. 338 ss.); justificando-se ainda, além disso, o reforço da política regional e a criação do Fundo de Coesão.

Naturalmente a intervenção regional deve seguir os crivos – a todos os propósitos – do argumento das indústrias nascentes: justificando-se como um 'argumento de regiões nascentes', apoiando numa primeira fase regiões que depois terão de ser competitivas em economia aberta. Por seu turno o apoio – como aliás está previsto – não deve ser dado com restrições ao comércio, que seriam distorçoras, mas sim dirigido directamente ao afastamento de imperfeições a sanar e à criação de economias externas que se tornem necessárias.

Neste caso justifica-se pois a intervenção comunitária na me-dida em que a intervenção dos países seria insuficiente, face à dimensão da desigualdade e do esforço de aproximação a fazer: sendo aliás do interesse do conjunto comunitário e mesmo mundial que se dê tal aproximação.

9.3. *Outras razões para a intervenção*

9.3.1. Embora no reconhecimento das vantagens do comércio livre mundial, há como se disse sectores (ou factores ou regiões) que terão dificuldades, pelo menos de imediato. A criação de uma união aduaneira ou de um espaço de integração com maior capacidade de intervenção pode revelar-se vantajosa a três propósitos.

a) Em primeiro lugar, cria de imediato oportunidades alternativas para esses sectores, não sendo tão grande a reacção negativa de quem fica prejudicado. Nas palavras de Gowland (1983, p. 65), mesmo "in the France of the 1950's, no unilateral tariff cut was possible because no government that proposed it would have survived for more than few days".

Trata-se de oportunidades que já a Comunidade inicial oferecia, sendo bem maiores agora as oportunidades que o mercado interno dos quinze (ampliado ao EEE) pode proporcionar.

b) Em segundo lugar, já menos numa lógica de eficiência económica mas tendo em conta que há custos sociais e políticos de ajustamento que têm que ser suportados até se chegar à solução desejável (competitiva a nível internacional), os espaços de integração, beneficiando no seu conjunto, deverão ter a responsabilidade de assegurar as compensações indispensáveis (ver McDonald, 1994, pp. 23-41). Estará em causa ultrapassar uma dificuldade social e política, mas não estamos a fugir do plano económico, por se tratar de via para se chegar a um objectivo desta natureza.

c) Em terceiro lugar, embora seja sabido que as vias mais directas (de primeiro óptimo) não são as restrições comerciais, poderá justificar-se a sua utilização, face às dificuldades administrativas e políticas das primeiras.

Trata-se de possibilidade que se mantém na Organização Mundial do Comércio (nos termos do GATT) ao admitir no seu seio uniões aduaneiras e zonas de comércio livre (art. 24.°) (ver Pomfret, 1986, p. 65). Não se levanta assim um obstáculo jurídico a uma solução que não levanta as referidas dificuldades.

9.3.2. Numa outra perspectiva, para além do reconhecimento geral das vantagens do comércio livre há que reconhecer que há quem não o pratique, ocorrendo-nos logo a nós, europeus, os exemplos do Japão e dos EUA.

Trata-se de casos que não devem levar-nos a uma luta de represálias, com a qual todos perderemos: v.g. na linha do *managed trade* de Tyson (1990), abrindo caminho a soluções a *la carte* – de defesa do livre-cambismo para as exportações e de proteccionismo para as importações – para que não conseguimos encontrar justificação na teoria e na experiência económicas.

O que pode e deve esperar-se, isso sim, é que um bloco que seja verdadeiramente defensor do livre-cambismo use a sua força para obrigar todos a encaminhar-se nesse sentido [78]. Nenhum dos países europeus, mesmo nenhum dos maiores, terá peso para tal; mas já o tem o conjunto comunitário, capaz de obrigar os demais ao afastamento de práticas desleais [79].

---

[78] Voltaremos e esta problemática em IV. 8.6.

[79] Numa linha semelhante a moeda única europeia, 'fazendo frente' ao dolar, poderá ser um meio de promoção de uma maior disciplina e de uma maior coope-

10. Conclusões. As dúvidas levantadas pelo 'novo (segundo) regionalismo'

Poderá haver um sentimento de frustação em relação à teoria das uniões aduaneiras, dizendo Pomfret (1986, loc. cit.) que "the theory of preferential trading has been one of the more disappointing branches of postwar economics". Mas, como acabámos de ver, pode encontrar-se alguma racionalidade – mesmo económica – para a sua criação.

Actualmente ganha relevo a situação nova de para além da Europa (v.g. na América do Norte e na América do Sul) estarem a organizar-se com uma consistência e uma ambição assinaláveis diferentes espaços regionais, liberalizando-se o comércio dentro deles mas sendo susceptíveis de constituir 'fortalezas' em relação aos demais[80].

Trata-se de situação que está a dar lugar a uma vasta e interessante literatura procurando, entre outros pontos, ver em que medida se caminha assim no sentido do proteccionismo (com todas as implicações que vimos, v.g. em termos de disputas entre os espaços regionais) ou no sentido do comércio livre multilateral (mantendo-nos na lógica livre-cambista do art. 24.º do GATT): com as implicações favoráveis que foram apontados.

Trata-se de ponto a que voltaremos no final destas lições, neste caso em IV.7.7.

---

ração no sistema monetário mundial, com vantagens gerais, mesmo para os americanos (ver *infra* IV.6.2.3.1.*d*).

[80] A designação de 'Europa fortaleza' (*fortress Europe*) foi atribuida pelos americanos à Comunidade Europeia, quando do Acto Único. Terá havido contudo algum 'jogo estratégico' nesta designação, por parte de quem era e é mais fechado em grande parte dos sectores...

ANEXO III.A

A teoria estática das uniões aduaneiras considerando apenas efeitos sobre a produção

A situação de se considerarem apenas efeitos sobre a produção pode ser representada numa figura como a fig. A.III.1, em que a curva da procura, D, é absolutamente rígida (sendo portanto fixas as unidades consumidas)[1].

FIG. A.III.1.

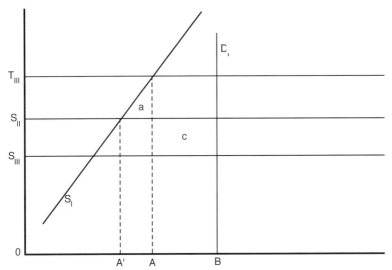

Tal como na exposição feita no texto, também aqui se considera que o preço mundial ($S_{III}O$) é o preço mais baixo, sendo por seu turno $S_{II}O$ o preço do parceiro na união aduaneira.

Antes de esta estar formada, ou seja, sendo igualmente tributados (com T) os bens vindos do exterior, importa-se do país terceiro, chegando o bem ao consumidor por $T_{III}O$.

---

[1] Cfr. Gowland (1983, pp. 56-7).

Com esta nova situação a produção diminui de OA para OA', sendo as importações de A'B.

Sendo assim, há um efeito de criação de comércio representado por *a* e um efeito de desvio de comércio representado por *c*; não havendo, por seu turno, face ao pressuposto de que se parte no que respeita à procura, nenhuma redução (nem custo de bem-estar) em relação ao consumo.

ANEXO III.B

A teoria estática das uniões aduaneiras considerando a oferta não infinitamente elástica do(s) país(es) parceiro(s)

Nos exemplos dados no texto considerámos uma oferta infinitamente elástica do país (ou dos países) com que nos integramos na união aduaneira, não subindo o seu preço ($S_{II}O$) quando passa(m) a ocupar uma parcela do mercado que era ocupada antes pelo(s) país(es) terceiro(s) e pelo nosso país (só por este, se estavamos em economia fechada).

É todavia provável que em grande parte dos casos a sua curva da oferta seja crescente, nos termos da figura seguinte (fig. III.B), em que consideramos em *a* o que se passa no nosso país (I) e em *b* o que se passa no país com que nos integramos (II):

Fig. III.B

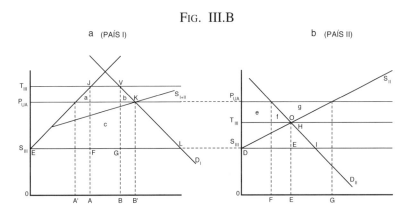

S_{III} continua a ser a curva da oferta mundial, mais uma vez infinitamente elástica e mais baixa do que as curvas da oferta dos países que se integram na união aduaneira. Entre estas continua por seu turno a ser mais baixa a curva da oferta de II, todavia agora – é o elemento novo em relação às figuras anteriores – com uma elasticidade não infinita (tendo, pois, uma inclinação crescente).

Antes da formação da união com o imposto de T_{III} o nosso país importava em alguma medida do país III, sendo o preço interno, com o acréscimo do imposto alfandegário, de $T_{III}O$. Mais precisamente, a nossa procura, de OB, era satisfeita em OA pela oferta interna e em AB pelas importações vindas de III. Tratava-se de situação mais favorável do que a de importarmos de II, com uma curva da oferta (S_{II}) mais elevada que S_{III}.

Deixando de haver restrições entre I e II passa a valer-nos já mais a pena importar de II, com um preço que – nos quantitativos que estamos a considerar – é inferior ao preço de III acrescido da tributação alfandegária.

Acontece todavia então que acrescendo à oferta que satisfaz o seu próprio mercado a oferta que satisfaz o nosso mercado é mais elevado por isso o preço praticado pelo país II, $P_{UA}O$; devendo passar a ser feita em relação a este a medição dos efeitos de criação e de desvio do comércio.

No nosso país, sendo a oferta constituida pelo somatório da oferta interna com o que importamos de II – ou seja, sendo a oferta representada pela curva S_{I+II} – a procura é satisfeita no ponto de intersecção K.

Temos assim um ganho de criação de comércio representado pelos triângulos *a* e *b*, sendo por seu turno o desvio de comércio representado pelo rectângulo *c* .

A par do que se passa no país I podemos ver também o que se passa no país II. Admitindo agora aqui, para simplificar o exemplo, que este país nada importava de III (estava em economia fechada), há nele um ganho para os produtores de *e* + *f* + *g* e uma perda para os consumidores, por passarem a consumir menos e mais caro, de *e* + *f*: ficando consequentemente um ganho líquido de *g*.

Temos neste exemplo necessariamente um ganho no país II, em relação à situação anterior, porque estava em economia fechada[1]. Se assim não acontecesse também aqui poderia haver ganho ou perda líquidos, que deveriam ser comparados com o ganho ou a perda líquidos verificados em I.

---

[1] Conforme vimos nas notas 18 e 21, pp. 219 e 222, havendo então apenas o efeito de criação de comércio, mais sensível, mas sendo uma situação menos favorável do que a de haver comércio livre (como veremos adiante).

Podendo acontecer que haja um ganho líquido para o conjunto da união aduaneira mas que um dos países fique a perder, compreende-se que este só aceite integrá-la se beneficiar de alguma compensação, tornada possível – mas não deixando de suscitar sempre dificuldades – com o benefício geral conseguido[2].

---

[2] As perdas podem verificar-se também, em cada país, para um ou outro dos factores, o que requer igualmente alguma compensação, do país ou da união aduaneira, ao factor prejudicado. Voltando à figura III.B.1, no país I ficam melhor os consumidores à custa dos produtores, dando-se o inverso no país II, onde os segundos ganham à custa dos primeiros (ver por exemplo McDonald, 1999, pp. 19-20 e principalmente 23).

PARTE IV

POLÍTICAS COMUNITÁRIAS

1. **Introdução**

Depois de conhecido o essencial da teoria da integração é ocasião de vermos por fim os traços fundamentais de algumas políticas comunitárias [1].

Como dissemos na Introdução, a selecção das políticas expostas é determinada por um lado pelo seu relevo teórico ou prático e por outro lado pelo facto de não serem objecto de leccionação numa disciplina frequentada por todos os alunos do Curso, no primeiro ou no segundo semestre. Só assim se explica que não nos debrucemos sobre políticas de grande relevo a esses dois propósitos, como são os casos da política social, da harmonização fiscal ou da política orçamental; não deixando todavia de dar sobre elas elementos indispensáveis à compreensão das políticas leccionadas (a título de exemplo e como se disse, a propósito da circulação dos factores – mais concretamente a propósito da circulação da mão-de-obra – não pode deixar de se falar de alguns aspectos da política social e a propósito das políticas agrícola e regional de aspectos essenciais da política orçamental).

Na exposição das políticas não nos preocupará entrar em pormenores, aos quais os leitores (v.g. os alunos) terão aliás um acesso fácil em muitas outras fontes [2]. O que importa aqui é dar os seus traços essenciais, em especial vendo como podem ser avalia-

---

[1] Conforme referimos na n. 17 p. 30 continua a falar-se correntemente em políticas 'comunitárias', tratando-se de um modo geral de políticas das Comunidades Europeias: quase todas da Comunidade Europeia, a ex-Comunidade *Económica Europeia*, mas repartindo-se por exemplo a política energética também pela CECA e pelo EURATOM (ver *infra* IV.3.5).

[2] Também por razões de espaço e tal como acontece em quase todos os livros de texto da mesma índole não é mencionada a generalidade dos diplomas (regulamentos, directivas e outros) em que se baseiam as políticas (constituem excepções por ex. Barav e Philip, ed. 1993 e Moussis, 1999, sendo por isso consultas recomendadas a este propósito).

das à luz da teoria da integração e abrindo caminho para as leituras complementares que sejam julgadas necessárias.

Procurando dar alguma sequência lógica à exposição agrupamos primeiro políticas que são em grande medida vias no sentido de permitir uma maior concorrência e uma melhor circulação (dos bens e dos factores), depois políticas visando directamente a promoção de determinados sectores e por fim uma política (a política regional) que visa um maior equilíbrio espacial no seio da União.

Reconhecemos que não é um critério totalmente satisfatório, v.g. podendo ver-se na primeira perspectiva – de se conseguir uma concorrência mais favorável – políticas como a política industrial, a política de investigação e desenvolvimento tecnológico ou a política regional e não deixando por exemplo os transportes de ser um sector com objectivos próprios a atingir, procurando corresponder aos interesses dos consumidores. Mas no quadro das hipóteses que poderiam abrir-se, incluindo a hipótese de não se seguir nenhum critério, parece-nos constituir uma ordenação com alguma justificação substancial e pedagógica [3].

---

[3] Uma hipótese também possível seria a de se seguir a ordenação do Tratado de Roma, mas não nos parece que tivesse muito melhor justificação para além dessa mesma, não tendo por exemplo lógica, na parte III, intercalar a agricultura (título II) entre a livre circulação de mercadorias (título I) e a livre circulação de pessoas, serviços e capitais (título III) (algo de semelhante podia dizer-se acerca da ordenação feita por Swann em edição anterior do seu livro – não na actual, de 2000 – por exemplo intercalando os transportes, no capítulo 8, entre a agricultura e a energia, ou depois as pescas, no capítulo 10, entre as políticas industrial e do ambiente; mas podendo perguntar-se ainda agora porque junta no mesmo capítulo a agricultura, as pescas e os transportes).

Não nos parece de seguir também a lógica de um livro recente (2001), de Nicoll e Salmon, distinguindo políticas "comuns" (casos das políticas agrícola e comercial), políticas "chave" (*key economic policies,* casos do mercado único e das políticas de concorrência, fiscal e monetária) e "outras" (casos, entre várias mais, das políticas social, regional e de ambiente): não se sabendo como definir política chave e sendo de qualquer forma de estranhar o enquadramento de algumas políticas, por exemplo considerando-se comum a política de transportes e não a monetária, ou relegando-se para as "outras" as políticas estruturais.

Já nos pareceria mais justificável distinguir entre políticas micro e políticas macro-económicas, tal como fazem Nielsen, Heinrich e Hansen (1991), Healey ed. (1995) e El-Agraa ed. (1998). Além de outros reparos suscita todavia igualmente a dificuldade de integração de algumas políticas: a título de exemplo, pode perguntar-se

Para além desta ordenação, embora com alguma repetição, consideramos seguidamente os passos recentes dados no sentido do mercado único, da união monetária e de um maior equilíbrio regional. Apesar de entretanto já se ter escrito a tal propósito, designadamente sobre a promoção da concorrência (em IV.2.1 e 2.2) e sobre a problemática monetária (em IV.2.3), julgamos justificar-se o relevo dado perto do final das lições à evolução mais recente, nesses domínios; com a inclusão de novo nesta terceira edição de um número sobre as perspectivas dos próximos alargamentos.

Tendo os contornos da 'nova Europa' muito a ver com a abertura ao mundo e com a tendência recente para a criação noutros continentes de áreas regionais igualmente de grande relevo, suscitando novos desafios a todos nós, concluimos com algumas referências a tal propósito, procurando também aqui não repetir considerações feitas e não ir além do âmbito desta disciplina.

---

com que rigor El-Agraa considera as políticas agrícola e industrial nas políticas micro-económicas e as políticas regional e social nas políticas macro-económicas.

Tem uma lógica da qual a nossa se aproxima já em alguma medida a ordenação de Molle (1997), considerando primeiro os movimentos de bens e factores, depois vários sectores (entre eles o dos transportes) e por fim, numa parte dedicada às condições para um crescimento equilibrado (numa linha apelidada pelo próprio, p. 5, de "musgraviana": cfr. por exemplo Musgrave e Musgrave, 1989), as políticas de afectação de recursos (onde inclui a política de concorrência), de estabilização (onde inclui a política monetária) e de redistribuição (com as políticas regional e social); acrescentando por fim um número sobre as relações externas. Não temos todavia também aqui um critério inteiramente satisfatório: a título de exemplo, todas as políticas sectoriais (tratadas primeiro), não apenas a de concorrência, têm um propósito de melhoria da afectação dos recursos, propósito que por seu turno não deixa de ser igualmente uma justificação última para as políticas monetária e regional.

O critério por nós seguido acaba por se aproximar mais do seguido por Druesne (1998), que consagra a primeira parte das suas *lições* (intitulada "Regime Jurídico do Mercado Interior Comunitário") à liberdade de circulação, às regras de concorrência e às harmonizações da propriedade intelectual e da fiscalidade, seguindo-se, como primeiro título da segunda parte (dedicada às "Políticas da Comunidade Europeia"), a política económica e monetária; dedicando depois o título seguinte desta segunda parte às políticas sectoriais (e o terceiro título às relações comerciais com os países terceiros). Há pois uma nítida semelhança com o critério que seguimos, embora com diferenças de enquadramento (trata por exemplo da política dos transportes nas políticas sectoriais).

2. Políticas mais directamente ligadas à promoção da concorrência e da circulação

2.1. *Política de concorrência*

Logo quando da sua formação, em 1958, a CEE visou a promoção da concorrência com o afastamento das restrições tradicionais às trocas comerciais: os impostos alfandegários, as restrições quantitativas e as restrições cambiais.

Nos termos dos arts. 12.º a 17.º do Tratado de Roma os impostos alfandegários deviam ser progressivamente afastados até 1969, não podendo ser introduzidos "novos direitos aduaneiros de importação e de exportação ou encargos de efeito equivalente" (dispondo o actual art. 25.º que *são proibidos*). Para se evitarem discriminações e estabelecendo-se desta forma um elemento essencial de uma união aduaneira os artigos seguintes (18.º a 29.º) dispunham acerca do "estabelecimento da pauta aduaneira comum" (de acordo com o art. 19.º, com os direitos "fixados ao nível da média aritmética dos direitos aplicados nos quatro territórios aduaneiros abrangidos" antes "pela Comunidade")[4].

A abolição das restrições quantitativas e de medidas de efeito equivalente foi determinada, por seu turno, pelos arts 30.º a 37.º. (dispondo-se nos actuais arts. 28.º a 30.º que *são proibidas*).

Fixaram-se assim metas prosseguidas sem hesitações, mesmo com antecipação em relação às datas previstas no Tratado, desaparecendo já em Junho de 1968 os últimos entraves tributários ou quantitativos à circulação livre entre os países da Comunidade Económica Europeia[5].

Simultaneamente a multilateralização e a liberalização dos pagamentos proporcionadas na Europa pela União Europeia de Pagamentos (a que se seguiu o Acordo Monetário Europeu) e a nível mundial pelo Fundo Monetário Internacional levaram a que

---

[4] Quatro territórios porque os países do Benelux (Bélgica, Holanda e Luxemburgo) formavam desde 1938 um território aduaneiro único (recorde-se a n. 16 p. 30).

[5] Com os prazos cumpridos ver o quadro em Swann (2000, p. 103).

também as restrições cambiais deixassem de constituir obstáculos ao comércio livre.

Com o desaparecimento destes modos 'clássicos' de intervenção não deixaram todavia os países de por vezes continuar a proteger-se, com maior vigor em períodos de recessão. Não querendo contudo denunciar os compromissos internacionalmente assumidos que haviam levado ao seu desaparecimento passaram a ser utilizadas outras formas de restrições às trocas e à concorrência.

Algumas eram consideradas já no texto original do Tratado[6], começando por elas a nossa exposição.

---

[6] Vindo de facto muitas de longe, com o afastamento das formas de intervenção tradicionais passaram a assumir um relevo maior (relativo ou mesmo absoluto), constituindo um elemento caracterizador do 'novo proteccionismo' (conforme referimos na n. 32 p. 41).

Tal como fazem por exemplo Druesne e Kremlis (1990, p. 7), McGowan (1994a), Dinan (1994), Grynfogel (1997) ou Druesne (1995), podem distinguir-se duas vertentes, uma relativa às empresas (casos das violações dos arts. 81.º e 82.º, antigos arts. 85.º e 86.º, que veremos em 2.1.1, e anteriormente do art. 91.º, sobre o *dumping*), e a outra relativa a intervenções do Estado (com as violações consideradas a seguir).

Sobre o direito da concorrência, entre uma literatura vastíssima, incluindo o direito processual, ver por exemplo, além das acabadas de referir, as obras recentes de Jacobs e Stewart-Clark (1991), Bellamy e Child (1993), Shapira, 1994, Van Bael e Bellis (1994), Korah (1994), Pitt (1995), Shapira, Le Tallec e Blaise (1996), Kovar (1996), Souty (1997), Gavalda e Parleani (1998), Flynn e Stratford (1999), os artigos inseridos em Barav e Philip ed. (1993), Constantinesco, Kovar, Jacqué e Simon ed. (1992-4), Faull e Nikpay (1999) ou Tercinet ed. (2000) e, entre nós, J.M.C. Alves (1989), J.F. Alves (1994) ou Antunes (1993, 1995a e 1995b) (ver também Serens e Maia, 1994).

Trata-se de literatura com uma grande referência à jurisprudência, o que bem se compreende dado o papel de importância muito especial que esta teve sempre, designadamente no tempo da exigência generalizada da unanimidade e da prática da 'cadeira vazia' nos Conselhos, na 'formação' do direito comunitário (sendo também importante a prática de intervenção da Comissão, no âmbito da competência de que dispõe no domínio da concorrência). Não podendo haver ausência de tomada de posição e tendo que decidir-se num ou noutro sentido face a uma queixa apresentada, constata-se que se decidiu geralmente no sentido da concorrência (com reservas em relação à intervenção da Comissão v.g. no que respeita à sua legitimidade política e mesmo à coerência das decisões tomadas, ver McGowan, 1998a, pp. 187-8, e as referências aqui feitas).

A importantíssima temática da concorrência tem o desenvolvimento devido

Mais tarde, em números próprios, justificar-se-á que demos relevo ao afastamento de outros tipos de restrições: v.g. a propósito da políticas de transportes (em 2.2) e da circulação dos factores e serviços (em 2.4).

Em todos os casos tratou-se de afastamento promovido em grande parte pelo Acto Único Europeu (na linha do Livro Branco do Mercado Único), através de diplomas integrados num conjunto vasto de medidas visando o afastamento de barreiras físicas, técnicas e fiscais (conforme referiremos em IV.5).

2.1.1. Os acordos restritivos da concorrência e os abusos de posições dominantes

São estas as violações da concorrência que desde o início mais tinta têm feito correr às instituições comunitárias, aos advogados e aos estudiosos em geral [7].

Num caso e no outro estão em causa situações distintas, no primeiro (do art. 81.º) violações da concorrência resultantes de articulações entre duas ou mais empresas [8] e no segundo (do art. 82.º) práticas que poderão resultar da actuação apenas de uma empresa.

---

numa disciplina da vertente de Direito, o Direito Europeu I; limitando-nos nós nestas lições, dirigidas aos alunos das duas vertentes do Curso, quase só a descrever os traços essenciais dos artigos do Tratado.

[7] Continuando a ter um relevo muito grande (ver os Relatórios Anuais da Concorrência – da Direcção Geral da Concorrência (ex: D.G. IV) – e por ex. McGowan (2000, pp. 124-8).

[8] É difícil encontrar uma designação que com rigor considere conjuntamente os "acordos, associações e práticas concertadas" entre empresas: correspondente à designação francesa de *ententes,* que todavia é aplicada também especificamente ao terceiro caso do art. 81.º, o caso das práticas concertadas (J.M.C. Alves, 1989, 'adopta' em itálico a designação francesa para considerar tanto o conjunto como o terceiro caso do artigo).

A designação de 'acordos restritivos da concorrência' (que 'adoptámos' no título de 2.1.1) tem sido utilizada em relatórios da Direcção Geral, podendo perguntar-se todavia se abrange devidamente todos os casos em apreço (foi o próprio legislador que 'sentiu' a necessidade de distinguir três situações).

2.1.1.1. *Os acordos, associações e práticas concertadas entre empresas*

Nos termos do n. 1 do artigo 81.º "são incompatíveis com o mercado comum e proibidos todos os acordos entre empresas, todas as decisões de associações de empresas e todas as práticas concertadas que sejam susceptíveis de afectar o comércio entre os Estados-Membros e que tenham por objectivo ou efeito impedir, restringir ou falsear a concorrência no mercado comum, designadamente as que consistam em: *a)* fixar, de forma directa ou indirecta, os preços de compra ou de venda, ou quaisquer outras condições de transacção, *b)* limitar ou controlar a produção, a distribuição, o desenvolvimento técnico ou os investimentos, *c)* repartir os mercados ou as fontes de abastecimento, *d)* aplicar, relativamente a parceiros comerciais, condições desiguais no caso de prestações equivalentes colocando-os, por esse facto, em desvantagem na concorrência ou *e)* subordinar a celebração de contratos à aceitação, por parte dos outros contraentes, de prestações suplementares que, pela sua natureza ou de acordo com os usos comerciais, não têm ligação com o objecto desses contratos".

Para que sejam proibidas é preciso pois que as práticas em análise preencham duas condições: que sejam susceptíveis de afectar o comércio entre os Estados-membros[9] e, simultaneamente, que tenham como objectivo ou efeito impedir, restringir ou falsear a concorrência.

A sanção por estas violações é estabelecida no n. 2, onde se dispõe que "são nulos os acordos ou decisões proibidos pelo presente artigo".

O legislador não podia todavia deixar de ser sensível à necessidade de manter e promover a competitividade da economia comunitária, para o que poderá ser necessário um aumento de escala na intervenção empresarial: face, designadamente, à necessidade de concorrer com empresas ou grupos de grande dimensão

---

[9] Com efeitos nos países da União, independentemente de poder intervir uma empresa estrangeira.

de espaços igualmente ou mesmo mais desenvolvidos em alguns domínios, como são os casos dos Estados Unidos e do Japão [10].

Por isso se compreende que as disposições proibitivas do art. 81.º (n. 3) possam "ser declaradas inaplicáveis" aos acordos, associações ou práticas concertadas que "contribuam para melhorar a produção ou a distribuição dos produtos ou para promover o progresso técnico ou económico, contanto que aos utilizadores se reserve uma parte equitativa do lucro daí resultante, e que a) não imponham às empresas em causa quaisquer restrições que não sejam indispensáveis à consecução desses objectivos b) nem dêem a essas empresas a possibilidade de eliminar a concorrência relativamente a uma parte substancial dos produtos em causa".

São permitidos também, por outro lado, os "acordos de importância menor" (regra *de minimis*), que "afectam o mercado apenas de um modo insignificante, tendo em conta a fraca posição ocupada pelos interessados no mercado dos produtos em causa" [11].

Sem entrar aqui no procedimento a seguir [12], será de referir que um empresário em vias de se envolver numa articulação com outra ou outras empresas com o risco de violar o art. 81.º poderá ter vantagem em notificar a Comissão e esperar pela sua resposta [13]. Fazen-

---

[10] Sobre as lógicas diferentes das políticas de concorrência na Europa e nos Estados Unidos, todavia sempre com a preocupação acabada de referir, ver, entre muitos outros, os livros recentes de Scherer (1994), Souty (1995 e 1997) e Matos e Rodrigues (2000).

Considerando por seu turno perspectivas teóricas que podem estar por detrás da política de concorrência ver por exemplo, em planos diferentes, Salin (1995) e Young e Metcalfe (1997, pp. 118ss.).

[11] Será o caso de produtos que não representem mais do que 5% numa parte substancial da Comunidade, não ultrapassando 300 milhões de ECU´s o volume de negócios total das empresas envolvidas (estaremos então face a 'bagatelas': *Bagatellenverträge* na designação alemã).

[12] Continua a ser determinado pelo'Regulamento da Concorrência' de 6 de Fevereiro de 1962 (Regulamento do Conselho n. 176/62/CEEE JOCE 1962, L. 13, p. 204).

[13] Além das isenções caso a caso há isenções por categorias, sendo imediatamente válidas as operações integráveis no seu âmbito. Assim acontece com isenções que foram admitidas nos domínios da propriedade industrial, da investigação e desenvolvimento, dos transportes aéreos, dos seguros e do transporte marítimo (ver Druesne, 1998, pp. 229-36).

do-o, sujeita-se naturalmente a uma apreciação negativa. Mas não o fazendo corre o risco de depois já não poder prevalecer-se da excepção do n. 3 do art. 81.º, ficando sujeito à disposição sancionatória do n. 2 do mesmo artigo: a anulação do acordo ou decisão tomados.

2.1.1.2. *Os abusos de posições dominantes*

O artigo 82.º refere-se à hipótese de, mesmo sem haver articulação entre empresas (pode estar apenas uma empresa a operar), se explorar "de forma abusiva uma posição dominante no mercado comum ou numa parte substancial dele"[14], procedimento que é igualmente "incompatível com o mercado comum e proibido, na medida em que tal seja susceptível de afectar o comércio entre os Estados-Membros".

Mencionam-se depois, também a título indicativo, casos em que assim pode ocorrer: os casos referidos no art. 81.º com excepção do caso da al. *c*), de repartição de mercados ou de fontes de abastecimento, que não terá sentido tratando-se apenas de uma empresa. Diferentemente do que se passa com o art. 81.º, n. 3, não é admitida excepção para quando se esteja a melhorar a produção ou a distribuição ou a promover o progresso técnico ou económico.

Por outro lado, não basta haver a exploração abusiva de uma posição dominante, é preciso que seja susceptível de prejudicar o comércio entre os países; nesta medida sendo ultrapassado, pois, um âmbito geográfico nacional.

É de referir, por fim, que é comum ao art. 81.º o procedimento a seguir na invocação e na apreciação das violações alegadamente cometidas.

2.1.1.3. *As concentrações de empresas* (mergers)

A ausência no Tratado de um artigo sobre a concentração de empresas[15] (*mergers*, na designação inglesa) pode encontrar expli-

---

[14] Levanta-se naturalmente aqui a problemática das estruturas do mercado (ver por exemplo J. T. Ribeiro, 1959, pp. 340 ss. e 1992, ou de novo Salin, 1995; devendo recordar-se a n. 39 p. 232).

[15] Diferentemente do que acontecia no Tratado CECA (art. 66.º), com a

cação na ideia então especialmente sentida da vantagem ou mesmo da necessidade de se ganhar escala empresarial a nível mundial (cfr. Frazer, 1992 e McGowan, 1998a pp. 186-7). Não se abusando de uma posição dominante nada haveria a objectar, pelo contrário, poderia ser o modo indispensável de se conseguir uma dimensão internacional competitiva.

Não deixou todavia a Comissão, logo nos anos 70, de ser sensível aos riscos que poderiam resultar de meras concentrações; mas um projecto de regulamento apresentado em 1973 foi rejeitado por vários países.

Face a casos negativos que foram aparecendo julgou-se primeiro que poderia ser aplicado o art. 82.° (no caso Continental Can) e depois que poderia ser aplicado o artigo 81.° (no caso Philip Morris)[16].

Mas com as dificuldades encontradas não deixou de julgar-se que era necessário poder intervir em situações de meras concentrações (não se "fechar a cavalariça só depois de o cavalo ter fugido", na imagem de Swann, 1995, p. 153): tendo a base para tal sido finalmente estabelecida, culminando dezasseis anos de negociações, pelo Regulamento n. 4064, de 21 de Dezembro de 1989[17]. Através deste foi criada uma *task force* da Comissão para, independentemente de uma conduta lesiva, se impedirem operações de concentração (para além dos tradicionais agrupamentos de empresas, v.g. com absorções, pode tratar-se igualmente de participações nos activos, com OPA's ou por qualquer outra via: ver por exemplo mais uma vez Gastinel, 1993).

Para que a concentração seja proibida é necessário que o volume de negócios total a nível mundial seja superior a 5 mil milhões de ECU´s e que o volume de negócios de cada empresa (ou pelo menos

---

preocupação de se evitar o domínio da Alemanha nos sectores básicos do carvão e do aço...

[16] Ver por exemplo Afonso (1991, pp. 4-14), Gastinel (1993), Fine (1994), Antunes (1995b, pp. 107-8), Pais (1996, pp. 76-167) e M.C.A. Santos (1999, pp. 74-89), com descrições pormenorizadas destes casos.

[17] Com o procedimento estabelecido pelo Regulamento da Comissão n. 2367/90/CEE, de 25 de Julho de 1990, interpretado e esclarecido por duas comunicações da Comissão de 14 de Agosto de 1990 (ver de novo Pais, 1996).

de duas) a nível comunitário seja de mais de 250 milhões de ECU's (não sendo mais de 2/3 do volume dos negócios num só Estado).

Nos termos estabelecidos, até uma semana depois da conclusão de um acordo, da publicação da oferta de compra ou de troca ou da aquisição de uma participação de controle as empresas devem notificar a Comissão das suas concentrações de 'dimensão comunitária'[18]. A Comissão tem três semanas ou para considerar a concentração compatível com o Mercado Comum ou para desencadear um procedimento que deverá estar concluído no prazo de três meses: não podendo as operações ser realizadas nem antes da notificação nem durante as três semanas que se seguem. A Comissão tem então um prazo de um a quatro meses para, em articulação com as autoridades competentes dos Estados-Membros, analisar a operação projectada; valendo como aceitação o seu silêncio em relação a uma 'concentração' devidamente comunicada.

Como seria de esperar, mesmo com o Regulamento n. 4064 levantam-se dúvidas sobre o critério a ser seguido na avaliação. Não pode de qualquer modo deixar de suscitar admiração que desde a sua entrada em vigor, em Setembro de 1990, só em muitos poucos casos tenham sido proibidas operações de concentração, entre as mais de três centenas que foram notificadas (cfr. Pappalardo, 1996, p. 301 e Moussis, 1999, p. 264), assumido um relevo maior o caso da proibição de compra da empresa canadiana De Havilland, uma subsidiária da Boeing, pela ATR, um consórcio franco-italiano composta por duas companhias estaduais, a Ae-rospaciale da França e a Alenia da Itália (cf. C. Jones, 1996, Pelkmans, 1997, pp. 197 e 231 ou Fitoussi, 2000, p. 62). Tratou-se de decisão que foi tomada fundamentalmente devido ao empenhamento do Comissário Leon Britton (ver Ross, 1995 e McGowan, 2000, pp. 137-8)[19], ainda assim apenas com a maioria de um voto. No cerne do debate que teve lugar está a circunstância de que, embora,

---

[18] Esta obrigatoriedade de notificação dá aliás uma garantia de controle de todas as concentrações que não era dada pela mera aplicação dos arts. 81.º ou 82.º (cfr. Davison e Fitzpatrick, 1995, pp. 601).

[19] Onde é inserido um quadro com a sequência dada às notificações feitas.

houvesse alguma concentração nos aviões de turbo-hélice [20], teria aumentado a capacidade de a Europa competir a nível mundial.

Tendo acabado por ser o único caso importante que foi proibido (ainda assim muito contestado) é de perguntar se o Regulamento das concentrações não será mais do que 'um tigre de papel' [21].

2.1.1.4. *Aplicabilidade das regras de concorrência às empresas públicas*

O Tratado de Roma não proibe a nacionalização de empresas (ou naturalmente a existência anterior de empresas públicas) [22], na medida em que não afectem os princípios da concorrência nele estabelecidos. O n. 1 do art. 86.° é bem claro a tal propósito, dispondo que "no que respeita às empresas públicas e às empresas a que concedam direitos especiais ou exclusivos, os Estados-Membros não tomarão nem manterão qualquer medida contrária ao disposto no presente Tratado, designadamente ao disposto nos arts. 12.° e 81.° a 89.°, inclusive" [23].

---

[20] A ATR aumentaria de 49 para 64% a sua participação nesse mercado, pondo em causa concorrentes como a Fokker e a British Aerospace (cfr. Ghannadian e V. Johnson, 1997).

[21] Cfr. Pitt (1995, pp. 25 ss.), onde dá especial relevo como *case study* ao *merger* da companhia das águas Perrier pela Nestlé. Um outro caso de concentração também muito discutido recentemente, culminando (mais uma vez) com a sua aprovação, foi o da compra da companhia Rover pela BMW (à British Aerospace). Passou assim a BMW a intervir em todas as gamas do mercado, incluindo o mercado dos veículos de menor dimensão e todo-o-terreno. Teve-se todavia em conta que só nas viaturas de alta gama a empresa ultrapassa 25% do mercado (no total das viaturas em 1993 a BMW e a Rover juntas não ultrapassavam 6,6%). Recentemente suscitaram especial atenção as alianças entre a British Airways e a American Airlines, no tráfego aéreo, e entre a Boeing e a McDonnel Douglas na indústria aeronáutica, acrescendo acordos de exclusivo de compra com três das maiores transportadoras norte-americanas (recorde-se da n. 77 p. 253): tendo a Comissão Europeia tido êxito no 'contencioso' que culminou no final de Julho de 1997 com o afastamento destes últimos.

Sobre as dificuldades que é de esperar que continuem sempre a surgir ver Neven, Nuttal e Seabright (1993) e Davison e Fitzpatrick (1995).

[22] Nos termos do art. 295.°, o "Tratado em nada prejudica o regime da propriedade nos Estados-membros".

[23] No mesmo sentido dispõe, em relação ao carvão e ao aço, o art. 83.° do Tratado de Paris.

Ou seja, por um lado admite-se expressamente a sua existência e por outro sublinha-se a preocupação de que sejam respeitadas – em condições de igualdade – as regras da concorrência. Nos termos do n. 2 do artigo trata-se de preocupação a ter também com as "empresas encarregadas da gestão de serviços de interesse económico geral ou que tenham a natureza de monopólio fiscal", sendo-lhes aplicado em princípio o mesmo regime.

Levanta-se todavia a dificuldade de, com o seu peso e a sua influência, ficar de facto salvaguardado o cumprimento de tais normas, não sendo violado designadamente o art. 87.º, que, como veremos dentro em pouco (em IV.2.1.3), proibe auxílios públicos, ou ainda as disposições nos termos das quais não pode haver preferências em concursos de obras e de fornecimento de bens e serviços (IV.2.1.4).

E, na prática, com o peso e a influência das empresas em análise não deixarão de verificar-se abusos e dificuldades de apreciação, v.g. com subsídios compensatórios do cumprimento de obrigações de serviço público e quando de concursos disputados por propostas próximas entre si [24].

---

[24] Num artigo que foi afastado em Amesterdão (o art. 91.º) o Tratado referia depois o procedimento a seguir havendo práticas de *dumping*.

Tratava-se todavia de um artigo com relevo apenas transitório para os países membros (aplicável "durante o período de transição"; falando Flory, 1992, p. 485, num "interêt historique"); deixa de relevar quando estão integrados num mesmo mercado: dado que quando não há fronteiras um bem vendido mais barato num outro país pode voltar de imediato por esse preço mais baixo (efeito de *boomerang*). O seu conteúdo voltou a ter sentido e aplicação (transitória) em relação a novos membros, nos casos português e espanhol através do art. 380.º do Tratado de Adesão (cfr. *Diário da República*, I Série, de 18.9.1985.

Estando depois as relações internas sujeitas às demais regras da concorrência, a problemática do *dumping* põe-se em relação a terceiros países, v.g. com a aplicação do regulamento (CE) n.º 384 do Conselho de 22.12.1995 (sobre esta temática ver por ex. Van Bael e Bellis, 1996; ou já antes Beseler e Williams, 1986 e Boudant, 1991)

Em cada caso levanta-se a questão de saber se se está face a uma verdadeira prática de *dumping*: só se estando perante tal situação quando um bem seja exportado por um preço inferior ao praticado internamente. Se se pratica um preço baixo que é todavia igual ao preço praticado no país está-se simplesmente perante um preço que resulta de uma vantagem comparativa de que se dispõe, como seja, na linha do teorema de Heckscher-Ohlin, de haver mão-de-obra abundante. Tal como ninguém

2.1.2. Os auxílios estaduais

Trata-se de uma forma de distorção da concorrência que tem vindo a ter também um grande relevo, embora esteja a decrescer [25]:

---

põe em causa que um país beneficie no comércio internacional de vantagem relativa por ter muito capital e consequentemente juros baixos, também não pode pôr-se em causa a vantagem de um outro (mais pobre...) que, por ter muita oferta de trabalho, dispõe de salários baixos.

Nas relações da União Europeia com países terceiros menos desenvolvidos fala-se muito de '*dumping* social', na avaliação do qual não pode naturalmente deixar de ter-se em conta o que acabámos de dizer.

Sendo com frequência o *trade* uma forma de promoção mais favorável do que a *aid* (devendo pelo menos ser utilizado simultaneamente), é mesmo nossa obrigação abrir as portas às exportações mais trabalho-intensivas em que esses países têm vantagem comparativa, com o que se consegue um ganho de ordem geral, beneficiando não só os países exportadores como os nossos consumidores e os nossos produtores que utilizem na produção (como bens intermediários) bens importados mais baratos (e devendo naturalmente apoiar-se directamente as reestruturações viáveis ou as reconversões dos que fiquem prejudicados com a concorrência).

O que não pode já aceitar-se é que qualquer país exportador seja beneficiado como consequência de não cumprir regras mínimas no domínio social, de horários e de segurança no trabalho, ou ainda de proibição da utilização de mão-de-obra infantil ou de prisioneiros não pagos...

É com esta lógica, procurando-se aliás 'forçar' assim esses países a cumprir regras que são do interesse dos seus próprios cidadãos (mesmo de salvaguarda da sua dignidade), que as instituições comunitárias, designadamente o Parlamento Europeu, exigem a inclusão de uma cláusula social em todos os acordos celebrados. Afastando a dúvida de que se trate de uma exigência proteccionista da União Europeia remete-se de um modo geral para as normas da Organização Internacional do Trabalho (OIT).

Recentemente tem-se falado ainda de *dumping* ecológico, sendo mais baixos os custos das empresas dos países com menores exigências. A seu propósito pode dizer-se também que as exigências feitas serão do interesse dos cidadãos dos países que o praticam, obrigando-os às cautelas necessárias; acrescendo a possibilidade de a falta de cuidados ecológicos ter consequências negativas para além das próprias fronteiras, em relação às quais os 'vizinhos' devem legitimamente defender-se (devendo de qualquer modo as exigências que se fazem ter em conta as condições 'regionais': cfr. *infra* IV.3.5.3 e IV.3.6).

Sobre a utilização de medidas anti-*dumping* numa 'política comercial estratégica' da União Europeia ver Tharakan (1996; ou Tharakan e Waelbroeck, 1994, comparando com a prática nos EUA); e num quadro mais vasto (do GATT, v.g. na sequência do Uruguai Round), Leidy (1994), Steele ed. (1996) e a bibliografia aqui citada.

[25] Aumentaram sensivelmente nos anos 70, com a crise então verificada (ver Druesne e Kremlis (1990, p. 74). Desde 1993 tem havido uma diminuição em termos

sendo de facto muito significativos os auxílios que os Estados (e outras entidades públicas) prestam, sob formas muito diversas [26], incluindo subvenções directas, bonificações de juros, isenções ou reduções fiscais ou ainda por exemplo participações no capital de sociedades [27].

O art. 87.º proíbe tais auxílios, considerando-os "incompatíveis com o mercado comum na medida em que afectem as trocas comerciais entre os Estados-membros" e "falseiem ou ameacem falsear a concorrência, favorecendo certas empresas ou certas produções" [28]. Temos aqui de novo estas condições, pois, para que se trate de uma prática não permitida.

Não podem todavia deixar de admitir-se excepções em casos em que razões sociais ou económicas aconselhem a intervenção pública. O art. 87.º admite-as em termos diferentes consoante se trata dos casos considerados no n. 2 ou no n. 3.

De acordo com o n. 2 *"são compatíveis* com o mercado comum" (itálico nosso), ou seja, trata-se de uma compatibilidade automática, que não requer uma apreciação caso a caso, *a)* "os auxílios de natureza social atribuídos a consumidores individuais com a condição de serem concedidos sem qualquer discriminação relacionada com a origem dos produtos" e *b)* "os auxílios destinados a remediar os danos causados por calamidades naturais ou por outros acontecimentos extraordinários" [29]. No primeiro caso compreende-se bem a ressalva

---

absolutos e relativos. Sectorialmente sobresssaem os apoios à industria transformadora e aos transportes (o caso muito especial da agricultura é considerado em IV.3-1) e entre os países os que são proporcionados na Itália, no Luxemburgo, na Irlanda, na Dinamarca e na Alemanha (sendo Portugal, o Reino Unido e a Suécia os países onde os apoios são menores; cfr. Comissão Europeia, 2000b).

[26] Pode tratar-se de apoios gerais ou por exemplo de apoios dirigidos especialmente à promoção das exportações.

[27] A menos que estas sejam feitas pelo valor real (do mercado) das acções ou quotas subscritas.

[28] Devendo ser restituídas quando não sejam concedidas nas condições do Tratado (cfr. o art. 88.º e entre nós Almeida, 1997).

[29] A alínea c) admite igualmente, com relevo histórico(sendo de admirar que não tenha sido afastada numa revisão feita em 1997...), os auxílios atribuídos a regiões da Alemanha afectadas pela divisão imposta a este país depois da 2.ª Guerra Mundial (com a formação da República Democrática Alemã).

feita no fim, não sendo por exemplo aceitável que um apoio alimentar à infância seja admitido tratando-se de um produto (por ex. leite) nacional mas não tratando-se de um produto de outro país da União.

Já os casos considerados no n. 4 dependem de uma apreciação caso a caso, dizendo-se que *podem* ser considerados compatíveis" (itálico nosso). Aqui se incluem a) "os auxílios destinados a promover o desenvolvimento económico de regiões em que o nível de vida seja anormalmente baixo ou em que exista grave situação de subemprego", b) "os auxílios destinados a fomentar a realização de um projecto importante de interesse europeu comum, ou a sanar uma perturbação grave da economia de um Estado-Membro", bem como c) outros "auxílios destinados a facilitar o desenvolvimento de certas actividades ou regiões económicas, quando não alterem as condições das trocas comerciais de maneira que contrariem o interesse comum". O Tratado de Maastricht veio trazer uma nova alínea, a al. d), admitindo "os auxílios destinados a promover a cultura e a conservação do património, *quando não alterem as condições das trocas comerciais e da concorrência na Comunidade num sentido contrário ao interesse comum* (itálico nosso)[30]. Por fim, a actual alínea *e*) (ex-alínea *d*)) admite que o Conselho, deliberando por maioria qualificada sob proposta da Comissão, considere compatíveis ainda outras categorias de auxílios.

Sobre o modo de proceder em relação ao controle dos auxílios concedidos, designadamente sobre a intervenção do Tribunal das Comunidades, dispõem os arts. 88.° e 89.° (este com nova redacção do Tratado de Maastricht).

---

[30] É assim bem claro que o próprio texto do Tratado não admite que deixem de ser cumpridas as regras gerais de defesa da concorrência: não podendo pois a promoção da cultura sobrepor-se a tais regras, v.g. ao cumprimento dos arts. 81.° e 82.°, tal como foi sugerido num relatório do Parlamento Europeu (relatório Tongue), como modo de se apoiar o serviço público de informação. Tal como um apoio público poderá justificar-se para que sejam proporcionados programas socialmente relevantes mas não lucrativos (proporcionados por um serviço público ou por uma empresa privada que seja compensada nessa medida), por seu turno a concorrência assegurada pela intervenção privada é indispensável à independência e à pluralidade na informação: valores também socialmente (e politicamente) indispensáveis.

Com especial relevo para Portugal são admitidos auxílios ao abrigo da alínea a) do número 3. Não poderia aliás deixar de ser assim, sob pena de não poder dispôr-se de uma política regional que, como veremos em IV.4.2, é importante não só para os países mais carecidos (v.g. Portugal) como para o conjunto da União (cfr. A. Marques, 1999a).

Entre os casos passados justificando referência aqui – casos com o nosso país que suscitaram polémica – contam-se o da (não) aceitação do Sistema Integrado de Incentivos ao Investimento (S-III), estabelecido pelo Decreto-Lei n. 194/80, de 19 de Junho, e o das ajudas ao projecto Ford-Volkswagen (da Auto Europa, em Palmela).

No primeiro acabou por se dar a circunstância curiosa de o Sistema não ter sido considerado satisfatório pela Direcção Geral de Política Regional (DG-16, agora designada Regio), ou seja, em termos de promoção regional, não tendo por isso podido beneficiar de apoio do FEDER [31]; tendo passado contudo 'o crivo' da Direcção Geral da Concorrência, que aceitou que, dado o propósito em vista, não havia violação das regras de concorrência do art. 92.° (o actual art. 87.°), podendo consequentemente funcionar com a utilização de verbas estaduais portuguesas.

No caso da Ford-Volkswagen estava em causa (além de uma alegada violação do art. 81.°, com a parcela de mercado que viria a ser ocupada), a distorção provocada pelos apoios financeiros nas condições de concorrência com as empresas fabricantes de veículos do mesmo tipo; tendo todavia a queixa apresentada por quem tinha entretanto a maior fatia do mercado, a MATRA, sido rejeitada pela Comissão, por maioria dos seus membros, e mais recentemente pelo Tribunal das Comunidades, para o qual foi interposto recurso, com base na consideração de que interesses da política regional justificariam a intervenção pública (estadual e comunitária) pretendida pelo Governo português [32].

---

[31] Tal veio a acontecer, como é sabido, com o SIBR, que veio a ser instituído em 1988 (através do Decreto-Lei n. 15-A/88, de 18 de Janeiro), face à premência de correspondermos à exigência da DG-16.

[32] Acordão do Tribunal de 1.ª Instância de 15 de Julho de 1994 (Processo T-17/93, e anteriormente C-225/91 R).

2.1.3. As compras públicas [33]

Devem ser consideradas também formas de auxílio 'proteccionista' as compras públicas favorecedoras de produtores nacionais. Embora não sejam referidas nos arts. 87.º a 89.º podem ser consideradas no espírito e mesmo na letra do Tratado, designadamente no art. 12.º (era o art. 7.º na redacção de 1957), que proibe "toda e qualquer discriminação em razão da nacionalidade", ou ainda nos artigos que impedem restrições ao comércio livre, à livre prestação de serviços e à livre circulação (entre outros nos arts. 28.º e 49.º) [34].

Constituem intervenções com um grande (e crescente) relevo, dado o que as depesas públicas (dos Estados, autarquias regionais e locais e empresas públicas) representam no conjunto das despesas: em 1998 14% do PIB dos quinze países membros, num montante de 1000 milhares de milhões de ECU's, ou seja, um valor correspondente a mais de metade do PIB da Alemanha (era 11,1% de PIB da UE em 1994, correspondente ao conjunto dos PIB's da Bélgica, Dinamarca e Espanha), 277,15 euros (mais de 55,5 contos) por cidadão da União (Comissão Europeia, 2000a, p. 19). E não pode deixar de estranhar-se que em 98% dos casos (segundo estimativa anterior da Comissão) as compras fossem feitas a empresas nacionais, quando era bem diferente o procedimento dos privados, comprando em muito maior percentagem a empresas estrangeiras... [35]. Foi

---

[33] São os *public procurements* na designação inglesa (está próxima dela a designação que seguimos) ou os *marchés publiques* na designação francesa (com frequência traduzida à letra, 'mercados públicos', a par de 'contratos públicos', nas versões portuguesas dos documentos das instituições europeias). Poderá falar-se também em concursos públicos, que são o meio através do qual – como referiremos no texto, com os termos definidos a nível comunitário – devem ser feitas as compras em análise.

[34] Ver por ex. Gohon (1991, p. 11) e Swann (2000, pp. 166-9). Trata-se de reserva que se põe naturalmente em relação a preferências regionais, por exemplo a uma lei italiana que obrigava a atribuir pelo menos 3% dos fornecimentos a empresas do *Mezzogiorno* (havendo outros casos, no Reino Unido, na Alemanha e na Grécia, e uma tolerância admitida até 1993: cfr. Druesne, 1998, p. 77).

[35] Não sendo desde logo de crer que apenas em 2% dos casos fossem melhores as condições de qualidade e/ou preço oferecidas por empresas de outros

avaliado, quando os cálculos foram feitos, em cerca de 22 mil milhões de ECU's o custo da ausência de concorrência neste domínio, correspondendo a metade do valor do orçamento da União e a 0,6% do seu PIB [36].

Trata-se assim de custos que não são de forma alguma 'compensados' pelas 'vantagens' de se dar preferência a nacionais, numa linha 'proteccionista' que se tem procurado 'justificar' em diferentes perspectivas, incluindo a perservação e a promoção de emprego, a 'segurança' proporcionada por não se depender de fornecedores estrangeiros, a valorização da investigação em centros nacionais, reforçando-se a capacidade de resposta da Europa em relação a outros espaços (v.g. em relação aos espaços americano e japonês) ou ainda a defesa da balança dos pagamentos.

Não se justificando estar e referir aqui os vários passos que foram sendo dados (ver locs. cits.) desde 1971, distintos em relação às compras de bens materiais, às compras de serviços e à adjudicação de obras, será de referir que durante vários anos ficaram excluídos sectores de grande importância (os 'sectores excluídos'), casos da energia, da água, dos transportes e das telecomunicações, que vieram a ser considerados apenas por directivas aprovadas a partir de 1988 (revistas em 1993, quando da revisão também das demais).

Tratando-se de contratos acima de determinados montantes [37] as autoridades são obrigadas a publicar anúncio no *Jornal Oficial*

---

países (cfr. Acquitter, 1993, p. 653, Dinan, 1999, pp. 345-6, R. Jones 1996, p. 175 e Moussis, 1999, p. 96). Uma denúncia recente foi a da construção do estádio onde em 1998 teve lugar a final do Campeonato do Mundo de Futebol, em França (cfr. *Financial Times* de 23.1.1997).

[36] Ver o Relatório Chechini e de novo Gohon e Acquitter (locs. cits.), bem como, sobre os progressos conseguidos com a legislação em vigor, Comissão Europeia (1996a, p. 5) e Monti (1996, p. 34); tendo o valor dos concursos públicos anunciados no *Jornal Oficial* (e na sua versão electrónica) passado de 12 000 euros em 1987 para 59 000 em 1993 e para 137 000 em 1998 (com uma previsão de 200 000 dentro de dez anos), tendo sido sensível a percentagem de aumento das compras a empresas estrangeiras (cfr. também Comissão Europeia, 2000a).

[37] Actualmente 200 000 ECU's para contratos de fornecimento de bens materiais e serviços (400 000 para os 'sectores excluídos') e 5 milhões de ECU's para os contratos de obras.

da União, havendo ainda disposições de harmonização das regras dos concursos e de contestação no caso de não cumprimento (ver por ex. mais uma vez Acquitter, 1993, pp. 655-8 ou Bright, 1994)[38].

Recentemente o "Livro Verde sobre os Mercados Públicos na União Europeia" (Comissão Europeia, 1996a) visou proporcionar "pistas de reflexão para o futuro"(nos termos do seu sub-título), no reconhecimento de que "uma política eficaz no domínio dos mercados públicos é fundamental para o sucesso do mercado único no seu conjunto" (p. 5).

2.1.4. Os monopólios nacionais

A intervenção proteccionista tem-se verificado ainda tradicionalmente através de "monopólios nacionais de natureza comercial", referidos no Tratado no art. 31.° (antigo art. 37.°), no capítulo sobre a eliminação das restrições quantitativas entre os Estados-membros.

Nos termos do artigo "os Estados-membros adaptarão progressivamente os monopólios nacionais de natureza comercial, de modo a que, findo o período de transição, esteja assegurada a exclusão de toda e qualquer discriminação entre nacionais dos Estados-Membros, quanto às condições de abastecimento e de comercialização"; acrescentando-se no parágrafo seguinte que o disposto no presente artigo é aplicável a qualquer organismo através do qual um Estado-Membro, *de jure* ou *de facto*, controle, dirija ou influencie sensivelmente, directa ou indirectamente, as

---

[38] Pode haver além disso interesse em abrir reciprocamente os mercados públicos com países terceiros, numa linha de aproveitamento de vantagens comparativas diferentes a nível mundial. No quadro do Uruguai Round 22 países membros (os quinze membros da União Europeia, os Estados Unidos, o Canadá, o Japão, a Coreia, a Noruega, a Suíça e a Islândia) assinaram um novo Acordo de Compras Públicas (AGP, *Agreement on Government Procurement*) que entrou em vigor em 1.1.1996 (ver King e Graaf, 1994 e Mattoo, 1996, este com uma análise mais económica); estando de momento em curso o processo legislativo de adaptação das directivas comunitárias a este compromisso.

importações ou as exportações entre os Estados-Membros", bem como "aos monopólios delegados pelo Estado"[39].

Trata-se de monopólios que podem aparecer como formas de estabilização dos mercados, assegurando as vendas ou as compras dos produtos: tal como acontecia no nosso país com a Administração Geral do Açúcar e do Alcool (AGAA), v.g. assegurando o fornecimento deste produto aos produtores de licores[40], com a SACOR (PETROGAL), com o exclusivo da importação e da refinação dos produtos petrolíferos[41], ou ainda com a Empresa Pública de Abastecimento de Cereais (EPAC), assegurando a sua compra aos agricultores: havendo em qualquer dos casos discriminações contrárias à sã concorrência que se pretende assegurar[42].

---

[39] Com mais desenvolvimentos ver por ex. Shapira, Tallec e Blaise (1996).

[40] Não tendo havido nenhuma liberalização gradual no decurso do período de transição estabelecido as Caves Neto Costa intentaram uma acção, que todavia perderam, contra o Ministro do Comércio e Turismo e o Secretário de Estado do Comércio Externo de Portugal (Processo C-76/91, com o Acordão em 19.1.1993).

Sobre as 'organizações de mercado' de produtos agrícolas que tinhamos em Portugal ver M. E. Azevedo (1987b, pp. 237-378).

[41] Podendo acrescentar-se o caso da Comissão Reguladora do Comércio do Bacalhau, com o monopólio da importação para se 'garantir' o seu fornecimento aos consumidores.

O art. 208.º do Tratado de Adesão de Portugal (cit. *supra* p. 281) estabeleceu uma adaptação progressiva do regime do art. 31.º (então art. 37.º) até 1 de Janeiro de 1993. Sendo mais célere a adaptação para os produtos petrolíferos (e agrícolas), a PETROGAL beneficiou contudo de um período de adaptação mais alargado.

[42] Estão fora do âmbito de aplicação do art. 31.º os monopólios de serviços, v.g. das chamadas *public utilities* (ver já o 'velho' acordão do Tribunal de Justiça no caso Costa c/ ENEL, de 15 de Julho de 1964: cfr. Jalles, 1979, pp. 18-21, Druesne e Kremlis, 1991, p. 103 e Swann, 2000, p. 169). Assim acontece com os monopólios dos sectores dos transportes, gás, electricidade, água e informação. Mas por exemplo os monopólios dos transportes estão agora a ser afastados, com outra base jurídica, através da política de liberalização que tem vindo a ser seguida (ver *infra* IV.2.2).

O art. 37.º tinha ainda um n.º 4, afastado em Amesterdão, dando uma consideração especial ao caso dos produtos agrícolas, com a preocupação de que devam "ser tomadas medidas para assegurar" "garantias equivalentes para o emprego e nível de vida dos produtores interessados tomando em consideração o ritmo das adaptações possíveis e das especializações necessárias". Também aqui, pois, a actividade agrícola suscitou uma atenção especial (ver *infra* o que diremos em IV.3.1).

Podendo tratar-se de 'monopólios' nacionais de natureza comercial há ainda casos em que o seu objectivo é a cobrança de receitas, sendo sectores muito lucrativos: tal como acontece com a produção do tabaco ou dos fósforos [43]. Trata-se então de monopólios fiscais, sujeitos também como tais às regras gerais de concorrência estabelecidas pelo Tratado, nos termos do n. 2 do art. 86.º.

2.2. A política de transportes

2.2.1. Introdução

Assim como outras políticas são do interesse especial de outros países, por exemplo a livre concorrência do interesse da Alemanha e a política agrícola do interesse da França, a política de transportes tinha e tem um interesse muito grande para a Holanda, com uma participação muito significativa no sector, acrescida ao longo dos anos [44].

Trata-se de política já considerada no Tratado de Roma na sua redacção inicial, num título próprio, o título IV da parte III (sobre "as políticas da Comunidade"), abrangendo onze artigos (74.º a 84.º; são agora os arts. 70.º a 80.º).

Aconteceu todavia que durante muito tempo nada ou quase nada se avançou neste domínio, tendo mesmo o Parlamento Europeu – num procedimento até agora único – accionado o Conselho junto do Tribunal das Comunidades, com ganho de causa, por não concretização das disposições do Tratado (apesar de algumas iniciativas da Comissão logo a partir do Memorando Schaus, de 1961, apresentado pelo Comissário responsável pelo sector, Lambert Schaus, e do consequente Programa de Acção de 1992).

---

[43] A natureza de monopólios comerciais não é excluída por haver igualmente uma actividade industrial.

[44] Com um relevo peculiar para o porto de Roterdão (o porto mundial com maior volume de mercadorias), servindo vários países em articulação com diferentes modos de transporte (v.g. através do 'corredor' do Reno: cfr. Swann, 2000, p. 254). Sobre as implicações deste relevo na distribuição geográfica dos recursos próprios ver *infra* IV.4.4.3, em especial p. 407.

Foi uma falta de intervenção que não pode encontrar justificação no articulado vigente, v.g. na circunstância de este limitar a política comunitária (nos termos do n.º 1 do primitivo art. 84.º) aos "transportes por caminho de ferro, por estrada e por via navegável". De facto nada foi feito mesmo em relação a estes modos de transporte e desde cedo foi entendido que a Comunidade podia intervir igualmente em relação aos demais, v.g. aos transportes aéreo e marítimo, caso se verificassem violações da concorrência, com base nas disposições gerais ou, independentemente disso, quando fosse julgado necessário, deliberando-se com base no art. 235.º, actual art. 308.º (por unanimidade, tratando-se de "uma acção" "considerada necessária para atingir, no curso de funcionamento do mercado comum, um dos objectivos da Comunidade")[45].

É de estranhar pois a omissão verificada, tendo em conta por um lado o papel básico dos transportes – instrumental em relação a toda a actividade económica e social comunitária[46] – e por outro a necessidade de intervenção, dados o grande peso dos seus custos e as distorções na concorrência verificadas entre os países (o que, além de criticável no plano da equidade, constitui uma ineficiência agravadora dos custos).

---

[45] Actualmente, com a nova redacção dada pelo Acto Único ao n. 2 do art. 84.º (actual art. 80.º), já pode "o Conselho, deliberando *por maioria qualificada*", "decidir se, em que medida, e por que processo podem ser adoptadas, para os transportes marítimos e aéreos, disposições adequadas" (itálico nosso).

[46] Sendo de acrescentar o seu relevo próprio como sector económico, representando 7% do PIB da União (por exemplo a agricultura representa 5%), empregando 5,6 milhões de pessoas (ainda 2,5 milhões na produção de material de transporte) e consumindo cerca de 28% da energia total consumida; bem como o efeito de dinamização sobre actividades que lhe dão apoio, incluindo a construção de infra-estruturas, com verbas elevadíssimas, ou serviços de seguros, apoio bancário, etc. (cfr. R. Jones, 1996, p. 209, McGowan, 1998c, p. 249 e Moussis, 1999, pp. 395-6).

Estando aliás o crescimento dos transportes ligado ao crescimento das economias, constata-se que tem vindo a ultrapassá-lo: entre 1970 e 1990 o aumento médio anual do PIB da UE foi de 2,3%, tendo sido de 2,6% o aumento do transporte de mercadorias e de 3,1% o aumento do transporte de passageiros (Barnes e Barnes, 1995a, pp. 79-80).

O inconveniente de haver preços de transporte elevados é especialmente sensível em relação a produtos de grande volume e/ou peso, chegando a representar uma percentagem significativa do seu preço. Compromete-se assim o pleno aproveitamento das potencialidade proporcionadas pelo mercado, não se instalando as empresas e as pessoas nos locais mais adequados e ficando por permutar bens que numa lógica económica correcta deveriam sê-lo.

No que respeita aos desequilíbrios e falhas de concorrência, têm-se verificado em diferentes domínios, das exigências técnicas à fiscalidade.

Importava pois pôr em prática uma política comunitária de transportes, visando uma diminuição geral dos custos e em especial que os transportes não estivessem sujeitos a distorções, sendo muito grandes as diferenças de condições de país para país.

2.2.2. A liberalização e a harmonização de normas técnicas

Para a ultrapassagem destas dificuldades duas primeiras vias seriam a liberalização e a harmonização das normas aplicáveis.

2.2.2.1. *A liberalização dos transportes*

Não podendo entrar aqui em pormenores, podemos dar exemplos de intervenções impeditivas da livre concorrência, v.g. nos transportes rodoviário e aéreo[47]. Nos primeiros havia quotas estabelecendo o número máximo de veículos, a proibição de serviços de cabotagem[48], ou ainda por exemplo tarifas fixas ou com for-

---

[47] Pela natureza das coisas seria menos sensível o que havia a fazer nos demais modos de transporte: fluvial, marítimo e ferroviário.

[48] Consistem no aproveitamento do retorno de um serviço para transportar pessoas e bens: a título de exemplo, a possibilidade de os transportadores portugueses, no regresso de uma entrega na Alemanha, trazerem alguma mercadoria de França. Num estudo elaborado calculou-se que a proibição da cabotagem leva a um acréscimo de 20% no número dos veículos em circulação, com os consequentes custos privados e sociais (Ernst & Whitney, 1987, anexo III, cit. em Barrass e Madhavan, 1996, p. 230).

quilhas de máximos e mínimos[49]. Nos transportes aéreos eram também muito limitadas as possibilidades de concorrência, com monopólios estaduais (ou de empresas apoiadas pelos Estados) na exploração das carreiras regulares[50], admitindo-se apenas a reciprocidade dos operadores congéneres dos países servidos, bem como ainda por exemplo com fixações de tarifas[51].

---

[49] Tendo os valores máximos o objectivo de impedir um ganho exagerado dos operadores, com o agravamento dos custos dos transportes, e os valores mínimos o objectivo de se impedir o aviltamento dos preços com uma concorrência predatória, especialmente fácil por no transporte rodoviário qualquer pessoa poder operar com um veículo velho e sem condições de segurança...

[50] Chegando-se à situação de estarem 'monopolizadas' por uma ou duas companhias de cada país 95% das 630 rotas internacionais da Europa (R. Jones, 1996, p. 212).

Como lembra Lee (1997, p. 226), "each state had its own flag-carrying airline, which was usually in public ownership. It was often expected to serve some non-commercial objectives, as part of its general remit, and was accustomed to receive state aid to assist in this".

[51] São circunstâncias, de menor concorrência e menor eficácia, que levaram a que na Europa as tarifas fossem (e sejam) muito mais elevadas do que nos Estados Unidos da América, por vezes 50% mais elevadas, calculando-se que tenhamos por isso linhas aéreas de um modo geral 20% menos competitivas (ver já o Relatório Paddio-Schioppa, 1987, p. 43, comparando as tarifas entre os dois espaços, e OCDE, 1988, pp. 9 e 54: sublinhando que "experience has demonstrated that deregulation and progressive liberalization produce substantial benefits for efficient air transport services and users"; e notando que mesmo no interior dos Estados Unidos uma eficiência maior foi conseguida em Estados onde era maior a desregulamentação).

Alguma nova concentração na sequência da liberalização americana não parece ter levado ao nível da concentração anterior (cfr. OCDE, 1997, p. 94; não se confirmando pois as reservas de Kahn, 1988) e um alegado menor cuidado com as normas de segurança pode e tem vindo a ser combatido com uma exigência maior no seu cumprimento. Não há de facto "empirical evidence in support of the view" de que "airline deregulation in the United States has led to a decrease in safety standards due to cost-cutting in airlines to gain a competitive advantage" (OCDE, 1988, p. 9). Pelo contrário, diminuíu o número de acidentes, sendo aliás uma empresa privada menos cuidadosa inexoravelmente 'condenada' por esse facto num mundo de concorrência (o mesmo não acontecendo, ou acontecendo em muito menor medida, com uma empresa pública que dispõe do monopólio dos serviços num país....).

Sobre estes e outros aspectos ligados à concorrência ver ainda McGowan e Seabright (1989), Doganis (1991), Bauchet e Rathery (1993), Comité dos 'Sábios' (1994), Adkins (1994), Davison (1995), Bauchet (1996), Kassim (1996), Goh (1997)

2.2.2.2. A harmonização de normas

Eram por seu turno grandes as diferenças nas normas de país para país, com os Estados a poderem favorecer por isso os seus transportadores. Assim acontecia desde os limites de dimensão dos veículos aos horários de trabalho ou à tributação: o que, como se disse, além de ser iníquo provocava distorções impeditivas do pleno aproveitamento dos recursos existentes. A título de exemplo, no transporte rodoviário era prejudicado na concorrência um país que concorresse nas mesmas estradas com veículos de menor dimensão, com condições sociais mais rígidas [52] ou ainda tributando de acordo com o princípio da nacionalidade quando os outros tributassem de acordo com o princípio da territorialidade [53].

---

ou de novo OCDE (1997, onde se conclui que "d'après toutes les informations qui ont été recueillies, il est clair que les mécanismes de concorrence se sont renforcés et que, parallélement, *l' efficience économique s'est améliorée*. La situation que l'on peut observer sur le marché intérieur aux Etats Unis (Keeler, 1990) et sur plusieurs marchés internationaux intra-européens est donc tout à fait conforme aux notions de *concurrence praticable*" (pp. 91-2, com itálico nosso). Procurando perspectivar o futuro, a partir da realidade americana, ver Gourdin (1997).

[52] O cumprimento de horários máximos de trabalho passou a ser controlado com a obrigação de instalação de tacómetros.

[53] Sendo por isso os transportadores do primeiro duplamente tributados nos segundos (por exemplo com a tributação do combustível aqui consumido, não deixando de ter a oneração da tributação nacional, v.g. com um imposto como o nosso antigo 'imposto de compensação') e os dos segundos isentos quando circulassem no país seguidor do princípio da nacionalidade (cfr. Porto, 1972, mostrando o prejuízo que durante anos afectou assim os transportadores rodoviários portugueses). Trata-se de problema semelhante ao que veremos dentro em pouco, da imputação dos custos das infraestruturas, havendo países a custeá-las através dos orçamentos nacionais e outros com impostos sobre os combustíveis ou com taxas (portagens) pagas pela utilização das vias.

Não está já directamente em causa a concorrência por exemplo quando se trata apenas de haver tributação diferente sobre os combustíveis se todos os países seguirem o princípio da territorialidade.

2.2.2.3. As medidas tomadas em relação aos diferentes modos de transporte

Tudo apontava, pois, no sentido de dever caminhar-se para a liberalização e para a harmonização, numa linha para a qual, em cumprimento do Livro Branco do Mercado Único (onde foi inventariada uma grande parte das distorções existentes) e nos termos do Acto Único, foi aprovado um conjunto significativo de regulamentos e directivas [54].

Sem entrarmos em pormenores [55], podemos começar por sublinhar que no transporte rodoviário foram feitos progressos nos domínios da liberalização dos preços, do alargamento (ou afastamento) das quotas e da permissão da cabotagem. Não há todavia ainda liberalização completa. A título de exemplo, estão liberalizados os transportes entre países, mas não dentro de cada país; e nos transportes de passageiros a cabotagem ainda só é permitida em serviços não regulares.

No que respeita ao transporte aéreo, um primeiro impulso para a sua liberalização veio na sequência do caso 'Novas Fronteiras', concluído com a decisão do Tribunal de Justiça no sentido de serem aplicáveis ao transporte aéreo as regras dos arts. 85.º a 90.º, actuais arts. 81.º a 86.º (política de *open skies*), num prazo de quatro anos. Depois, com muito maior significado e muito maior concretização na última década foram aprovados três pacotes de medidas, em 1987, 1990 e 1992, que levaram a uma flexibilização progressiva das tarifas, da repartição da capacidade e da prestação dos serviços: tendo-se chegado em 1 de Abril de 1997 à liberalização total dos serviços, mesmo no interior de um

---

[54] O número de diplomas legislativos (regulamentos, directivas e outros) no domínio dos transportes subiu de 46 em 1973 para 416 vinte anos depois (em 1993), numa progressão maior do que na generalidade dos demais sectores (Grupo Tindemans, 1995, pp. 23-4).

[55] Sobre os passos dados nos diferentes modos de transporte ver por ex. Ayral (1995, pp. 81-2), Bauchet (1996, pp. 168-71), Garcia (1999, pp. 85-204), Moussis (1999, pp. 408-20) e Dearden (1999, pp. 258-79).

outro país (intervindo a Comissão quando haja violações da concorrência)[56].

Nos transportes marítimo e em águas interiores os passos principais foram dados no domínio da cabotagem; e no transporte ferroviário está a ser promovida a concorrência, acompanhando as privatizações, com a utilização comum das vias férreas (acrescendo a promoção de uma indispensável concorrência com os demais modos de transporte: CEMT, 1995).

2.2.3. A construção e a melhoria de infraestruturas

Para a redução dos custos e o aumento da eficácia é indispensável também a existência de infraestruturas modernas e adequadas aos vários modos de transporte, incluindo os aeroportos e os meios de ajuda e controle no transporte aéreo, as linhas de alta velocidade (v.g. de TGV) no transporte ferroviário, as auto-estradas no transporte rodoviário ou os portos nos transportes marítimo e fluvial.

Trata-se de infraestruturas deixadas tradicionalmente à responsabilidade exclusiva dos orçamentos nacionais, com excepção das que, por razões aí enquadráveis, tinham apoio no âmbito da política regional com verbas do FEDER. Era assim uma lógica circunscrita aos países e regiões com acesso a este fundo, que deixava de fora grandes espaços da Comunidade onde, por razões de interesse geral, é também necessária uma intervenção no domínio dos transportes.

Constituiu pois novidade a iniciativa que a União, na sequência do Tratado de Maastricht (arts. 129-B a 129-D, actuais arts. 154.º a 156.º), passou a ter em relação a infraestruturas de interesse comunitário, concretizada na definição de Redes Transeuropeias de transportes rodoviários, ferroviários e de energia[57].

---

[56] Sobre a evolução que se foi verificando ver de novo as referências da n. 51, p. 291. Mas as tarifas europeias continuaram a ser mais elevadas do que as norte-americanas (cfr. *Financial Times* de 1.4.1997).

[57] Ver o COM (93) 700, pp. 90-1 e ainda por ex. Banister, Capello e Nijkamp (1995, Barras e Madhavan (1996, pp. 236-9), D. Johnson e Turner (1997) e Garcia (1999, pp. 207-17). No orçamento da União para 1997 foi aprovado (por iniciativa do Parlamento Europeu) um apoio de 100 milhões de ECU's às redes transeuropeias,

Um problema de especial relevo é o da imputação dos custos das infraestruturas.

Olhando para os números globais constata-se que na União Europeia (são considerados 13 países) a tributação que recai sobre os utentes da infraestruturas rodoviárias (impostos sobre os combustíveis, impostos de circulação e portagens), correspondendo a 2% do PIB, é muito superior (em 65 mil milhões de ECU's) à despesa que com eles é feita, correspondente a 1% desse valor[58]. É já diferente a situação na ferrovia (cobertura de 56%) e nas vias navegáveis (cobertura de 18%).

Numa linha de racionalização económica importa que cada modo de transporte seja pago pelos utilizadores. Mas nos cálculos a fazer não podem ser tidos em conta apenas os custos privados, têm de ser incluidos também os custos sociais, v.g. com o congestionamento e com a poluição[59]. Trata-se de situação que pode ser

---

custando todavia só as redes transeuropeias de transportes mais de 80 mil milhões... Tratou-se pois de um montante que teve um valor de indicação política, no caso mais concretamente para as ligações a leste, estando a verba na categoria 4 (a categoria das Políticas Externas).

Apresentados pelo XIII Governo constitucional, foram considerados apenas dois projectos que interessavam a Portugal: a ligação rodoviária Lisboa-Valladolid, com o valor de 2 mil milhões de EUC's, e o gasoduto Portugal-Espanha. Mas o primeiro foi abandonado pelo Governo que se seguiu, parecendo-nos todavia que devia ter sido mantido, com o trajecto proposto: servindo – no litoral e no interior – uma parcela muito significativa da população e da actividade industrial do país (ver o mapa IV.A.1, p. 511. Julgamos por outro lado de lamentar que então não tenha sido proposta nenhuma ligação em grande velocidade de Portugal às redes transeuropeias de caminhos de ferro, 'acabando' a Europa a ocidente, num meio de transporte do futuro – o TGV ou outro combóio de alta velocidade – que está a alargar-se a leste, em Madrid e Sevilha... (ver o mapa IV.A.2, p. 512 e cfr. Porto, Jacinto e Costa, 1990 e Porto 1996a); numa falha que felizmente se anuncia que será colmatada agora, como veremos na n. 67 p. 302.

[58] Em Portugal por exemplo em 1987 a receita foi de 902 milhões de ECU's e a despesa de 749 (cfr. Comissão Europeia, 1996d, pp. 29-30 e 83). Sobre a prática de financiamento em cada país europeu ver ainda Farrell (1999).

[59] Incluindo o *greenhouse effect*, sendo os transportes, principalmente os transportes rodoviários, responsáveis por 25% da emissão de dióxido de carbono e por percentagens ainda maiores de outras fontes poluentes (cfr. Barrass e Madhavan, 1966, p. 241-2 e Comissão Europeia, 1996d, p. 31). Sobre os vários custos sociais dos transportes e o modo de os ter em conta ver CEMT (1994), OCDE (1994b),

vista na fig. seguinte (fig. IV.1), com a curva da oferta a considerar os custos sociais:

FIG. IV.1

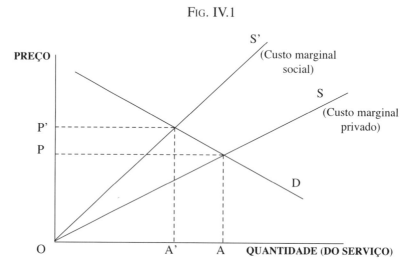

Estando em causa cobrir apenas os custos privados o preço é de PO e a oferta de serviços de OA.

Considerando-se todavia os custos sociais (as deseconomias externas) o preço deverá ser P'O, levando à redução da procura para OA'.

Ora, nesta linha há que ter em conta que são especialmente elevadas as deseconomias dos transportes rodoviários, com os custos sociais muito acima dos custos privados; devendo os preços reflecti-los também[60] e promover-se a reorientação da procura num sentido mais desejável[61].

D. Maddison *et al.* (1996), de novo Comissão Europeia (1996d) ou Connolly e Munro (2000, pp. 470-5).

[60] Se as pessoas com rendimentos mais baixos não puderem pagar preços tão elevados, com este ou com qualquer outro modo de transporte (socialmente mais favorável), a solução correcta estará em dar-lhes apoio directo ao rendimento, não em subsidiar transportes que favoreçam igualmente (talvez em maiore medida) pessoas com rendimentos mais elevados (cfr. Porto 1990, p. 9).

[61] Trata-se de reorientação que é especialmente necessária nas grandes cidades, onde são insuportáveis os custos sociais da utilização dos automóveis

No quadro europeu tem vindo a levantar-se uma problemática delicada por haver países especialmente atravessados por transportadores de outros países (caso da Alemanha, atravessada por transportadores da Holanda). Não havendo pagamento de portagens ou através dos combustíveis estão os contribuintes dos países atravessados a subsidiar os transportadores estrangeiros, que em nada contribuem para essas rodovias. Compreende-se pois também por esta razão que haja uma orientação geral no sentido de em maior medida os utilizadores pagarem os 'serviços' recebidos[62] (ver Comissão Europeia, 1998d).

2.2.4. Uma mais racional utilização dos vários modos de transporte

A necessidade de passar a verificar-se uma mais eficiente utilização dos vários modos de transporte (v.g. com o 'transporte combinado') tem vindo a ser reforçada nos anos mais recentes.

A evolução ocorrida entre 1970 e 1990 (sem se considerar o transporte marítimo) pode ser vista nos dois quadros seguintes, o primeiro (IV.1) com os valores do transporte de mercadorias (toneladas/quilómetro) e o segundo (IV.2) com os valores do transporte de passageiros (passageiros/quilómetro):

---

individuais. Embora se trate de problema de cada país, de acordo com o princípio da subsidiariedade, dada a sua gravidade compreende-se que a Comissão Europeia (cfr. 1995a) tenha vindo a dar sugestões de solução, v.g. com transportes colectivos eficazes e não poluentes (casos dos eléctricos rápidos, não se compreendendo demoras verificadas na sua instalação, tal como está a acontecer em Coimbra). Estão de qualquer modo favorecidos os países com redes urbanas mais equilibradas (casos por ex. da Holanda, da Alemanha e da Suíça), sem grandes concentrações populacionais (sobre a iniquidade e a incorrecção económica de ser toda a população dos países a suportar os défices financeiros dos transportes dos grandes centros e sugerindo soluções ver de novo Porto, 1990 e 1996a).

[62] Não sendo para tal adequado um sistema de vinheta, tal como existe por exemplo na Suíça, podendo ser muito grande a diferença entre o que se recebe e o que se paga (pagam o mesmo o utilizador diário e a pessoa que 'atravessa' o país num só dia).

QUADRO IV.1
Transporte de mercadorias (%)

Modo de Transporte	1970	1980	1990
Rodoviário	50,6	60,6	69,9
Ferroviário	27,8	20,2	15,4
Fluvial (inclui canais)	13,6	10,8	9,2
Pipeline	8,0	8,4	5,5

QUADRO IV.2
Transporte de passageiros (%)

Modo de transporte	1970	1980	1990
Carro individual	76,1	77,8	79,0
Autocarro	11,7	10,7	8,8
Ferroviário	10,0	8,0	6,6
Aéreo	2,2	3,5	5,6

Fonte dos dois quadros: Barnes e Barnes, 1995a, pp. 82-3, com dados da Comissão Europeia; com uma representação dos valores de 1970 e 1990 em diagrama ver Lee, 1997, pp. 207-8; e com dados mais agregados mas mais actualizados, de 1994 e projectados, mostrando a manutenção da tendência, ver Diekmann, 1995)

Vê-se que o transporte de mercadorias por rodovia, que em 1970 representava pouco mais de metade do total (50,6%), em 1990 representava já 69,9 (71% em 1994), reduzindo-se pelo contrário o relevo do caminho de ferro (de 27,8 para 15,4%, com uma redução mesmo em termos absolutos), por águas interiores (de 13,6 para 9,2%) e em *pipelines* (de 8 para 5,5%)[63].

No que respeita ao transporte de passageiros, além de se terem reforçado os relevos do transporte em viatura individual (de

---

[63] Mantem um grande relevo o transporte marítimo de mercadorias (não considerado no quadro), com 90% do tráfego extra-comunitário e 30% do tráfego intra-comunitário (ver por ex. Whitelegg, 1988, Comissão Europeia, 1996g e 1996h e Hitiris, 1998, p. 273).

76,1 para 79% do total) e do transporte aéreo (de 2,2 para 5,6%), diminuiu o relevo do transporte por caminho de ferro (de 10 para 6,6%) e em autocarro (de 11,7 para 8,8%).

O acréscimo do transporte rodoviário está a causar enormes problemas não só nas ligações inter-urbanas como principalmente nos acessos aos grandes centros, com os congestionamentos e as ineficiências que referimos já na n. 61 p. 298[64]. Por seu turno o transporte aéreo, com ruídos e atrasos, tem também inconvenientes e limitações assinaláveis que apontam no sentido de dever ser diminuída ou pelo menos não aumentar muito a sua utilização[65].

---

[64] Com perda para todos os demais transportes terrestres, aumentou pois o relevo relativo do modo de transporte mais poluente e mais congestionador, prevalecendo a comodidade e a vantagem individual que proporciona por ser um transporte 'porta a porta', quando com os demais terá de utilizar-se-se um outro transporte até à estação, porto ou aeroporto e depois daqui até ao local do destino final. Só com o transporte rodoviário individual são evitados os incómodos e as perdas de tempo verificados com estas mudanças (sobre o *greenhouse effect* recorde-se a n. 59 p. 297).

[65] Depois de algum recuo no início dos anos 90 (cfr. OCDE, 1997, p. 43) as previsões do consórcio Airbus são contudo no sentido de que o tráfego aéreo triplique nos próximos vinte anos (cfr. *Financial Times* de 7.3.1997)...

A poluição sonora ocasionada (não obstante os progressos conseguidos) tem levado naturalmente a que os novos aeroportos sejam construídos longe dos grandes centros urbanos, o que porém agrava por seu turno os congestionamentos dos tráfegos de entrada e saída que ocorrem diariamente, prejudicando os utilizadores do transporte aéreo e todos os demais cidadãos. Importa por isso que os aeroportos sejam servidos directamente – no seu interior – pelas principais linhas nacionais de caminhos de ferro, com os bons resultados – valorisando-se reciprocamente os dois modos de transporte e servindo-se muito melhor os utentes – que se conhecem por ex. na Alemanha, na França, na Holanda e na Suíça (cfr. Porto 1992c, sendo de saudar que assim venha a acontecer com o novo aeroporto de Lisboa, situando-se no Ota).

Os atrasos dos aviões na Europa têm vindo a resultar em grande medida de duas circunstâncias que têm de ser ultrapassadas a nível nacional, em áreas em que os países são muito ciosos das suas soberanias: a existência de poucos corredores aéreos, com a invocação de interesses militares (assim se explica, a título de exemplo, que 'tenha' de passar sobre Paris grande parte do tráfego entre o norte e o sul da Europa, prejudicando aliás talvez em maior medida os habitantes desta cidade, com uma sobrecarga desnecessária e prejudicial); e a existência de uma grande compartimentação por países dos sistemas de controlo aéreo.

Devem abrir-se por consequência perspectivas mais favoráveis para os transportes ferroviário [66], marítimo e fluvial, não (ou menos) congestionadores e poluentes, podendo revelar-se ainda como mais baratos (seguramente o fluvial e marítimo).

Para além disso, conforme se foi já adiantando importa promover o transporte combinado [67]. No caso da travessia do Canal da Mancha constitui uma necessidade técnica, não estando aberta ao transporte rodoviário (os operadores respectivos têm que 'combinar' o seu serviço com a ferrovia). Em outros casos, como nos atravessamentos da Suíça e da Austria, será a única forma de se evitarem enormes custos ambientais [68]. Mas para além destes casos o transporte combinado permitirá o máximo aproveitamento das virtualidades de cada modo de transporte, por exemplo através da articulação do transporte marítimo e do transporte aéreo com os transportes terrestres (recordem-se a n. 44 p. 290 e a n. 65 p. 301; bem como, sobre o problema urbano, de novo a n. 61 p. 298).

---

[67] Sendo de lamentar que (com a excepção de melhoria na linha da Beira Alta) quase nada tenha sido feito nas últimas décadas no transporte inter-urbano em Portugal (já muito, nos anos mais recentes, nas infraestruturas urbanas e sub-urbanas de Lisboa e Porto, com estações – caso da estação do Oriente –, com os atravessamentos do rio Tejo e do rio Douro, com os nós ferroviárias e com a duplicação da linha de Sintra) e que só agora, com a perda de anos e oportunidades, tenha sido decidida a ligação em alta velocidade entre Lisboa e o Porto – servindo igualmente a Ota – e destas cidades a Madrid (recorde-se a n. 57 p. 296). A ausência de melhorias com algum significado nos transportes ferroviários inter-urbanos (os combóios mais rápidos continuam a fazer médias inferiores a 100km/hora, tal como há 40 ou 50 anos...) num período em que houve melhorias muito sensíveis nos correspondentes transportes rodoviários (v.g. com a construção das auto-estradas) levou aliás a que muito mais pessoas de outras cidades passassem a ir regularmente a Lisboa e ao Porto em automóvel individual, agravando, com prejuízos gerais, os congestionamentos aí verificados (referidos na n. 61 p. 298).

Sobre as perspectivas do sector, considerando já as experiências positivas de alguns países, ver de novo CEMT (1995).

[67] Com uma importância que poderá triplicar até ao ano 2005 (Dearden, 1999, p. 263; com a preocupação comunitária ver Garcia, 1999, pp. 149-53).

[68] Uma grande oneração do atravessamento rodoviário da Austria foi contudo objecto recentemente do protesto de outros países da União Europeia, invocando-se que o país estava a lesar os princípios comunitários da livre-circulação...

2.3. A política monetária

2.3.1. Introdução

É este um outro domínio indispensável para a concorrência e a livre circulação[69]: constituindo as dificuldades cambiais e monetárias obstáculo de enome monta[70] para que se atinja tal desiderato.

Trata-se todavia de domínio que não suscitou sempre a mesma preocupação e idêntica intervenção dos responsáveis comunitários, podendo a tal propósito distinguir-se três fases antes da instituição da moeda única europeia (sobre a qual falaremos em IV.6)

2.3.2. As três fases decorridas anteriormente

2.3.2.1. A primeira fase, de 1958 a 1969

Foi esta uma fase em que não havia motivo para grandes preocupações, dada a existência de mecanismos satisfatórios de multilateralização dos pagamentos.

Para a multilateralização conseguida na Europa contribuiu nos anos 50 a União Europeia de Pagamentos, substituída em 1959 pelo Acordo Monetário Europeu (recorde-se de I.2.1).

Foi todavia já muito reduzido o relevo deste último, na medida em que entretanto se havia consolidado, com vocação mundial, o Fundo Monetário Internacional (FMI). Conseguindo-se aqui a multilateralização dos pagamentos com um âmbito muito mais vasto era natural que perdesse relevo uma instituição de âmbito mais restrito, abrangendo apenas alguns países europeus.

---

[69] Sendo além disso a estabilidade cambial e monetária também um valor em si dentro de cada país, ao evitar incertezas e os prejuízos consequentes, não só aos empresários como aos consumidores. Sobre as vantagens da moeda única a este propósito falaremos em IV.6.2.3.

[70] Sendo naturalmente uma restrição cambial mais drástica, como forma de impedimento do comércio, do que oscilações dos valores das moedas (recorde-se de II.1.3, pp. 121-2).

Acrescia aliás que o FMI assegurava de forma desejável a estabilidade cambial, tendo as várias moedas o valor fixado em relação ao dólar, por seu turno ligado a um peso determinado de ouro fino [71].

Não havia por isso necessidade ou vantagem em nenhuma intervenção no plano europeu.

2.3.2.2. A segunda fase, de 1969 a 1979

A crise do dólar em 1969 levou à alteração da sua paridade em relação ao ouro e à sua inconvertibilidade, desaparecendo a 'âncora' do dólar estável do sistema de Bretton Woods.

Ficou a nu, assim, a fragilidade de uma solução baseada na moeda de um determinado país, mais em concreto, a dependência em relação à sua política (v.g. em relação às suas debilidades e aos seus abusos...).

Compreende-se por isso que a partir de então os responsáveis europeus passassem a julgar que, no interesse próprio e mesmo no interesse geral, deveriam seguir a sua estratégia: iniciando-se um processo que contudo, apesar da sua necessidade e da sua premência, depara ainda hoje com dificuldades e dúvidas.

Trata-se de processo com contornos que começaram a ser definidos na Cimeira de Haia, em Dezembro de 1970, na sequência de uma desvalorização do franco francês e de uma revalorização do marco alemão. Aqui se previu o estabelecimento de um mecanismo de consulta prévia para medidas de curto prazo, conforme definido no que ficou conhecido por 1.º Plano Barre; recomendando-se além disso aos bancos centrais que estabelecessem um mecanismo de apoio.

---

[71] O dólar tinha a paridade de $35 por onça/ouro, tendo a onça 31,1035 gr. de ouro fino (e tendo Portugal quando aderiu ao FMI, em 1960, declarado a paridade de $1=28$75: cfr. J. T. Ribeiro, 1962-3, p. 38).

Com a descrição da evolução ocorrida desde então ver por ex. J. S. Andrade (1989), M. J. Nunes (1993, pp. 57-63), Garcia Margallo e Méndez de Vigo (1998, pp. 73 ss.), Porto e Calvete (1999a, pp. 471ss.) ou Laranjeiro (2000, pp. 57 ss.).

Verificando-se a ambição de se chegar a uma união monetária já então surgiram duas escolas, tal como agora com opiniões distintas sobre o modo como poderia e deveria seguir-se no que diz respeito à aproximação das economias; antecipando-se há vinte e cinco anos algo do que se discute actualmente em relação ao processo de Maastricht.

Para uns, da escola dos 'economistas' (em que se integravam a Alemanha, através da voz influente do seu Ministro da Economia e Finanças, Dr. Schiller, e a Holanda), a união monetária tinha que ser antecedida por passos nítidos no sentido da aproximação das economias. Só depois poderia ter-se a moeda única.

Para os 'monetaristas' – escola em que se integravam os franceses[72], os belgas e os luxemburgueses, bem como a Comissão – – deveria caminhar-se rapidamente para a união monetária, constituindo ela própria um instrumento de aproximação das economias[73].

Visando-se a ultrapassagem desta diferença de opiniões foi nomeada uma Comissão, presidida pelo Primeiro Ministro do Luxemburgo, Pierre Werner, encarregada de elaborar um relatório que veio a ficar conhecido pelo seu nome (o 'Relatório *Werner*').

Tratava-se de um relatório ambicioso, na perspectiva da instituição de uma união económica e monetária. As moedas seriam convertíveis livremente entre si e desejavelmente substituídas por uma moeda comunitária. Haveria além disso centralização das políticas monetária e creditícia (mesmo orçamental, em aspectos básicos) e uma política comum relativamente a terceiros.

De acordo com as propostas apresentadas a estabilidade das moedas, capaz de proporcionar o bom desenvolvimento das economias, seria conseguida com o estabelecimento de margens

---

[72] Encabeçados por Barre, dando lugar ao 2.º Plano Barre.
 Apesar de se estar numa época em que a França se distinguia pela defesa intransigente da 'Europa das Pátrias', a estabilidade monetária era indispensável à estabilidade da PAC, em que este país era o interessado (o beneficiário...) principal (ver o que diremos *infra*, na n. 94 p. 321, sobre o sistema agro-alimentar).

[73] É patente pois a semelhança com defensores actuais da convergência nominal que julgam que com ela a convergência real será automaticamente conseguida (havendo boas razões para que assim aconteça mas não podendo deixar de pôr-se as reservas e de tomar-se as medidas que referiremos em IV.6.2.3.3, IV. 6.3 e IV. 6.4).

máximas de flutuações entre elas e em relação ao dólar. Estava-se assim na 'serpente', com uma distância máxima entre si de 2,25%, por seu turno dentro de um 'túnel' em que havia limites máximos de flutuação em relação ao dólar: 2,25% em cada sentido. Não se fixaram prazos para chegar à união monetária, mas pensava-se que viria a ser atingida no final da década que então se iniciava (a década de 70).

A prática veio mostrar todavia que a estabilidade não pode ser conseguida quando há pressões desequilibradoras no mercado. Em breve os países foram abandonando o túnel e a serpente, mantendo-se neles apenas os 'bem comportados' habituais: além da Alemanha, a Bélgica e a Holanda.

Não se conseguiu pois na generalidade dos países a estabilidade monetária, numa década em que, em especial na sequência da primeira crise do petróleo, em 1973, foram muito grandes as dificuldades verificadas [74].

2.3.2.3. *A terceira fase, de 1979 a 1989*

Tendo a década de 70 sido uma década de crise da economia e mesmo de incerteza sobre o futuro das Comunidades, veio a assumir um grande relevo, pelos seus efeitos económicos e pelo seu significado político, o estabelecimento do Sistema Monetário Europeu (SME), na Cimeira de Paris, em 1979 [75]: julgado capaz por si mesmo de proporcionar condições mais satisfatórias de estabilidade cambial entre as moedas europeias e constituindo além disso uma manifestação de confiança na continuação da constru-

---

[74] Como seria de esperar, o Relatório Werner foi objecto de uma reapreciação crítica quando se previu de novo a implantação da moeda única. Tendo-se atribuído primeiro a falta de concretização a circunstâncias externas, reconhece-se agora – tirando-se ensinamentos para o caminho a seguir – que havia "intrinsic weaknesses in the Report", especialmente "insufficient constraints on national policies, institutional ambiguities, inappropriate policy conception and lack of internal momentum" (Baer e Padoa-Schioppa, 1989, pp. 56-7; ver também Taylor, 1995, pp. 13-15).

[75] No seguimento de iniciativas de Roy Jenkins, como presidente da Comissão, e de Helmuth Schmidt e Giscard d' Estaing, liderando o processo no seio do Conselho.

ção europeia quando grassava uma vaga preocupante de 'Europessimismo'.

Como elemento de especial relevo foi instituido o ECU[76], o qual, não constituindo uma moeda, ou seja, um meio geral e definitivo de pagamentos, passou a desempenhar algumas funções que lhe são características: como unidade de cálculo, de aplicação de valores e mesmo de regularização de contas através de transferências bancárias.

O seu êxito foi assinalável, podendo dizer-se por exemplo que além de serem estabelecidos em ECU's todos os orçamentos, programas e projectos da União Europeia e feitas em ECU's as transferências respectivas, é também já nesta unidade de conta uma percentagem significativa das aplicações em obrigações na União Europeia.

Trata-se assim de um êxito por si mesmo assinalável, que contribuiu além disso para que se julgasse em Maastricht que era possível caminhar agora, segundo parece definitivamente, no sentido da moeda única; com uma premência acrescida face à instabilidade que a situação europeia e mundial continuaria a ter, provavelmente de um modo crescente.

Vê-lo-emos adiante, em IV.6, a propósito das razões justificativas da caminhada que estamos a trilhar.

2.4. *A liberdade de circulação dos factores*

2.4.1. Introdução

Constituindo não só uma união aduaneira e um mercado único, também um mercado comum, a Comunidade Europeia é ainda caracterizada na sua essência por ser um espaço em que deve haver liberdade de circulação dos factores de produção e de prestação de serviços.

O significado económico destes movimentos, levando a um aproveitamento óptimo dos recursos, foi referido em III.2.2.2. Aqui,

---

[76] Iniciais da designação em inglês '*European Currency Unit*', mas reportando-se igualmente a palavra (não ao 'escudo' português...) a uma antiga moeda francesa com esse nome (cfr. M.L. Santos, 1991, Wils, 1993 e Descheemaekere, 1996).

além de o sublinharmos um pouco mais à luz da teoria do comércio internacional, vamos falar dos principais obstáculos a que se verifique a circulação livre e do tipo de medidas que tem sido ou pode ser tomado para os afastar (não das medidas concretas, o que exigiria um grau de pormenor que ultrapassaria o âmbito desta disciplina)[77].

Como vimos em I.3.1.2 o teorema de Hecksher-Ohlin foi formulado tendo como pressuposto, entre outros, a não circulação dos factores entre os diferentes países (seria livre apenas dentro de cada um deles).

Nos seus termos o comércio acaba assim por ser um modo de 'exportar' a vantagem proporcionada pela abundância de um determinado factor: por exemplo um país de mão-de-obra barata, face à diferença de salários, ao exportar produtos trabalho-intensivos está a exportar o contributo por ela proporcionado (nesta medida, a 'exportar' trabalho).

Como é óbvio trata-se de contributo, de mão-de-obra, que pode ser proporcionado igualmente, pela mesma razão e com consequências idênticas, através da emigração dos trabalhadores, caso se verifique o afastamento do referido pressuposto: ou seja, caso haja circulação internacional dos factores.

Estes deslocar-se-ão então para onde forem mais eficazmente utilizados, atraídos pela sua consequente melhor remuneração, v.g. tendo os trabalhadores salários mais altos nos países de imigração (recorde-se o que vimos em III.2.2.2).

No caso da União Europeia trata-se de objectivo essencial, tendo a Comunidade Económica Europeia sido instituída – recordámo-lo há pouco – como mercado comum. Estando fixado já na redacção inicial do Tratado de Roma, no título III da parte II, depois parte III (arts. 48.º a 73.º-H, com os acrescentos do Tratado de Maastricht; agora, com Amesterdão, são os arts. 39.º e 60.º), desde o início deviam ter sido tomadas as medidas necessárias para afastar as imperfeições que se verificavam nessa desejável circulação.

---

[77] É proporcionado em outras disciplinas do Curso, casos da Política e Direito Social e da Política Monetária.

2.4.2. A livre circulação da mão-de-obra

Começando pela circulação da mão-de-obra, que privilegiámos aliás nos exemplos dados[78], podem referir-se por um lado dificuldades impostas directamente e por outro dificuldades que se levantam de facto, entre outros, nos domínios da informação, da qualificação profissional, da segurança social e da fiscalidade[79].

As dificuldades impostas directamente ao trabalho prestado por nacionais de outros países têm vindo a ser afastadas, mantendo-se apenas em casos circunscritos, v.g. no exercício de funções públicas estando em causa tarefas de autoridade. Também dificuldades no estabelecimento de residência dos trabalhadores e dos seus familiares, limitando naturalmente a circulação da mão-de-obra, foram gradualmente removidas, mantendo-se agora apenas para algumas categorias de pessoas sem profissão (incluindo estudantes[80]).

---

[78] É considerada no cap. I do título referido do Tratado de Roma, nos arts. 48.° a 51.° (actuais arts. 39.° a 42.°), tendo disposto o primeiro que "a livre circulação dos trabalhadores deve ficar assegurada, na Comunidade, o mais tardar no termo do período de transição" (n.° 1; no actual art. 39.° 'caíu' naturalmente esta última parte), "sem prejuízo das limitações justificadas por razões de ordem pública, segurança pública e saúde pública" (n.° 3).

[79] Podem ser assinaladas ainda dificuldades no campo sindical, sendo os sindicatos com frequência defensores dos trabalhadores nacionais face à concorrência dos trabalhadores estrangeiros, pouco sensíveis a disputas ligadas às políticas partidárias internas e aceitando condições especialmente desfavoráveis face à premência de voltarem rapidamente aos seus países com o máximo de dinheiro ganho, mesmo à custa de horas extraordinárias, de trabalho nocturno ou em fins de semana, por vezes talvez sem o cumprimento de regras estabelecidas...

[80] Beneficiando todavia já em boa medida de uma Directiva de 1993 (Dir. 93/96, de 29 de Outubro).

Um passo importante na deslocação das pessoas (não só dos trabalhadores), com o afastamento de qualquer controlo nas fronteiras, foi proporcionado pelo Acordo de Schengen (ver Hreblay, 1994, Gorjão-Henriques, 1996 e 1998 e F.L. Pires, 1997). Tratava-se todavia de um acordo que não era 'comunitário', mas sim o resultado de uma vontade de cooperação intergovernamental dos sete países signatários (Portugal, Espanha, França, Bélgica, Holanda, Luxemburgo e Alemanha). A abertura proporcionada tem exigências acrescidas, justificando formas mais aperfeiçoadas de cooperação e controlo: o que ajuda a explicar que só no Conselho Europeu de

Entre as dificuldades que se levantam de facto ('indirectas') será de referir em primeiro lugar que os trabalhadores, em especial os trabalhadores dos países com salários mais baixos (e pior qualificação), não têm de um modo geral informação precisa e actualizada sobre as oportunidades de emprego nos países com salários mais altos[81].

Por isso se justificou a formação, em 1968, do Sistema Europeu de Difusão de Ofertas e Procuras de Emprego e de Compensação Internacional (SEDOC): com uma codificação uniforme de empregos e remunerações e proporcionando uma informação acessível a todos os países da Comunidade. Um novo mecanismo, o Serviço de Emprego Europeu (EUROS), com uma rede de 400 conselheiros, veio mais recentemente proporcionar uma maior mobilidade e uma maior transparência. E de facto muito mais pode conseguir-se nos nossos dias, com sistemas muito mais aperfeiçoados de troca de informação.

No plano da integração profissional era necessário promover a formação de base e de adaptação a novas tarefas: para o que importava que se dispusesse dos mecanismos adequados, que

---

Amesterdão (16 e 17.6.1997), ainda aqui com limitações,as suas disposições tenham sido incorporadas no Tratado da União (através de um Protocolo aprovado, que não incluíu todavia a Dinamarca e o Reino Unido; e tendo sido acrescentado à parte III do Tratado um novo título, o título IV – arts. 61.° a 69.° – sobre "Vistos, asilo, imigração e outras políticas relativas à livre circulação de pessoas").

Sobre a circulação das pessoas no espaço comunitário, em especial sobre a circulação da mão-de-obra, ver, além dos capítulos de livros de âmbito mais geral (por exemplo Molle, 1997, cap. 9, Druesne, 1998, cap. 2 e Swann, 2000, pp. 172-81), os livros de Handolt (1995), Lary (1996) e, com uma referência maior às normas de cada país, Gulbenkian e Badoux, ed. (1997) (ou já os relatórios do Congresso da FIDE, 1992, v.g. o relatório geral, de R.M. Moura Ramos, e o relatório português, de M. Luísa Duarte).

[81] A este propósito vale todavia a pena recordar o caso curioso português dos anos 60, quando (havendo aliás restrições legais à emigração) em muitas zonas havia melhor informação sobre empregos na França, na Alemanha ou no Luxemburgo do que em Lisboa. Com a deslocação dos primeiros trabalhadores foram eles os informadores dos que vieram a seguir, num processo cumulativo que explica por seu turno que os originários de determinadas áreas se concentrassem nos mesmos locais. Os emigrantes que foram primeiro cuidavam aliás ainda de proporcionar outros apoios, designadamente de alojamento, indispensáveis no período inicial da sua integração.

não têm todavia de ser especificamente dirigidos a imigrantes (podendo dispôr-se designadamente, no quadro comunitário, do apoio do Fundo Social Europeu).

Um terceiro plano em que urgia intervir era o da segurança social, havendo um desincentivo importante se não pudesse beneficiar-se no país de imigração do que se tivesse descontado no país de origem. Com a consciência deste problema já no âmbito da CECA havia sido assinada, em 1957, uma Convenção de Segurança Social dos Trabalhadores Migrantes, garantindo o objectivo em causa. Tendo o Tratado de Roma a mesma preocupação (cfr. o art. 51.º, actual art. 42.º), as disposições da Convenção foram estendidas em 1959 a todos os trabalhadores. Depois o regime foi aperfeiçoado em 1971 e 1972 e estendido em 1981 aos trabalhadores não assalariados.

Por fim, pode discutir-se se será um problema a existência de regimes tributários diferentes (incluindo as contribuições para a segurança social), face designadamente à circunstância de não haver harmonização comunitária da tributação das pessoas (v.g. dos trabalhadores). Trata-se de problema já considerado no Relatório Neumark (1963; mais recentemente ver Sterdyniak *et al.*, 1991 e Comissão Europeia, 1996f) mas que tem sido desvalorizado, invocando-se a pouca mobilidade do factor trabalho, v.g. quando comparada com a do factor capital. Parece-nos contudo que mesmo não sendo a mobilidade tão grande é indispensável caminhar no sentido de uma maior aproximação tributária.

2.4.3. A livre circulação do capital

Na mesma lógica do teorema de Hecksher-Ohlin poderão explicar-se os movimentos de capitais, fluindo dos países de maior abundância e por isso juros mais baixos para os países onde são mais escassos e consequentemente os juros mais altos (cfr. a versão actual do capítulo IV do título III da parte III do Tratado de Roma, arts. 56.º a 60.º).

Também aqui a lógica não é só esta, podendo haver outras motivações na atracção dos capitais, incluindo (com grande relevo) a componente de segurança na sua aplicação.

Há por outro lado que ter em conta que, sem prejuízo do reconhecimento das vantagens gerais dos seus movimentos, pode haver reticências à livre circulação dos capitais não só nos países de onde saem como naqueles onde afluem[82].

Compreende-se que haja um juízo negativo nos países de onde saem, o 'sangue' das economias, o resultado do aforro feito (com sacrifícios) que acaba por ir beneficiar os cidadãos de outros países[83].

Mas também a entrada de capitais pode não ser bem acolhida, em determinadas circunstâncias.

Sendo países mais atrasados há o temor do domínio estrangeiro, com implicações na economia e na política.

Trata-se naturalmente de temor não sentido por nenhum país da União Europeia, assistindo-se aqui, pelo contrário, a um despique cerrado entre as autoridades para atraírem tal investimento[84].

Há todavia entradas de capitais que são susceptíveis de preocupar mesmo (ou fundamentalmente) os países mais poderosos – – como é o caso da Alemanha – na medida em que, nos montantes em que se verificam, provocam tensões inflacionistas e valorizações da moeda, dificultando assim as exportações nacionais.

---

[82] Justificava-se por isso a redacção mais reticente do Tratado de Roma, dispondo no art. 67.º original que "os Estados membros suprimirão progressivamente entre si, durante o período de transição e *na medida em que tal for necessário ao bom funcionamento do mercado comum,* as restrições aos movimentos de capitais" (itálico nosso). Seria pois uma supressão progressiva e apenas na medida em que fosse necessária ao propósito em vista.

Actualmente, com a liberalização verificada, o art. 56.º dispõe que "são proibidas todas as restrições aos movimentos de capitais entre Estados-membros e entre Estados-membros e países terceiros", sendo algumas medodas de salvaguarda admitidas *apenas* em relação a estes últimos (cfr. os arts. 57.º a 59.º).

[83] Trata-se de circunstância especialmente sentida, como é natural, se os capitais saem para beneficiar países mais desenvolvidos; sendo diferente uma saída de capitais, como consequência de uma decisão política, para ajudar a promoção de países mais atrasados.

[84] Em Portugal haverá talvez alguma sensibilidade, com raízes históricas, em relação ao investimento espanhol, e aqui especialmente em relação ao investimento na banca, dado o papel que esta desempenha. Mas a experiência portuguesa mais comum, em particular em relação ao investimento na indústria e no turismo, é inclusive de competição entre as autoridades locais do país, que, independentemente da sua ideologia política, fazem o possível para atrair os investidores estrangeiros.

Claro que estas valorizações cambiais contribuem por seu turno para a diminuição dos preços, embaratecendo os bens importados (bens de consumo e bens de produção). Mas os empresários nacionais são especialmente sensíveis à perda de competitividade resultante da valorização da moeda, num mundo aberto em que as possibilidades de competir se discutem em margens muito estreitas.

Assim se explica, pois, que por vezes países como a Alemanha ou a Suíça tenham estabelecido limites às entradas de capitais ou penalizado depósitos neles feitos.

Na evolução verificada valerá a pena recordar apenas que numa fase inicial se distinguiram quatro listas de movimentos de capitais, as listas A e B com movimentos que foram liberalizados sem condições, a lista C com movimentos liberalizados condicionalmente e a lista D com movimentos que não estavam liberalizados: estando nas primeiras categorias os movimentos mais ligados a elementos essenciais de uma união aduaneira e de um mercado comum, como são os casos de pagamentos de transacções de mercadorias e serviços e o repatriamento de remunerações de factores. Directivas de 1985 e 1988 vieram depois tornar não condicionados os movimentos que o estavam antes, podendo apenas a Grécia, a Irlanda, Portugal e a Espanha estabelecer medidas de salvaguarda durante mais alguns anos.

Antecipando-se todavia ao prazo mais dilatado de que poderíamos dispôr em 1992 as autoridades portuguesas decidiram liberalizar todos os movimentos de capitais (com a evolução verificada ver Torres, 1993, pp. 13-5 e Laranjeiro, 2000, pp. 121 ss.; e com uma análise mais alargada Hinojosa Martinez, 1997).

O Tratado de Maastricht manteve contudo (as "Disposições Transitórias" – capítulo IV do título VII da parte III, relativo à política económica e monetária– arts. 116.º a 124.º), a possibilidade de serem estabelecidas medidas de salvaguarda ("de protecção necessária", nos termos do art. 120.º, ex. art. 109-I) sempre que, em circunstâncias excepcionais, os movimentos de capitais deles provenientes ou a eles destinados causem ou ameacem causar graves dificuldades (v.g. na balança dos pagamentos). Mas são medidas que "devem provocar o mínimo de perturbações no funcionamento do mercado comum e não exceder o estritamente indispensável para sanar as dificuldades que se tenham manifestado" (art. cit.).

2.4.4. As liberdades de estabelecimento e de prestação de serviços

Por fim, também as liberdades de estabelecimento e de prestação de serviços constituem bases indispensáveis, além de outros aspectos, para um aproveitamento máximo dos recursos de que se dispõe e, de um modo mais directo, para uma satisfação máxima dos interesses dos consumidores[85].

No primeiro caso, da liberdade de estabelecimento (arts. 43.º a 48.º), fixa-se uma base (com permanência) num outro país para se exercer uma actividade (v.g. industrial, comercial ou de prestação de serviços). No segundo caso (arts. 49.º a 55.º) a actividade é exercida a partir do país de origem, não havendo um nexo duradouro com o país onde é prestada. A título de exemplo, estamos no primeiro caso quando uma companhia de seguros inglesa estabelece uma sucursal na Alemanha para proporcionar aqui os seus serviços; e no segundo quando estes são proporcionados a partir da sede em Londres.

A enorme importância desta temática está reflectida no facto de os serviços representarem cerca de 60% do valor do PIB da União, cobrindo uma enorme variedade de actividades, muitas delas internacionais[86].

---

[85] São assim mais duas (consideradas nos caps. II e III do referido título III da parte III do Tratado de Roma, nos arts. 43.º a 55.º) das 'sete liberdades consideradas por Lary (1996) a propósito da circulação das pessoas: de sair, entrar, estabelecer-se, prestar serviços, exercer uma actividade assalariada, residir tendo trabalho e residir não tendo nenhuma actividade.

[86] Importava pois que passassem a ser considerados numa 'extensão' do GATT (agora no seio da OMC), tal como veio a acontecer com o Uruguai Round, celebrando-se o GATS: *General Agreement on Tariffs and Services* (cfr. *infra* IV.8.8). Sobre o comércio de serviços ver por ex. Feketekuty (1988), Broadman (1994), Sapir e Winter (1994), Ciabrini (1996), Dyer *et al.* (1997), Trebilcock e Howse (1999, cap. 11) ou Smits (2000), e em particular sobre o comércio internacional de telecomunicações Cass e Haring (2000).

Problemas de especial delicadeza foram levantados em relação às actividades financeiras e dos profissionais liberais, neste caso com a intervenção 'corporativa' das organizações profissionais, v.g. dos arquitectos, dos médicos e dos advogados; podendo levantar-se, além da questão da equivalência dos diplomas, no caso dos médicos a questão do domínio da língua dos doentes e no caso dos advogados a questão do conhecimento do direito dos outros países [87].

3. Políticas sectoriais

3.1. *A política agrícola comum (PAC)*

3.1.1. Introdução

Estamos aqui perante a principal política da União Europeia, face à dimensão das suas implicações em diferentes domínios: com grande actualidade e interesse, tanto no plano dos factos como no plano da teoria económica.

No caso da PAC foi o interesse da França a prevalecer, numa Comunidade em que, como já se disse atrás (em IV.2.2.1), outros países eram beneficiários principais de outras políticas.

Trata-se de política contemplada logo na redacção inicial do Tratado de Roma, no título II da parte III, nos arts. 38.° a 47.°, actuais arts. 32.° a 38.°.

---

[87] Com a descrição de alguns aspectos da evolução verificada ver Pertek (1994), Druesne (1998, pp. 113ss, considerando também os serviços financeiros) ou entre nós Salema (1991), J.F. Alves (1989) e Moniz (1993) (estes dois últimos especificamente sobre o exercício da advocacia: em relação ao qual se procurou dar um passo mais de liberalização na reunião do Conselho de 21.5.1997, no sentido de deixar de se exigir a prova de conhecimento do direito, substituída por um 'tempo de experiência de três anos', e de a actividade poder ser exercida no outro país por tempo indeterminado). Sobre a circulação dos médicos ver Abreu e Gorjão--Henriques (1998).

3.1.2. Os objectivos fixados no Tratado

Depois de no art. 32.° se estabelecer o seu âmbito, a definição dos objectivos da PAC é feita no art. 33.°, onde pode constatar-se, com implicações em relação à sua evolução, uma clara hesitação entre dois objectivos básicos: o objectivo de se promover uma agricultura eficiente e o objectivo de se assegurar o rendimento da população agrícola (mantendo-a no campo).

De facto, lendo as alíneas do artigo apontam no primeiro sentido a alínea a), ao falar no incremento da " produtividade da agricultura"[88], e a alínea e), ao falar na necessidade de se "assegurar preços razoáveis nos fornecimentos aos consumidores"; mas já as outras alíneas apontam no segundo sentido, falando-se em assegurar "um nível de vida equitativa à população agrícola"[89], em "estabilizar os mercados" e em "garantir a segurança dos abastecimentos" (estes dois últimos objectivos são determinados sem dúvida também pelos motivos expressados, mas com a preocupação proteccionista de que seja a oferta interna a estabilizar os mercados e a assegurar os abastecimentos).

Temos assim objectivos alternativos e conflituantes, não podendo esperar-se que a máxima eficiência na produção e a redução dos preços para os consumidores permitissem a manutenção da população activa na agricultura em níveis elevados; e vice-versa, que esta fosse compatível com os propósitos referidos primeiro.

3.1.3. A especial delicadeza do problema

Estava assim em causa uma opção de especial delicadeza, tendo em conta por um lado a necessidade de aumentar a eficácia da produção (sendo já assinalável a diferença dos preços em terceiros países, muito mais baixos) mas por outro que em 1957 era

---

[88] "Fomentando o progresso técnico e assegurando o desenvolvimento racional da produção agrícola e a utilização óptima dos factores, designadamente da mão-de-obra".

[89] "Designadamente pelo aumento do rendimento individual dos que trabalham na agricultura".

ainda muito grande a percentagem da população activa na agricultura (cerca de 20% do total na 'Europa dos seis').

Ninguém defenderia como possível ou desejável a manutenção da situação existente, devendo esperar-se uma deslocação sensível de pessoas para outros sectores[90]. Mas o que se queria, isso sim, era que a deslocação se desse sem convulsões ou outras consequências negativas. Agravando o quadro, em vários casos a ausência de intervenção não se limitaria a levar a uma redução da produção comunitária. Face às condições oferecidas em outros países do mundo a Europa deixaria por completo de produzir muitos produtos, dado que o custo das primeiras unidades (as unidades com custo marginal mais baixo) seria já superior aos preços dos bens importados. Não se estava pois na situação representada por exemplo nas figuras II.3 (p. 140) ou II.6 (p. 152), em que até OA a curva da oferta interna tem custos marginais abaixo do preço internacional, havendo por isso até então produção interna. Estávamos sim em vários casos na situação representada pela curva HH' da fig. II.9 (p. 177) e pelas figuras adiante (IV.2, p. 319 e IV.3, p. 320), com o custo da primeira unidade produzida domesticamente já acima do preço mundial. Ou seja, numa situação em que, em mercado livre, nada seria produzido na Comunidade[91].

3.1.4. Os princípios da PAC: unicidade do mercado, preferência comunitária e solidariedade financeira

Face aos dois grandes objectivos estabelecidos pelo art. 33.º do Tratado da Comunidade Europeia, desde o início avançou-se clara-

---

[90] Face ao crescimento menor da procura de produtos agrícolas (apenas 0,5% ao ano na UE, como se referirá em IV.3.1.6) e à eficiência crescente na sua produção; remontando a Clark (1940) o reconhecimento de que com um maior desenvolvimento das economias há uma percentagem menor da população activa no sector primário (considerando já a PAC ver A. N.Silva e Rego, 1984, pp. 125-8).

[91] Podendo por isso a ausência de qualquer intervenção ter como consequência o abandono completo ou quase completo de muitos dos campos, com consequências graves nos planos social, político e ambiental (plano a que, com toda a razão, passou a dar-se uma grande atenção nos anos mais recentes: ver *infra* IV.3.6).

mente no sentido do segundo – de assegurar o rendimento da população agrícola – com uma política determinada por três princípios.

De acordo com o primeiro, o princípio da *unicidade do mercado*, há um mercado único para os produtos agrícolas, que podem circular nos demais países como no próprio país sem estarem sujeitos a discriminações (v.g. como consequência de regulamentações administrativas, sanitárias ou veterinárias).

De acordo com o segundo, da *preferência comunitária*, havendo disputa de bens importáveis dá-se preferência à compra dos produtos domésticos, com uma tributação de bens importados que desmotiva a importação, na medida em que, conforme mostraremos melhor em IV.3.1.6, a importação de um produto por preço inferior ao europeu estará sujeita a uma tributação que 'anula' a diferença dos preços.

Por fim, de acordo com o terceiro princípio, da *solidariedade financeira*, é o Orçamento da União (o conjunto dos países) a garantir a política seguida, cobrindo todos os seus custos (na componente de preços e mercados, não na componente sócio-estrutural): designadamente em compras de apoio, armazenamento dos produtos (muitos deles perecíveis...) e subsídios à exportação.

3.1.5. A solução de primeiro óptimo seguida no Reino Unido antes da integração

Foi em aplicação dos princípios acabados de referir que, como veremos no próximo número, a PAC se consolidou ao longo dos anos.

Como forma de abrir caminho para o juízo que deve ser feito acerca desta consolidação valerá contudo a pena começar por expôr a política de intervenção directa que, em alternativa, poderia ter sido seguida: política seguida aliás pelo Reino Unido antes da integração na Comunidade.

Trata-se de política que pode ser melhor compreendida através de uma figura como a seguinte (fig. IV.2).

Na linha da hipótese que tem vindo a ser considerada (recorde-se do final de IV.3.1.3), os preços internacionais são de tal forma mais baixos que sem intervenção não haveria lugar para nenhuma produção doméstica. Trata-se de situação que é ilustrada com o traçado da curva interna da oferta, HH', logo na origem já acima do preço internacional, WW'; sendo por isso sempre mais vantajoso importar pelo preço WO.

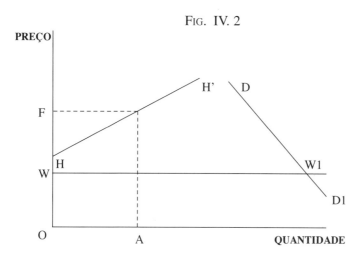

FIG. IV. 2

Compreende-se todavia que seja desejado ter alguma produção nacional, por exemplo a produção OA, por qualquer das razões apontadas (sociais, políticas ou ambientais) ou ainda por exemplo por uma razão de auto-abastecimento (razões em boa medida políticas), impedindo-se uma dependência total em relação ao exterior (com implicações especialmente delicadas no caso de se verificar um conflito bélico).

Para tal o Reino Unido optou por uma solução diferente da da PAC, a solução de subsidiar directamente a produção, no caso em FW por unidade, o que levava igualmente os produtores a produzir a quantidade desejada, cobrindo o subsídio a diferença entre o custo e o preço (internacional) pelo qual se vendia cada unidade [92].

---

[92] Temos assim o sistema dos '*deficiency payments*' (ver M. E. Azevedo, 1996, pp. 261-3: ou já 1987b, pp. 132-5); aplicável aliás também aos Estados Unidos da América até à reforma aí feita em 1996 (lei FAIR, Federal Agriculture Improvement and Reform: cfr. Tracy, 1996, cap. 5).

Como vimos em II.4.1.2.1, tratava-se de uma solução de primeiro óptimo dado que, não havendo subida de preços para os consumidores, não havia qualquer efeito de distorção no consumo.

3.1.6. A via seguida pela política agrícola comum (PAC). Apreciação

Foi contudo outra a via seguida pela Comunidade Económica Europeia, tendo-se preferido uma via proteccionista: com um sistema relativamente complexo, mas que procuraremos descrever, nos seus traços essenciais, com o recurso à figura IV.3 [93].

FIG. IV.3

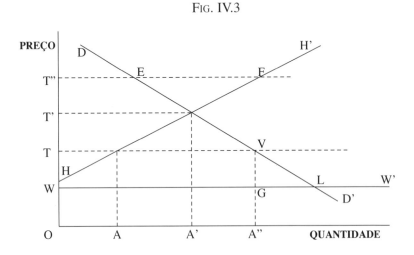

[93] Com especificidades que não importará desenvolver aqui, designadamente no que diz respeito aos preços considerados (e designações respectivas, variando para alguns produtos): com um 'preço indicativo', um 'preço base' ou de 'limiar' (*threshold*) e um 'preço de intervenção', sendo o primeiro o preço que tem o produto no mercado internacional em circunstâncias normais (se for mais elevado deverá intervir-se para o estabilizar), o 'preço base' ou de 'limiar' o preço mínimo ao qual o produto poderá penetrar nas fronteiras e o 'preço de intervenção' o preço de compra (garantido) aos produtores (ver A.N. Silva e Rego, 1984, pp. 128-31 e M.E. Azevedo, 1996, anexos).

Assim acontece privilegiando-se determinados produtos, quase todos dos países do início da Comunidade, ou seja, produtos do centro e norte da Europa, com as implicações que veremos adiante.

Continuando a considerar a hipótese de não haver produção nenhuma se não houvesse intervenção, voltamos a desenhar a figura com a curva da oferta interna, HH', tendo início acima do preço internacional, WW'.

Em primeiro lugar podemos considerar a hipótese, considerada já há pouco, de se querer ficar pela produção OA. Trata-se de objectivo atingido com a aplicação do imposto alfandegário (ou outra restrição) TW, todavia com a consequência, que sabemos ser negativa (recorde-se de novo de II.4.1.2.1), de se ocasionar um custo de distorção no consumo, de GLV.

Assim acontece através de um sistema de garantia de preços de acordo com o qual os produtores comunitários estão protegidos nessa medida. Não se ficando todavia por um preço correspondente ao preço da maior eficiência (mais baixo) na União – por exemplo no caso do trigo fixou-se como indicativo o preço de Duisburgo, na Alemanha – dá-se um apoio maior às áreas mais eficientes, v.g. na França, que, produzindo com menores custos, ganham o correspondente ao diferencial (maior) em relação ao preço internacional. O diferencial a pagar – direito nivelador – na medida em que não se importa tem um efeito proteccionista e na medida do que se importa constitui receita do Orçamento da Comunidade [94].

Não se limitou contudo a PAC a intervir nos termos indicados, com a fixação de um preço como o preço TO. Correspondendo a uma prevalência dada progressivamente ao objectivo de manutenção do rendimento dos agricultores, foram sendo fixados preços de garantia cada vez mais elevados (muito acima dos preços mundiais).

Nesta fixação não se ficou aliás sequer por um preço de garantia que levasse a um ajustamento da oferta à procura interna: o que aconteceria com o preço T´O (produzindo-se e consumindo-se

---

[94] Recorde-se de novo de II.1.1.1. O regime foi em boa medida alterada como exigência do Uruguai Round, com a conversão pautal dos direitos niveladores.

Sobre o sistema dos 'montantes compensatórios agro-monetários' (com a 'taxa de câmbio verde'), visando compensar as variações de preços para os produtores resultantes das variações cambiais, ver A. Cunha (1996, pp. 26-7 e 2000, pp. 25-6; podendo recordar-se de IV.2.3.2.2, p. 305, em especial da n. 72, a influência que as preocupações cambiais da França tiveram na sua posição em relação à integração monetária).

OA'). De facto, a preocupação de manutenção e mesmo de aumento da produção da União (melhor, o *lobbying* dos agricultores dos países mais poderosos...) levou a que se fixassem preços muito acima do preço de equilíbrio, como é por exemplo o caso do preço T"O, levando neste caso à produção do excedente (em relação ao consumo) medido pela distância EF.

Trata-se todavia de excedente que, diferentemente do que acontece em economias de mercado, não leva os produtores a retrairem a sua produção até que se verifique novo ajustamento[95]. De facto, e estamos aqui perante um outro elemento essencial da PAC, em cumprimento dos princípios da preferência comunitária e da solidariedade financeira a Comunidade procedia à sua compra, com as chamadas compras de apoio (ou de intervenção).

Estando a colocação das produções assim assegurada a preços convidativos, não admira que os produtores continuassem a expandir a sua produção: em muito maior medida do que o consumo, constatando-se que de um modo geral enquanto o consumo crescia 0,5% ao ano a produção crescia 2%[96]. Não sendo os preços europeus competitivos no mercado mundial, foi-se chegando a situações de grandes excedentes por exemplo no açúcar, na manteiga, nos cereais (excluindo o arroz), no vinho, na carne bovina e nos ovos.

Como elemento positivo desta política pode assinalar-se talvez, 'desconhecendo-se' a vantagem do comércio internacional, a auto-suficiência conseguida pela Europa. Trata-se todavia de vantagem que tem de encontrar justificação em domínios diferentes do económico, por exemplo da segurança e da defesa.

Noutro plano, face às preocupações que a desertificação dos campos não pode deixar de suscitar nos domínios social, político e ambiental, é de admitir que tenha sido menor a fuga dos meios rurais de pessoas que de outro modo os teriam abandonado[97]. Não deixou

---

[95] Na linha do teorema da 'teia das aranha' (referindo este teorema a propósito da PAC ver Goodman, 1996, pp. 116 ss.).

[96] Com uma figura mostrando o aumento da produção interna através da deslocação para a direita da curva da oferta ver Swann (2000, p. 235).

[97] Conjugando os dois argumentos acabados de referir pergunta Leygues (1994b, p. 29): "Après tout, est-ce trop cher payer – moins de 1000FF/an par citoyen

contudo de haver um grande abandono dos campos[98], mantendo-se aliás de qualquer modo uma percentagem de mão-de-obra na agricultura (5,2%), muito acima da percentagem registado nos Estados Unidos (3%). Não se conseguindo assim a eficácia possível, com uma maior produtividade do trabalho, há que sublinhar muito claramente que o problema da desertificação só pode ser resolvido a contento por uma política correcta de promoção rural, diversificada e não dependente de uma agricultura não competitiva[99].

Numa perspectiva também de grande relevo é de apontar em segundo lugar que os objectivos referidos têm vindo a ser atingidos com pesadíssimos custos de distorção no consumo. Conforme vimos atrás (em II.4.1.2.1.) tem custos desta natureza qualquer pomoção da

---

européen – lorsqu'on voit les drames alimentaires qui se développent au Sud et à l'Est de la Communautée, lorsqu'on sait que, pour notre alimentation, l'Europe ne dépend pas de cultures aléatoires des USA, de Nouvelle Zélande, d'Australie ou aujourd'hui de la Thailande et autre Brésil ou de l'arme alimentaire dont ils pouraient jouer contre nous et lorsqu'on voit enfin la nature, le paysage, que les agriculteurs nous laissent?"

[98] Conforme pode ver-se no quadro IV.3, apesar de se considerarem em 1996 já a Alemanha unificada e os três novos membros do U.E.

QUADRO IV.3

Ano	Mão-de-obra agrícola (milhões)
1957	22,000
1970	16,322
1980	11,896
1990	9,603
1996	7,005

Fonte: Ockenden e Franklin (1995, p. 11) e *Agromonde Service* (n. 463, de 23.5.1997)

[99] Com virtualidades que têm vindo a ser devidamente reconhecidas, pode caber um papel muito importante à agricultura em tempo parcial, feita por pessoas que têm também outro emprego: tal como acontece com 30,1% dos agricultores na União Europeia, 38,2% em Portugal, 43% na Alemanha ou ainda por ex. 36,5% na Irlanda (cfr. Ockenden e Franklin, 1995, p. 9). Trata-se de agricultura com uma eficácia tornada possível pelas novas facilidades de comunicação e deslocação cidade--campo, feita por 'agricultores' que a experiência tem vindo a revelar como 'especialmente inovadores, investidores e conhecedores das oportunidades do mercado (sobre o relevo maior a dar ao desenvolvimento rural ver *infra* pp. 337-8).

produção pela via proteccionista: com uma perda de bem-estar que pode ser avaliada pela comparação do preço pelo qual consumimos com o preço por que poderiamos consumir os bens na ausência da PAC, importando-os pelos preços internacionais [100]. Trata-se aliás de uma consequência com efeitos regressivos, dado que as famílias mais pobres gastam com os produtos alimentares percentagens mais elevadas dos seus orçamentos (chamando a atenção para este ponto, com frequência 'esquecido', ver por ex. Swann, 2000, p. 239) [101].

A subida de preços dos bens agrícolas penaliza ainda naturalmente os produtores das indústrias que os transformam: constituindo um agravamento de preços de matérias-primas e bens intermediários que diminui a competitividade num mercado mundial cada vez mais difícil [102].

Trata-se por outro lado de política com um custo orçamental pesadíssimo. Como se referiu há pouco, leva a excedentes que são comprados com verbas do orçamento comunitário. Depois, há despesas de armazenamento dos bens comprados, de muito maior monta tratando-se de bens perecíveis e sendo enormes os estoques que se foram acumulando [103] Por fim, não podendo os excedentes de um ano ter colocação no mercado comunitário nos anos seguintes (pelo contrário, continuando a aumentar os excedentes com o funcionamento da PAC), não havia alternativa que não fosse [104] a sua exportação com preços muito subsidiados: na me-

---

[100] O custo por cidadão no Reino Unido foi avaliado entre 60 libras (cerca de quinze contos) num estudo de 1988 e 250 libras (mais de cinquenta contos) num estudo mais recente (cfr. Ockendem e Franklin, 1995, p. 6 ou ainda, com a medição de todos os custos da PAC, Breckling *et al.*, 1987 e El Agraa, 1998b e 1999, cap. 16, pp. 221-34).

[101] Sobre uma 'regressividade' de índole espacial ver o que se dirá *infra*, v.g. n. 109 p. 329.

[102] Compreende-se assim que, tal como as organizações de defesa dos agricultores defendem uma PAC proteccionista, seja já defendida pelos empresários das indústrias transformadoras de produtos agrícolas, por exemplo das indústrias alimentares, uma liberalização dos mercados internacionais.

[103] Foi referido em determinada ocasião que os estoques de carne de vaca 'gerados' pela PAC encheriam um combóio com o comprimento da distância entre Paris e Moscovo...

[104] Sendo socialmente 'chocante' a destruição de produtos alimentares.

dida em que uma colocação no estrangeiro só seria obviamente possível por um preço abaixo do preço mundial. A título de exemplo, pode recordar-se que em Março de 1973 foi vendida à União Soviética manteiga comunitária por 17% do seu custo. Ou seja, em plena guerra fria, num período em que se considerava na Europa que a União Soviética constituia uma ameaça como potência expansionista, a Comunidade estava a apoiar a manutenção do regime à custa dos seus consumidores, de muitos dos seus empresários e dos seus contribuintes.

Chegaram desta forma os encargos do FEOGA-Garantia a representar percentagens altíssimas do orçamento comunitário: 91,8% do total em 1970, 71,2% em 1980, 61,5% em 1990 e ainda 44,5% em 2000, 39,8% excluindo-se o "desenvolvimento rural e medidas de acompanhamento" (percentagens ligeiramente inferiores considerando-se também as despesas fora do Orçamento, do Fundo Europeu de Desenvolvimento – FED – e da CECA).

Assim aconteceu, importa sublinhá-lo, com verbas da componente Garantia do FEOGA, numa inversão grave do equilíbrio que deveria haver com a utilização deste fundo. Trata-se de um fundo decomposto em duas secções bem distintas, destinando-se o FEOGA-Garantia à prossecução da política de preços com as compras de apoio, as despesas de armazenamento e os subsídios à exportação e o FEOGA-Orientação ao apoio à reestruturação do sector agrícola. Tendo este já uma lógica económica correcta, de intervenção de primeiro óptimo (recorde-se de novo de II.4.1.2.1), não pode deixar de estranhar-se que lhe sejam afectadas apenas 4,6% das despesas gerais (de qualquer modo com algum acréscimo de relevo relativamente à situação anterior: sendo de 1,6% em 1970, 1,9% em 1980 e 4% em 1990). Embora todas elas tenham vindo a aumentar, é ainda bem menor a percentagem do total das verbas do Orçamento (2000) destinadas às acções estruturais (34,8%, incluindo naturalmente o FEOGA-Orientação); assim continuando a acontecer em 2006, no final das actuais Perspectivas Financeiras, quando caberá à PAC, no caso de não alargamento, 46,0% do total (41,1% sem as "despesas de desenvolvimento rural e medidas de acompanhamento"), ou 38,8% (34,7%), se houver a integração de seis novos países, representando então as verbas para "acções estruturais", como veremos, 32,2% ou 27,2%, respectivamente (cfr. o final de IV.3.1 e os quadros IV.B.1 e IV.B.2 em anexo).

Não acontece por outro lado que se trate de encargos orçamentais compensados com as receitas dos direitos nivelados agrícolas, que constituem recursos próprios da Comunidade; a par dos impostos da Pauta Alfandegária Comum, da percentagem do IVA e da participação dos PNB´s. Também em 2000, sendo a despesa da PAC (a preços correntes) de 41493 milhões de euros (46,4% do total), os direitos niveladores agrícolas terão proporcionado 991,9 milhões de euros (1,1% das receitas), ou seja, menos que 2,5% daquela despesa, sendo a receita mais importante o recurso PNB, com 43 039,8 milhões de euros (48,2%), seguida do recurso IVA, com 32 554,6 milhões (36,4%)[105] e depois pela receita da pauta aduaneira comum, com 11 070 milhões (12,4%) (cobrando-se ainda 1,17% com as quotizações do açúcar e da isoglocose).

Do desequilíbrio que se verifica é dada uma imagem pela fig. IV.4.:

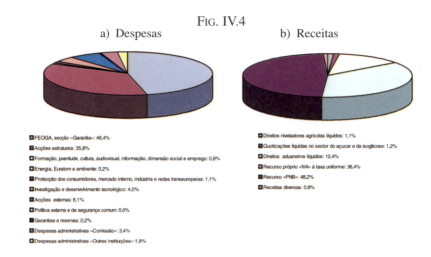

FIG. IV.4
a) Despesas   b) Receitas

---

[105] Como se verá no quadro IV.19 (p. 409), nos últimos anos houve um grande 'salto' no relevo do recurso PNB, que ainda em 1996 havia representado 32,8% do total, estando acima e distanciado o relevo do recurso IVA (48,9%).

Há além disso uma enorme 'distância' entre o aumento do custo da PAC e os seus resultados, conforme pode ser visto na Fig. IV.5

FIG. IV.5

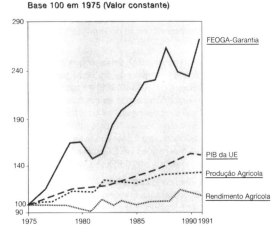

Fonte: Graal (1994; cfr. A. Cunha, 2000, p. 22)

Não tendo as demais actividades, que representam 97,5% do total do PIB (a agricultura queda-se pelos 2,5%), nada que se assemelhe às ajudas da PAC, constata-se que mesmo assim o PIB da União tem um crescimento claramente mais acentuado do que a produção ou o rendimento agrícola.

A par dos efeitos negativos que temos vindo a apontar são de referir os desequilíbrios resultantes da circunstância de as organizações comuns do mercado (OCM´s) abrangerem preferencialmente determinados produtos, os cereais, a carne bovina e os lacticínios, com mais de dois terços (67%) das verbas do FEOGA-Orientação[106]:

---

[106] Sendo chocantes, pelo contrário, as dificuldades levantadas por exemplo à criação e à manutenção de uma 'ténue' organização comum do mercado (OCM) da banana, em que têm interesse (modesto...) apenas três ou quatro países da União, em relação a territórios seus (caso da Madeira para Portugal e das Canárias para a Espanha) ou a países ACP's (América, Caraíbas e Pacífico) a que estão especialmente ligados (ver Porto, 1994$_a$, pp. 119-21). Com uma descrição pormenorizada do processo seguido, reflectindo os diferentes interesses em jogo, ver Stevens (1996;

beneficiando-se por isso os países, as regiões e os agricultores que os produzem em maior quantidade.

Tem sido o 'peso' destes produtos a contribuir para o favorecimento maior de países mais ricos da União Europeia[107], tal como pode ver-se no quadro seguinte (quadro IV.4);

QUADRO IV.4

	1988	1991	1992	1995	1996	1997	1998
Alemanha	17,1	15,9	14,6	15,6	16,5	14,2	14,3
Bélgica	2,7	4,6	4,4	4,7	3,1	2,4	2,2
Dinamarca	4,4	3,9	3,7	4,1	3,7	3,0	3,0
Espanha	6,8	10,5	11,5	13,3	11,1	11,3	13,7
França	22,8	20,2	22,0	24,4	26,1	22,5	23,2
Grécia	5,0	7,0	7,2	7,0	7,7	6,7	6,6
Holanda	14,3	7,8	7,0	5,6	4,2	4,3	3,5
Irlanda	3,8	5,2	4,3	4,1	4,6	5,0	4,2
Itália	15,6	16,5	16,5	9,8	11,5	12,5	10,8
Luxemburgo	0,01	0,01	0,00	0,0	0,1	0,1	0,0
Portugal	0,6	1,0	1,4	2,1	1,8	1,6	1,6
Reino Unido	0,7	7,3	7,4	8,6	9,5	10,8	11,1
Áustria						2,1	2,2
Finlândia						1,4	1,5
Suécia						1,8	1,2

Fonte: Leygues (1994a, p. 116 e 1994b, p, 24), *Relatório do Tribunal de Contas* relativo ao exercício de 1995 (J.O. C-340, de 12.11.1996, p. 73), A. Cunha (1998, p. 114 e 2000, p. 86) e Comissão (1999a)

---

cfr. já Read, 1994); tendo havido uma nova afloração da oposição feita pelos países mais ricos na sessão plenária do Parlamento Europeu em Dezembro de 1996, a propósito do relatório Santini (e tendo havido uma divisão na votação do Conselho, que os Estados Unidos 'utilizaram' quando da sua retaliação na 'guerra das bananas': ver Porto, 1999a, p. 139). Sintomaticamente, o caso das bananas dá o mote a um livro sobre o *lobbying* na União Europeia, com o título sugestivo de *Bananen für Brüssel* (Angres, Hutter e Ribbe, 1999).

[107] Pela mesma razão em Portugal beneficia mais com a PAC a região do Alentejo, região que, tendo 13% do produto agrícola bruto (PAB), recebe 36% das verbas totais.

Embora com alguma diminuição de relevo relativo em 1997 e 1998, continua a estar a França como destinatário principal, com a Alemanha em segundo lugar: somando os dois 37,5% do total (haviam tido 42,6% em 1996)[108]. Seguem-se a Espanha e a Itália, sendo por outro lado muito sensível a perda de posição da Holanda ao longo dos anos. Para Portugal houve uma subida notória de relevo de 1988 para 1992, mas devida a só neste ano ter terminado o período transitório durante o qual os apoios eram ainda financiados em grande medida pelo orçamento do Estado português. Foi por isso de maior significado a subida ocorrida depois, chegando-se em 1995 a 2,1% do total. Os anos mais recentes têm sido contudo de quebra acentuada, para 1,8% em 1996 e para 1,6% em 1998[109].

Embora tenhamos assim uma percentagem acima do nosso produto agrícola bruto (PAB), é uma percentagem bem aquém da percentagem representada pela nossa população (2,7%); sendo já muito mais significativa a nossa participação no FEOGA-Orientação, por ex. em 2000 com autorizações de pagamentos correspondentes a 9,6% do total.

Trata-se de política que leva a que paradoxalmente países ricos sejam beneficiários líquidos do orçamento da União Europeia, como pode ser visto no quadro IV.5:

---

[108] É de referir que a partir de 1995 as percentagens são calculadas também em relação aos três novos membros, tendo por exemplo em 1998 recebido 4,9% das verbas, o que ajuda a explicar a diminuição percentual dos países que já eram membros.

[109] J. F. Amaral (1992, p, 68), tendo em conta não só o caso da PAC como também o caso da política da ciência e tecnologia (cfr. *infra* IV.4.4.3), fala em "regressividade" num sentido espacial: recebendo as "regiões menos desenvolvidas" "proporcionalmente menos auxílio" (geralmente fala-se de 'regressividade' a propósito da distribuição pessoal dos encargos tributários: ver *infra* pp. 405-12).

Quadro IV.5

Partes dos Estados Membros no financiamento da UE e na despesa a título da PAC e das acções estruturais, 1997
(partes de percentagem total da UE nos fluxos de tesouraria)

Financiamento

	B	DK	D	GR	E	F	IRL	I	L	NL	A	P	FIN	S	UK
Total	3,9	2,0	28,2	1,6	7,1	17,5	0,9	11,5	0,2	6,4	2,8	1,4	1,4	3,1	11,9

Despesa

	B	DK	D	GR	E	F	IRL	I	L	NL	A	P	FIN	S	UK
Total*	2,5	2,2	14,2	7,8	15,8	17,1	4,7	11,8	0,2	3,5	1,9	5,3	1,5	1,7	9,9
PAC	2,4	3,0	14,2	6,7	11,3	22,5	5,0	12,5	0,1	4,3	2,1	1,6	1,4	1,8	10,8
Operações Estruturais	1,4	0,7	14,0	10,2	24,5	9,4	4,7	11,1	0,1	1,6	1,4	11,3	1,5	0,9	7,4

* Total das despesas operacionais (com exclusão das despesas administrativas)

Fonte: A. Cunha (2000, p. 116) e Comissão Europeia (1998a)

Vê-se pois que um país rico como a Dinamarca é beneficiário líquido do orçamento da União [110], que o Luxemburgo tem as contas 'saldadas' e que a França recebe quase tanto como aquilo que paga [111].

Por outro lado, com a filosofia de estímulo e apoio à produção a PAC favorece quem mais produz, ou seja, os agricultores ricos: numa estimativa do Tribunal de Contas (198/C-401-01) 4% dos agricultores recebem 40% dos subsídios (anteriormente a Comissão Europeia havia estimado que 80% das verbas do FEOGA--Garantia revertiam a favor dos 20% dos agricultores mais ricos; havendo indicações no sentido de ser maior o desequilíbrio do nosso país) [112].

---

[110] A ampla publicitação deste benefício terá sido determinante na mudança de voto dos dinamarqueses do *não* para o *sim* do primeiro para o segundo referendo sobre o Tratado de Maastricht; numa estratégia com maior êxito do que a distribuição de três milhões de exemplares do texto que havia sido feita antes da primeira votação (podendo admitir-se que para a mudança também tenham 'ajudado' as excepções admitidas à Dinamarca)... Mais recentemente, essa circunstância não foi contudo suficiente para evitar o *não* no referendo de 28 de Setembro de 2000, sobre a adesão ao euro (ver *infra* a n. 256 p. 429).

[111] No seu livro mais recente A. Cunha (2000, p. 134) mostra a diferença entre os 11 países do Norte e os 4 países do Sul (Espanha, Grécia, Itália e Portugal): tendo os primeiros 79% das despesas de financiamento e 74% das ´ajudas´directas das principais organizações comuns do mercado (OCM´s).

É de notar todavia (no quadro IV.9) que entre os países do sul só Portugal é de facto prejudicado, tendo a Grécia (da Itália e da Espanha já falámos no texto), dada a sua população, uma percentagem apreciável (6,6%) das verbas do FEOGA (e a Irlanda, país do norte que tem sido 'país da coesão', 4,3%).

Há pois um problema específico português que o nosso Governo procurou defender quando das negociações da última reforma (designadamente no Conselho Agrícola de Bruxelas que antecedeu a Cimeira de Berlim), infelizmente com escassos resultados (numa negociação em que tudo era discutido, não apenas o *dossier* agrícola, e com a pressão de se chegar aí a acordo sobre as novas Perspectivas Financeiras: cfr. o final de IV.3.1.7)

[112] Constata-se por outro lado (ver *infra* quadro IV.18, p. 407) que são os cidadãos dos países menos prósperos a ter as capitações mais elevadas de tributação. Há de facto situações de desigualdade que importa afastar; não se compreendendo que sejam o resultado precisamente de políticas de União.

A correlação, inaceitável entre os níveis de rendimento agrícola e os apoios da PAC pode ser vista na Fig. IV.6

FIG. IV.6

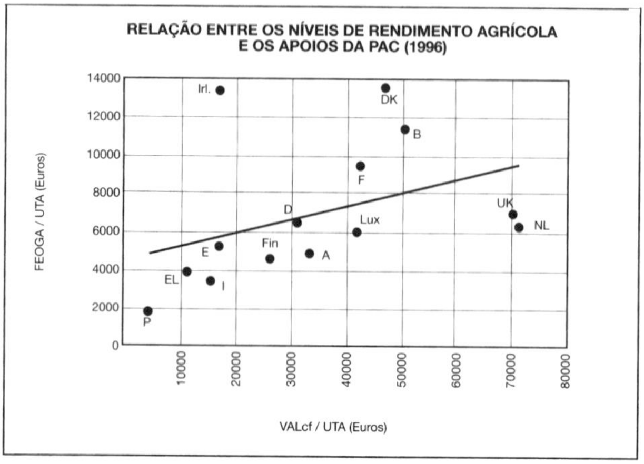

RELAÇÃO ENTRE OS NÍVEIS DE RENDIMENTO AGRÍCOLA E OS APOIOS DA PAC (1996)

Fonte: Emerson e Gros (1998) e A. Cunha (2000, p. 87).

Assim se vê mais uma vez a situação especial de desfavor em que estão os nossos agricultores. Tendo nós uma população activa agrícola em percentagem muito superior à dos países mais ricos (9,7%, quando a média comunitária é de 3,4%), verifica-se a situação chocante de um agricultor dinamarquês receber em média do FEOGA 15 vezes mais do que um agricultor português, um agricultor sueco 6,5 vezes mais (e um grego 4 vezes mais).

Por fim, é de referir que o proteccionismo da PAC, tendo adiado e quase comprometido a conclusão do Uruguai Round, acaba por levar a que a Europa tenha que ceder em relação a possibilidades de exportação de sectores em que temos condições mais favoráveis para concorrer nos mercados internacionais[113]. Chega-se aliás assim à situação paradoxal de uma política que beneficia os países mais ricos acabar por prejudicar a colocação de produtos de países menos

---

[113] Embora tenham 'telhados de vidro' alguns dos que se queixam de nós, como se refere na n. 117 p. 334.

ricos (caso de Portugal, tendo já visto comprometidas por exemplo exportações de confecções, calçado e produtos cerâmicos).

3.1.7. As reformas de 1992 e da Agenda 2000

Com esta mecânica (como se disse, exposta aqui de um modo muito simplificado), era urgente uma reforma que evitasse os custos ocasionados.

Deverá aliás causar estranheza que tenham decorrido tantos anos até que começasse a caminhar-se no sentido de uma tal reforma, sendo em muito maior número (e de um modo geral mais pobres) os prejudicados do que os beneficiados (com interesses sem dúvida a atender, mas por outras vias): em regimes democráticos, onde deveria prevalecer o interesse da maioria.

Trata-se de um caso bem expressivo do que, conforme vimos em II.4.2.2, é explicado pela teoria económica da política: sendo prejudicada a generalidade dos cidadãos – v.g. como consumidores e como contribuintes – e favorecida uma minoria *bem organizada* dos países mais ricos.

Só assim pode compreender-se que não tenham chegado a concretizar-se as propostas de reforma que naturalmente foram sendo feitas, algumas mais através de mudanças estruturais[114] e outras mais pelo ajustamento dos preços[115].

---

[114] Era o caso da reforma proposta em 1968 pelo Comissário Sicco Mansholt, que apontava, tendo presente o 'modelo' norte-americano, para a obtenção de economias de escala julgadas indispensáveis: devendo as explorações ter 80 a 120 hectares no caso da produção de trigo, 40 a 60 vacas para a produção de leite e 150 a 200 cabeças para a produção de carne de vaca e de vitela (uma proposta na mesma linha foi feita para França pelo conhecido administrativista Georges Vedel, numa fase da sua vida em que se centrou noutros interesses...). Tratou-se de uma proposta de reforma com uma lógica que acabou por ser retomada duas décadas depois, mas já em circunstâncias muito mais desfavoráveis. Conforme realça A. Cunha (2000, p. 16), "se tivesse havido coragem política em 1971 não se teriam desperdiçado inutilmente tantos recursos na compra, destruição ou na exportação subsidiada de excedentes que ninguém queria, não se teria atrasado o desenvolvimento de outras políticas por falta de recursos, não se teriam agravado as disparidades regio-

Um início de reforma, visando a diminuição dos excedentes, teve lugar em 1984, com o estabelecimento de quotas, não sendo garantida a compra do que fosse produzido acima delas, e depois em 1988 (estando os recursos orçamentais de novo a esgotar-se...) com os 'estabilizadores' (deixando de se intervir também acima de determinadas quotas), acompanhados já de um primeiro sistema de pousio (voluntário e de facto quase não utilizado).

Mas uma verdadeira reforma só veio a ter lugar em 1992, com a presidência portuguesa, num período decisivo em que era indispensável ultrapassar a pressão do Uruguai Round, feita por países que invocavam contra a União Europeia o proteccionismo aqui seguido [116].

Deve sublinhar-se que também em outros espaços do mundo há um grande favorecimento da agricultura, mas de um modo mais facilmente aceitável e mais correcto, sendo feito através de ajudas directas aos produtores [117].

Como seria de esperar, em confronto com o endurecimento da posição de países terceiros assistiu-se ao endurecimento da

---

nais. Seguramente, não teria sido necessário impor anos mais tarde tantos sacrifícios aos agricultores, especialmente àqueles que não tinham tido antes os proveitos do tempo das *vacas gordas*", como foi o caso dos portugueses...; sobre o 'fermento' do Plano Mansholt ver também M.E. Azevedo, 1996, pp. 88-90).

[115] Foi o caso da proposta Josling (1973), nos termos da qual havia um incentivo através dos preços, com compensações degressivas, para que se caminhasse para condições estruturais mais favoráveis.

[116] Sobre as dificuldades e o êxito da reforma ver Swinbank (1993), Donà (1993), Loyat e Petit (1999) ou ainda por ex. as referências de Magone (1997, pp. 166--7), numa apreciação dessa presidência portuguesa. Nas palavras da Agenda 2000 (1997, p. 17),"a reforma da política agrícola comum de 1992 foi um grande êxito".

[117] Os apoios na União Europeia como percentagem do 'valor ajustado' da produção são mais elevados do que os apoios nos Estados Unidos da América, mas estes por seu turno são mais elevados do que na Nova Zelândia, na Austrália e na Turquia: países que têm por isso em relação aos EUA as razões de queixa que estes dizem ter em relação a nós. Importa acrescentar além disso que os apoios americanos foram em anos recentes (não agora) mais elevados do que os europeus em valores *per capita* (por agricultor), tendo eles menos de 2 milhões e nós mais de 7 milhões de agricultores, que são significativos os seus subsídios bem como ainda que o proteccionismo da Europa é mais baixo na generalidade dos sectores não agrícolas (ver A. Cunha, 1996, pp. 113-5 e 2000, pp. 162-8).

posição dos agricultores europeus, tendo contribuido, v.g. com manifestações de rua, para que o Uruguai Round não tivesse sido concluido no início de Dezembro de 1990 e tendo contestado depois os acordos de Blair House, pondo em causa a posição assumida pela Comissão, que teria alegadamente excedido o mandato de negociação conferido pelo Conselho.

Na reforma levada a cabo (na reforma da PAC) são de distinguir alguns princípios e acções básicos:

1) Em primeiro lugar uma redução sensível nos preços de vários e importantes produtos agrícolas (v.g. 30% nos cereais e 15% na carne bovina), tendo em vista a redução da sua oferta. Trata-se de medida que teve de imediato consequências favoráveis, com a redução dos excedentes (quadro IV.6):

QUADRO IV.6
Evolução dos excedentes públicos (milhares de toneladas)

	1990	1991	1992	1993	1994	1995	1996	1997
Cereais	14 379	17 237	21 843	24 205	12 410	5 524	1 209	2 381
Leite em pó desnatado	333	416	47	37	73	14	125	142
Manteiga	252	266	173	161	59	20	39	28
Carne bovina	538	1 011	1 166	720	163	18	434	623

Fonte: A. Cunha (2000, p. 55, com dados da Comissão Europeia, relativos à UE-12 até 1994). As existências públicas de cereais ficaram 'tecnicamente' esgotadas em 1995.

Vê-se assim que, depois de um acréscimo das existências ainda em 1991-92, começou a verificar-se uma redução significativa a partir de 1993-4[118], embora com alguns aumentos em 1997.

---

[118] Com consequências favoráveis naturalmente não só na continução como mesmo na melhoria do cumprimento da 'linha directriz' orçamental para as despesas agrícolas (Leygues, 1994a, p. 105 e 1994b, p. 25 e A. Cunha, 1996, p. 161); bem como, seria escusado repeti-lo, no bem-estar dos consumidores, nas produções a jusante e na capacidade negocial com terceiros países.

A reforma de 1992 não se limitou todavia à esta dos preços, orientando-se também na tomada de medidas estruturais que se tornavam necessárias.

2) Foi este desde logo o caso, na sequência do que se começou em 1988, de se estabelecer um mecanismo mais amplo e obrigatório de pousio (*set-aside*) de terras nas explorações produzindo acima de 92 toneladas de culturas aráveis (cereais, oleaginosas ou proteaginosas), a menos que sejam destinadas a produções em que haja carência na União.

3) Numa outra linha com o maior relevo (para a União Europeia e muito especialmente para Portugal) foram estabelecidas medidas para a reconversão de terrenos para produções florestais: produções em que é grande o défice europeu, não se pondo de um modo geral problemas de colocação no mercado.

4) Em quarto lugar, visando o aparecimento de agricultores mais jovens e com melhores qualificações, veio promover-se a reforma antecipada dos agricultores, a partir dos 55 anos de idade.

5) Depois, é de sublinhar a criação de uma ajuda ao rendimento baseada nas áreas e nas cabeças de gado e, no caso das culturas aráveis, na produtividade (numa linha em que se marca o início do processo de separação do apoio ao rendimento relativamente à política de preços).

6) Por fim, assume também um grande relevo e a maior actualidade o apoio a medidas ambientais, com a redução de determinadas produções mais poluentes: na linha de *greening the CAP*.

Apesar do acerto inquestionável de todas estas medidas e dos resultados conseguidos (v.g. com a referida redução de excedentes), não pode dizer-se que se tenha chegado ao objectivo último a atingir, continuando designadamente a ter-se um enorme custo orçamental; tendo sido necessário afectar à PAC ainda em 2000, como vimos já (recorde-se a fig. IV.4, p. 326), 46,4% do total do Orçamento (estando de qualquer modo, como se disse, a conseguir-se ficar abaixo da 'linha directriz').

Tornava-se pois necessária uma nova reforma, agora requerida não só pelo novo *round* da OMC (o Millenium Round, iniciado em Seattle, em Novembro de 1999) como também pela aproximação dos alargamentos que se seguem, com as implicações delicadíssimas que veremos em IV.7.

As linhas gerais de uma nova reforma foram definidas em 1997, na Agenda 2000, na sequência da qual vieram o Conselho de Agricultura de 11 de Março de 1999, alterando algumas das propostas da Comissão, e por fim a Cimeira de Berlim, a 24 e 25 do mesmo mês, alterando por seu turno algumas das propostas do Conselho de Ministros.

Como primeiro elemento positivo, embora aquém do que era proposto pela Comissão mas na linha correcta da reforma de 1992, verificou-se mais uma redução dos preços de intervenção, em 15% nos cereais, a realizar em duas campanhas, e em 20% no sector da carne bovina, a realizar em três campanhas. Para o sector leiteiro verificou-se uma descida de 15%, mas a realizar (em três etapas) só a partir da campanha de 2005-6 [119].

Ficando-se aquém da proposta da Comissão, um outro reparo a fazer é que de qualquer modo só estes produtos continuam a ser substancialmente contemplados; não se passando das boas intenções, já na Agenda 2000, em relação aos produtos do sul (ver A.Cunha, 1998 e Porto, 1998a, pp. 27-9).

Até à posição final de Berlim estiveram também sobre a mesa duas propostas que acabaram por não ser aprovadas. Uma delas no sentido do cofinanciamento pelos países, como forma de se aliviar o orçamento e de se responsabilizarem mais os Governos nacionais; mas a França opôs-se de forma intransigente a esta 'nacionalização' parcial da PAC. A outra proposta, deste país, era no sentido de alguma degressividade no FEOGA-Garantia, aplicando-se verbas que fossem libertadas (2 a 4%) no desenvolvimento rural; mas também esta proposta não passou.

Numa linha correcta e promissora foi reafirmada a ideia do desenvolvimento rural integrado, no caso da agricultura com a *multi-*

---

[119] São de considerar também positivos algum alargamento da área plantada de vinha na EU-15, em cerca de 2%, bem como a alteração das regras de intervenção no mercado, no sentido de se favorecer a qualidade.

funcionalidade, ou seja, com a valorização de outras dimensões, casos da preservação do ambiente e do ordenamento do território, não apenas a dimensão produtiva. Passou a falar-se mesmo a este propósito de um 2.º pilar, ou de uma PARC, Política Agrícola *e Rural* Comum. Mas a exiguidade das verbas destinadas, 10,2% do total, não pode deixar de suscitar dúvidas sobre os bons propósitos afirmados.

Será de sublinhar ainda a reafirmação da preocupação ambiental, numa linha que vem também de trás e foi reforçada recentemente pela Comissão Europeia (2000c), com um relatório sobre *Indicadores da Integração das Preocupações de Carácter Ambiental na Política Agrícola Comum.*

Tem vindo progressivamente a ser afirmada a ideia de que há um 'modelo agrícola europeu'. Trata-se todavia de uma ideia pouco definida, que poderá 'albergar' o que cada um acha que lhe convém defender. Dada a experiência passada e actual da PAC, poderá ser um modo de nos iludirmos 'orgulhosamente'com algo ineficiente e por isso desvantajoso para a generalidade dos cidadãos [120].

A necessidade de se chegar a um acordo final, sentida de um modo muito especial pela presidência alemã (era um teste ao Chanceler Schröeder, na sua primeira presidência, e independentemente disso importava não protelar a aprovação das Perspectivas Financeiras para 2000-2006), levou a que houvesse condescendências em todos os domínios.

Foi assim possível a todos os responsáveis políticos dar conferências de imprensa com a referência a pequenos ganhos nacionais. Mas além de se ter protelado uma solução de fundo, competitiva e justa, veremos adiante (em IV.4.5) que em termos orçamentais houve um grande derrotado, que foi a política regional.

Entre os académicos não haverá nenhum que considere a reforma como um êxito. Mas distinguem-se as opiniões, afirman-

---

[120] Um reparo semelhante deve ser feito ao 'modelo social europeu', reflectindo uma preocupação que nos honra mas que pode servir para 'desconhecermos' que há uma flexibilização em outros mercados que acaba por proporcionar mais empregos. Por outras palavras, poderá ser bom para quem está empregado mas mau para quem está desempregado, designadamente para os jovens à procura de um primeiro emprego, que não podem deixar de merecer igualmente a nossa preocupação.

do alguns, e outros não, que valeu a pena tê-la feito, pelo menos pela reafirmação de que deveria continuar-se na linha iniciada com a reforma de 1992[121]. Já haverá concordância, sintomaticamente, em que dentro de poucos anos será necessária uma nova reforma.

3.2. *A política de pescas*

É de começar por referir que os produtos da pesca são considerados pelo art. 32.º do Tratado (ex. art. 38.º) como "produtos agrícolas". Trata-se todavia de produtos em relação aos quais durante vários anos não foram tomadas medidas especiais de favorecimento, v.g. com organizações comuns de mercado como as que se estabeleceram para determinados produtos agrícolas (em sentido 'restrito', o sentido comum).

Numa primeira fase, para além de um relatório da Comissão, de 1966, sobre a "Situação do Sector das Pescas nos Estados--Membros da CEE e os Princípios Básicos para uma Polítia Comum", estabeleceram-se princípios em relação ao acesso aos mares[122] e à abertura do mercado. Mas foi preciso esperar-se por 1983 (com desenvolvimentos em 1992) para que fosse realmente estabelecida o que pode considerar-se uma 'política' de pescas[123].

Uma primeira ideia básica em que assenta é a do 'acesso igual' de todos os pescadores às águas dos países membros, numa área até 200 milhas. Trata-se de ideia que ganhou maior significado com

---

[121] Num sentido mais negativo pode referir-se Tangerman (1999), afirmando que "pouco adianta, quer para preparar a PAC para o próximo round da OMC, quer para o alargamento a leste" (ver ainda os textos de A. Sevinate Pinto, Francisco Avilez e J. Cabrita em Conselho Económico e Social, 1998, pp. 69-104, Massot Marti 1999, Swinbank 1999, e House of Lords (2000). Sublinhando em particular a sua insuficiência face às exigências de um 'modelo europeu', equilibrado e promotor do mundo rural, numa estratégia distinguindo ajudas permanentes, sócio-regionais, de ajudas transitórias aos sectores em que há aproximações de preços, ver A. Cunha (2000, admitindo que de qualquer modo valeu a pena fazer a reforma).

[122] Regras internacionais gerais foram estabelecidas na 3.ª Conferência das Nações Unidas sobre o Direito do Mar, que decorreu de 1974 a 1976.

[123] Ver por exemplo Barnes e Barnes (1995a, cap. 5), El Agraa (1998c) e Mc Cormick (1999, p. 248).

os alargamentos que se foram dando a países com vastas orlas marítimas: assim aconteceu com o 'primeiro alargamento', ao Reino Unido, Irlanda e Dinamarca, depois com o 'segundo alargamento', à Grécia, Espanha e Portugal, e ainda agora com o 'terceiro alargamento', na medida em que incluiu a Suécia e a Finlândia.

Numa segunda linha, com a preocupação de se conservarem os recursos marítimos, foram estabelecidos 'totais admissíveis de captura' (TAC's, nas iniciais de *total allowable catches*), tendo a repartição das quotas em conta a pesca já afectuada por cada Estado-membro.

Depois de desde tempos imemoriais os recursos piscícolas terem sido considerados inesgotáveis, causas biológicas mas sem dúvida também pescas excessivas e mal executadas levaram a que se coloque hoje um problema grave de redução de recursos, tanto junto às costas como no alto mar. Em relação aos anos de pesca máxima, que ocorreram entre 1964 e 1973, uma análise de espécies várias pescadas em diferentes áreas do globo mostra que até 1992 se verificaram quebras acentuadíssimas de capturas (ver Barnes e Barnes, 1995a, p. 196) [124].

Numa terceira linha de preocupação e intervenção foram estabelecidos preços de garantia e intervenção em relação a determinadas espécies: na linha da política de preços da PAC.

Numa quarta linha, também de grande relevo e numa lógica sem dúvida correcta de intervenção, a União tem vindo a assumir a responsabilidade de apoiar a reestruturação da indústria pesqueira (v.g. a reestruturação da frota e outras medidas). Embora perdendo peso relativo, este apoio não deixou de crescer significativamente com a integração de Portugal e da Espanha [125], principalmente

---

[124] Face às quebras dos recursos que se verificaram, suscitando grandes preocupações, são de compreender as reservas que os países 'marítimos' começaram a pôr (no caso da Noruega a 'partilha' das águas constituíu aliás um factor importante para que nos referendos de 1973 e 1994 fosse recusada a adesão à União Europeia), bem como, naturalmente, o apoio crescente à tarefa de controle das águas (da responsabilidade de cada país).

[125] Com a tradição piscatória e os hábitos de consumo dos países ibéricos aumentou de 90% o número de pescadores, de 65% a tonelagem das embarcações,

da Espanha, com uma das maiores frotas do mundo (representando 3/4 da frota de que dispunha a Europa dos 10)[126].

Por fim, numa última linha de intervenção a União Europeia tem vindo a estabelecer acordos de pesca com países terceiros, designadamente com países das costas africana, americana (caso da Argentina) e do norte da Europa ('acordos do norte': caso do celebrado com a Noruega); em especial no primeiro caso num quadro de cooperação e apoio a esses países, tratando-se de países menos desenvolvidos.

A importância crescente e relativa de cada um dos tipos de intervenção referidos está reflectida nas respectivas dotações orçamentais (quadro IV.7).

QUADRO IV.7
Despesas com a pesca (milhões de ECU's)

	1985	(%)	1989	(%)	1996	(%)
Apoio de mercado	24	(14)	37	(10)	48	(5)
Apoio estrutural	114	(65)	209	(54)	451	(52)
Acordos internacionais	35	(20)	129	(33)	280	(32)
Outras (incl.controle marítimo)	2	(1)	12	(3)	96	(11)
Total	175	(100,0)	387	(100,0)	875	(100,1)

Fonte: Comissão Europeia (Direcção Geral das Pescas), *Pêche Information*, Junho de 1996

---

de 80% a capacidade de pescas e de 50% o consumo de peixe, que passou a ter muito maior relevo nas dietas alimentares europeias (cfr. El-Agraa, 1998b, p. 244 e Nicoll e Salmon, 2001, p. 190).

[126] Curiosamente é maior o número de embarcações na Grécia, sendo também muito grande em Portugal; mas com uma tonelagem muito mais baixa, menos de um terço da espanhola. Trata-se de qualquer modo de países em que a pesca representa percentagens mais elevadas dos seus PIB's (1,023% na Grécia e 0,67% em Portugal, quando representa 0,518% em Espanha), estando além disso em causa com ela comunidades modestas de determinadas áreas (próximas dos portos de pesca) onde muito dificilmente os pescadores poderão encontrar ocupações alternativas (ver Barnes e Barnes, 1995a, p. 195).

Em geral tem sido significativa a redução de embarcações ao longo dos últimos anos.

Tem sido pois sensível o aumento de dotações para a pesca[127], para o que, com o relevo referido atrás, muito contribuiram as entradas de Portugal e principalmente da Espanha[128].

Na evolução verificada, com aumento dos valores absolutos em todas as rubricas, é de assinalar a perda de relevo relativa da política de preços (de mercado), a par de um reforço da rubrica 'outras', onde se inclui o controlo das águas territoriais. Na linha referida de intervenção de primeiro óptimo é de assinalar o relevo mantido pelo apoio à reestruturação da frota (depois da 'quebra' relativa entre 1985 e 1989), com mais de metade das verbas totais; sendo além disso de assinalar o grande impulso dado entre 1985 1989 e mantido desde então à cooperação com países com os quais há acordos internacionais, numa linha em que se conjugam interesses nossos com um desejável apoio a economias menos favorecidas.

Para 2000 estão previstos novos ajustamentos na política de pescas. Em discussão estará também a questão da exclusividade de acesso às 12 milhas, por parte dos Estados costeiros.

3.3. *A política industrial*

3.3.1. Introdução

É curioso verificar o contraste entre esta política – ou durante muito tempo a sua ausência – e a política agrícola, com o relevo sublinhado em IV.3.1.

Tal como havia outros países especialmente interessados em políticas já consideradas – como se disse, a Holanda na política

---

[127] Sem dúvida partindo-se de uma base muito baixa e estando-se bem longe das dotações da 'velha' PAC...

[128] Em correspondência com o seu relevo passou a ser a Espanha o país da União Europeia mais beneficiado com verbas para a reestruturação, a modernização e o desenvolvimento da indústria pesqueira (incluindo a aquacultura), com perto de 33% do total em 1987-1988 (tendo vindo para Portugal 9,1%).

dos transportes e a França na política agrícola – a Alemanha apresentava-se claramente como o país que mais poderia beneficiar com as oportunidades industriais proporcionadas pela CEE: no final dos anos 50 com a economia já recuperada das sequelas da guerra, mesmo rejuvenescida com os investimentos massiços em equipamentos novos que lá foram feitos.

Apesar disso não foi inserido no Tratado de Roma nenhum título ou sequer nenhum artigo sobre a política industrial. Não se terá tratado todavia de um 'esquecimento', ter-se-á julgado que as regras da concorrência seriam a condição suficiente para o aproveitamento das potencialidades industriais dos países.

Assim acontecia, pois, com uma concepção liberal de crença no mercado, julgando-se que bastaria o seu funcionamento. Por outras palavras, a intervenção, da Comissão ou do Tribunal, seria necessária apenas para assegurar a concorrência, nos termos vistos em IV.2.1 [129].

A experiência histórica recente, de 'derrota' e transformação radical das economias de direcção central, contribuíu por seu turno de um modo muito significativo para se reforçar esta convicção, em termos acrescidos com o alargamento de oportunidades proporcionado pelo mercado único europeu [130].

Poderá por isso constituir talvez surpresa que tenha vindo precisamente nos nossos dias o Tratado de Maastricht [131] introduzir no articulado da Comunidade Europeia um título sobre

---

[129] Nos meados do anos 60 foi criada a Direcção Geral da Indústria (DG-III, actual ENTR), mas na linha do que se refere no texto com poucos poderes, continuando a ser bem maior a preocupação com a preservação e a promoção da concorrência, através da Direcção Geral respectiva (actual COMP; ver Hodges, 1983 e McGowan, 1999b).

[130] Representando mesmo o mercado alemão, o maior da União, apenas metade do mercado japonês e um quarto do mercado norte-americano. Muito havia a esperar, pois, do mercado único europeu (ver *infra* IV. 5).

[131] Em boa medida na sequência de um documento da Comissão, curiosamente da responsabilidade de um Comissário liberal, o alemão Martin Bangemann (ver o seu livro de 1992): sendo aliás curioso referir ainda que mesmo a defesa de alguma intervenção nos termos referidos não deixa de suscitar reservas ao Comis-

"a indústria", o título XIII da parte II (o actual título XVI da parte III).

Será de perguntar, pois, a que se deve esta primeira consideração no texto do Tratado quando menos seria de esperar, no início dos anos 90, depois do fracasso dos regimes de direcção central e em plena 'vaga' liberal que chegou a todos os domínios, muito especialmente ao domínio económico [132].

3.3.2. Uma filosofia correcta de actuação

Assim acontece como consequência de um entendimento (finalmente) correcto do papel que a intervenção pública (comunitária ou a nível nacional) deve ter na economia.

De facto, a experiência conhecida não levou a dever julgar-se que os Estados (ou outras entidades públicas) deixavam de ser necessários; levou, isso sim, a reconhecer-se que devem ter um papel completamente diferente daquele que tiveram durante muito tempo.

Reconhece-se, designadamente, que não devem continuar a intervir como produtores, intervenção em que é possível e mais eficiente a iniciativa privada. Mas é a própria possibilidade de exploração plena das potencialiades do mercado que depende de alguma intervenção pública, criando economias externas indispensáveis e afastando imperfeições existentes. É preciso, pois, por um lado proporcionar por exemplo infraestruturas e serviços de transporte, investigação científica e tecnológica e formação profissional que os particulares não correm o risco ou não têm capacidade

---

sário Leon Britton (conservador inglês) no Prefácio que escreveu para o livro do seu colega.

[132] Houve de qualquer modo já anteriormente documentos apontando para a necessidade de alguma intervenção, começando com um memorando ambicioso do Comissário responsável, Guido Colonna,em 1970, a que se seguiu um outro relatório (Spinelli) em 1973; bem como iniciativas diversas em domínios promotores da competitividade da indústria, v.g. no domínio da investigação e desenvolvimento e da política regional.

financeira para fazer e por outro lado afastar imperfeições (por exemplo de informação ou no mercado dos capitais) que impedem o aproveitamento possível das virtualidades do mercado: tarefas que, como é sabido, só entidades públicas poderão desempenhar[133].

A 'vaga liberal' que se vive actualmente não aponta pois no sentido de a intervenção pública deixar de ser necessária, mas sim no sentido de se alterar a sua filosofia e o modo de actuação[134].

Trata-se de necessidade de intervenção que, sendo já desejável no mero quadro da economia europeia, se torna especialmente premente face à dificílima concorrência de outros espaços do mundo, em relação aos quais estamos progressivamente mais abertos.

É ainda, na linha do que conhecemos já de trás (II.4.1.2.1), uma intervenção de apoio de primeiro óptimo, ou seja, com a qual não se verificam os efeitos indesejáveis (v.g. custos de distorção no consumo) que se verificariam com uma intervenção proteccionista; podendo acrescentar-se que, também por uma razão de economia e racionalidade de meios, deve apoiar-se, promovendo-os, nos recursos já existentes nos mais diversos níveis, empresariais, universitários ou ainda por exemplo autárquicos.

Trata-se de filosofia e de preocupação que ficaram bem nítidas no modo como a 'política industrial' foi considerada no Tratado de Maastricht.

Desde logo, em termos sintomáticos, não se fala em "política", nem na epígrafe do título (fala-se apenas em "indústria") nem no

---

[133] Recorde-se o que vimos em II.4.3.2.4 a propósito da justificação da intervenção pública para promover 'indústrias nascentes'(e veja-se o *survey* recente de Price, 1995, ou ainda Jovanovic, 1997, pp. 169 ss.).

[134] Tal como não aponta no sentido de poder deixar de haver uma regulamentação adequada, v.g. assegurando a concorrência e a defesa de valores ambientais e sociais (ver V. Moreira, 1997). A este último propósito é aliás de sublinhar que, havendo sempre situações de dificuldade a atender, importa que o sistema económico seja o mais eficiente possível, com o aproveitamento pleno do mercado, para que sejam mais avultados os recursos de que poderá dispôr-se para lhes fazer face.

Analisando diferentes perspectivas de promoção industrial com a preocupação de criação de emprego na Europa, nos Estados Unidos e no Japão, ver a ed. de Michie e J. Smith (1996); ou, privilegiando a necessidade de se promover a competitividade da Europa, a ed. de Lawton (1999).

articulado; numa distinção marcada em relação às "políticas" agrícola, social ou dos transportes, designadas como tais desde a redacção inicial do Tratado, ou ainda em relação à "política" do ambiente, que (como veremos em IV.3.6.1) passou a ser designada como tal no articulado do Tratado de Maastricht (não o tendo sido quando foi 'introduzida' pelo Acto Unico Europeu).

Depois, o texto do articulado é significativo do modo supletivo e racionalizado como está prevista a intervenção. Começa-se por dizer que "a Comunidade e os Estados-membros zelarão por que sejam asseguradas as condições necessárias" v.g. com o incentivo a um ambiente favorável à iniciativa e ao desenvolvimeno das empresas, nomeadamente das pequenas e médias empresas no conjunto da Comunidade, bem como à cooperação entre elas [135].

Em terceiro lugar, é bem claro que deste modo 'subtil' e racionalizado se pretende promover a "capacidade concorrencial da indústria da Comunidade", não num espaço protegido, mas sim "no âmbito de um sistema de mercados abertos e concorrenciais" [136].

Em dois domínios tem sido feito contudo um apelo maior à intervenção pública, designadamente à intervenção comunitária. Um deles é o da promoção de sectores 'de ponta' para se competir com terceiros espaços, como os Estados Unidos e o Japão [136] (v.g. com a afectação privilegiada de verbas avultadas à investigação científica e tecnológica: ver *infra* IV.3.4) ; e o outro o do apoio a sectores em crise, onde se verificam situações graves de desemprego.

3.3.3. Os grandes projectos europeus

Um apelo para uma grande intervenção pública tem vindo de facto a ser feito com o reconhecimento da necessidade de se con-

---

[135] Estamos assim na lógica do princípio da subsidiariedade, generalizado e reforçado precisamente com o Tratado de Maastricht (ver Philip e Boutayer, 1993, Quadros, 1994 , Ruiz, 1996, Duarte, 1997, pp. 517-40 e 2000, M. Borges, 1997 e Martins, 2000, pp. 148-56, bem como a bibliografia indicada nestes estudos).

[136] Nas palavras de Bangemann (1992, p. 13): "I understand 'industrial policy' to mean creating industrial competitiveness" (cfr. M.I. Marques, 2000, pp. 147 ss., ou ainda, numa outra perspectiva, Maduro, 1998, pp. 162-6).

correr em sectores de ponta com as outras economias mais desenvolvidas do mundo. Trata-se, conforme voltaremos a ver adiante (em IV.3.4.2.), de ideia que foi encabeçada na Comissão Santer pela Comissária responsável pela investigação e desenvolvimento tecnológico, Edith Cresson, defendendo uma estratégia que visa privilegiar um número muito reduzido de grandes projectos (como o 'carro do futuro' ou o 'avião do futuro')[138].

Deve ter-se todavia bem presente que se trata de um processo com grandes dificuldades, v.g. em fazer as escolhas correctas (*picking the winners*), com os riscos inerentes; não se provando aliás que tenha sido fundamentalmente devida a acções deste tipo que os países que concorrem connosco tiveram o seu desenvolvimento, devendo 'desmistificar-se' designadamente o papel do MITI (Ministério da Indústria e Tecnologia) no Japão, país onde tem sido incomparavelmente mais importante o papel das grandes empresas financiando a investigação necessária para as suas contínuas modernização e expansão[139].

Salvo um ou outro caso excepcional, na sequência de uma grande ponderação[140], será mais seguro e provavelmente mais efi-

---

[137] Na linha de as nossas empresas ganharem uma escala mais favorável – bem como de haver um maior aproximação das condições sociais – aparece a ideia da 'sociedade europeia' (cfr. Swann, 2000, pp. 284 e 303).

[138] O mesmo é dizer, projectos de um número reduzido de grandes empresas dos grandes países, designadamente da França (algumas com situações deficitárias...). Entra-se assim numa lógica de acentuação dos desequilíbrios (sucitando naturalmente a reacção dos países mais pobres: cfr. *Expresso* de 1 de Novembro de 1996 a propósito da discussão que no seio da Comissão antecedeu a aprovação do 'relatório da coesão' – Comissão Europeia, 1997c – tendo levado a alguns 'acertos'). Mas, como se dirá na n. 148 p. 352, Portugal está numa posição debilitada para contestar esta política, dada a enorme concentração de meios que se tem verificado e acentuado no nosso próprio território.

[139] Na constatação de Porter (1990, cit.), depois de citar exemplos (negativos) do Japão e da Coreia, "looking across nations, the industries is which government has been most heavily involved have, for the most part, been unsuccessful in international terms" (ver também Jovanovic, 1997, p. 195).

[140] Sobre os méritos e as dificuldades desta forma de intervenção recorde-se o que se disse acerca do argumento das indústrias nascentes (em II.4.3.2.4).

Trata-se de qualquer modo de uma intervenção que o Tratado, nos termos

caz (com a dinamização de vários potenciais concorrentes, em diferentes países e regiões) seguir-se antes uma estratégia de tipo horizontal com a criação geral de economias externas (v.g. com uma política alargada de investigação e desenvolvimento tecnológico, nos termos que veremos em IV.3.4) e o afastamento das imperfeições que impedem o funcionamento pleno do mercado.

3.3.4. A problemática das indústrias em crise

O apelo a alguma intervenção no sector industrial tem sido feito também de um modo especial em relação a sectores em crise, assim tendo acontecido com grande premência nos anos 70 [141] e de novo em anos mais recentes.

Trata-se de intervenção que só pode encontrar justificação económica nos termos e com os 'pressupostos' do argumento das indústrias senescentes, que considerámos em II.6 [142]: concluindo-se que só se justificará verificando-se as mesmas condições (a 'passagem' dos mesmos 'testes') que com o argumento das indústrias nascentes; bem como que, justificando-se, deve ser feita de um modo directo, procurando-se que na medida possível seja uma intervenção de primeiro óptimo.

A União Europeia não tem deixado de ser sensível a este problema, nos últimos anos particularmente ligado à problemática

---

da al. b) do n. 3 do art. 87.°, admite que tenha lugar através de subsídios públicos se se tratar de "um projecto importante de interesse europeu comum" (recorde-se de IV.2.1.2, p. 284).

[141] Principalmente a partir da crise iniciada em 1973 (recorde-se o que dissemos sobre o 'novo proteccionismo' em I.2.1, pp. 31-2). Mas vêm de mais atrás as crises de alguns dos sectores mais sensíveis, como são os casos da indústria têxtil (já em 1971 foi publicado pela Comissão um "Quadro para a Ajuda à Indústria Têxtil"), do carvão e do aço: suscitando políticas de intervenção, mesmo proteccionistas (ver Swann, 2000, pp. 308-15).

[142] Também neste caso a 'legalidade' de auxílios públicos a conceder terá que encontrar cabimento em alguma das excepções do art. 87.° (recorde-se mais uma vez de IV.2.1.2).

do desemprego: com 16,5 milhões de desempregados, apesar da recuperação que tem vindo a dar-se mais recentemente.

Na procura de soluções foi publicado recentemente o 'livro branco' *Crescimento, Competitividade e Emprego* (Comissão Europeia, 1993a). Na linha de uma tentação que aparece sempre que aumenta o desemprego poderá perguntar-se se não se confiará de novo demasiado numa estratégia de índole keynesiana, com o aumento da despesa global para dinamizar a economia [143].

Não havendo nenhuma solução só por si satisfatória importa ter bem presente que os progressos tecnológicos e de gestão dos nossos dias não poderiam deixar de levar a que muitos produtos passassem a ser produzidos com menos mão-de-obra: não tendo sentido produzir com 100 trabalhadores o que pode ser feito hoje com 50 [144]. Não sendo por outro lado de esperar que aumente significativamente a procura da maior parte dos bens já produzidos, há que antecipar quais serão as novas necessidades que seguramente aparecerão, algumas aliás como consequência dos níveis mais elevados de rendimento e de tempo disponível de que se vai dispondo. Muito em especial, haverá aqui um largo espaço para produtos e serviços ligados à cultura, ao turismo e à recreação, todos eles requerendo a ocupação útil de muito mais mão-de-obra (em grande parte dos casos em regiões menos favorecidas, contribuindo-se por isso assim simultaneamente para um desejável maior equilíbrio espacial: ver *infra* IV.4).

---

[143] Eram em boa medida nesta linha o Relatório Paddoa-Schioppa (1987) bem como mais recentemente o relatório e documentos preparados para a Comissão Temporária do Emprego que funcionou no seio do Parlamento Europeu (cfr. o Relatório Coats, 1995, Barrell *et al.*, 1995 e Holland, 1995, analisando as consequências sobre o emprego do cumprimento dos critérios de Maastricht quando da 'caminhada' para o euro; ver ainda Comissão Europeia, 1997 d).

[144] O agravamento do desemprego não se confina por isso a fases de recessão, podendo verificar-se também (embora provavelmente em menor grau) quando há retoma das economias (com especiais dificuldades para a Europa, no cotejo com os EUA e o Japão: ver Comissão Europeia, 1997a, p. 1).

Exprimindo estas preocupações, entre uma vasta literatura ver de novo o livro recente de Michie e J. Smith ed. (1996).

3.4. A política de investigação e desenvolvimento tecnológico (I & D)

3.4.1. Introdução

Tal como a anterior, trata-se de política que não tinha lugar no articulado do Tratado de Roma.

Só com o Acto Único Europeu tal veio a acontecer, através da introdução de um título próprio sobre Investigação e Desenvolvimento Tecnológico (arts. 130-F a 130-Q, actuais arts. 163 a 173); sendo agora, com o Tratado de Amesterdão, o título XVIII da parte III [145].

Algumas mudanças feitas já pelo Tratado de Maastricht visaram uma maior coordenação e uma maior exigência, de forma a que a União possa responder aos desafios que se levantam.

Uma preocupação fundamental pela competitividade ficou bem reflectida no pacote Delors II (num dos três eixos distinguidos, sendo os outros dois o da coesão e o do acréscimo das responsabilidades internacionais). Tratava-se de preocupação justificável, nas palavras de Leygues (1994a, p. 140 e 1994b, p. 121), pela "degradação do saldo comunitário na balança dos produtos industriais", que desceu de + 116 milhares de milhões de ECU's em 1985 para +50,5 milhares de milhões no início dos anos 90; podendo constatar-se que o esforço financeiro dedicado à investigação na União Europeia (1,9% do PIB, na UE-15 em 1995) é muito menor do que no Japão (3,5%) ou nos EUA (2,8%) e que as exportações de alta tecnologia representam 31% do total nos EUA, 27% no Japão e apenas 17% na Europa [146].

---

[145] Sem preocupação de rigor, no Tratado o qualificativo 'tecnológico' está referido (no singular e no masculino) 'desenvolvimento', não a 'investigação' (reproduzindo nós esta designação).

[146] Ver Barnes e Barnes (1995a, pp. 246-7) e de novo Leygues (locs. cits.). Estará assim em causa a nossa capacidade de concorrência no seio destes três espaços (desta 'tríade', numa designação que remonta a Ohmae), sobre a qual tem vindo a ser publicada uma extensa bibliografia (ver por exemplo Ohmae, 1985a

É neste quadro de referência, pois, que se verifica uma preocupação acrescida com a política de investigação e desenvolvimento tecnológico.

3.4.2. A filosofia e as vias de actuação

Trata-se, tal como a 'política' industrial (à qual, como acabámos de ver, está aliás intimamente ligada), de política estabelecida numa lógica de abertura, com a afirmação do objectivo de se reforçar as bases científicas e tecnológicas da indústria comunitária e fomentar o desenvolvimento da sua capacidade concorrencial internacional" (n. 1 do art. 63.°): v.g. face aos referidos espaços americano e asiático.

Na concretização deste objectivo o Pacote Delors I (1987) [147] havia sido bem expressivo ao perguntar, a propósito de "uma política económica externa comum e resoluta": "como proclamar que o progresso tecnológico é necessário para a nossa competitividade e o nosso emprego se não somos capazes de enfrentar as ameaças vindas do exterior"?

Não se segue pois com a investigação e a promoção tecnológica uma política proteccionista de desenvolvimento autárquico. Numa linha correcta, sabendo-se qual é a divergência existente no plano interno – no caso, uma insuficiência no domínio científico e tenológico – importa actuar apenas em relação a ela, chegando-se

---

e 1985b, Jackson, 1993, Thurow, 1994 ou ainda Dent, 1997, cap. 5; defendendo uma estratégia cooperativa entre eles ver o Group of Lisbon, 1995).

A percentagem dos PIB's afectada à I&D é especialmente baixa em três dos países da coesão, na Grécia (0,48%), em Portugal (0,59%) e na Espanha (0,80%); sendo também baixa na Itália (1,04%) mas já mais elevada na Irlanda (1,41%), de qualquer modo abaixo da média da UE-15, de 1,97%: ver Comissão Europeia (1998b, pp. 95 e 217).

Sobre a concorrência entre empresas multinacionais, fazendo perder relevo aos espaços nacionais, podem mencionar-se as posições de Holland (ver *infra* a n. 189 p. 378) ou também por ex. de Ohmae (1995).

[147] Foi o documento da Comissão – o COM (87) 100 – que veio concretizar o que ficou estabelecido no Acto Único Europeu.

assim ao resultado almejado e evitando-se os custos de distorção no consumo que de outro modo seriam provocados (recorde-se mais uma vez de II.4.1.2.1).

Nesta perspectiva compreende-se ainda (tal como em geral na 'política' industrial) que na União deva ter-se a preocupação de aproveitar do melhor modo possível os recursos nela existentes, em especial tendo na devida conta que – mesmo num efeito estimulante de competitividade – se trata de recursos dispersos por vários países e por várias regiões.

Assim se explica que se diga logo de seguida, no n. 2 do art. 163.º, que "a Comunidade incentivará, *em todo o seu território*, as empresas, *incluindo as pequenas e médias empresas, os centros de investigação e as universidades* nos seus esforços de investigação e de desenvolvimento tecnológico *de elevada qualidade* "(itálicos nossos). A necessidade de proporcionar as economias externas indispensáveis, *de elevada qualidade*, não leva pois à defesa da concentração de esforços, dando-se antes relevo, com toda a clareza, ao pleno aproveitamento dos recursos empresariais e de investigação existentes, localizados em pontos diversos dos países comunitários[148]. Trata-se de ideia reforçada num documento

---

[148] Não está pois de acordo com esta perspectiva a concentração geográfica da investigação apoiada publicamente no nosso país, com um grande afastamento em relação ao tecido industrial: mais de 65% concentrada em Lisboa (82% da investigação do Estado em 1995, segundo o Observatório da Ciência e Tecnologia), distrito que tem 25% da produção industrial portuguesa, por seu turno já 'atraída' para aí por essa e outras vias (com a sua dimensão e as suas implicações, este desequilíbrio português é 'distinguido' nas críticas negativas de Leygues, 1994b, p. 54 e Torres, 1996, p. 17, chamando este a atenção para que "this concentration" – empresarial e geográfica – "of domestic resources prevents a faster real convergence with the EU"; cfr. ainda *infra* a n. 223 p. 406). Trata-se de situação que se reflecte naturalmente no baixíssimo nível de cobertura das despesas com receitas proporcionadas por serviços prestados a empresários privados pelos 'grandes laboratórios nacionais' (têm um significado totalmente diferente as prestações de serviços ao sector público, incluindo naturalmente as empresas públicas); sendo já pelo contrário significativa, em alguns casos mesmo superior a 100%, a cobertura que é conseguida pelos serviços proporcionados pelos centros tecnológicos localizados nas várias regiões, perto dos empresários a que dão apoio (a diminuta rentabilidade dos laboratórios do Estado é evidenciada em avaliações mandadas fazer pelo Ministério da Ciência e Tecnologia,

recente da Comissão Europeia (1997c, p. 128), em termos que vale a pena reproduzir aqui: "Relativamente à política de IDT da União, que tem como objectivo *promover a competitividade europeia através da excelência científica*, deverão prosseguir os esforços no sentido de desenvolver as capacidades e as actividades de investigação nas áreas mais desfavoreidas da União. A inovação, a mobilidade dos investigadores, bem como um aumento das parcerias e de redes entre instituições de IDT nos Estados-Membros são componentes particularmente valiosas para o desenvolvimento estrutural. *Também importantes são a ampla divulgação de resultados e a prossecução de esforços concertados de investigação ligada às potencialidades das regiões mais desfavorecidas* (itálico nosso).

Visa-se assim um máximo aproveitamento dos recursos, que poderá ser por seu turno ampliado através do mercado único e de políticas de coordenação e racionalização a levar a cabo. Ainda no mesmo n. 2 do art. 163.° do Tratado é dito que a Comunidade apoiará os esforços de cooperação de todos os participantes há pouco referidos, "tendo especialmente por objectivo dar às empresas a possibilidade de explorarem plenamente as potencialidades do mercado interno", e é indicado depois, nos artigos seguintes, o que pode e deve ser feito nos campos da coordenação e da racionalização, incluindo a adopção de programas-quadro, definindo objectivos científicos e técnicos e as prioridades a seguir, definindo-se as linhas

---

sendo todavia sempre de recear, na lógica do sistema, uma 'fuga para a frente', com o alargamento dos "orçamentos e recursos humanos", para além dos quase 30 milhões de contos já dispendidos e dos 5.000 funcionários que aí trabalhavam: ver os *Diário de Notícias* de 5.5.1997 e, considerando especialmente o caso do LNETI, de 14.5.1997; bem como o *Expresso* de 12.7.1997).

Além de não estar a verificar-se pois o aproveitamento possível das capacidades de que dispomos, conforme se sublinhou na n. 138 p. 347 perdemos assim força argumentativa quando contestamos a concentração verificada nos países do centro e norte da Europa.

Um outro aspecto que nos 'distingue' é em geral a pequena percentagem do sector privado português nas despesas de investigação e desenvolvimento, apenas 33%, estando abaixo apenas a Grécia, com 23%. Logo a seguir a nós estão a Espanha e a Áustria, já com 50%, tendo na Irlanda 74% e na Suécia 75% (Comissão Europeia, 2000a, p. 13)

gerais das acções a levar a cabo e fixando-se montantes e modos de financiamento; devendo incluir-se aqui, naturalmente, as acções a desenvolver em cada um dos países membros, numa linha de horizontalidade promotora de um maior equilíbrio, com um aproveitamento mais completo e eficaz dos recursos de que se dispõe.

Pelo contrário, não é sequer mencionada a promoção de grandes projectos, na linha que a Comissária Cresson quis privilegiar, afastando-se assim do disposto no Tratado e, o que é mais delicado, procurando um caminho que não seria o mais seguro e o mais correcto (recorde-se o que referimos há pouco em IV.3.3.3 e já antes, em II.4.3.2.4, a propósito do argumento das indústrias nascentes) [149].

É inquestionável, por fim, que a promoção da investigação e do desenvolvimento tecnológico não poderá deixar de competir em grande medida a entidades públicas. Resultando dela economias externas, trata-se de um bem cujos benefícios não podem ser apropriados por quem quer que seja. Não pode esperar-se, pois, que um empresário tome a iniciativa de a promover, pelo menos em toda a medida necessária, correndo o risco de os seus concorrentes, sem terem suportado os mesmos encargos, virem a aproveitar em maior medida dos benefícios proporcionados (tenha-se presente mais uma vez o que dissemos em II.4.3.2.4) [150].

---

[149] Como se disse e importa repetir, trata-se contudo de estratégia que se justificará num ou noutro caso muito bem identificado e seguro (desejavelmente promotor de cinergias de diversas naturezas).

Um exemplo bem sucedido, de vários países membros com o apoio da União, é o do projecto Airbus, distinguido atrás (em III.9.2.3, p. 252) como exemplo justificativo da intervenção num espaço de integração; mas com maior ou menor sucesso poderão referir-se ainda projectos desenvolvidos nas áreas do telefone portátil, da genética ou aeroespacial (a par de casos claramente de insucesso, como são os casos da fusão nuclear e da TV de alta definição, a lembrar-nos a delicadeza de se dispenderem verbas avultadas neste tipo de intervenção...; sobre este último caso ver Dai, Lawson e Holmes, 1996 ou ainda Gabel e Cadot, 1996).

[150] Tem sido naturalmente discutido o grau de envolvimento público que deverá verificar-se em cada caso, v.g. comparando-se a situação europeia com a situação nos nossos 'adversários' (sobre tal intervenção nos Estados Unidos da América ver Best e Forrant, 1996).

Sobre a admissibilidade comunitária do apoio público recorde-se de novo de IV.1.2.3.

Num espaço aberto como a União Europeia o problema põe-
-se também em relação a cada um dos Estados, não podendo ter-
-se a segurança de que os investimentos feitos venham a beneficiar
apenas as empresas dos seus nacionais. Tratando-se além disso de
investimentos por vezes muito vultuosos (na concorrência mundial
atrás assinalada), compreende-se que deva tratar-se de uma responsabilidade comunitária, que o Acto Único veio justamente consagrar.

Neste contexto de exigência e racionalidade procura-se que a
acção da União seja desenvolvida fundamentalmente através de
programas-quadro, definidos e executados nos termos dos arts.
166.º a 170.º (ex arts. 130-I a 130-M). Trata-se todavia de programas que remontam a um ano anterior ao Acto Único, a 1984, com
o 1.º Programa, estando-se agora no 5.º Programa, para o período
de 1998-2002.

O relevo crescente atribuído à política de investigação e
desenvolvimento tecnológico está reflectido no acréscimo das verbas atribuídas, que duplicaram do 3.º (1990-4) para o 4.º (1994-8),
de 6,600 milhões para 12.300 milhões de ECU's [151]; e aumentaram
no 5.º Programa (1998-2002), depois de uma disputa acesa entre
as instituições (Comissão, Parlamento Europeu e Conselho), para
14.900 milhões de euros, destinados a quatro programas temáticos
e três horizontais (ver Nicoll e Salmon, 2001, pp. 288-90)

3.5. *Política energética*

3.5.1. **Introdução**

Trata-se agora de uma 'política' que continua a não estar considerada no Tratado da Comunidade Europeia.

Está em causa também aqui a importância do sector, que não
é necessário sublinhar, sendo especialmente sentida em períodos
de crise, como foi o caso ainda recente da Guerra do Kuwait.

---

[151] Reflectindo as novas linhas de força que se foram afirmando neste domínio ver Leygues (1994a, pp. 143-8 e 1994b, pp. 131-46).

Esteve aliás na mesa do Conselho Europeu de Maastricht uma proposta de artigo sobre a energia[152] que todavia não chegou a ser aprovada, quedando-se o Tratado por no art. 3.º ter acrescentado, a par de outras, uma alínea dispondo que "para alcançar os fins enunciados no art. 2.º, a acção da Comunidade implica, nos termos do disposto e segundo o calendário previsto no presente Tratado", "*medidas nos domínios da energia, da protecção civil e do turismo*" (em itálico o que se dipõe na alínea *t*).

É de ter em conta que vem de longe a preocupação 'comunitária' com a energia, sendo de recordar que lhe eram especial-

---

[152] Esteve igualmente sobre a mesa, com um interesse muito especial para o nosso país (também para o conjunto da União Europeia, sendo já neste fim de século o sector económico de maior relevo, com um crescimento médio anual de 7,2% entre 1980 e 1995; para além do seu relevo social, cultural e político), um artigo sobre o turismo (sobre o turismo na Europa ver por ex.Hollier e Subremon, 1992; e sobre o seu efeito na dinamização das economias por ex. Hazari e Sgro, 1995). Ficou-se todavia pela aprovação da alínea t) do art. 3.º (actualmente a alínea u) a que nos referimos a seguir no texto. E embora na Declaração n. 1 anexa ao Tratado de Maastricht se tenha declarado que a "introdução no Tratado que institui a Comunidade Europeia dos títulos relativos aos domínios referidos" nessa alínea "será examinada de acordo com o procedimento previsto no n.º 2 do artigo N) do Tratado da União Europeia, com base num relatório que a Comissão apresentará ao Conselho o mais tardar em 1996", não se avançou na Conferência Intergovernamental (CIG) e nada se aprovou no Conselho Europeu de Amesterdão (o mesmo tendo acontecido na CIG e na Cimeira de 2000, em Nice). Sendo assim, nos termos da mesma declaração a acção nestes domínios continuará a ser "prosseguida com base nas actuais disposições dos Tratados que instituem as Comunidades Europeias".

Como argumento contrário à consideração comunitária do turismo invocar-se-á o princípio da subsidariedade, ou ainda que o que há a fazer em prol do turismo é integrável noutras políticas, desde a política dos transportes à política regional (através da qual, como é sabido, podem financiar-se equipamentos do sector).

Parece-nos contudo claro que há acções no domínio do turismo em que se justifica a intervenção comunitária, sem dúvida em estreita articulação (complementando ou sendo complementada) com acções nacionais. A título de exemplo, justifica-se que seja feita no âmbito comunitário uma acção de promoção em outros continentes, por exemplo na Asia, na Oceania ou mesmo na América, dado que quem vem dessas origens longínquas em princípio não limita a sua visita apenas a um país da União Europeia; justificando-se além disso por exemplo que haja a nível comunitário o estabelecimento de determinadas exigências de qualidade (podendo estar a opôr-se à 'comunitarização' desta política operadores que receiam maiores exigências...).

mente dedicadas (em exclusivo, no segundo caso) as outras duas Comunidades criadas. De facto a CECA, criada em 1951, veio cuidar (a par do aço) da fonte energética então dominante, o carvão (ainda hoje com relevo, que deverá continuara ser assinalável no futuro) [153]; e depois o EURATOM, em 1958, veio a ser exclusivamente dirigido a uma energia então com relevo crescente, a energia atómica (devendo ficar para a CEE, embora sem menção no Tratado, responsabilidades em relação a todas as demais fontes, incluindo o petróleo e as energias renováveis).

Trata-se por outro lado de 'política' desde o início com uma filosofia que vale a pena sublinhar, bem diferente da seguida com a política agrícola comum: justificando-se mostrar tal diferença, nem que fosse por razões pedagógicas.

3.5.2. A filosofia seguida

A evolução dos preços internos face aos preços internacionais pode ser vista no quadro seguinte, com os números do ano anterior à celebração do Tratado de Roma (1956) e depois já com números de meados da década de sessenta (quadro IV.8).

QUADRO VI.8

	Carvão CEE	Carvão USA	Petróleo importado
1956	12,53	21,60	20,30
1965	16,68	14,20	16,40

Fonte: Swann (ed. de 1995, p. 280), com preços (de tonelada de equivalente de petróleo: tep) na mesma base

Pode ver-se que em 1956 era ainda muito competitivo o preço do carvão comunitário, não se justificando a importação de carvão ou de petróleo.

---

[153] Na formação da CECA foi determinante o reconhecimento da importância estratégica dos dois sectores (carvão e aço) dos pontos de vista económico e militar, devendo por isso ser colocados sob responsabilidade comunitária.

Nos anos que se seguiram assistiu-se todavia a uma mudança radical da situação, com o petróleo a ser já mais barato (além de outras vantagens que proporciona, v.g. na maior facilidade do seu transporte e da sua utilização e sendo transformável em bens intermediários de procura crescente em diferentes indústrias, dos plásticos às fibras têxteis sintéticas) e por seu turno a ser também mais barato o carvão importável de fora da Comunidade, dos EUA e de outras origens.

Passaram por isso a estar em crise as minas de carvão europeias, com efeitos muito negativos nas regiões onde se localizavam, muitas delas sem alternativas para o seu desenvolvimento.

Caíu-se pois num problema idêntico ao existente em relação aos produtos agrícolas, também mais baratos, conforme vimos em IV.3.1.3, em países de outras áreas do mundo.

Sendo assim, podia ter-se seguido uma política como a política agrícola comum (PAC), estabelecendo-se preços de garantia para o carvão europeu (ou outros recursos energéticos), de tal forma que o carvão (ou outro recurso) vindo do exterior não pudesse chegar aos utilizadores por um preço mais baixo; ou então, mais directamente, uma política de restrições quantitativas às importações de recursos energéticos vindos de fora. Em qualquer dos casos ficaria salvaguardada a manutenção das minas, v.g. do emprego aí existente e dos padrões de desenvolvimento das regiões onde se situavam.

Nunca foi todavia esta a posição das autoridades comunitárias, tendo optado desde o início por uma posição livre--cambista em relação aos recursos energéticos, permitindo que a energia chegasse aos utilizadores comunitários (consumidores e empresários) sem restrições e pelo preço mais baixo possível (o preço mundial).

Não conhecemos estudos que tenham procedido a uma avaliação da política seguida comparando-a com a referida alternativa proteccionista, mas estamos seguros de que a possibilidade de se dispôr de energia em melhores condições – com o peso que tem nos processos produtivos e nos orçamentos domésticos da maior parte dos cidadãos – foi determinante para o nível de desenvolvimento e bem-estar a que se chegou na Europa.

3.5.3. A tributação da energia

Desvalorizando a vantagem de se dispôr de energia barata, acabada de referir, e privilegiando antes os custos ecológicos da sua utilização excessiva, várias pessoas, dos meios ambientalistas, académicos e políticos, têm vindo a defender a sua tributação. Trata-se de defesa que se acentuou nos anos mais recentes, face designadamente à descoberta do 'buraco' de ozónio, num âmbito mais amplo, e num âmbito mais localizado face aos problemas de poluição dos grandes centros urbanos; tendo voltado a ganhar actualidade [154] com uma nova proposta da Comissão, de "reestruturação do quadro comunitário para a tributação de produtos energéticos", através do COM (97)30 final, de 12.3.1997 (Comissão Europeia, 1997b), sem sequência, apesar do grande empenhamento da presidência holandesa no segundo semestre de 1997) [155].

Como é sabido, a via fiscal constituirá uma via de primeiro óptimo se com ela se atingir o objectivo em vista sem custos de distorção: ou seja, sem aumentos de preços indesejáveis. Pretendendo-se a redução do gasto de energia (no consumo e/ou na produção), importa por isso ver se os aumentos de preços ocasionados terão exactamente (apenas) o efeito pretendido [156], v.g. sem consequências inconvenientes nos planos da equidade ou económico.

---

[154] Depois de ter sido rejeitada por alguns países membros da União (constitui matéria em que se exige a unanimidade) uma proposta da tributação feita através do COM(92) 226.

[155] Trata-se de sugestão feita também em outros documentos da Comissão Europeia (ver por ex. 1996f, pp. 12-3 e 1997a pp. 61-2). Sobre a experiência anterior em alguns países cfr. OCDE (1993b); e com uma análise recente, no quadro mais vasto da tributação ambiental, ver C. Soares (1999).
No ECOFIN de 12.5.1997, embora considerando-se a proposta actual "a valuable basis for further discussion of the matter", foi julgado que aspectos essenciais "can be discussed by Ministers *only after appropriate preparation based on thourough economic and technical analysis*" (7806/97; Presse 142) (itálico nosso). Exprimiu-se esta reserva apesar dos termos cautelosos da proposta, com excepções e derrogações para diversos casos em que estariam em causa problemas de equidade ou de competitividade (ver o que se diz a seguir no texto).

[156] A dificuldade de se conseguir fixar a taxa de tributação óptima (o óptimo de Pigou, 1920), levando a que se chegue e não se vá além do efeito desejado de

Não sendo assim, com o aumento de preços estaremos caídos nos custos de distorção que referimos atrás (em II.4.1.2.1) a propósito da intervenção alfandegária; com a diferença, naturalmente, de que sendo uma tributação interna não se distinguem os bens comercializáveis dos não comercializáveis. E a via a seguir deverá ser antes uma via directa, v.g. com campanhas de esclarecimento e imposições de aperfeiçoamentos produtivos que, sem prejuízo dos utilizadores (v.g. dos consumidores e dos empresários), levem à racionalização na utilização da energia [157].

No plano da equidade é de sublinhar que, representando o gasto em energia percentagens maiores dos rendimentos das pessoas pobres do que dos rendimentos das pessoas ricas, se trata de uma tributação regressiva e por isso iníqua [158].

No plano económico, por seu turno, não pode estar-se preocupado apenas com o que se passa no próprio país, importando que se esteja especialmente atento aos problemas da competitividade internacional, v.g. da competitividade com os Estados Unidos da América, país que, além de outras vantagens em diferentes domínios, dispõe de energia muito barata [159]. Justifica-se pois tam-

---

redução da utilização de energia, é aliás na prática uma dificuldade geral da intervenção.

[157] Ver as sínteses ponderadas de S. Smith (1995, pp. 75-84 e 1996).

[158] Ver Pearson (1992) e de novo S. Smith (1996, pp. 246-9).

Com base nos estudos já feitos conclui este autor (loc.cit., pp. 246-7) que "the pattern of tax payments associated with the use of environmental taxes and other revenue-raising market–based instruments raises particular concerns", designadamente dado que "the introduction of environmental taxes on energy is, in particular, likely to raise significant distributional concerns, reflecting the importance of energy expenditures in the budgets of poorer households" (cfr. também Dilnot e Helm, 1987, S. Smith, 1992, Dent, 1997, p. 415 Porto 1999a, p. 115 ou Lobo, 1995, p. 95, considerando ainda a dificuldade de políticas compensatórias).

A acrescentar às considerações do texto é de lembrar que numa intervenção correcta – de acordo com o princípio do poluidor-pagador (cfr. *infra* IV.3.6.2.2) – deve tributar-se a poluição provocada pelo gasto energético, não o gasto de energia em si.

[159] Desvalorizando este receio costuma indicar-se o caso do Japão, país muito competitivo tendo energia cara, v.g. como consequência da tributação que sobre ela recai, estimulando a investigação e melhorias tecnológicas e de gestão (ver por ex. I. Rocha, 1996, pp. 178-92). Mas recentemente o Japão tem vindo a ter dificuldades

competitivas por estar a perder na estreita margem de vantagem que tinha em relação aos vizinhos asiáticos.

Em defesa da tributação da energia costuma dizer-se ainda que permite aliviar a tributação do trabalho (com uma lógica afirmada mas incorrecta de 'neutralidade' fiscal, que de facto não existe se, embora mantendo-se o peso geral, se promove certa forma de produção em detrimento de outra...), podendo incentivar-se assim a colocação de mão-de-obra, com especial relevo agora, quando se registam níveis muito elevados de desemprego. Teríamos pois uma solução de '*double dividend*', ou, numa expressão tradicional portuguesa, com a qual 'se matariam dois coelhos com uma só cajadada' (cfr. De Mooij, 1996, Gregory, 1996 e S. Smith 1996, pp. 243-6): numa esperança renovada na nova proposta (Comissão Europeia, 1997b).

Há que perguntar todavia se a perda de competitividade com a carestia da energia não desincentiva os investimentos, sem os quais não são criados empregos.

Estudos mandados elaborar pela Comissão Europeia (cfr. *European Economy*, 1992a e 1992b) mostraram-se favoráveis a este propósito, de qualquer modo com a 'precaução' de serem tomadas medidas adequadas (e tendo em conta designadamente os problemas de equidade, sublinhados por S. Smith no artigo aí inserido). De acordo com eles a tributação proposta pelo COM (92) 226, levando a que o preço do carvão subisse 60% e o do 'fuel óleo' 40%, com uma subida de 10% para a indústria e 20% para o consumo (com vários tipos de isenções), acabaria por causar no conjunto da União Europeia apenas um acréscimo da inflação de 0,25% e uma redução do PIB de 0,07, com consequências ainda diminuídas se fossem tomadas medidas idênticas nos demais países da OCDE; admitindo-se aliás no COM que a tributação só seria generalizada na Europa se o fosse também em outros espaços (referi-lo-emos a seguir no texto). A proposta de 1997 (COM (97) 30, p. 10) veio referir ainda que "macro-economic simulations carried out by the Commission indicated that the proposal for a Directive would have a positive economic impact on economic growth and job-creation", se se verificar a 'neutralidade' fiscal.

Trata-se de optimismo que não tem vindo contudo a ser confirmado em outros estudos, mostrando os inconvenientes económicos (de eficiência) da tributação da energia, v.g. quando comparada com impostos únicos sobre as pessoas singulares ou sobre as pessoas colectivas proporcionadores da mesma receita: ficando em aberto a questão de saber se "the environmental attraction of those taxes are large enough to offset their relatively higher nonenvironmental costs" (Goulder, 1994, p. 147) (ou se, sendo estes diminutos com taxas muito baixas, são conseguidos então efeitos ambientais significativos). Num outro estudo na mesma publicação Rotemberg e Woodford (1994, p. 159) mostram aliás que os prejuízos de rendimento são muito mais elevados em condições (mais realistas) de mercados imperfeitas (v.g. não tendo efeitos no emprego e na produção dos sectores não energéticos).

Tem-se dito ainda que um acréscimo significativo de investimento e criação de emprego pode ser conseguido com as indústrias do ambiente, v.g. produtoras de

bém – tendo-se em conta ainda os efeitos planetários de alguma das intervenções – que se pretenda sempre o envolvimento do maior número possível de países, em especial dos países mais ricos, que são de longe os países que mais poluem. Compreende-se por isso que na Conferência do Rio de Janeiro em 1992 se tenha querido a responsabilização de todos eles, tal como se compreende que no art. 1.º do COM (92) 226 a aplicação do sistema sugerido ficasse "condicionada à instituição por outros países membros da OCDE de um imposto semelhante ou de medidas com efeito semelhante" (não há uma disposição idêntica no COM(97)30).

A tributação mais elevada da energia não pode deixar de ser motivo de especial preocupação para os países ainda menos desenvolvidos da periferia da União Europeia. Tendo a sua população rendimentos mais baixos é maior a percentagem do gasto em energia, sendo por isso mais graves aqui as consequências iníquas da sua distribuição regressiva [160]. Por seu turno, tendo os empresários destes países equipamentos mais antiquados – a situação não pode mudar-se de um dia para o outro – é maior a dependência energética das activi-

---

equipamentos mais aperfeiçoados (com uma previsão de 266.000 novos empregos entre 1990o final da década). Trata-se de um sector com assinalável interesse para a Europa, exportando 20% da sua produção e tendo nele um grande superave comercial; designadamente para Portugal, com um crescimento anual previsto até ao ano 2000 de 8,3%, muito acima dos valores europeu (média de 4,9%), norte-americano (5,0%) e mundial (5,5%) (Comissão Europeia, 1994 e Dent, 1997, pp. 408-15). Sobre o emprego proporcionado por estas indústrias nos vários países da UE ver ainda ECOTEC *et al.* (1997).

Mas a promoção desta produção, sem dúvida de grande importância, não tem de ser feita por uma via provavelmente distorçora, a via fiscal, podendo sê-lo, com igual benefício e sem nenhum inconveniente, por uma via directa de primeiro óptimo, v.g. com o aumento do apoio estrutural aos países e empresários que dele careçam, na linha do que se diz no texto (com o apoio repetido a esta posição no Parlamento Europeu ver Porto, 1999a, pp. 112-5).

[160] Tanto o COM (92) 226 como o COM (97) 30 previram esta tributação como receita dos países membros, não da União. Teriam de qualquer modo os seus cidadãos reforçada uma regressividade para a qual contribui, a par de impostos internos, o sistema europeu de recursos próprios (veja-se o que diremos em IV.4.4.3, bem como Coget, 1994 e Porto, 1996b; podendo acrescentar-se que o problema seria muito mais delicado para os países da Europa Central e Oriental que são candidatos à adesão).

dades produtivas, ficando numa situação de desvantagem face aos que dispõem já agora de equipamentos mais modernos e mais perfeitos [161]. Por fim, não pode esquecer-se que o sector dos transportes é um sector necessariamente de grande exigência energética [162]: ficando em situação delicada de desvantagem os países da periferia, que não podem fugir a serem muito mais dependentes dos transportes para a importação dos bens de consumo e de produção de que carecem, vindos do centro da Europa, e para a colocação aqui dos seus produtos de exportação. A título de exemplo, não pode comparar-se o caso da Alemanha, junto (ou sendo ela mesma) dos grandes mercados de origem e colocação dos produtos, com o caso de Portugal, a dois mil quilómetros de distância desses mercados.

São razões que apontam, pois, para que uma utilização mais racional da energia seja promovida antes através de vias directas de intervenção (v.g. com controles rigorosos dos equipamentos industriais e dos automóveis e com apoios à modernização), sem os custos de equidade e económicos que acabámos de referir: vias já de primeiro óptimo, embora, tal como foi mostrado igualmente em II.4.2.1, com dificuldades de aplicação [163] e custos de administração mais elevados.

Sendo os países com processos menos eficientes os países menos desenvolvidos da União Europeia, conjuga-se aliás esta circunstância para que a via a seguir na política do ambiente deva ser antes a via do reforço e da utilização das acções estruturais: numa linha para a qual é em parte dirigido o Fundo de Coesão (ver *infra*

---

[161] Cfr. J.G. Santos (1992a) a propósito das reservas que o nosso país deve ter (acrescentando a dúvida sobre que o efeito de estufa esteja "total ou primordialmente ligado às emissões de CO_2, razão pela qual os Estados Unidos, nomeadamente, se recusam a introduzir um imposto deste tipo").

[162] Como vimos, dispendendo cerca de 28% da energia total da União Europeia (recorde-se a n. 46 p. 291 e McGowan, 1998c, p. 249).

[163] Como consequência designadamente da "asymmetry of information between regulators and their subjects" (cfr. S. Smith, 1996, pp. 222-3).

A propósito do imposto sugerido pela Comissão foi afirmado que a via administrativa seria capaz de reduzir os gastos num terço, ficando o restante a fazer pela via fiscal (do mercado). Há contudo bons exemplos de racionalização na utilização da energia sem ser através do seu encarecimento (v.g. pela via fiscal).

p. 457), que pode ser utilizada por Portugal, Grécia, Espanha e Irlanda em investimentos na área do ambiente, v.g. na modernização de equipamentos industriais (ver de novo Porto, 1999a, loc. cit.).

Acontece aliás que os grandes poluidores (da Europa e do mundo) são os países mais ricos, não os mais pobres, sendo significativas as diferenças que se verificam. Para uma emissão de dióxido de carbono (CO^2) de 3058 milhões de toneladas nos países da União Europeia (dados de 1997) só a Alemanha contribui com 831 milhões (27,17%), o Reino Unido com 530 milhões (17,33%), a Itália com 402 milhões (13,15%) e a França com 359 milhões (11,74%). Ou seja, estes quatro países de maior dimensão e maior actividade económica contribuem para essa poluição com uma percentagem de 69,4%, superior à percentagem representada pela sua população [164]. Tem relativamente pouco significado, pelo contrário, a poluição de um país como Portugal, com 48 milhões de toneladas (1,57% do total), tendo 2,66% da população (estando aquém também na Grécia e em Espanha) [165].

Tendo a maior parte dos países mais ricos e grandes poluidores já hoje tributação da energia, é de concluir que de imediato será pequena a redução global da poluição conseguida com a sua extensão a países menos desenvolvidos [166].

Não pode pôr-se em causa, como é óbvio, a necessidade de racionalização nestes últimos [167], desde logo protegendo-se a qua-

---

[164] Assim acontece em geral a nível mundial, com o 'contributo' esmagador também dos demais países industrializados: os Estados Unidos com 5 188 milhões e o Japão com 1 125 milhões de toneladas.

[165] Esta situação dos países mais pequenos é considerada por Lund (1996, p. 88): referindo que embora "a small nation may consider its own emission as negligible" há um desejável estímulo à investigação científica e tecnológica conducente a uma maior racionalização. Trata-se todavia de esforço desejável que pode ser promovido também por outras vias, não distorçoras.

[166] Acontecerá aliás que o seu empenho em que a tributação da energia se estenda a países mais pobres seja determinado não tanto por preocupações ecológicas como por um propósito de salvaguarda da competitividade das suas empresas, ou ainda pelo desejo de que se 'esqueça' que o modo mais correcto de intervenção é com apoios estruturais que deverão ter o seu contributo (desde logo como maiores poluidores)...

[167] Onde todavia o preço da energia é já por si mesmo (muito mais do que

lidade de vida dos seus cidadãos, mas deve por todas as razões pugnar-se por que seja seguido um processo não distorçor, que não comprometa a sua competitividade. Com a ajuda directa à reestruturação, através do reforço dos fundos estruturais, simultaneamente é protegido o ambiente e é promovida a competitividade.

Antecipando referências que seriam feitas no número seguinte (em IV.3.6), é de sublinhar aliás que o Tratado é muito claro dizendo que devem ser consideradas as circunstâncias 'regionais'. Logo no n. 2 do art. 174.º (ex art. 130.º-R) afirma-se que "a política da Comunidade no domínio do ambiente terá por objectivo atingir um nível de protecção elevado, *tendo em conta a diversidade das situações existentes nas diferentes regiões da Comunidade*" (itálico nosso). E no número 3, a propósito da elaboração da política, dispõe-se que "a Comunidade terá em conta: (...) as vantagens e os encargos que podem resultar da actuação ou da ausência de actuação", bem como "o desenvolvimento económico e social da Comunidade no seu conjunto e o desenvolvimento equilibrado das suas regiões".

Trata-se pois de intervir com critério, não devendo considerar-se igualmente o que de facto não é igual [168].

---

nos países ricos) dissuasor da sua utilização, com o 'peso' que tem nos orçamentos das famílias e das empresas.

Com muito mais relevo do que para os países europeus menos desenvolvidos a necessidade de racionalização é especialmente necessária e premente em alguns dos países (pobres) de maior dimensão do mundo, com taxas muito elevadas de crescimento das emissões de CO_2 (bem como de outros elementos poluidores): estimadas para o período entre 1990 e 2005 em 3,5% ao ano na China e em 3,7% na Índia, quando se prevê que seja de 0,9% nos países da OCDE. Com esta diferente progressão o 'contributo' poluidor da China subirá de 6 para 20% do total, ultrapassando qualquer outra área do mundo (Burniaux, Martin, Nicoletti e Martins, 1992 e Dent, 1997, pp. 391-2).

[168] E devendo compreender-se a resistência suscitada já pela primeira proposta da Comissão (o COM (92) 226), tendo razão as dúvidas de Swann (1995, p. 291) que, depois de referir que "in earlier days the idea of a Community imported energy-tax was considered but dismissed", acrescenta que "it will be interesting to see whether the idea of a tax designed to discriminate against energy sources which are heavy on carbon dioxed emissions has any greater success" (recorde-se a exigência de unanimidade do Conselho referida na n. 154 p. 359).

3.5.4. A diversificação e a racionalização dos gastos energéticos

O que acabámos de ver está já ligado em alguma medida à problemática geral da disponibilidade dos recursos energéticos, que tem de ser considerada em termos amplos e de futuro pela União Europeia: na perspectiva da oferta, por um lado, e da racionalidade na sua utilização, por outro.

Num estudo recente a Comissão Europeia (1996$_c$) encarou vários cenários (quatro) em relação ao futuro do sector (até 2020), considerando três 'pilares' da política energética: a competitividade, o ambiente e a segurança no aprovisionamento.

Entre as previsões diversas a que se chegou (que não se justificará reproduzir aqui) estão a de haver alguma melhoria pelo menos num dos cenários nos dois primeiros pilares, mas já aumento da dependência externa (terceiro pilar) em todos eles (ver o quadro IV. 9, com um dos cenários considerados):

QUADRO IV. 9
Dependência das importações

Combustível	Ano	Volume (Mtep)*	Dependência %	(% do total)
Sólidos	1992	100	37	(14,7)
	2020	*49*	65	*(5,6)*
Petróleo	1992	484	85	(71,2)
	2020	*550*	94	*(62,7)*
Gás	1992	96	40	(14,1)
	2020	*278*	65	*(31,7)*

Fonte: Comissão Europeia (1996c, p. 16, com o cenário 'Forum')
* Milhões de toneladas de equivalente de petróleo

A comparação dos números do quadro mostra-nos ainda que (entre as fontes aí consideradas) deverá haver alguma diminuição da utilização relativa dos combustíveis sólidos (diminui de 14,7 para 5,6% do total, entre 1992 e 2020) e do petróleo (diminui de 71,2 para 62,7%), face a um aumento da utilização do gás (de 14,1 para 31,7%). Sendo o petróleo a fonte energética em que é maior a dependência em relação ao estrangeiro, ter-se-á caminhado no sentido de uma menor dependência e de menores riscos (também por ter passado a ser maior a diversidade geográfica dos países fornecedores)[169].

Alguma melhoria conseguida foi testemunhada já quando da guerra do Kuweit, sem os sobressaltos e as apreensões da primeira crise do petróleo, em 1973.

---

[169] A dependência energética da União Europeia é muito diferente de país para país, mas é geral e em vários casos muito grande; apenas com a Holanda a ter um grande superave no gás natural, o Reino Unido um superave substancial no petróleo e a Alemanha algum superave na electricidade (quadro IV.10):

QUADRO IV.10
Importações líquidas das diferentes fontes energéticas
(Mtep em 1995)

	Carvão	Petróleo	Gaz	Electricidade
Alemanha	15,8	99,3	26	-5,8
Austria	3,5	10,6	4,9	0,6
Belgica	10,3	24,4	11,3	
Dinamarca	7	0,6		
Espanha	9,5	68,3	7,2	0,1
Finlândia	5,5	12,7	3,3	0,6
França	15,4	99,3	26	-5,8
Grécia	1,4	22,4	0,6	
Holanda	7,2	22,5	-27,9	0,8
Irlanda	2	6,3		
Itália	14	84,7	33,4	3
Luxemburgo	0,6	1,8	0,5	0,45
Portugal	3,4	13,2		0,2
Reino Unido	9,6	-12,7	7,4	1,1
Suécia	2,7	25,3	0,8	0,6

Fonte: Matláry (1996, p. 259; ver também McGowan, 1996, pp. 135-7 e Matláry, 1997)).

3.6. A Política do Ambiente

3.6.1. Introdução

Estamos aqui perante mais uma 'política' não considerada na versão original do Tratado de Roma mas introduzida pelo Acto Único Europeu e reforçada pelos Tratados de Maastricht e Amesterdão (consta agora do título XIX da parte III, arts. 174.º a 176.º, ex arts. 130.º-R a 130.º-T).

Também a forma como os artigos estão redigidos e a evolução verificada são sintomáticas do modo como é encarada a problemática do ambiente.

Será de referir desde logo a forma como é designada a intervenção prevista. Enquanto em relação à investigação e desenvolvimento tecnológico e à indústria (inseridas também, como se disse, nas últimas revisões do Tratado), marcando a ideia de subsidiariedade que se pretende fazer prevalecer, nunca se fala em 'política', apenas em "acções", "iniciativas" ou "programas"[170], em relação ao ambiente houve uma evolução que exprime bem o reconhecimento da preocupação crescente que ia sendo sentida: no Acto Único fala-se ainda em "acção" (n.ᵒˢ 1 e 2 do art. 130-R adoptado então) mas no Tratado de Maastricht, logo no começo do mesmo artigo, actual art. 174.º, já se fala em "política da Comunidade" (também na nova al. k do art. 3.º, actual al. l).

Depois, do alargamento geográfico de preocupações[171] é sintomático o acréscimo de um novo travessão no n.º 1 do art. 130.º-R, actual art. 174.º, responsabilizando-se a União pela "promoção, no plano internacional, de medidas destinadas a enfrentar os problemas regionais ou mundiais do ambiente"[172].

---

[170] Ver por exemplo o n. 1 do art. 157.º (ex art. 130.º) ou os arts. 163.º a 173.º (ex arts. 130-F a 130-P).

[171] De outras modificações com algum significado falaremos no número seguinte.

[172] O acréscimo de preocupações pela problemática do ambiente está reflectido também na alteração da redacção do n.º 2 deste artigo ocorrida entre o Acto Único e o Tratado de Maastricht, acrescentando-se que a política da Comunidade

É de estranhar aliás que sendo as lesões do ambiente algo que com frequência atravessa as fronteiras dos países[173], tenha sido neste domínio que tenha sido introduzido o princípio da subsidiariedade[174], com o Acto Único, através do n. 4 do art. 130.°-R então aprovado (só com o Tratado de Maastricht, através do novo art. 3.°-B, actual art. 5.°, veio a ser considerado em termos gerais). Ora, se há domínio em que se torna necessária a intervenção comunitária, sendo insuficiente a intervenção nacional, é precisamente o domínio do ambiente.

A ausência anterior de consideração no Tratado de Roma não impediu todavia que a Comunidade fosse dando uma atenção crescente a esta problemática, v.g. através dos programas de acção plurianuais que voltaremos a mencionar no final de IV.3.6.2.2.

3.6.2. A filosofia e as vias de actuação

É interessante verificar a evolução verificada nos últimos anos, com a consideração crescente das implicações económicas da problemática e da política do ambiente.

3.6.2.1. *Uma preocupação alargada e integrada pelo ambiente*

Numa primeira fase os problemas eram localizados, podendo haver prejuízos individuais mas não se sentindo que houvesse implicações mais vastas; julgando-se que a natureza era abundante e regenerável, sem que acções dos homens pudessem pôr em causa a perpetuidade dos recursos.

Uma tomada de consciência da maior amplitude dos problemas foi assumida no que pode considerar-se um marco inicial da política do ambiente, a Conferência de Estocolmo de 1962, sendo também

---

no domínio do ambiente "visará um nível de protecção elevado" (em geral sobre esta política ver Krämer, 2000).

[173] Na expressão de Moussis, muito antes de um "common market in goods" havia já um "common market in terms of pollution" (1999, p. 277).

[174] Podendo dizer-se contudo que se tratava de princípio já subjacente ao Tratado de Roma na redacção inicial (recorde-se ainda a n. 134 p. 339).

especialmente marcante, pela mesma época (1962), a publicação do relatório do Clube de Roma sobre "os limites do crescimento". Face à destruição e à escassez dos recursos começou a recear-se que não pudessem manter-se os níveis de crescimento actuais; e face a um *trade-off* desta natureza deveriam compreensivelmente pôr-se reservas a um crescimento que comprometia o futuro.

Passou a reconhecer-se pois que o ambiente não é algo de imperecível [175], o que justifica naturalmente que se dê uma atenção acrescida à sua problemática [176]. Mas a experiência tem vindo a mostrar que em geral não se trata de objectivos antagónicos, que levantariam problemas de opção delicados: verificando-se antes que uma política económica eficiente e sustentada (v.g. a médio e longo prazos) é aquela que considera devidamente a protecção e a promoção dos recursos e valores ambientais.

3.6.2.2. Objectivos, princípios e formas de actuação

Correspondendo a diferentes preocupações sentidas o Acto Único Europeu fixou como objectivos da intervenção no domínio do ambiente 1) preservar, proteger e melhorar a sua qualidade, 2) contribuir para a protecção da saúde das pessoas e 3) assegurar uma utilização prudente e racional dos recursos naturais (art. 130-R, n. 1, actual art. 174.º), tendo o Tratado de Maastricht, como se disse já, acrescentado um novo travessão com "a promoção, no plano internacional, de medidas destinadas a enfrentar os problemas regionais ou mundiais do ambiente" [177].

---

[175] Nos termos felizes de um provérbio hindu de Kashmira "nós apenas pedimos o mundo emprestado aos nossos filhos – um dia vamos ter que lho devolver" (cfr. Aragão, 1997, p. 31 e Fouéré, 1990, p. 44).

[176] Tal não exclui, importa sublinhá-lo, a atenção que já antes deveria ser dada, estando por vezes em causa mesmo condições essenciais da vida das pessoas, não apenas da sua qualidade.

[177] Sobre o sentido destes objectivos e procurando hierarquizá-los ver Aragão (1996 e 1997). Reflecte-se neles a distinção entre preocupações mais antropológicas ou mais naturalistas no domínio do ambiente. Dando especial relevo à avaliação do impacto ambiental ver M.M. Rocha (2000).

O número 2 do artigo, por seu turno, estabelece os princípios da acção comunitária: com um acréscimo e uma alteração introduzidos pelo Tratado de Maastricht.

Com o acréscimo foi incluido o primeiro dos princípios a considerar, o *princípio da precaução*, nos termos do qual se pretende que não venham a verificar-se sequer as condições que poderão permitir um dano ambiental. Nas palavras de Freestone (1992, p. 24; cfr. Aragão, 1997, p. 68), "enquanto a prevenção requer que os perigos comprovados sejam eliminados, o princípio da precaução determina que a acção para eliminar possíveis impactos danosos no ambiente seja tomada antes de um nexo causal ter sido estabelecido com uma evidência científica absoluta". Distingue-se assim do *princípio da prevenção* por exigir uma protecção antecipatória, ainda num momento anterior àquele em que este segundo princípio impõe que se intervenha.

Nos termos do *princípio da prevenção*, correspondendo ao aforismo popular de que 'mais vale prevenir do que remediar', visa-se evitar os custos maiores que resultarão da ocorrência do dano ambiental, verificando-se já as circunstâncias que poderão dar-lhe lugar (estando a consagrar-se assim um 'novo' PPP, exprimindo neste caso que *Pollution Prevention Pays*).

O terceiro princípio, *o princípio da correcção na fonte*, começou por ser chamado, no Acto Unico, princípio da *reparação* na fonte. A alteração feita pelo Tratado de Maastricht visou sublinhar mais uma vez que, mais do que reparar prejuízos, se pretende evitá-los, corrigindo-se as situações de base que podem abrir caminho à sua ocorrência.

Por fim, assume um grande relevo o *princípio do poluidor- -pagador* (é o 'antigo' PPP: *Pollutor Pays Principle*), também ele visando em primeira linha que não cheguem a ter lugar as lesões ambientais. Caso ocorram é justo e economicamente correcto que os poluidores ressarçam os lesados. Mas estando o princípio estabelecido será bastante para que em muitos casos não cheguem a verificar-se danos, dado que quem toma uma iniciativa é levado a ver, com toda a cautela, se os investimentos a fazer são de facto justificados, com um interesse económico superior aos custos ambientais: não chegando obviamente a fazê-los se estiver ciente de que será obrigado a compensar prejuízos numa medida superior à do ganho privado que espera obter.

Nestes custos, para além das lesões individualizadas há que ter na devida conta lesões sociais [178]: devendo o economista ser especialmente sensível a todas elas, v.g. alertando para o adensamento de factos consumados no campo ambiental [179].

Determinando a forma de actuação, conforme se adiantou já tem vindo a verificar-se um reconhecimento crescente das complementaridades da promoção económica com a protecção e a promoção ambientais, conseguidas de um modo mais eficaz através de políticas de aproveitamento equilibrado e racional dos recursos disponíveis.

Assim se chega a um possível e desejável *desenvolvimento sustentável*, considerado no 5.º Programa de Acção (em termos semelhantes aos que haviam sido já definidos pela Comissão Mundial do Ambiente e Desenvolvimento): como um desenvolvimento que "satisfaz as necessidades do presente sem comprometer a capacidade das gerações futuras de satisfazer as suas próprias necessidades". E de facto reconhece-se hoje em dia, estando na nossa mão seguir políticas correctas, que "the notion that respecting the

---

[178] Em termos diagramáticos trata-se da situação representada já na fig. IV.1 (p. 298), sendo o custo social superior ao custo privado.

[179] Trata-se de cautela a ter de um modo muito especial com o congestionamento urbano e sub-urbano, que obriga mais tarde a enormes investimentos que levam a acréscimos nominais nos produtos internos brutos mas que ao fim e ao cabo, com grandes custos financeiros, vêm quando muito repor as condições ambientais (e mesmo económicas) que existiam antes do início da sucessão dos erros cometidos (caso de obras de alívio do congestionamento de centros que foram desnecessariamente promovidos).

Dadas a dimensão e as implicações dos problemas é de estranhar e lamentar aliás que não haja ainda uma política comunitária de ordenamento do território (ou pelo menos políticas eficazes a nível nacional, com as quais países como Portugal e a Grécia muito teriam a beneficiar...), havendo de facto "ainda muito a fazer em termos de *ordenamento do território*" (ver Comissão Europeia, 1997c, p. 125, já o Relatório *Europa* 2000, 1994 e Porto, 1996a, considerando o nosso país e pondo o problema fundamentalmente numa perspectiva de competitividade internacional).

environment is incompatible with a healthy economy is demonstrably wrong" (cfr. Tietenberg, 1999, p. 571); numa linha reafirmada recentemente pela Comissão Europeia (1997a, cit. p. 61), concluindo que "il existe même un certain nombre de signes convaincants qui tendent à montrer que *la croissance économique et une saine politique de l'environnement sont un atout l'une pour l'autre*" (sublinhado no original) [180].

Nesta linha possível e desejável de evolução é todavia indispensável, numa perspectiva horizontal, uma articulação estreita entre a política do ambiente e todas as demais políticas, que devem ter sempre presentes preocupações ambientais. Trata-se de ideia que ficou muito claramente consagrada no Tratado de Maastricht, através da última parte do referido n. 2 do art. 130.°-R, dizendo-se que "as exigências em matéria de protecção do ambiente devem ser *integradas* na definição das demais políticas da Comunidade"

---

[180] Esta desejável conjugação de circunstâncias dá-se na medida em que, "bien qu' une augmentation de la production de biens et de services conduise a priori à un accroissement de l'utilisation des ressources et de la pollution, um certain nombre de facteurs compensatoires – progrès technologique, changement struturel et souci accru de la propreté de l'environnement – y font contrepoids"; factores que, acrescenta-se, são possibilitados pelo crescimento (loc. cit.).

Assim se contribui também para que a promoção do ambiente se conjugue com a promoção do emprego (ver já o COM (86) 721, de 21 de Março de 1987, sublinhando o "potencial de criação de emprego de medidas a favor do ambiente"; sobre as indústrias do ambiente recorde-se do final da n. 159 p. 360).

Recentemente tem suscitado ainda uma grande preocupação a compatibilização da defesa do ambiente com a promoção do comércio internacional, face à tentação de se explorarem países com menos exigências a tal propósito (sobre o *dumping* ecológico ver já a n. 24 p. 281). Estudos vários, v.g. estudos empíricos, desvalorizam contudo o relevo deste *dumping* nos padrões actuais do comércio (ver por ex. Tobey, 1990, Barrett, 1994, Esty, 1994, Motta e Thisse, 1994, Subramanian e Uimonen, 1994, Anderson, 1995, Bhagwati e Hudec, ed. 1996, parte II, ou ainda outras referências aqui feitas); o que não significa que deixem de ser feitas as exigências devidas (com a referência a diferentes casos sujeitos à apreciação do GATT, agora da Organização Mundial do Comércio, ver Trebilcock e Howse, 1999, cap. 15; bem como ainda, com a mesma preocupação, Fredriksson, ed. 1999).

Sobre a problemática do desenvolvimento sustentado num sector de especial relevo, o sector agrícola, ver OCDE (1995a).

(itálico nosso)[181], sendo de estranhar o afastamento deste parágrafo no Conselho de Amesterdão.

Entre outras, a política regional constitui um campo privilegiado onde pode contribuir-se simultaneamente para a preservação e a melhoria do ambiente, ao evitar congestionamentos e localizações indevidos e ao promover um melhor aproveitamento dos recursos dos países, com especial relevo para o elemento humano; devendo por seu turno a Comunidade ter "em conta" "na elaboração da sua política no domínio do ambiente "o desenvolvimento económico e social da Comunidade no seu conjunto e o desenvolvimento equilibrado das suas regiões" (n. 3 do art. 174.°; recorde-se o que vimos já *supra* no final de IV.3.5.3).

Ultrapassando os danos ambientais o âmbito geográfico da União, estando por vezes em causa mesmo o equilíbrio mundial, além da responsabilidade que de qualquer modo deveriamos sentir em relação a outros espaços, compreende-se que no n. 4 do art. 174.° se estabeleça que "a Comunidade e os Estados-Membros cooperarão, no âmbito das respectivas atribuições, com os países terceiros e as organizações internacionais competentes". Não pode de facto deixar de haver uma responsabilidade comunitária e mundial verificando-se externalidades que só podem ser evitadas através de acções de uma dimensão semelhante[182].

Nos vários domínios de intervenção a Comissão recomenda ainda uma progressiva maior utilização dos mecanismos do mercado, sensibilizando "tanto os produtores como os consumidores para uma utilização responsável dos recursos naturais, para evitar

---

[181] Na redação do Acto Unico falava-se em serem *"uma componente* das outras políticas da Comunidade"(itálico nosso).

O cumprimento das regras ambientais tem vindo a condicionar progressivamente a possibilidade de se beneficiar de apoios financeiros da União (v.g. com o *greening* do Orçamento): devendo todavia exigir-se (procurámos fazê-lo no Parlamento Europeu) que assim aconteça em relação a todas as políticas (incluindo a PAC), não apenas ou fundamentalmente em relação a políticas pouco relevantes para os países mais ricos...

[182] Os casos da catástrofe de Chernobil, de desflorestação de 'pulmões' do mundo ou de derrame de petroleiros não podem deixar de estar sempre presentes nos nossos espíritos.

a poluição e o desperdício, internalizando os custos externos"[183]. Não pode todavia deixar de haver em muitos casos exigências directamente estabelecidos, com apoios estruturais ao esforço necessário para a sua satisfação[184].

Na intervenção da União têm um lugar privilegiado os programas de acção plurianuais, vindo aliás, como se disse, de muito antes do Acto Unico, na sequência da Cimeira de Paris, em 1972; tendo havido até agora cinco programas, para os períodos de 1973--76, 1977-81, 1982-86, 1987-92 e 1993-2000 (revisto em 1995)[185].

No seu âmbito entre 1972 e 1995 foram adoptados cerca de 40 regulamentos, 200 directivas, 150 decisões e 94 recomendações e opiniões nos domínios mais diversos, incluindo a qualidade da água e do ar, os efeitos dos produtos químicos e outros com substâncias perigosas, o ruído, a protecção da vida selvagem ou ainda por exemplo a definição do princípio poluidor-pagador[186].

4. A coesão económica e social e a política regional

4.1. *Introdução*

Entramos aqui num domínio em que se expressa a preocupação pela componente espacial do desenvolvimento, estando aliás a evolução da ciência regional em grande medida ligada ao relevo

---

[183] Devendo contudo ver-se se a intervenção no mercado (v.g. pela via fiscal) não tem efeitos indesejáveis, não sendo por isso intervenção de primeiro óptimo (recorde-se o que dissemos em IV.3.5.3).

[184] Neste caso tendo-se presentes as suas dificuldades e as suas limitações (ver de novo por ex. S. Smith, 1996). O 5.º programa (1993-2000) teve o título significativo *Por um Desenvolvimento Sustentável*.

[185] Com uma síntese de cada programa-quadro, reflectindo a evolução que se foi verificando nas preocupações, na filosofia e nas vias de actuação, ver por ex. Dent (1997, pp. 394ss).

[186] Com sínteses dos problemas e do que tem vindo a ser feito em cada um dos sectores referidos ver por exemplo Moussis (1999, pp. 287-302), Nicoll e Salmon (2001, pp. 301-6) ou, tendo em conta a situação portuguesa, Melo e Pimenta (1993).

que progressivamente passou a ser dado à necessidade de intervenção neste domínio.

Quando o Tratado de Roma foi celebrado, em 1957, não só não foi considerada como política como não lhe foi dedicado um mecanismo, um título ou sequer um artigo: apenas no preâmbulo e no art. 2.º se fazia referências à necessidade de um maior equilíbrio, no art. 92.º (actual art. 87.º) o apoio regional era admitido como excepção à proibição de se concederem subsídios públicos (vimo-lo em IV.2.1.3) e no n. 2 do art. 80.º (actual art. 76.º) se atendia a considerações regionais como excepção à concorrência na política de transportes.

Trata-se de ausência que, embora hoje possa causar-nos estranheza, se compreenderá (melhor) tendo em conta o momento em que se verificou, quatro décadas atrás.

Por um lado os desequilíbrios eram menores, designadamente na 'Comunidade dos seis', onde apenas o sul da Itália (o Mezzogiorno) era uma região especialmente desfavorecida.

Com a entrada de novos países, em 1973 com a entrada da Irlanda e do Reino Unido (era diferente o caso da Dinamarca, de muito maior equilíbrio), em 1981 da Grécia e em 1986 de Portugal e da Espanha passou a ser maior a diferença de desenvolvimento entre as regiões mais ricas e as regiões mais pobres da Comunidade[187].

Simultaneamente, ao longo dos anos em que se acentuou a diferença houve melhoria nos processos estatísticos, permitindo um conhecimento mais correcto da sua medida.

---

[187] O 'terceiro alargamento' (considerando no 'segundo', em conjunto, as entradas da Grécia e dos países da Península Ibérica) não levantou grandes problemas neste domínio, sendo a Áustria, a Suécia e a Finlândia países com níveis elevados de desenvolvimento (pondo-se nestes dois países nórdicos fundamentalmente o problema da pequena densidade populacional e do grande afastamento – com invernos rigorosos – de algumas regiões setentrionais; e tendo apenas a Áustria uma região objectivo 1, Burgenland, onde vive todavia apenas 1,5% da população do país).

Serão naturalmente já muito grandes, como veremos em IV.7.3.2, os problemas que se levantarão com a integração dos países da Europa Central e Oriental (os PECO's), bem como com a integração da Turquia.

Para além destas circunstâncias, foi muito importante a evolução ocorrida na ciência económica com a interpretação dos desequilíbrios, conduzindo a que passasse a reconhecer-se a necessidade de lhes fazer face.

Recuando dois séculos atrás, é de recordar que a teoria económica foi construída a partir de uma perspectiva ahistórica e aespacial: sendo esta fundamentalmente a perspectiva do pensamento clássico, de acordo com a qual o livre jogo do mercado levaria, num sistema a que não se seguiria qualquer outro, à optimização na determinação dos bens a produzir, na utilização dos factores de produção, na repartição dos rendimentos, no escalonamento temporal das decisões e na localização das actividades económicas (*a wonderland of no dimensions*, na expressão de Isard, 1956).

Trata-se de perspectiva aespacial que se manteve quase inalterada durante muito tempo, pode dizer-se que até aos meados do presente século, apesar de a economia internacional (v.g. a teoria do comércio internacional) ter constituído um dos ramos iniciais da ciência económica. Mas tanto nas formulações iniciais, em que se consideravam apenas transacções de mercadorias, como em formulações mais recentes, considerando também transferências internacionais dos factores, não se curava em princípio da localização dos países, abstraindo-se ainda dos custos de transporte.

E trata-se de perspectiva, explicando em grande medida a importância tardia conferida à economia regional, que curiosamente foi ainda determinante no pensamento de alguns dos seus promotores iniciais mais significativos, os autores das teorias do auto-equilíbrio regional (*'theories of regional self-balance'*: casos de Weber, 1929, Ohlin, 1933, Lösch, 1939 e Isard 1956): entendendo fundamentalmente, com algumas reservas de Weber, que a optimização seria conseguida através do livre jogo das forças do mercado, levando os capitalistas a maximizar os seus ganhos e os trabalhadores os seus salários localizando-se onde as circunstâncias fossem mais favoráveis, tanto do ponto de vista individual como social. Mais concretamente no que respeita ao capital, seria atraído das regiões com salários mais altos para as regiões com salários mais baixos, onde, por ser escasso, seria maior a sua produtividade marginal. Por seu turno a mão-de-obra mover-se-ia no sentido contrário, para as regiões mais desenvolvidas, onde a sua escassez teria como consequência ser mais alta a produtividade marginal do trabalho (sem dúvida, empobrecendo demograficamente as regiões de origem).

Havendo assim tendência para a optimização na utilização dos recursos e para o equilíbrio não se justificaria a intervenção pública.

Só nos anos mais recentes, com o reconhecimento da acentuação dos desequilíbrios e dos seus inconvenientes de ordem geral, apareceram as teorias do desequilíbrio regional (*'theories of regional imbalance'*), tendo como representantes mais significativos nos anos 50 Perroux (1955), Hirschman (1957 e 1958) e Myrdal (1957a e 1957b) e já nos anos 70 Kaldor (1970) e Friedmann (1966, 1972 e 1973): julgando todos eles que o livre jogo do mercado não tenderia para o equilíbrio [188].

Na lógica destes modelos compreende-se ainda que os problemas se tornem mais graves com os movimentos de integração internacional, dado que nos grande espaços podem ser mais sensíveis os efeitos de desequilíbrio referidos [189].

---

[188] Foram modelos com formulações diferentes, 'distinguindo' Perroux o papel dos 'polos de crescimento', Hirschman os efeitos de *'trickle down* ' e *'polarization'* (em tradução à letra 'dispersão' e 'polarização') e Myrdal os efeitos de *'spread'* e *'backwash'* ('difusão' e ' regressão'); vindo depois os modelos de 'causação cumulativa' (*'cumulative causation models'*), elaborados a partir de Kaldor, a dar lugar, em versões mais alargadas, aos modelos do 'centro-periferia' (*'core-periphery'*) (além de Friedmann ver ainda Holland, 1976 e Aydallot, 1985; bem como outras referências bibliográficas em Porto, 1981).

[189] Conforme salienta A.S. Lopes, "a maioria das pessoas preocupadas com a economia e com o desenvolvimento regional têm chamado a atenção para o facto de ser elevada a probabilidade de os desequilíbrios regionais aumentarem com a integração económica. A abolição das restrições ao comércio e à mobilidade dos factores permite o reforço da atracção que as economias de aglomeração exercem em áreas altamente industrializadas, quer em relação ao trabalho quer em relação ao capital, e a tal ponto que algumas regiões podem efectivamente perder com a integração" (1979, p. 835). Estes riscos de que a integração seja agravadora dos desequilíbrios regionais são naturalmente reconhecidos na União Europeia, não se limitando a política regional a pretender reduzir os desequilíbrios existentes, pretendendo-se com ela também prevenir novos desequilíbrios resultantes das novas circunstân-

Não podendo fazer-se aqui uma apreciação geral das duas correntes, do '*regional self-balance*' e do '*regional imbalance*', pode concluir-se com três considerações.

Uma primeira é a de que a teoria do equilíbrio automático, cuja lógica é indiscutível, assenta em pressupostos que na sua pureza não se verificarão na realidade. Na formulação expressiva de Holland, "regional self-balance theory starts with a blindfold to the main feature of regional world, and introverts into an idealised, unrealistic analysis"(1976, p. 127). Designadamente o equilíbrio nas remunerações marginais dos factores, com a sua plena utilização onde fosse mais conveniente, requereria uma completa perfeição no mercado que não se encontra, tal como a existência de economias de escala e externas impede que se atinjam situações de igualdade em todas as regiões. A título de exemplo, por estas razões será mais frequente que a produtividade marginal do capital, tal como a produtividade marginal do trabalho, seja mais alta na região mais desenvolvida, sendo atraídos para ela todos os factores de produção. Recentemente tem tido especial relevo a posição de Krugman (ver *infra* IV.6.2.3.3).

Pode acontecer por isso que para se reduzirem as desigualdades tanto na produção como no rendimento e no bem-estar a intervenção pública seja indispensável, designadamente quando é preciso contrabalançar os *backwash effects* da integração internacional (sendo de esperar que se levantem dificuldades maiores

---

cias. Conforme salienta P.P. Cunha (1980, p. 45) Portugal, com a sua posição periférica e as diferenças no grau de desenvolvimento, ficará de modo especial exposto "ao bem conhecido efeito de acentuação de disparidades regionais", sendo por isso premente que se dêem "passos efectivos de integração positiva".

O problema vai-se tornando particularmente difícil com o relevo crescente do capital monopolista e multi-nacional, que faz perder efeito a qualquer medida que se tome apenas no âmbito nacional e torna indispensável, na opinião de Holland, que desenvolveu esta perspectiva (cfr. 1976), a criação de empresas públicas no sector *meso-económico*, como forma de estabelecer novos centros de crescimento nas "regiões-problema" e evitar os efeitos cumulativos do desequilíbrio. Segundo o mesmo autor, só assim poderá depois ser eficiente o planeamento micro-económico a nível regional e conseguir-se atrair unidades industriais de pequena dimensão para as áreas de desemprego persistente.

para contrabalançar o relevo crescente das grandes concentrações de capital a nível mundial). Em muitos casos a intervenção deverá traduzir-se no afastamento de imperfeições do mercado que impedem que se atinja uma situação de maior equilíbrio.

Uma segunda consideração é a de que mesmo algo que venha a ser atingido a longo prazo pode não o ser a curto e médio prazos. Veremos dentro em pouco (n. 193 p. 382) que na própria União Europeia há tendência para o equilíbrio em épocas de maior crescimento (provavelmente de um modo acrescido com a moeda única). Mas não obstante poder ser assim importa que se verifique a intervenção regional para que vão sendo resolvidos os problemas económicos e sociais do período de transição e para que se chegue mais depressa a uma situação que a todos beneficiará, com um aproveitamento melhor dos recursos de que se dispõe. De facto as "desigualdades tendem a diminuir lentamente ao longo do tempo", sendo a recuperação "um processo lento para o qual é necessário um compromisso a longo prazo" (Comissão Europeia, 1997c, pp. 115 e 128).

Por fim, em terceiro lugar há que saber se a tendência para o reequilíbrio, mesmo a longo prazo, se verifica só entre grandes espaços – de um modo geral entre os países – ou também entre espaços regionais (v.g. ao nível das NUT's II), que importa igualmente aproximar, por razões de todas as naturezas.

4.2. *A razão de ser da política regional*

Face ao reconhecimento da existência e quiçá da possibilidade de agravamento dos desequilíbrios, razões de três índoles apontam no sentido de dever dar-se um grande relevo à política regional.

Uma delas é de índole ético-social e política, por não ser justo que as populações das regiões mais desfavorecidas vivam em condições muito abaixo do que se considera aceitável ou constitui a média do país ou do espaço em causa, verificando-se por consequência uma compreensível reacção negativa a que importa dar resposta.

Uma outra, já de índole económica, tem em conta as deseconomias externas resultantes das excessivas concentrações verificadas nas regiões e áreas urbanas mais desenvolvidas, pondo em causa não só o crescimento como os níveis de satisfação social dos seus habitantes.

Em terceiro lugar reconhece-se actualmente, v.g. com as facilidades proporcionadas pelas novas tecnologias de comunicação e informática, que a promoção regional pode constituir um modo de aumentar o crescimento global dos países, com um aproveitamento muito mais completo e eficiente dos recursos disseminados pelo seu território. Numa perspectiva de aproveitamento máximo dos recursos regionais e locais podemos remontar a experiências pioneiras de áreas integradas, como foi já o caso, nos anos 20, do projecto integrado da *Tennessee Valley Authority*, nos Estados Unidos, a que se seguiram realizações americanas e europeias da mesma índole. Só em anos recentes, contudo, se tornou mais claro que o desenvolvimento das regiões deprimidas pode conferir benefícios gerais, promovendo um crescimento mais elevado e não apenas uma redistribuição do rendimento. Trata-se de ideia reforçada recentemente no documento da Comissão Europeia referido há pouco (1997c, p. 128): "A solidariedade com essas regiões[190] é uma base indispensável para o progresso não só por razões sociais, mas *também por forma a aumentar o potencial económico da União no seu todo* (itálico nosso)[191].

Não há de facto um *trade-off* entre crescimento e equilíbrio, como por vezes se julgou ou pretendeu fazer crer[192]. Trata-se-ia

---

[190] Trata-se das regiões objectivo 1, a que nos referiremos em IV.4.3.2 pp. 387-8.

[191] Um factor importante para tal é o alargamento de oportunidades do mercado proporcionado por um maior equilíbrio. Nas palavras de Leygues (1994a, p. 118 e 1994b, p. 59), depois de dizer que "l'effort de solidarité, notamment financier, en faveur des pays de la cohésion, ne correspond pas exclusivement à une démarche de pure generosité", há uma "redistribution en ricochet du Sud vers le Nord, puisque qu'on estime que par exemple pour 100 ECU de co-financements communautaires au Portugal, le taux de retour est de 46 ECU pour les autres pays de la Communauté, en particulier pour les plus gros contributeurs au budget communautaire".

Veremos em IV.7.2 como o(s) próximo(s) alargamento(s) será (ão) especialmente favorável(eis) para os países mais ricos da União Europeia.

[192] Ver-se-á adiante (n. 201 p. 387) que uma afloração desta ideia aparece na defesa da promoção das regiões já mais favorecidas como 'motores" dos conjuntos das economias nacionais.

de um *trade-off* representado pela 'curva' a tracejado, de inclinação negativa, da figura seguinte (Figura IV.7; cfr. Porto, 1993a, pp. 2-5 e 1996a, pp. 6-7):

FIG. IV.7

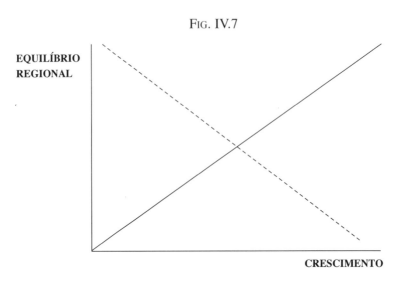

A prossecução de um maior equilíbrio (medido no eixo vertical) comprometeria um maior crescimento (medido no eixo horizontal), o qual por seu turno só seria conseguido (v.g. na medida desejável) à custa de disparidades regionais.

Mas a situação real é antes configurável por uma 'curva' como a que está a cheio na figura, sendo um maior equilíbrio condição de um melhor aproveitamento geral dos recursos[193].

---

[193] E vice-versa, tendo correspondido de facto na Europa de um modo geral a um maior crescimento uma aproximação maior entre os países, podendo distinguir-se três períodos básicos: o primeiro, de convergência, nos anos de crescimento entre a formação da Comunidade e 1973; o segundo, de afastamento, até 1985, na sequência da recessão dos anos 70; e o terceiro, de manutenção dos desequilíbrios e mesmo de alguma convergência entre os países, na fase geral de retoma das economias que tem vindo a decorrer até aos nossos dias (cfr. Comissão Europeia, 1991, pp. 19 ss.; sobre estas três fases distintas de crescimento recordem-se o quadro I.3 e a fig. I.4, pp. 35-6).

Entre outras razões contribui para a relação referida no texto a circunstância de os países e as regiões menos desenvolvidos estarem mais dependentes de pro-

Trata-se de ausência de *trade-off* que pode constatar-se na Europa, onde de um modo geral têm tido um melhor desempenho económico os países com maior equilíbrio regional.

Mesmo no que respeita a problemas geralmente tidos como conjunturais, como a inflação e o desemprego, pode constatar-se a possibilidade de serem mais eficazmente (ou só serem) ultrapassados através da descentralização e da promoção regional, que não deverão por isso ser proteladas [194].

---

duções que variam mais ao sabor de flutuações conjunturais, sofrendo por isso em maior medida com os abrandamentos e as recessões e tendo um crescimento mais rápido nos períodos de expansão das economias. Naturalmente, nestes períodos é também maior a possibilidade de orientar recursos para o desenvolvimento regional.

Trata-se de constatação de convergência que, sem prejuízo das cautelas e medidas que veremos de seguida (não podendo pensar-se que bastaria aguardar o crescimento, sendo desnecessária a política regional), contribui para o afastamento da ideia do alegado *trade-off* entre um maior crescimento e um maior equilíbrio que referimos no texto.

Duvidando ou discordando mesmo desta conjugação de interesses ver Neves e Rebelo (1996, pp. 161-6) e já antes Neves (1991, pp. 162 e 165: "Como se constata numa análises simples de questão, o desenvolvimento, em si, não está ligado necessariamente a maior igualdade. Pelo contrário, *é normalmente na estagnação que se promove a equidade*" [itálico nosso]; estando a decisão sobre a promoção de um maior equilíbrio nos campos "político, cultural, espiritual", "fora da competência do teórico da economia". O texto é concluído com um verso de uma canção dos Beatles: "all you need is love"...).

[194] Já num influente artigo publicado em 1973 Higgins parte da observação de casos reais para chegar à conclusão de que a curva de Philips é mais afastada da origem em países com maiores desigualdades regionais (sobre o significado da curva de Philips ver A.A. Nunes, 1993, pp. 14-73). Por essa razão "measures to reduce regional *gaps*, far from being a luxury to be afforded when things are otherwise going well in the country, are the essence of a policy to accelerate growth, reduce unemployment, and maintain price stability", numa constatação reforçada na actualidade (cfr.R. Martin, 1992, Armstrong, 1994, Armstrong, Taylor e William, 1997 ou ainda Bianchi, 1998). É aliás esta em boa medida a experiência portuguesa, não deixando a região mais rica de um país muito desequilibrado, a região de Lisboa e Vale do Tejo, de ter valores de desemprego relativamente elevados no quadro nacional (de 7,9%, quando a média era de 6,7%): sendo a promoção também de outras regiões (v.g. de centros-urbanos do interior) a forma de evitar ou pelo menos travar esta situação, com a criação de empregos capazes de reter a população (sendo especialmente necessária – na linha das teorias

Numa lógica económica correcta, dadas as deseconomias externas das grandes aglomerações e as potencialidades de um desenvolvimento mais equilibrado, têm pois plena justificação medidas de apoio de carácter transitório: nos termos do argumento das indústrias nascentes – reconduzido aqui a um 'argumento de regiões nascentes' (cfr. Denton e O'Cleireacain, 1972, p. 25 e Porto, 1989, p. 325) –, de acordo com o qual valerá seguramente a pena, mesmo numa perspectiva puramente economicista, promover certas zonas e as empresas nelas instaladas durante um determinado período, usando para tal intervenções no mercado, se vierem a ter capacidade competitiva (podendo prescindir-se depois do apoio inicial necessário ao seu aparecimento ou crescimento) e se os benefícios proporcionados ultrapassarem os custos da fase intermediária [195].

---

do desequilíbrio – a criação de empregos capazes de reter a população jovem mais qualificada).

Sobre as implicações da conjugação de interesses aqui sublinhada no futuro das políticas estruturais ver *infra* IV.4.5.

[195] Como se viu (em II.4.3.2), trata-se dos testes de Mill e Bastable, aos quais acresce o teste de Kemp para que se justifique a intervenção (importando ainda que seja feita nos termos adequados).

É esta a razão de índole económica que pode levar a que não se dê preferência àquilo que à primeira vista seria a *people's prosperity* em relação à *place prosperity* (na distinção que remonta a Winnick, 1961). Sendo o homem o destinatário de toda a actividade económica e social, mais valeria o custo de transferir as pessoas das áreas menos favorecidas para as mais favorecidas. Mas é do interesse de todos que se promovam as primeiras, com a fixação das pessoas (v.g. das mais válidas), criando-se condições para que venham a ser competitivas a médio e longo prazos (além deste interesse económico preservam-se e promovem-se assim valores ambientais, culturais e sociais que ficam irremediavelmente comprometidos com a desertificação das áreas mais desfavorecidas).

Com a descrição desta evolução ver por ex. Bache (1998, pp. 31ss.).

4.3. A atenção crescente dada à problemática dos desequilíbrios espaciais

4.3.1. Passos mais importantes

É o reconhecimento dos inconvenientes gerais dos desequilíbrios e das vantagens também económicas do desenvolvimento regional que explica em grande medida a evolução verificada na União Europeia [196], sem dúvida a par da exigência política de países que de outro modo se sentiriam mais 'afastados' do processo de integração em curso [197].

Partindo-se praticamente do zero – como se disse, de uma quase ausência de consideração na redação inicial do Tratado de Roma – é de facto notável a evolução verificada deste então [198], podendo distinguir-se como passos mais marcantes a criação da DG-XVI (Direcção Geral do Desenvolvimento Regional, agora designada REGIO) em 1968, a criação do FEDER (Fundo Europeu de Desenvolvimento Regional) em 1975, a inclusão da política no Tratado através do Acto Único em 1986 (com a sua reafirmação no Tratado de Maastricht) [199], a aprovação de novos regulamentos em 1988, actualizados em 1993, e agora a aprova-

---

[196] Procurando mostrar o relevo destas razões em Portugal, onde são especialmente sensíveis os custos das grandes aglomerações e especialmente favoráveis as oportunidades existentes a nível regional, ver Porto (1996a e 1996b).

[197] Sendo a promoção do seu desenvolvimento a contrapartida de um maior mercado que favorecerá a colocação dos produtos dos países mais desenvolvidos (ver já a n. 191 p. 381).Trata-se de pressão política importante e desejável, capaz de, na ausência do reconhecimento (suficiente) de outras vantagens, levar a um maior equilíbrio de que todos poderão vir a beneficiar (sobre esta correcta razão política ver Ramos, 1995, p. 195 e F. L. Pires, 1995, p. 116; não havendo uma desejável pressão política semelhante, no plano interno, nos países não regionalizados: ver *infra* a n. 224 p. 395, considerando o caso português).

[198] Com muito mais pormenores sobre esta evolução, ver por ex. R.H. Williams (1996, pp. 69ss.) e L. M. Pires (1998).

[199] Através de um título (o título V da parte III) sobre a "Coesão Económica e Social" (distinguido-se assim as cambiantes mais espaciais – com a coesão económica – das mais ligadas ao trabalho e às carências pessoais – tal como referiremos em IV.4.5). Trata-se agora do cap. XVII da parte III.

ção dos regulamentos de 1999[200]. Para além disso a importância crescente atribuida à política regional ficou bem expressada no crescimento dos recursos que lhe foram sendo destinados. Entre 1975 e 1988 os meios financeiros do FEDER aumentaram de 2,57 para 3 684 milhões de ECU's (de uma percentagem de 4,8 para uma percentagem de 8,1% do Orçamento Comunitário). A afectação de fundos duplicou depois entre 1989 e 1993, com as primeiras Perspectivas Financeiras. Com as Perspectivas Financeiras seguintes (incluindo já o Fundo de Coesão), aumentaram de 22 192 milhões de ECU's em 1993 para 34 596 em 1999, de uma percentagem de 30,8 para uma percentagem de 36,0% do Orçamento (com uma nova duplicação para os 'países da coesão', Grécia, Portugal, Espanha, e Irlanda).

Trata-se infelizmente de uma evolução que não tem continuidade nas Perspectivas Financeiras agora em aplicação (ver em anexo os quadros IV.B.1 e IV.B.2). Não havendo alargamento (mas havendo Ajudas de Pré-Adesão), as verbas para acções estruturais (fundos estruturais e Fundo de Coesão) descem (a preços de 1999) de 32 045 milhões de euros em 2000 para 29 170 em 2006: ou seja, de uma percentagem de 34,82% para uma percentagem de 32,18%. Na hipótese provável de um alargamento a seis novos países (ver infra IV.7.1) a descida (em relação aos 15 membros actuais) será todavia relativamente maior, ficando-se pelos 27,15% do total.

4.3.2. Os critérios e os meios de apoio

A partir dos regulamentos de 1988 a atribuição dos fundos estruturais é feita de acordo com os princípios seguintes: da concentração, do partenariado, da programação e da adicionalidade.

---

[200] São estes os regulamentos agora em vigor, publicados no *Jornal Oficial* L 161, de 26.6.1999: um primeiro com disposições gerais sobre os fundos estruturais, seguindo-se regulamentos relativos ao FEDER, ao Fundo Social Europeu (FSE) e ao Instrumento Financeiro de Orientação da Pesca (IFOP), dois outros que alteram o regulamento do Fundo de Coesão, bem como regulamentos de apoio à pré-adesão (um deles criando um instrumento estrutural de pré-adesão).

Nos termos do primeiro deverá verificar-se a *concentração* dos fundos, tendo em conta as características das áreas e das acções a desenvolver.

O *partenariado* requer a cooperação mais estreita possível entre a Comissão e as 'autoridades competentes' (a 'nível nacional, regional e local') de cada Estado-membro em todos os estádios do processo, desde a preparação à execução das acções.

A *adicionalidade*, por seu turno, requer que os fundos da União não se substituam a investimentos nacionais, devendo complementá-los e ampliá-los.

Por fim, com a *programação* deixa de se aceitar o financiamento de projectos isolados, devendo enquadrar-se todos eles em programas multi-anuais, pluri-sectoriais e se possível inter-regionais.

Na linha das propostas da Agenda 2000, com os regulamentos de 1999 passou a haver uma maior concentração geográfica e dos instrumentos de intervenção.

Assim acontece não só em resposta a necessidades de racionalidade e eficiência como em antecipação a novas exigências orçamentais resultantes dos alargamentos (debruçar-nos-emos sobre este ponto em IV.7).

Com as regras anteriores era abrangida (nos objectivos regionais dos fundos estruturais) 51,6% da população da União Europeia, em territórios muito distintos (cfr. Porto, 1997, p. 383). Uma maior selectividade era pois condição para que se conseguisse um efeito mais rápido e sensível de aproximação das áreas mais carecidas. Mas sem dúvida o propósito de se libertarem disponibilidades para os próximos alargamentos pesou significativamente para que se apontasse na Agenda 2000 para uma abrangência menor, entre 35 a 40% da população total.

Para tal decidiu-se que o limite máximo de 75% do PIB *per capita* para se ser considerado no objectivo 1 passasse a ser seguido rigidamente. Perdeu-se assim qualquer hipótese de a Região de Lisboa e Vale do Tejo ser mantida[201].

---

[201] Para o 2.º Quadro Comunitário de Apoio (1994-9) havia uma tolerância geral até 80%, mas as autoridades portuguesas conseguiram manter esta região,

No que respeita aos instrumentos de intervenção, foi decidido que em vez dos seis objectivos anteriores, o 5.º ainda bipartido, passasse a haver apenas três.

O objectivo 1 é *de promoção do desenvolvimento e do ajustamento das regiões menos desenvolvidas*. Trata-se, como se disse, de regiões com menos de 75% do PIB *per capita* da União Europeia. Estão nesta situação regiões de nove países (necessariamente as regiões ultra-periféricas e ainda regiões menos povoadas do norte da Finlândia e da Suécia que estavam antes no objectivo 6 [202]).

O objectivo 2 é de *apoio à reconversão económica e social das zonas com dificuldades estruturais*. Ainda nos termos do primeiro regulamento "estas regiões compreendem, em especial, as zonas em mutação socio-económica, nos sectores da indústria e dos serviços, as zonas rurais em declínio, as zonas urbanas em dificuldade e as zonas em crise dependentes da pesca", compreendendo-se que tenham implicações especialmente negativas no desemprego.

Para além destes objectivos, a realizar em áreas geográficas determinadas, o objectivo 3 é de *apoio à adaptação e modernização das políticas e sistemas de educação, de formação e de emprego*. Trata-se pois de apoio a todos os tipos de iniciativas que, em qualquer ponto do território da União, tornem os cidadãos mais qualificados para o trabalho.

---

apesar de já ter (quando das negociações) um valor de 82%. Justifica-se a nossa preocupação, não só tendo em conta os problemas aqui existentes como porque o que deixa de vir para a Região de Lisboa não reverte para as demais regiões do país (apenas numa pequena medida, com a libertação geral de fundos na União Europeia).

Não o tendo feito antes, revelava-se infrutífero só agora apontar eventuais incorrecções estatísticas, invocar argumentos de estratégia (a necessidade de um país como o nosso ter um 'motor' dinamizador: ver a crítica em Porto, 1996$_a$, pp. 1-21 e 1998b, pp. 16-24), tentar uma nova divisão (separando-se as áreas menos favorecidas da Região de Lisboa e Vale do Tejo) ou argumentar no sentido de passar a seguir-se um critério de produtividade (que já nos favoreceria). A única hipótese realista era negociar o melhor possível um regime de transição (de *phasing out*), havendo já o precedente da Região de Abbruzi, na Itália (cfr. C. Costa, 1998, p. 51).

[202] Quando da entrada destes países foi julgada melhor a solução de criar um novo objectivo do que considerá-las no objectivo 1: sendo áreas com PIB's *per capita* elevados, com condições estruturais muito diferentes das regiões objectivo 1 existentes.

A repartição dos fundos por estes três objectivos, bem como a indicação do(s) instrumento(s) utilizado(s) e a percentagem da população abrangida, constam do Quadro IV.11:

QUADRO IV.11

	Objectivo 1	Objectivo 2	Objectivo 3
Problemas a atender	Regiões menos desenvolvidas	Regiões em crise estrutural	Regiões que necessitam de apoio de educação, formação e emprego (todas as regiões excepto as do objectivo 1)
Fundos da EU disponíveis em 2000-2006 (em milhares de milhões de euros)	135,9	22,50	24,05
% do orçamento dos fundos estruturais	69,7%	11,5%	12,3%
Instrumentos	FEDER, FSE FEOGA, IFOP	FEDER, FSE	FSE
% da população abrangida	22,2%	18%	(não relevante)

Fonte: Comissão Europeia (1999b, p. 11)

Vê-se pois que, tal como acontecia antes, há um grande privilegiamento do objectivo 1, com quase 70% das verbas totais.

É abrangida com ele 22,2% da população da União Europeia, em acções em que se conjugam o FEDER, o FSE, o FEOGA e o IFOP. No objectivo 2 intervêm basicamente o FEDER e o FSE [203] e no objectivo 3 apenas o FSE.

Também numa linha de racionalizações procedeu-se à concentração das iniciativas comunitárias apenas em quatro domínios (numa linha da concentração que vem já de trás: ver Porto, 1997, pp. 385-6):

1. Cooperação transnacional, transfronteiriça e inter-regional destinada a estimular um desenvolvimento equilibrado em todo o território europeu (INTERREG);
2. Reconversão económica e social de cidades atingidas pela crise (URBAN);
3. Desenvolvimento rural (LEADER);
4. Cooperação transnacional para identificar novos meios de combate a todas as formas de discriminação e desigualdade que impedem homens e mulheres de obterem um posto de trabalho (EQUAL).

Estas quatro iniciativas deverão receber 5,35% do total dos fundos estruturais no período 2000-2006.

Visando-se ajudar os países menos desenvolvidos da União no cumprimento das exigências de convergência nominal na caminhada para a moeda única, o Tratado de Maastricht veio criar um Fundo de Coesão: nos termos do Protocolo n. 15, fornecendo "contribuições financeiras comunitárias para projectos na área do ambiente e das redes transeuropeias de transportes nos Estados-Membros com um PNB *per capita* inferior a 90% da média comunitária que tenham definido um programa que lhes permite preencher os requisitos da convergência económica estabelecidos nos arts. 104c"; actual).

Tendo sido dotado com 14,45 milhares de milhões de ECU´s para o período de 1994-9 (preços de 1994), está dotado nas Perspectivas Financeiras agora em curso (2000-2006) com 18,0 milhares de milhões de euros (a preços de 1999), com a repartição

---

[203] Há apoios do FEOGA e do IFOP fora das regiões objectivo 1.

seguinte por países: 61 a 63,5% para a Espanha, 16 a 18% para Portugal, 16 a 18% para a Grécia e 2 a 6% para a Irlanda [204].

Além destes mecanismos deve ser dado um grande relevo ao Banco Europeu de Investimento (BEI), criado já com o Tratado de Roma e sendo considerado nos actuais arts. 266.º e 267.º – capítulo V do título I da parte V – e num Protocolo.

"Recorrendo ao mercado de capitais e utilizando os seus próprios recursos" "tem por missão contribuir" "para o desenvolvimento equilibrado e harmonioso do mercado comum no interesse da Comunidade". Entre os projectos a financiar são indicados em primeiro lugar "projectos para a valorização das regiões menos desenvolvidas" (em geral são áreas privilegiadas das comunicação, o ambiente, a energia e a promoção da competitividade internacional). Dispondo de recursos muito avultados, tem concedido empréstimos que excedem o total dos apoios estruturais proporcionados pela orçamento da União (ver Dinan, 2000, pp. 202-6 ou já Barav e Philip, 1993, pp. 133-8).

Conforme teremos ocasião de ver em IV.6.3 e IV.6.4, a necessidade da política regional está agora muito acrescida com a caminhada para a união monetária: sendo maiores as oportunidades abertas mas simultaneamente agravados os riscos.

4.4. *Os resultados da política seguida*

4.4.1. **No conjunto da União Europeia**

Não é fácil ou mesmo possível em economia saber com segurança se determinados efeitos são a consequência (apenas) de determinadas medidas. Assim acontece a propósito da política regional comunitária, acrescendo que a totalidade dos efeitos de

---

[204] Tendo sido o país com a capitação mais elevada com as Perspectivas Financeiras anteriores, a Irlanda deverá ser excluída a partir de 2003, ultrapassando largamente o limiar de 90% da média da União.

Em termos de repartição sectorial, a título de exemplo no nosso país começou por afectar-se 53% aos transportes e 47% ao ambiente.

Sobre alguma tentativa, injustificável, de afastar do direito ao Fundo os países que aderiram ao euro ver *infra* IV.6.4 p. 461.

uma política *estrutural* só pode ser conhecida alguns anos mais tarde, só então podendo ser integralmente medidos os efeitos económicos e sociais resultantes da melhoria da capacidade produtiva de um país ou de uma região.

Trata-se de política em que importa distinguir aliás efeitos de procura (de despesa), numa linha keynesiana, de efeitos de oferta, numa perspectiva micro-económica (considerando-se os resultados das externalidades criadas, v.g. com o serviço proporcionado pelas infraestruturas físicas ou com a formação de pessoas). Enquanto os efeitos de procura são sensíveis e mensuráveis a curto e médio prazos, o mesmo não se passa com os efeitos de oferta, verificáveis apenas alguns anos depois.

Com a experiência de duas décadas e meia, mais de catorze anos integrando os quatro 'países da coesão', pode constatar-se que se tem verificado alguma aproximação entre os países e as regiões.

A aproximação entre os países pode ser vista no quadro IV.12

QUADRO IV.12
Crescimento do PIB nos países da coesão, 1986-99

		EL	E	IRL	P	EUR4	EUR11[a]	EUR15[a]
Variação média anual em % do PIB	1986-96	1,6	2,8	6,2	3,5	2,9	2,0	2,1
	1986-91	2,2	4,3	5,3	5,1	4,1	2,8	3,0
	1991-96	1,0	1,3	7,1	1,8	1,7	1,5	1,5
projecções	1996-99	3,8	3,6	9,2	3,8	4,1	2,6	2,8
Variação média anual em % da população	1986-96	0,5	0,3	0,3	-0,1	0,3	0,4	0,4
	1986-91	0,5	0,2	-0,1	-0,3	0,2	0,4	0,4
	1991-96	0,4	0,4	0,6	0,1	0,4	0,4	0,4
projecções	1996-99	0,5	0,1	0,9	0,1	0,2	0,3	0,3
PIB per capita (PPC), EUR15=100	1986	59,2	69,8	60,8	55,1	65,2	107,7	100,0
	1987	57,4	71,5	62,5	56,7	66,3	107,4	100,0
	1988	58,3	72,5	63,8	59,2	67,6	107,1	100,0
	1989	59,1	73,1	66,3	59,4	68,3	106,9	100,0
	1990	57,4	74,1	71,1	58,5	68,8	106,8	100,0
	1991	60,1	78,7	74,7	63,8	73,1	105,5	100,0
	1992	61,9	77,0	78,4	64,8	72,7	105,6	100,0
	1993	64,2	78,1	82,5	67,7	74,5	105,2	100,0
	1994	65,2	78,1	90,7	69,5	75,3	105,0	100,0
	1995	66,4	78,6	96,8	70,1	76,3	104,8	100,0
	1996	67,5	78,7	96,5	70,5	76,6	104,8	100,0
projecções	1997	69,2	77,8	96,4	70,7	76,3	104,8	100,0
projecções	1998	68,6	78,6	102,1	71,1	77,1	104,7	100,0
projecções	1999	69,3	79,6	105,1	71,8	78,2	104,5	100,0

[a] Taxas de crescimento 86-96 e 86-91, excluindo os novos Länder alemães

Fonte: Comissão Europeia (1999b, p. 199, com dados da DG-REGIO)

Tem havido pois uma aproximação dos quatro países 'da coesão', embora devam fazer-se ressalvas em relação aos números do quadro: com a entrada das regiões mais pobres do leste da Alemanha, a partir de 1992 houve uma baixa da média comunitária; e revisões técnicas feitas pelo Eurostat (v.g. para se tomarem em conta alterações cambiais), com consequências diferentes entre os países, 'ajudaram' também a que as estatísticas mostrassem uma maior aproximação (cfr. os relatórios da Comissão e Atanásio, 1999, cap. 9).

Verificou-se de qualquer modo uma aproximação, especialmente sensível para a Irlanda, que segundo os dados apurados partiu de 68% da média comunitária em 1986, muito menos do que a Espanha, para chegar ao valor de 105,1% em 1999, já claramente acima dessa média. Quem se aproximou menos foi a Grécia, de 59,2 para 69,3, tendo tido algum afastamento no final da década de 80 e no início da década de 90 [205] (estando em posições intermédias as aproximações de Portugal e da Espanha, também com alguns recuos de permeio). No conjunto, os quatro países passaram de um valor de 65,2% em 1980 para um valor de 78,2% em 1999, o que significa um êxito apreciável [206].

---

[205] As especiais dificuldades da Grécia (EL) são sublinhadas por Martinez (1998, pp. 855-71) nas dúvidas levantadas ao processo de integração europeia.

[206] No quadro IV.13 pode ver-se o crescimento anual mais recente e previsto até 2001.

Quadro IV.13

	1996	1997	1998	1999	2000	2001
Espanha	3,5	3,8	4,0	3,6	3,6	3,5
Grécia	3,4	3,4	3,7	3,4	3,8	3,9
Irlanda	8,0	10,7	8,9	7,8	6,9	5,8
Portugal	3,4	4,1	3,5	3,1	3,3	3,3
EU-15	2,5	2,5	2,6	2,1	3,0	3,0
EU-11	2,4	2,3	2,7	2,1	2,9	2,9

Fonte: *Économie Européenne*, Suplément A, Analyses Economiques, n. 10/11, Outubro-Novembro 1999, p. 33

Vê-se que depois dos recuos mencionados no texto, principalmente da Grécia,

Congratulando-nos com a aproximação verificada, tem de perguntar-se todavia se ficou a dever-se à política regional ou se teria tido lugar mesmo sem ela, v.g. como mera consequência da dinâmica de um mercado mais concorrencial. Trata-se de questão de grande importância, dependendo naturalmente de uma resposta afirmativa a justificação da sua manutenção ou mesmo do seu reforço.

Conforme é sublinhado pela Comissão (1999b, cap. 5), concluem nesse sentido estudos mais recentes levados a cabo[207], tendo a utilização dos fundos levado a um acréscimo do crescimento anual de 0,5%, em relação ao que teria acontecido sem eles, nas regiões objectivo 1 (1% em Portugal e na Grécia; cfr. Fitoussi, 2000, p. 174). De acordo com as estimativas feitas, em 1999 o efeito acumulado dos fundos terá elevado em 10% os PIB's da Grécia, da Irlanda e de Portugal, e em 4% o PIB da Espanha[208].

Põe-se para além disso a questão de saber se a aproximação geral entre os países (NUT's I) foi acompanhada pela aproximação entre as regiões (NUT's II)[209].

Em anos passados tal não aconteceu, havendo quando muito a manutenção da situação anterior, com as dez ou as vinte e cinco regiões mais ricas e mais pobres igualmente separadas da média da União.

---

os últimos anos têm sido de clara aproximação, com taxas de crescimento acima das taxas da União (nos meses mais recentes os apuramentos feitos estão a levantar dúvidas em relação ao nosso país). Entre os quatro países da coesão sobressai a taxa de crescimento da Irlanda, para a qual se prevê algum abrandamento, mas que tem tido, sustentadamente, um êxito semelhante ao dos 'tigres asiáticos'.

[207] Com análises anteriores e mesmo contemporâneas de um modo geral menos favoráveis ou indefinidas, ver por exemplo Neven e Gouyette (1995), Fagerberg e Verspagen (1996), J. R. Silva e Lima (1997) e Magnini (1999) (cfr. já A. Marques, 1993).

[208] Com uma análise (positiva) da experiência espanhola de apoio estrutural ver De la Fuente e Vives (1995).

[209] Nas categorias estatísticas da União Europeia há três unidades geográficas: as NUT's I, correspondendo em princípio aos países, ou no nosso país ainda (separadamente) aos Açores e à Madeira; as NUT's II, correspondendo às 'regiões; 231 na União, havendo cinco no Continente português (as áreas das Comissões de Coordenação Regionais, Norte, Centro, Lisboa e Vale do Tejo, Alentejo e Algarve); e as NUT's III, correspondendo entre nós a 52 agrupamentos de municípios.

As indicações mais recentes são contudo no sentido de que está a verificar-se também uma aproximação entre as NUT's II, por exemplo com as dez regiões mais pobres a passar de 41 para 50% da média comunitária ou as vinte e cinco mais pobres de 52 para 59% [210].

4.4.2. Em Portugal

A aproximação do nosso país foi já sublinhada no número anterior (recorde-se o quadro IV.15), valendo todavia a pena referir que não tem sido o país mais beneficiado em termos de fundos estruturais.

Ao longo do II Quadro Comunitário de Apoio teve uma capitação superior a Irlanda, de 1 652,1 euros, tendo a nossa sido de 1 510,2 euros (a da Grécia de 1 439,5 euros); e o que os fundos têm representado (desde 1989) como percentagens dos PIB's pode ser visto no quadro IV.14:

QUADRO IV.14
Fundos estruturais e Fundo de Coesão nas regiões objectivo 1
(1989-1999)

REGIÕES DO OBJECTIVO 1 EM:	FUNDOS ESTRUTURAIS E FUNDO DE COESÃO EM % DO PIB		
	1989	1993	1999
GRÉCIA	2,5	3,3	4,0
ESPANHA[1]	1,0	1,5	2,3
IRLANDA	2,1	3,1	2,7
PORTUGAL	2,7	3,3	3,8
EUR-4	1,6	2,3	2,9
(dos quais Fundo de Coesão)		(0,4)	(0,6)
NOVOS LANDER ALEMÃES[2]	nd	(0,8)	1,7
ITÁLIA[3]	0,6	1,1	1,2
OUTROS ESTADOS-MEMBROS[4]	1,0	1,4	1,1
TODAS AS REGIÕES DO OBJECTIVO 1	1,2	1,8	2,1
EUR-12	0,1	0,2	0,3

[1] Números de 1999 incluem a Cantábria; [2] Números dentro de parênteses referem-se a montantes previstos no âmbito do Regulamento (CEE) n.º 3275/90; [3] Números de 1999 excluem Abruzzi; [4] Relativamente a 1989 e 1993, Irlanda do Norte no Reino Unido e Córsega em Itália; relativamente a 1999, incluindo também o Hainaut; os "arrondissements" de Douai, Valenciennes e Avesnes; Flevoland; Merseyside e Highlands Enterprise Area.

Fonte: Mayhew (1998, p. 286; cfr. S. Sousa, 2000, p. 136)

---

[210] Comissão Europeia (1999b, pp. 7 e 200). Com análises apontando no mesmo sentido ver também R. Martin (1999), Button e Pentecost (1999) ou Fitoussi

O país que tem agora mais apoio é a Grécia, apoio que teve um crescimento percentual sensível desde 1989. Para o 'salto' da Espanha em 1999 contribuíu em grande medida o Fundo de Coesão (recorde-se de). Portugal deixou de ter a posição de maior privilégio que tinha em 1989, mas teve de qualquer modo uma subida apreciável, tendo agora um apoio de 3,8% do PIB, muito acima da média da UE-4.

Sendo importante pôr a questão de saber se o crescimento verificado foi consequência do apoio dos fundos, procurou-se distinguir os factores de procura dos factores de oferta: tendo o Ministério de Planeamento (1999, p. II.10), numa análise do II Quadro Comunitário de Apoio (QCA), calculado que pela dinâmica da procura terá havido de 1994 para 1999 um acréscimo adicional de 3,3% do PIB (0,53% em cada ano), e pelo lado da oferta, a longo prazo, um acréscimo de 1,6% em relação ao que teria havido sem os QCA's.

Portugal distingue-se aliás da Irlanda (e mesmo da Grécia estando a Espanha a este propósito numa posição intermédia) por ter seguido em maior medida uma linha da expansão da procura, v.g. com investimentos em infraestruturas físicas. Nesta lógica terão sido especialmente importantes os efeitos a médio prazo, com um acréscimo adicional de crescimento do PIB de 9,2% em 1999 (de qualquer modo superado pelos efeitos na Grécia, de 9,4%, e na Irlanda, de 9,3%), não sendo já tão sensíveis a longo prazo, de 8,9% em 2020, quando serão de 12,4% na Irlanda (e de 9,5% na Grécia, já em 2010)[211].

(2000, cap. 5, dando a indicação agora, com base nas análises econométricas de Fayolle e Lecuyer, 2000, de que estão a ter maiores dificuldades as regiões menos desenvolvidas dos países mais ricos, sendo maiores as aproximações em Portugal e na Grécia). Mantendo dúvidas ou apontando mesmo no sentido inverso ver todavia A. Marques e Soukiazis (1999) e Pontes (2000).

[211] Devemos sublinhar que nas circunstâncias do nosso país, de grande carência de infraestruturas básicas e de menor segurança (pelo menos de imediato) na boa aplicação de fundos em alguns factores da oferta (caso da formação profissional), terá sido correcta a estratégia seguida.

São diferenças que podem ser vistas no quadro IV.15:

QUADRO IV.15
Impacto dos fundos estruturais
(efeitos de crescimento adicional do PIB, em %)

	Efeitos de Procura			Efeitos de Oferta			Efeitos Totais		
	1994	1999	2020	1994	1999	2020	1994	1999	2020
Irlanda	6,2	5,9	4,0	-	3,4	8,4	6,2	9,3	12,4
Espanha	1,9	2,9	1,9	-	1,4	6,8	1,9	4,3	8,7
Portugal	7,0	8,1	7,6	-	1,1	1,3	7,0	9,2	8,9
Grécia	1,1	4,8	1,5	0,1	4,6	8,0	1,2	9,4	9,5*

* 2010
Fonte: Comissão Europeia (1999b, p. 229) e S. Sousa (2000, p. 137)

Uma outra questão a pôr é a questão de saber se à aproximação do nosso país da média comunitária tem correspondido uma aproximação entre as nossas regiões.

As indicações dos primeiros anos (ver Porto, 1997, pp. 389--95) foram no sentido de uma resposta negativa: mostrando as estatísticas do INE e do Eurostat a estagnação da posição da Região Centro e mesmo o recuo da Região do Alentejo de 1980 para 1991, e um estudo de Roger Tym & Partners (1996) que de 1988 para 1992 houve em Portugal a maior acentuação dos desequilíbrios regionais de toda a União Europeia (com o desvio padrão a subir de 20,5 para 26,5, só a Grécia tendo tido também uma acentuação dos desequilíbrios; num período em que se terá verificado alguma aproximação em todos os demais países).

Análises de anos mais recentes mostram todavia já alguma aproximação no nosso país: de 1991 para 1997, com o índice de dispersão a baixar de 0,244 para 0,213 (Ministério do Planeamento, 1999, p. I-89; recorde-se todavia Pontes, 2000), e de 1993 para 1999, chegando-se ao quadro seguinte (IV.16):

QUADRO IV.16
PIB per capita, em PPC
– Projecções para 1999 – Cenário com "QCA II"

Un.: EUR 15=100

	1993 (1)	1999 (2)	Acréscimo (3=2-1)
Norte	59,6	65,6	+6,0
Centro	55,2	62,1	+6,9
Lisboa e Vale do Tejo	87,4	89,3	+1,9
Alentejo	54,4	61,2	+6,8
Algarve	70,6	71,4	+0,8
Açores	49,2	49,7	+0,5
Madeira	50,5	59,1	+8,6
Portugal	**67,7**	**72,3**	**+4,6**

Fonte: Eurostat – *Regio database* e cálculos próprios (cfr. Ministério do Planeamento, 1999, p. II.12)

Ter-se-á verificado pois uma aproximação maior de regiões mais pobres do país, como são os casos das regiões da Madeira, do Centro e do Alentejo, sendo excepção o caso dos Açores. Terão sido menores as aproximações das regiões mais ricas, casos de Lisboa e do Algarve.

A comparação entre o que aconteceu e o que teria acontecido sem o Quadro Comunitário de Apoio é feita na página seguinte, mostrando melhores *performances* (por esta ordem) as regiões da Madeira, Norte, Centro e Alentejo.

Trata-se contudo de regiões, importa sublinhá-lo, que a par dos Açores continuam a estar entre as 25 regiões mais pobres da União Europeia, como pode ser visto no quadro IV.17.

QUADRO IV.17
PIB *per capita* nas regiões mais pobres da União (1996)
(em PPC, EU-15 = 100)

Gaudalope(F)	40	1
Jpeiros (EL)	44	2
Réunion (F)	46	3
Guyane (F)	48	4
Açores (P)	50	5
Voreio Aigaio (EL)	52	6
Martinique (F)	54	7
Madeira (P)	54	8
Extremadura	55	9
Deassau (D)	55	10
10 Regiões mais fracas	**50**	
Andalucia	57	11
Dytiki Eilada (E)	58	12
Magdeburg (D)	58	13
Peloponnisos (EL)	58	14
Calabria (I)	59	15
Alentejo (P)	60	16
Centro (P)	61	17
Anatoliki Makedonia, Thraki (EL)	61	18
Thüringen (D)	61	19
Mecklenburg-Vorpommern (D)	61	20
Dytiki Makedonia (EL)	62	21
Ionia Nisia (EL)	62	22
Norte (P)	62	23
Thessalia (EL)	63	24
Galicia (E)	63	25
25 Regiões mais fracas	**59**	

Fonte: Eurostat, DG-XVI, sendo os dados dos DOM´s franceses de 1994 (cfr. Comissão Europeia, 1999b, p. 200)

No grupo das dez mais pobres as regiões dos Açores e da Madeira têm a companhia apenas de duas regiões gregas, de uma região espanhola, de uma região da Alemanha do leste e de três departamentos do ultramar francês, sendo semelhante o panorama entre as quinze que se seguem.

Trata-se de regiões que, embora com alguma melhoria recente, continuam a ter atrasos muito grandes (inclusivé as regiões

Norte e Centro, com pouco mais de 60%), pelo que mesmo com algum crescimento acima da média serão necessárias décadas até que se chegue à média comunitária[212]

Não pode desconhecer-se ainda que a aproximação dos valores mencionados tem sido uma aproximação *per capita*, com a 'ajuda' estatística da perda de população. Ora, acontece que precisamente as regiões Centro (-2,4) e doAlentejo (-2,4) são as duas únicas regiões do continente que perderam população entre os dois últimos censos, de 1980 e de 1990, tendo continuado a perdê-la (também só elas) ainda nesta década (segundo estimativas para 1998, -0,66 e -6.09, respectivamente)[213].

Além da ajuda estatística que é assim dada, os movimentos da população são o indicador mais fiável – mesmo o único relevante, estando a economia ao serviço do homem – acerca de qualquer alteração verificada nas condições de vida: não sendo geralmente por gosto, mas sim por necessidade, que as pessoas se afastam dos seus locais de nascença, onde estavam familiar, social e culturalmente integradas. E os números portugueses são claros mostrando que a atracção da população se tem verificado em grande medida para as áreas metropolitanas de Lisboa e do Porto[214] e para o Algarve.

No primeiro caso constata-se todavia que o distrito de Lisboa quase não terá aumentado a população nos últimos anos, apenas 0,08% entre 1991 e 1998, sendo já muito grande a atracção do distrito de Setúbal, com um aumento de 3,90%. O distrito do Porto, por seu turno, tem um aumento de 3,94%, e o de Faro (Algarve) de 2,12%.

---

[212] São esclarecedores os cálculos feitos em relação aos países 'da coesão' e em relação aos PECO's (ver Porto, 1992b, p. 23 e *infra* o quadro IV.28 p. 475).

[213] Curiosamente estima-se que os Açores e a Madeira tenham aumentado a população de 1991 para 1998.

[214] As diferenças nos níveis de vida e de poder de compra são muito mais acentuadas do que entre os PIB's (embora com alguma atenuação recente), tendo a população da Grande Lisboa um poder de compra *per capita* 76,3% acima da média nacional (mais do que triplo no concelho de Lisboa) e a população do Grande Porto um poder de compra 30,7% acima da média (quase 2,4 vezes superior no concelho do Porto) (INE, 2000).

Foram aumentos ultrapassados ou acompanhados apenas por algumas outras áreas do litoral, casos do Cávado (+7,12%), do Baixo Vouga (+4,11%) e do Pinhal Litoral (+3,2%); contrastando com a perda da generalidade dos agrupamentos (NUT´s III) do interior, com especial realce para o Pinhal Interior Sul (-12,44%), o Baixo Alentejo (-8,25%), o Alto Alentejo (-7,03%), a Beira Interior Norte (-6,19%), o Alentejo Litoral Norte (-6,02%), o Pinhal Interior Norte (-5,49%) e o Alto Trás-os-Montes (-4,86%).

Parecendo de qualquer modo que está a abrandar o movimento para os grandes centros, continua a suscitar preocupação a circunstância de se tratar de um movimento selectivo, dos quadros melhor qualificados, acontecendo que quase só aí há empregos mais atractivos, em actividades mais dinamizadoras. Temos por isso um empobrecimento grave dos meios urbanos de pequena e média dimensão, incapazes de fixar estes quadros (todos nós temos presentes exemplos a tal propósito); empobrecimento que é factor cumulativo do agravamento das assimetrias, na linha dos modelos do centro-periferia e da causação cumulativa (recorde-se da p. 378).

Verificam-se assim desequilíbrios que não encontram justificação nas condições de que dispomos, especialmente favoráveis para, com vantagem para todos, se seguir antes uma política promotora de um maior equilíbrio, v.g. com a valorização dos centros urbanos de média e pequena dimensão, alguns deles do interior, beneficiados com o crescimento e a aproximação da economia espanhola (bem como com as oportunidades oferecidas hoje pelas telecomunicações, perdendo relevo o afastamento geográfico); havendo pelo contrário razões específicas para que sejam muito grandes (em comparação com os outros países) os custos económicos e sociais das concentrações de Lisboa e do Porto (dependendo desde logo do seu alívio a possibilidade de se conseguir uma melhor qualidade de vida para as suas populações[215]): ver mais uma vez Porto (1996a, pp. 12-21).

---

[215] Nas palavras de um documento do Ministério do Planeamento (1999, p. III--10), "*as áreas metropolitanas de Lisboa e do Porto* desenvolveram-se, a partir dos

Não estando pois em condições naturais, sociais ou económicas a explicação para os desequilíbrios, esta encontra-se antes (na linha de uma tradição de centralização políica e administrativa) na 'teoria económica da política', sendo 'politicamente' mais 'rentável' (mais 'eficiente') favorecer as zonas mais próximas do poder (incluindo a burocracia) e onde há mais votos, num processo cumulativo de concentração da riqueza e da população que poderá levar a que dentro de poucos anos esteja aí metade dos portugueses [216].

---

anos 60, numa lógica do tipo das metrópoles do Terceiro Mundo, onde um núcleo central, gerador de emprego qualificado, coexiste com amplas zonas de crescimento desarticulado, sem qualidade e sem identidade". Conforme sublinhámos num texto anterior (Porto, 1996$_a$, p. 46), é aplicável a Portugal o modelo Harris-Todaro (1970), elaborado tendo em conta realidades africanas, sendo a expectativa entre remunerações altas e zero (com desemprego) nos grandes meios urbanos suficiente para atrair pessoas de regiões com menos desemprego. A solução estará, conforme se sublinha a seguir no referido documento do Ministério do Planeamento, não só em melhorar as condições dessas áreas como tendo "igualmente prioridade *o reforço e a consolidação de um sistema urbano equilibrado em termos nacionais, baseado na rede das cidades médias*" (itálicos do original). Mas serão estas boas intenções capazes de prevalecer sobre a lógica política a que nos referimos no próximo parágrafo do texto?

[216] Calcula-se que os distritos das áreas metropolitanas (Lisboa, Setúbal e Porto) tinham em 1991 49,1% da população portuguesa, num processo que se acelerou nas últimas décadas (tinham 35,6% em 1961 e 45,9% em 1981), com alguma atenuação em 1998 (47,3% do total), de acordo com as estimativas feitas; sendo daí 113 dos 230 deputados da Assembleia da República bem como, fundamentalmente de Lisboa, as figuras nacionais que encabeçam em muitos casos as listas distritais dos partidos (ainda seguramente os participantes de uma já proposta lista única nacional). Concentrando-se ainda aí o poder governamental e quase todo o poder de decisão administrativa e financeira, não será possível 'fugir-se' ao que a 'teoria económica da política' nos ensina (recorde-se de II.4.2.2, designadamente do final da n. 73, p. 169.

Trata-se de situação que (só) poderia ser devidamente alterada com o 'peso' político de regiões (ou estruturas equivalentes) correctamente criadas (ver todavia F.L. Pires, 1996, pp. 7-8); estando pelo contrário a situação portuguesa a ser agravada por haver estruturas institucionais influentes em Lisboa e Porto – as Juntas das Áreas Metropolitanas, no fundo estruturas regionais – sem que haja estruturas democráticas semelhantes nas demais áreas do país. São, a título de exemplo, ouvidas pelo Governo antes da aprovação do PIDAC, dispondo assim as suas câmara municipais de uma oportunidade que não é aberta às câmaras das outras áreas; e têm

Assim se compreende o especial favorecimento destas áreas, nas verbas nacionais e da União Europeia[217].

Nas verbas nacionais, apesar de alguma melhoria recente, continua a avultar o desequilíbrio provocado com o PIDACC: em 2001 com a concentração nos distritos das áreas metropolitanas (Lisboa, Setúbal e Porto) de 48,4% do total das verbas 'regionalizadas'[218], quando com as proximidades existentes poderiam 'esperar-se' economias externas e de escala, devendo os mesmos equipamentos e serviços ser capazes de prestar apoio a um número maior de pessoas.

Acontece além disso que já foi anunciado pelos responsáveis políticos do país que com o seu afastamento forçado do objectivo 1 (com o inconveniente para o país referido na n. 201 p. 387), a

---

meios financeiros sem os quais não é possível competir (foi noticiada há pouco a passagem, por esta razão, da organização do Rally de Portugal da Figueira da Foz para a área metropolitana do Porto).

Mas infelizmente a lógica da situação criada, já agora com a concentração nestas áreas privilegiadas (para este efeito com maior relevo para a área de Lisboa; mas a experiência mostra que o centralismo pode favorecer a bipolarização...) de um número muito significativo de votantes a quem não interessava a regionalização, conjugando-se com a circunstância de se ter apresentado um projecto não credível (ver Porto, 1996b), levou ao voto *não* no referendo; de nada adiantando um novo referendo, com a concentração de votantes que não deixará de continuar a verificar-se.

[217] Não se limitando todavia aos meios financeiros o benefício proporcionado às áreas com maior peso político; beneficiadas também com legislação e critérios de intervenção que não são iguais para todo o país, com regimes excepcionais de favor, alguns de constitucionalidade duvidosa (ver Porto, 1996a, pp. 70-81, 1998b, pp. 63--71 e 2000c). Em alguns casos – assim tem acontecido com iniciativas de institui-ções financeiras e de ensino – não é necessário nenhum dispêndio de verbas públicas, apenas uma autorização, que todavia a lógica da teoria económica da política leva a que não seja dada sempre que fique em causa, com uma concorrência não desejada, o exclusivo da 'excelência' nos centros mais favorecidos.

[218] Sendo de julgar que é muito maior a concentração das não regionalizadas.

A concentração é também muito grande (mesmo maior) em outros investimentos dependentes do Estado, por exemplo destina-se às duas áreas metropolitanas 69,6% do investimento em material circulante a fazer pela CP até 2002, continuando adiada a aproximação do país que deveria ser feita com um modo de transporte de tanta importância (ver Porto, 1998a, p. 30).

Região de Lisboa e Vale do Tejo será compensada com verbas do Fundo de Coesão e do PIDAC[219]. É de prever, pois, que se acentuem os desequilíbrios, continuando a não se seguir no nosso país a lógica de equilíbrio que se afirma ser boa e desejável a nível comunitário.

No que respeita às verbas comunitárias, não sendo pequenas diferenças nas capitações suficientes para se 'remar contra a maré', avulta a circunstância de se concentrarem quase apenas nas áreas metropolitanas os investimentos mais dinamizadores que são apoiados (grandes 'projectos nacionais' ou 'obras do regime', parques tecnológicos, equipamentos mais avançados ou outros) que na lógica dos modelos referidos há pouco são a causa básica dos desequilíbrios.

Em termos de grandes sectores de intervenção, no I Quadro Comunitário de Apoio foi especialmente agravador dos desequilíbrios o apoio do Fundo Social Europeu, com uma capitação na Região de Lisboa e Vale do Tejo muito mais do que dupla das capitações das Regiões Norte, Centro e Algarve; tanto no 1.º como 2.º Quadro a concentração das verbas de investigação e desenvolvimento tecnológico (recorde-se a n. 148 p. 352); podendo recordar-se ainda a concentração total de verbas para renovação urbana que se verificou com o II Quadro Comunitário (procurando analisar a aplicação espacial dos fundos no nosso país ver CCRC, 1989 e em especial Porto, 1989 e 1996a)[220].

No III Quadro Comunitário de Apoio (2000-2006) um volume maior de verbas do eixo 4, que visa "promover o Desen-

---

[219] Uma afirmação neste sentido foi noticiada pela imprensa diária de 3 de Outubro de 2000, não tendo todavia tradução num maior desequilíbrio no PIDAC para 2001, pelo menos em relação às verbas regionalizadas.

[220] Sendo de lamentar que a generalidade dos estudos tenha 'desconhecido' a distribuição das verbas dentro do nosso país, limitando-se mesmo em alguns casos a considerar os seus efeitos sobre a balança dos pagamentos, esquecendo pois o objectivo de aproximação estrutural e espacial que determinou a sua instituição (ver a título de exemplo a generalidade dos textos inseridos em Ministério do Planeamento e da Administração do Território, 1992, e no número de Janeiro de 1994 da revista *Economia;* bem como, num plano mais teórico, Gaspar, 1998).

volvimento Sustentável das Regiões e a Coesão Nacional", será para a Região Norte (sendo de desejar que leve aqui à promoção e à fixação de população no interior, não apenas na área metropolitana do Porto ou perto dela). Em termos de capitação, como se compreende são especialmente beneficiadas as regiões dos Açores e da Madeira (1 032,8 e 918,9 contos, respectivamente), seguindo-se o Alentejo 728,2. O Algarve, apesar de ter o segundo PIB *per capita* mais elevado do país, vem a seguir, com 420,7 contos, seguindo-se a Região Centro, com 335,1, a Região Norte com 261,1 e a Região de Lisboa e Vale do Tejo (no regime *de phasing out*) com 165,1. Estes números dizem todavia respeito apenas ao eixo 4, com 3 062 milhões de contos, muito menos do que o conjunto dos outros três, com 4 817 milhões de contos, a que acrescem as verbas do Fundo de Coesão. Tratando-se de verbas destinadas a acções de grande importância para uma eventual dinamização regional (caso dos 192 milhões de contos para a ciência, a tecnologia e a inovação e dos 56,6 milhões de contos para o emprego, a formação e o desenvolvimento social), a sua aplicação será determinante no padrão espacial de desenvolvimento do nosso país, na última grande oportunidade de apoio da União Europeia.

4.4.3. A política regional e o sentido contrário de outras políticas comunitárias. A regressividade dos recursos próprios

Por fim, há que considerar que a política regional é apenas uma entre várias políticas, importando ver se todas elas apontam no mesmo sentido[221].

Ora, vimos em IV.3.1.6 que a política agrícola é desequilibradora, com os recursos muito mais poderosos de que dispõe a favorecer em maior medida os países[222] e os agricultores mais

---

[221] Bem como naturalmente se a própria política 'regional' estará a contribuir para um maior equilíbrio dentro dos países (acabámos de ver as dúvidas que têm de pôr-se em Portugal).

[222] Como se disse (recorde-se o quadro IV.4, p. 328), em relação a Portugal houve melhoria na participação no FEOGA-Garantia, de 0,6% em 1986 para 1,4%

ricos da União. Sendo destinado à agricultura cerca de 45% do orçamento comunitário (por seu turno 95% ao FEOGA-Garantia), ficamos com a noção clara do efeito desequilibrador dessa política, não compensado pelo efeito geralmente reequilibrador (entre os países) da política regional (ver como do FEOGA-Orientação) [223].

Por outro lado, numa perspectiva que não pode deixar de ser igualmente considerada, há que lembrar que, contrariando o efeito reequilibrador das políticas estruturais, se tem verificado desequilíbrio na incidência dos recursos próprios, dado o peso do IVA (apesar dos limites referidos *infra* na n. 226, que têm reduzido o seu peso), bem como, embora com menor significado, da pauta alfandegária e principalmente dos direitos niveladores agrícolas (recorde-se a fig. IV.4, p. 326).

Trata-se de situação de regressividade mostrada pelo Quadro IV.18, mostrando também – o que aponta para o caminho a seguir – uma melhoria sensível de 1993 para 1997:

---

em 1992 e 2,1% em 1995, mas já uma deteriozação nos anos seguintes, para 1,6% em 1998. Tratou-se de qualquer modo sempre de uma percentagem desequilibradora, tendo o país 2,7% da população da União; sendo pelo contrário favorável a participação nos fundos estruturais, com 11,5% do total.

[223] Referindo o efeito também desequilibrador – por ele chamado, em ambos os casos, de 'regressivo' – da política de ciência e tecnologia ver J.F. Amaral (1992, p. 68; em relação ao nosso país recordem-se mais uma vez as referências da n. 148, p. 352; e numa abordagem mais geral veja-se Seidel, 1994).

QUADRO IV.18
Recursos próprios/PIB *per capita*

	1993	1997
Alemanha	1,18	1,20
Bélgica	1,45	1,41
Dinamarca	1,09	1,07
Espanha	1,14	1,13
França	1,11	1,12
Grécia	1,37	1,09
Holanda	1,59	1,50
Irlanda	1,49	1,08
Itália	0,99	0,96
Luxemburgo	1,13	1,22
Portugal	1,40	1,17
Reino Unido	0,87	0,77

Fonte: Coget (1994, p. 83 e Relatório Jutta Haug (Parlamento Europeu, A4-0105/99 p. 25). Ver em Comissão Europeia (1999c, p. 120) um quadro também interessante comparando a quota parte dos Estados-Membros no financiamento e no PNB da União

A Holanda e a Bélgica são casos especiais, devido à grande quantidade de bens importados através dos portos de Roterdão e Antuérpia mas destinados a outros países (designadamente à Alemanha); sendo todavia tributados aí com a pauta alfandegária comum e com os direitos niveladores agricolas[224].

Além destes casos pode verificar-se que em 1993 por exemplo um cidadão irlandês pagava para o orçamento da União 1,49% do seu rendimento, um português 1,40% e um grego 1,37, enquanto um alemão paga 1,18, um dinamarquês 1,09 e um inglês 0,87. Ou seja, pagavam percentagens maiores os cidadãos com níveis de vida mais baixos e percentagens menores os cidadãos com níveis de vida mais altos. Assim acontecia porque a regressividade dos impostos indirectos, representando ainda 74,3% do

---

[224] Assim se explica que estes 'recursos tradicionais' representem tanto na Holanda como na Bélgica 34% do total, quando no conjunto da UE não vão além dos 18%; ou ainda que sejam cobrados nestes dois países 20% dos direitos aduaneiros da UE, quando o seu PNB representa menos de 7,8% do total.

total dos recursos, não era compensada pela contribuição ligada ao PNB [225].

Alguma alteração introduzida em 1994, fixando novos limites máximos para o recurso IVA [226], a par da quebra continuada dos recursos próprios tradicionais (v.g. com a diminuição do proteccionismo da UE [227]) levou à evolução dos recursos próprios que pode ser vista no quadro IV. 19:

---

[225] Como veremos em IV.7.4, com os próximos alargamentos além de haver novas exigências financeiras agravar-se-á o problema da regressividade dos recursos próprios (Porto, 1996b e 1996c).
Trata-se de regressividade que, como vimos atrás (em IV.3.4.3), seria agravada com a (maior) tributação da energia.

[226] Depois dos progressos conseguidos no Conselho Europeu de Bruxelas, de 11-12 de Fevereiro de 1988, fixando-se um limite máximo para a matéria colectável ligada ao IVA (55% do PNB) e estabelecendo-se um novo recurso ligado ao PNB, e no Conselho de Edimburgo, em 11-12 de Dezembro de 1992, com a redução do contributo IVA de 1,4 para 1%, contribuíu para o progresso mais recente evidenciado no texto o acordo de Outubro de 1994 (Decisão 94/728/CE, Euratom e Conselho), reduzindo o limite do IVA a 50% para os 'países da coesão' e o nivelamento das matérias colectáveis IVA's dos outros Estado-membros de 54% em 1995 para 50% em 1999; considerando-se além disso a "taxa uniforme" superior à taxa efectiva de mobilização do IVA (ver Comissão Europeia 1998a, p. 10 e Quelhas, 1998). Ainda no mesmo sentido, uma proposta da decisão foi apresentada através do COM (1999) 33 final, de 8 de Julho.

[227] A média dos impostos alfandegários aplicáveis a terceiros países está agora, depois do Uruguai Round, em 3,6% (3,5% nos EUA), entrando além disso sem nada pagar 38% das importações (40% nos EUA): ver Barthé (2000, pp. 27-8), onde insere uma figura mostrando a descida muito sensível dos impostos alfandegários nos países industrializados entre 1940 e 2000 e menciona valores muito mais elevados em outros espaços do mundo (referi-los-emos em IV. 8.4).

QUADRO IV.19
Composição dos recursos próprios da União Europeia
(enquanto percentagem do total, valores consolidados;
os dados relativos a 1998 e 1999 são projecções)

	1988	1989	1990	1991	1992	1993	1994	1995	1996	1997	1998	1999
Recursos próprios tradicionais	29,1	28,7	29,4	26,4	23,6	20,3	20,6	21,3	19,1	18,8	16,7	16,1
IVA ([1])	60,0	60,7	69,9	59,5	61,9	54,0	51,9	57,8	51,3	45,5	39,7	35,4
PNB	10,9	10,6	0,7	14,1	14,5	25,7	27,5	20,9	29,6	35,7	43,6	48,4

([1]) Incluindo a correcção a favor do Reino Unido.

Fonte: Comissão Europeia (1998a, p. 9 ou p. 10, com o gráfico respectivo; ver também Quelhas, 1998, pp. 102-3).

O relevo maior do PNB atenuou já, como se viu no quadro IV.21, a regressividade das receitas, com um grego a pagar 1,09, um irlandês 1,08, ou pelo contrário um luxemburguês a pagar 1,22% do PIB per capita; mas continuando infelizmente um português a pagar acima da média comunitária.

A situação de iniquidade existente foi reconhecida pelos responsáveis da União no Protocolo n. 15 do Tratado de Maastricht ("relativo à coesão económica e social"), declarando "a sua intenção de ter mais em conta a capacidade contributiva de cada Estado-Membro no sistema de recursos próprios e de, em relação aos Estados-Membros menos prósperos, analisar os *meios de correcção dos elementos regressivos existentes no actual sistema de recursos próprios*". E foram de facto no bom sentido as indicações da Agenda 2000 (1997). Depois de se reconhecer, talvez tendo-se presente as propostas de tributação da energia (recorde-se de IV. 3.5.3.), que "a introdução de um novo recurso próprio, *qualquer que seja a sua natureza,* tornará provavelmente o sistema de financiamento menos equitativo dado a repartição do rendimento do novo recurso entre os Estados-Membros não corresponder provavelmente à repartição do PNB", pergunta-se "se não seria mais eficaz passar a *um sistema inteiramente baseado nas contribuições PNB"* (p. 72, com itálicos nossos).

É nesta lógica que aparece uma proposta da Espanha, apoiada por Portugal e pela Grécia, visando introduzir um elemento de progressividade no sistema dos recursos próprios[228]. Trata-se de uma proposta levando a que os países mais ricos pagassem mais e os mais pobres pagassem menos[229].

---

[228] Como relator do Parlamento Europeu defendemos um recurso ligado aos impostos sobre o rendimento das pessoas singulares (naturalmente com a exigência de harmonização das matérias colectáveis), numa linha de progressividade e com a vantagem adicional de haver uma maior exigência de responsabilização por parte dos cidadãos *(accountability)*, identificando o seu contributo (ver Porto, locs. cits. n. 225 e mais recentemente 1999, pp. 103-4). Deverão ser estes os valores a prevalecer, não havendo um recurso financeiro estritamente comunitário que seja satisfatório.

[229] Com a proposta da Espanha chegar-se-ia à seguinte participação (quadro IV.20):

QUADRO IV.20
Modificações das contribuições nacionais em relação ao sistema actual (1997)

	Proposta aplicada ao total do recurso PNB		Proposta aplicada ao recurso PNB sendo suprimido o recurso IVA	
	Milhões de euros	%	Milhões de euros	%
Alemanha	1043,4	4,8	1396,0	6,5
Áustria	102,0	4,8	184,9	8,6
Bélgica	70,0	2,3	303,0	9,8
Dinamarca	178,6	11,6	493,7	32,1
Espanha	-803,9	-14,8	-1758,9	-32,4
Finlândia	1,3	0,1	39,5	3,7
França	259,1	1,9	504,3	3,8
Grécia	-204,1	-17,1	-471,3	-39,4
Holanda	44,5	0,9	115,3	2,3
Irlanda	-45,4	-6,4	-117,6	-16,5
Itália	-466,4	-5,3	11,8	0,1
Luxemburgo	47,9	27,7	98,6	56,9
Portugal	-199,3	-18,2	-475,5	-43,4
Reino Unido	-98,9	-1,1	-583,8	-6,3
Suécia	71,1	3,0	259,8	11

Fonte: Comissão Europeia, 1998a, p. 102. Em maior medida com a exclusão do recurso IVA, seria sensivelmente atenuado o contributo de países com populações mais pobres (casos de Portugal, da Grécia e da Espanha) e agravado o contributo dos países com populações mais ricas (casos do Luxemburgo e da Dinamarca, sendo já por exemplo muito menor o agravamento para os alemães).

Não é de admirar que não tenha tido acolhimento (teria sido de admirar o contrário...), sendo todavia inadmíssiveis alguns argumentos de crítica negativa apresentados pela Comissão no seu relatório "sobre o funcionamento do sistema de recursos próprios" (1998).

Em primeiro lugar, não se compreende a *nuance* de defender que o que é correcto a nível nacional já não o é a nível comunitário: só num dos casos devendo haver preocupações de justiça fiscal (sendo esta além do mais condição da *accountability* que se diz pretender promover).

Diz-se depois que na União a preocupação de equidade não tem de verificar-se no lado das receitas, apenas no lado das despesas. Mesmo que se aceitasse (só aqui...) esta estranha separação de responsabilidades, não pode deixar de reagir-se à afirmação inaceitável (pp. 21 e 198) de que a proposta da Espanha "ignora a importância e a virtude de prática solidária na Comunidade através do lado das despesas do orçamento da EU..."[230].

Não está pelo contrário a Comissão a querer 'ignorar' que de facto não é assim, que de facto o orçamento da União é desequilibrador, de um modo agravado nas actuais Perspectivas Fnanceiras, com a diminuição das verbas para as políticas estruturais?[231]

---

[230] Diz ainda a Comissão Europeia que com a promoção da justiça pelo lado da despesa há a garantia de que se promove o equilíbrio. Por outras palavras, não está convencida de que os países o façam, ao dizer que "o presente sistema faculta a garantia antecipada aos contribuintes da EU, que financiam as despesas da convergência, de que os fundos são efectivamente utilizados para o objectivo pretendido" (1998, p. 108, sendo também muito expressivo o parágrafo seguinte).

Podemos reagir ao 'paternalismo' subjacente a estas afirmações. Mas não estará o nosso país a dar de facto um mau exemplo, tendo de ser a União Europeia a "obrigar-nos" a um maior equilíbrio na repartição das verbas (sendo muito maiores os desequilíbrios com as verbas nacionais)?

[231] Nas palavras de Colom I Naval (2000a), "pocas veces la Comisión se había alineado de modo tan descarado con la posición de los países más ricos!".

Felizmente deixou de ter acolhimento a ideia de um IVA modulado, tal como foi proposto pelo Parlamento Europeu em 1994 (Relatório Langes). Sendo uma modulação correcta muito difícil ou mesmo impossível, era de prever que se persistisse na regressividade. É por isso de saudar que a deputada Jutte Haug, que nos

Importa de facto, por razões de todas as naturezas, que sem demora se altere a situação actual, caminhando-se sem hesitação para uma União mais coesa e mais eficaz. Conforme se conclui já no Primeiro Relatório sobre a Coesão Financeira e Social (Comissão Europeia, 1997c, p. 127), *"as políticas estruturais da União visam directamente a coesão, ao mesmo tempo que as suas outras políticas, não estruturais, poderão dar também um importante contributo"* (itálico nosso)". Será bom que de facto assim passe a acontecer.

4.5. O futuro da política regional

Apesar do que se disse e da experiência positiva de que se dispõe haverá sempre quem revele insensibilidade aos problemas da coesão espacial, numa posição que tem um acolhimento maior em períodos de dificuldades orçamentais. Havendo que cortar em algum lado os mais ricos procuram que se corte no que afecta os mais pobres...

Para além disso, dentro das preocupações com uma maior coesão económica e social, a primeira dizendo respeito à promoção de um maior equilíbrio regional e a segunda à luta contra o desemprego (ou outros problemas pessoais), é de esperar que ganhe então maior peso a segunda: por um lado com o compreensível apelo à ideia de que as pessoas estão acima dos espaços e por outro porque têm problemas graves de desemprego alguns dos países mais ricos e poderosos da União Europeia, que se unirão obviamente com facilidade a esse propósito com alguns dos países menos favorecidos onde é também elevado o número de pessoas sem trabalho.

---

sucedeu como relatora no *dossier* dos recursos próprios (relatório cit. p. 407), se tenha afastado dessa linha (bem como de uma ideia inaceitável de 'justo retorno': ver Porto, 1999a, pp. 103-4 e Colom I Naval, 2000a e 2000b).

Ao processo a seguir pouco ou nada ajudou um relatório encomendado pelo Parlamento Europeu (Begg, Grimwade e Price, 1997), considerando oito hipóteses, mas nenhuma delas convincente (ver Porto, 1998a, pp. 36-7).

Da não coincidência dos problemas de desemprego com os problemas de atraso estrutural é-nos dada uma imagem através da comparação dos mapas respectivos (ver Comissão Europeia, 1999b, pp. 17 e 39); constatando-se todavia que a não coincidência mais significativa se verifica no nosso país, com um desemprego de 4,5%, tendo já desempregos elevados outros 'países da coesão': casos da Espanha, com 13,8% e da Grécia, com 10,0% (tendo a Irlanda 5,7%).

A ideia de prevalência da problemática do desemprego tem vindo a ser progressivamente expressada nos últimos relatórios sobre a coesão económica e social (designadamente no último, Comissão Europeia, 1999b, parte 1.2. mas tendo sido já especialmente protagonizada pela Comissária responsável pela Política Regional na Comissão Santer, Martina Wulf-Mathias, com afirmações repetidas nesse sentido).

A tal propósito importará dizer todavia que, sendo o problema do desemprego sem dúvida um problema de gravidade primordial, a sua solução sustentada não está na concessão de apoios conjunturais, mas sim na criação de uma maior capacidade competitiva; e a experiência mostra, como vimos há pouco, que se trata de problema que será melhor resolvido com países e regiões mais equilibrados. A Comissão não deixa aliás de, logo no Primeiro Relatório sobre a Coesão Económica e Social (1997c, cit. p. 122), reconhecer o papel da promoção regional na desejável criação duradoura de emprego: sublinhando que "os Fundos Estruturais desempenham um papel importante na promoção do emprego", designadamente que, a par de ajudar a curto prazo, *"ajudam a promover a criação de empregos duráveis a longo prazo, principalmente através do aumento do potencial económico e da qualidade da mão-de-obra"* (itálico nosso).

A utilização predominante dos fundos *estruturais* numa linha conjuntural levaria aliás a que fossem mais canalizados para países mais ricos que têm taxas elevadas de desemprego do que para um país como Portugal que, embora com uma taxa de desemprego relativamente baixa (é menor apenas na Holanda, no Luxemburgo, na Austria e na Dinamarca), é sem dúvida mais atrasado[232]. Seria além disso penalizado, contra toda a lógica, um país com um esforço bem sucedido da estabilização e flexibilização do mercado, e pelo contrário 'premiado' qualquer outro sem as mesmas preocupações.

O caso português, que naturalmente deve preocupar-nos primordialmente, é aliás ilustrativo da falta de sentido do caminho que quer seguir-se: tendo, como se disse há pouco, duas regiões entre as as dez regiões mais pobres da União e ainda outras três entre as quinze que se seguem, mas não tendo nenhuma entre as vinte e cinco regiões com mais desemprego (pelo contrário a Região Centro, sendo a décima sétima mais pobre, é a quarta região da União com mais baixa taxa de desemprego, 3,4% cfr.

---

[232] Dados recentes podem ser vistos no quadro IV.21:

QUADRO IV.21
Taxas de Desemprego (2000)

	1999	2000	2001
Alemanha	9,1	8,6	7,8
Austria	4,4	4,0	3,6
Bélgica	9,0	8,5	7,9
Dinamarca	4,5	4,2	4,4
Espanha	15,8	13,8	12,1
Finlândia	10,2	8,9	8,2
França	11,0	10,0	9,4
Grécia	10,4	10,0	9,6
Holanda	3,1	2,4	2,0
Irlanda	6,5	5,7	5,1
Itália	11,3	10,9	10,4
Luxemburgo	2,7	2,6	2,4
Portugal	4,5	4,5	4,4
Reino Unido	6,1	5,8	5,6
Suécia	7,0	6,3	6,0
UE-15	9,2	8,5	7,9
UE-11	10,0	9,2	8,5
EUA	4,2	4,3	4,6
Japão	4,7	4,9	5,4

Fonte: Comissão Europeia, *Spring 2000: Economic Forecasts 1999-2001* (estimativas e previsões).

Comissão Europeia, 1999b, p. 212). Ou seja, tratando-se de fundos justificados numa lógica de recuperação de atrasos estruturais (a sua designação é inequívoca...) pouco caberia a um país (ou a uma região) onde estes são mais sensíveis.

Trata-se todavia de uma 'luta' difícil a travar nos próximos anos, durante os quais é de prever que vamos perdendo aliados, a começar pela Irlanda e pela Espanha: com grandes níveis de desemprego em áreas que não serão já objectivo 1, levando compreensivelmente a que deixe de haver um empenhamento prioritário na resolução dos problemas de atraso estrutural. Poderá perguntar-se aliás ainda qual será o empenhamento dos responsáveis portugueses em relação à defesa do objectivo 1 tendo a Região de Lisboa deixado de poder ser aqui considerada (recordem-se de novo os ensinamentos da 'teoria económica da política' e em especial a n. 216 p. 402)[233].

Aliados futuros poderão passar a ser os PECO´S, que todavia, a par de baixos níveis de PIB *per capita* (com as exigências financeiras que sublinharemos em IV.7.3.2) têm simultaneamente níveis altos de desemprego. O mesmo se passa aliás já hoje com os novos *länder* da Alemanha, sendo objectivo 1 (com a excepção de Berlim, a partir do Terceiro Quadro Comunitário de Apoio), mas tendo grande desemprego e estando as autoridades do país mais preocupadas com a resolução 'rápida' deste problema.

Trata-se pois de uma 'luta' difícil a travar, para que se assegure que, face à sua razão de ser e à sua lógica de intervenção, a existência de maiores atrasos continue a ser prioritária na distribuição dos fundos estruturais: só assim se conseguindo uma Europa mais justa e mais competitiva.

Uma outra linha de grande dificuldade, com consequência já reflectidas nas actuais Perspectivas Financeiras, está nas exigências

---

[233] Tendo-se justificado (sublinhámo-lo na n. 201 p. 387) o enorme empenho que tiveram na manutenção de apoios a esta região (cfr. por ex. o *Público* de 28.4.1997 e o *Expresso* de 19.7.1997). Analisando os problemas suscitados pela Agenda 2000 ver os textos de Vasco Cal, Isabel Mota, L. Mira Amaral e Pedro Dias em Conselho Económico e Social (1998, pp. 107-85).

dos próximos alargamentos (a analisar em IV.7), face à intransigência dos países mais ricos em admitir o aumento do orçamento.

Mantendo-se o limite de 1,27%, as várias intituições (com o seu peso) foram tentando mostrar que poderia haver poupança em relação a esse limite, com a libertação de verbas para os alargamentos[234]. Quando chegou o momento da decisão, no Conselho de Berlim de 23 e 24 de Março de 1999, foram aprovadas duas hipóteses: uma sem alargamento até 2006 e outra com algum alargamento a partir de 2002 (ver em anexo os quadros IV.B.1 e IV.B.2, pp. 513-4). No primeiro caso, há apenas ajudas de pré-adesão, de 3 120 milhões de euros em cada ano. No segundo caso é admitido que o total das dotações para autorização vá até 107 440 milhões de euros, e não até 90 660. Mesmo assim ficar-se-á pelos 1,09% do PNB, em lugar de 0,97% (num caso e no outro constituindo a diferença para os 1,27% uma "margem para imprevistos"). Em termos percentuais, além de haver uma quebra para a agricultura (de 45,95% para 38,38% do orçamento), há uma quebra nas acções estruturais de apoio aos membros actuais, de 32,18 para 27,15%: ou seja, o apoio à coesão na UE-15 desce de 0,47 para 0,39%.

5. O Acto Único Europeu e o mercado único de 1993

5.1. *O procedimento seguido*

As iniciativas legislativas que foram tomadas no quadro do Acto Único Europeu constituiram uma acção concertada no sentido de criar um mercado mais aberto e concorrencial, 'o mercado único de 1993'[235].

Logo quando da sua designação como Presidente da Comissão, no final de 1984, Jacques Delors sentiu a necessidade de

---

[234] O Parlamento Europeu não deixou de condenar a "intangibilidade" deste limite, que vem da Agenda 2000, quando da aprovação do Relatório Colom I Naval (doc. A4-033/97; cfr. Porto, 1998a, p. 38 e 1999, pp. 101-2, Colom I Naval, 2000a e 2000b ou ainda A. Marques, 1999b).

[235] Sobre a nossa preferência em relação a esta designação e à indicação desta data recorde-se a n. 8 p. 214.

se dar uma nova dinâmica à Comunidade[236]. Havendo ainda muitos obstáculos à livre circulação e à concorrência, o Comissário Cockfield foi encarregado de presidir a uma Comissão mandatada para elaborar um *Livro Branco do Mercado Único*[237].

Aqui se inventariou um conjunto de medidas legislativas (directivas e regulamentos) capazes de afastar obstáculos físicos, técnicos e fiscais ao mercado único: um conjunto inicialmente previsto de 286 e que veio a ser de 267 diplomas. Simultaneamente reconhecia-se que o processo legislativo seguido – com a exigência de unanimidade na aprovação dos diplomas – era com frequência impedimento a que tal mercado fosse atingido, impondo-se por isso uma indispensável alteração: afastando-se assim a 'euroesclerose' existente[238].

Nos termos do art. 100.° inicial só por unanimidade (sobre proposta da Comissão e após consulta do Parlamento Europeu e do Comité Económico e Social) o Conselho podia adoptar "directivas para a aproximação das disposições legislativas, regulamentares e administrativas dos Estados-membros" que tivessem "incidência directa no estabelecimento ou no funcionamento do mercado comum". Dada a delicadeza de muitos casos, com implicações diferentes de país para país, compreende-se a dificuldade ou mesmo a impossibilidade de com frequência se conseguir a unanimidade do Conselho.

Daí a importância do 'novo' art. 100.°-A, actual art. 95.°, admitindo em geral[239] que, "em derrogação do art. 100.°" (agora art. 94.°)

---

[236] Anunciada formalmente no 'discurso de investidura' no Parlamento Europeu, no dia 14 de Janeiro de 1984 (ver Delors, 1992, pp. 21-60), dando concretização a preocupações expressadas já nas Cimeiras de Copenhague (1982), Fontaineblau (1984), Dublin (1984) e Bruxelas (1985). Mas tal "depends upon deeds and not just words" (Swann, 2000, p. 127): designadamente das alterações legislativas que se referem a seguir no texto.

[237] Também conhecido por 'Relatório Cockfield' (ver o seu livro, 1994).

[238] Contribuindo por seu turno para o 'europessimismo' em que se vivia: ver por exemplo, citando alguma literatura de que se dispunha já então, Porto (1988).

[239] Ficaram exceptuadas as áreas da fiscalidade, da livre circulação das pessoas e dos direitos e interesses dos trabalhadores assalariados, com as consequentes

e "de acordo com o procedimento previsto no art. 189.°-B" (agora art. 251.°), o Conselho adopte as medidas relativas à aproximação das disposições legislativas, regulamentares e administrativas dos Estados-Membros visando "o estabelecimento e o funcionamento do mercado interno" (a conseguir até 31 de Dezembro de 1992, nos termos do art. 7.°A, actual art. 14.°, onde se diz, no n.° 2 que "o mercado interno corresponde a um espaço sem fronteiras internas, no qual a livre circulação das mercadorias, das pessoas, dos serviços e dos capitais é assegurada de acordo com as disposições do presente Tratado"[240]. Trata-se de objectivo mais facilmente (ou só) atingido na medida em que o procedimento do art. 189.°-B (251.°) (sem dúvida ainda complicado, a exigir simplificação em próximas revisões do Tratado) deixou de exigir a unanimidade na aprovação pelo Conselho.

Do êxito conseguido falam desde logo os números atingidos na aprovação e na incorporação de diplomas nos direitos nacionais, tendo sido adoptadas mais de 95% das propostas legislativas do Livro Branco e mais de 90% das directivas incor-

---

dificuldades para se conseguir legislar (e verificando-se de facto em muitos casos a tomada de medidas sem ousadia, só assim se conseguindo o consenso, pouca ousadia reflectida aliás já com frequência nas iniciativas da Comissão, que ficava à espera de um 'sinal' prévio de 'aceitabilidade' da parte do Conselho... Com a descrição do processo legislativo actual, já com as alterações introduzidas também pelos Tratados de Maastricht e Amesterdão e com a nova numeração, ver por ex. Campos (2000, pp. 80-3, 99-103, 158-60 e 209-13) e Gorjão-Henriques (2000-1); antes ver por ex. Capucho (1994).

[240] Estamos em boa medida perante o 'mercado comum' de que se falava já na redacção original do Tratado de Roma. Mas não pode deixar de ser considerada excessiva e mesmo incorrecta uma posição negativa protagonizada por exemplo por Pescatore (1986), ao dizer que o Acto Único nada veio alterar: além de haver de facto algo de novo no domínio do afastamento das barreiras 'não alfandegárias' (*non-tariff barriers*) e da promoção da concorrência, o Acto Único foi muito importante, mesmo decisivo, com a reafirmação política da vontade de se cumprirem objectivos (havia boas razões para se duvidar de que se mantivesse, com as décadas já decorridas...), a indicação precisa das medidas legislativas a tomar, o estabelecimento de um prazo máximo para a sua aprovação e a modificação do processo legislativo referida no texto, reduzindo muito a exigência da unanimidade na aprovação dos diplomas (ver Porto, 1988 e ainda por ex. Dinan, 1999, pp. 109-26).

poradas pelos Estados-Membros (sobre os resultados económicos ver *infra* 5.3 [241].

5.2. As barreiras afastadas

5.2.1. As barreiras físicas

Como é sabido, o afastamento dos meios clássicos de intervenção – impostos alfandegários e restrições quantitativas e cambiais – – não foi bastante para que deixasse de haver demoras e custos nas fronteiras, com a passagem de pessoas e bens.

Trata-se de custos elevados, com as demoras que se verificavam, calculando-se que só as demoras dos transportadores rodoviários tivessem um custo de cerca de 800 milhões de ECU's por ano (Monti, 1996, pp. 19-20). Em termos de entraves burocráricos, foi julgada possível a eliminação de 60 milhões de documentos por ano.

Compreende-se pois que o Livro Branco do Mercado Único tivesse inventariado um conjunto de 65 diplomas conducentes ao seu afastamento [242].

5.2.2. As barreiras técnicas

Foi neste domínio que se verificou a maior intervenção legislativa, com um conjunto de mais de 200 diplomas, estando em

---

[241] Distinguindo por sectores é de referir que os resultados piores (directivas não transpostas em 15.10.1998) se verificaram nas telecomunicações (66,7%), nas compras públicas (60,0%) e na propriedade intelectual e industrial (42,9%). Por países, há a assinalar a circunstância curiosa de terem menos 'falhas' de incorporação, além de dois membros novos, a Finlândia (12) e a Suécia (18), a Dinamarca (20), talvez o menos 'europeista' dos países da União (a par do Reino Unido), estando Portugal abaixo do meio da tabela, com 74 (ver Nicoll e Salmon, 2001, p. 233).

[242] Foi aliás também tendo em vista evitar paragens e controles nas fronteiras que se alterou o sistema do IVA, para já com um regime transitório, como se referirá em IV.5.2.3.

causa falhas de concorrência que teriam um custo de 60-70 mil milhões de ECU'S (cfr. Vickerman, 1992, p. 91).

Trata-se de medidas que podem agrupar-se em diferentes domínios, entre os quais os das especificações técnicas (78), da harmonização sanitária e veterinária (67 medidas), dos serviços financeiros e controle dos capitais (26), do direito das sociedades (12), dos transportes (11), da propriedade intelectual (8), das compras públicas (6) ou das telecomunicações (5).

A algumas destas áreas de intervenção fomo-nos referindo já nos locais adequados, v.g. a propósito da política de concorrência (incluindo as compras públicas), da política de transportes ou da circulação dos factores.

Por outro lado, muitos dos casos de harmonização são de grande especificidade técnica, não se justificando a sua consideração nesta lições.

5.2.3. Referência às barreiras fiscais

Sendo esta matéria – de assinalável interesse teórico e prático – tratada na disciplina de Política Financeira e Harmonização Fiscal (recorde-se do Preâmbulo), aqui será de referir apenas que as medidas legislativas previstas no Livro Branco visavam dois domínios de intervenção [243].

Em relação ao IVA visava-se uma maior harmonização e caminhar na medida julgada possível no sentido do princípio da origem (evitando-se controles nas passagens nas fronteiras; que todavia, enquanto não se chegar à harmonização completa, v.g. das

---

[243] Sobre a temática em causa ver no nosso país Basto (1991, 1996a e 1996b), Alexandre (1992) e A.C. Santos 1993 (já antes Sampaio, 1984).

Sobre as perspectivas (perspectivas naturais de aproximação, ou desejáveis mas dificilmente atingíveis) em outras áreas da tributação ver Sterdyniak et al. (1991), J. G. Santos (1992b), de novo Basto (1996b, pp. 7-10), Comissão Europeia (1996f, com apreciação do Parlamento Europeu através do Relatório Secchi, Dourado (1998), Fourçans e Von Wogau, ed. (1998), Pinheiro (1998), Bordignon e Da Empoli (1999), Jiménez (1999), Porto (2000d), Eijffinger (2000) e Eijffinger e Haan (2000); ou as conclusões do Conselho Europeu da Feira, nos dias 19-20 de Junho de 2000.

taxas, não podem deixar de ser feitos nas empresas)[244]. Uma nova iniciativa foi tomada recentemente pela Comissão, através do COM (96) 328, final de 22.7.1996 (cfr. entre nós Lemos, 1996 e A. Correia, 1997), apreciada também no Parlamento Europeu (Relatório Randzio-Plath): estando fundamentalmente em causa saber se deve avançar-se mais rapidamente para o princípio da origem ou prorrogar-se o regime transitório de aplicação do princípio do destino que está actualmente em vigor.

Para além disso, visava-se conseguir uma maior harmonização em três áreas de tributação específica (*'accises'*, ou *'excises'*): as áreas das bebidas alcoólicas, dos tabacos e dos óleos minerais[245].

5.3. Os resultados alcançados

Procurou-se antecipar o impacto quantitativo do mercado único num extenso estudo mandado elaborar logo em 1985, o relatório Chechini, medindo o 'custo da não-Europa'.

---

[244] O princípio da origem levanta além disso o problema, de especial importância para Portugal, de ter de haver uma compensação financeira dos países com superave aos países que têm défice comercial: só assim se repartindo as receitas de acordo com a oneração dos consumidores de cada país, tal como deve acontecer com uma tributação sobre o consumo (na linha das compensações que se fazem em Portugal entre a República e as Regiões Autónomas) (cfr. Basto, 1996b, pp. 25-6 e Porto, 2000d).

[245] Ver entre nós M.E. Azevedo (1987a), Basto (1991, pp. 41-2), Clímaco (1994; ver tb. 2000) e, com a crítica a algumas das soluções propostas ou adoptadas, Porto (1994a, pp. 40-2 e 2000d): chamando designadamente a atenção para a falta de sentido e a iniquidade de nas bebidas alcoólicas se fazer uma 'harmonização' estabelecendo-se valores mínimos mas não valores máximos (podendo pois aumentar as diferenças na sequência de um pacote de 'harmonização'...) e de nos tabacos se manter alguma tributação específica (não *ad valorem*), sendo por isso maior o agravamento percentual – regressivo – sobre as pessoas mais pobres que consomem tabaco mais barato: recorde-se *supra* pp. 114-16). Embora sejam em maior número os fumadores pobres do que os fumadores ricos, conseguindo-se pois a vantagem social e económica de haver um maior número de pessoas a deixar de fumar (ou a fumar menos), há assim uma preocupação maior pela saúde dos pobres do que pela saúde dos ricos que não é fácil de justificar em termos comunitários.... (com uma análise da tributação dos óleos minerais, em especial dos combustíveis, ver P.P. Cunha, 1995).

Este estudo, constante de 16 grossos volumes[246], além dos ganhos imediatos conseguidos com o afastamento de barreiras e a harmonização de especificações técnicas considerou os efeitos de economias de escala e de competitividade proporcionados por um mercado mais alargado e exigente. Com algum optimismo, de acordo com diferentes pressupostos alternativos os ganhos micro-económicos foram computados em 6,4% do PIB comunitário e os ganhos macro-económicos (sem ou com outras medidas) entre 4,5 e 7,5%: num efeito conjugado de 7%, proporcionador de 1,8 a 5,7 milhões de postos de trabalho e de uma redução de 6,1 a 4,3% na inflação[247].

Apesar do êxito referido que se conseguiu na aprovação e na transposição dos diplomas e de terem decorrido quase sete anos desde 1 de Janeiro de 1993 (tendo aliás muitos dos diplomas sido aprovados e incorporados já nos anos anteriores), mantem-se a dificuldade de se fazer uma avaliação *ex-post* capaz de nos dar a medida global dos resultados conseguidos: v.g. confirmando ou infirmando as previsões do relatório Chechini. Será de recear pois que aconteça aqui o que tem acontecido com a generalidade das medições dos movimentos de integração (recorde-se de III.6), neste caso com as dificuldades sublinhadas por Alasdair Smith ao afirmar que "the margins of error associated with the quantification of the effects of '1992' seem particularly large" (1992, p. 98).

A Comissão não deixou todavia de proceder recentemente a algumas avaliações[248], mas com margens de diferença (resultantes

---

[246] Uma síntese foi publicada num número especial da *European Economy*, o n. 35, e sintetizada por seu turno em Chechini (1988; ver também Emerson *et al.* 1988 e ainda os quadros e a figura em McDonald, 1999, pp. 56-60 e Nicoll e Salmon, 2001, p. 230).

[247] Com um ganho de 200.000 milhões de ECU's, ou seja, cerca de 40.000 milhões de contos portugueses ao câmbio actual. Logo no momento da divulgação a avaliação suscitou contudo acesa controvérsia, designadamente dada a circunstância de os cálculos terem sido feitos apenas em relação a sete países e extrapolados para o conjunto da Comunidade.

[248] Comissão Europeia (1996e) e Monti (1996). Com a análise de investigações que foram sendo feitas ver por ex. Hine (1994, pp. 257-60)e McDonald (1999, pp. 60-8).

da aplicação de modelos distintos) que mostram bem as dificuldades que se levantam: apontando, já a partir de valores anteriores a 1993, para que tenha havido um aumento suplementar do rendimento da União entre 1,1% e 1,5%, a criação de 300 000 a 900 000 novos postos de trabalho, uma redução da taxa de inflação entre 1 e 1,5% e o reforço da coesão entre as regiões (recorde-se todavia o que vimos a este propósito em IV.4.4).

São assim resultados muito abaixo das previsões do relatório Chechini. Mas, além de se considerarem anos anteriores ao 'mercado de 1993', quando as previsões foram feitas não podiam prever-se a abertura a leste (com os seus custos) e a recessão do início dos anos 90. Prevalece de qualquer modo a convicção de que o mercado único foi um factor de dinamização das economias, estando-se agora melhor do que se estaria sem a liberalização e a harmonização verificadas (*anti-monde*).

Compreende-se por isso que, na linha de sugestões que foram sendo feitas (ver por ex. Caiger e Floudas ed. 1996)), o Conselho Europeu de Amesterdão, em 16-17 de Junho de 1997, tenha aprovado a iniciativa da Comissão de um 'Plano de Acção para o Mercado Único' (1997), visando quatro objectivos estratégicos: "aumentar a eficácia das regras existentes, "eliminar as principais distorções do mercado", "suprimir os entraves sectoriais à integração do mercado" e "colocar o mercado único ao serviço de todos os cidadãos". De um modo pragmático, a Comissão fez o elenco de um determinado número de *acções específicas* "a tomar", "*destinadas a melhorar o funcionamento do mercado único, até 1 de Janeiro de 1999*" (cfr. p. 2, com itálico no original, e o Anexo 2, pp. 21-44; ou ainda McDonald, 1999, pp. 68-9).

6. Os passos no sentido da União Monetária

6.1. *Introdução*

A reafirmação de que se caminharia para uma União Económica e Monetária (UEM), feita em Maastricht, teve uma concretização muito especial e de enorme relevo no domínio monetário [249].

A importância do Tratado foi muito grande também em outros domínios, designadamente com a criação da União Europeia, integrando as três Comunidades anteriores e considerando dois novos pilares, o pilar da 'política externa e segurança comum' e o pilar da 'justiça e assuntos internos' (actualmente da 'cooperação policial e judiciária em matéria penal') [250].

Trata-se sem dúvida de passos de grande significado. Mas estão longe de ter tido a mesma concretização (sendo de esperar que se vá bem mais além da mera cooperação intergovernamental, depois da 'timidez' da Cimeira de Amesterdão) e não são de qualquer modo objecto de análise nesta disciplina, em que, preocupados apenas com problemas económicos, consideramos principalmente as evoluções verificadas com a Comunidade (Económica) Europeia.

6.2. A adopção da moeda única

No plano económico, por seu turno, o passo de maior significado e de maior concretização foi indiscutivelmente a determinação de se adoptar uma moeda única o mais tardar até 1999.

6.2.1. Os antecedentes em relação à união monetária

Tal como acontecia em boa medida com a criação de um mercado único (recorde-se a n. 240 p. 418), a criação de uma

---

[249] Sobre a definição bem mais imprecisa do que deve considerar-se uma 'união económica' ver Swann (2000, pp. 192-7).

Sobre os jogos de forças que levaram à criação da moeda única ver Dyson e Festherstone (1999).

[250] Mesmo no primeiro pilar a mudança do nome da Comunidade, passando a ser Comunidade Europeia (recorde-se da n. 17 p. 30), reflectiu a circunstância de passarem a visar-se fins de natureza mais ampla, para além da economia.

moeda única é um objectivo (ou um sonho) muito mais antigo: remontando pelo menos aos anos 70, com o Relatório Werner[251].

Seguiram-se as dificuldades que referimos, bem como o passo de grande importância da criação do Sistema Monetário Europeu: mostrando, numa época de dificuldades no processo de integração, as virtualidades de uma maior estabilidade cambial, e criando uma unidade de conta, o ECU, que em boa medida foi precursor da moeda a instituir, o euro[252].

6.2.2. Os passos dados na sequência do Tratado de Maastricht

A determinação na instituição da moeda única ficou bem expressada na fixação de uma data e no modo concretizado – sem paralelo na generalidade dos demais casos – como o Tratado de Maastricht fixou elementos essenciais da estrutura institucional a criar e do processo a seguir (nos arts. 105.° a 109.°-M, actuais arts. 105 a 124.° e nos Protocolos n.ºs 3 a 6).

Foram estabelecidas três fases[253]: uma primeira, que decorreu entre 1992 e 1994, em que se instalou o Instituto Monetário Europeu; uma segunda, em que os países que quisessem aderir teriam

---

[251] Recorde-se de IV.2.3 e vejam-se ainda por ex. Raymond (1996), M.A.S. Andrade (1996), V. Maior (1999, cap. I) e Laranjeiro (2000, caps. II e III).

[252] Estando os europeus (mesmo os agentes económicos de outras áreas do mundo) já 'habituados' ao ECU (estabelecendo-se em ECU's o Orçamento da União, sendo em ECU's os apoios estruturais ou subscrevendo-se obrigações em ECU's: cfr. M.L. Santos, 1991) julgámos que teria havido vantagem em que tivesse sido esta a designação da nova moeda. Trata-se aliás de designação dada pelo Tratado de Maastricht, podendo perguntar-se se uma cimeira poderia modificar algo aí consagrado (ver por exemplo os arts. 105.° a 124.°). Entendeu-se todavia na Cimeira de Edimburgo (mais concretamente, entendeu o Chanceler alemão...) que deveria dar-se à nova moeda uma designação ainda não usada, conseguindo-se assim uma maior credibilidade (ou, como refere Descheemaekere, 1996, p. 9, fugindo-se à circunstância de que "phonétiquement, écu [*kuh*]... ressamble à 'une vache' en allemand"...). E no sentido de que podia de facto adaptar-se outro nome pode argumentar-se que a designação de ECU era apenas a designação genérica – em iniciais – de *European Currency Unit* (recorde-se de p. 307) independentemente da designação que pudesse vir a ter.

[253] Com uma análise muito mais pormenorizada de toda esta matéria ver Laranjeiro (1994 e 2000, caps. VII e VIII).

de cumprir os critérios de convergência nominal (de inflação, taxas de juro, défice orçamental e dívida pública, bem como a estabilidade cambial; e uma terceira, iniciada em 1999 em que há já a adopção da moeda única pelos primeiros onze países participantes.

A segunda fase já de especial delicadeza, dada a grande exigência dos critérios de convergência nominal, que teriam de estar cumpridos no final de 1997. Além de terem de estar no mecanismo de câmbios do SME pelo menos desde dois anos antes, era exigido (arts. 104-C e 109-J, actuais 104.° e 121.°, e Protocolos n.ºs 5 e 6) que a taxa de inflação não fosse superior em 1,5% à taxa dos três países com inflação mais baixa, que as taxas de juro de longo prazo (calculadas com base em obrigações do Estado a longo prazo ou outros títulos semelhantes) não fosse superior em 2% à média dos três países com melhores resultados (em termos de estabilidade dos preços), que o défice orçamental não fosse superior a 3% e que a dívida pública não fosse superior a 60% do PIB.

Admitiam-se todavia valores maiores em casos excepcionais ou quando houvesse uma aproximação substancial e contínua, no caso do défice orçamental, bem como "uma diminuição significativa", com aproximação "de forma satisfatória do valor de referência", no caso da dívida pública.

Assim se fugiu em especial ao embaraço, previsto desde o ínicio, de poucos países poderem cumprir com a meta de 60%, designadamente países – como a Bélgica, ainda hoje com 126,7% de dívida – que se julgava 'à partida' que 'teriam' de estar entre os primeiros participantes da moeda única....

No tempo que foi decorrendo contrastou a posição de vários autores, que foram defendendo alguma tolerância no cumprimento da convergência nominal[254], com a posição oficial dos responsáveis políticos, de não abandono de exigência, sob pena de se abrir a porta ao abrandamento do esforço a fazer (assim se pro-

---

[254] Pondo em causa mesmo a justificação técnica dos valores fixados em Maastricht ver por ex. Begg, Giavazzi, Spaventa e Wyplosz, 1991 e Constâncio, 1992, pp. 112-5 e 1997, p. 32; ou a sua aplicação indiferenciada aos diferentes países Cadilhe, 1997, p. 22).

nunciou por exemplo num momento crítico o Conselho dos Ministros das Finanças – o ECOFIN – do dia 5 de Abril 1997, em Noordwijk, na Holanda: cfr. Franco, 1997, p. 52).

No final de 1997 verificava-se a situação dos dois quadros seguintes (quadro IV.22 e IV.23), mostrando também a evolução verificada nos anos anteriores.

QUADRO IV.22
Défice público e dívida pública na União Europeia

PAÍSES	Taxa de inflação média[1]			Taxa de juro de longo prazo média de 12 meses		
	1995	1996	1997	1995	1996	1997
Alemanha	1,8	1,2	1,5	6,9	6,2	5,6
Áustria	2,2	1,8	1,2	7,1	6,3	5,7
Bélgica	1,5	1,8	1,5	7,5	6,5	5,8
Dinamarca	2,1	1,9	2,0	8,3	7,2	6,3
Espanha	4,7	3,6	1,9	11,3	8,7	6,4
Finlândia	1,0	1,1	1,2	8,8	7,1	6,0
França	1,8	2,1	1,3	7,5	6,3	5,6
Grécia	9,3	7,9	5,4	17,4	14,4	9,9
Holanda	1,9	1,4	1,9	6,9	6,2	5,6
Irlanda	2,6	2,2	1,2	8,3	7,3	6,3
Itália	5,4	4,0	1,9	12,2	9,4	6,9
Luxemburgo	1.9	1,2	1,4	7,2	6,3	5,6
Portugal	3,8	2,9	1,9	11,5	8,6	6,4
Reino Unido	3,4	2,5	1,9	8,3	7,9	7,2
Suécia	2,5	0,8	1,9	10,2	8,0	6,6
União Europeia	3,1	2,4	1,7	8,5	7,3	6,2
Valor de referência	2,92[2]	2,5[2]	2,7[2]	9,7[3]	9,1[3]	8,0[3]

[1] Os valores de 1995 referem-se aos índices nacionais de preços no consumidor e os de 1996 e 1997 aos índices de preços no consumidor harmonizados.
[2] Média aritmética dos três melhores resultados em termos de estabilidade de preços mais 1,5 pontos percentuais.
[3] Média aritmética das taxas de juro dos três Estados membros com melhores resultados em termos de estabilidade de preços mais 2 pontos percentuais

Fonte: A.C. Silva (1999, p. 33, com base em dados da Comissão Europeia e do Banco de Portugal)

QUADRO IV.23
Défice público e dívida pública na União Europeia
(em percentagem do PIB)

	Saldo do Sector Público Administrativo[1]				Dívida Pública			
	1994	1995	1996	1997	1994	1995	1996	1997
Alemanha	-2,4	-3,3	-3,4	-2,7	50,2	58,0	60,4	61,3
Áustria	-5,0	-5,2	-4,0	-2,5	65,4	69,2	69,5	66,1
Bélgica	-4,9	-3,9	-3,2	-2,1	133,5	131,3	126,9	122,2
Dinamarca	-2,8	-2,4	-0,7	0,7	78,1	73,3	70,6	65,1
Espanha	-6,3	-7,3	-4,6	-2,6	62,6	65,5	70,1	68,8
Finlândia	-6,4	-4,7	-3,3	-0,9	59,6	58,1	57,6	55,8
França	-5,8	-4,9	-4,1	-3,0	48,5	52,7	55,7	58,0
Grécia	-10,0	-10,3	-7,5	-4,0	109,3	110,1	111,6	108,7
Holanda	-3,8	-4,0	-2,3	-1,4	77,9	79,1	77,2	72,1
Irlanda	-1,7	-2,2	-0,4	0,9	89,1	82,3	72,7	66,3
Itália	-9,2	-7,7	-6,7	-2,7	124,9	124,2	124,0	121,6
Luxemburgo	2,8	1,9	2,5	1,7	5,7	5,9	6,6	6,7
Portugal	-6,0	-5,7	-3,2	-2,5	63,8	65,9	65,0	62,0
Reino Unido	6,8	-5,5	-4,8	-1,9	50,5	53,9	54,7	53,4
Suécia	2,5	0,8	1,9	10,2	8,0	6,6		
União Europeia	**5,4**	**-5,0**	**-4,2**	**-2,4**	**68,0**	**71,0**	**73,0**	**72,1**

[1] Sinal positivo indica um excedente

Fonte: A.C. Silva (1999, p. 37, com base em dados da Comissão Europeia)

Foi com base nestes valores que em Março de 1998 a Comissão, tendo em conta um relatório do Instituto Monetário Europeu, 'distinguiu' os países que satisfaziam as exigências necessárias para a adesão à moeda única; vindo a decisão definitiva a ser tomada em 2 de Maio, em Bruxelas, pelos Chefes de Estado e dos Governos da União Europeia (o ECOFIN reunira na véspera), depois de ter sido aprovado de manhã o parecer do Parlamento Europeu[255].

---

[255] Interviemos nesta sessão plenária congratulando-nos com o êxito conseguido (ver Porto, 1999a, pp. 38-9); e em sessões anteriores não admitindo que houvesse duplicidade de critérios na escolha final, com *parti pris* – positivo ou negativo – em relação a determinados países (loc. cit., pp. 35-8)....

Foram assim 'fundadores' do euro, passando a formar a UE-11, ou 'eurolândia': a Alemanha, a Áustria, a Bélgica, a Espanha, a Finlândia, a França, a Holanda, a Irlanda, a Itália, o Luxemburgo e Portugal; grupo a que se juntou a Grécia a 1 de Janeiro de 2001.[256]

Faltando alguns meses até ao começo do euro, em 1 de Janeiro de 1999, havia o receio natural de desvalorizações de última hora, fruto de circunstâncias não desejadas ou da procura de ganhos de competitividade.... Assim se explica que também em Maio de 1998 os países se tenham obrigado a indicar as paridades bilaterais entre as suas moedas[257].

---

[256] O Reino Unido e a Dinamarca 'conseguiram' no Tratado de Maastricht uma cláusula de *opting out*, desobrigando-os de integrar o euro (mesmo satisfazendo os critérios de convergência). Não tendo tido a mesma iniciativa mas não 'querendo' integrar o euro, a Suécia, que a tal estaria obrigada (com o cumprimento dos critérios), invocou uma incompatibilidade constitucional. Já a Grécia, querendo de facto entrar desde o início, não cumpria os critérios em 1997, não estando por isso entre os 'primeiros'; mas tendo passado a cumpri-los, a sua adesão ao euro foi decidida no Conselho Europeu da Feira, em Junho de 2000. Um referendo recente na Dinamarca, em 28 de Setembro de 2000 (recorde-se da n. 110 p. 331), apesar do empenhamento dos políticos, dos empresários e dos sindicatos voltou a ter uma resposta negativa da população do país; influenciada por certo pelo mau momento do euro, perdendo então valor em relação ao dólar e a outras moedas (cfr. OCDE, 2000; começou a recuperá-lo no final de 2001).

[257] Alguns autores, exprimindo este receio, sugeriram o encurtamento da segunda fase. Nas palavras de Macedo, na "transição para a união monetária, os principais custos macroeconómicos surgem no início, ao passo que os principais benefícios microeconómicos surgem no fim – pelo que só uma transição rápida para a moeda única evitará ataques especulativos contra paridades cambiais mais avançadas. Por causa deste perfil intemporal desfavorável é que a mudança de regime é urgente" (1991, p. 137); e nas palavras de Begg, Giavazzi, Spaventa e Wyplosz "the best Stage two is the shortest possible" (1991, p. 66), sendo o que estava previsto, nas palavras de Cobham (1996, p. 599), "too long, therefore lacking in credibility and inviting speculative attack" (ver ainda Torres, 1995).

A defesa da posição inversa, de protelamento da adopção do euro, esteve então em alguma medida ligada à experiência da República Federal da Alemanha, 'obrigada', por razões políticas, a fazer circular imediatamente a moeda única (o marco do ocidente) nos *länder* do leste que passaram a integrá-la. Tendo em conta os custos elevados que o país teve de suportar, afirmou-se que seria perigoso que a Comunidade seguisse um caminho idêntico.

Assim pensou por exemplo Spencer (1991, p. 189), defendendo que "while

Em 1 de Janeiro de 1999 começou a funcionar o euro, com os valores que constam do quadro seguinte (quadro IV.24):

QUADRO IV.24
Taxas de conversão do EURO

		1 Euro=
Alemanha	marco	1,95583
Bélgica/Luxemburgo	franco belga	40,3399
Espanha	peseta	166,386
França	franco francês	6,55957
Irlanda	libra irlandesa	0,787564
Itália	lira	1936,27
Holanda	florim	2,20371
Áustria	xelim	13,7603
Portugal	escudo	200,482
Finlândia	markka	5,94573

---

there will be benefits from a single currency, and while changes in a region´s welfare cannot be measured from unemployment changes alone, the current example of German Economic and Monetary Union illustrates how serious the unemployment costs can be, at least in the short run, even in a case like East Germany where there is a mobile and well-trained labour force. For a region in a country which already has high unemployment and low mobility, the costs could be large and persistent in the long run".

Eram todavia exagerados os termos da comparação, tanto no que diz respeito ao bom treino da mão-de-obra dos novos *länder* (face a exigências novas dos processos produtivos em economias de mercado mais competitivas) como no que diz respeito à alegada baixa mobilidade dos trabalhadores entre os diferentes países comunitários.

Acresce que estes países viviam havia muito tempo com os mesmos sistemas económicos, abertos entre si, além disso com diferenças de desenvolvimento muito menores e muitos deles com uma experiência já duradoura de estabilidade cambial em relação aos mais significativos dos demais (v.g. em relação à Alemanha). A boa experiência de estabilização não se circunscrevia aliás aos países que faziam parte do mecanismo de câmbios do SME, sendo partilhada designadamente pelo nosso país, que o integrou apenas em Abril de 1992.

Eram de facto bem menores as dificuldades de adopção da moeda única europeia: podendo naturalmente estas dificuldades ser minoradas tomando-se as medidas correctas (nos planos comunitário e nacional) de apoio aos países e às regiões mais carecidos, só assim podendo fugir-se às dificuldades de instabilidade – essas sim insuperáveis – a que podia dar lugar a situação monetária existente.

Até ao início de 2002 não haverá notas nem moedas metálicas de euros em circulação, continuando a ser utilizadas as moedas nacionais, agora como divisões do euro: sendo o uso da 'nova moeda' possível mas facultativo nos câmbios, nas operações bancárias, nas aplicações financeiras e nas contas públicas e das empresas.

As notas e as moedas de euro serão introduzidas entre 1 de Janeiro e 1 de Julho de 1002, substituindo gradualmente as moedas nacionais, que deixarão por completo de circular em 1 de Julho de 2002. Tendo sido ponderada uma antecipação, para antes do Natal de 2001, para a entrada em circulação das novas moedas, (designadamente nos Relatórios Metten e H. Torres Marques do Parlamento Europeu), a hipótese foi afastada, por impossibilidade de se terem muito antes as moedas requeridas pela circulação e não sendo o período pre-natalício, com o seu movimento, o mais adequado para uma troca de moedas. Sem problemas de maior, tem-se ponderado ainda que haja um período mais curto para a troca das moedas em 2002 [258].

6.2.3. Os benefícios e os custos da moeda única

Depois das referências breves feitas aos antecedentes da união monetária e às disposições do Tratado e Protocolos respectivos (v.g. quanto às fases a percorrer), importa ver o que pode esperar-se dela, em termos de benefícios e custos, de um modo particular para um país como Portugal [259].

Trata-se de análise a que procederam a Comissão e vários autores, com resultados de um modo geral favoráveis [260]: que natu-

---

[258] Com as orientações nacionais para a introdução física do euro no nosso país ver a Resolução do Conselho de Ministros 170/2000, no *Diário da República*, I série, de 7 de Dezembro.

[259] Com a implicações que veremos em IV.6.4.

A matéria dos números que se seguem consta em grande medida de Porto (1994-6). Entre nós ver as claras exposições de Mateus, Brito e Martins (1995, pp. 55-63), Neves e Rebelo (1996, pp. 193-223), Neves (1997), Anastácio (1998), J.S. Lopes (1999) e A.C. Silva (1999).

[260] São-no logo os resultados de um estudo inicial da Comissão, da responsabilidade de uma equipa chefiada por Michael Emerson, que foram publicados no

ralmente muito contribuiram para a aceitação de algo que há alguns anos pareceria impossível, por razões não só económicas como políticas, receando-se que a moeda única poria em causa a soberania dos países [261].

---

n. 44 da *European Economy* (1990) (e alguns trabalhos de base numa edição especial da mesma revista, em 1991), com uma versão abreviada de Emerson e Huhne (1991), sendo daqui, quando não se indica outra fonte, as páginas que referenciamos. Com uma apreciação também sintética da problemática em causa ver os livros recentes de Crawford (1996) C. Johnson (1996) e CER (1997), nestes dois últimos visando-se especialmente a defesa da adesão do Reino Unido (com a sua rejeição, dando grande peso a considerações políticas, ver por ex. Redwood, 1997), ou ainda um capítulo do livro também recente do Comissário responsável pela preparação da introdução da moeda única, Tierry de Silguy (1996, cap. X).

Deve chamar-se a atenção, contudo, para que embora com a análise feita não fiquem dúvidas sobre as vantagens gerais da moeda única, os autores reconhecem que "in the present state of economic theory in general, and of theory about EMU in particular, there is thus simply no point in trying to reach an overall quantitative evaluation of the costs and benefits of EMU" (...) "The best we can attempt to do is to indicate orders of magnitude for particular effects. Even this is not always easy..." (Emerson e Huhne, 1991, pp. 22-3).

[261] Embora nestas lições nos limitemos ao domínio económico, não deixaremos de referir que com a união monetária haverá, em relação à situação actual, um protagonismo mais relevante do nosso país e uma maior segurança, num sistema monetário internacional a que não podemos ser alheios e onde na situação presente são muitograndes (e prejudiciais) a nossa dependência e a nossa vulnerabilidade (ver por exemplo C. Costa, 1990, p. 27, A.C.B. Borges, 1991, pp. 368-8, Gaspar, 1992, pp. 196-197, Constâncio, 1992, pp. 108-9, Neves e Rebelo, 1996, p. 202 ou B. Azevedo, 1997 pp. 11-2).

A este propósito (da moeda) são de recordar as palavras de Jean Monnet chamando a atenção para que "la souveraineté dépérit quand on la fige dans les formes du passé. Pour qu'elle vive, il est nécessaire de la transférer, à mesure que les cadres de l'action s'épanouissent, dans un espace plus grand où elle se fusionne avec d'autres appelées à la même évolution. Aucune ne se perd dans ce transfert, toutes se retrouvent au contraire renforcées" (1976, p. 742).

Estamos afinal numa situação semelhante à verificada numa área bem mais nobre e determinante da soberania dos países, a da defesa nacional, em que não pode permanecer-se isolado.

Com uma posição de reserva, em particular neste domínio, ver P.P. Cunha (1994 e 1996). Numa outra perspectiva, J. F. Amaral (cfr. 1997) defende que o êxito da moeda única dependeria de uma prévia maior integração política (antecipando por seu turno uma evolução natural neste sentido cfr. por ex. R.H. Alves, 2000a).

Para além desses resultados globalmente positivos importará todavia saber se se tratará de resultados que favorecerão todos os espaços da União, designadamente o nosso país e as nossas regiões; bem como se bastará ficar-se numa atitude passiva, aguardando os efeitos benéficos da união monetária, ou se não será necessária uma atitude activa da Comunidade e dos Estados-membros, com uma política de coesão que atenue os riscos de facto existentes e leve a um mais rápido e melhor aproveitamento das oportunidades que vem criar.

6.2.3.1. *Benefícios e custos gerais*

Procurando alinhar os argumentos que podem ser aduzidos, podemos ver primeiro os benefícios e os custos de ordem geral, vendo depois em que medida serão mais ou menos sensíveis para um país (ou para países) nas circunstâncias do nosso.

a) Em primeiro lugar, num plano em que não se levantarão dúvidas acerca dos benefícios líquidos que poderão ser conseguidos, serão de referir os efeitos de eficiência resultantes da existência de uma moeda única: com diferenças apreciáveis mesmo em relação ao estabelecimento de paridades fixas, mantendo cada país a sua própria moeda.

Começamos por colocar-nos, assim, num plano micro-económico, constatando que serão de facto de grande relevância os benefícios resultantes de deixar de ser necessário cambiar espécies monetárias e divisas para a concretização de todos os tipos de relações económicas entre os países da União, com os *custos de*

---

[262] Incluindo, além das perdas directas com as trocas, os custos resultantes de haver por isso maiores demoras, v.g. com as transferências inter-bancárias (são por exemplo muito maiores na Europa do que nos Estados Unidos).

Para ilustrar as perdas directas com as trocas foi dado o exemplo de um turista que, saindo do seu país com um montante determinado e trocando o dinheiro de país para país, se percorresse todos os demais países que faziam então parte da Comunidade (onze, mas não tendo o Luxemburgo moeda própria...) sem comprar nada chegaria ao final da viagem com menos de metade do valor com que havia saído (ver em Schor, 1999, p. 59, um quadro exemplificativo, não considerando todavia a passagem pela Irlanda...).

transacção inerentes[262], de deixar de haver imprevisibilidade em relação a possíveis variações cambiais, com *custos de incerteza*[263] e de haver um conhecimento imediato (transparência), sem a necessidade de se estar sempre a consultar e a calcular câmbios para se saberem os preços dos bens e dos factores nos vários países, evitando-se pois *custos de informação e de cálculo*[264].

Não é fácil quantificar com exactidão todos os custos que serão assim evitados, mas é seguro que serão muito significativos, bem maiores, do ponto de vista geral, do que o ganho que os bancos e os cambistas têm actualmente com a troca de moedas e os especuladores com as variações imprevistas das cotações cambiais[265]; aliás, a moeda única deverá vir a proporcionar um acréscimo da procura dos serviços bancários que em boa parte compensará – – poderá ultrapassar mesmo – a perda das percentagens agora obtidas com a troca de moedas e divisas[266].

---

[263] Também estes custos se manteriam em medida assinalável com o estabelecimento de paridades fixas, ficando qualquer país com a possibilidade, que desaparecerá só com a moeda única, de em alguma ocasião se afastar do compromisso assumido.

[264] Schor (1995, p. 59 e 1999, p. 56) refere ainda *custos de incómodos* ("dérangements"), tendo de procurar-se as divisas, e *de detenção*, guardando-se no cofre ou na carteira as espécies monetárias necessárias para os pagamentos correntes.

Tal como os custos de informação e de cálculo trata-se de custos que poderão ser tidos em conta como uma componente dos custos de transacção, considerando-os num sentido mais amplo.

Como vantagem da moeda única pode referir-se também o alargamento que proporciona ao mercado dos títulos, beneficiando tanto os compradores como quem os emite (empresas ou entidades públicas).

[265] Os especuladores são aliás agora grandes ocasionadores das crises cambiais internacionais, com efeitos negativos de enorme monta.

Não sendo desejável voltar atrás na possibilidade de os capitais circularem livremente entre os países (foi um êxito do 'mercado único de 1993': recorde-se de IV.5.2, bem como de III.2.2.2 e IV.2.4.3), a especulação entre as moedas europeias só poderá ser evitada com a moeda única, contribuindo aliás simultaneamente (como veremos em c) para uma indispensável maior estabilidade a nível mundial, só assim se evitando também ou atenuando os movimentos especulativos com as demais moedas.

[266] Na estimativa da Comissão só os custos de transacção representavam cerca de 0,4% do PIB comunitário (15 mil milhões de ECU's por ano), quando, segundo

Mesmo sem o quantificar compreende-se naturalmente que o afastamento de tais custos tenha por seu turno um impacto muito positivo na taxa de crescimento das economias [267]. A par do juízo que os economistas podem fazer deve ter-se aliás em conta a percepção que os próprios empresários têm das vantagens micro--económicas da união monetária. Ora, tal como se apurou num inquérito lançado por Ernst & Young [268], aumenta de 10 para 45% a opinião "muito favorável" quando essa união monetária complementa o mercado único. Trata-se de ideia confirmada nas sondagens feitas quando nos vários países era discutida a ratificação do Tratado de Maastricht (designadamente em França, quando do referendo), sendo muito mais favorável a opinião das pessoas ligadas ao mundo dos negócios [269].

---

o relatório Chechini, eram de 0,3% do PIB os custos das restrições alfandegárias por não haver o 'mercado único de 1993' (cfr. Chechini, 1988, p. 27).

Há naturalmente custos importantes de adaptação à moeda única da banca e dos demais operadores económicos, justificando os apoios que estão a ser dados pela Comissão Europeia.

[267] Estimando-se por exemplo que só uma redução de 0,5% no prémio de risco possa levar a um acréscimo do rendimento comunitário de 5 a 10%.

[268] Referido em Emerson e Huhne (1992, pp. 16 e 53), com os resultados apresentados na fig. IV.8:

FIG. IV.8

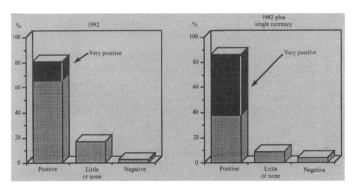

[269] Sobre as opiniões dos empresários portugueses ver *infra* a n. 290 p. 447. No Reino Unido foi sintomático o receio expressado em artigos do *Financial Times*, com a perspectiva de o país não integrar a moeda única que se aproximava,

b) Num outro plano, já claramente macro-económico, tem sido apontada a estabilidade de preços proporcionada pela união monetária a instituir, com preços mais baixos e com menores variações [270].

Trata-se de estabilidade que é formalmente fixada como objectivo a prosseguir pelo Sistema Europeu de Bancos Centrais (SEBC), o qual, nos termos do que foi acordado em Maastricht, tem como "objectivo primordial" a "estabilidade dos preços" (arts. 4.º n.º 3, ex art. 3.º n.º 3, art. 105.º do texto básico do Tratado e art. 2.º dos Estatutos do SEBC). A acrescer à dificuldade ou mesmo à impossibilidade de identificar outro objectivo comummente aceite, face à experiência conhecida almeja-se prosseguir assim no êxito reconhecido aos países com estabilidade monetária.

Além de dever cumprir-se essa determinação formal, a estabilidade será mais provável como consequência de a política monetária ser conduzida por uma entidade independente, imune às pressões políticas; menores já agora nos países em que é maior a independência dos bancos centrais [271] e por certo ainda menores

---

receando-se que Londres perdesse a favor de Frankfurt boa parte do papel que tem desempenhado como centro financeiro. Trata-se de receio não confirmado até agora, perdendo relevo o espaço de circulação de cada moeda. Alguma perda de posição bancária por parte da Suíça constitui preocupação dos responsáveis deste país (fora da UE), não partilhada todavia pela maior parte dos cidadãos.

A perspectiva teórica de animação dos negócios, num quadro dinâmico, foi desenvolvida por Richard Baldwin (1991).

Estimando-se que o ganho global com a formação do mercado único se situará entre 2,5 e 6,5% e tendo conjugadamente em conta os ganhos (v.g. de crescimento) proporcionados pela moeda única poderá esperar-se "an impact of the combined economic and monetary union worth between 3.6 per cent and 16.3 per cent of GDP, with a central estimate of 9.8 per cent"(Emerson e Huhne, 1991, p. 50).

[270] Correspondendo geralmente a níveis mais elevados de inflação variações maiores de preços, tal como se confirmou nos testes econométricos do estudo da Comissão (cit.): levando uma subida de 1% na taxa média de inflação a um acréscimo de 1,3% na sua variação (sendo de concluir, pois, que "if inflation is high, it is also more variable and hence more unpredictable").

[271] Tal como se confirmou em estudos econométricos de Alesina (1989), Eijffinger e Schaling (1993) e Fischer (1994) (cfr. Harrison e Healey, 1995 e C. Taylor, 1995, pp. 49-51; cfr. ainda Cukierman e Webb, 1995), podendo levantar-se

com uma instituição supra-nacional, totalmente afastada das políticas internas, aliás com objectivos diferentes e talvez contraditórios entre os vários países [272].

Com a aceitação desse objectivo verifica-se a renúncia dos Estados e da Comunidade a recorrerem à via monetária e cambial para resolverem problemas de índole conjuntural (v.g. de inflação, levando a perdas de competitividade, e de desemprego) ou mesmo de crescimento [273]. A renúncia por parte dos Estados está obviamente ligada à circunstância de deixarem de ter moeda própria, cuja oferta e cujo valor pudessem influenciar. No que respeita à Comunidade, são bem claros os mencionados arts. 4.° (ex. 3.°A) e 105.°, onde, além do objectivo básico proposto, já referido, se precisa que o apoio que o SEBC deverá dar às "políticas económicas

---

já dúvidas em relação aos efeitos positivos sobre a taxa de crescimento (Alesina e Summers, 1988, Grilli, Masciandaro e Tabellini, 1991 e Cukierman, Kalaitsidakis, Summers e Webb, 1993). Com uma análise – que suscita também dúvidas – considerando igualmente países menos desenvolvidos ver Cukierman, Webb e Neypti, 1992.

[272] Numa posição de reticência em relação à estabilidade proporcionada pela moeda única há contudo quem diga, pelo contrário, que enquanto agora é assegurada pela responsabilização de um país (da Alemanha), com a moeda única deixa de haver a mesma 'âncora' de estabilidade (ver, entre vários outros, Sinclair e Stewart-Roper 1991, procurando justificar assim a proposta do *hard ECU*; bem como De Grauwe, 2000,p. 53).

Está desta forma em causa, em grande medida, o problema da credibilidade das políticas (neste caso da política de estabilidade de preços), importando saber se aumenta ou diminui com um banco central da Comunidade Europeia. Na primeira linha pode dizer-se que a existência de uma única moeda será por si mesma um factor de credibilidade.

Compreensivelmente, espera-se que o Banco Central Europeu tenha o mesmo nível de independência política e económica que o Banco Central Alemão (cfr. Alesina e Grilli, 1991 e Harrison e Healey, 1995, com a indicação dos critérios a ter em conta).

[273] Ficando as autoridades dos países limitadas à utilização da política financeira (orçamental), não deixa aliás mesmo aqui de se verificar um estímulo forte no sentido da racionalidade na cobrança das receitas e na realização das despesas, sob pena de os cidadãos 'votarem com os pés' (*vote with their feet*), fugindo dos países (v.g. levando o capital) onde é maior a tributação comparada com o benefício proporcionado (havendo ainda a proibição formal, no acordo de Maastricht, de entidades públicas se financiarem no sistema monetário: ver o art. 104.°).

gerais na Comunidade", "tendo em vista contribuir para a realização" dos objectivos definidos no art. 2.º, terá lugar "sem prejuízo do objectivo" "da estabilidade dos preços"[274].

Tal renúncia exprime, naturalmente, uma mudança de atitude importante em relação à perspectiva antes dominante no que respeita à utilização da via cambial como modo de recuperar a competitividade das economias, bem como em relação ao reconhecimento de um papel favorável da inflação promovendo o investimento, a produção e a criação de emprego.

Na primeira linha julgava-se que se tratava de uma via não só eficaz como com menores custos sociais, evitando-se os sacrifícios que a via orçamental necessariamente provoca, com aumentos de impostos e reduções de despesas, podendo apontar-se vários casos em que uma desvalorização (ou um sistema de *crawling-peg*, com uma depreciação regular e previamente aunnunciada da moeda) se revelou como um modo satisfatório de ajustamento[275].

Mas a par destes casos podem apontar-se muitos outros em que, na ausência de perfeitas flexibilidade salarial ou mobilidade de mão-de-obra (pressupostos de facto geralmente não verificados), acabou por se cair numa espiral inflacionista, com a desvalorização a alimentar de novo a inflação (com a taxa de câmbio *efectiva* a não acompanhar a taxa de câmbio *nominal*); não se tendo por outro lado em conta que melhor do que ter havido a necessidade de recorrer a tal via teria sido a possibilidade de, com estabilidade, não se terem verificado desajustamentos e quebras de competitividade.

No que diz respeito ao papel da inflação, a experiência mais recente levou ao abandono, v.g. a médio e longo prazos, da suges-

---

[274] Pondo em dúvida o acerto do privilegiamento da estabilização dos preços, pelo menos no *timing* 'apressado' em que é feita (tendo a convergência real 'de ceder o passo' à convergência *nominal*), ver as reservas muito especiais de Cadilhe (1990 e 1992).

[275] Ver De Grauwe (2000, pp. 33 ss.), dando como exemplo a desvalorização belga do início da década de 80 (1982-3); podendo referir-se também o papel do sistema de *crawling-peg*, com alguma desvalorização quando necessária, que foi seguido em Portugal (ver infra IV.6.2.3.2).

tão da curva de Philips, de acordo com a qual uma maior taxa de inflação seria condição para se conseguir um maior nível de emprego (e de expansão económica), sendo pelo contrário necessário aceitar uma maior taxa de desemprego (e menor actividade) se se quisesse diminuir a inflação.

A tal propósito foi muito importante a experiência dos anos 70, com a persistência simultânea de taxas de inflação e de desemprego muito elevadas, tendo pelo contrário sido conseguidos resultados mais favoráveis em países com estabilidade monetária [276].

Por outro lado, estudos feitos mostram também que não há relação positiva entre inflação e crescimento, sendo igualmente aqui no sentido contrário a indicação que parece colher-se dos dados apurados [277].

Em todo este processo foi naturalmente de especial relevo a experiência da própria Comunidade, com os melhores resultados conseguidos pelos países desde que aderiram ao mecanismo de câmbios do SME; deixando de recorrer à desvalorização cambial para ajustar as economias e tendo conseguido, com estabilidade de preços, níveis apreciáveis de actividade económica e emprego [278].

---

[276] Ver a figura da p. 58 de Emerson e Hunne (1991), mostrando bem que nos países da OCDE (não foram consideradas a Jugoslávia e a Irlanda) no período entre 1970 e 1985 níveis mais elevados de inflação não estiveram ligados a níveis mais baixos de desemprego: os dados apurados apontam antes no sentido contrário (com uma crítica à 'desinflação competitiva' ver todavia por ex. Fitoussi, 1997 (5), cap. VII).

[277] Ver agora a figura da p. 59 loc. cit., com os valores de inflação e de crescimento do PIB *per capita* em todos os países da OCDE entre 1955 e 1985.

[278] Pondo em causa esta conclusão acerca das virtudes do mecanismo de câmbios do SME De Grauwe (1997, p. 63) compara num quadro os resultados apurados em países que dele faziam parte (v.g. a Bélgica, a Dinamarca, a Alemanha, a França, a Irlanda, a Itália ou a Holanda) com os verificados em países não membros (v.g. Portugal, a Espanha até 1989, o Reino Unido, os Estados Unidos ou o Japão): podendo ver-se que entre 1981 e 1993 as taxas de crescimento do PIB e do investimento foram de um modo geral menores no primeiro destes grupos.

Trata-se todavia de países com condições muito diferentes, parecendo-nos claro que há outras razões para que os valores de crescimento do PIB e do investimento tenham sido mais elevados por exemplo na Península Ibérica e no Japão.

O próprio De Grauwe reconhece aliás que "it is not implied here that the greater exchange rate stability observed in the EMS has not been beneficial for the

Será de sublinhar por fim, para além de todas as considerações acabadas de fazer, que o próprio grau de integração já hoje verificado entre as economias da União veio tornar muito mais difícil ou mesmo afastar a possibilidade de se manterem políticas monetárias independentes, ainda que antes pudesse julgar-se desejável a sua existência. De um modo muito particular, a partir do momento em que, com o mercado único de 1993, há entre os países da União liberdade de circulação dos capitais e de prestação dos serviços financeiros (recorde-se de II.2.4.3), a possibilidade de um país desvalorizar a sua moeda poderia ser motivo para, independentemente de razões reais, se verificarem fugas de capitais com graves implicações [279].

Trata-se de risco que ficou já bem patente na instabilidade que se viveu na semana anterior ao referendo francês de Setembro de 1992, tendo levado então ao afastamento da libra esterlina e da lira italiana do mecanismo de câmbios do SME. Será de concluir, pois, que

---

EMS countries", mas não deixa de acrescentar que "what is implied is that this greater exchange rate stability does not seem to have had much beneficial effect on the growth rates of output and investment" (p. 63).

Em reforço da sua tese acrescenta ainda De Grauwe que se a instabilidade monetária fosse inconveniente, deveriam estar pior os países de dimensão pequena, por isso com uma maior dependência em relação ao exterior; não resultando todavia da figura da p. 64 (ob.cit.) que esses países tivessem tido taxas de crescimento mais baixas no período entre 1965 e 1987.

A sua apreciação é concluída dizendo que "we should not expect too much additional economic growth from a monetary union", cujos benefícios "are to be found elsewhere than in its alleged growth stimulating effects" (p. 68).

[279] Conforme sublinha A.C. Silva (1992, p. 10; tb. 1997, p. 91) "o Acto Único Europeu, ao criar o Mercado Interno e, em particular, ao consagrar a criação de um mercado financeiro integrado justaposto à disciplina cambial do SME, tornou inevitável o caminho para a União Económica e Monetária Europeia"; ver ainda Beleza (1990, pp. 36-7), A.C.B. Borges (1991, pp. 382-6), C. Costa (1991, pp. 405-6) e Constâncio (1997, p. 30) ou Anastácio (1998, pp. 67-9).

A acrescentar ao relevo deste circunstancialismo novo é de sublinhar que em geral os benefícios de uma união monetária aumentam com a abertura das economias. Nas palavras de De Grauwe (2000, p. 72), "we can also derive a relationship between the *benefits* of a monetary union and the openness of a country. The welfare gains [...] are likely to increase with the degree of openness of an economy" (ver também Torres, 1997, p. 103).

independentemente da opinião que se tivesse antes acerca da implantação da moeda única esta se tornou uma necessidade a partir do 'ponto de não retorno' a que já se chegou, como única forma de se evitarem situações de instabilidade que talvez não se verificassem nas circunstâncias anteriores (pelo menos com tanta probabilidade)[280].

Para além dos problemas da economia real, a facilidade de actuação dos especuladores tem sido aliás a maior causa das crises recentes que se têm verificado: facilidade que só desaparecerá de facto (a menos que, com pesados custos, se recue vários anos na possibilidade de se verificarem movimentos monetários) com a moeda única europeia, levando à estabilidade cooperativa com outra(s) grande(s) moeda(s) do mundo a que nos referimos em *d*)[281].

c) Em terceiro lugar serão de referir vantagens no plano financeiro, sendo muito reduzida a necessidade de reservas com uma única moeda no conjunto comunitário[282].

No reverso da medalha poderá dizer-se que deixando os países de cunhar e emitir a sua própria moeda pelo menos alguns deles perderão uma importante fonte de receita, os 'ganhos de emissão' (ou de 'senhoriagem'). Não pode dizer-se, todavia, que se trata necessariamente de uma vantagem para a sociedade em geral, podendo ser uma forma de tributação que, na medida em que agrava os preços, penaliza a actividade económica dos países e o conjunto dos cidadãos.

---

[280] Parece-nos de facto só ser correcta e realista esta conclusão (ver Steinherr, 1994; com uma análise das causas e efeitos da crise cfr. Cobham, 1996), não aquela para que se orientaram então alguns analistas: no sentido de que a crise de 1992 seria antes um indicador da impossibilidade de se caminhar (pelo menos para já) para a moeda única.

Aliás, a contrapôr aos sacrifícios impostos às pessoas e à convergência real, a exigência feita com o cumprimento dos critérios de Maastricht era um factor de estabilidade, sendo graves os inconvenientes de qualquer recuo ou atraso.

[281] É por isso interessante ver o especulador mais famoso do mundo, Georges Soros, defender (1996) uma maior estabilidade cambial e outros bons princípios...

[282] Acrescendo as poupanças que estrangeiros aplicarão em reservas de ECU's temos um ganho por pessoa de 700 dolares, ou seja de cerca de 126 contos portugueses no âmbito actual: em valores absolutos, a poupança de reservas de 200 mil milhões de dolares e a receita das aplicações feitas por outros de 35 mil milhões.

d) Com uma moeda comunitária única passa ainda a Europa a poder ter um papel de maior relevo no contexto mundial. Será possível diminuir assim o peso do dolar e fazer frente ao *yen*, aparecendo o nosso continente com um papel importante, com uma moeda que poderá figurar entre as mais utilizadas nas relações económicas internacionais [283].

Há assim um ganho para a União, reduzindo-se os custos de transacção, de incerteza e de informação e cálculo na medida do acréscimo dos pagamentos de transacções comerciais com países terceiros que são feitos em euros (num valor estimado, só os primeiros representarão 0,05% do PIB comunitário) e passando a ser maior a capacidade de influência da União. Mas poderá esperar-se também um ganho geral (mundial), na linha dos entendimentos expressos ou tácitos dos mercados oligopolistas, havendo duas ou três grandes moedas (ou quatro, se for o caso): com a inerente responsabilização de cada uma das partes, designadamente das autoridades dos Estados Unidos da América, na política monetária e cambial [284].

Em relação à situação actual perdem as autoridades a possibilidade de continuarem a seguir políticas do menor rigor, mesmo tendo uma atitude de não intervenção nos mercados

---

[283] O dolar tem actualmente uma posição muito acima do relevo dos EUA no comércio mundial: sendo feitos em dolares 42% dos pagamentos mundiais, quando é apenas de 19,6% a participação do país no comércio internacional (Comissão Europeia, 1997e).

Na União Europeia só o marco tinha uma utilização que se aproximava do volume do comércio da Alemanha (mesmo excedendo-o); estando a utilização das moedas dos demais países muito abaixo do relevo do respectivo comércio.

Sublinhando a referida ambição desejável em relação ao dolar ver Franco (1997, p. 52 e 2000, pp. 46 ss.), A.C. Silva (1997, pp. 95-6 e 1999, pp. 69-771) ou o autor (1999b, na sequência de um relatório que elaborou no Parlamento Europeu: doc. 222-655, de 12.7.1997).

Estranhamente, só em anos mais recentes as implicações externas do euro começaram a ter a atenção devida (designadamente com Comissão Europeia, 1997a e com o livro de Masson, Krueger e Turtelboom, ed., 1997; cfr. Porto, 1999b).

[284] Havendo todavia razões para poder recear-se que, pelo menos a curto e médio prazos, haja de facto uma maior volatilidade entre o euro e outras moedas (ver Bénassy-Quéré, Mojon e Pisani-Ferry, 1997, Porto, 1999b, ou outros autores aqui mencionados).

cambiais (*benign neglect,* 'negligência benigna' em tradução à letra)[285]. Será exigido de facto um maior rigor que ao fim e ao cabo acabará por beneficiar também os próprios EUA[286].

Como dissemos há pouco, também só assim será possível evitar os movimentos especulativos que se manteriam entre as grandes moedas do mundo.

e) Embora numa apreciação global deva fazer-se pois um juízo económico positivo acerca da moeda única, não pode deixar de sublinhar-se por fim a razão política que, com maior ou menor peso e podendo corresponder a diferentes modelos de integração, está também por detrás da sua instituição. Nas palavras de Paul Krugman, "economic efficiency is not everything. A unified currency is almost surely a necessary adjustment of European political unification, and that is a more important goal than the loss of some flexibility in adjustment" (1990b, p. 63). Mesmo não se pretendendo uma 'unificação' política total, será sem dúvida factor de uma desejada maior 'dimensão' política (ver por ex. Dattani, 1996, pp. 206-7, Delors, 1997, Sutherland, 1997 e entre nós A.C. Silva, 1997 e F.S. Costa, 1997).

Manterá actualidade, pois, a afirmação de Jacques Rueff segundo a qual "l'Europe se fera par la monnaie ou ne se fera pas" (cfr. Robson, 1998 (2000), p. 217).

6.2.3.2. *Benefícios e custos para Portugal*

Referidos os planos em que podem considerar-se os benefícios e os custos gerais da união monetária, podemos passar a ver

---

[285] Podendo os americanos dizer, como disse o Secretário de Estado do Tesouro John Connally a um alto funcionário europeu: "Le dollar, c'est notre monaie, mais c'est votre problème" (cfr. Schor, 1995, p. 7 e Silguy, 1996, p. 204).

[286] Na linha de se considerar antes o papel estabilizador que só poderia ser desempenhado por uma potência 'hegemónica' (recorde-se a n. 12 p. 27) no âmbito monetário ver já Kindleberger (1973), sublinhando "the need for the leading currency to act in the capacity of the international 'lender of the last resort'" (cfr. Dent, 1997, p. 95). Poderá dizer-se todavia que "this is only tenable when that leading currency is supported by symmetrical global market power, which is certainly no longer as applicable with respect to the US economy" (cfr. também Eichengreen, 1990).

em que medida se verificarão em Portugal, com um nível mais baixo de desenvolvimento: reflectido na circunstância, vista atrás (recorde-se o quadro IV.12, p. 392), de se calcular que o país tenha tido (em 1999) um PIB *per capita* (em paridade de poderes de compra) de 71,8% da média comunitária (não obstante a aproximação verificada no conjunto dos últimos catorze anos).

1) Como primeira hipótese poderá pensar-se que uma maior aproximação real entre os países será a consequência natural de um maior crescimento global, induzido pelo acréscimo de eficiência proporcionado pela união monetária. Não haveria pois razões para preocupação com algo que promoveria o conjunto e, em maior medida, as áreas mais desfavorecidas.

É este o resultado da experiência conhecida da própria Comunidade, com mais de três décadas e meia (referimo-lo já na n. 191 p. 375), tendo os anos de maior crescimento sido anos de convergência real e pelo contrário os anos de abrandamento – incluindo alguns de recessão – sido anos de agravamento dos desequilíbrios regionais (v.g. entre os países).

Sendo de prever, pelas razões vistas há pouco, que a moeda única venha a promover um maior crescimento da União, seria pois de esperar que, repetindo-se mais uma vez a experiência, se verificasse uma nova aproximação dos países e regiões mais desfavorecidos (da periferia): não havendo razões para preocupação, designadamente em Portugal.

2) Mas há além disso razões para julgar que os referidos benefícios directos da moeda única, superiores aos custos, terão uma expressão mais sensível precisamente nestes países (e regiões).

a) Quanto aos ganhos de eficiência, como consequência do afastamento dos custos de transacção, incerteza e cálculo, parece-nos claro que se tratará de ganhos que beneficiarão em maior medida os países menos desenvolvidos da Europa comunitária.

Sendo países onde há um grande predomínio de pequenas e médias empresas com problemas maiores de informação e de qualificação técnica para a consideração das flutuações e das diferenças cambiais, serão por isso mais sensíveis os custos actuais da ausência de moeda única (designadamente os custos de incerteza e cálculo) [287].

No reverso da medalha poderá dizer-se que os países mais ricos beneficiarão mais das economias de escala proporcionadas pela união económica e monetária (estando à partida melhor preparados para tal); mas não tem de ser necessariamente assim, compreendendo-se bem que sejam os países mais pequenos a beneficiar de um modo mais sensível dessas economias de que os maiores podem dispor mesmo sem a abertura de fronteiras (tendo já no mercado doméstico a dimensão bastante).

Por outro lado os ganhos em análise serão mais sensíveis em países mais abertos ao exterior: para os quais, como é óbvio, são relativamente mais relevantes os pagamentos e os recebimentos em moeda estrangeira, representando por isso mais os ganhos resultantes de não ser necessário transaccionar moedas e de não haver incertezas e necessidades de cálculo (no limite, não haverá problema nenhum para um país totalmente fechado ao exterior).

Trata-se de circunstância especialmente relevante para Portugal, com um grau de abertura grande no quadro comunitário, tal como vimos no quadro I.1 (p. 22).

Concluem por tudo isto Emerson e Huhne (1991, p. 37) que "small open economies with 'small' currencies like Belgium, Luxembourg, Ireland and the Netherlands, or countries with as yet

---

[287] Representando 15% dos lucros obtidos no conjunto das exportações entre os países comunitários e sendo duplos para as PME's, especialmente de países fora do mecanismo de câmbios do SME. Estando tais custos estimados em 0,4% do PIB para o conjunto comunitário, conforme vimos atrás (n. 266 p. 434), chegarão a 1% em países como o nosso (sendo de 0,1 a 0,2% nos países de maior dimensão).

Não são aliás só as empresas a beneficiar directamente, nas suas operações e nos seus cálculos, com a existência da moeda única: também os consumidores, por exemplo os turistas, terão com ela um enorme ganho.

Tendo um interesse muito especial para Portugal, no Parlamento Europeu sugerimos mais do que uma vez que a Comissão procedesse ao estudo do impacto da moeda única no sector do turismo; com um relevo devidamente sublinhado num relatório de iniciativa do próprio Parlamento, o relatório H. Torres Marques (A4-0078/98).

unsophisticated financial markets like Greece, Portugal and Spain, will benefit relatively more than countries like Germany and France whose currencies belong to the ERM and are also a well-accepted means of international settlement".

b) Conforme vimos, podem levantar-se já dúvidas de cárcter geral no plano da intervenção conjuntural, representando a moeda única a renúncia a um instrumento a que os países têm tradicionalmente recorrido: v.g. em casos de inflação ou de desemprego. Por exemplo no primeiro caso a desvalorização e a redução da oferta da moeda (a restrição do crédito) seriam meios de recuperação da competitividade das economias nacionais, face a países com maior estabilidade de preços [288].

Acresce, com relevo para a análise que estamos a fazer agora, que se trata de problema especialmente sentido nos países menos desenvolvidos e da periferia da União, v.g. tradicionalmente com níveis de inflação mais elevados. Assim aconteceu em Portugal, onde o sistema de *crawling-peg* seguido em anos recentes teve o propósito e o resultado de atenuar em alguma medida os efeitos da diferença de inflação em relação à generalidade dos demais países da OCDE (reforçado, se necessário, com uma desvalorização adicional: tal como aconteceu em 1993, como resposta – mesmo assim só numa segunda ocasião e em menor medida – a uma desvalorização da Espanha, comprometendo a competitividade das nossas empresas) [289].

São pois razões acrescidas para que se procurem aqui modos de actuação com menores custos sociais, tratando-se aliás de países com problemas especialmente delicados neste domínio.

---

[288] Recorde-se o que dissemos no texto em IV.6.2.3.1.b, bem como as dúvidas suscitadas por De Grauwe que mencionamos nas notas 275 p. 438 e principalmente 278 p. 439.

[289] Cfr. de novo a n. 275 p. 438. Nas palavras de O'Donnell, "it is clear that, to some extent, the issue of whether monetary union would impose costs on weaker regions turns on the question of whether exchange rate devaluation can address the real problem of these regions" (1992, p. 26).

Sobre a evolução da política cambial em Portugal ver por ex. Torres (1995 e 1996) e Macedo (1996).

Não parece, contudo, que para os países da periferia deva ser diferente o juízo acerca da intervenção cambial e monetária, com os seus méritos mas também com os seus custos.

Em contraposição, é de sublinhar que serão especialmente beneficiados com a estabilidade de preços e a redução de juros proporcionadas pela moeda única, com vantagens que poderão ultrapassar em grande medida os eventuais custos da renúncia à via cambial e monetária: sendo de esperar, muito em concreto, que a diminuição dos encargos financeiros que a moeda única virá a proporcionar compensará largamente os custos de renúncia à utilização (de eficácia e mérito aliás duvidosos, como se disse) da via monetária e cambial para ajustar as economias [290].

De um modo muito significativo, a importância da redução dos encargos financeiros ficou reconhecida num inquérito lançado a 9 000 empresários: tendo os empresários das regiões com atraso estrutural (*lagging regions*: as regiões objectivo 1, em que, como

---

[290] Um estudo sobre a Irlanda (Baker, Fitzerald e Honohan, 1996, distinguindo diferentes sectores; cf. também Kavanagh *et al.* 1996) mostrou que designadamente por estas razões o país ganharia com a moeda única mesmo sem a adesão do Reino Unido. Na edição anterior destas lições (1997, p. 428) sugerimos que se fizesse um estudo semelhante para Portugal, v.g. considerando a hipótese de não integração da Espanha; hipótese nada desejável sob pena de poder ficar prejudicada a competitividade das nossas empresas, mas com algum realismo económico – não político... – dado que os nossos vizinhos estavam mais longe de cumprir os critérios de Maastricht. Será curioso – e significativo – recordar que de acordo com um painel da Euro-Expansão divulgado no *Expresso* de 5.4.1994 73,6% dos empresários portugueses inquiridos afirmou que mesmo nessa hipótese desejaria a adopção imediata do euro.

Apesar do êxito da aproximação portuguesa, haveria muito de '*wishfull thinking*' na 'convicção' expressa por 67% dos inquiridos de que Portugal integraria o primeiro grupo dos aderentes ao euro; um 'crer' que no 'entendimento' da pergunta formulada poderia ter estado ligado a um 'querer' que tal acontecesse; sendo aliás de facto neste sentido a opinião geral dos empresários portugueses (bem representada por B. Azevedo, 1997).

Curiosamente, já num inquérito lançado a pessoas indiferenciadas pela mesma entidade e publicado no mesmo jornal uma semana depois era expressada em 63% dos casos preferência pela manutenção da moeda nacional. Nota-se pois aqui, tal como em França e em outros países, uma diferença nítida de sensibilidades entre os participantes no 'mundo dos negócios' e os 'cidadãos comuns', mais agarrados ao seu meio tradicional de pagamentos.

se viu, se inclui a totalidade do nosso país) distinguido, entre um número avultado de factores, o "custo do crédito" como o factor negativo mais relevante condicionando o seu desenvolvimento (IFO, 1987 e Emerson e Huhne, 1991, pp. 157-61).

Sublinhando a diversidade dos interesses em jogo conclui Cadilhe que "ao fim e ao cabo, a UEM vai arrastar para Portugal, como para outros Estados membros, a redução de poderes nacionais e o acréscimo da *eficiência microeconómica*. Na perspectiva desses efeitos e na ausência de efeitos perversos (...), a UEM é bem capaz de vir a ser um *mau* evento para os políticos de governação central e um *bom* evento para os *agentes económicos*, empresários e trabalhadores" (1992, p. 205)[291]. Verificando-se esta alternativa, não deveriam levantar-se dúvidas sobre o objectivo a privilegiar.

Em relação ao abandono da capacidade de intervenção podia aliás dizer-se, como disse Borges (1991, p. 395), que se tratava de um abandono com custos que "podem também ser interpretados como benefícios. De facto, é evidente que o principal problema que a UEM levanta é a redução ou eliminação do privilégio de actuar de forma imprudente ou incompetente, privilégio que hoje ainda existe, quer para as autoridades, quer para as empresas portuguesas. A integração na União Económica e Monetária traduzir-se-á por uma disciplina férrea que nos será aplicada na sequência de restrições que nos ultrapassam, disciplina quer para a política económica quer para a gestão das empresas"[292].

c) Por fim, no plano financeiro é de ter em conta a referida perda de ganhos de emissão (senhoriagem), com algum relevo para Portugal, onde ainda em 1994 representavam 1,63% do PIB, mais do que em qualquer outro país da União (Harrison e Healey,

---

[291] Nas palavras de Schor, "les principaux avantages sont micro-économiques alors que les coûts sont surtout macro-économiques" (1999, p. 55).

[292] Apesar da sua posição reticente, atenuada na ed. de 2000, já na ed. de 1997 (p. 51) De Grauwe não deixa de reconhecer, face à experiência conhecida, que "the argument that exchange rate chantes are *dangerous instruments* in the hands of politicians is important" (itálico nosso); acrescentando contudo que "the fact that such an instrument can be misused is not sufficient reason to throw it away, when it can also be put to good use, when countries face extraordinary circumstances".

1995, p. 115; cfr. também Beleza e Gaspar, 1994, pp. 110-2 e R.H. Alves, 2000b, pp. 84-6).

Tratava-se contudo de ganhos que estavam a perder rapidamente relevo. Sendo ainda de 2,23% do PIB em 1998, era de esperar que se aproximassem dos ganhos dos outros países, com valores abaixo de 0,5% em quatro e abaixo de 1% em outros quatro países da União (antes do último alargamento) (cfr. Gros, 1993 e Schor, 1995, pp. 80-2).

Para além disso, há que ter em conta que com a emissão de euros há ganhos de emissão para o Banco Central Europeu, que não são receitas do orçamento da União, mas sim dos países participantes. Ora acontece que nos termos definidos a distribuição por estes é feita de acordo com a dimensão das economias. Trata-se por isso de distribuição que favorece Portugal em relação à utilização actual do escudo, abaixo do nosso movimento económico; desfavorecendo já pelo contrário a Alemanha, com uma moeda (o marco) que actualmente tem uma utilização acima da dimensão da economia desse país. Numa primeira estimativa calculou-se que Portugal comece por ter no início um ganho de 100 milhões de contos[293].

d) Ponderando todas as circunstâncias Emerson e Huhne, depois de terem mostrado alguma dúvida sobre os benefícios da UEM do ponto de vista da equidade (e grande certeza sobre os benefícios de eficiência e de estabilidade), concluem que "it would be surprising if EMU did not deliver equity as well" (loc. cit. p. 31). É esta a convicção da Comissão Europeia, nos termos da análise do capítulo 9 de *One Market, One Money* (*European Economy*, 1990), numa linha aplicável especialmente ao nosso país[294].

---

[293] Pode acontecer ainda, embora seja de esperar que tal não aconteça com o euro (recorde-se de IV.6.2.3.1.d, pp. 436-7), que a emissão de moeda tenha consequências inflacionistas, com custos a contrapor aos ganhos de emissão. Uma moeda que assegure a estabilidade monetária, por seu turno, poderá ter para um país como Portugal um grande benefício com o abaixamento de encargos financeiros, com especiais reflexos na dívida pública (recorde-se agora de IV.6.2.3.2, pp. 447-8). Trata-se de benefício conseguido já aliás agora na 'caminhada' para o euro.

[294] Ver por ex. Torres (1995), considerando que a economia portuguesa é "uma das economias europeias que, pelas suas características, mais teria a beneficiar

6.2.3.3. *Os riscos e as exigências de equilíbrio e competitividade*

Não pode ficar-se todavia apenas por esta análise optimista quando se pretende formar uma união monetária. Por um lado há os referidos problemas de ajustamento a ter em conta, face à falta de flexibilidade salarial e de movimentação fácil dos trabalhadores [295]. Por outro lado há problemas de competitividade de base, v.g. estando em confronto países tão diferentes como a Alemanha e Portugal (ou a Grécia).

a) Não é de facto seguro que venham a prevalecer os factores de convergência há pouco mencionados, havendo circunstâncias que, pelo contrário, apontam no sentido de a maior abertura dos mercados e a moeda única poderem levar a uma acentuação dos desequilíbrios. Conforme chama a atenção P.P. Cunha (1994, p. 53) "não existe, na verdade, qualquer garantia de que, só por si, os benefícios da integração económica e monetária venham a repartir-se igualmente entre os países membros" [296].

---

com a moeda única, tão rápido quanto possível"; na lógica de que "a small open economy tends to lose less (gain more) than a larger closed economy by giving up its monetary autonomy and joining in a monetary union with its trading partners" (1996, p. 15 e 1997, p. 103; ver tb. Lourenço, 1997). Com uma posição muito negativa ver pelo contrário S. Ribeiro (1997), ou com reservas em relação à entrada na primeira linha J. F. Amaral (1999).

Sendo sempre sugestiva a comparação com esse grande território com moeda única, é de assinalar que as desigualdades regionais (v.g. inter-estaduais) são menores nos EUA do que na Europa (ver Boltho, 1994, mostrando que são também menores as desigualdades nas taxas de desemprego; ver ainda Allan Williams, 1994, pp. 168-9).

[295] Não se estando face ao que 'tradicionalmente' se considera uma 'área monetária óptima' (cfr. Mundell, 1961 e McKinnon, 1963), mas havendo uma aproximação nesse sentido (cfr. Bayomi e Eichengreen, 1993, estabelecendo também uma comparação com a situação dos EUA).

Face ao circunstancialismo existente, autores como A. Marques (1998) ou P.P. Cunha (1999 e 2000a) apontam para um maior federalismo financeiro (pelo menos uma maior responsabilização).

[296] Acrescentando haver "boas razões para se temer o incurso em círculos virtuosos e círculos viciosos de desenvolvimento, envolvendo efeitos de atracção para as zonas centrais do espaço económico integrado (ligados ao aproveitamento das vantagens das economias de escala, à existência de infra-estruturas de transportes e telecomunicações, à abundância de mão-de-obra qualificada, à proximidade de centros de

Na realidade, em grande parte na sequência de tendências já existentes, "nuns casos poderá ocorrer uma maior convergência real entre as economias dos Estados membros por força de um melhor aproveitamento das vantagens e oportunidades resultantes; noutros casos poderá assistir-se a uma crescente divergência de desenvolvimento entre regiões" (C. Costa, 1991, p. 418).

Trata-se de perspectiva que Krugman, tendo na sua base textos (1980 e 1991) em que procurou mostrar os efeitos dos desequilíbrios do comércio internacional, em grande medida como consequência da existência de economias de escala, desenvolveu, agora tendo já presente a introdução da moeda única, num artigo com o título sugestivo "lições de Massachussets para a UEM" (1993)[297].

Sem pôr em causa que seja vantajosa a criação da moeda única, afasta-se da crença da Comissão Europeia (ver Relatório Delors, 1990) de que virá a ser equilibradora (recorde-se o que dissemos em IV.6.2.3.2).

Para tal baseia-se na ideia intuitiva de que a integração levaria à especialização, que por seu turno acentuaria desequilíbrios; socorrendo-se para ilustrar a sua preocupação de exemplos de especialização regional nos Estados Unidos da América, com a sua moeda única.

Mostrando todavia as estatísticas americanas que "a especialização regional tem diminuido desde a 2.ª Guerra Mundial", Krugman 'suspeita' estranhamente de que tal se deva a uma "ilusão estatística[298]. Não pode além disso deixar de causar estranheza que não mencione que a essa alegada especialização não corresponde um maior desequilíbrio; pelo contrário, é claro que são mais aproximados os PIB's *per capita* nas diferentes áreas

---

investigação e dos grandes pólos financeiros), e efeitos de repulsão afectando as zonas periféricas e comparativamente menos desenvolvidas" (na linha das teorias do desequilíbrio regional que referimos atrás, em IV.4.2) (ver também Sousa, 1996).

[297] Com a exposição e a apreciação desta perspectiva ver por ex. Comissão Europeia (1898b, pp. 196-205).

[298] Nas suas palavras: "I supect, however that this is largely statistical illusion, specialization may have become more difficult to measure, but not necessarily less in fact" (p. 260).

desse país. Por fim, é de estranhar ainda que Krugman 'desconheça' por completo a aproximação intra-sectorial que tem vindo a verificar-se na Europa (ainda sem a moeda única; mas deveria ter sido já o mercado interno, na sua lógica, a levar pelo contrário a uma especialização inter-sectorial: recorde-se de I.3.3).

Trata-se de qualquer modo de um texto útil, que chama a atenção para a necessidade de se manterem e reforçarem as medidas estruturais: até porque são desta natureza os desequilíbrios existentes, mais entre as regiões dos países do que entre os países no seu conjunto.[299]

b) Não pode deixar de ter-se em conta além disso, importa recordá-lo (de IV.4.4.1), que a convergência que se terá verificado em épocas mais favoráveis (designadamente nos últimos anos, mas mesmo assim não nos dois últimos...) terá sido uma convergência entre os países no seu conjunto mas já não entre as regiões, mesmo entre regiões de dimensão apreciável (as NUT's II)[300].

Ora, na mesma lógica em que importa atenuar os desequilíbrios entre os países importa atenuar os desequilíbrios dentro dos países: não só por razões éticas, sociais e políticas – que por si mesmas deveriam ser decisivas – como por razões económicas de interesse geral, reforçadas com a criação de uma união económica e monetária (recorde-se de IV.4.2.).

c) Em terceiro lugar, mesmo que tenha razão a Comissão na convicção que exprime acerca da prevalência das forças de convergência não pode perder-se de vista a dimensão dos desequi-

---

[299] Ver Porto e Laranjeiro (2000). Seria de facto de menor préstimo um fundo para acudir a choques assimétricos de índole conjuntural. E a circunstância de se tratar de problemas estruturais de *determinadas regiões* afasta o 'sonho' de que tudo seria resolvido com a manutenção das moedas nacionais, seguindo cada país a sua própria política (evidenciando a coincidência clara dos cálculos dos vários países e do conjunto da União Europeia ver por ex. Fatás, 1997 e Ministério das Finanças, 1999, ou, sobre a convergência que em geral está a verificar-se, Tavéra, ed., 1999).

[300] Como vimos (em IV.4.4.2), parece estar agora a verificar-se uma aproximação entre as NUT'S II. Mas continua a ser muito grande a distância entre elas e as relações à média comunitária, devendo a moeda única, para se evitarem riscos e para se aproveitarem melhor as suas potencialidades, a um esforço acrescido de desenvolvimento regional, no nosso país e no conjunto da União Europeia.

líbrios entre os países (e entre as regiões), sendo muito grande o caminho a percorrer até que haja uma proximidade razoável.

A título de exemplo, partindo-se de 1988 como ano-base, para que em 2007 Portugal viesse a chegar a um produto *per capita* de 90% da média comunitária a sua economia teria de crescer por ano 2,6% mais do que a média dos países [301]; o que não seria de esperar e de facto não tem vindo a aconter, sendo além disso maior a distância entre as regiões.

É muito longo pois o caminho a percorrer, o que leva igualmente a que algo deva ser feito para atenuar os riscos e promover mais rápida e eficazmente o aproveitamento das novas oportunidades que a união monetária virá proporcionar (evitando-se simultaneamente os riscos de agravamento dos desequilíbrios que com ela poderão verificar-se) [302].

---

[301] Cfr. Grahl & Teague (1990, p. 226) e Porto (1992b, pp. 230-1), onde são referidas também outras hipóteses em relação à aproximação da economia portuguesa e das economias dos outros três países da 'cauda' da União (a Grécia, a Irlanda e a Espanha) (sobre a aproximação dos PECO's ver *infra* IV.7.3.2, quadro IV.28, p. 475).

[302] É de recordar ainda que mesmo que se julgasse que a médio ou longo prazo viria a dar-se uma maior aproximação entre os países e as regiões, o esforço de convergência nominal exigido pelo Tratado de Maastricht era uma razão específica para que os anos da fase dois, até se chegar ao euro, fossem de acentuação das divergências, sendo de um modo geral maiores as dificuldades para os países da periferia.

Partindo de valores mais afastados, eram obrigados a um esforço maior de contenção orçamental (de aumento de tributação e principalmente de redução de despesas) que a curto e médio prazos limitava as possibilidades de aproximação real das economias, com implicações também no agravamento dos níveis de desemprego.

Nas palavras de Macedo, não haveria "conflito entre desinflação, cumprimento do calendário da UEM e condições de integração social e política, por um lado, e o objectivo de progresso económico e social por outro (...). Longe de sacrificar a convergência real, a convergência nominal é condição a sustentabilidade daquela" (1992b, p. 96).

Mas tal não excluía, naturalmente, o reconhecimento das dificuldades do período de transição e da necessidade de serem tomadas medidas de promoção da convergência: na linha do que estava estabelecido no Tratado de Maastricht e no Pacote Delors II (1992; ver infra IV.6.3 e IV.6.4 e Constâncio, 1992, pp. 116-7).

Acresce aliás que ainda que não houvesse esta imposição de convergência nominal podiam esperar-se especiais dificuldades a curto prazo, até que viessem a prevalecer as forças conducentes a um maior equilíbrio: em muitos casos sem a

6.3. O Pacto de Estabilidade e Crescimento

Para além das dificuldades e dos desafios acabados de apontar, acontece que a exigência de rigor continua agora com o Pacto de Estabilidade e Crescimento, proposto ao Conselho Europeu de Dublin e aprovado no Conselho Europeu de Amesterdão.

Compreende-se que tenha sido proposto e acordado, não podendo admitir-se que a estabilidade e a credibilidade do euro ficassem em causa com políticas menos rigorosas; tal como se compreende que esta preocupação fosse particularmente sentida e que a proposta tivesse sido feita pela Alemanha, país com especiais responsabilidades, com uma boa experiência recente de estabilidade e com uma muito má experiência histórica de inflação (designadamente em 1923, quando a hiperligação verificada contribuíu para que fosse aberto caminho ao nazismo).

Trata-se de Pacto nos termos do qual a exigência de se manter o défice orçamental aquém dos 3% continuou com a moeda única, com penas pesadas para quem não a cumpra[303]. Compreende-se que se restrinja a este objectivo, perdendo agora sentido, em grande medida, as outras exigências de Maastricht, dependendo a inflação e as taxas de juro da política monetária, que deixou de ser da responsabilidade dos países (passou basicamente

---

possibilidade de se terem afirmado antes. Foi convicção sublinhada por exemplo por O´Donnell (1992, p. 23), julgando que nos primeiros anos as forças de convergência real, "while they will certainly be at work, will not be sufficiently strtong, nor sufficiently convergence generating, to overcome the forces for concentration".

Tem de dar-se pois o relevo devido ao êxito conseguido por vários países, designadamente por Portugal, com o cumprimento dos critérios de convergência nominal (recorde-se dos quadros IV.23 e IV.24), num período em que se verificou simultaneamente uma clara aproximação real (quadro IV.15) com níveis comparativamente baixos de desemprego (quadro IV.22): podendo recordar-se que ainda em 1991-1995 os números eram de 7.6% para a inflação (de 22,2% em 1974-85) e de 5,6% para o défice orçamental (sendo a dívida pública de 71,7% em 1995).

[303] Com a sua análise e a sua crítica ver Cabral (1999), Beleza (1999) e P.P. Cunha (2000b, receando que possa ter consequências deflacionaistas). Impondo alguma limitação adicional nos períodos de maior crescimento económico, Constâncio julga que com o Pacto de Estabilidade e Crescimento há um agravamento de rigor em relação ao Tratado de Maastricht (1997, p. 33).

para o BCE, em Frankfurt), e estando a redução do défice público ligada ao cumprimento anual da meta do défice orçamental.

Nos seus termos são estabelecidas multas pesadas para os países que ultrapassem o máximo fixado (estando em aberto as condições excepcionais em que tal será admitido) e que não façam depois um esforço reconhecido de recuperação. Será todavia pouco provável que em algum caso um país chegue ao ponto de ser sancionado, com as oportunidades de correcção que lhe são dadas (o valor em causa começa aliás por ser apenas depositado no Banco Central durante um prazo de dois anos) e o 'peso' das multas previstas (por isso dissuasoras), no início com uma parte fixa, de 0,2% do PIB, e a outra variável, de 0,1% do PIB, por cada ponto percentual acima do referido tecto de défice, até a um máximo de 0,5% do PIB [304].

6.4. *A necessidade de reforçar as políticas estruturais*

Face às dificuldades a ultrapassar e aos objectivos a atingir haveria que considerar a intervenção conjugada de acções em diferentes planos (cfr. o Pacote Delors II, 1992): da coordenação macro-económica, da adequação da generalidade das políticas

---

[304] Tendo a Alemanha no ECOFIN de Noordwijk no dia 5 de Abril de 1997, através do Ministro das Finanças Theo Weigel, pressionado no sentido do endurecimento das sanções (v.g. com a aplicação de uma outra sanção nas mesmas proporções a um país com défice excessivo que após um ano não tenha rectificado a situação), chegou-se ao compromisso de no segundo ano a sanção só se aplicar à parte variável, sendo de 0,1% do PIB por cada ponto acima do tecto de 3%.

Suscitou um reparo especial (também em outros planos, não só no plano orçamental) que se tivesse proposto que as multas pagas pelos países faltosos constituíssem receita dos países cumpridores. Seria todavia bem mais chocante, entendeu-se, que revertendo para o orçamento da União pudessem beneficiar também países não membros do euro, quiçá por não o quererem (casos do Reino Unido, da Dinamarca e da Suécia) e talvez com défices orçamentais ainda maiores...

Face à reacção gerada o Conselho de Amesterdão veio determinar que fossem receita do orçamento da UE (ultrapassando-se assim desde logo a dificuldade jurídico-orçamental), mas consignada, não podendo de forma alguma reverter a favor de um não membro (podendo admitir-se ainda, julgamos nós, que seja utilizada na ajuda a algum país não cumpridor que faça contudo todo o esforço que lhe seja exigível).

comunitárias, das transferências orçamentais com objectivos de ajustamento conjuntural e das políticas estruturais.

No que diz respeito ao primeiro plano, trata-se de coordenação que não poderá deixar de acompanhar a política monetária com a instituição da moeda única, tendo em vista designadamente assegurar-se a estabilidade dos preços (ver por ex. Schor, 1999, cap. 2 ou R.H. Alves, 2000).

Importa em segundo lugar (sublinhámo-lo já em IV.4.4.3) que passe a haver uma aplicação coerente das outras políticas. Trata-se de consideração especialmente relevante para a política agrícola (a PAC)[305]: que pelo contrário até agora, conforme vimos em IV.3.1.6, além dos custos gravosíssimos com que tem penalizado os consumidores, os empresários transformadores de produtos agrícolas e o orçamento da União (prejudicando ainda a nossa capacidade de negociação internacional), tem sido um factor fortemente agravador dos desequilíbrios entre os países e as regiões.

Como elementos adicionais poderiam considerar-se a criação de um mecanismo de transferências financeiras que tivesse em conta as necessidades de ajustamentos conjunturais e o reforço das políticas estruturais, atenuando-se os riscos e garantindo-se um melhor aproveitamento das oportunidades proporcionadas pela moeda única.

Trata-se de dois instrumentos utilizados conjugadamente, com grande relevo, a nível nacional, mesmo nos países federais, conseguindo-se com eles atenuar os custos e aumentar os benefícios proporcionados pela sua 'moeda única'.

As transferências de fundos para ajustamentos conjunturais funcionam aliás neste nível com apreciável automaticidade, v.g. através da segurança social, quando há recessão com as compensações ao desemprego e a diminuição das receitas cobradas como consequência da redução da actividade económica (o inverso quando há expansão)[306]. A tal automaticidade acresce a circunstância de dentro dos

---

[305] O'Donnell (1992, p. 29) menciona também a 'política do mercado interno'. Constitui de facto preocupação que tem de ser extensiva a todas as políticas comunitárias.

[306] Ver por ex. J.T. Ribeiro (1994(7), pp. 431-3).

países ser maior a facilidade de circulação dos trabalhadores, o que, como se sabe, contribui também para os ajustamentos necessários.

Trata-se contudo de via que não foi considerada na cimeira e na sequência da cimeira de Maastricht [307], seguindo-se apenas a via das políticas estruturais. Fez-se assim uma opção no sentido de a Comunidade se responsabilizar só pelo apoio ao reforço das condições de competitividade, devendo cada país cuidar dos ajustamentos conjunturais (que se espera aliás que sejam depois menos ou não necessários com o funcionamento da moeda única) [308-309].

---

[307] Não se seguiram portanto sugestões feitas já em 1977 no Relatório Mc Dougall e em determinado momento, em relação ao processo agora em curso, pelas autoridades espanholas (ficando de qualquer modo em aberto a possibilidade de serem concedidos os apoios excepcionais previstos no art. 109-H, actualincluindo a concessão de "assistência mútua" a algum Estado-membro que se encontre "em dificuldades, ou sob grave ameaça de dificuldades relativamente à sua balança de pagamentos").

[308] Além de uma razão de filosofia de actuação trata-se de uma opção condicionada pela limitação de meios de uma Comunidade cujo orçamento representa uma percentagem muito pequena do seu PIB: sendo o limite máximo dos recursos próprios para dotações para pagamentos agora de 1,27% e não devendo vir a ultrapassar em 2006 1,13%, sem alargamentos, ou 1,09%, caso se verifiquem entretanto (ver de novo em anexo os quadros IV.B1 e IV.B.2).

Continua a prevalecer assim uma preocupação básica de contenção do orçamento comunitário (nos anos também já decorridos tem ficado mesmo aquém dos valores estabelecidos), que está aliás de acordo – será o reconhecer – com o relevo (com uma expressão generalizada em Maastricht) que é dado ao princípio da subsidiariedade: devendo passar para o nível comunitário apenas o que não possa ser melhor desempenhado a nível nacional.

É de perguntar contudo se será possível uma união monetária com uma intervenção tão reduzida (em princípio nula no que respeita a ajustamentos conjunturais) do orçamento comunitário: tendo-se designadamente presente que "in nation states the public tax and expenditure system accounts for between around 20-40 per cent of national income and acts as a major redistributor of incomes form the rich to the poor, both in terms of households and regions" (Britton e Mayes, 1992, p. 64; ver também Eichengreen, 1990, com uma comparação entre as situações nos EUA e na Europa, Berthelot, 1997, defendendo que a moeda única não será possível sem um 'mínimo' de 'federalismo orçamental' e mais recentemente P.P. Cunha, 2000, chamando a atenção para a falta de lógica de se avançar num domínio mas não no outro).

Trata-se de problema que, como se verá em IV.7.4 se agravará com os alargamentos.

[309] As transferências com finalidade estrutural não deixam de qualquer modo

Compreende-se pois também por isso o relevo acrescido que o Tratado de Maastricht veio dar à intervenção estrutural. No art. 2.º do Tratado da CE passou a dispôr-se (num acrescento) que a Comunidade deve promover "a coesão económica e social e a solidariedade entre os Estados-membros" e no art. 3.º que para alcançar os fins mencionados no art. 2.º a acção da Comunidade implica, entre outras coisas, "o reforço da coesão económica e social" (al. j). Já no título relativo à Coesão Económica e Social (passou a ser o título XIV da parte III: recorde-se da n. 197 p. 378) são significativas determinadas mudanças de redacção e acrescentos, como falar-se em "reforçar" e já não em "acções *tendentes* ao reforço" (itálico nosso) ou estabelecer-se a exigência de apresentação regular de relatórios "sobre os progressos registados".

Mais concretamente no que respeita aos meios financeiros, justifica-se por seu turno que no "Protocolo Relativo à Coesão Económica e Social" (Protocolo n. 15) se "tivesse reafirmado" a "convicção de que os Fundos Estruturais devem continuar a desempenhar um papel considerável na realização dos objectivos da Comunidade no domínio da coesão" (adicionando-se-lhes "a maior parte" dos recursos do BEI); acrescendo agora, conforme adiantámos já (pp. 384-5) a criação de um "fundo de coesão" (previsto no art. 130-D do texto do Tratado, actual art. 161.º, e também no Protocolo n. 15) até 31 de Dezembro de 1993, com o objectivo de apoiar os países com maior atraso estrutural – a Grécia, Portugal, a Espanha, a Irlanda, os 'países de coesão – que aprovassem programas reconhecidos de convergência económica.

Os termos da concretização destas políticas foram por seu turno definidos no Pacote Delors II (1992). Na parte II, ao falar-se nas "ambições de Maastricht", a par das "acções externas" e da

---

de ter um impacto macroeconómico importante no nosso país, imediato e mais fácil de avaliar (recorde-se o quadro IV.15, p. 397)

Sobre a desejabilidade de se definiram novos mecanismos de ajustamento estrutural ver Cabral (1991: cfr. também 1996, com uma análise actualizada do processo em curso); sendo de facto de índole estrutural os desequilíbrios referidos por Krugman no seu artigo de 1993 (recorde-se do final de IV.6.2.3.3.9a e vejam-se de novo Porto e Laranjeiro, 2000; cfr. ainda Reis, 2000).

"criação de um ambiente favorável à competitividade externa" distinguiu-se "a coesão económica e social"; prevendo-se, no que respeitava aos meios financeiros, que o conjunto das regiões objectivo I viesse a ter, incluindo os fundos estruturais já existentes e o novo fundo de coesão, um aumento de 100% até 1997.

Trata-se de meta financeira que, depois das incertezas que se arrastaram até ao próprio dia, veio a ser consagrada em 12 de Dezembro de 1992 no Conselho Europeu de Edimburgo (embora com uma dilatação do prazo – previsto primeiro para 1997 – até 1999)[310].

Face a um projecto desejável mas com riscos e incertezas compreende-se aliás que a necessidade do reforço estrutural seja determinada também por razões políticas, de adesão de todos os países: com uma exigência acrescida tendo-se em conta os países da periferia, em especial a Grécia, Portugal, a Irlanda e a Espanha, que só se sentirão verdadeiramente empenhados num processo em que sejam assegurados os seus anseios naturais de desenvolvimento (dissemo-lo já a propósito da política regional no início de IV.4.3.1).

Trata-se de justificação – de índole política – para a promoção de uma maior coesão a que alguns autores têm dado um relevo quase exclusivo ou mesmo exclusivo. Assim fazem Begg e Mayes, dizendo que "from a technical perspective, both a single market and an EMU can function in a perfectly satisfactory manner without any policies to promote cohesion. It follows that it is political imperatives which are central to a search for cohesion, rather than economic necessity. Indeed, without cohesion, the policy may not be able to agree to proceed down the road to monetary union" (1992, p. 222).

Julgamos que a afirmação é exagerada, sendo a coesão necessária também por razões económicas. É aliás com a consciência da importância simultaneamente económica e política de um maior

---

[310] Continuam a ser de qualquer modo valores muito baixos contrastando com as despesas da mesma índole feitas nos Estados Unidos (2,7% do PIB) ou ainda por exemplo na Austrália (7% do PIB) (ver Mazier, 1991, pp. 760-63); bem como na própria Comunidade Europeia com as despesas da PAC, não suscitando todavia reparos (v.g. em França) de pessoas preocupadas com alegadas tendências federalistas... (recorde-se de IV.3.1.6 e vejam-se mais uma vez os quadros, IV-B.1 e 2, pp. 515 e 516 podendo mostrar-se aqui que a situação piorará até 2006, conforme sublinhámos).

equilíbrio que logo no Relatório Delors sobre a *União Económica e Monetária* (1990, p. 22) se sublinhou a importância da coesão, sendo "essencial assegurar que os efeitos benéficos da união económica e monetária se façam sentir no conjunto da Comunidade": no reconhecimento de que "desequilíbrios regionais excessivos constituiriam uma ameaça, tanto económica como política, para a União".

Não pode desvalorizar-se sem dúvida a importância política de um maior equilíbrio. Mas sendo "a matter of equity as much as it is a matter of economic efficiency", tal como é devidamente sublinhado por Britton e Mayes (1992, p. 45), constitui para o conjunto e mesmo para os países mais ricos – não só para os mais pobres...– – uma condição indispensável para um melhor aproveitamento dos recursos de que se dispõe.

Os apoios acabados de referir foram especialmente necessários no período de transição para a moeda única, por seu turno em maior medida para os países da periferia que – como se disse – partiram de um modo geral de valores mais afastados dos valores nominais estabelecidos em Maastricht e não podem deixar de dar resposta simultaneamente à necessidade de convergência real, exigindo um crescimento que, ao depender do aumento dos gastos, será naturalmente agravador de tensões inflacionistas e de défices públicos [311].

Explica-se, nesta linha, que o Tratado de Maastricht tenha vindo prever uma muito menor exigência de participação financeira dos países, com a declaração "da vontade de ajustar os níveis de participação comunitária no âmbito dos programas e dos projectos dos fundos estruturais com o objectivo de evitar um aumento excessivo das despesas orçamentais nos Estados-membros menos prósperos"(com a afirmação de que não chega a haver a aplicação de um 'princípio de adicionalidade'); prevendo-se por seu turno no Pacote Delors II que a intervenção comunitária com

---

[311] Compreende-se por isso que nos termos do Pacote Delors II o Fundo de Coesão tenha aparecido justificado simultaneamente pelos desejos de contribuir para "a promoção da coesão económica e social" e de ajudar a "dar resposta, oportunamente, aos critérios de convergência exigidos para a passagem para a terceira fase da União Económica e Monetária".

o Fundo de Coesão viesse a ser de 85 a 90%, valores reduzidos para 80 e 85% na Cimeira de Edimburgo [312].

As circunstâncias dos países da coesão justificam aliás que tenham continuado a beneficiar do Fundo depois da adopção do euro, em 1999.

Não podia logo por isso ter acolhimento a sugestão feita por responsáveis de países mais ricos, de que fossem afastados os países que tivessem entrado na eurolândia. Em alguns casos continua a ser grande o seu atraso, sendo por isso indispensável promover a sua aproximação (no interesse da própria moeda única), continuando a haver uma grande exigência de rigor orçamental, imposta agora pelo Pacto de Estabilidade e Crescimento.

O afastamento do Fundo teria aliás a consequência paradoxal de castigar quem tivesse cumprido e pelo contrário premiar quem, com uma política de menor rigor, não tivesse preenchido as condições de passagem ao euro...

De nada adiantava dizer que é um mecanismo temporário. De facto é-o, mas na medida – única que faz sentido – de que deixa de se aplicar quando um país chega aos 90% da média comunitária (tal como já aconteceu com a Irlanda).

Por fim, para além destas razões substanciais é só por si decisivo *ler* o que está no Tratado, que diz que um país tem direito desde que esteja abaixo do 90% e cumpra as exigências de promoção da estabilidade, sem abrir nenhuma excepção. E o que está num Tratado é para cumprir, mesmo que num momento dado não seja do interesse e do agrado dos países mais poderosos (ver Porto, 1999a, pp. 46-7).

7. Os alargamentos que se avizinham

A análise das políticas da União Europeia tem de ter agora em conta os alargamentos que se avizinham, sejam quais forem o âmbito e a cadência com que se verifiquem.

---

[312] Sobre o papel do Parlamento Europeu procurando que fossem repostos valores mais elevados ver Porto (1994-6, p. 86).

Mesmo que numa primeira fase se trate de cinco ou seis países – mas veremos em 7.1 que pouco tempo depois deverão entrar outros – trata-se de um alargamento sem precedentes, não só pelo número como pelas características da generalidade dos países em causa: sem hábitos recentes de democracia política e de economia de mercado e com níveis de desenvolvimento claramente aquém dos que entraram antes (incluindo a Grécia e Portugal).

Têm sido muito sublinhadas alegadas dificuldades institucionais, defendendo-se que com as características actuais as instituições da União não estarão preparadas para um número tão grande de membros: podendo assistir-se por isso a uma paralisia no seu funcionamento.

Já assim se argumentou aliás antes do último alargamento, à Áustria, Finlândia e Suécia, tendo sido em especial muito grande a pressão dos países de maior dimensão no sentido de que tivesse sido precedido por uma reforma das instituições, visando a recomposição do seu protagonismo. E compreende-se que a pressão seja maior agora, quando se perspectivam alargamentos (mais vastos) fundamentalmente também a países de pequena e média dimensão (com as excepções próxima da Polónia e mais afastada da Turquia, que virá a ser o segundo país mais populoso da União...).

Os pontos seleccionados para a Conferência Intergovernamental que decorreu até à Cimeira de Nice, a 7-9 de Dezembro de 2000, eram de facto em grande medida nesta linha de preocupação[313], casos da reponderação dos votos do Conselho, da redução do número de comissários e da rotatividade das presidênciais; tendo-se ficado por uma alteração do peso dos votos e pela manutenção de um comissário por país até se chegar aos 27 membros.

São questões de grande delicadeza[314], real ou ampliada por quem exagera as suas dificuldades como 'argumento' a favor de

---

[313] Já a CIG anterior, de 1996-7, havia sido determinada basicamente pela preocupação de se dar resposta institucional ao alargamento a leste, mas nada ou quase nada se avançou a tal propósito (ver, entre muitos outros, o texto recente de Sedelmeier, 2000).

[314] Mantem-se estrategicamente em 'banho maria' a questão das línguas de trabalho, questão também delicadíssima, ficando prejudicado de um modo muito

alguma modificação que favoreça o seu país. Nestas lições continuamos contudo a cuidar apenas (ou fundamentalmente) dos pro-blemas económicos, assim acontecendo mais uma vez neste número. Mas não deixamos de sublinhar em particular que numa Europa 'de países' não é aceitável que algum deles não participe na Comissão, dadas as atribuições desta instituição, com o exclusivo da iniciativa legislativa e poderes muito amplos por exemplo na aplicação de sanções por violação do direito da concorrência: sendo possível separar uma Comissão a funcionar em pleno para a adopção das grandes decisões, incluindo comissários 'sem pasta', a par de um executivo 'mais restrito', com a participação rotativa de *todos* os países (ver Porto, 2000e). Em Nice foram dados de facto alguns passos procurando uma maior eficácia da Comissão.

7.1. *Os números dos alargamentos*

Estão actualmente sobre a mesa os pedidos de adesão de treze países. São dez países da Europa Central e Oriental, geralmente conhecidos por PECO's (trata-se dos três Estados bálticos, a Estónia, a Letónia e a Lituânia, que faziam parte da União Soviética; dos quatro países de Visegrado, a Polónia, a Hungria, a República Checa e a Eslováquia, e de dois países já balcanicos, a Roménia e a Bulgária, que constituíam antes – a República Checa e a Eslováquia como um só país – repúblicas populares, também sob domínio soviético; e ainda a Eslovénia, como república da Federação Jugoslava). Com pedidos anteriores estão o Chipre e Malta, tendo este último retomado o pedido de adesão, que esteve em suspenso. Mais recentemente temos o pedido da Turquia, depois da decisão surpreendente do Conselho de Helsínquia, em

---

especial no processo legislativo um país cuja língua deixasse de ser língua oficial. Com vários ensaios de reponderação dos votos no Conselho ver V. Maior e N.C. Marques (2000); ou, com uma análise geral das consequências institucionais do alargamento, Best, Gray e Stubb, ed. (2000, cap. II).

10-11 de Dezembro de 1999, onde foi decidido encetar negociações de adesão também com este país [315].

Pode prever-se que dificuldades políticas (de faltas de respeito dos direitos do homem) [316] e económicas obriguem a um protelamento maior da entrada da Turquia. Tratando-se aliás de uma candidatura recente, ainda não temos conhecimento de estudos sobre as implicações da sua entrada. Mas a dimensão do país, em termos espaciais e demográficos, o seu grau de atraso e a dependência de uma agricultura retrógrada dão-nos uma antevisão das dificuldades que se levantarão, em termos ampliados relativamente ao que será dito sobre os PECO's nos números seguintes.

Já Chipre e Malta, pela sua pequena dimensão e pelo seu alto nível de desenvolvimento, não levantam nenhum problema de índole económica.Trazem apenas acréscimos às objecções de índole institucional referidas atrás, exigindo naturalmente a mesma participação política (na Comissão, no Conselho ou ainda nos Tribunais) que o Luxemburgo, tendo dimensões superiores às deste país.

Os números de todos os países referidos, dando-se depois maior atenção aos PECO's, podem ser vistos no quadro seguinte (IV.25)

---

[315] Em termos contudo cautelosos, dizendo-se nas conclusões da Cimeira que assim acontecerá "com base no critério aplicado aos outros Estados candidatos", e acrescentando-se de imediato que o diálogo político de pré-adesão dará "enfase aos progressos no cumprimento dos critérios políticos para adesão, com relevo especial para a questão dos direitos humanos".

Num horizonte mais ou menos próximo poderão considerar-se ainda outros países, talvez mesmo todos os países da 'grande Europa' (cfr. Fitoussi, 2000, pp. 195-203).

[316] Ainda o recente *Rapport Regulier, 1999, de la Commisison Sur le Progrès Réalisé par la Turquie sur la Voie de l´Adhésion,* continuava a apontar falhas graves em vários domínios do respeito dos direitos humanos: do tratamento dos presos às condições das prisões, à liberdade de associação ou ao respeito das minorias (pp. 8 a 15).

QUADRO IV.25

	Área (1.000km²)	População (1000/hab.)	Densidade (hab./km²)	PIB per capita % EU - 15	Desemprego (%)	Inflação	Défice Orçam.
Estónia	45	1,4	32	36	4,0	8,2	0,0
Letónia	65	2,4	37	27	7,1	4,7	-0,8
Lituânia	65	3,7	57	31	6,0	5,1	-2,0
Polónia	313	38,7	124	39	11,5	11,8	-1,8
Hungria	93	10,1	109	49	9,0	14,3	-4,5
Rep.Checa	79	10,3	130	60	6,0	10,7	-5,0
Eslováquia	49	5,4	110	46	14,0	6,7	-6,0
Bulgária	111	8,3	75	23	19,0	22,2	-3,0
Roménia	238	22,5	94	27	9,0	59,1	-4,4
Eslovénia	20	2,0	100	68	14,0	7,9	-0,7
Chipre	9	0,7	78	77	3,3	2,2	5,0
Malta	0,3	0,4	1333	-	5,1	2,4	4,1
Turquia	775	63,4	82	32	6,4	84,6	2,8
Total	1.862,3	169,3	91				
UE –15	3.191,0	369,7	111	100	9,2	1,7	2,4

Fonte: Eurostat. Os dados são de 1998. Para 2000 estima-se que o PIB *per capita* seja (a preços correntes) de 23 214 euros na EU-15, de 13 238 euros nos países da coesão e de 3 089 euros no conjunto dos dez PECO's (estando mais próxima a Eslovénia, com um PIB de 8 926 euros *per capita*). Uma UE-25 teria um PIB *per capita* de 18 828 (tal como no quadro, trata-se de valores em paridade de poderes de compra, PPC, por isso mais favoráveis para os menos ricos).

7.2. *As razões determinantes*

A integração na União Europeia é desejada pelos PECO's em grande medida por uma razão política, vendo-se nela uma âncora de estabilidade e segurança que os porá a salvo do regresso a um regime totalitário e de menor bem-estar das populações. Trata-se de uma razão que havia sido importante também para as integrações da Grécia, da Espanha e de Portugal.

Além de serem maiores a estabilidade e a segurança políticas conseguidas com a integração, só com ela os países são participantes no processo legislativo que define o quadro por que estão quase totalmente determinados[317], bem como ainda no processo jurisdicional quando haja alguma violação. Não se satisfazem pois com a celebração de acordos de cooperação, como é o caso dos "acordos europeus"[318].

A democratização política não corresponde todavia a um desiderato apenas da população dos países candidatos; qualquer cidadão da União Europeia sonhava antes com a possibilidade da abertura dos PECO's, no interesse destes[319] e no interesse próprio, como factor de estabilidade e segurança europeias.

A Europa não pode além disso deixar de ser sensível ao reforço da sua posição geoestratégica, acrescida com o alargamento e o aprofundamento de um bloco formal onde há já um pilar dedicado à política externa e de segurança. Trata-se de razão que terá sido determinante na decisão inesperada de se dar início a negociações para a entrada da Turquia.

A estabilidade europeia não pode aliás desconhecer a situação dos países a leste dos PECO's (da ex-União Soviética), com dificuldades de diferentes naturezas. Não podendo pôr-se (pelo menos para já) a hipótese de integração, contribui para a sua

---

[317] Mais de 70% do comércio é feito com a EU, para não falar dos demais tipos de ligações.

[318] Trata-se de razão que pesou também naturalmente nos pedidos de adesão de outros países, mesmo de países mais desenvolvidos, como é o caso dos que vieram da EFTA (e à qual são naturalmente sensíveis os quadros políticos e empresariais da Suiça, país igualmente muito ligado à EU, não conseguindo todavia convencer a generalidade da população quando dos referendos).

Sobre a insatisfação em relação a acordos de associação ver o livro de Phinnemore (1999), com o título sugestivo, deixando adivinhar o seu conteúdo, de "association: stepping-stone or alternative to EU membership?"

[319] Costumamos dizer que seriamos julgados perante a história se por falta de solidariedade nossa houvesse uma reversão em países cujas populações estiveram durante meio século sujeitas a regimes ditatoriais.

estabilização uma proximidade maior das fronteiras da União Europeia.

Às razões políticas acrescem todavia razões económicas, também no interesse tanto dos países candidatos como no interesse do conjunto da União Europeia.

Por mais abrangentes que sejam os acordos de cooperação celebrados, há um acréscimo de oportunidades com a integração: em termos de acesso ao mercado, com o consequente estímulo à eficiência, em termos de atracção de investimentos público e privado, ou ainda por exemplo em termos de atracção turística, sector que poderá ser muito relevante em alguns dos países em causa. Assim acontece designadamente porque só com a integração podem ter a certeza de que não haverá recuos na abertura do comércio e dispôr-se de instâncias de defesa da concorrência, de todo a segurança, onde são participantes de pleno direito (casos da Comissão e dos Tribunais do Luxemburgo)[320].

Mas para a União a ampliação do seu espaço é também um acréscimo de oportunidades, em termos de colocação de produtos, serviços e inovação tecnológica, de relocalização de empresas, podendo investir-se em países mais próximos com mão-de-obra barata e razoavelmente qualificada, ou mesmo ainda em termos de obtenção de novas fontes de fluxos turísticos.

Deve sublinhar-se, além disso, que o mero efeito de estímulo à concorrência provocado por um mercado maior será um factor de fortalecimento da Europa, na linha da experiência tão favorável do mercado único de 1993. Trata-se naturalmente de efeito positivo tanto para os que são já hoje membros deste mercado como para os que a ele acedem.

Em particular, com a integração as autoridades podem 'resistir' melhor a pressões de grupos de interesse ou do eleito-

---

[320] Não podendo ainda a União usar contra eles os seus mecanismos de defesa, v.g. dos direitos de propriedade intelectual.

Como factor de confiança, pode dizer-se igualmente que só então os países associados " poderão contar com a permanência de um ambiente comercial similar ao da Comunidade" (ver Mayhew, 1998, p. 189 e S.Sousa, 2000, p. 92).

rado para não intervirem no sentido de reformas desejáveis mas com custos sociais. A experiência portuguesa mostra bem como a União Europeia é uma 'boa desculpa', dando-nos cobertura em políticas impopulares que devemos seguir (por exemplo no domínio orçamental, com o rigor que é exigido).

Alguns estudos foram já elaborados mostrando as vantagens gerais do alargamento: naturalmente com muito maior expressão, em relação aos PIB's actuais, para os PECO's do que para os membros da União. O mais completo foi um estudo de Richard Baldwin *et al.* (1997), com um modelo de equilíbrio geral, apontando para que o ganho dos PECO's seja de 18,8% e o ganho da EU seja de 0,2% do seu produto. Já um estudo de Brocker (1998), dando resultados nulos ou ligeiramente favoráveis para os países da UE, só dá resultados favoráveis para os quatro países do Visegrado, não para os outros seis PECO's, que perdem nas várias hipóteses consideradas de redução das barreiras às importações. Será de sublinhar ainda que o ganho geral para os países da União, constatado também em estudos de Gasiorek, Smith e Venables (1994) e do Office Français de Conjonctures Economiques (1997; cfr. Jesus, Silva e Barros, 1998, pp. 2-10), não havia sido apurado num estudo anterior, de Rollo e Smith (1993).

Para além do reconhecimento de uma vantagem geral é importante saber como se repartem os ganhos (ou as perdas, caso se verifiquem) entre os países da União Europeia, o que deverá (deveria...) ter consequências na distribuição dos encargos com o alargamento. Sendo grandes as oportunidades de mercado, constata-se que das exportações para os PECO's 50% são da Alemanha, 18% da Itália, 8% da França e apenas 0,34% de Portugal, valor muito abaixo do que nos cabe no conjunto das exportações da União: 1,22%. Em termos de investimento privado, determinado obviamente por melhores perspectivas de remuneração, constata-se também a participação privilegiada dos países mais ricos da União Europeia (cfr.de novo Jesus, Silva e Barros, 1998, p. IV.11). Por fim, serão ainda naturalmente esses países do centro da União Europeia a atrair a maior parte dos fluxos turísticos que crescerão nos PECO's.

No cálculo de Baldwin *et al.* há pouco referido (1997) por si só a Alemanha tem um ganho de 33,8%, seguindo-se a França com 19,3% e o Reino Unido com 14,1%; ou seja, estes três países ricos têm 67,2% (mais de dois terços) do ganho com a integração dos PECO's. Devido basicamente à concorrência acrescida no sector têxtil e de confecções (no estudo procedeu-se também a uma análise sectorial), o único país da União Europeia que fica a perder é Portugal, com uma perda 0,06 do seu PNB: sendo pelo contrário países mais ricos os que mais ganham em relação aos seus PNB's: 0,29% a Suécia, 0,24% a Alemanha, 0,22% o Reino Unido, 0,21% a França e 0,20% a Holanda). Nos demais estudos levados a cabo apura-se que Portugal só perde menos que a Grécia e a Irlanda, ficando a par da Irlanda (Rollo e Smith, 1993), que é o único país que nada ganha (Brocker, 1998), ou ainda que tem ganhos reduzidos,embora não sendo os ganhos menores (Gasiorek e Venables, 1994) analisando o impacto nos padrões de especialização dos países do Sul da Europa, com especiais dificuldades para Portugal, ver Coelho, 1999).

7.3. *As maiores dificuldade nas duas políticas principais*

Os alargamentos terão naturalmente implicações em todas as políticas, podendo distinguir-se, além da PAC e da política regional, por exemplo a política ambiental, dada a pouca atenção que lhe era dada nos países socialistas. A exigência imediata dos nossos padrões levantaria dificuldades enormes à sua competitividade, mas por outro lado a manutenção da situação actual, além de prejudicar os seus cidadãos, constituiria motivo de queixa para os nossos empresários, obrigados a despesas muito superiores (trata-se do *dumping ecológico* a que nos referimos na n. 24 da p. 279). Haverá pois que avançar aos poucos, com os apoios financeiros indispensáveis.

Curiosamente, apesar das diferenças entre os níveis salariais não se espera que se levantem problemas muito difíceis com a livre circulação de pessoas para os países da União Europeia. Segundo estimativas de Baldwin (1994, pp. 190-92), deslocar--se-ão dos quatro países de Visegrado (Polónia, República Checa,

Eslováquia e Hungria) entre 3,2 e 6,4 milhões de pessoas, para um espaço com cerca de 370 milhões. Levantar-se-ão apenas problemas localizados se estas pessoas se concentrarem em zonas urbanas sobrepovoadas de dois ou três países [321].

As maiores dificuldades levantam-se, sem dúvida, nas áreas da agricultura e do desenvolvimento regional.

7.3.1. As dificuldades com a PAC

Na agricultura levantam-se dificuldades enormes como consequência das diferenças existentes nos preços e nas condições de produção nestes países.

Tendo preços muito mais baixos a aplicação imediata da Política Agrícola Comum (PAC) teria repercussões intoleráveis no nível de vida das populações e no orçamento da União (cfr. Rehn, 1996). Pessoas com salários muito mais baixos não poderiam pagar os preços 'europeus'; e para manter o sistema de garantia do FEOGA o orçamento necessitaria de montantes muito avultados. De acordo com os cálculos feitos por Anderson e Tyers (1995), seriam necessários 37 600 milhões de euros só para os quatro países de Visegrado. Ou seja, só nestes quatro países seria preciso gastar mais do que o montante total gasto com todos os membros quando foi feito o estudo. Cálculos da Comissão Europeia (1995), pressupondo um esforço intermediário muito grande, apontam já 'simpaticamente' para valores muito mais favoráveis, com uma exigência de 12 000 milhões de euros no ano 2000, quando seria de 42 000 milhões para os membros actuais; valo-

---

[321] A este propósito será interessante lembrar a experiência da emigração portuguesa. Nas décadas de 60 e 70, quando o país não era membro e havia obstáculos legais à emigração, deslocou-se mais de um milhão de pessoas para os países da Comunidade Europeia. Mas um movimento sensível de deslocação já não teve lugar depois da integração, com a melhoria das condições económicas do país (não obstante os salários continuarem muito mais baixos) e sem dúvida como consequência de haver agora uma procura muito menor de mão-de-obra (*pull effect*) por parte dos principais países da Europa (v.g. da França e da Alemanha), com níveis elevados de desemprego.

res provavelmente não realistas e não confirmadas em outras análises [322].

---

[322] Referindo outros cálculos, com valores entre 4 e 55 mil milhões, alguns só para os quatro países de Visegrado e outros para os dez PECO's, cfr. Rehn (1996), Baldwin *et al.* (1997, p. 115), Rollo (1997) e S.Sousa (2000. p. 146). Tem de perguntar-se todavia que consideração podem merecer os últimos cálculos referidos no texto ou ainda os cálculos de Brenton e Gros (1992), que partem da hipótese obviamente irrealista de não haver ou quase não haver resposta na produção dos novos países, face aos preços mais elevados da PAC (chamando a atenção para esta variável ver por ex. Baldwin *et al.*, 1997, p. 152, embora no reconhecimento de que «the hard part is to guess how much CEEC farm yields would rise under the CAP»). Foi assim que se chegou ao valor de 4 mil milhões de ECU's para os quatro países de Visegrado.

Com a evolução recente dos preços e das políticas em cinco PECO´s, mas sem uma avaliação dos custos para o orçamento da UE, ver *European Economy* (1997, ou já 1996).

Numa linha estrutural, não podem deixar de ser resolvidos ainda problemas delicadíssimos de reconversão, com enormes implicações que podem 'adivinhar-se' com os dados do quadro IV.26:

QUADRO IV.26
Sector agrícola

	Percentagem do VAB	Percentagem do Emprego
Estónia	6,2	9,4 *
Letónia	4,7	18,8
Lituânia	11,1	21,0
Polónia	4,8	9,1
República Checa	4,5	5,5
Eslováquia	4,6	8,2
Hungria	5,9*	7,5
Roménia	17,6	40,0
Bulgária	21,1	25,7
Eslovénia	3,9	11,5
PECO´s	7,8	26,7
Chipre	4,6	9,9
Malta	2,8	1,8
Turquia	16,1	42,3
UE (15)	2,5	5,7

Fonte: Eurostat. Os dados são de 1998, com excepção do que têm um asterisco, que são de 1997.

Há pois uma grande diferença em relação à situação na União Europeia, na

É de julgar que se trata de um problema de uma dimensão tal que não pode ser resolvido através de transferências de outras categorias do orçamento actual. Dado que a agricultura e as acções estruturais (também exigidas pelos PECO's, como veremos em 7.3.2) representam 79,3% do orçamento (em 2000), ficam apenas 20,7% para todas as outras categorias (casos das políticas interna e externa e da administração), com despesas que de um modo geral não poderão ser reduzidas. Mas mesmo o total afectado a estas despesas (16 635 milhões de euros em 2000, já a preços de 1999) não seria (segundo julgamos) suficiente só para as despesas da PAC (ou só para as despesas de desenvolvimento regional).

De qualquer modo não faria sentido manter e alargar a aplicação de uma política (a PAC) com os elevadíssimos custos internos (de bem-estar, económicos e orçamentais) e externos (para as negociações internacionais) que vimos em IV.3.1.6.

A hipótese de termos dois regimes separados, a PAC actual aplicada aos membros actuais e outra política agrícola (ou nenhuma política) aplicada aos novos membros, seria uma solução totalmente inaceitável, por razões económicas e políticas[323], ficando como único caminho a seguir proceder a uma nova reforma da política agrícola, na linha da reforma de 1992 e da tímida reforma da Agenda 2000 (recorde-se do final de IV.3.1.7): prosseguindo-se na aproximação dos preços aos preços dos mercados mundiais, em

---

medida em que têm uma percentagem muito maior da população activa na agricultura (só os quatro países de Visegrado, principalmente devido à Polónia, têm neste sector mais pessoas do que a totalidade dos membros actuais da UE), vivendo com níveis de vida muito mais baixos.

Na Turquia a percentagem referida terá mesmo aumentado em 1998 ("à l'inverse de tendences récentes"), estando 40,9% da população activa nos serviços e tendo a percentagem no sector industrial baixado para 16,8% (ver o *Rapport Régulier 1999* ..., cit. p. 18).

[323] Mesmo por razões de ordem institucional. Num reparo jocoso de Baldwin, "colloquially, unpleasanteness is unavoidable when second class ticket holders have a say in what the first-class passengers are going to have for dinner" (1994, p. 196).

Poderá apenas haver derrogações, designadamente nos apoios do orçamento da União, mantendo-se entretanto apoios nacionais, tal como aconteceu durante um período tansitório quando da entrada de Portugal.

conjugação com o reforço da ajuda directa ao rendimento dos agricultores menos favorecidos e com a reestruturação e a reconversão das áreas rurais.

7.3.2. As dificuldades com a política regional

A aplicação aos novos membros da política regional da União impõe-se inquestionavelmente pelo seu nível de desenvolvimento (bem como naturalmente pelas suas perspectivas de melhoria), com um PIB *per capita* muito abaixo da média comunitária, como vimos no quadro IV.25).

Dado que todos os PECO's, de acordo com os critérios vigentes, serão regiões objectivo 1 (não obstante com a sua integração 75% do PIB vir a corresponder a um nível mais baixo), levantar-se-ão enormes dificuldades orçamentais. De acordo com uma estimativa inicial de Courchene *et al.* (1993: cfr. Baldwin, 1994) só os quatro países de Visegrado, a Roménia e a Bulgária receberiam 26 000 milhões de ECU's, ou seja, mais do que o montante total (22 190 milhões) dispendido pelos países membros no mesmo ano de 1993 (32 045 milhões em 2000, a preços de 1999); sendo depois ainda mais elevadas as estimativas de Slater e Atkinson (1995), de 31 mil milhões para os mesmos seis países (21 para os quatro de Visegrado) e da Comissão Europeia, de 38 mil milhões [324].

Estudos mais recentes começaram a 'sossegar'os países mais ricos. Assim aconteceu com um estudo de Marianne Jelved feito em 1996 para o Ministério da Economia da Dinamarca (mencionado por Grabbe e Hughes, loc. cit.), apontando de qualquer modo ainda para um custo de 14 a 20 mil milhões, bem como com o estudo já referido de Baldwin *et al.* (1997), considerando (neste caso) os cinco primeiros países 'escolhidos'(Estónia, Polónia, República Checa, Hungria e Eslovénia), o afastamento do objectivo 1 de regiões importantes (por ultrapassarem os 75% do PIB comunitário, sendo este limite agora rigidamente considerado,

---

[324] Trata-se de uma estimativa não oficial, referenciada no *Financial Times* de 23.10.1995 (cfr. Grabbe e Hughes, 1998, p. 40).

como vimos atrás), bem como determinados níveis de crescimento do conjunto da União (15) e dos países aderentes: chegando assim a uma estimativa de custos de 12,8 mil milhões de ECU's.

Trata-se de qualquer modo de montantes provavelmente abaixo dos que serão necessários para a política agrícola e correspondendo a uma política de primeiro óptimo, que leva à melhoria das condições de competitividade no conjunto da União. E as taxas positivas de crescimento calculadas e previstas para estes países são de molde a dar-nos razões de optimismo (quadro IV.27) [325].

QUADRO IV.27
Taxas de crescimento

	1995	1998
Estónia	5,0	4,8
Letónia	1,0	3,6
Lituania	3,0	5,1
Polónia	5,9	5,0
República Checa	3,8	-2,3
Eslováquia	5,6	4,4
Hungria	1,5	5,1
Roménia	4,0	-7,3
Bulgária	2,0	3,4
Chipre	5,8	5,0
Malta	6,2	4,1
Turquia	7,2	2,8

Fonte: Eurostat

Não pode todavia deixar de ter-se presente que é muito grande a distância que separa estes países dos países da União Europeia (havendo além disso casos recentes de recessão e recuo). Num cálculo semelhante ao que foi feito por Grahl e Teague em relação aos países membros da 'coesão' (1990, referenciado já n. 301 p. 453), pressupondo que a União crescesse 2% ao ano,

---

[325] Embora estejam ainda elevados (recorde-se do quadro IV.25, p. 465), tem havido também uma redução sensível dos níveis de inflação.

seria o seguinte o número de anos necessários para que os países de Visegrado e a Eslovénia alcançassem 75% da média dos países membros (quadro IV.28):

QUADRO IV.28
Anos necessários para que os países de Visegrado e a Eslovénia cheguassem a 75% do rendimento médio da EU-12

	3% de crescimento	4% de crescimento	6% de crescimento
República Checa	28	21	14
Hungria	35	26	18
Eslováquia	51	39	26
Polónia	44	33	22
Visegrado (4) média	40	30	20
Eslovénia	15	11	8

Fonte: Baldwin (1994, p. 168)

Como se disse, a sua integração colocará os 75% num nível mais baixo do que o actual. Mas têm de qualquer modo à sua frente um caminho longo e difícil, sendo inclusive duvidoso que consigam manter taxas de crescimento superiores às dos demais (mesmo ligeiramente superiores).

Acresce que não é grande apenas a distância do conjunto destes países em relação aos países de UE, são também muito grandes as distâncias entre si e entre os seus espaços regionais. Acontece aliás que se trata de países sem a tradição de estruturas regionais ou mesmo de desenvolvimento regional, estando alguns deles a dar agora os primeiros passos neste domínio, numa caminhada que será todavia difícil e demorada (ver por exemplo alguns dos estudos em Tang, ed., 2000).

7.4. *A insuficiência dos recursos orçamentais*

Temos assim dificuldades de uma União cujo orçamento representa apenas 1,13 do PNB total, não podendo ultrapassar

1,27%, de acordo com o que está definido (previsivelmente 1,09% em 2006, havendo alargamento a seis novos países e não se utilizando a "margem para imprevistos").

Não pode por consequência comparar-se este orçamento com o orçamento de um estado federal: e não deve de facto sê-lo, dada a natureza política muito diferente da União, podendo mencionar-se ainda o facto de o Tratado de Maastricht ter vindo generalizar o princípio da subsidiariedade[326]. Mas mesmo num quadro político e económico correcto tem que ter lugar alguma mudança se queremos receber membros novos sem prejuízo do processo de integração.

Tal como foi sublinhado há pouco, não podem ser reduzidas as verbas de outras categorias, as quais de qualquer modo não seriam suficientes – todas elas – para financiar as políticas agrícola e regional.

No que respeita à PAC, ainda que haja uma reforma desejável são necessários montantes importantes para manter o rendimento dos agricultores e promover o desenvolvimento rural, não só nos membros actuais como também, numa medida maior, nos novos membros.

Por outro lado, numa política de primeiro óptimo são necessários montantes importantes para o desenvolvimento regional (bem como para outras melhorias estruturais). São necessários para os membros actuais, que continuam a requerer um maior equilíbrio em relação aos demais e entre as suas regiões, sob pena de poder ficar comprometido o próprio processo de união económica e monetária (vimo-lo em IV.4 e em IV.6.4). Mas é naturalmente muito maior a necessidade com o alargamento, abrangendo países muito mais atrasados.

Há de facto um *trade-off* entre aprofundar e alargar se o orçamento da União se mantiver no nível actual. E sendo assim não há dúvida de que deve ser dada preferência ao aprofundamento,

---

[326] Não pode ser designadamente aceite uma sugestão na linha da que foi feita alguns anos atrás no Relatório MacDougall (Comissão Europeia, 1977), no sentido de se dispor de um orçamento correspondente a 5-7% do PIB total.

mesmo no interesse dos países terceiros (designadamente dos países da Europa Central e do Leste), na medida em que passa pela força da Europa, v.g. como mercado comprador e financiador, a possibilidade de ser promovido o seu desenvolvimento.

Vários 'cenários' podem ser considerados na estratégia a seguir nos alargamentos (cfr. Mayhew, 1998, pp. 180-5 e cap. 11, e S. Sousa, 2000, pp. 140-4), mas alguns deles 'esbarram' não só com a escassez de recursos da União como também com a exigência de adicionalidade e absorção de verbas da parte dos PECO's, com poucos recursos para fazerem face às suas necessidades.

Podemos ter a noção destas dificuldades verificando que a atribuição a esses países de um valor semelhante aos 289 euros *per capita* do II QCA implicaria a afectação só a eles de 51 a 85% dos fundos estruturais, 17 a 28% do orçamento da União Europeia. Mas o problema não é só para a UE, é também para os novos membros, designadamente com a exigência de adicionalidade e independentemente dela com as dificuldades de absorção ilustradas pelo quadro seguinte (IV.29), pressupondo a aplicação das regras actuais:

QUADRO IV.29

	Fundos Estruturais	Transferências da PAC	Total	%PIB
Polónia	12 555	9 600	22 155	22
Rep. Checa	3 398	2 100	5 498	18
Eslováquia	1 749	700	2 499	24
Hungria	3 339	2 200	5 339	17
Roménia	7 482	6 200	13 682	56
Bulgária	2 929	1 700	4 692	29

Fonte: Rollo (1997, p. 265). Considerando apenas os fundos estruturais, num quadro com os dez PECO's, ver Grabbe e Hughes (1997, p. 41).

Trata-se obviamente de situações incomportáveis, que não podem comparar-se – nem seria preciso dizê-lo – à dos novos *länder* quando da unificação alemã. Houve aqui uma afectação de verbas correspondente a 40% do seu PNB, mas num quadro de apoio nacional, de um país riquíssimo e mesmo assim com enormes custos sociais, situação que não pode repetir-se em relação aos países candidatos à adesão.

Só será pois realista considerar soluções intermédias, não tendo designadamente os PECO's, dadas as suas circunstâncias de atraso estrutural e falta de tradição de integração em economias de mercado e abertas, a capacidade de absorção dos actuais 'países da coesão', que absorvem como vimos no quadro IV.14, p. 395, quando muito 4% dos seus PIB's (caso da Grécia).

Trata-se naturalmente de capacidade que vai aumentando ano a ano, com o crescimento (recorde-se do quadro IV.27, p. 474) e com a adaptação estrutural das suas economias.

Pode por isso admitir-se que seja realista o que está previsto nas Perspectivas Financeiras, que os seis primeiros aderentes (os cinco PECO's e Chipre) disponham a partir de 2002 de verbas que, nos termos das Perspectivas Financeiras, passarão dos 6,42% do total do orçamento da UE nesse ano para 15,62% em 2006 (16 760 milhões de euros) [327].

Mas ficando talvez resolvido assim satisfatoriamente e de um modo realista o problema destes países, acentuar-se-á uma desigualdade dificilmente aceitável em relação aos outros cinco PECO's. Ficarão aliás numa situação de especial desvantagem em relação aos primeiros escolhidos, não só no plano orçamental como no plano das oportunidades do mercado (recorde-se o que dissemos atrás e cfr. A.C. Lopes, 1998) [328].

Podemos pois dizer, face à intransigência dos responsáveis políticos da Europa ao fixar a 'intagibilidade'do limite de 1,27%

---

[327] Defendendo uma solução progressiva deste tipo ver S.Sousa (2000, pp. 140ss).

[328] A propósito da situação de desigualdade em que ficam no plano orçamental Ludlow (1997-8, p.3) recorda a frase da Bíblia: "to him who has, yet more will be given". E acrescenta os números: "Once inside the European Union, the five new member states from central and eastern Europe should, in the Commission's view, have access to funds twice as large as those reserved for the five outsiders during the first membership year. By 2006, countries in the first wave would have been receiving about 170 ecu per head, while those who waited outside were to receive only 23 ecu per head" (não citando todavia números que possam fundamentá-la, é mais agradável a perspectiva de Mingasson, 1998, p. 4, dizendo que "on les y aiderait d´ailleurs en les faisant pleinement bénéficier de la stratégie de préadhésion").

dos PIB's, que não cuidaram de saber se se tratava dos meios mínimos indispensáveis à boa realização do projecto em curso (ou, o que é mais grave, assim fizeram, sabendo que não seria de facto suficientes...). De nada valeu a posição do Parlamento Europeu com a aprovação do relatório de Colom I Naval[329], tendo esse limite ficado consagrado na recente Cimeira de Berlim[330].

Nas circunstâncias existentes poderia ser economicamente mais favorável adiar o alargamento, explorando-se, com menores encargos financeiros (v.g. com a PAC), as oportunidades oferecidas pelos acordos já celebrados. Seria talvez mesmo uma solução a médio prazo mais favorável para os candidatos, por não serem assim forçados a aceitar regras da EU para que não estarão ainda preparados e poderão causar-lhes embaraços, ou preços agrícolas muito elevados. E, por fim, não seria caso único de demora num processo negocial, podendo lembrar-se que o processo negocial de Portugal, tendo um nível de desenvolvimento e uma estrutura produtiva (de mercado) muito mais próximos dos dez membros de então, demorou 9 anos e 8 meses (cfr.).

Não podendo todavia fugir-se ao alargamento, face à pressão política que se verifica, com a justificação que vimos atrás, estamos de facto face à "quadratura do círculo", com a intransigência de países mais ricos em alargar o seu contributo orçamental[331], de nada adiantando a boa vontade expressada pelo então Director-Geral dos

---

[329] Na sessão plenária de 4 de Dezembro de 1997 (com a nossa declaração de voto ver Porto 1999a, pp. 101-2; e numa apreciação geral de falta de ambição da Agenda 2000 já 1998a).

[330] Nada adianta pois a curto e médio prazos, face ao facto consumado com a aprovação das actuais Perspectivas Financeiras, a afirmação da Agenda 2000 (1997, p. 74) de que "na hipótese e no momento em que a União tenha de aumentar os seus recursos financeiros para além do actual limite máximo de 1,27% do PNB, poderá prever-se uma reforma mais importante. Neste caso, será possível reexaminar toda a estrutura do sistema dos recursos próprios" (ver ainda F.S. Costa, 1998, p. 21).

[331] Para um alargamento com o qual terão aliás um grande benefício económico, a médio e longo prazos, como vimos em IV.7.2.

Um aumento orçamental que venha a fazer-se não pode além disso deixar de ter em conta a origem dos recursos, por forma a evitar-se a acentuação da distribuição regressiva que referimos também atrás (em IV.4.4.3).

Orçamentos, Mingasson (1998, p. 13), com a afirmação feita, "avec un certain manque de modestie", de se ter conseguido "la quadrature du cercle en proposant de concilier: le financement des premiers coûts de l'élargissement, le maintien de l'effort de solidarité en faveur des pays de la cohésion, enfin, la maîtrise des finances publiques communautaires". Não é de facto mantido, longe disso, o esforço de solidariedade a favor dos países da coesão.

Não podemos pois por tudo isto, incluindo naturalmente as dificuldades institucionais, deixar de ter sempre presentes as palavras de Jacques Delors numa sessão plenária do Parlamento Europeu: "um alargamento mal feito poderá ser o fim da União Europeia".

8. A União Europeia face ao exterior. A tendência actual para a formação de blocos regionais

8.1. *Introdução*

Num mundo interdependente a União Europeia não pode deixar de ser sensível às suas relações com o exterior.

A história dos últimos quinhentos anos foi aliás fortemente determinada pela expansão de diferentes países europeus, começando com a abertura de horizontes proporcionada pelos descobrimentos portugueses [332] e tendo perdurado com a 'presença' europeia em diferentes zonas de influência (com a perda de importância por seu turno de algumas civilizações milenárias).

Já neste século países de outras áreas do globo foram ganhando também uma grande importância, não deixando contudo a Europa de continuar a ser uma área de relevo primordial a nível mundial [333].

---

[332] Embora não acompanhando o seu conteúdo, julgamos significativo o título de um livro recente de um autor francês, Gerard Vindt (1999-8): *A Mundialização. De Vasco da Gama a Bill Gates*.

[333] Neste século a par dos Estados Unidos. Trata-se todavia de relevo que se desvanecerá, num mundo de fronteiras necessariamente abertas, se não formos capazes de competir a nível mundial.

De facto, só a União Europeia com os quinze membros actuais constitui um dos dois maiores espaços económicos do mundo, com um PIB semelhante ao da NAFTA[334]; com um mercado acrescido por países vizinhos também de grande relevo, incluindo os países da EFTA (com alguns dos quais é formado o Espaço Económico Europeu) e os países ex-comunistas da Europa Central e

---

[334] É o seguinte o peso dos maiores 'blocos' do mundo (quadro IV.30):

QUADRO IV.30

Blocos	PIB(1)	N.º países	Área(2)	Popul.(3)	PIB *Per capita* (4)
NAFTA	8 852	3	21,293	400,4	22 108
União Europeia	8 330	15	3,1191	369,7	22 135
Japão	4 089	1	0,378	126,3	32 350
MERCOSUL	1 112	4	11,911	210,0	5 295
China	924	1	9,597	1255,7	736
ASEAN (5)	554	7	3,387	443,2	1 250
Índia	427	1	3,288	982,2	435
Austrália	387	1	7,741	19,0	20 368
Rússia	332	1	17,075	147,4	2 388

(1) Milhares de milhões de dólares (EUA)
(2) Milhões Km^2
(3) Milhões de habitantes
(4) Dólares
(5) Os valores do Brunei (cfr. *infra* p. 491) são de 1995; sendo todos os demais de 1998

Fonte: Banco Mundial, *Entering the 21st Century,* World Development Report 1999/2000 (ver tb. The Economist (Pocket), *World in Figures*, 2001 edition)

Constata-se assim a perda de posição da Rússia (a par de outros países da antiga União Soviética) e a subida de posição de países como a China e a Índia (compara-se com Porto, 1997, p. 444; numa comparação dos EUA com a UE ver R. Cordeiro, 1998).

Distinguindo por países será de sublinhar o 'peso' dos 'quatro grandes' da União Europeia, ocupando os quatro lugares a seguir ao Japão, qualquer deles acima da China. A este país segue-se o Brasil, só por si com 768 milhões de dólares (4 630 dólares *per capita*), acima do Canadá (com 581 e 19 170, respectivamente) e da Espanha (com 555 e 14 100), que vêm logo a seguir, ou ainda por exemplo com mais do dobro que o México, que tem 368 milhões de dólares de PIB (3 840 dólares *per capita*).

Oriental (os PECO'S), que começaram a ter taxas de crescimento muito promissoras (vimo-lo há pouco) e têm já hoje connosco uma ligação especial, através dos 'Acordos Europeus'.

Para além deste peso é de assinalar a especial abertura dos países europeus, levando a que seja ainda mais significativo o seu relevo no comércio mundial: com 39,8% das exportações totais em 1994, 24,7% intra-UE e 15,1% extra UE, quando os Estados Unidos da América tinham 11,9, o Japão 9,2, o Canadá 3,8 e a EFTA 5,5% (cfr. Dent, 1997, p. 169).

Tem por isso a Europa especiais responsabilidades e interesses no plano internacional[335], não podendo deixar de seguir com grande atenção a criação agora em curso de blocos importantes em outras áreas do mundo[336].

8.2. Blocos 'formais' e blocos 'informais'

No quadro actual podem distinguir-se os *blocos formais*, resultantes de acordos celebrados e dispondo de estruturas institucionais mais ou menos complexas, dos *blocos informais*, resultantes de meras relações de mercado.

Numa terminologia que tem vindo também a ser consagrada, trata-se em boa medida de distinguir entre *policy-led blocs* (*blocs induits par la politique*) e *market-led blocs* (*blocs induits par le marché*)[337].

Incluem-se na primeira categoria, com maior ou menor formalização, a União Europeia, o MERCOSUL e a NAFTA; e na

---

[335] Sem que tal signifique a 'westernization of the worl' (Latouche, 1996), com a imposição dos nossos valores e uma consequente homogeneização segundo os nossos padrões...

[336] Simultaneamente com a formação de blocos de nações têm vindo a ganhar relevo os espaços sub-nacionais e as relações que se estabelecem directamente entre si, v.g. através de empresas multinacionais (cfr. Ohmae, 1995 e a recensão em Calvete, 1996).

[337] Ver por ex. Cable (1994, pp. 7-8) e OCDE (1996b, pp. 25-33), respectivamente (sobre uma maior ou menor intervenção na organização de um espaço de integração recorde-se de III.1.3, pp. 215-6).

segunda o bloco asiático ou o espaço europeu para além da UE e do EEE [338].

8.3. A situação nos anos 60 (o 'primeiro regionalismo')

Não é todavia de agora o começo da formação de blocos regionais; que remonta a séculos anteriores, com evoluções muito diferentes (incluindo casos de insucesso quase imediato ou pelo contrário 'sucessos' que acabaram por culminar com a formação de novos países, como foi o caso da Alemanha, na sequência do *Zollverein* (recorde-se de III.1.1, p. 210).

Mas um período novo, de assinalável importância, é constituído pelas duas décadas que se seguiram à 2.ª Guerra Mundial, com a formação de blocos na Europa e em outras áreas do mundo, designadamente na América Latina, em Africa ou ainda na União Soviética e países da sua área política (tratou-se de um movimento em que não se inseriram os Estados Unidos da América, o país mais poderoso do mundo, empenhado então apenas no processo de abertura e multilateralização promovido pelos mecanismos do GATT) [339].

---

[338] Em IV.8.4 serão feitas referências breves a estes e a outros espaços (alguns foram aliás já referidos atrás, em III.1, pp. 209 ss.).

[339] São duas as vias principais proporcionadas pelo GATT (acordo que, como se sabe, está integrado agora na OMC).

Uma delas é a da 'cláusula da nação mais favorecida', consagrada no art. 1.º, de acordo com a qual um benefício alfandegário proporcionado por um país a outro signatário se estende de imediato a todos os demais (cfr. L.P. Cunha, 1996, pp. 5-6). Sendo assim, estando no seu seio membros de espaços de integração (por ex. da UE) entre os quais o comércio é livre, de acordo com tal cláusula haveria já comércio livre entre todos os participantes do GATT. Julgando-se todavia desejável que se verifique a formação destes espaços (v.g. de uniões aduaneiras ou zonas de comércio livre), na linha do que diremos adiante, é o próprio GATT que os admite, nos termos e nas condições do art. 24.º, como excepções ao art. 1.º.

A outra via de intervenção é a das negociações multilaterais (*rounds*, ou 'rodadas'), nas quais se sentam à mesma mesa todos os participantes no Acordo e se negoceia um abaixamento geral de restrições.

Nesta linha foi importante o papel desempenhado pelos *rounds* anteriores (de Genebra, 1947, Annecy, 1949, Torquay, 1950, Genebra, 1956, Dillon, 1961-2,

Passado pouco tempo começou a constatar-se todavia a debilidade da generalidade dos movimentos, assumindo-se o movimento europeu como o único que, não obstante algumas dificuldades (mesmo hesitações) nos anos 70, se foi afirmando a nível mundial.

8.4. A tendência actual (o 'segundo regionalismo')

Compreende-se neste quadro que o êxito europeu tenha sido de grande influência na formação de novos blocos, determinados pelo objectivo de contrabalançarem o 'peso europeu' e/ou de, independentemente disso, seguirem o 'bom exemplo' da nossa organização [340].

Como facto novo e de grande relevo aparecem os Estados Unidos a participar num bloco formal, a NAFTA [341] (ainda na APEC, não sendo além disso claros os seus desígnios em relação às demais 'Américas'). Com a conversão deste país ao regionalismo constata-se aliás que entre os membros da Organização Mundial do Comércio (antes do GATT) apenas Hong-Kong, o Japão e a Coreia do Sul não notificaram até hoje a participação em nenhum movimento de integração (a APEC não foi notificada).

Kennedy, 1962-7 e Tóquio, 1973-9), sendo todavia de salientar o significado muito especial do último *round* (Uruguai, 1986-93), conforme teremos ocasião de sublinhar em IV.8.8.

[340] Tendo-se naturalmente em consideração as especificidades próprias de cada área.

Sobre a 'economia política' dos blocos regionais, mostrando as razões de fundo que os determinarão, ver Robert Baldwin (1996) e P. Lévy (1997).

Tendo especialmente em conta a evolução mais recente Benaroya (1995) fala em 'vagas de integração' (ver também Bhagwati, 1992, Bourguinat, 1993, os arts. de G.O. Martins e A. Vasconcelos, C. Lafer e C. Fonseca, A. Ferrer e A. Castro e F. Cardoso em IEEI, 1995 e J.R. Silva, 1996b, pp. 22-3).

[341] Tendo sido percursora, é interessante lembrá-lo, a formação em 1985 de uma zona (área) de comércio livre entre os Estados Unidos e Israel, constituindo um caso curioso de espaço de integração com grande afastamento geográfico (bem maior de que na EFTA…) entre as suas partes (ver Rosen, 1994; sendo substancialmente diferente e de qualquer modo posterior o caso da APEC).

Do significado da evolução recente é bem ilustrativa a figura seguinte (Fig. IV.9), com as notificações feitas nos termos do referido art. 24.º (sendo naturalmente em muito maior número as zonas de comércio livre do que as uniões aduaneiras)[342].

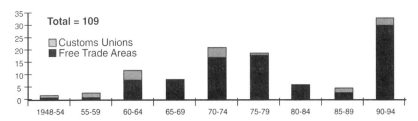

Fonte: Serra *et al.* (1997, p. 6), com dados da OMC (ver também Banco Mundial, 2000, p. 2).

Com o alargamento dos espaços de integração aumenta compreensivelmente o desejo de adesão de quem está de fora, ou, talvez melhor, o receio de perda de oportunidades comerciais[343]. Além do caso europeu é agora bem claro o caso do MERCOSUL, a suscitar pedidos de adesão de quase todos ou mesmo de todos os países da América do Sul.

Não podendo naturalmente referir-se aqui com pormenor as características de cada 'bloco', justificar-se-á que demos algumas indicações sobre as perspectivas gerais que poderão estar a abrir-se.

8.4.1. Os círculos 'concentricos' na Europa

Sendo a União Europeia o elemento central no nosso continente, a evolução futura do 'bloco' europeu dependerá em grande medida da maior ou menor adesão que se verifique e dos acordos

---

[342] Cfr. também Hoekman e Kostecki (1996, pp. 213-131) e Sapir (2000). Dos 109 acordos notificados entre 1948 e 1994 33 foram-no depois de 1990

[343] As adesões vão-se dando com frequência por 'efeito de dominó', na expressão de Richard Baldwin (recorde-se a n. 4 p. 211).

que forem celebrados com os países que ficam de fora (ver Lawrence, 1996, cap. 5).

Em relação aos países da EFTA é muito grande a integração que se verifica: tanto em termos 'formais' como em termos 'informais'.

Está nas primeiras circunstâncias o Espaço Económico Europeu, tendo os países da EFTA que o integram (a Noruega, a Islândia e o Lichtenstein) aceite a totalidade do *acquis communautaire* (mesmo a jurisdição comunitária), havendo assim não só um mercado comum como também um mercado único, embora sem que haja uma união aduaneira [344].

Em relação aos países da Europa Central (ex-membros do COMECON), com uma rápida e progressiva integração das suas economias com a economia da União Europeia [345] numa clara integração 'informal', são relevantes os acordos de associação celebrados (Acordos Europeus). Mas o desejo da generalidade destes países e dos nossos responsáveis é a sua integração (no momento oportuno e nas condições adequadas, como vimos em IV.7), além do mais por razões políticas, de garantia de manutenção das suas democracias.

Não deixarão ainda de abrir-se outras hipóteses de integração a médio ou longo prazo (teoricamente a todos os países democráticos do nosso continente), a par do estreitamento das ligações económicas que continuará a verificar-se entre o conjunto dos países da 'grande Europa'.

---

[344] O que, como vimos atrás (n. 10 p. 214), levanta problemas interessantes nos planos prático e teórico.

[345] Sendo de 18% em 1960 passou para 53% em 1994 o seu comércio com a UE (Kol, 1996).

Trata-se de países com direitos baixos em relação ao exterior, ainda de 9,9% na Polónia mas já de 3,8% na República Checa e na Eslováquia (com 11 a 21% das importações e não serem tributadas): ver Barthe (2000, p. 28) e recorde-se, da n. 227 p. 408, os valores (de maior abertura) da UE.

Numa linha mais política as relações com o norte de África são consideradas por A. Moreira (1999).

8.4.2. A NAFTA

Na sequência da CUSTA, uma zona de comércio livre formada em 1988 pelos EUA e o Canadá, em 1994 veio a ser formada a NAFTA, englobando ainda o México.

O seu relevo é enorme no plano mundial, acrescendo ao peso económico e comercial a clara prevalência de um dos seus membros, os EUA, nos planos político e militar [346].

No plano económico, a que nos circunscrevemos nestas lições, um grande motivo de interesse é constituído pelo facto de ser formada por países de dimensão e avanço económico muito diferentes. Fica a dúvida sobre se estes desequilíbrios serão de molde a comprometer ou pelo menos a que se fique aquém dos efeitos favoráveis que têm estado associados aos movimentos de integração em espaços mais equilibrados [347].

Constitui além disso um espaço cujo significado dependerá dos alargamentos e/ou das associações que venham a ter lugar. Não se prevendo agora a adesão de nenhum novo membro (foi hipótese que chegou a ser considerada pelo Chile), estará em causa saber se virá a formar-se um grande espaço em toda a América, na sequência da 'Iniciativa para as Américas' do Presidente Bush (1990) [348], ou por exemplo se prevalecerá um alargamento e/ou um

---

[346] Sobre as razões determinantes e as perspectivas da NAFTA ver, entre muitas outras, as referências recentes de Moon (1996, pp. 134-48).

[347] Trata-se de problema considerado em Georgakopoulos, Paraskedopoulos e Smithin, ed. (1994). Sobre os efeitos de bem-estar na NAFTA ver por ex. Klein e Salvatore (1997).

É muito sensível a diferença de abertura em relação ao exterior dos Estados Unidos (recorde-se da n. 227 p. 408) e do Canadá (com impostos alfandegários em média de 4,8%, não sendo tributadas 39% das importações), por um lado, e do México, por outro (média de direitos de 33,7%, só com 1% das importações sem tributação): ver de novo Barthe (loc. cit.).

[348] Ver por ex. Bouzas e Ros, ed. (1994), Gudiño (1995), Hinojosa-Ojeda (1996) ou, numa perspectiva menos económica, Manzano (1997). Na sequência da Iniciativa para as Américas, em Novembro de 1994 foi mesmo estabelecida uma data, 2005, para a criação de uma área de comércio livre em todo o hemisfério (pondo reservas na perspectiva dos países da América Latina e julgando mais

aprofundamento das ligações dos EUA e do Canadá à Ásia e ao Pacífico no seio da APEC (ver IV.8.4.4)[349].

8.4.3. O MERCOSUL (e a América Latina)

Formado por quatro países do sul da América Latina (a Argentina, o Brasil, o Paraguai e o Uruguai), é muito mais integrado do que a NAFTA (em termos institucionais, v.g. sendo uma união aduaneira e um mercado comum), mas constitui um espaço em que são também grandes as diferenças de desenvolvimento e principalmente de dimensão.

As diferenças de dimensão dificultarão aliás o aprofundamento institucional, sendo designadamente difícil a formação de um Parlamento ou de um Tribunal quando um dos países tem cerca de 166 milhões de habitantes, um outro cerca de 36 milhões e os outros dois cerca de 5 e 3 milhões. Com uma representação mais ou menos proporcional a participação destes não teria significado e uma participação paritária levaria a uma subrepresentação inaceitável dos cidadãos do Brasil, com uma população quatro vezes superior à dos outros três em conjunto (cfr. Porto, 1994b, p. 137).

Põe-se deste modo um problema de desequilíbrio (é muito menor na União Europeia, havendo mais países e não chegando o país mais populoso, a Alemanha, a ter um quarto da população total)

---

favorável para eles uma aproximação à Europa ver Panagariya, 1996; ficando em causa, pois, a perspectiva 'americana' de Yeats e outros autores referida e comentada *infra* na n. 350).

[349] Sendo de perguntar naturalmente ainda quais serão as perspectivas de uma maior aproximação (que nos parece de interesse prioritário) no Atlântico Norte, em especial entre os Estados Unidos e a União Europeia, através da eventual criação de uma *Transatlantic Free Trade Association* (TAFTA): ver Devuyst (1990), B. Lévy (1994), Stokes, ed. (1996; cfr. Calvete, 1996), Peterson (1996), Guay (1999) ou, numa linha mais política, Wiener (1996), Heuser (1996) e Gambert e Larabee (1997); podendo citar-se ainda iniciativas como as da Transatlantic Policy Network (TPN), englobando empresários, políticos, quadros das administrações e académicos. Para além do interesse económico, são de referir as ligações de mercado que não devem deixar de estar na base de uma comunidade de defesa (a NATO).

que justifica que a via a seguir tenha vindo a ser a da inter-governamentalidade. A experiência dos anos decorridos tem sido muito positiva, com a obtenção de resultados que não seriam talvez esperados pelos mais optimistas. Fica todavia a questão de saber se poderá continuar a avançar-se assim no processo de integração.

Do êxito conseguido é ilustrativo o acréscimo do comércio intra-MERCOSUL, que mais do que duplicou logo entre 1990 e 1993, com uma progressão claramente maior do que em relação aos demais espaços[350].

---

[350] Enquanto o aumento intra-MERCOSUL foi de 143%, foi de 55% em relação à América Latina e de 16% em relação ao resto do mundo; tendo o primeiro aumentado 3,4 vezes até 1995 e passado de 8,9% do comércio total em 1990 para 24.9% em 1998 (cfr. M.M. Moreira, 2000 e Medeiros, 1999b, respectivamente). Com dúvidas em relação à evolução mais recente ver Soloaga e Winters (1999).

Recentemente Yeats (1996-8) veio fazer uma avaliação desfavorável do MERCOSUL, na linha aliás de posições anteriores (em artigos em colaboração) de defesa de 'um grande espaço americano' sem sub-espaços no seu interior: ver por ex. Ezran e Yeats (1992), Braga e Yeats (1992) e Braga, Safadi e Yeats (1996; bem como outras referências aqui feitas, designadamente Braga, 1990 e 1994).

Na sua avaliação Yeats considera apenas efeitos de desvio de comércio e efeitos estáticos, não efeitos de criação de comércio e efeitos dinâmicos. Por outro lado, é especialmente sensível à circunstância de o aumento de comércio intra-MERCOSUL ter sido em grande medida com produtos, caso dos automóveis, em que os países-membros 'não deveriam' ter vantagem comparativa face a terceiros mais industrializados (numa indicação intuitiva ou/e de acordo com um índice estático de 'vantagem comparativa revelada').

Mas além da importância que não pode deixar de ser atribuída à existência de efeitos de criação de comércio e de efeitos dinâmicos, importa referir que a circunstância de ter aumentado mais o comércio intra-bloco do que o comércio extra-bloco (referimo-lo a seguir no texto) não é relevante num sentido negativo. Trata-se de circunstância compreensivelmente comum à generalidade dos blocos, sendo antes de admirar que se verificasse a evolução contrária (ver infra IV.8.5.2).

Ninguém defenderá que a formação de um bloco seja uma solução de primeiro óptimo, que só existirá com o comércio – livre mundial (recorde-se de III.4). O que importa saber, isso sim, é se com ele não aumenta o proteccionismo em relação à situação anterior, podendo ser a forma de se caminhar, desejavelmente, no sentido de um comércio mais aberto (com uma crítica dura do estudo de Yeats ver Flôres, 1996a; bem como os resultados bem diferentes deste autor, 1997, ou de novo o juízo positivo de Paraganiya, 1996, referido já na n. 348).

O êxito conseguido tem levado aliás a uma vontade de integração no MERCOSUL de países que há poucos anos estariam longe de encarar tal hipótese. Tem sido, com avanços e recuos, o caso do Chile (passada uma maior atracção pela NAFTA) e é agora, expressada formalmente, a vontade dos países da Comunidade Andina (depois de se terem verificado manifestações isoladas de interesse, na Cimeira de Trujillo, em 10 de Março de 1996, foi decidido que as negociações passassem a ser feitas em bloco, entre Comunidade Andina e o MERCOSUL)[351].

Assim acontece da parte de um bloco formal (formado pela Bolívia, Colombia, Equador, Peru e Venezuela) com as várias instituições em funcionamento (incluindo um Parlamento e um Tribunal), o que não acontece (ainda) no bloco (o MERCOSUL) em que os seus países querem integrar-se.

São já diferentes pela sua situação geográfica (e económica) muito próxima da NAFTA (v.g. dos EUA) as perspectivas do Mercado Comum da América Central (formado por Costa Rica, Guate-

---

[351] Tendo já o Chile e a Bolívia o estatuto de membros associados.
Entre uma extensa literatura sobre o MERCOSUL ver por exemplo CBRI, ed. (1994), Basso (1995 e 1999), F. Amaral (1996), Casella (1996), Flores (1997, cit.) Pabst (1997), M.C. Rocha (1999), A. Amaral (2000), Casella, org. (2000), M.M. Moreira (2000) e algumas publicações do IRELA (v.g. a de 1997). Mais concretamente sobre as ligações ou fazendo comparações com a União Europeia ver Curso de Estudos Europeus (1994b), IEEI (1995), Calfat e Flôres (1996), Flôres (1996a; ver tb. 2000), Dromi e Molina del Pozo (1996), Parlamento Europeu (1997b) Velasco San Pedro, coord. (1998), Fernandes (1998) e Mateus (2000); ou comparando com a NAFTA ver Accioly (1999). Mais em geral, sobre a inserção mundial do MERCOSUL, cfr. Bizzozero e Vaillant, ed. (1996), M.C. Lima (1999) e Bernal--Meza (1999). Sobre a Comunidade Andina ver Vilaça e Sobrino Heredia (1997). Por fim, sobre as ligações gerais da América Latina à Europa ver por ex. Porto (1994a), CELARE (1996), Molina del Pozo (1996) e Leiva, ed. (1997).
Em 1995 a Comissão Europeia, através do Comissário Marin, fez a proposta de formação de uma zona de comércio livre entre a UE e o MERCOSUL, prevista agora para 2005.
Indicando alguns valores de protecção em relação ao exterior ver de novo Barthe (2000, p. 28): com valores médios de direitos de 30,9% na Argentina, 27,0% no Brasil e 24,9% no Chile, não entrando nada sem direitos no primeiro e no terceiro destes países e apenas 5% das importações no Brasil.

mala, Honduras, Nicarágua e Salvador); um bloco (pequeno) com todas as instituições em funcionamento e com uma coesão assinalável.

8.4.4. O espaço asiático

Como se disse já, estamos aqui perante um bloco informal, embora com algumas associações no seu seio.

O êxito conseguido mostra as potencialidades dos mecanismos do mercado, podendo por isso pôr-se em causa a necessidade de se ir muito longe com mecanismos formais de integração: trata-se da área do mundo em que se prevê o crescimento mais elevado nas próximas décadas, com um grande incremento dos movimentos intra-regionais, não só do comércio como também de capitais.

Não deixaram todavia de ter vindo a formar-se associações com algum relevo, como são os casos da ASEAN (*Association of Sonth-East Asian Nations*), englobando o Brunei, as Filipinas, a Indonésia a Malásia, Singapura, a Tailândia e desde há pouco tempo o Vietname [352] ou da SAARC (*South Asian Association for Regional Cooperation*), engloband o Bangladesh, o Butão, a Índia, as Maldivas, o Nepal, o Paquistão e o Srilanka. É muito duvidoso que possa vir a formar-se um bloco formal com todo o espaço asiático (ver por ex. Lairson e Skidmore, 1997, pp. 159-60) [353].

---

[352] Ver entre outros Tantraporn (1996). Sobre os efeitos da recente crise em diferentes 'blocos' asiáticos cfr. N.C. Mendes (1999).

[353] Há aliás na Ásia países de tal dimensão económica e/ou demográfica (casos do Japão, da China e da Índia) que constituem por si sós blocos importantes a nível mundial (recorde-se do quadro IV.30, p. 481 por ex. o peso económico do Japão, apesar de ter 'apenas' pouco mais de 126 milhões de habitantes). Sobre as posições da China e da Índia acerca de uma eventual ou existente integração regional ver, respectivamente, Tiesun (2000) e Muni (2000).

O conjunto do Japão, da UE e dos EUA é aliás considerado como uma 'tríade' (recorde-se já de IV.3.3 e IV.3.4, v.g. n. 146 p. 350), representando em 1992 49% do comércio mundial (40% em 1989), com um relevo ainda maior nos movimentos de capitais, fazendo (em 1987) 83% e recebendo 55% do investimento mundial.

Por outro lado, como adiantámos já a propósito da NAFTA será interessante analisar a evolução da APEC (*Asea-Pacific Economic Forum*), ligando países asiáticos (Brunei, China, Coreia do Sul, Filipinas, Indonésia, Japão, República da Formosa, Singapura e Tailândia) a países da Oceania (Austrália e Nova Zelândia) e da América do Norte (os Estados Unidos e o Canadá)[354] bem como em que medida esta formação poderá pôr em causa outras aproximações, por ex. dos EUA à América Latina ou à Europa[355].

8.4.5. Outros espaços (em África)

Embora de momento com menor relevo, é de prever e de desejar que também em outras áreas do mundo se formem e consolidem espaços de integração.

No caso da África, a par de outros movimentos[356] deverão interessar-nos especialmente os movimentos em que se integram

---

[354] Constata-se pois que na APEC (tal como em blocos informais) se juntam países 'inimigos' ou que nem se reconhecem como tais, como são os casos da China e da República da Formosa. Questionando a sua eventual natureza de 'bloco natural' ver Polak (1996).

[355] Sobre os movimentos gerais da Ásia e do Pacífico, v.g. nas suas ligações com a NAFTA ou outros blocos, ver Bora e C. Findlay, ed. (1996); e sobre o impacto que terá aí a integração europeia cfr. Han (1992).

Nas relações com o exterior temos desde o extremo de Hong-Kong, não tributando nenhuma importação (com valores baixos está o Japão, todavia com outras restrições e dificuldades internas de acesso), aos casos de maior proteccionismo da Índia (média de 32,4%, com 16% das importações livres de impostos) e a Tailândia (média de 28,1%, só com 1% das importações não tributadas); estando de permeio países como a Coreia, a Malásia e Singapura.

Próximo deste espaço, a Austrália ter direitos em média de 12,2%, com 16% das importações e entrarem livremente (cfr. mais uma vez Barthe, 2000, p. 28).

[356] Casos do IOC (*Indian Ocean Commission*), da MRU (*Manu River Union*), da UDEAC (*Union Douanière des Etats de l'Afrique Centrale*) ou da WAEMU (*West African Economic and Monetary Union*). Sobre os movimentos de integração na África Sub-Sahariana ver O. Johnson (1995), Odén (2000), Davies (2000) e Abrahamsson (2000); e com os textos fundamentais de alguns deles Vasques (1997).

os países lusófonos: o caso da ECCAS (*Economic Community of Central African States*), onde se integra S. Tomé e Princípe[357], da ECOWAS (*Economic Community of West African States*), onde se integram Cabo Verde e a Guiné-Bissau[358], e da SADC (*Southern African Development Community*), onde se integram Angola e Moçambique[359]; sendo de perguntar ainda que futuro terão o CMESA (*Common Market for Eastern and Southern Africa*), também com Angola e Moçambique e mais 18 países, ou a AEC (*African Economic Community*), com 51 membros e o propósito de vir a abranger o conjunto dos espaços regionais que a integram.

Tratando-se de movimentos de integração em áreas menos desenvolvidas, levanta-se a problemática teórica e prática de saber se podem esperar-se efeitos semelhantes aos verificados em espaços mais desenvolvidos[360].

Muito em particular, será de esperar que tenha de ser grande a dependência desses espaços em relação a espaços mais desenvolvidos[361]; sendo especialmente grande a ligação da África à Europa (ver a n. 342 p. seg. e a fig. IV.C.2 no Anexo IV.C, p. 520; sobre uma desejada ligação ao Brasil, em especial dos PALOP's, v.g. num 'espaço económico lusofono', ver Mourão, 1996 e Mendonça, 2000).

---

[357] Bem como o Burundi, os Camarões, o Chade, o Congo, o Gabão, a Guiné Equatorial, a República Centro-Africana, o Ruanda e o Zaire.

[358] Ainda o Benin, o Burkina Fasso, a Costa do Marfim, a Gâmbia, o Ghana, a Guiné, a Libéria, o Mali, a Mauritânia, o Niger, a Nigéria, o Senegal, a Serra Leoa e o Togo.

[359] Com a África do Sul, o Botsuana, o Lesotho, o Malavi, a Namíbia, a Suazilândia, a Tanzânia, o Zambeze e a Zâmbia.

[360] Ver por ex. Silva e Rego (1984), Robson (1994 e 1998-00, pp. 270 ss.) e mais recentemente El-Agraa (1996, pp. 209-10: defendendo, na sequência de textos anteriores, que não há diferenças no modelo geral de integração, apenas nas circunstâncias a ter em conta).

[361] Algo de semelhante se passa aliás, como é natural, em espaços mais desenvolvidos onde um país de muito grande dimensão (casos dos EUA na NAFTA e do Brasil no MERCOSUL) não pode deixar de ter no exterior os seus principais parceiros comerciais.

8.5. O significado dos movimentos em curso

Procurando perspectivar o futuro, interessa ver o que poderão significar, v.g. se deverão ou tenderão a constituir espaços auto--suficientes ou pelo contrário espaços de abertura a nível mundial. Constitui questão de grande importância para a Europa no que respeita à sua estratégia, devendo ter em conta o que se passa nos demais espaços [362].

8.5.1. A abertura muito diferente dos vários blocos

A situação muito diferente dos vários blocos leva a que seja também muito diferente a sua dependência deles próprios e de terceiros [363].

Trata-se de situação que pode ser vista no quadro IV.31, considerando 'blocos informais', de um modo aproximado os espaços continentais.

QUADRO IV.31
Percentagem do comércio intra-bloco

	1948	1958	1968	1979	1993	1997
Europa Ocidental	41,8	52,8	63,0	66,2	69,9	67,0
PECO'S(ex URSS)	46,4	61,2	63,5	54,0	19,7	18,6
América do Norte	27,1	31,5	36,8	29,9	33,0	36,2
América Latina	20,0	16,8	18,7	20,2	19,4	20,5
Ásia	38,9	41,1	36,6	41,0	49,7	50,7
África	8,4	8,1	9,1	5,6	8,4	9,4
Médio Oriente	20,3	12,1	8,1	6,4	9,4	6,6
No conjunto mundial	32,9	40,6	-	-	50,4	50,2

Fonte: OMC (1995, p. 39) e Barthe (2000, p. 45, mostrando na página seguinte, numa figura, a atracção dos 'espaços' Eurafrica, América e Ásia-Oceania). Com dados semelhantes para a União Europeia 'dos doze' e para o Espaço Económico Europeu ver Sapir (1992, p. 149).

---

[362] Com uma versão actualizada deste texto cfr. Porto (2000d).

[363] Num quadro geral de aumento do relevo do comércio intra-blocos a nível mundial, em 1985 já 53% do total (ver Serra *et al.*, 1997, p. 8).

Vê-se pois que de um modo geral aumentou o comércio intra--blocos, constituindo a maior excepção o caso dos PECO's e da Rússia a partir do desaparecimento do COMECON (desaparecendo o 'bloco formal' poderia eventualmente ter-se mantido um 'bloco informal'). No caso do Médio Oriente o aumento da dependência exterior está ligado à prevalência que passou a ter a exportação do petróleo para países terceiros (possibilitando também um grande aumento de importações). Por fim, é de sublinhar a manutenção do nível relativo do comércio intra-bloco na América Latina e na África [364].

8.5.2. O aumento dos comércios intra e extra-regional

Importa todavia sublinhar, com o maior relevo, que com o aumento relativo do comércio intra-bloco não deixou de haver aumento absoluto do comércio extra-bloco, nos termos do quadro IV.32:

---

[364] A par desta evolução é interessante verificar a polarização regional de cada bloco, ou seja, a ligação de cada bloco a cada um dos demais. Trata-se de análise a que procedeu Kol (1996), reflectida nas figuras que reproduzimos em anexo, com dados de 1960 e 1992 (Anexo IV.C. pp. 519-25). Vê-se aí que a Europa constitui um caso singular, de dependência fundamentalmente de si própria. Já nos casos de África e dos PECO's se verifica um predomínio do comércio extra – bloco, fundamentalmente com a Europa Ocidental, que tem ainda um relevo muito grande – em primeiro lugar ou próximo do primeiro lugar – para todos os demais blocos.

Na evolução de 1960 para 1992 a diferença maior verificou-se naturalmente com os países que antes faziam parte do COMECOM, passando de uma grande dependência deles próprios para uma dependência muito maior da Europa Ocidental; sendo também interessante a evolução do Japão, que passou a ser muito mais dependente da Europa Ocidental. Curiosamente diminuíu a dependência da América do Norte em relação à Europa Ocidental e desta em relação àquela, o que poderá sugerir um afastamento entre os dois lados do Atântico Norte (recorde-se a n. 349 p. 488).

QUADRO IV.32
Comércio intra e extra-bloco

PNB	Total	Intra-bloco	Extra-bloco
1958	100	10	4	6
1993	200	36	18	18

Fonte: OMC (1995, p. 41; ver também os quadros reproduzidos em Harmsen e Leidy, 1994, p. 130 e Comissão Europeia, 1997a, p. 58).

Tendo duplicado o PNB, aumentou o relevo relativo do comércio, passando a representar 18% desse valor em 1993, quando representava 10% em 1958 (mais do que triplicou; com os valores desde o começo da século recorde-se de I.1 pp. 21-22 e veja-se Serra *et al.*, p. IX). Neste maior crescimento foi naturalmente mais relevante o crescimento do comércio intra-bloco, com um relevo em relação ao produto que mais do que duplicou (passou de 4 para 9% do PNB); mas não deixou de aumentar o relevo do comércio extra-bloco, passando de 6 para 9% do PNB (ver ainda Comissão Europeia, 1997a, loc. cit.) [365].

Na linha do que veremos nos números seguintes (e referimos já na n. 350 p. 489), não é pelo facto de, como seria de esperar, o comércio intra-bloco aumentar mais do que o comércio extra-bloco que deve considerar-se negativamente o regionalismo, podendo ser mesmo o modo de se avançar com mais segurança e/ou mais rapidamente para o multilateralismo [366].

---

[365] Não deixando de qualquer modo de se avançar também no sentido da globalização (ou mundialização), com componentes que vão bem para além da componente económica (entre uma literatura em expansão ver por ex. B. Lévy, 1994 e 1997, Vernon, 1996, Carfantan, 1996, Les Dossiers de l'Etat du Monde, 1997, Fouquin e Siroën, 1998, Freudenberg, Gaulier e Únal-Kesenci, 1998, Friedman 2000(9) e Panagariya, 2000; ou entre nós J.R. Silva, 1996b, Lima, 1998 e Abrunhosa, 1999). Com visões muito negativas ver por ex. H.P. Martin e Schumann (1998-6) e Latouche (1999-8) (cfr. ainda I.G. Martins, 1997). Considerando a percepção e a resposta dada por alguns países europeus ver Verdon (2000).

[366] Não é correcta pois a sugestão de Yeats (1996-8, no estudo sobre o MER-

8.6. As estratégias dos blocos

É neste quadro que, para além de se ver a tendência em cada bloco, importa avaliar as estratégias comerciais que podem ser seguidas.

A dimensão de alguns deles, v.g. dos blocos europeu e norte-americano, pode suscitar uma tentação proteccionista, julgando-se que se tem aí um mercado suficiente para o desenvolvimento das economias. Com a totalidade do continente europeu (acrescido dos países do leste e do sul do Mediterrâneo) temos um bloco informal de várias centenas de milhões de pessoas, podendo os EUA formar um bloco também de grande dimensão com a generalidade dos países das Américas (para não falar já de uma 'coligação' asiática, através da APEC).

Cuidando apenas do nosso interesse próprio seguiriamos então políticas desfavoráveis às outras áreas: na linha do argumento dos termos do comércio (recorde-se de III.5.1) ou das políticas comerciais estratégicas (recorde-se de III.5.2). Poderá integrar-se aqui a posição de Laura Tyson (1990) na defesa do 'comércio controlado' (*managed trade*); em termos aplicáveis aos blocos comerciais, tendo-se consequentemente '*stumbling blocks*' e não '*building blocks*', na distinção de Lawrence 1991 (ver também Bhagwati, 1991 e 1993 e Bhala e Bhala, 1997), não se estando, pois, face a um *open regionalism*.

Está em causa todavia, como vimos já, saber se acaba por ser mais vantajoso seguir-se uma estratégia 'agressiva' ou uma estratégia cooperativa, pondo-se aqui o 'dilema do prisioneiro' (recorde-se de III.5.3, pp. 243-4); e no caso europeu, além do

---

COSUL referido na n. 350 p. 489) de que só será favorável uma situação em que o comércio extra-bloco cresça mais do que o comércio intra-bloco.

Na formulação da OMC (1995, p. 45), "the fact that third countries have a smaller *share* in the trade of member countries does not rule out an increase in the absolute level of third countries exports".

Mostrando que pode haver uma melhoria do bem-estar mesmo sem o cumprimento da 'proposta Mac Millan' (1993), de alteração do art. 24.º do GATT no sentido de se exigir a manutenção do mesmo volume de comércio com os países terceiros, ver Wei e Frankel (1998).

interesse próprio[367] importa saber se se trataria de uma estratégia de acordo com as nossas responsabilidades perante o mundo, em especial perante o mundo menos desenvolvido que nos está mais estreitamente ligado.

É já diferente, v.g. no fim último a atingir, uma posição de acordo com a qual poderá usar-se o 'peso' de que se disponha no comércio mundial para obrigar países e blocos fechados a abrir as suas fronteiras. Trata-se de posição representada por exemplo por Dornbush de acordo com a qual deveria haver um entendimento entre a Europa e os Estados Unidos, dois blocos de liberdade económica e política, no sentido de 'forçarem' os demais à abertura do comércio[368]. Trata-se de dois blocos com especiais responsabilidades e interesses, que deveriam abrir-se entre si (recorde-se de IV.8.4.2, em especial da n. 349 p. 488) e poderiam exercer uma 'pressão' desejável no sentido da abertura comercial também dos outros espaços do mundo, designadamente do bloco asiático, especialmente avesso a seguir as 'regras do jogo' do comércio internacional.

Só assim poderá beneficiar-se das vantagens gerais proporcionadas pelo comércio internacional, na linha do que vimos atrás nas partes I e II; podendo e devendo os blocos regionais ter o papel que vimos na parte III, v.g. criando condições para que se implan-

---

[367] Não pode de facto ter-se a ingenuidade de pensar (há quem com as suas afirmações pareça julgá-lo) que os países terceiros assistiriam passivamente ao impedimento da exportação dos seus produtos, continuando a importar os nossos; havendo além disso também naturalmente um efeito negativo de rendimento sobre as nossas exportações (recorde-se da n. 57 p. 241 e veja-se ainda por ex. Carfantan, 1996, cit.).

[368] Visando especialmente esse país, no entendimento de que os EUA deveriam "threaten Japan with a tariff on its imports as a device to widen its markets for American goods" (cfr. Lawrence e Schultz, 1990, p. 11); mas "it would be preferable for the United States to act in concert with the European Community in opening Japan" (Dornbush, 1990, p. 124; ver ainda Steinberg, 1997).

Trata-se de ideia em boa medida partilhada por Krugman (1991, p. 56), para quem, "the great political advantage [to Europeans and North Americans] of regional pacts is that they can exclude Japan": segundo julgamos não estando todavia em causa de facto 'excluir' o Japão', mas sim levá-lo a seguir também as regras do comércio livre.

tem e consolidem sectores competitivos a nível mundial e contribuindo, com a sua influência e o seu exemplo, para que seja alargado o âmbito do comércio livre mundial.

8.7. A perspectiva de que se caminhe para o comércio livre mundial

Sabendo-se todavia que há forças que se opõem a esse interesse geral (recorde-se de II.4.2.1 e II.4.2.2) importará saber se virão a prevalecer ou se pelo contrário será de esperar que prevaleçam as forças do livre-cambismo (cfr. tb. Porto, 2000c).

A tal propósito têm posições especialmente pessimistas Krueger (1990 e 1995), Bhagwati (1993 e 1994), Lal (1994) ou Wolf (1994), defensores convictos do livre-cambismo que vêem com a maior apreensão a formação de blocos-regionais[369] v.g. julgando haver agora um perigo que não havia nos anos 60.

Trata-se de receio que estes autores baseiam em razões de naturezas muito diferentes: incluindo o menor (ou nenhum) empenho no comércio livre quando se conseguem já nos blocos de que se faz parte as economias de escala julgadas bastantes (P. Lévy, 1997); a criação aqui de uma mentalidade proteccionista (uma "fortress mentality", vendo-se um "strengthened regional market as an excuse for erecting barriers to external competition": Serra *et al.*, 1997, p. 16; ver também Hine, 1997); a falta de apoio político que por isso pode faltar ("regional agreements might undermine broad-based political support for a multilateral agreement"); ou inclusivamente a afectação aos projectos regionais de pessoas e energias que deixam por isso de estar disponíveis ou motivadas para 'lutar' pela economia livre mundial[370].

---

[369] Krueger (1995) considera a tendência actual *"a tragedy in the making"*.

[370] Trata-se de ponto referido ainda por Serra *et al.* (1997, loc. cit.): "regional agreements also might cause national leaders to divert resources and political capital from their multilateral iniciatives. The pace of multilateral liberalization will be slowed if the specialists needed to negotiate multilateral pacts are asked to spend their time instead on regional patterns"...

Naturalmente os autores referidos juntam às considerações sobre a proba-

Há todavia indicações de que não seja esta a tendência em curso, havendo forças no sentido do comércio mundial que poderá esperar-se que venham a sobrepôr-se: estando a contribuir aliás já agora para que, conforme vimos atrás, a par do aumento do comércio intra-bloco em termos absolutos esteja a aumentar também o comércio extra-bloco.

Neste sentido poderá apontar uma tomada de consciência crescente das maiores vantagens do comércio-livre. Vimos atrás que mesmo a conjugação da experiência positiva de que se dispõe com os ensinamentos da teoria é com frequência insuficiente face às forças do proteccionismo[371]. Mas a acumulação de indicações

---

bilidade de não se caminhar para o comércio livre mundial juízos de valor negativos acerca dos blocos.

Alega-se que são seguidas então as políticas 'agressivas' e inconvenientes referidas no número anterior: dado que, "as countries band together into regional trading blocs, their collective monopoly power in world market grows" (de novo auts. e locs. cits. ou ainda Greenaway, 1992, p. 1488, referindo os riscos de "destructive trade wars" num mundo "dominated by three large and powerful trading blocs": não havendo pois a estratégia cooperativa referida em III.5.3, em IV.6.2.3.1.d e no número anterior).

Numa outra linha julga Bhagwati que os blocos 'apagam' as nações: o que pode ser considerado em diferentes planos, desde logo no plano político, mas que no quadro em análise é considerado por ele negativamente no plano económico, na medida em que se perderia assim a diversidade e a dinâmica que se verificam no plano nacional (mesmo regional), promovendo o aproveitamento das diferentes vantagens comparativas de que se dispõe. Conforme bem nota J.R. Silva (1996b, p. 52), não se compreende contudo que Bhagwati tenha esta posição negativa em relação aos blocos mas já em relação ao comércio mundial reconheça que "a diversidade das políticas, das instituições e das normas nacionais é em geral compatível com trocas livres e vantajosas para todas as partes" (1994, p. 240): não se vendo "como é que uma lógica que pode ser positiva no quadro de uma nação, não o pode ser para um grupo de nações!?"; mais concretamente, que a expressão da dinâmica nacional se afirme no plano mundial mas já não no seio de um espaço de integração.

E de facto a abertura, no plano mundial ou desde logo no plano regional, com o desaparecimento das 'almofadas' proteccionistas, estiolantes do engenho de cada um, tem a 'virtude' de obrigar a "um conhecimento aprofundado das dificuldades e das potencialidades existentes e não pode descurar nenhum factor, onde quer que se encontre, capaz de ajudar a competir face ao exterior" (Porto, 1992a, p. 47). Trata-se de desafio a que se é obviamente chamado em qualquer nível de abertura.

[371] Procurámos mostrá-lo em II.4.2, achando designadamente ingénua a 'fé' no conhecimento dos economistas expressada por Pechman e referida já na n. 33 p. 42.

favoráveis [372] não deixará de ter a sua influência, 'pesando' cada vez mais no prato da balança favorável ao livre-cambismo.

Sem dúvida com o afastamento do proteccionismo haverá sempre sectores penalizados e espíritos derrotistas ou pelo menos inquietos: mas a comparação tem de ser feita com o interesse da generalidade dos cidadãos e com o que teria acontecido sem a abertura comercial (*anti-monde*), havendo factores não dependentes de nós que teriam levado também (provavelmente em maior medida) aos problemas que agora nos afectam (com especial relevo para o problema do desemprego: recorde-se de p. 349) [373].

Trata-se de resultados mais favoráveis do comércio livre que se estima que se acentuem agora como consequência do Uruguai Round, que, de acordo com estimativas feitas, se espera que proporcione um ganho de bem-estar de 510 mil milhões de dólares entre 1995 e 2000 (quadro IV.33).

QUADRO IV.33
(milhares de milhões de dólares)

União Europeia	163,5
Estados Unidos da América	122,4
EFTA (7)	33,5
Canadá	12,4
Japão	26,7
Australia	5,8
China	18,7
Republica da Formosa	10,2
Resto do Mundo	116,8

Fonte: Dent (1977, p. 195, com estimativas da OMC)

---

[372] Recordem-se por exemplo os resultados dos largos projectos de avaliação que referimos na n. 23 p. 32 e no plano teórico os ensinamentos da teoria das divergências domésticas.

[373] A economia portuguesa é um caso bem significativo de dependência do exterior, v.g. em sectores especialmente criadores de emprego (recorde-se a n. 6 p. 23 a propósito do sector têxtil e das confecções; podendo acrescentar-se os sectores do calçado, automóvel, florestal, etc.). Pode imaginar-se o descalabro que resultaria do encerramento dos mercados onde colocamos os nossos produtos, não podendo obviamente esperar-se, conforme sublinhámos há pouco (recorde-se a n. 367 p. 498), que pudéssemos fechar-nos sem que os outros fizessem o mesmo....

De acordo com estas estimativas a parcela de ganho maior será conseguida aliás pela União Europeia, seguida pelos Estados Unidos da América; sendo todavia um ganho que virá a favorecer todos os espaços do mundo e que, sendo confirmado, é de esperar que dê mais um contributo para a aceitação do comércio livre.

No quadro dos interesses contraditórios em presença é de esperar por seu turno que se confirme o peso das grandes empresas multinacionais [374]; e que, a par de empresas menos ambiciosas que julgam bastar-se ou ficar beneficiadas com espaços mais restritos, vá prevalecendo o peso maior de empresas competitivias que não se satisfarão com esses limites [375].

Independentemente de se tratar ou não de grandes empresas ou grupos, poderá julgar-se também que haja uma maior abertura com o processo de privatizações que está em curso na generalidade dos países do mundo: não podendo os empresários privados, diferentemente das entidades públicas, dar-se ao 'luxo' de deixar que se fique aquém das oportunidades de uma máxima eficiência, conseguida com a abertura comercial e o funcionamento do mercado [376].

É de facto assim, mas não pode esquecer-se que não têm sido só empresas públicas a querer o proteccionismo, em muitos casos este tem sido o reflexo do *lobbying* de sectores privados menos

---

[374] Referimos já atrás (notas 146 p. 350, 188 p. 378 e 336 p. 482) por ex. as posições de Holland (1976) e Ohmae (1995), defendendo um e outro (embora com posições distintas) que se verifica assim um esbatimento das fronteiras nacionais (sobre o papel que deverá continuar a caber aos Estados nacionais ver por ex. Hirst e Thompson, 1996, ou numa outra prespectiva já Porto, 1992a).

[375] Foi curioso o caso, que acompanhámos como relator do Parlamento Europeu, de um acordo de abertura de compras públicas entre a União Europeia e os Estados Unidos (sobre o contributo do Uruguai Round recorde-se a n. 39 p. 286): com uma demarcação nítida entre as empresas mais ou menos competitivas que foram convidadas a participar numa audição pública que organizámos no seio da Comissão das Relações Económicas Externas (REX), tendo a maioria dos deputados ficado convencida da melhor razão da abertura comercial, aprovando na Comissão e depois no plenário o acordo negociado (ver Porto, 1999a, pp. 135-8).

[376] Sendo também este o interesse dos consumidores, mas com uma enorme dificuldade de fazerem prevalecer o seu interesse (recorde-se mais uma vez de II.4.2.2).

preparados para a concorrência que perdem com a abertura da economia. Não tendo as vias de influência mais directa das grandes empresas e dos grandes grupos, conseguem-na com o 'peso' eleitoral do seu número, dos seus trabalhadores e da sua implantação geográfica, com a intervenção das suas estruturas representativas, conjugando-se aliás os esforços das estruturas patronais e sindicais para salvarem as empresas e os empregos em risco (recorde-se mais uma vez de II.4.2.2, em especial da p. 172).

No sentido de que a formação de espaços regionais de integração seja de facto uma via de aproximação do comércio livre mundial invoca por outro lado Cable (1994, p. 12) que se consegue com eles a atenuação dos nacionalismos económicos, com o aumento da consciência da vantagem e mesmo da necessidade de uma maior interdependência; ou que de qualquer modo se ganha uma 'experiência' útil de abertura comercial[377]. Assim se contribui pois para o afastamento de obstáculos a uma desejável liberalização.

É de assinalar aliás também que mesmo nos blocos que constituem mercados muito favoráveis é clara a insatisfação dos seus responsáveis (não só das empresas multinacionais, que referimos há pouco), procurando sempre intersecções com outros blocos e países: assim acontece na União Europeia.

Mas compreende-se que a insatisfação seja muito maior da parte de países que representam mais do que todos os demais membros do seu bloco, como são os casos dos Estados Unidos na NAFTA e do Brasil no MERCOSUL, tendo obviamente de procurar outros mercados (v.g. para a venda dos seus produtos), em outros blocos ou de preferência no quadro mundial.

Trata-se de 'forças de abertura' que têm vindo a prevalecer, reconhecendo a própria Organização Mundial do Comércio

---

[377] Nas palavras de Cable (1994, loc. cit.) "it is a useful laboratory for new approches to deeper integration which can be applied multilaterally (in relation for example, to product and technical standards, services, government procurement, state subsidies, competition policy and dispute settlement"; dando, nas palavras de Serra *et al.* (1997, p. 17), "valuable information that could make multilateral agreements more palatable and durable".

(OMC, 1995, p. 2) que "there have been no fortress type regional integration agreements among WTO members"; tendo sido mesmo em grande medida países de blocos regionais a 'forçar' a conclusão (difícil) do Uruguai Round, exactamente num momento sem paralelo de criação, alargamento e/ou reforço dos seus mercados[378].

Com menos capacidade de pressão mas sendo igualmente um elemento a atender, há que considerar por outro lado os interesses e o empenho dos países que ficam de fora de qualquer bloco[379] ou dos blocos onde estão os melhores mercados. A resposta a estes casos, que os membros dos blocos não deixarão de ir sendo levados a dar, estará na celebração de acordos preferenciais (numa linha que, também em benefício dos países membros, fará baixar os efeitos de desvio do comércio e potenciar os demais ganhos proporcionados pelos espaços de integração).

Com a consciência das vantagens do comércio internacional, a formação de blocos pode ser ainda um elemento facilitador de negociações, na medida em que diminui o número de negociadores (trata-se de factor sublinhado também por Cable, 1994, p. 12 ou ainda por ex. por Dent, 1997, p. 5).

Dando de novo o nosso exemplo, assim acontece com a participação da Comunidade Europeia, v.g. nas negociações do GATT (agora da OMC), sendo só a Comissão (através do Comissário competente) a participar nas reuniões, de acordo com o mandato de negociação atribuído pelo Conselho.

Por fim, a formação de mercados 'únicos' no seio dos blocos, embora visando em primeira linha o interesse dos países membros, vem harmonizar e uniformizar normas e criar outras condições que

---

[378] Podendo defender-se inclusive (cfr. Greenaway, 1992 e Pomfret, 1996) que a formação de blocos regionais tem sido um sucedâneo ao retardamento de uma desejada conclusão do Uruguai Round.

[379] Antes de poderem beneficiar do 'efeito de dominó' que referimos atrás, tornando-se membros de algum espaço de integração (recordem-se as notas 4 p. 211 e 343 p. 485). Com a multilateralização do comércio (v.g. com o Uruguai Round) deixará já de julgar-se necessária a participação num bloco regional (ver Lloyd, 1996, p. 39).

tornam muito mais fácil o acesso de terceiros. A título de exemplo, com a harmonização proporcionada na Europa pelo Acto Único um exportador ou um investidor americano ou brasileiro não tem de conhecer e adaptar-se a requisitos diferentes de país para país: podendo ter acesso a todos eles com o cumprimento das mesmas regras [380]. Trata-se de vantagem de enorme monta, de que se espera que disponhamos também quando concorrermos em mercados de outros blocos: sendo por isso do nosso interesse que se aprofundem igualmente os seus processos de integração. Da nossa parte será especialmente sensível a criação da moeda única, facilitando a actividade negocial no espaço da União [381].

8.8. *O papel da Organização Mundial do Comércio (OMC)*

Na evolução favorável que é de esperar que venha a verificar--se importa que tenha um grande relevo a Organização Mundial do

---

[380] Ver por ex. Murphy (1990, pp. 81ss.) e Woolcock (1994). No caso europeu com a vantagem para eles, que não existe em relação aos demais espaços de maior relevo, de haver instituições comuns de apreciação do eventual desrespeito das regras estabelecidas (a Comissão e os Tribunais da União). Uma outra vantagem proporcionada pela Europa é ainda o anúncio comum, no Jornal Oficial, dos concursos públicos de maior relevo (recorde-se de IV.2.1.4).

Ver ainda Lawrence (1996) e Lawrence, Bressand e Ito (1996) sublinhando também o acréscimo de investimento estrangeiro assim conseguido.

Referindo por seu turno o reforço do mercado interno em resposta à multilateralização do comércio ver Comissão Europeia (1998b p. 5).

Pode recordar-se aliás que no caso da América Latina as regulamentações internas e os proteccionismos existentes contribuiram para a falta de êxito dos movimentos de integração das décadas anteriores (ver Porto, 1993b, Braga, 1994, Harmsen e Leidy, 1994 e Thorp, 1998; julgando Torre e Kelly, 1992, que tal insucesso se deveu antes à circunstância de se tratar de países menos desenvolvidos).

Numa linha de preocupação com a promoção da concorrência nos vários espaços do mundo está uma revista que a OCDE começou a publicar em 1999: *Revue de L'OCDE sur le Droit et la Politique de la Concurrence* (ed. tb. em inglês).

[381] Lloyd (1996, p. 35) refere ainda os efeitos de rendimento conseguidos com os blocos formados: "real income effects on member countries are almost certain to benefit outside countries collectivelly, because of the increased demand for goods and services" (recorde-se *supra* III.3.4, pp. 233-4).

Comércio, criada na sequência do Uruguai Round (na reunião final de Marraquechc, cm Dezembro de 1993) [382].

Ao longo de três décadas e meia foi sem dúvida importante o papel do GATT, através dos dois mecanismos básicos de que dispõe (referidos na n. 339 p. 483): a aplicação da cláusula da nação mais favorecida e as negociações (*rounds*) multilaterais

No Uruguai Round, o oitavo *round* realizado, conseguiram-se progressos assinaláveis. Havia sido muito grande o relevo dos anteriores, tendo o volume do comércio subido de 10 mil milhões no *round* de Genebra (1947) para 155 mil milhões no *round* de *Tóquio* (1973-9), com o número de países membros a elevar-se de 23 para 99. Mas foi um grande progresso que o Uruguai Round tenha vindo considerar outros sectores, incluindo a agricultura, os serviços, a propriedade intelectual (v.g. as patentes), o ambiente, etc.[383] tendo o valor do comércio considerado subido para mil milhões de dólares e o número de participantes no final já para 117[384].

Temos assim uma progressão assinalável, estando no âmbito do GATT a maior parte do comércio mundial. Trata-se de circunstância feliz que poderá ajudar a que se caminhe com realismo e eficácia para uma melhor definição e um cumprimento maior das regras do comércio internacional, agora no seio da OMC: com um papel que poderá ser de especial importância quando estão em

---

[382] Sobre esta instituição ver as obras recentes de Messerlin (1995), Lafer (1998), Medeiros (1999a) e Warêgne (2000)

[383] São de assinalar também por ex. os passos na política anti-*dumping*, bem como a atenção dada aos investimentos directos estrangeiros: com um relevo crescente, tendo tido uma multiplicação de doze vezes entre 1973 e 1995, período ao longo do qual as exportações aumentaram oito vezes e meia (OMC, 1995); e podendo também com eles haver efeitos de desvio muito negativos (cfr. Serra *et al.* 1997, pp. 14-5). É de concordar pois com que "a necessary complement to trade liberalization is the liberalization of private investment", não podendo esta deixar de estar "at the heart of the WTO" (OMC, 1996).

[384] No reverso da medalha é de recordar que foi em especial a inclusão de um novo sector, o sector agrícola, que provocou especiais dificuldades no Uruguai Round, levando a que tivesse durado 7 anos, mais três a partir a data prevista para a sua conclusão, em Dezembro de 1990 (sobre a problemática suscitada por este sector ver por ex. Hodges, Mingersent, Rayner e Hine, 1994, Josling, Tangermann e Warley, 1996 ou A. Cunha, 1999).

causa questões com países fora de qualquer bloco, entre países de diferentes blocos ou mesmo entre países de um bloco que tenha dificuldades em ter um mecanismo eficaz de resolução de conflitos (v.g. devido à grande diferença na sua dimensão: recorde-se o que vimos há pouco sobre o MERCOSUL, aplicável aliás também à NAFTA)[385].

Com a experiência que vamos tendo será de perguntar todavia se não é necessário ir mais além, relativamente ao conseguido em Marraqueche. Trata-se de questão que tem de pôr-se no que respeita à adequação das regras em vigor (parecendo ser designadamente necessária uma actualização do art. 24.°: ver de novo Serra *et al*. pp. 27-55, dedicando a esta temática a maior parte do seu relatório); mas que para além disso tem um grande relevo a propósito do processo de resolução de conflitos (v.g. com a intervenção de 'paineis' de peritos).

Foram no bom sentido os passos já dados[386]. Mas só o tempo dirá se serão bastantes num mundo em que são com frequência de peso muito desigual os interesses em disputa[387].

Não pode aliás a última nota destas lições deixar de ser no sentido de se desejar que a OMC (ou alguma outra organização) se afirme de facto como uma instância eficaz, estabelecendo e assegurando o cumprimento das regras do comércio internacional[388];

---

[385] Com a análise teórica da vantagem de um mecanismo mundial de resolução dos conflitos ver P. Lévy e Srinivasan (1996).

[386] Com a sua descrição e sublinhando o progresso conseguido em relação à situação anterior ver por ex. Renouf (1995), Robert Baldwin (1995b, pp. 168-9), L.P. Cunha (1997) e os artigos inseridos em FLAD (1998), designadamente os artigos de L.M. Santos e T. Moreira. Sobre as forças políticas que em cada caso podem levar a uma maior ou menor abertura ver Hoekman e Kostecki (2000).

[387] Está muito próxima a má experiência do 'painel'das bananas, num conflito entre as grande multinacionais americanas que produzem na América Latina e países ACP que têm alguma preferência no mercado da União Europeia (recorde-se a n. 109 p. 325). Curiosamente a posição do painel foi contestada também por políticos do centro e norte da Europa, receando um precedente na condenação de outras organizações comuns do mercado, incluindo naturalmente aquelas em que estão interessados...

[388] Na esperança de que não tenha razão de ser por ex. a opinião céptica de Dent (1997, p. 196), julgando que não obstante o prestígio e o âmbito geográfico

com o afastamento da situação injusta actual de em muitos casos ser penalizado um país que não cumpre as regras, ficando pelo contrário beneficiados os países que não as cumprem (talvez por estarem fora de qualquer organização).

Trata-se de nota especialmente importante a concluir um livro em que procurámos mostrar as vantagens do comércio livre, incluindo a criação de espaços de integração progressivamente abertos ao mundo. Mas não pode ser de modo algum um comércio sem regras, sob pena de se premiar quem não cumpre, estando aliás a prestar-se assim um mau serviço mesmo aos cidadãos do país prevaricador (v.g. não se lhe exigindo melhorias básicas nos domínios social ou ambiental).

---

da OMC "its powers of enforcement, like those of its predecessor,are almost non-existent"(ver ainda por ex. Carfantan, 1996, pp. 175-81). Com uma avaliação da história e dos desafios a vencer ver uma publicação recente da própria OMC (2000), designadamente o artigo de Anderson, sobre a sua agenda futura; sendo de esperar que não seja um mau prenúncio o insucesso da reunião de Seattle, que deveria marcar o início do Millenium Round.

ANEXO IV.A

**AS REDES TRANSEUROPEIAS
DE TRANSPOSTES**

MAPA. IV.A.1

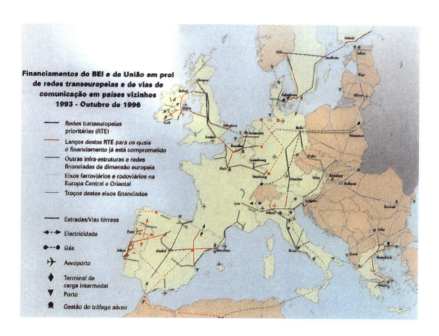

Fonte: Comissão Europeia e Banco Europeu de Investimento (BEI), *Infraestruturas para o Século XXI*, Luxemburgo, 1997, p. 9

MAPA. IV.A.2

Fonte: Comissão Europeia e Banco Europeu de Investimento (BEI), *Infraestruturas para o Século XXI*, Luxemburgo, 1997, p. 5

ANEXO IV.B

AS PERSPECTIVAS FINANCEIRAS DA UNIÃO: 2000-2006

Quadro IV.B.1

PERSPECTIVAS FINANCEIRAS PARA A UE - 15
(milhões de euros - preços de 1999)
Dotações para autorizações

	2000		2001		2002		2003		2004		2005		2006	
1. AGRICULTURA	**40920**	**44,47%**	**42800**	**45,79%**	**43900**	**46,72%**	**43770**	**46,96%**	**42760**	**46,61%**	**41930**	**46,01%**	**41660**	**45,95%**
Despesas PAC (excluindo o desenvolvimento rural)	36620	39,79%	38480	41,17%	39570	42,12%	39430	42,30%	38410	41,87%	37570	41,23%	37290	41,13%
Desenvolvimento rural e medidas de acompanhamento	4300	4,67%	4320	4,62%	4330	4,61%	4340	4,66%	4350	4,74%	4360	4,78%	4370	4,82%
2. ACÇÕES ESTRUTURAIS	**32045**	**34,82%**	**31455**	**33,65%**	**30865**	**32,85%**	**30285**	**32,49%**	**29595**	**32,26%**	**29595**	**32,48%**	**29170**	**32,18%**
Fundos estruturais	29430	31,98%	28840	30,85%	28250	30,07%	27670	29,68%	27080	29,52%	27080	29,72%	26660	29,41%
Fundo de coesão	2615	2,84%	2615	2,80%	2615	2,78%	2615	2,81%	2515	2,74%	2515	2,76%	2510	2,77%
3. POLÍTICAS INTERNAS	**5930**	**6,44%**	**6040**	**6,46%**	**6150**	**6,55%**	**6260**	**6,72%**	**6370**	**6,94%**	**6480**	**7,11%**	**6600**	**7,28%**
4. ACÇÕES EXTERNAS	**4550**	**4,94%**	**4560**	**4,88%**	**4570**	**4,86%**	**4580**	**4,91%**	**4590**	**5,00%**	**4600**	**5,05%**	**4610**	**5,08%**
5. ADMINISTRAÇÃO	**4560**	**4,96%**	**4600**	**4,92%**	**4700**	**5,00%**	**4800**	**5,15%**	**4900**	**5,34%**	**5000**	**5,49%**	**5100**	**5,63%**
6. RESERVAS	**900**	**0,98%**	**900**	**0,96%**	**650**	**0,69%**	**400**	**0,43%**	**400**	**0,44%**	**400**	**0,44%**	**400**	**0,44%**
Reserva monetária	500	0,54%	500	0,53%	250	0,27%	0	0,00%	0	0,00%	0	0,00%	0	0,00%
Reserva para ajudas de urgência	200	0,22%	200	0,21%	200	0,21%	200	0,21%	200	0,22%	200	0,22%	200	0,22%
Reserva para garantia de empréstimos	200	0,22%	200	0,21%	200	0,21%	200	0,21%	200	0,22%	200	0,22%	200	0,22%
7. AJUDAS DE PRÉ-ADESÃO	**3120**	**3,39%**	**3120**	**3,34%**	**3120**	**3,32%**	**3120**	**3,35%**	**3120**	**3,40%**	**3120**	**3,42%**	**3120**	**3,44%**
Agricultura	520	0,57%	520	0,56%	520	0,55%	520	0,56%	520	0,57%	520	0,57%	520	0,57%
Instrumentos estruturais de pré-adesão	1040	1,13%	1040	1,11%	1040	1,11%	1040	1,12%	1040	1,13%	1040	1,14%	1040	1,15%
PHARE (países candidatos)	1560	1,70%	1560	1,67%	1560	1,66%	1560	1,67%	1560	1,70%	1560	1,71%	1560	1,72%
TOTAL DAS DOTAÇÕES PARA AUTORIZAÇÕES	**92025**	**100,00%**	**93475**	**100,00%**	**93955**	**100,00%**	**93215**	**100,00%**	**91735**	**100,00%**	**91125**	**100,00%**	**90660**	**100,00%**
TOTAL DAS DOTAÇÕES PARA PAGAMENTOS	**89600**		**91110**		**94220**		**94880**		**91910**		**90160**		**89620**	
Dotações para pagamentos em % do PNB	1,13%		1,12%		1,13%		1,11%		1,05%		1,00%		0,97%	
DISPONÍVEL PARA A ADESÃO (dotações para pagamentos)					**4140**		**6710**		**8890**		**11440**		**14220**	
Agricultura					1600		2030		2450		2930		3400	
Outras despesas					2540		4680		6440		8510		10820	
LIMITE MÁXIMO DAS DOTAÇÕES PARA PAGAMENTOS	**89600**		**91110**		**98360**		**101590**		**100800**		**101600**		**103840**	
Limite máximo de dotações para pagamentos em % do PNB	1,13%		1,12%		1,18%		1,19%		1,15%		1,13%		1,13%	
Margem para imprevistos	0,14%		0,15%		0,09%		0,08%		0,12%		0,14%		0,14%	
Limite máximo de recursos próprios	1,27%		1,27%		1,27%		1,27%		1,27%		1,27%		1,27%	

QUADRO IV.B.2

PERSPECTIVAS FINANCEIRAS PARA A UE - 21
(milhões de euros - preços de 1999)

Dotações para autorizações	2000		2001		2002		2003		2004		2005		2006	
1. AGRICULTURA	**40920**	**44,47%**	**42800**	**45,79%**	**43900**	**43,72%**	**43770**	**42,81%**	**42760**	**41,38%**	**41930**	**39,81%**	**41660**	**38,78%**
Despesas PAC (excluindo o desenvolvimento rural)	36620	39,79%	38480	41,17%	39570	39,41%	39430	38,56%	38410	37,17%	37570	35,67%	37290	34,71%
Desenvolvimento rural e medidas de acompanhamento	4300	4,67%	4320	4,62%	4330	4,31%	4340	4,24%	4350	4,21%	4360	4,14%	4370	4,07%
2. ACÇÕES ESTRUTURAIS	**32045**	**34,82%**	**31455**	**33,65%**	**30865**	**30,74%**	**30285**	**29,62%**	**29595**	**28,64%**	**29595**	**28,10%**	**29170**	**27,15%**
Fundos estruturais	29430	31,98%	28840	30,85%	28250	28,14%	27670	27,06%	27080	26,20%	27080	25,71%	26660	24,81%
Fundo de coesão	2615	2,84%	2615	2,80%	2615	2,60%	2615	2,56%	2515	2,43%	2515	2,39%	2515	2,34%
3. POLÍTICAS INTERNAS	**5930**	**6,44%**	**6040**	**6,46%**	**6150**	**6,13%**	**6260**	**6,12%**	**6370**	**6,16%**	**6480**	**6,15%**	**6600**	**6,14%**
4. ACÇÕES EXTERNAS	**4550**	**4,94%**	**4560**	**4,88%**	**4570**	**4,55%**	**4580**	**4,48%**	**4590**	**4,44%**	**4600**	**4,37%**	**4610**	**4,29%**
5. ADMINISTRAÇÃO	**4560**	**4,96%**	**4600**	**4,92%**	**4700**	**4,68%**	**4800**	**4,69%**	**4900**	**4,74%**	**5000**	**4,75%**	**5100**	**4,75%**
6. RESERVAS	**900**	**0,98%**	**900**	**0,96%**	**650**	**0,65%**	**400**	**0,39%**	**400**	**0,39%**	**400**	**0,38%**	**400**	**0,37%**
Reserva monetária	500	0,54%	500	0,53%	250	0,25%	0	0,00%	0	0,00%	0	0,00%	0	0,00%
Reserva para ajudas de urgência	200	0,22%	200	0,21%	200	0,20%	200	0,20%	200	0,19%	200	0,19%	200	0,19%
Reserva para garantia de empréstimos	200	0,22%	200	0,21%	200	0,20%	200	0,20%	200	0,19%	200	0,19%	200	0,19%
7. AJUDAS DE PRÉ-ADESÃO	**3120**	**3,39%**	**3120**	**3,34%**	**3120**	**3,11%**	**3120**	**3,05%**	**3120**	**3,02%**	**3120**	**2,96%**	**3120**	**2,90%**
Agricultura	520	0,57%	520	0,56%	520	0,52%	520	0,51%	520	0,50%	520	0,49%	520	0,48%
Instrumentos estruturais de pré-adesão	1040	1,13%	1040	1,11%	1040	1,04%	1040	1,02%	1040	1,01%	1040	0,99%	1040	0,97%
PHARE (países candidatos)	1560	1,70%	1560	1,67%	1560	1,55%	1560	1,53%	1560	1,51%	1560	1,48%	1560	1,45%
8. ALARGAMENTO	**0**	**0,00%**	**0**	**0,00%**	**6450**	**6,42%**	**9030**	**8,83%**	**11610**	**11,23%**	**14200**	**13,48%**	**16780**	**15,62%**
Agricultura	0	0,00%	0	0,00%	1600	1,59%	2030	1,99%	2450	2,37%	2930	2,78%	3400	3,16%
Acções estruturais	0	0,00%	0	0,00%	3750	3,73%	5830	5,70%	7920	7,66%	10000	9,49%	12080	11,24%
Políticas internas	0	0,00%	0	0,00%	730	0,73%	760	0,74%	790	0,76%	820	0,78%	850	0,79%
Administração	0	0,00%	0	0,00%	370	0,37%	410	0,40%	450	0,44%	450	0,43%	450	0,42%
TOTAL DAS DOTAÇÕES PARA AUTORIZAÇÕES	**92025**	**100,00%**	**93475**	**100,00%**	**100405**	**100,00%**	**102245**	**100,00%**	**103345**	**100,00%**	**105325**	**100,00%**	**107440**	**100,00%**
TOTAL DAS DOTAÇÕES PARA PAGAMENTOS	**89600**		**91110**		**98360**		**101590**		**100800**		**101600**		**103840**	
das quais alargamento					*4140*		*6710*		*8890*		*11440*		*14220*	
Dotações para pagamentos em % do PNB	1,13%		1,12%		1,14%		1,15%		1,11%		1,09%		1,09%	
Margem para imprevistos	0,14%		0,15%		0,13%		0,12%		0,16%		0,18%		0,18%	
Limite máximo de recursos próprios	1,27%		1,27%		1,27%		1,27%		1,27%		1,27%		1,27%	

ANEXO IV.C

AS POLARIZAÇÕES REGIONAIS

Fig. IV.C.1
Polarização regional da Europa Ocidental
(distribuição percentual do comércio)

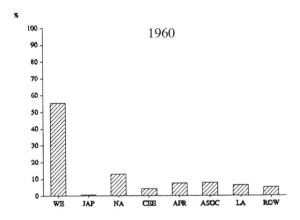

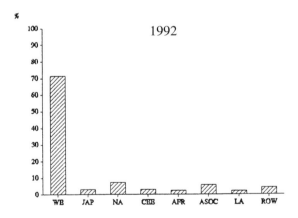

Fonte de todas as figuras: Kol (1996, pp. 21-7)
Legendas: WE, Europa Ocidental; JAP, Japão; NA, América do Norte; CEE, Europa Central e Oriental; AFR, África; ASOC, Ásia-Oceania; LA, América Latina; ROW, Resto do Mundo

FIG. IV.C.2
Polarização regional da África

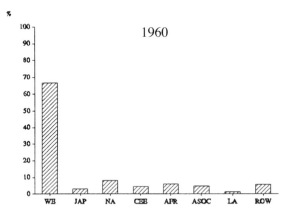

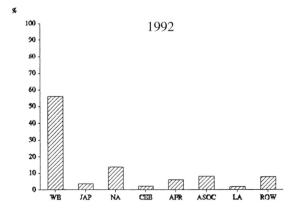

FIG. IV.C.3
Polarização regional da Europa Central e Ocidental

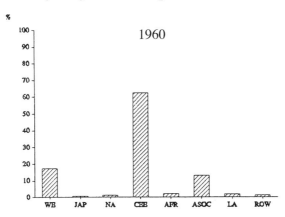

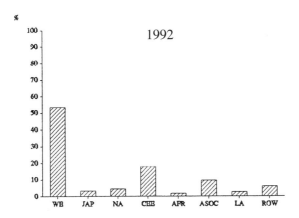

522 Teoria da Integração e Políticas Comunitárias

FIG. IV.C.4
Polarização regional da América do Norte

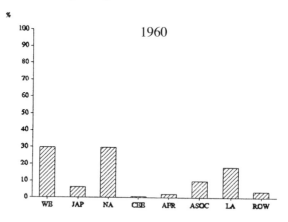

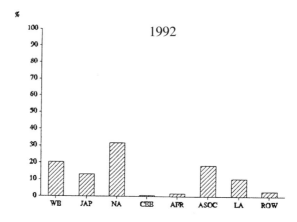

Fig. IV.C.5
Polarização regional da América Latina

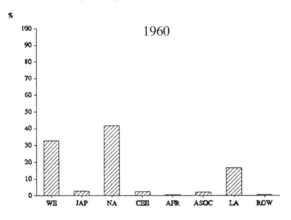

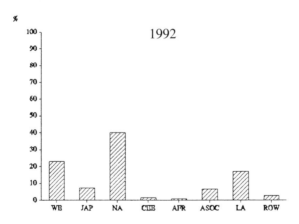

FIG. IV.C.6
Polarização regional do Japão

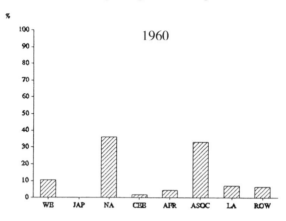

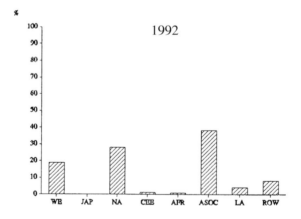

Fig. IV.C.7
Polarização regional da Ásia Oceania

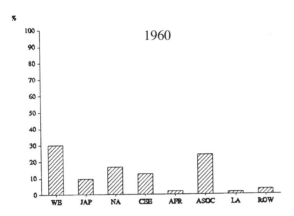

1960

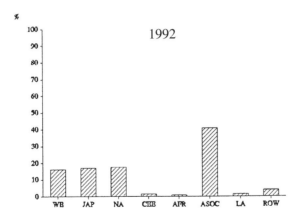

1992

BIBLIOGRAFIA CITADA*

ABRAHAMSSON, Hans
– 2000 – *Hegemon, Region and Nation State: The Case of Mozambique*, em Hettne, Inotal e Sunkel (ed.), *National Perspectives on the New Regionalism in the South*, cit. pp. 278-304

ABREU, Jorge Coutinho de e GORJÃO-HENRIQUES, Miguel
– 1998 – *Livre Circulação de Médicos na CE e Conhecimentos Linguísticos*, em *Temas de Integração*, n. 5, pp. 193-224

ABREU (Bonilla), Sérgio
– 1991 – *Mercosur y Integracion*, Fundación de Cultura Universitaria. Montevideo

ABRUNHOSA, Ana Maria
– 1999 – *Acordos de Integração Regional: um Obstáculo ou um Complemento ao Multilateralismo no Comércio Internacional?*, em *Notas Económicas*, n. 13, pp. 66-73

ACCIOLY, Elizabeth
– 1996 – *MERCOSUl-União Europeia: Estrutura Jurídico-Institucional*, Jurná Editora, Curitiba
– 1999 – *O NAFTA sob a Perspectiva de MERCOSUL*, em Dantas *et al.* (org.) *Processos de Integração Regional*, cit. pp. 13-39

ACQUITTER, T.
– 1993 – *Marchés Publics*, em Barav e Philip (ed.) *Dictionnaire Juridique des Communautés Européennes*, cit. pp. 653-58

ADKINS, Bernadine
– 1994 – *Air Transport and EC Competition Law*, Sweet & Maxwell, Londres

AFONSO, Margarida
– 1992 – *A Catalogue of Merger Defenses under European and United States Antitrust Law*, em *Harvard International Law Journal*, vol. 33, pp. 1-66

AFRICANO (Silva), Ana Paula
– 1995 – *The Impact of European Membership on Portuguese Trade in Manufacturing Goods*, tese de doutoramento na Universidade de Reading

---

* Quando seja o caso, indicamos entre parêntesis a data de alguma impressão mais recente ou a data da edição na língua original, tratando-se de uma tradução.

– 1996 – *The Nature of Trade Changes Associated with Portuguese Membership of EC*, em Curso de Estudos Europeus, *Integração e Especialização. Integration and Specialization*, cit. pp. 191-205

AGENDA 2000
– 1997 – *Agenda 2000. Pour une Union plus Forte et plus Large* (COM (97) 2000, de 14.7. 1997)

ALBUQUERQUE, Roberto Cavalcanti de e ROMÃO, António (org.)
– 2000 – *Brasil-Portugal. Desenvolvimento e Cooperação. O Diálogo dos 500 Anos*, EMC, Rio de Janeiro

ALESINA, Alberto
– 1989 – *Politics and Business Cycles in Industrial Democracies*, em *Economic Policy*, n. 8, pp. 57-89

ALESINA, Alberto e GRILLI, V.V.
– 1991 – *The European Central Bank: Reshaping Monetary Policies in Europe*, Centre for Economic Policy Research (CEPR), Discussion Papers Series, n. 563, Londres

ALESINA, Alberto e SUMMERS, Lawrence H.
– 1993 – *Central Bank Independence and Macroeconomic Performance: Some Comparative Evidence*, em *Journal of Money, Credit and Banking*, vol. 25, pp. 151-62

ALEXANDRE, Mário Alberto
– 1992 – *Harmonização Fiscal no Processo de Integração Económica*, em *Ciência e Técnica Fiscal*, n. 365, pp. 81-109

ALLAIS, Maurice
– 1991 – *L'Europe Face à son Avenir. Que Faire?* Robert Laffont/Clement Juglas, Paris

ALLEN, David
– 2000 – *Cohesion and Structural Funds*, em Wallace e Wallace (ed.) *Policy-Making in the European Union*, cit. pp. 243-65

ALLTINGER, Laura e ENDERS, Alice
– 1996 – *The Scope and Depth of GATS Commitments*, em *The World Economy*, vol. 19, pp. 307-332

ALMEIDA, João José Nogueira de
– 1997 – *A Restituição das Ajudas de Estado Concedidas em Violação do Direito Comunitário*, Studia Juridica, Coimbra Editora, Coimbra

ALVES, Jorge Ferreira
– 1989 – *Os Advogados na União Europeia*, Coimbra Editora, Coimbra
– 1994 – *Direito da Concorrência*, Coimbra Editora, Coimbra

ALVES, José Manuel Caseiro
– 1989 – *Lições de Direito Comunitário da Concorrência*, Curso de Estudos Europeus da Faculdade de Direito da Universidade de Coimbra, Coimbra Editora, Coimbra

ALVES, Rui Henrique
- 2000a – *Da Moeda Única è União Política?*, Working paper da Faculdade de Economia da Universidade do Porto
- 2000b – *Políticas Fiscais Nacionais e União Económica e Monetária na Europa*, 2.ª ed., Instituto do Mercado de Capitais, Lisboa

AMACHER, Ryan C., HABERLER, Gottfried e WILLET, Thomas D. (ed.)
- 1979 – *Challenges to a Liberal International Economic Order*, American Enterprise Institute for Public Policy Research, Washington

AMARAL, Alberto
- 2000 – *Mercosul: Desafios e Perspectivas*, em *Temas de Integração*, n. 9

AMARAL (Neto), Francisco
- 1996 – *A Institucionalização Jurídica do MERCOSUL*, em *Temas de Integração*, n.º 1, pp. 9-26

AMARAL, João Ferreira do
- 1992 – *O Impacto da União Económica e Monetária. O Reforço da Coesão Económica e Social*, em Ministério do Planeamento e da Administração do Território (ed.) *Fundos Estruturais. Que Futuro?* cit. pp. 63-9
- 1997 – *O Impasse da Europa: O Esgotamento do Zollverein*, em *Europa. Novas Fronteiras*, n. 1, *União Económica e Monetária*, pp. 7-10.
- 1999 – *A Opção pela Primeira Linha da União Monetária*, em Instituto Europeu da Faculdade de Direito da Universidade de Lisboa, *Aspectos Jurídicos e Económicos da Introdução do Euro*, cit. pp. 17-27

ANASTÁCIO, Gonçalo Gentil
- 1998 – *A Viabilidade do Euro*, em *Revistas da Faculdade de Direito da Universidade de Lisboa*, vol. 39, pp. 65-114

ANDERSON, Kym
- 1980 – *The Political Market for Government Assistance to Australian Manufacturing Industries*, em *The Economic Record*, vol. 56, pp. 132-144
- 1995 – *The Entwining of Trade Policy with Environmental and Labor Standards*, em Martin, Will e Winters, L. Alan (ed.) *The Uruguai Round and the Developing Economies*, Banco Mundial (World Bank Discussion Papers n. 307), Washington, pp. 435-56
- 2000 – *The Future Agenda of the WTO*, em OMC (ed.), *From GATT to the WTO...*, cit., pp. 7-33.

ANDERSON, Kym e BLACKHURST, Richard (ed.)
- 1993 – *Regional Integration and the Global Tading System*, Harvester//Wheatseaf, Nova Iorque

ANDERSON, Kym e TYERS, R.
- 1995 – *Implications of the EC Expansion for European Agricultural Policies, Trade and Welfare*, em Baldwin, Haaparanta e Kiander (ed.), cit., *Expanding Membership of the European Union*

ANDRADE, João de Sousa
- 1989 – *Sistema Monetário Europeu e Cooperação Económica*, separata do

Boletim de Ciências Económicas da Faculdade de Direito da Universidade de Coimbra, vol. 32

ANDRADE, José Carlos Vieira de
- 1977 – *Grupos de Interesse, Pluralismo e Unidade Política*, separata do *Suplemento do Boletim* da *Faculdade de Direito* da Universidade de Coimbra, vol. 20

ANDRADE, Maria Amélia Sineiro de
- 1996 – *O Sistema Europeu de Bancos Centrais (SEBC). Algumas considerações*, em *Boletim de Ciências Económicas* da Faculdade de Direito da Universidade de Coimbra, vol. 39, pp. 211-94.

ANDRÉ, João Luis da Costa
- 1960 – *Portugal na Associação Europeia de Comércio Livre*, Gabinete de Investigação Económica do ISCEF, Lisboa

ANGRES, Volker, HUTTER, Claus-Peter e RIBBE, Lutz
- 1999 – *Bananen für Brüssel. Von Lobbyisten, Geldevernichtern und Subventionsbetrügern*, Droemer, Munique

ANTUNES, Luís Miguel Pais
- 1993 – *Concurrence*, em Barav e Philip (ed.) *Dictionnaire Juridique des Communautés Européennes*, cit. pp. 267-76
- 1995a – *Os Poderes da Comissão em Matéria de Concorrência*, Almedina, Coimbra
- 1995b – *Lições de Direito Comunitário da Concorrência* (versão provisória), Instituto de Estudos Europeus da Universidade Lusíada, Lisboa

APPLEYARD, Dennis R. e FIELD Jr., Alfred J.
- 1998 – *International Economics*, 3.ª ed. Irwin, McGraw-Hill, Boston

AQUINO, Antonio
- 1978 – *Intra-Industry Trade and Inter-Industry Specialization as Concurrent Sources of International Trade in Manufactures*, em *Weltwirtschaftliches Archiv*, n. 114, pp. 275-95

ARAGÃO, Maria Alexandra de Sousa
- 1996 – *Objectivos, Princípios e Pressupostos da Política Comunitária do Ambiente: Algumas Propostas de Revisão*, em *Temas de Integração*, n. 2, pp. 97-130.
- 1997 – *O Princípio do Poluidor Pagador. Pedra Angular da Política Comunitária do Ambiente*, Studia Juridica, Coimbra Editora, Coimbra

ARMSTRONG, Harvey W.
- 1998 – *EC Regional Policy*, em El-Agraa (ed.) *The European Union...*, cit. pp. 349-75

ARMSTRONG, Harvey W., TAYLOR, Jim e WILLIAMS, Allan
- 1997 – *Regional Policy*, em Artis e Lee (ed.) *The Economics of the European Union. Policy and Analysis*, cit. pp. 172-201

ARNDT, Sven W.
- 1968 – *On Discriminatory vs. Non-Preferential Tariff Policies*, em *The Economic Journal*, vol. 78, pp. 971-9

ARROW, K. e HANN, F.H.
- 1971 – *General Competitive Analysis*, Oliver & Boyd, Londres

ARTIS, Mike J. e LEE, Norman (ed.)
- 1997 – *The Economics of the European Union. Policy and Analysis*, 2.ª ed., Oxford University Press, Oxford

ATANÁSIO, João A. Camilo da Silva
- 1999 – *Os Dilemas Socioeconómicos da Integração Monetária Europeia*, dissertação de mestrado na Faculdade de Direito da Universidade de Lisboa

AVERY, Graham e CAMERON, Fraser
- 1999 – *The Enlargement of the European Union*, Sheffield University Press, Sheffield

AXELMOND,
- 1981 – *The American Political Review*, pp. 306-7

AYDALOT, Philippe
- 1980 – *Dynamique Spatiale et Developpement Inegal*, 2.ª ed. Economica, Paris

AYRAL, Michel
- 1995 – *Le Marché Intérieur de l'Union Européenne*, La Documentation Françai, Paris

AZEVEDO, Belmiro de
- 1997 – *Opções Estratégicas de Portugal. União Económica e Monetária*, em *Europa. Novas Fronteiras*, n. 1, União Económica e Monetária, pp. 11-6

AZEVEDO, Maria Eduarda
- 1987a – *A Política Comunitária de 'Accises' e a Adesão de Portugal às Comunidades Europeias (Alguns Aspectos)*, em *Revista da Ordem dos Advogados*, vol. 47, pp. 353-417
- 1987b – *A Política Comum de Comercialização Agrícola e as Organizações Nacionais do Mercado Português (Alguns Aspectos)*, Centro de Estudos Fiscais, Lisboa
- 1996 – *A Política Agrícola Comum. Uma Política Controversa na Hora da Mudança*, Almedina, Coimbra

BACHE, Ian
- 1998 – *The Politics of European Union Regional Policy. Multi-Level Governance or Flexible Gatekeeping?*, Sheffield Academic Press, Sheffield

BAER, G. D. e PADOA-SCHIOPPA, Tommaso
- 1989 – *The Werner Report Revisited*, em Committee for the Study of Economic and Monetary Union (Delors Committee), *Report on Economic and Monetary Union in the European Community*, Luxemburgo

BAINBRIDGE, Mark, BURKITT, Brian e WHyman, Philip (ed.)
- 2000 – *The Impact of the Euro. Debating Britain's Future*, Macmillan, Basingstoke e St. Martins Press, Nova Iorque

BAKER, Terry, FITZGERALD, John Fritz e HONOHAN, Patrick
- 1996 – *Economic Implications for Ireland of EMU*, The Economic and Social Research Institute, Dublin

BALASSA, Bela
- 1961a – *Towards a Theory of Economic Integration*, em *Kykos*, vol. 14, pp. 1-17
- 1961b – *The Theory of Economic Integration*, George Allen e Unwin, Londres (tb. Irwin, Homewood, Illinois) (trad. portuguesa da Clássica Editora)
- 1965 – *Tariff Protection in Industrial Countries: An Evaluation*, em *The Journal of Political Economy*, vol. 73, pp. 573-94
- 1979 – *Intra-Industry Trade and the Integration of Developing Countries in the World Trade*, em Giersch (ed.) *On the Economics of Intra-Industry Trade*, cit. pp. 245-70
- 1989 – *New Directions in the World Economy*, Macmillan, Basingstoke e Londres, pp. 65-83

BALASSA, Bela et al.
- 1971 – *The Structure of Protection in Developing Countries,* The Johns Hopkins Press, para o Banco Mundial e para o Inter-American Development Bank, Baltimore e Londres

BALDWIN, Richard E.
- 1989 – *The Growth Effects of 1992,* em *Economic Policy,* vol. 2, pp. 247-81
- 1991 – *On the Microeconomics of the European Monetary Union*, em *European Economy*, ed. esp. *The Economics of EMU. Background Studies for European Economy, One Market One Money*, cit. pp. 21-25
- 1993 – *A Domino Theory of Regionalism*, em Centre for Economic Policy Research (CEPR), discussion paper n. 857, Londres e National Bureau of Economic Research (NBER), Working paper 4-465, Cambridge (Mass.)
- 1994 – *Towards an Integrated Europe*, Centre par Economic Policy Research (CEPR), Londres
- 1995 – *A Domino Theory of Regionalism*, em Baldwin, Haaparanta e Kiander, (ed.) *Expanding Membership of the European Union*, cit. pp. 25-53

BALDWIN, Richard, FRANÇOIS, Jean e PORTES, Richard
- 1997 – *The Costs and Benefits of Eastern Enlargement: The Impact on the EU and Central Europe,* em *Economic Policy,* n. 24, pp. 125-76

BALDWIN, Robert E., HAAPARANTA, Pertti r KIANDER, Jaakko (ed.)
- 1995 – *Expanding Membership of the European Union*, Cambridge University Press. Cambridge

BALDWIN, Robert E.
- 1969 – *The Case Against Infant-Industry Tariff Protection*, em *The Journal of Political Economy*, vol. 77, pp. 295-305
- 1971 – *Determinants of the Commodity Structure of US Trade*, em *The American Economic Review*, vol. 61, pp. 126-46
- 1995a – *The Political Economy of International Trading Arrangements: A*

Survey, comunicação apresentada no XIth World Congress of the International Economic Association, Tunis, 18-22 de Dezembro de 1995
- 1995b – *An Economic Evaluation of the Uruguai Round Agreements*, em *The World Economy*, vol. 18, pp. 153-72
- 1996 – *The Political Economy of Trade Policy: Integrating the Perspectives of Economists and Political Scientists*, em Feenstra, Grossman e Irwin (ed.) *The Political Economy of Trade Policy*, cit. pp. 147-173

BALDWIN, Robert *et al.*
- 1988 – *Issues in US-EC Trade Relations*, University of Chicago Press, Chicago

BANCO MUNDIAL (Banco Internacional de Reconstrução e Desenvolvimento)
- 1981 – *World Development Report 1981*, Oxford University Press, Washington
- 1992 – *Environment and Employment*, Washington
- 2000 – *Trade Blocs,* publ. Oxford University Press, Washington

BANGEMANN, Martin
1992 – *Meeting the Global Chalenge. Establishing a Successful European Industrial Policy*, Kogan Page, Londres

BANISTER, David, CAPELLO, Roberto e NIJKAMP, Peter
1995 – *European Transport and Communication Networks. Policies, Evaluation and Change*, John Willey and Sons, Chichester

BARATA, Oscar Soares (coord.)
- 1999 – *Conjuntura Internacional 1999,* Instituto Superior de Ciências Sociais e Políticas, Lisboa

BARAV, Ami e PHILIP, Christian (ed.)
- 1993 – *Dictionnaire Juridique des Communautés Européennes*, Presses Universitaires de France, Paris

BARBER, Clarence
- 1955 – *Canadian Tariff Policy*, em *The Canadian Journal of Economics and Political Science*, vol. 21, pp. 513-30

BARBOSA, António Manuel Pinto
- 1979 – *Keynes e o Acordo de Bretton-Woods*, separata do *Boletim de Ciências Económicas* da Faculdade de Direito da Universidade de Coimbra, vol. 21
- 1987 – *O Lado Menos Visível do Plano Marshall. Sua Actualidade*, Memórias da Academia das Ciências de Lisboa, tomo 25, pp. 281-91

BARNES, Ian e BARNES, Pamela M.
- 1995a – *The Enlarged European Union*, Longman, Londres e Nova Iorque
- 1995b – *The Distortion of Competitive Forces: State Aids*, em Davison, Fitzpatrick e Johnson (ed.) *The European Competitive Environment,* cit. pp. 26-43
- 1999 – *Environmental Policy in the European Union,* Edward Elgar, Cheltenham e Nocrthampton? (Mass.)

BARRASS, Robert e MADHAVAN, Shobhana
– 1996 – *European Economic Integration and Sustainable Development. Institutions, Issues and Policies*, McGraw-Hill Book Company, Londres

BARRELL, Ray, MORGAN, Julian e PAIN, Nigel
– 1995 – *The Employment Effects of the Maastricht Fical Criteria*, Parlamento Europeu, Directorate General for Research, Working Paper preparado para a elaboração do Relatório Coats, cit.

BARRETT, Scott
– 1994 – *Strategic Environmental Policy and International Trade*, em *Journal of Public Economics*, vol. 54, pp. 325-38

BARTHE, Marie-Annick
– 2000 – *Économie de l'Union Européenne. Manuel*, Economica, Paris

BASEVI, Giorgio
– 1966 – *The United States Tariff Structure: Estimates of Effective Rates of Protection of United States Industries and Industrial Labour*, em *The Review of Economics and Statistics*, vol. 48, pp. 147-60

BASSO, Maristela *et al.*
– 1995 – *MERCOSUL. Seus Efeitos Jurídicos, Económicos e Políticos nos Estados-Membros*, Livraria de Advogados, Porto Alegre

BASSO, Maristela
– 1999 – *O Ordenamento Jurídico do MERCOSUL*, em *Temas de Integração*, n. 8, pp. 23-32

BASTABLE, C.F.
– 1921 – *The Commerce of Nations*, 10.ª ed., Macmillan, Londres

BASTO, José Guilherme Xavier de
– 1991 – *A Tributação do Consumo e a sua Coordenação Internacional. Lições sobre Harmonização Fiscal na Comunidade Económica Europeia*, em Cadernos de Ciência e Técnica Fiscal, n. 164, Lisboa
– 1996a – *Os Desenvolvimentos Recentes da Harmonização Fiscal Europeia em Matéria de Tributação Indirecta*, em P.P. Cunha *et al. A União Europeia na Encruzilhada*, cit. pp. 63-84 IV.153
– 1996b – *Tendências de Evolução dos Sistemas Fiscais na União Europeia, com Especial Referência ao Imposto sobre o Valor Agregado (IVA)*, em *Temas de Integração*, n. 2, pp. 19-45

BATCHELOR,R.A., MAJOR, R. L. e MORGAN A.D.
– 1980 – *Industrialization and the Basis of Trade*, National Institute of Economic and Social Research, Cambridge University Press, Londres

BATOR, Francis M.
– 1957 – *The Simple Analytics of Welfare Maximization*, em *The American Economic Review*, vol. 47, pp. 22-59

BATRA, Ravi
– 1993 – *The Myth of Free Trade. A Plan for America's Economic Revival*, Charles Scriberer's Sons, Macmillan, Nova Iorque

BAUCHET, Pierre
- 1996 – *Les Transports de l'Europe. La Trop Lente Integration*, Economica, Paris

BAUCHET, Pierre e RATHERY, Alain
- 1993 – *La Politique Communautaire des Transports*, em *Problèmes Politiques et Sociaux*, La Documentation Française, n. 712

BAYOMI, Tamim e EICHENGREEN, Barry
- 1993 – *Shocking Aspects of European Monetary Integration*, em Torres e Giavazzi (ed.) *Adjustment and Growth in the European Monetary Union*, cit. pp. 193-229

BECKER, Gary S.
- 1962 – *Investment in Human Capital: A Theoretical Analysis*, em *The Journal of Political Economy, Supplement*, vol. 70, pp. 9-49
- 1964 – *Human Capital*, National Bureau of Economic Research, Columbia University Press, Nova Iorque

BEKERMAN, Gérard e SAINT-MARC, Michéle
1999 – *L'Euro*, 3.ª ed., Presses Universitaires de France, ed. Que Sais-Je?, Paris

BEGG, David, GIAVAZZI, Francesco, SPAVENTA, Luigi e WYPLOSZ, Charles
- 1991 – *European Monetary Union. The Macro Issues*, em Centre for Economic Policy Research (CEPR), *Monitoring European Integration. The Making of Monetary Union*, Londres

BEGG, David, GIAVAZZI, Francesco, VON HAGEN, Jurgan e WYPLOSZ, Charles
- 1997 – *EMU – Getting the End Game Right*, em Centre for Economic Policy Research (CEPR), *Monitoring European Integration*, Londres, pp. 1-66

BEGG, Ian e GRIMWADE, Nigel
- 1998 – *Paying for Europe*, Sheffield Academic Press, Sheffield

BEGG, Ian e MAYES, David
- 1991 – *Cohesion as a Precondition for Monetary Union in Europe*, em Barrell, Ray (ed.) *Economic Convergence and Monetary Union in Europe*, Sage Publications, Londres, pp. 220-40

BEHAR, D.
- 1991 – *Economic Integration and Intra-Indutry Trade: The Case of the Argentina-Brazilian FTA*, em *Journal of Common Market Studies*, vol. 29, pp. 527-52

BEKEMANS, Lépuce e BECKWITH, Sharon (ed.)
- 1996 – *Ports for Europe. Europe's Maritime Future in a Changing Environment*, European University Press, Bruxelas

BELEZA, L. Miguel
- 1990 – *O Processo da Integração Económica e Monetária de Portugal*, em LDR, Coimbra, pp. 35-42
- 1999 – *O Pacto de Estabilidade e o Euro*, em Instituto Europeu da Faculdade

de Direito da Universidade de Lisboa, *Aspectos Jurídicos e Económicos da Introdução do Euro,* cit. pp. 63-71
BELEZA, L. Miguel e GASPAR, Vitor
– 1994 – *Seigsnoriage and Exchange Rates*, Working Paper n. 233, Faculdade de Economia da Universidade Nova de Lisboa
BELLAMY, C. e CHILD G.
– 1993 – *Common Market Law of Competition*, Sweet & Maxwell, Londres
BENAROYA, François
– 1995 – *Que Penser des Accords de Commerce Regionaux?* em *Economie Internationale*, n. 63, pp. 99-115
BÉNASSY-QUÉRÉ, Agnès, MOJON, Benoît e PISANI-FERRY, Jean
– 1997 – *The Euro and Exchange Rate Stability,* em Masson, Krueger e Trutelboom (ed.) *EMU and the International Monetary Sytem,* cit. pp. 157-93
BENTLEY, Arthur F.
– 1908 – *The Process of Government*, University of Chicago Press, Chicago
BERENDS, H.
– 1983 – *As Consequências Económicas para Portugal da Adesão à Comunidade Económica Europeia*, Instituto Nacional de Administração (INA), Lisboa
BERGSTRAND, J.H.
– 1983 – *Measurement and Determinants of Intra-Industry International Trade*, em Tharakan (ed.) *Intra-Industry Trade. Empirical and Methodological Aspects*, cit. pp. 205-53
BERNAL-MEZA, Raúl
– 1999 – *El MERCOSUR: Regionalismo o Globalización? Tres Aspectos para la Decision de Políticas,* em Dantas *et al.* (org.) *Processos de Integração Regional...,* cit. pp. 203-30
BERNHOLZ, Peter
– 1991 – *The Political Economy of Protectionism*, em *Kyklos*, vol. 44, pp. 239-42
BERTHELOT, Jacques
– 1997 – *Pas de Monnaie Unique sans un Minimum de Fédéralisme Budgetaire* em L'Appel des Economistes pour Sortir de La Pensée Unique, *La Monnaie Unique en Débat*, Syros, Paris, pp. 85-109
BESELER, J.F. e WILLIAMS, A.N.
– 1986 – *Anti-Dumping and Anti-Subsidy Law in The European Communities*, Sweet & Maxwell, Londres
BEST, Edward
– 2000 – *The Debate over the Weighting of Votes: the Mis-Presentation of Representation?*, em Best, Gray e Stubb (ed.), *Rethinking the European Union,* cit. pp. 105-30.
BEST, Edward, GRAY, Mark e STUBB, Alexander (ed.)
– 2000 – *Rethinking the European Union. CIG 2000 and Beyond,* European Institute of Public Administration, Maastricht

BEST, Michael H. e FORRANT, Robert
- 1996 – *Creating Industrial Capacity: Pentagon-Led versus Production-Led Industrial Policies*, em Michie e D. Smith (ed.) *Creating Industrial Capacities. Towards Full Employment*, cit. pp. 225-54

BHAGWATI, Jagdish N.
- 1968 – *Gains from Trade Once Again*, em *Oxford Economic Papers*, vol. 20, pp. 137-48
- 1971 – *The Generalized Theory of Distortions and Welfare*, em Bhagwati, Jagdish N., Jones, Ronald W., Mundell, Robert A. e Vanek, Jeroslav (eds.) *Trade, Balance of Payments and Growth*, Papers in International Economics in Honor of Charles P. Kindleberger, North-Holland Publishing Company, Amesterdão e Londres, pp. 69-90
- 1978 – *Anatomy and Consequences of Exchange Control Regimes*, National Bureau of Economic Research, Ballinger Publishing Company, Nova Iorque
- 1980 – *Lobbying and Welfare*, Massachusetts Institute of Technology (MIT), Working Paper n. 259, Cambridge (Mass.)
- 1987 – *Protectionism: Old Wine in New Bottles*, em Salvatore (ed.)*The New Protectionism Threat to World Welfare*, cit. pp. 31-44
- 1988 – *Protectionism*, The MIT Press, Cambridge (Mass.) e Londres
- 1991 – *The World Trading System at Risk*, Princeton University Press, Princeton
- 1992 – *Regionalism Versus Multilateralism*, em *The World Economy*, vol. 15, pp. 135-55
- 1993 – *Regionalism and Multilateralism: An Overview*, em Melo e Panagariya (ed.) *New Dimension in Regional Integration*, Cambridge University Press, cit. pp. 22-57
- 1994 – *Free Trade: Old and New Challenges*, em *The Economic Journal*, vol. 104, pp. 231-46
- 1995 – *Trade Liberalization and 'Fair Trade' Demands: Addressing the Environmental and Labour Standards Issues*, em *The World Economy*, vol. 18, pp. 745-59

BHAGWATI, Jagdish N. e HUDEC, Robert E. (ed.)
- 1996 – *Fair Trade and Harmonization. Prerequisites for Free Trade?*, vol. 1 *Economic Analysis*, The MIT Press, Cambridge (Mass.) e Londres

BHAGWATI, Jagdish N. e RAMASWAMI, V.K.
- 1963 – *Domestic Distortions, Tariffs and the Theory of Optimum Subsidy*, em *The Journal of Political Economy*, vol. 71, pp. 44-50

BHAGWATI, Jagdish N. e SRINIVASAN, T.N.
- 1973 – *The General Equilibrium Theory of Effective Protection and Resource Allocation*, em *Journal of International Economics*, vol. 3
- 1979 – *Trade Policy and Development*, em Dornbusch, Rudiger e Frankel, Jacob A. (ed.) *International Economic Policy. Theory and Evidence*, The Johns Hopkins University Press, Baltimore e Londres, pp. 1-38

BHALLA, A. S. e BHALLA, P.
- 1997 – *Regional Blocs. Building Blocs or Stumbling Blocs?*, Macmillan, Basingstoke, Londres e St. Martin's Press, Nova Iorque

BIANCHI, Patricia
- 1998 – *Industrial Policies and Economic Integration. Learning from European Experiences*, Routledge, Londres.

BICKERDIKE, C.F.
- 1906 – *The Theory of Incipient Taxes*, em *The Economic Journal*, vol. 16, pp. 529-35
- 1907 – *Review of A.C. Pigou's Protective and Preferential Import Duties*, em *The Economic Journal*, vol. 17, pp. 98-101

BISHOP, Matthew e KAY, John (ed.)
- 1993 – *European Mergers & Merger Policy*, Oxford University Press, Oxford

BISHOP, Simon e WALKER, Mike
- 1999 – *The Economics of EC Competition Law*, Sweet & Maxwell, Londres.

BISPHAM, J.A.
- 1975 – *The New Cambridge and Monetarist Criticisms of Conventional Economic Policy Making*, em *National Institute Economic Review*, Novembro

BITSCH, Marie-Thérèse
- 1999 – *Histoire de la Construion Européenne, de 1945 a nos jours*, 2.ª ed., Complexe, Paris

BIZZOZERO, Lincoln e VAILLANT, Marcel (ed.)
- 1996 – *La Inserción Internacional del MERCOSUR: Mirando al Sur o Mirando al Norte?*, Arca, Montevideo

BLACKHURST, Richard, MARIAN, Nicolas e TUMLIR, Jan
- 1977 – *Trade Liberalization, Protectionism and Interdependence*, GATT Study n. 5, Genebra

BLAUG, Mark
- 1994 – *A Metodologia da Economia. Ou como os Economistas Explicam*, Gradiva, Lisboa (trad. da 2.ª ed. de 1992)

BOLTHO, Andrea
- 1994 – *A Comparison of Regional Differentials in the European Community and the United States*, em Mortensen (ed.) *Improving Economic and Social Cohesion in the European Community*, cit. pp. 41-53

BORA, Bijit, FINDLAY, Chistopher (ed.)
- 1996 – *Regional Integration and the Asia-Pacific*, Oxford University Press, Oxford

BORDIGNON, Massimo e DA EMPOLI, Domenico (ed.)
- 1999 – *Concorrenza Fiscale in una Economia Internazionale Integrata*, Franco Angeli, Milão

BORGES, António Castel-Branco
- 1991 – *Benefícios e Custos da União Económica e Monetária na Perspectiva da Comunidade e na Perspectiva Portuguesa*, em Ministério das Finan-

ças, *Portugal e a Transição para a União Económica e Monetária*, cit. pp. 379-404

BORGES, Marta
- 1997 – *Subsidiariedade: Controlo a priori ou a posteriori?*, em *Temas de Integração*, n. 3, pp. 67-99

BORORREL, B. e YANK, M.
- 1992 – *EC Bananarama: The Sequel*, Working Paper 958, Institutional Economic Departmente, Banco Mundial, Washington

BOSNEC, Stefan
- 1996 – *Integration of Central Europe in the Common Agricultural Policy of the European Union*, em *The World Economy*, vol. 19, pp. 447-63

BOUDANT, Joël
- 1991 – *L'Anti Dumping Communantaire*, Economica, Paris

BOUMA, E.
- 1996 – *Foreign Direct Investment*, em Jepma e Rhoen (ed.) *International Trade. A Business Perspective*, cit. pp. 42-71

BOURGUINAT, Henri
- 1993 – *L'Emergence de Zones et Blocs Commerciaux*, em Mucchielli e Célimène (ed.) *Mondialisation et Régionalization. Un Défi pour l' Europe*, cit. pp. 3-16

BOUZAS, Roberto e ROS, Jaime (ed.)
- 1994 – *Economic Integration in the Western Hemisphere*, University of Notre Dame Press, Notre Dame (Indiana) e Londres

BRADLEY, J. ODONNELL, N.C. SHERIDAN, K. WHELAN
- 1994 – *Aide Regional et Convergence: Évaluation de l'Impact des Fonds Structurels sur la Périphérie Européenne,* Ashgste, Avebury

BRAGA, Carlos Alberto Primo
- 1990 – *US Policies and the Prospects for Latin American Economic Integration*, em Baer, W. e Coes, D. (ed.) *United States Policies and the Latin American Economy*, Praeger, Nova Iorque
- 1994 – *Regional Integration in the Americas,* em *World Economy*, vol. 17, pp. 577-605

BRAGA, Carlos A. Primo e YEATS, Alexander
- 1992 – *How Multilateral Trade Arrangements May Affect the Post-Uruguai Round World*, Policy Research Working Paper Series, n. 974, Banco Mundial, Washington

BRAGA, Carlos A. Primo, SAFADI, Raed e YEATS, Alexander
- 1996 – *Latin-American Experiences with Regional Integration*, em OCDE, *Regionalism and its Place in the Multilateral Trading System*, cit. pp. 143-67

BRANDER, James A.
- 1981 – *Intra-Industry Trade in Identical Commodities*, em *Journal of International Economics*, vol. 11, pp. 1-14

BRECHER, Richard e BHAGWATI, Jagadish N.
– 1981 – *Foreign Ownership and the Theory of Trade and Welfare*, em *Journal of Political Economy*, vol. 89, pp. 497-511
BRECKLING, J. et al.
– 1987 – *Effects of EC Agricultural Policies: A General Equilibrium Approach*, Bureau of Agricultural Research, Camberra
BRENTON, Paul e GROS, Daniel
– 1992 – *The Budgetary Implications of EC Enlargement*, Centre for Eurpean Policy Studier (CEPS), working document n. 78, Bruxelas
BRENTON, Paul, SCOTT, Henry e SINCLAIR, Peter
– 1997 – *International Trade. A European Text*, Oxford University Press, Oxford
BRETON, Albert
– 1978 – *Economics of Representative Democracy*, em Buchanan et al. *The Economics of Politics*, cit. pp. 51-64
BRIGHT, Christopher
– 1994 – *Public Procurement Handbook*, Wiley Chancersy, Londres
BRITS, Hans e DE VOR, Marc
– 2000 – *The Pact for Stability and Growth*, em Van Bergeisk, O., Peter, A.G., Berndsem, Ron J. e Jansen, W. Jos (ed.) *The Ecomonics of the Euro Area. Macoeconomic Policy and Institutions*, Edward Elgar, Cheltenham e Northampton (Mass.), pp. 201-19
BRITTON, Andrew e MAYES, David
– 1992 – *Achieving Monetary Union in Europe*, Sage Publications, Londres
BROADMAN, Harry G.
– 1994 – *GATS: The Uruguai Round Accord on International Trade and Investment in Services*, em *The World Economy*, vol. 17, pp. 218-92
BROCKER, J.
– 1998 – *How Would an EU-Membership of Visegrad Conntries Affect Europe's Economic Geography?*, em *The Annals of Regionel Science*, n. 32
BROWN, A.J.
– 1961 – *Customs Union versus Economic Separation in Developing Countries*, em *Yorkshire Bulletin of Economic and Social Research*, vol. 13
BRÜLHART, Marius
– 1995a – *Scale Economies, Intra-Industry Trade and Industry Location in the 'New Trade Theory'*, Trinity Economic Papers, 95/4, Dublin
– 1995b – *Intra-Industry Trade, Economic Integration and Geographical Specialization*, dissertação de doutoramento na Universidade de Dublin
– 1999 – *Marginal Intra-Industry Trade and Trade-Induced Adjustment: a Survey*, em Brülhart e Hine (ed.) *Intra Industry Trade and Adjustment*, cit. pp. 36-69
BRÜLHART, Marius e ELLIOT, Robert
– 1996 – *A Critical Survey of Trends in Intra-Industry Trade*, em Curso de Estu-

dos Europeus, *Integração e Especialização, Integration and Specialization*, cit. pp. 59-82
- 1999 – *A Survey of Intra-Industry Trade in the European Union*, em Brülhart e Hine (ed.) *Intra Industry Trade and Adjustment...*, cit. pp. 98-120.

BRÜLHART, Marius e HINE, Robert C. (ed.)
- 1999 – *Intra-Industry Trade and Adjustment, The European Experience*, Macmillan, Basingstoke e St. Martin's Press, Nova Iorque.

BRUNETEAN, Bernard
- 1996 – *Histoire de l'Unification Européenne*. Armand Colin, Paris

BRUNO, Michael
- 1973 – *Protection and Tariff Change under General Equilibrium*, em *Journal of International Economics*, vol. 3, pp. 205-26

BUCHANNAN, James M. *et al.*
- 1978 – *The Economics of Politics*, The Institute of Economic Affairs, Londres

BUCHANAN, James M.
- 1978 – *From Private Preferences to Public Philosophy: The Development of Public Choice* e *Summing up*, em Buchanan *et al. The Economics of Politics*, cit. pp. 1-20 e 155-8

BUCHANAN, James M, BURTON, John e WAGNER, Richard E.
- 1978 – *The Consequences of Mr. Keynes*, The Institute of Economic Affairs, Hobart Paper n. 78, Londres

BUCHANAN, James M. e WAGNER, Richard E.
- 1977 – *Democracy in Deficit: The Political Legacy of Lord Keynes*, Academic Press, Nova Iorque

BUCKWELL, Alan
- 1996 – *The CAP After the Uruguai Round and Before the Enlargement: Which Reforms Now and in the Future*, comuniação apresentada num Seminário do LDR, Parlamento Europeu, Bruxelas

BUIGUES, P., ILZKOVITZ, F. e LEBRUN, J. F.
- 1990 – *The Impact of the Internal Market by Industrial Sector: The Chalenge for the Member States*, em *European Economy*, ed. esp. *Social Europe*, pp. 1-113

BULLER, Henry, WILSON, Geoffe A. C. HÖLL, Andress (ed.)
- 2000 – *Agro-Environmental Policy in the European Union*, Ashgate, Aldershot

BULMER, Simon e SCOTT, Andrew (ed.)
- 1994 – *Economic and Political Integration in Europe. Internal Dinamics and Global Context*, Blackwell, Oxford e Cambridge

BURNIAUX, Jean-Mark, MARTIN, John P., NICOLETTI, Giuseppe e MARTINS, Joaquim Oliveira
- 1992 – *The Costs of International Agreements to Reduce CO^2 Emissions*, em *European Economy*, ed. esp.*The Economics of Limiting CO^2 Emission*, cit. pp. 271-98

BURNS, L.S.
- 1987 – *Regional Economic Integration and National Economic Growth*, em *Regional Studies*, n. 21

BUTTON, Kenneth e PENTECOST, Eric
- 1999 – *Regional Economic Performance within the European Union*, Edward Elgar, Cheltenham e Northampton (Mass.)

BYÉ, Maurice
- 1950 – *Unions Douanières et Données Nationales*, em *Economie Appliquée*, vol. 3, pp. 121-57 (trad. ingl. em *International Economic Papers*, n. 3, 1953, com o título *Customs Unions and National Interests*)

CBRI (Conselho Brasileiro de Relações Internacionais)
- 1994 – *MERCOSUL: Desafio a Vencer*, S. Paulo

CCRC (Comissão de Coordenação da Região Centro)
- 1989 – *Portugal e os Fundos Estruturais Comunitários: Experiência e Perspectivas Regionais*, Coimbra
- 1990 – *Industrialização em Meios Rurais e Competitividade Internacional*, Coimbra
- 1993 – *Serviços e Desenvolvimento numa Região em Mudança*, Coimbra

CELARE (Centro Latino-Americano para las Relaciónes con Europa) (ed.)
- 1996 – *América Latina-Unión Europea: En Camino a la Associación*, Santiago do Chile

CEMT (Conférence Européenne des Ministres des Transports)/OCDE
- 1994 – *Internalising the Social Costs of Transport*, Paris
- 1995 – *Des Chemins de Fer, Pour Quoi Faire?*, Paris

CER (Centre for European Reform)
- 1997 – *Britain and EMU. The Case for Joining*, Londres

CABLE, Vincent
- 1994 – *Overview*, em Cable e Henderson, *Trade Blocs? The Future of Regional Integration*, cit. pp. 3-16

CABLE, Vincent e HENDERSON, David (ed.)
- 1994 – *Trade Blocs? The Future of Regional Integration*. The Royal Institute of International Affairs, Londres

CABRAL, António José
- 1991 – *Community Structural Policies and Economic and Monetary Union*, em Ministério das Finanças, *Portugal e a Transição para a União Económica e Monetária*, cit. pp. 591-92
- 1996 – *UEM: Condições de Participação e Regras de Funcionamento*, em *Estudos de Economia*, vol. 6, pp. 339-50
- 1999 – *The Stability and Growth Pact: Main Aspects and some Considerations on its Implementation*, em Lamfalussy, Bernard e Cabral (ed.) *The Euro-Zone: A New Economic Entity*, cit. pp. 19-53.

CADILHE, Miguel
- 1990 – *Luzes e Sombras da UEM*, em *Revista da Banca*, vol. 16, pp. 199-214

– 1992 – *Breves Comentários*, em Secretaria de Estado da Integração Europeia, *A Europa Após Maastricht*, cit. pp. 101-3
– 1997 – *Trivialidades sobre Recessão e Défices Públicos*, em *Europa. Novas Fronteiras*, n. 1, *União Económica e Monetária*, pp. 18-28
CADOT, Olivier, GABEL, H. Landis, STORY, Jonathan e WEBBER, Douglas (ed.)
– 1996 – *Industrial and Trade Policy (European Casebook on)*, Prentice Hall, Londres
CAIGER, Andrew e FLOUDAS, Demetrius Andreas M.A. (ed.)
– 1996 – *1996 Onwards: Lowering the Barriers Further*, John Wiley and Sons, Chichester
CALFAT, Germán
– 1997 – *MERCOSUL Changes in Trade Specialization: 1990-1994*, Working Paper do Departamento de Economia da Faculdade de Ciências Sociais da Universidade da República, Montevideo
CALFAT, German e FLÔRES, Renato G.
– 1996 – *Latin America Options for the European Union*, em Curso de Estudos Europeus, *Integração e Especialização. Integration and Specialization*, cit. pp. 311-29
CALVETE, Vitor
– 1966a – *Recensão* de Ohmae, *The End of the Nation State...* cit., em *Temas de Integração*, n. 2, pp. 135-42
1996b – *Recensão* de Stokes (ed.) *Open for Business. Creating a Transatlantic Market Place*, cit., em *Temas de Integração*, n. 2, pp. 142-7
– 1997 – *Recensão* de seis obras do projecto da Brookings Institution *Integração das Economias Nacionais*, em *Temas de Integração*, n. 3, pp. 230-47
– 2001 – *Sobre a Teoria das Uniões Aduaneiras*, separata do *Boletim de Ciências Económicas* da Faculdade de Direito da Universidade de Coimbra, vols. 42-4
CÂMARA DE COMÉRCIO AMERICANA NA BÉLGICA (The EU Committee)
– 1998 – *Guide to the Enlargement of the EU*, Bruxelas
– 1999 – *EU Transport & Legistics*, Bruxelas
CAMBRIDGE ECONOMIC POLICY GROUP
– 1975 – *Review of Britain's Economic Prospects*, em *Economic Policy Review*, n. 1,
– 1976 – *The Strategic Problems of Economic Policy*, em *Economic Policy Review*, n. 2,
– 1979 – Artigo Introdutório em *Cambridge Economic Policy Review*, n. 5
CAMPOS, João Mota
– 2000 – *Manual de Direito Comunitário*, Fundação Calouste Gulbenkian, Lisboa

CAMPOS, João Mota (coord.)
- 1999 – *Organizações Internacionais. Teoria Geral. Estudo Monográfico das Principais Organizações Internacionais de que Portugal é Membro*, Fundação Calouste Gulbenkian, Lisboa

CANDEL, Karl (ed.)
- 2000 – *Poland and the European Union*, Routledge, Londres e Nova Iorque

CAPUCHO, António d'Orey
- 1994 – *O Que é e Como Funciona a União Europeia*, Publicações D. Quixote, Lisboa

CAREY, C.
- 1837-40 – *Principles of Political Economy*, Filadélfia

CARFANTAN, Jean-Yves
- 1996 – *L'Epreuve de la Mondialisation. Pour une Ambition Européenne*, Éditions du Seuil, Paris

CASELLA, Paulo Borba
- 1996 – *MERCOSUL: Exigências e Perspectivas. Integração e Consolidação do Espaço Económico (1995-2000-2006)*, Editora LTR, São Paulo

CASELLA, Paulo Borba (org.)
- 2000 – *MERCOSUL. Integração Regional e Globalização*, Renovar, Rio de Janeiro

CASS, Ronald e HARING, John R.
- 2000 – *Internacional Trade in Telecommunications: Monopoly, Competition & Trade Strategy*, American Enterprise Institute for Public Policy, Washington

CASTRO, Armando (ed.)
- 1992 – *Política Comercial*, Centro de Estudos de Economia Europeia e Internacional (CEDIN), Instituto Superior de Economia e Gestão (ISEG), Universidade Técnica de Lisboa

CAVES, Richard E., FRANKEL, Jeffrey A. e JONES, Ronald, W.
- 1999 – *World Trade and Payments: An Introduction*, 8.ª ed., Addison-Wesley, Reading (Mass.)

CHACHOLIADES, Miltiades
- 1990 – *International Economics*, McGraw-Hill, Nova Iorque

CHECCHINI, Paolo
- 1988 – *A Grande Aposta para a Europa. O Desafio de 1992*, Perspectivas e Realidades, Lisboa (tradução, que referenciamos, da edição sintetizada da *European Economy, The Economics of 1992*, cit.)

CHÉROT, Jean-Yves
- 1998 – *Les Aides d'État dans les Communautés Européennes*, Economica, Paris

CHIPMAN, John S.
- 1965 – *A Survey of the Theory of International Trade, Part 1, The Classical Theory*, em *Econometrica*, vol. 33, pp. 477-519

CHOUZAL, Carla
– 1992 – *Comércio Intra-Industrial. O Caso das Relações Comerciais entre Portugal e a Comunidade Europeia*, dissertação de mestrado na Faculdade de Economia da Universidade de Coimbra
CHRISTODOULOU, Efthymios
– 1996 – *Relatório sobre o Financiamento do Alargameno da União Europeia*, Parlamento Europeu (A4-0353/96, de 5.11.1996)
CIABRINI, Sylvie
– 1996 – *Les Services dans le Commerce International*, Presses Universitaires de France, col. Que Sais-je, Paris
CINI, Michelle e Mc GOWAN, Lec
– 1998 – *Competition Policy in the European Union*, Macmillan, Basingstoke e St. Martin's Press, Nova Iorque
CLARK, Colin
– 1940 – *The Conditions of Economic Progress* (3.ª ed. da Macmillan, 1957), Londres
CLÍMACO, Maria Isabel Namorado
– 1995 – *Os Impostos Especiais de Consumo. Efeitos Económicos e Objectivos Fiscais*, em *Ciência Técnica Fiscal*, n. 376, pp. 61-153
– 2000 – *Novas Perspectivas da Política Fiscal Anti-Tabágica e Anti-Alcoólica*, separata de *Boletim de Ciências Económicas* da Faculdade de Direito da Universidade de Coimbra
COBHAM, David
– 1996 – *Causes and Effects of the European Monetary Crisis of 1992-93*, em *Journal of Common Market Studies*, vol. 34, pp. 585-604
COCKFIELD, Lord
– 1994 – *The European Union, Creating the Single Market*, John Wiley & Sons, Londres
CODY, John, HUGHES, Helen e WALL, David (ed.)
– 1980 – *Policies for Industrial Progress in Developing Countries*, Oxford University Press, para a UNIDO e o Banco Mundial
COELHO, Miguel
– 1999 – *O Impacto do Alargamento da União Europeia aos Países da Europa Central e Oriental no Padrão de Especialização das Economias do Sul da Europa*, em *Temas de Integração*, n. 8, pp. 41-64
COGET, Gérard
– 1994 – *Les Resources Propres Communautaires*, em *Revue Française de Finances Publiques*, n. 45, pp. 51-96
COHEN, Benjamim I.
– 1969 – *The Use of Effective Tariffs*, Yale University Economic Growth Center, Discussion Paper n. 62, Fevereiro (publicado com o mesmo título em *The Journal of Political Economy*, 1971, vol. 79, pp. 128-41)

COLOM I NAVAL
- 2000a - *El Presupuesto Europeu*, em Morata, F. (ed.) *Políticas Públicas en la Unión Europea*, Ariel, Barcelona, cap. 1.º, pp. 31-86
- 2000b - *El Pressupost de la UE em l'Horitzó de la Propera Década*, em *Revista de Economia de Catalunya*

COMISSÃO EUROPEIA
- 1991 - *As Regiões na Década de 1990*. Relatório periódico anual relativo à situação sócio-económica e ao desenvolvimento das regiões da Comunidade, Bruxelas
- 1993a - *Crescimento, Competitvidade, Emprego. Os Desafios e as Pistas para Entrar no Séc. XXI* (COM (93) 700 final, de 5.12.1993)
- 1993b - *Cinquième Rapport Annuel de la Commission sur la Mise en Oeuvre de la Reforme des Fonds Structurels*
- 1994 - *Panorame of European Union Industries*, Bruxelas
- 1995a - *Livro Verde A Rede dos Cidadãos. Explorar o Potencial do Transporte Público na Europa* (COM(95) 601 final, de 29.11.95)
- 1995b - *Cohesion and the Development Challenge Facing the Lagging Regions*, Regional Development Studies, Bruxelas e Luxemburgo
- 1995c - *Agricultural Situation and Outlook in the Central and Eastern European Countries. Summary Report*, Direcção Geral da Agricultura, Bruxelas
- 1996a - *Livro Verde sobre os Contratos Públicos na União Europeia: Pistas de Reflexão para o Futuro* (COM (96) 583 final, de 27.11.1996)
- 1996b - *Um Sistema Comum do IVA. Um Programa para o Mercado Único* (COM (96) 328 final, de 22.7.1996)
- 1996c - *Europe de l'Energie en 2020*, Bruxelas e Luxemburgo (síntese do estudo SEC (95) 2283)
- 1996d - *Para uma Formação Correcta e Eficiente dos Preços dos Transportes. Apoio da Política para a Internalização dos Custos Externos dos Transportes na União Europeia*, Suplemento n. 2/96 (com base no COM (95)691 final)
- 1996e - *Impacto e Eficácia do Mercado Único* (COM (96) 520 final, de 2.12.1996)
- 1996f - *A Fiscalidade na União Europeia. Relatório sobre a Evolução dos Sistemas Fiscais* (COM(96) 546 final, de 22.10.1996)
- 1996g - *Para uma Nova Estratégia Marítima* (COM(96)81 final, de 13.3.1996)
- 1996h - *Perspectivar o Futuro Marítimo da Europa. Uma Contribuição para a Competitividade do Sector Marítimo* (COM(96)84 final, de 13.3.1996)
- 1997a - *Rapport Economique Annuel 1997. Croissance, Emploi et Convergence sur la Voie vers l'UEM* (COM(97) 27 final, de 12.2.1997)
- 1997b - *Reestruturação do Quadro Comunitário para a Tributação de Produtos Energéticos* (COM (97) 30 final, de 12.3.1997)

- 1997c – *Primeiro Relatório da Comissão sobre a Coesão Económica e Social* (COM) (96) 542, versão consolidada de 8.4.1997)
- 1997d – *La Voie à Suivre: La Stratégie Européenne de l'Emploi*, incluindo os contributos e as conclusões do Conselho Europeu de Dublin, de 13.4.1996, Luxemburgo
- 1997e – *External Aspects of Economic and Monetary Union* (SEC(97)803, 23.4.1997
- 1998a – *Agenda 2000. Financiamento da União Europeia*. Relatório da Comissão sobre o funcionamento do sistema de recursos próprios (com base no COM (98) 560), Serviço das Publicações, Luxemburgo
- 1998b – *Economic Policy in EMU* (ed. Buti, Marco e Sapir, André), Oxford University Press, Oxford
- 1998c – *L'Euro et le Monde. The Euro and the World,* Conferência das Cadeiras Jean Monnet, Coimbra-Lisboa, 1 a 3 de Julho de 1998, Bruxelas
- 1998d – *Pagamento Justo pela Utilização das Infreestruturas,* Livro branco, Uma Abordagem Gradual para um Quadro Comum de Tarificação das Infraestruturas de Transportes na União Europeia (com base no COM (98)466), Serviço das Publicações, Luxemburgo
- 1999a – *Allocation of 1998 EU Operating Expediture by Member State,* DG XIX, Bruxelas
- 1999b – *Sexto Relatório Periódico Relativo à Situação Socioeconómica e ao Desenvolvimento das Regiões da União Europeia*. Serviço das Publicações, Luxemburgo
- 1999c – *Agenda 2000. Para uma União Reforçada e Alargada,* Programa Prioritário de Publicações, Luxemburgo
- 2000a – *Reforma Económica: Relatório sobre o Funcionamento dos Mercados Comunitários de Produtos e de Capitais* (COM (2000)26 final, de 26.1.2000)
- 2000b – *Oitavo Relatório sobre os Auxílios Estatais na União Europeia* (COM (2000) 205 final, de 11.4.2000)
- 2000c – *Indicadores da Integração das Preocupações de Carácter Ambiental na Política Agrícola Comum*
- 2000d – *Recomendações da Comissão relativas às Orientações Gerais para as Políticas Económicas dos Estados-Membros e da Comunidade em 2000* (COM (2000) 214 final, de 11.4.2000)

COMITÉ DOS 'SÁBIOS' (Comité des Sages sur l'Aviation Civile Européenne)
- 1994 – *Vers des Horizons Meilleurs,* Comissão Europeia, Bruxelas

CONNOLLY, Sara e MUNRO, Alistair
- 1999 – *Economics of the Public Sector,* Prentice Hall, Londres

CONSELHO ECONÓMICO E SOCIAL
- 1997 – *Parecer sobre as Implicações para Portugal de Alargamento da UE,* série Pareceres e Relatórios, Lisboa

– 1998 – *Colóquio "Agenda 2000 da UE: as suas Implicações para Portugal"*, série Estudos e Documentos, Lisboa

CONSTÂNCIO, Vitor
– 1992– *A União Europeia: Promessas e Problemas*, em Secretaria de Estado da Integração Europeia, *A Europa Após-Maastricht*, cit. pp. 107-117
– 1997 – *Portugal na UEM*, em *Europa. Novas Fronteiras*, n. 1, *União Económica e Monetária*, pp. 29-39

CONSTANTINESCO, Vlad
– 1991– *La Subsidiarité Comme Principe Constitutionnel de l'Integration Européenne*, em *Auswirtschaft*, pp. 439-79

CONSTANTINESCO, V., KOVAR, J.P., JACQUÉ, J.P. e SIMON (ed.)
– 1992-4 – *Commentaire du Traité Instituant la CEE*, Economica, 1.° vol. 1992, 2.° vol., 1994, Paris

COOPER, Richard, H. e MASSELL, B.
– 1965 – *A New Look at Customs Union Theory*, em *The Economic Journal*, vol. 75, pp. 742-7

CORADO, Cristina
– 1996 – *Intra-Industry Trade, Inter-Industry Specialization and the Enlargement to Central and Eastern Europe: Early Results*, em Curso de Estudos Europeus, *Integração e Especialização. Integration and Specialization*, cit. pp. 297-310

CORADO, Cristina e MELO, Jaime de
– 1985 – *A Simulation Model to Estimate the Effects of Portugal's Entry into the Common Market*, em *Economia*, vol. 9, pp. 403-30

CORBET, Hugh, CORDEN, W. Max, HINDLEY, Brian, BATCHELOR, Roy e MINFORD, Patrick
– 1977 – *On How to Cope with Britain's Trade Position*, Trade Policy Research Center, Thames Essays n. 8, Londres

CORDEIRO, António José Robalo
– 1998 – *Os Modelos Sociais e a Concorrência Mundial*, em *Temas de Integração*, n. 6, pp. 77-100

CORDEN, W. Max
– 1957 – *Tariffs, Subsidies and the Terms of Trade*, em *Economica*, vol. 24, pp. 235-42
– 1966 – *The Structure of a Tariff System and the Effective Protective Rate*, em *The Journal of Political Economy*, vol. 74, pp. 221-37
– 1969 – *Effective Protective Rates in the General Equilibrium Model: A Geometric Note*, em *Oxford Economic Papers*, vol. 21, pp. 135-41
– 1971a – *The Effects of Trade on the Rate of Growth*, em Bhagwati, Jagdish N. et al., *Trade and Growth*, North-Holland, Amesterdão, cap. 6
– 1971b – *The Theory of Protection*, Oxford University Press, Oxford (trad. francesa da Economica, Paris)

– 1972 – *Economies of Scale and Customs Unions*, em *The Journal of Political Economy*, vol. 80, pp. 465-75
– 1997 – *Trade Policy and Economic Welfare*, 2.ª ed., Oxford University Press, Oxford

CORDEN, W. Max e FELS, Gerhard (ed.)
– 1976 – *Public Assistance to Industry – Protection and Subsidies in Britain and Germany*, Macmillan, para o Trade Policy Research Centre, Londres, e para o Institut für Weltwirtschaft, Kiel

CORDEN, W. Max, LITTLE, Ian M. e SCOTT, Maurice F.
– 1975 – *Import Controls versus Devaluation and Britain's Economic Prospects*, Trade Policy Research Centre, Guest Paper n. 2, Londres

CORREIA, Arlindo N. M.
– 1997 – *O Sistema Comum de IVA na União Europeia: Um Sistema de IVA Adaptado às Exigências do Mercado Único*, em *Fisco*, n.os 80-1, pp. 41-50

CORREIA, Carlos Pinto
– 1997 – *A Teoria da Escolha Pública: Sentido, Limites e Implicações*, separata do *Boletim de Ciências Económicas* da Faculdade de Direito da Universidade de Coimbra, vol. 40

CORREIA, V. Repolho
– 1969 – *Portugal e o Kennedy Round*, Secretariado Técnico da Presidência do Conselho, Lisboa

COSCIANI, Cesare
– 1968 – *Considerazioni sulla Diversità di Effeti Economici dell' IGE e dell' IVA*, em Cosciani, Cesare (coord.), *Studi sull'Imposta sulle Vendite*, Giuffrè, Milão, pp. 1-26

COSTA, Carlos
– 1990 – *EMU: The Benefits Outweight the Costs*, em *European Affairs*, vol. 4
– 1991 – *Alguns Aspectos Essenciais de uma UEM Viável a Longo Prazo*, em Ministério das Finanças, *Portugal e a Transição para a União Económica e Monetária*, cit. pp. 405-422
– 1998 – *Agenda 2000: Uma Proposta de Quadro Financeiro Comunitário para o Período 2000-2006. Contexto e Significado,* em Conselho Económico e Social, *Colóquio "Agenda 2000 da UE: as suas Implicações para Portugal"*, cit. pp. 33-53

COSTA, Francisco Seixas da
– 1997 – *UEM – Um Projecto Político-Económico numa Europa Solidária*, em *Europa. Novas Fronteiras*, n. 1, União Económica e Monetária, pp. 40-1
– 1998 – *Intervenção* em Conselho Económico e Social, *Colóquio "Agenda 2000 da UE: as suas Implicações para Portugal"*, cit. pp. 19-29

COULOUBARITSIS, Lambros, DE LEEUW, Marc, NOËL, Emile e STERCKX, Claude
– 1993 – *The origins of European Identity*, European Interuniversity Press, Bruxelas

COURAKIS, Anthony S. e ROQUE, Fátima Moura
- 1989 – *Supply Determinants in the Pattern and Evolution of Portugal's Trade in Manufactures*, em Faculdade de Economia, Universidade Nova de Lisboa, *Nova Economia em Portugal*, pp. 559-74

COURAKIS, Anthony S., ROQUE, Fátima Moura e FONTOURA, M. Paula
- 1991 – *The Impact of Protection on the Evolution of the Portuguese Pattern of Trade*, em *Economia*, vol. 15, pp. 109-28

COURCHENE, Tom et al.
- 1993 – *Stable Money-Sound Finances, Community Public Finance in the Perspective of EMU*, Report of an independent group of economists, em *European Economy*, n. 53

CRAWFORD, Malcolm
- 1996 – *One Money for Europe? The Economics and Politics of EMU*, Macmillan, Basingstoke et St. Martin's Press, Nova Iorque

CRIPPS, Francis e GODLEY, M. Wynne
- 1976 – *A Formal Analysis of the Cambridge Economic Policy Group Model*, em *Economica*, vol. 43, pp. 335-48
- 1978 – *Le Contrôle des Importations comme Moyen d'Atteindre le Plein--Emploi et de Promouvoir l'Expansion du Commerce Mondial: le Cas du Royaume-Uni*, em *Cambridge Journal of Economics*, n. 2 (publicado em francês, com o título referido, em *Problèmes Économiques*, n. 1627, de 13.6.1979, pp. 25-39)

CROWLEY, J. A.
- 1992 – *Inland Transport in the European Community Following 1992*, em *Antitrust Bulletin*, vol. 37, pp. 453-80

CUKIERMAN, Alex S., KALAITSIDAKIS, Pantelis, SUMMERS, Lawrence e WEBB, Steven B.
- 1993 – *Central Bank Independence, Growth, Investment and Real Rates*, em Maltzer, Allan e Plasser, Charles I. (ed.), Carnegie-Rochester Conference Series on Public Policy, vol. 39, North-Holland, Amesterdão, pp. 95-140

CUKIERMAN, Alex S. e WEBB, Steven B. e NEYAPTI, Bilin
- 1992 – *The Measurement of Central Bank Independence and its Effect on Policy Outcomes*, em *The World Bank Economic Review*, vol. 6, pp. 353-98

CUKIERMAN, Alex S., WEBB, Steven B.
- 1995 – *Political Influence on the Central Bank: International Evidence*, em *The World Bank Economic Review*, vol. 9, pp. 397-423

CUNHA, Arlindo
- 1996 – *A Agricultura Europeia na Encruzilhada*, Asa, Porto
- 1997a – *Os Desafios Futuros da Agricultura e do Mundo Rural no Quadro das Opções da União Europeia*, em *Temas da Integração*, n. 3, pp. 53-65
- 1997b – *A PAC e a Agenda 2000*, em *Temas de Integração*, n. 3, pp. 219-24

– 1998 – *A PAC e o Futuro da Agricultura Europeia*, em *Temas de Integração*, n. 6, pp. 101-14
– 1999 – *A Organização Mundial do Comércio e a Agricultura Europeia*, em *Temas de Integração*, n. 8, pp. 15-22
– 2000 – *A Política Agrícola Comum e o Futuro do Mundo Rural*, Plátano. Lisboa

CUNHA, Luis Pedro
– 1996 – *A Comunidade Europeia Enquanto União Aduaneira. Disposições Fundamentais e Instrumentos da Política Comercial Comum*, separata do *Boletim de Ciências Económicas* da Faculdade de Direito da Universidade de Coimbra, vol. 39
– 1997 – *Lições de Relações Económicas Externas*, Curso de Estudos Europeus da Faculdade de Direito da Universidade de Coimbra, Almedina, Coimbra

CUNHA, Paulo de Pitta e
– 1963-5 – *A Integração Económica na Europa Ocidental*, em *Ciência e Técnica Fiscal*, série A, n.s 56-7
– 1970 – *A Moeda e a Política Monetária nos Domínios Interno e Internacional. Esquema de um Curso de Economia Monetária*, separata da *Revista da Faculdade de Direito da Universidade de Lisboa*, vol. 21
– 1980 – *O Desafio da Integração Europeia*, Lisboa
– 1993 – *Integração Europeia. Estudos de Economia, Política e Direito Comunitário*, Imprensa Nacional-Casa da Moeda, Lisboa
– 1994 – *A União Monetária e suas Implicações*, em Curso de Estudos Europeus, *A União Europeia*, cit. pp. 45-59
– 1995 – *O Regime Fiscal dos Produtos Petrolíferos em Portugal*, em *Ciência Técnica Fiscal*, n. 380, pp. 7-56
– 1996 – *A União Económica e Monetária e as Perspectivas da Integração Europeia*, em P.P. Cunha *et al.*, *A União Europeia na Encruzilhada*, cit. pp. 7-19
– 1999 – *Integração Monetária e Federalismo Financeiro*, em Instituto Europeu da Faculdade de Direito da Universidade de Lisboa, *Aspectos Jurídicos e Económicos da Introdução do Euro*, cit. pp. 63-71
– 2000a – *IGC 2000 and Fiscal Federalism*, comunicação apresentada no Colóquio das Cadeiras Jean Mounet, *La Conférence Intergovernamentale 2000 et Au-Delà*, 6-7 Julho, Bruxelas
– 2000b – *A União Monetária e o Pacto de Estabilidade,* em *Estudos Jurídicos e Económicos em Homenagem ao Professor João Lumbrales*, cit. pp. 955-61

CUNHA, Paulo de Pitta *et al.*
– 1996 – *A União Europeia na Encruzilhada*, Almedina, Coimbra

CURSO DE ESTUDOS EUROPEUS da Faculdade de Direito da Universidade de Coimbra
– 1994a – *A União Europeia*, Coimbra

– 1994b – *O MERCOSUL e a União Europeia*, Coimbra
– 1996 – *Integração e Especialização. Integration and Specialization*, Coimbra
DGDR (Direcção Geral do Desenvolvimento Regional
– 1996 – *Relatório de Execução Anual (1995) do Quadro Comunitário de Apoio 1994-1999*, Novembro, Lisboa
DAI, Xiudian, LAWSON, Alan e HOLMES Peter
– 1996 – *The Rise and Fall of High Definition Television: The Impact of European Technology Policy*, em *Journal of Common Market Studies*, vol. 34, pp. 149-66
DANTAS, Ivo, MEDEIROS, Marcelo de Almeida e LIMA, Marcos Costa (org.)
– 1999 – *Processos de Integração Regional: o Político, o Económico e o Jurídico nas Relações Internacionais*, Juruá Editora, Curitiba
DATTANI, Nilesh
– 1996 – *Economic and Monetary Union*, em Stavridis, Mossialos, Morgan e Machin (ed.) *New Challenges to the European-Union: Policies and Policy-Making*, cit. pp. 201-23
DAVIES, Robert
– 2000 – *Building a New Relationship in Southern Africa: The Challenge Facing South Africa's Government of National Unity*, em Hettne, Inotal e Sunkel (ed.) *National Perspectives on the New Regionalism in the South*, cit. pp. 265-77
DAVISON, Leigh
– 1995 – *Open Skies over the European Union?*, em Davison, Fitzpatrick e Johnson (ed.) *The European Competitive Environment. Text and Cases*, cit. pp. 125-42
DAVISON, Leigh e FITZPATRICK, Edmund
– 1995 – *Brussels and the Control of Merger Activity in the European Union*, em Davison, Fitzpatrick e D. Johnson (ed.), *The European Competitive Environement. Text and Cases*, cit. pp. 60-76
DAVISON, Leigh, FITZPATRICK, Edmund e JOHNSON, Debra (ed.)
– 1995 – *The European Competitive Environment. Text and Cases*, Butterworth-Heinemann, Oxford
DE BEERS, John S.
– 1941 – *Tariff Aspects of a Federal Union*, em *The Quarterly Journal of Economics*, vol. 56, pp. 49-92
DE LA FUENTE, Angel e VIVES, Xavier
– 1995 – *Infrastructure and Education as Instruments of Regional Policy: Evidence from Spain*, em *Economic Policy*, n. 20, pp. 13-51
DE GRAUWE, Paul
– 2000 – *Economics of Monetary Union*, 4.ª ed.,Oxford University Press, Oxford (3.ª ed. de 1997)

DE MOOIJ, Ruyd
- 1996 – *Environmental Taxes and Unemployment in Europe*, em *Transfer-European Review of Labour and Research*, vol. 2, pp. 481-92

DE LA TORRE, Augusto e KELLY, Margoret R.
- 1992 – *Regional Trade arrangements*, em FMI, Occasional Paper n. 93, Washington

DE TEYSSIER, François e BAUDIER, Gilles
- 2000 – *La Construction de l'Europe*, Presses Universitaires de France, col. Que Sais Je?, Paris

DEARDEN, Stephen
- 1999– *Transport Policy*, em McDonald e Dearden (ed.) *European Economic Integraton*, cit. pp. 251-80

DEARDORFF, Alan V.
- 1984 – *Testing Trade Theories and Predicting Trade Flows*, em Jones, Ronald W. e Kenen, Peter B. (ed.) *Handbook of International Economics*, North Holland, Amesterdão, pp. 467-517

DELORS, Jacques
- 1992 – *Le Nouveau Concert Européen*, Editions Emile Jacob, Paris
- 1997 – *L'Union Économique et Monétaire ou la Rampe de Lancement de l'Union Politique*, em *Europa. Novas Fronteiras*, n. 1, *União Económica e Monetária*, pp. 42-6

DELORS, Jacques *e al.*
- 1999 – *L'Euro Facteur d'Avancée de l'Europe,* Economica, Paris

DENT, Christopher M.
- 1997 – *The European Economy. The Global Context*, Routledge, Londres e Nova Iorque

DENTON, Geoffrey e O'CLEIREACAIN, Seamus
- 1972 – *Subsidy Issues in International Commerce*, Trade Policy Research Centre, Thames Essays, n. 5 Londres

DESCHEEMAEKERE, François
- 1996 – *L'EURO. Mieux Connaître notre Future Monnaie Européenne*, Les Éditions d'Organization, Paris

DÉVOLUY. Michel
- 2000 – *La Banque Centrale Européenne*, Presses Universitaires de France, col. Que Sais-Je?, Paris

DEVUYST, Yourn
- 1990 – *European Community Integration and the United States: Towards a New Transatlantic Relationship*, em *Revue d'Intégration Européenne/ /Journal of European Integration*, vol. 14, pp. 5-29

DIAS, João
- 1996 – *Comércio Intra-Ramo, Integração Europeia e Competitividade: Uma Análise do Caso Português*, em Curso de Estudos Europeus, *Integração e Especialização. Integration and Specialization*, cit. pp. 123-41

DICKINSON, H.D.
- 1933 – *Price Formation in a Socialist Economy*, em *The Economic Journal*, vol. 43, pp. 237-50

DIEKMANN, Achim
- 1995 – *Towards More Rational Transport Policies in Europe*, Deutscher Instituts-Verlag Ombtt, Colónia

DILNOT, A.W. e HELM, D.R.
- 1987 – *Energy Policy, Merit Goods and Social Security*, em *Fiscal Studies*, vol. 8, pp. 29-48

DINAN, Desmond
- 1999 – *Ever Closer Union.An Introduction to European Integration*, 2.ª ed., Macmillan, Basingstoke

DIXIT, A. e GROSSMAN
- 1986 – *Targeted Export Promotion with Several Oligopolist Industries*, em *Journal of International Economics*, vol. 21, pp. 233-49

DIXON, R. e THIRLWALL, A. P.
- 1979 – *An Export-Led Growth Model with a Balance of Payments Constraint*, em Bowers, J. (ed.) *Inflation, Development and Integration, Essays in Honour of A.J. Brown*, Leeds University Press, Leeds, pp. 173-92

DOBB, Maurice
- 1933 – *Economic Theory and the Problem of the Socialist Economy*, em *The Economic Journal*, vol. 43, pp. 588-98
- 1969 – *Welfare Economics and the Economics of Socialism. Towards a Commonsense Critique*, Cambridge Univerity Press, Cambridge (trad. port. da Europa América, Lisboa)

DOGANIS, Rigas
- 1991 – *Flying of Course. The Economics of International Airlines*, 2.ª ed., Harper Collins, Londres

DONÀ, W. Viscardini
- 1993 – *La Politique Agricole Commune et sa Réforme*, em *Revue du Marché Unique Européen*, n. 3, pp. 13-48

DONGUES, Jurgen B.
- 1981 – *O Desenvolvimento Industrial e a Concorrência numa Comunidade Alargada*, em Inteuropa (ed.) *Portugal e o Alargamento das Comunidades Europeias*, Lisboa, pp. 267-98

DORNBUSCH, Rodiger W.
- 1990 – *Policy Options for Freer Trade: The Case for Bilateralism*, em Lawrence e Schultze (ed.) *An American Trade Strategy. Options for the 1990's*, cit. pp. 106-34

DOURADO, Ana Paula
- 1996 – *A Tributação dos Rendimentos de Capitais: a Harmonização na Comunidade Europeia*. Centro de Estudos Fiscais, Lisboa.

DOWNS, Anthony
- 1957 - *An Economic Theory of Democracy*, Harper and Row, Nova Iorque
- 1967 - *Inside Bureaucracy*, Little, Brown and Co., Boston

DRABEK, Zdenek e GREENAWAY, David
- 1984 - *Economic Integration and Intra-Industry Trade: The EEC and CMEA Compared*, em *Kyklos*, vol. 37, pp. 444-69

DRIFFIL, John e BEBER, Massimo (ed.)
- 1991 - *A Currency for Europe. The Currency as an Element of Division or of Union of Europe*, Lothian Foundation Press, Londres

DROMI, Roberto e MOLINA DEL POZO, Carlos
- 1996 - *Acuerdo MERCOSUL-Union Europea*, Ediciones Ciudad Argentina, Buenos Aires

DRUESNE, Gérard
- 1998 - *Droit et Politiques de la Communauté et de l'Union Européennes*, 5.ª ed., Presses Universitaires de France, Paris

DRUESNE, Gérard e KREMLIS, Georges
- 1990 - *La Politique de Currence de la Communautée Européenne*, 2.ª ed., Presses Universitaires de France, col. Que Sais-je?, Paris

DUARTE, Maria Luísa
- 1997 - *A Teoria dos Poderes Implicítos e a Delimitação de Competências entre a União Europeia e os Estados-Membros*, Lex, Lisboa
- 2000 - *A Aplicação Jurisdicional do Princípio da Subsidiariedade no Direito Comunitário - Pressuposto e Limites*, em Faculdade de Direito da Universidade de Lisboa, *Estudos Jurídicos e Económicos em Homenagem ao Professor João Lumbrales*, cit. pp. 779-813

DUE, John F.
- 1970 - *Indirect Taxation in Developing Economies*, The Johns Hopkins Press, Baltimore e Londres

DUNLEAVY, Patrick
- 1991- *Democracy, Bureaucracy and Public Choice: Economic Explanations in Political Science*, Harvester/Wheatsheaf, Nova Iorque

DYER, Carl L., DYER, Barbara L., HATHCOTE, Jan M. e REES, Kathleen
- 1997 - *Service Markets in the 21st Century: The Impact of the New WTO Regime*, em Fatemi (ed.) *International Trade in the 21st Century*, cit. pp. 213-29

DYSON, Kenneth e FEATHERSTONE, Kevin
- 1999 - *The Road to Maastricht. Negotiating Economic and Monetary Union*, Oxford University Press, Oxford

ECOTEC *et al.*
- 1997 - *Data Collection on Eco-Industries in the European Union*, A report to Eurostat

EICHENGREEN, Barry
- 1990 - *One Money for Europe? Lessons from US Currency Union*, em *Economic Policy*, n. 10, pp. 112-87

– 1993 – *Reconstructing Europe's Trade and Payments, The European Payments Union*, Manchester University Press, Manchester
EIJFFINGER, Sylvester
– 2000 – *Tax Competition and Tax Harmonisation*, comunicação apresentada no Colóquio das Cadeiras Jean Monnet, *La Conference Intergovernamentale 2000 et Au-Delà*, 6-7 Julho, Bruxelas
EIJFFINGER, Sylvester e DE HAAN, Jakob
– 2000 – *European Monetary and Fiscal Policy*, Oxford University Press, Oxford
EIJFFINGER, Sylvester e SCHALING, E.
– 1993 – *Central Bank Independence: Theory and Evidence*, Center for Economic Research, Tilburg Univeristy, discussion paper 9325, Abril
EL-AGRAA, Ali M. (ed.)
– 1998 – *The European Union. History, Institutions, Economics and Policies*, 5.ª ed., Prentice Hall Europe, Londres
EL-AGRAA, Ali M.
– 1996 – *International Economic Integration*, em Greenaway (ed.) *Current Issues in International Trade*, cit. pp. 174-212
– 1998a – *Measuring the Impact of Economic Integration*, em El-Agraa (ed.) *The European Union...*, cit. pp. 131-52
– 1998b – *The Common Agricultural Policy*, em El-Agraa (ed.) *The European Union...*, cit. pp. 204-35
– 1998c – *The Common Fisheries Policy*, em El-Agraa (ed.) *The European Union...*, cit. pp. 235-46
– 1999 – *Regional Integration. Experience, Theory and Measurement*, 2.ª ed., Macmillan. Basingstoke e Londres
EL-AGRAA, Ali M. e JONES, A.J.
– 1981 – *The Theory of Customs Unions*, Philip Allan, Oxford
EL-AGRAA, Ali M. et al.
– 1997 – *Economic Integration Worldwide*, Macmillan, Basingstake e St. Martin's Press, Nova Iorque
ELLSWORTH, P.T.
– 1954 – *The Structure of American Foreign Trade: A New View Examined*, em *The Review of Economics and Statistics*, vol. 36, pp. 279-85
EMERSON, Michael
– 1998 – *Redrawing the Map of Europe*, Macmillan, Basingstoke et St. Martin's Press. Nova Iorque
EMERSON, M., ANSEAN, M., CAFINAT, M., CROYBET, P. e JACQUEMIN, E.
– 1988 – *The EC Commission's Assessment of the Economic Effects of Completing the Internal Market*, Oxford University Press, Oxford
EMERSON, M. e GROS, A.
– 1998 – *Interaction between EU Enlargement, Agenda 2000 and EMU – The Case of Portugal*, CEPS, Bruxelas

EMERSON, M. e HUHNE, C.
- 1991 – *The ECU Report*, Pan Books, Londres (trad. francesa, *l'ECU*, da Economica, Paris). Trata-se de uma síntese da *European Economy* (1990, cit.)

ERNST & WHITNEY
- 1987 – *Costs of the'New Europe': Illustrations in the Road Haulage Sector*, Study for the European Commission, Novembro

ESTY, Daniell C.
- 1994 – *Greening the GATT. Trade, Environment and the GATT*, Institute for International Economics, Washington

EUROPEAN ECONOMY (Economie Européenne)
- 1988 – *The Economics of 1992: An Assessment of the Potential Economic Effects of Completing the Internal Market of the European Community* (n. 35, Outubro) (ver Chechini, 1988, que referenciamos)
- 1990 – *One Market, One-Money. An Evaluation of the Potential Benefits and Costs of Forming an Economic and Monetary Union* (n. 44, Outubro)
- 1991 – *The Economics of EMU, Backgrowd Studies for European Economy, One Market One Money*
- 1992a – *The Climate Challenge, Economic Aspects of the Community's Strategy for Limiting CO^2 Emissions* (n.51, Maio)
- 1992b – *The Economics of Limiting CO^2 Emissions*, edição especial
- 1996 – *The CAP and Enlargement. Economy Effects of the Compensatory Payments*, n. 2
- 1997 – *The CAP and Enlargement. Agrofood Price Developments in Five Associated Countries*, n. 2

EZRAM, Revick e LAIRD, Samuel
- 1984 – *Intra-Industry Trade of Developing Countries and some Policy Issues*, Institute for International Economic Studies, Seminar Paper n. 289, Estocolmo

EZRAN, Revick e YEATS, Alexander
- 1992 – *Free Trade Agreements with the United States: What's is it for Latin America*, Banco Mundial, Washington

FLAD (Fundação Luso-Americana para o Desenvolvimento)
- 1998 – *A Organização Mundial do Comércio e a Resolução de Litígios*, Faculdade de Direito da Universidade de Lisboa e Georgetown University Law Center, Lisboa

FMI (Fundo Monetário Internacional)
- 1975 – *Annual Report on Exchange Restrictions*
- 1994 – *International Trade Policies. The Uruguai Round and Beyond*, vol. II, *Backgrownd Papers*, Washington

FACULDADE DE DIREITO DA UNIVERSIDADE DE LISBOA
- 2000 – *Estudos Jurídicos e Económicos em Homenagem ao Professor João Lunbrales*, Coimbra Editora. Coimbra

FAGERBERG, Jan e VERSPAGEN, Bart
– 1996 – *Heading for Divergence? Regional Growth in Europe Reconsidered*, em *Journal of Common Market Studies*, vol. 34, pp. 431-48

FAIÑA, J. Andrés
– 2000 – *Las Competencias de los Gobiernos Centrales y los Problemas de Ampliación y Profundizacion de la Union Europea: Un Ensayo de Economia Política Constitucional*, Comunicação apresentada no Colóquio das Cadeiras Jean Monnet, *La Conférence Intergouvernamentale 2000 et Au-Delà*, 6-7 Julho, Bruxelas

FARR, Sebastian
– 1998 – *EU Anti-Dumping Law. Pursuing and Defending Investigations*. Palladium Law Publishing, Bambridge

FARRELL, Sheila
– 1999 – *Financing European Transport Infrastructure. Policies and Practice in Western Europe*, Macmillan, Basingstoke

FATÁS, Antonio
– 1997 – *EMU: Countries or Regions? Lessons from the EMS Experience*, em *European Economic Review*, vol. 41, pp. 743-51

FATEMI, Khornow (ed.)
– 1997 – *International Trade in the 21st Century*, Pergamon, Oxford

FAULL, Jonathan e NIKPAY, Ali (ed.)
– 1999 – *The EC Law of Competition*, Oxford University Press, Oxford.

FAUSTINO, Horácio Crespo
– 1990 – *O Paradoxo de Leontief no Quadro das Várias Teorias do Comércio Internacional*, Documentos de Trabalho (n. 1) do CEDE (Centro de Estudos e Documentação Europeia), Instituto Superior de Economia e Gestão, Universidade Técnica de Lisboa
– 1995 – *O Cluster Europeu de Portugal em Termos de Comércio Intra-Sectorial: Análise ao Nível dos Principais Produtos para o Período de 1983--1992*, em *Estudos de Economia*, vol. 15, pp. 391-428

FAYOLLE, Jacky e LECUYER, Anne
– 2000 – *Croissance Régionale, Appartenance Nationale et Fonds Structurels Européens*, em *Revue de l'OFCE* (Observatoire Français des Conjunctures Économiques), n. 73

FEENSTRA, Robert C., GROSSMAN, Gene M. e IRWIN, Douglas A. (ed.)
– 1996 – *The Political Economy of Trade Policy*, Papers in Honor of Jagdish Bhagwati, The MIT Press, Cambridge (Mass.) e Londres

FEITOR, R., DIOGO, A. e MARQUES R.
– 1982 – *A Indústria Portuguesa Face à Adesão à CEE: Impacto e Perspectivas*, Ministério da Indústria e Energia, Lisboa

FEKETEKUTY, Gaza
– 1988 – *International Trade in Services. An Overview and Blueprint for Negotiations*, Ballinger Publishing Company (Haper & Row), Cambridge (Mass.)

FERNANDES, António José
- 1991 – *Relações Internacionais. Factos, Teorias e Organizações*, Editorial Presença, Lisboa
- 1998 – *União Europeia e MERCOSUL: Dois Processos de Integração*, Universidade do Minho e Comissão Europeia, Braga

FERNÁNDEZ, Diego e PEREYRA, Andrés
- 1997 – *Comercio Intraindustrial Horizontal e Vertical. El Caso Uruguayo: 1991-1994*, Documento Preliminar, Universidade da República, Montevideo

FERREIRA, Eduardo de Sousa, PAIVA, Amadeu e PATACÃO, Helena
- 1997 – *Hermes Revelado. Lições de Comércio Internacional*, McGraw-Hill, Lisboa

FERREIRA, Graça Enes
- 1997 – *A Teoria da Integração Económica Internacional e o Modelo de Integração do Espaço Económico Europeu*, Legis Editora, Porto

FIDE (Federação Internacional de Direito Europeu)
- 1992 – *Les Aspects Nouveaux de la Libre Circulation des Personnes: Vers une Citoyenneté Européenne*, Associação Portuguesa de Direito Europeu, Lisboa

FINDLAY, Ronald
- 1970 – *Trade and Specialization*, Penguin, Harmondsworth
- 1973 – *International Trade and Development Theory*, Columbia University Press, Nova Iorque e Londres
- 1979 – *Commentary* a Gottfried Haberler, *The Liberal International Economic Order in Historical Perspective*, em Amacher, Haberler e Willet (ed.) *Challenges to a Liberal International Economic Order*, cit. pp. 73-80

FINDLAY, Ronald e WELLINZ, S.
- 1983 – *Some Aspects of the Politcal Economy of Trade Restrictions*, em *Kyklos*, vol. 36, pp. 469-81

FINE, Frank
- 1994 – *Mergers and Joint Ventures in Europe. The Law and Policy of the EEC*, 2.ª ed., Graham & Trotman/Martinus Nijhoff, Londres

FISCHER, S.
- 1994 – *Modern Central Banking*, comunicação apresentada no Tricentenário do Banco de Inglaterra, Central Banking Symposium, 9 de Junho

FISHLOW, A. e DAVID, P.A.
- 1961 – *Optimal Resource Allocation in an Imperfect Market Setting*, em *The Journal of Political Economy*, vol. 69, pp. 529-46

FITOUSSI, Jean-Paul
- 1997(5) – *O Debate-Tabu. Moeda, Europa, Pobreza*, Terramar, Lisboa (trad. da ed. francesa, de 1995)

FITOUSSI, Jean-Paul (dir.)
- 2000 – *Rapport sur l'État de l'Union Européenne, 2000*, Presses de Sciences Po, Fayard, Paris

FLÔRES, Jr. Renato G.
- 1996a – *A Avaliação do Impacto das Integrações Regionais*, em *Temas de Integração*, n. 1, pp. 51-61
- 1996b – *Pode a Performance do MERCOSUL Levantar Dúvidas sobre a Performance dos Economistas? Sim!*, em *Estado de S. Paulo*, de 16.12.1996
- 1997 – *The Gains form MERCOSUL: A General Equilibrium, Imperfect Competion Evaluation*, em *Journal of Policy Modeling*, vol. 19, pp. 1-18
- 2000 – *Portugal e Brasil: Convergência e Parceria nos Próximos 500 Anos*, em C. Albuquerque e Romão (org.) *Brasil-Portugal...*, cit. pp. 331-9

FLORY, Thiébant
- 1992 – Comentário ao art. 91.º em Constantinesco *et al.* (ed.) *Commentaire du Traité Instituant la CEE*, 1.º vol. cit. pp. 455-7

FLYNN, James e STRATFORD, Jemime
- 1999 – *Competition. Understanding the 1998 Act*, Palladim Law Publishing. Bermbridge

FONTOURA, Maria Paula
- 1989a – *Protecção Comercial na Indústria Transformadora em Portugal: Estrutura e Determinantes no Período de 1974-86*, dissertação de doutoramento, ISE, Lisboa
- 1989b – *Politico-Economic Determinants of Protectionism in Portugal: A Cross-Section Analysis for the Year 1982*, em *Estudos de Economia*, vol. 9, pp. 107-34
- 1992a – *A Economia Política do Proteccionsmo*, em Castro (ed.) *Política Comercial*, cit., cap. IV, pp. 115-40
- 1992b – *Medição do Grau de Protecção*, em Castro (ed.) *Política Comercial*, cit., cap. IV, pp. 141-71
- 1997 – *Factores Determinantes do Comércio Internacional: Abordagem Empírica*, em *Boletim de Ciências Económicas* da Faculdade de Direito da Universidade de Coimbra, vol. 40, pp. 83-141

FONTOURA, Maria Paula e VALÉRIO, Nuno
- 1994 – *Protection, Foreign Trade and Economic Growth in Portugal 1840's--1980's: A Long Term View*, em Lindert, Peter H., Nye, John e Chevets, Jean Michel (ed.) *Political Economy of Protectionism and Commerce, Eighteenth-Twentieth Centuries*, Proceedings of the Eleventh International Economic History Congress, Universidade Bocconi, Itália
- 1996 – *Foreign Economic Relations and Economic Growth in Portugal 1840--1990: A Long Term View*, documento de trabalho n. 4/96 do Centro de Estudos de Economia Europeia e Internacional (CEDIN), Instituto Superior de Economia e Gestão (ISEG), Universidade Técnica de Lisboa

FOUÉRÉ, Erman
- 1990 – *Emerging Trends in Intenational Enviromental Agreements*, em Carrol, John E. (ed.) *International Environmental Diplomacy*, Cambridge University Press, Cambridge

FOUQUIN, Michel e SIROËN, Jean-Marc
- 1998 – *Régionalisme et Multilatéralisme Sont-ils Antinomiques?*, em *Économie Internationale*, n.º 74, pp. 3-14

FOURÇANS, André e Von WOGAU, Karl (ed.)
- 1998 – *Monnaie Unique et Fiscalité de l'Epargne. Quelle Europe Financière?* Agora Europ, Sèvres

FRANCO, António Luciano de Sousa
- 1972 – *Os Capitais e a Integração Económica*, separata da *Revista da Faculdade de Direito da Universidade de Lisboa*, vol. 24
- 1992(9) – *Finanças Públicas e Direito Financeiro*, vol. 1, 4.ª ed., Almedina, Coimbra (reimpressão de 1999)
- 1997 – *Crescimento Sustentado de Mãos Dadas com o Caminho para o EURO*, em *Europa. Novas Fronteiras*, n. 1, *União Económica e Monetária*, pp. 50-5
- 2000 – *Euro e o Dólar: Desafio para o Futuro,* em *Estudos em Homenagem ao Professor Doutor Pedro Soares Martinez,* Almedina, Coimbra, pp. 41-63

FRAZER, T.
- 1992 – *Monoploy, Competition and the Law: The Regulations of Business Activity in Britain, Europe and America*, 2.ª ed., Harvester/Wheatsheaf, Nova Iorque

FREDRIKSSON, Per G. (ed.)
- 1999– *Trade, Global Policy, and the Environment,* Word Bank discussion paper n. 402, Banco Mundial, Washington

FREESTONE, David
- 1992 – *The 1992 Maastricht Treaty. Implications for European Environmental Law*, em *European Environmental Law Review*, vol. 1, pp. 23-6

FREUDENBERG, Michael, GAULIER, Guillaume e ÜNAL-KESENCI, Deniz
- 1998 – *La Regionalisation du Commerce International, Économie Internationale,* n.º 74, pp. 15-41

FREY, Bruno S.
- 1984 – *International Political Economics*, Basil Blackwell, Oxford

FREY, Bruno S. e WECK-HANNEMANN, Hannelore
- 1996 – *The Political Economy of Protection*, em Greenaway (ed.) *Current Issues in International Trade*, cit. pp. 154-73

FRIEDEN, Jeffrey, JONES, Erik e TORRES, Francisco (ed.)
- 1996 – *Joining Europe's Monetary Club: The Challenges for Smaller Member States*, St. Martin's Press, Nova Iorque

FRIEDMAN, Thomas
- 2000(9) – *Compreender a Globalização. O Lexus e a Oliveira,* Quetzal, Lisboa (trad. da ed. inglesa, de 1999)

FRIEDMANN, John
- 1966 – *Regional Development Policy: A Case Study of Venezuela*, Cambridge (Mass.)

1972 – *A Generalized Theory of Polarized Development*, Nova Iorque
1973 – *Urbanization, Planning and National Development*, Beverly Hills
GABEL, H. Landis e CADOT, Olivier
– 1996 – *High-Definition Television in Europe*, em Cadot, Gabel, Story e Webber (ed.) *Industrial and Trade Policy*, cit. pp. 183-218
GABEL, H. Landis e NEVEN, Damien
– 1996 – *Fair Trade in Commercial Aircraft: Boeing vs. Airbus, Boeing's Case Against Airbus* e *In Defense of Airbus Industry*, em Cadot, Gabel, Story e Webber (ed.) *Industrial and Trade Policy*, cit. pp. 140-82
GADZEY, Anthony Tho-Kofi
– 1996 – *The Political Economy of Power. Hegemony and Economic Liberalization*, Macmillan, Basingstoke e Londres
GAMIR, Luis Maria
– 1970 – *La Medición del Proteccionismo Arancelario Español: El Análisis de los Arancelos Nominales y la Teoria de la Protección Efectiva*, em *Moneda y Credito*, Março, pp. 3-46
GARCIA, Fernando Camaño
– 1999 – *A Política Comum dos Transportes*, Cargo Edições, Lisboa
GARCIA-MARGALLO, José Manuel e MÉNDEZ DE VIGO, Iñigo
– 1998 – *La Apuesta Europea: de la Moneda a la Unión Política*, Biblioteca Nueva, Madrid
GARRETT, João Ruiz de Almeida
– 1989 – *Economia e Finanças Públicas*, Lições ao Curso Jurídico de 1988-9 da Universidade Portucalense, Porto
GASIOREK, M. e A. VENABLES,
– 1994 – *Modelling the Efect of Central and East European Trade on the European Community*, em *European Economy*, n. 6, pp. 519-38
GASPAR, Vitor
– 1992 – *Portugal e o Processo de Realização da União Económica e Monetária*, em Ministério do Planeamento e da Administração do Território, *Fundos Estruturais. Que Futuro?*, cit. pp. 185-97
– 1998 – *As Transferências no Contexto da Europa Comunitária: algumas Considerações a propósito da Agenda 2000*, em Conselho Económico e Social, *Colóquio "Agenda 2000: as suas Implicações para Portugal"*, cit. pp. 199-207
GASPARD, Michel
– 1998 – *Élargissement, Cohésion et Croissance. Un Scénario pour les Financements Européens a l'Horizon 2025*, em *Revue du Marché Commun et de l'Union Européenne*, n. 422, pp. 600-16
GASTINEL, E.
– 1993 – *Concentration*, em Barav e Philip (ed.) *Dictionnaire Juridique des Communautés Européennes*, cit. pp. 264-7

GAVALDA, Christian e PARLIANI, Gilbert
– 1998 – *Droit des Affaires de l'Union Européenne*, Litec, Paris
GEHRELS, F.
– 1956-7 – *Customs Unions from a Single Country Viewpoint*, em *Review of Economic Studies*, vol. 24, pp. 1956-7
GEORGAKOPOULOS, Theodore, PARASKEDOPOULOS, Christos C. e SMITHIN, John
– 1994 – *Economic Integration Between Unequal Partners*, Edward Elgar, Nova Iorque,
GERBET, Pierre
– 1987 – *La Naissance du Marché Commun*, Editions Complexe, Bruxelas
– 1994 – *La Construction de l'Europe*, nova ed., Imprimerie Nationale, Paris
GERELLI, Emílio
– 1964 – *Osservazioni per la Riforma dell' Imposizione Generale sulle Vendite*, em *Rivista di Diritto Finanziario e Scienza delle Finanze*, vol. 23, pp. 527-546
GERRITSE, Ronald (ed.)
– 1990 – *Producer Subsidies*, Pinter Publishers, Londres e Nova Iorque
GHANNADIAN, Farhad F. e JOHNSON, Victoria E.
– 1997 – *Mergers and Acquisitions in an Integrated Europe*, em Fatemi (ed.) *International Trade in the 21st Century*, cit. pp. 199-211
GIERSCH, Herbert (ed.)
– 1979 – *On the Economics of Intra-Industry Trade-Symposium 1978*, Institute für Weltwirtschaft, Kiel
GILL, Richard
– 1963(2) – *Introdução ao Desenvolvimento Económico*, Prentice-Hall (trad. da ed. ingl. da Clássica Editora, Lisboa),
GILPIN, Robert
– 1987 – *The Political Economy of International Relations*, Princeton University Press, Princeton
GODLEY, W. Wynne e MAY, R.
– 1977 – *The Macroeconomic Implications of Devaluation and Import Restrictions*, em *Economic Policy Review*, Março, pp. 32 ss.
GOH, Jeffrey
– 1997 – *European Air Transport Law and Competition*, John Wiley & Sons, Chichester
GOHON, Jean-Pierre
– 1991 – *Les Marchés Publics Européens*, Presses Universitaires de France, col. Que Sais-Je?, Paris
GOLDSCHMIDT, James
– 1994 – *The Trap*, Macmillan, Londres (publicado primeiro em França, *Le Piège*, ed. Fexoti, Paris, 1993)
– 1995 – *The Response*, Macmillan, Londres

GOLISH, Vicki L.
- 1992 – *From Competition to Collaboration: The Challenge of Commercial--Class Aircraft Manufacturing*, em *International Organization*, vol. 46, pp. 899 ss.

GOMBERT, David C. e LARABEE, F. Stephen
- 1997 – *America and Europe. A Partnership for a New Era*, Cambridge University Press, Cambridge

GOODMAN, S.F.
- 1996 – *The European Union*, 3.ª ed., Macmillan, Basingstoke

GORJÃO-HENRIQUES, Miguel
- 1996 – *Aspectos Gerais dos Acordos de Shengan e Perspectiva da Livre Circulação de Pessoas na União Europeia*, em *Temas de Integração*, n. 2, pp. 47-95
- 1998 – *A Europa e o "Estrangeiro": Talo(s) ou Cristo*, em *Temas de Integração*, n. 6, pp. 23-50
- 2000 - 1 - *Sumários de Direito Comunitário* (policopiados), Coimbra

GOULDER, Lawrence H.
- 1994 – *Energy Taxes: Traditional Efficiency Effects and Environmental Implications*, em *Tax Policy and the Economy*, n. 8, pp. 105-58

GOURDIN, Kent N.
- 1997 – *Global Airline Competition in the 21st Century: What's Ahead for US Carriers*, em Fatemi (ed.) *International Trade in the 21st Century*, cit. pp. 175-84

GOWLAND, David
- 1983 – *International Economics*, Croom Helm, Londres e Camberra, e Barner & Noble, Totowa, New Jersey

GRABBE, Heather e HUGHES, Kirsty
- 1998 – *Enlarging the European Union Eastwards*, The Royal Institute of International Affairs, Londres

GRAHL, John & TEAGUE, Paul
- 1990 - *1992 – The Big Market. The Future of the European Community*, Lawrence & Wishart, Londres

GRALL, Jacques
- 1994 – *L'Agriculture*, Le Monde Editions, Bruxelas

GRAY, H. Peter
- 1973 – *Senile Industry Protection: A Proposal*, em *The Southern Economic Journal*, vol. 29, pp. 569-74
- 1975 – *Senile Industry Protection: Reply*, em *The Southern Economic Journal*, vol. 31, pp. 538-41
- 1985 – *Free Trade or Protection*, Macmillan, Basingstoke e Londres
- 1997 – *The Burdens of Global Leadership*, em Fatemi (ed.) *International Trade in the 21st Century*, cit. pp. 17-27

GREENAWAY, David
- 1983 – *International Trade Policy. From Tariffs to the New Protectionism*, Macmillan, Londres
- 1992 – *Policy Forum: Regionalism in the World Economy*, em *The Economic Journal*, vol. 102, pp. 1488-90

GREENAWAY, David (ed.)
- 1996 – *Current Issues in International Trade*, Macmillan, Basingstoke e St. Martin's Press, Nova Iorque

GREENAWAY, David e HINE, Robert
- 1991 – *Intra-Industry Specialization, Trade Expansion and Ajustment in the European Economic Space*, em *Journal of Common Market Studies*, vol. 24, pp. 603-22

GREENAWAY, David e MILNER, Christopher
- 1979 – *Protection Again...? Causes and Consequences of a Retreat from Freer Trade to Economic Nationalism*, The Institute of Economic Affairs, Hobart Paper n. 48, Londres
- 1986 – *The Economics of Intra-Industry Trade*, Basil Blackwell, Oxford
- 1987 – *Intra-Industry Trade, Intra-Firms Trade and European Integration*, em *Journal of Common Market Studies*, vol. 20, pp. 153-72

GREENAWAY, David e THARAKAN, P. K.M. (ed.)
- 1986 – *Imperfect Competition and International Trade, The Policy Aspects of Intra-Industry Trade*, Wheatsheaf Books, Sussex e Humanities Press, New Jersey

GREENAWAY, David e WINTERS, L. Alan (ed.)
- 1994 – *Surveys in International Trade*, Blackwell, Oxford e Cambridge (Mass.)

GREENWOOD, Justin
- 1997 – *Representing Interests in the European Union*, Macmillan, Basingstoke e St. Martin's Press, Nova Iorque

GREGORY, Denis
- 1996 – *Employment and the Environment: Some Reflections*, em *Transfer-European Review of Labour and Research*, vol. 2, pp. 493-9

GRILLI, Enzo
- 1980 – *Italian Commercial Policy in the 1970's*, World Bank Staff Working Paper n. 428, Washington

GRILLI, Enzo e SASSOON, Enrico (ed.)
- 1990 – *The New Protectionist Wave*, New York University Press, Nova Iorque

GRILLI, Vittorio, MASCIANDARO, Donato e TABELLINI, Guido
- 1991 – *Political and Monetary Institutions and Public Financial Policies in the Industrial Countries*, em *Economic Policy*, vol. 13, pp. 341-92

GRIMWADE, Nigel
- 1989 – *International Trade. New Patterns of Trade, Production and Investment*, Routledge, Londres e Nova Iorque

- 1996 – *International Trade Policy. A Contemporary Analysis*, Routledge, Londres e Nova Iorque

GROS, Daniel
- 1993 – *Seignoriage and EMU: The Political Implications of Price Stability and Financial Market Integration*, em *Journal of Political Economy*, vol. 101

GROS, Daniel e THYGESEN, Niels
- 1992 – *European Monetary Integration. From the European System to European Monetary Union*, Longman, Londres e St. Martin's Press, Nova Iorque

GROUP OF LISBON (THE)
- 1995 – *Limits to Competition*, The MIT Press, Cambridge (Mass.) e Londres

GRUBEL, Herbert G. e LLOYD, Peter J.
- 1975 – *Intra-Industry Trade. The Theory and Measurement of International Trade in Differentiated Products*, Macmillan, Londres e Basingstoke

GRUPO TINDEMANS
- 1996 – *Europe: Your Choice: Five Options for Tomorrow's Europe*, The Harvill Press, Londres

GRYNFOGEL, Catherine
- 1997 – *Droit Communnautaire de la Concurrence*, Librairie Generale de Droit et de Jurisprudence, Paris

GUAY, Terrence R.
- 1999 – *The United States and the European Union. The Political Economy of a Relationship*, Sheffield Academic Press, Sheffield

GUDIÑO, C. Patricia
- 1995 – *Le Processus d' Intégration Economique dans le Continent Américain: La Logique du Regroupement Nord-Sud*, em *Revue d'Intégration Européenne/Journal of European Integration*, vol. 18, pp. 235-77

GUERRA, Ruy Teixeira, FREIRE, António de Sequeira e MAGALHÃES, José Calvet de
- 1981 – *Movimentos de Cooperação e Integração Europeia no Pós-Guerra e a Participação de Portugal nesses Movimentos*, Departamento de Integração Europeia, Instituto Nacional de Administração (INA), Lisboa

GUILLOCHON, Bernard (actual. e adapt. de GUEDES, Francisco Corrêa)
- 1998 – *Economia Internacional*, 2.ª ed., Planeta, Lisboa

GUIMARÃES, Maria Helena
- 1998 – *A Explicação Institucionalista Neoliberal do Regulamento sobre Entraves ao Comércio*, em *Temas de Integração*, n. 5, pp. 224-34

GUISINGER, Stephen E. e SCHYDLOWSKY, Daniel M.
- 1971 – *The Empirical Relationship Between Nominal and Effective Rates of Protection*, em Grubel, Herbert H. e Johnson, Harry G. (ed.) *Effective Tariff Protection*, GATT e Graduate Institute of International Studies, Genebra, pp. 269-86

GULBENKIAN, Paul e BADOUX, Ted (ed.)
- 1997 – *Entry and Residence in Europe. Business Guide to Immigration Rules*, 3.ª ed., John Wiley and Sons, Chichester

HABERLER, Gottfried
- 1936 – *The Theory of International Trade – With its Applications to Commercial Policy*, trad. inglesa do original alemão (de 1933), William Hodge & Company, Ld., Londres
- 1950 – *Some Problems in the Pure Theory of International Trade*, em *The Economic Journal*, vol. 60, pp. 223-40
- 1964 – *Integration and Growth of the World Economy in Historical Perspective*, em *The American Economy Review*, vol. 14, pp. 1-22
- 1978 – *The Chalenge to the Free Market Economy*, em *Boletim da Faculdade de Direito* da Universidade de Coimbra, número especial *Estudos em Homenagem ao Prof. Doutor José Joaquim Teixeira Ribeiro*, vol. I, pp. 417-41
- 1991 – *Strategic Trade Policy and the New International Economics: A Critical Analysis*, em Jones, Ronald W. e Krueger, Anne O. (ed.) *The Political Economy of International Trade. Essays in Honor of Robert E. Baldwin*, Basil Blackwell, Oxford, pp. 25-30

HAGEN, Everet
- 1958 – *An Economic Justification of Protectionism*, em *The Quarterly Journal of Economics*, vol. 72, pp. 496-514

HAMILTON, Alexander
- 1791 – *Report on Manufactures. Communicated to the House of Representatives, December, 5, 1791* (reimpressão em McKee, Jr., Samuel, ed. *Papers on Public Credit, Commerce and Finance by Alexander Hamilton*, Nova Iorque, 1934, pp. 175-276)

HAMILTON, Bob e WHALLEY, John
- 1985 – *Geographically Discriminatory Trade Arrangements*, em *The Review of Economics and Statistics*, vol. 67, pp. 446-55 (tb. Jacquemin e Sapir, *The European Internal Market. Trade and Competition*, cit. pp. 213-26)

HAMILTON, Carl e REED, G.V.
- 1996 – *Economic Aspects of Voluntary Export Restraints*, em Greenaway (ed.) *Current Issues in International Trade*, cit. pp. 100-23

HAMILTON, Clive e KNIEST, Paul
- 1991 – *Trade Liberalization, Structural Adjustment and Intra-Industry Trade: A Note*, em *Weltwirtschaftliches Archiv*, vol. 127, pp. 356-67

HAN, Sun-Taik
- 1992 – *European Integration: The Impact on Asian Newly Industrialising Economies*, OCDE, Paris, 1992

HANDOLT, John
- 1995 – *Free Movement of Persons in the EU*, John Wiley & Sons, Chichester

HANSEN, Jørgen Drud e NIELSEN, Jørgen Ulff-Moller
- 1997 – *An Economic Auslysis of the EU*, 2.ª ed., McGraw-Hill, Londres (1.º ed. de Nielsen, Heinrich e Hansen, 1991, cit.)

HARMSEN, Richard e LEIDY, Michael
- 1994 – *Regional Trading Arrangements*, em FMI, *International Trade Policy. The Uruguai Round and Beyond*, vol. II, cit. pp. 88-133

HARRIS, John R. e TODARO, Michael P.
- 1970 – *Migration, Unemployment and Development: A Two Sector Analysis*, em *The Americam Economic Review*, vol. 60, pp. 126-42

HARRISON, Bary e HEALEY, Nigel M.
- 1995 – *European Monetary Union, Progress, Problems and Prospects*, em Healey (ed.) *The Economics of the New Europe, From Community to Union*, cit. pp. 103-23

HARROP, Jeffrey
- 2000 – *The Political Economy of Integration in the European Union*, 3.ª ed., Edward Elgar, Cheltenham e Northampton (Mass.)

HAVRYLYSHYN, Oli e CIVAN, Engin
- 1983 – *Intra-Industry Trade and the Stage of Development: A Regression Analysis of Industrial and Developing Countries*, em Tharakan (ed.) *Intra-Industry Trade. Empirical and Methodological Aspects*, cit. pp. 111-49

HAZARI, Bharat R. e SGRO, Pasquale M.
- 1995 – *Tourism and Growth in a Dynamic Model of Trade*, em *The Journal of International Trade & Economic Development*, vol. 4, pp. 243-52

HEALEY, Nigel M. (ed.)
- 1995– *The Economics of the New Europe. From Community to Union*, Routledge, Londres e Nova Iorque IV.118

HECKSCHER, Eli
- 1919 – *The Effects of Foreign Trade on the Distribution of Income*, em *Ecomomisk Tidskrift*, trad. em Ellis, Howard S. e Metzler, Lloyd A. (ed.) *Readings in the Theory of International Trade*, Blakiston Company, Filadélfia, 1949, pp. 272-3000

HEFFERNAN, Shelag e SINCLAIR, Peter
- 1990 – *Modern International Economics*, Basil Blackwell, Oxford

HELLER, H. Robert
- 1973 – *International Trade. Theory and Empirical Evidence*, Prentice-Hall, 2.ª ed., New Jersey

HELPMAN, Elhanan e KRUGMAN, Paul R.
- 1985 – *Market Structure and Foreign Trade. Increasing Returns, Imperfect Competition, and the International Economy*, The MIT Press, Cambridge (Mass.)
- 1989 – *Trade Policy and Member Structures*, The MIT Press, Cambridge (Mass.)

HENNER, Henri François
- 1975 – *Droits de Douane et Valeur Ajoutée*, Economica, Paris

HENNER, Henri François, LAFAY, G. e LASSUDRIE-DUCHÊNE, B.
- 1972 – *La Protection Effective dans les Pays Industrialisés*, Economica, Paris

HETTNE, Björn, INOTAL, Andrés e SUNKEL, Osvaldo
- 2000 – *National Perspectives on the New Regionalism in the South*, Macmillan, Basingstoke e St. Martin's Press, Nova Iorque.

HEUSER, Beatrice
- 1996 – *Transatlantic Relations. Sharing Ideals and Costs*, The Royal Institute of International Affairs, Chatham Home Papers, Londres

HIEMENZ, Ulrich e RABENAU, Kurt von
- 1976 – *Effective Protection of German Industry*, em Corden e Fels (ed.) *Public Assistance to Industry. Protection and Subsidies in Britain and Germany*, cit. pp. 7-45

HIGGINS, B.
- 1973 – *Trade-Off Curves and Regional Gaps*, em Bhagwati, Jagdish N. e Eckaus, Richard (ed.) *Development and Planning*, Essays in Honour of Paul Rosenstein-Rodan, Londres, pp. 152-77

HILLMAN, Arye L.
- 1977 – *The Case for Terminal Protection for Declining Industries*, em *The Southern Economic Journal*, vol. 33, pp. 155-166
- 1989 – *The Political Economy of Protection*, Harwood Academic Publishers, Chur

HINDLEY, Brian
- 1981 – *Trade Policy, Economic Performance, and Britain's Economic Problems*, comunicação apresentada na 6.ª Conferência Anual do International Economics Study Group, sobre *Economic Policy and Trade Performance*, Universidade de Sussex, 18-20.9.1981

HINE, Robert E.
- 1994 – *International Economic Integration*, em Greenaway e Winters (ed.) *Surveys in International Trade*, cit. pp. 234-72
- 1997 – *The Changing World Trade Environment: Regionalism and Multilateralism*, Conferência na Faculdade de Direito da Universidade de Coimbra, 14.3.1997

HINOJOSA MARTINEZ, Luis Miguel
- 1997 – *La Regulación de los Movimientos Internacionales de Capital desde una Perspectiva Europea*. Mcgraw-Hill, Madrid

HINOJOSA-OJEDA, Raúl
- 1996 – *NAFTA's Next Steps: Hemispheric Global Implications*, em OCDE (ed.) *Regionalism and its Place in the Multilateral Trading System*, cit. pp. 87-102

HIRSCH, S.
- 1967 – *Location of Industry and International Competitiveness*, Clarendon Press, Oxford

HIRSCHMAN, Albert O.
- 1957 – *Investment Policies and 'Dualism' in Underdeveloped Countries*, em The American Economic Review, vol. 47, pp. 550-70
- 1958 – *The Strategy of Economic Development*, Yale University Press, New Haven

HIRST, Paul e THOMPSON, Graham
- 1996 – *Globalization in Question*, Polity Press/Blackwell, Cambridge e Oxford

HITIRIS, Teodor
- 1998 – *European Union Economics*, 4.ª ed., Prentice-Hall, Londres

HODGES, M.
- 1983 – *Industrial Policy: From Hard Times to Great Expectations*, em Wallace, Hellen, Wallace, William e Webb, Carole (ed.) *Policy Making in the European Community*, John Wiley, Londres

HODGES, M. MINGERSENT, K.A., RAYNER, A.J. e HINE, R.C. (ed.)
- 1994 – *Agriculture in the Uruguai Round*, Macmillan, Londres e St. Martin's Press, Nova Iorque

HOEKMAN, Bernard e KOSTECKI, Michel
- 2000 – *The Political Economy of the World Trading System. From GATT to WTO*, 2.ª ed., Oxford University Press, Oxford

HOLLAND, Stuart
- 1976 – *Capital Versus the Regions*, Macmillan, Londres e Basingstoke
- 1995 – *Squaring the Circle? The Maastricht Convergence Criteria, Cohesion and Employment*, preparado para a elaboração do Relatório Coats (cit.)

HOLLIER, Robert e SUBREMON, Alexandre
- 1992 – *Le Tourisme dans la Communauté Européenne*, 2.ª ed., Presses Universitares de France, col. Que Sais-je?, Paris

HOUSE OF LORDS
- 1999 – *A Reformed CAP? The Outcome of Agenda 2000*, Select Committee on the European Communities, Londres

HOUTHAKKER, Hendrik S.
- 1957 – *An International Comparison of Household Expenditure Patterns, Commemorating the Centenary of Engel's Law*, em Econometrica, vol. 25, pp. 532-51

HREBLAY, Verdalin
- 1994 – *La Libre Circulation des Personnes. Les Accords de Shengen*, Politiques d'Aujourd'hui, Presses Universitaires de France, Paris

HUFBAUER, G. C.
- 1966 – *Synthetic Materials and the Theory of International Trade*, Duckworth, Londres

HUMPHREY, D.B.
– 1973 – *Factor and Intermediate Import Substitution in Groups of American Manufacturing Sectors: 1947-58*, Janeiro (policopiado)
HUMPHREY, D. B. e WOLKOWITZ, B.
– 1972 – *Substitution of Capital, Labor and Intermediates in U.S. Manufacturing: An Agregate Study*, Dezembro (policopiado)
– 1976 – *Substituting Intermediates for Capital and Labour with Alternative Functional Forms: An Aggregate Study*, em *Applied Economics*, vol. 8, pp. 59-68
IEEI (Instituto de Estudos Estratégicos e Internacionais)
– 1995 – *A Integração Aberta. Um Projecto da União Europeia e do MERCOSUL*, Forum Euro/Latino-Americano, Lisboa
IFO (Institut für Wirtschaftsforschung)
– 1987 – *An Empirical Assessment of Factors Shaping Regional Competitiveness in Problems Regions*, Munique
INE (Instituto Nacional de Estatística)
– 2000 – *Estudo sobre o Poder de Compra Concelhio*, Núcleo de Estudos Regionais, Direcção Regional do Centro, Coimbra
INSTITUTO EUROPEU DA FACULDADE DE DIREITO DA UNIVERSIDADE DE LISBOA
– 1999 – *Aspectos Jurídicos e Económicos da Introdução do Euro*, Lisboa
IRELA (Instituto de Relaciones Europeo-Latinoamericanas)
– 1997 – *MERCOSUR: Prospects for an Emerging Bloc*
ISARD, Walter
– 1956 – *Location and Space Economy. A General Theory Relating to Industrial Location, Market Areas, Land Use, Trade and Urban Structure*, MIT, Cambridge (Mass.)
JACKSON, Tim
– 1993 – *The New Battleground. Japan, America, and the New European Market*, Houghton Mifflin Company, Boston e Nova Iorque
JACOBS, David M. e STEWART-CLARK, Jack
– 1991– *Competition Law in the European Community*, 2.ª ed., Kogan Page, Londres
JACQUEMIN, Alexis e SAPIR, André (ed.)
– 1989 – *The European Internal Market. Trade and Competition*, Oxford University Press, Oxford
JALLES, Isabel
– 1979 – *Os Monopólios Estatais de Carácter Comercial (art. 37.º do Tratado da CEE). Sua Relevância no Quadro de Adesão de Portugal às Comunidades Europeias*, separata do *Boletim do Ministério da Justiça*, Lisboa
JEANNENAY, Jean-Marcel
– 1978 – *Pour un Nouveau Protectionisme*, Éditions du Seuil, Paris

JEPMA, C.J. e RHOEN, A. P. (ed.)
- 1996 – *International Trade. A Business Perspective*, Longman, Londres e Nova Iorque

JESUS, Avelino de, SILVA, Joaquim Ramos e BARROS, Carlos
- 1998 – *O Impacto sobre Portugal do Alargamento da UE aos PECO*, Centro de Estudos e Gestão do ISEG (estudo encomendado pela Comissão de Relações Internacionais do PSD), Lisboa

JIMÉNEZ, Adolfo J. Martin
- 1999 – *Towards Corporate Tax Harmonization in the European Community. An Institutional and Procedural Analysis*, Kluver, Londres

JOHNSON, Christopher
- 1996 – *In With the EURO, Out With the Pound. The Single Currency for Britain*, Penguin, Londres

JOHNSON, Debis e TURNER, Colin
- 1997 – *Trans-European Networks. The Political Economy of Integrating European Infrastructure*, Macmillan, Basingstoke

JOHNSON, Harry G.
- 1964 – *Tariffs and Economic Development: Some Theoretical Issues*, em *Journal of Development Studies*, vol. 1, pp. 3-30
- 1965a – *The Theory of Tariff Structure, with Special Reference to World Trade and Development*, em Johnson, Harry G. e Kenen, Peter B. (ed.) *Trade and Development*, Librairie Droz, Genebra, pp. 1-22
- 1965b – *Optimal Trade Intervention in the Presence of Domestic Distortions*, em Baldwin, Robert *et al. Trade, Growth and the Balance of Payments. Essays in Honor of Gottfried Haberler*, Rand-McNally, Chicago, pp. 3-34
- 1965c – *The Formation of Customs Unions*, em *The Journal of Political Economy*, vol. 73, pp. 256-83
- 1965d – *An Economic Theory of Protectionism, Tariff Bargaining and the Formation of Customs Unions*, em *The Journal of Political Economy*, vol. 73, pp. 256-83

JOHNSON, Omotunde E.G.
- 1995 – *Regional Integration in Sub-Saharan Africa*, em *Revue d'Integration Européenne/Journal of European Integration*, vol. 18, pp. 201-34

JONES, Christopher
- 1996 – *Aeròpace*, em Kassim e Menon (ed.) *The European Union and National Industry Policy*, cit. pp. 88-105

JONES, Robert
- 1996 – *The Politics and Economics of the European Union. An Introductory Text*, Edward Elgar, Cheltenham e Brookfield

JOSLING, Timothy E.
- 1973 – *The Reform of the Common Agricultural Policy*, em Evens, D. (ed.) *Britain in the EEC*, Gollance, Londres

JOSLING, Timothy E., TANGERMANN, Stefan e WARLEY, T. K.
- 1996 – *Agriculture in the GATT*, Macmillan, Londres e St. Martin's Press, Nova Iorque

JOVANOVIC, Miroslav N.
- 1997 – *European Economic Integration. Limits and Prospects*, Routledge, Londres e Nova Iorque
- 1999 – *Where are the Limits to the Enlargement of the European Union?*, em *Journal of Economic Integration*

JUDGE, Ken
- 1978 – *Producer Groups and Social Welfare*, em Buchanan *et al. The Economics of Politics*, cit. pp. 140-3

KAHN, A. I.
- 1988 – *Surprises of Airline Deregulaton*, em *The American Economic Review, Papers and Procedings*, vol. 78, pp. 316-22

KALDOR, Nicholas
- 1966 – *Causes of the Slow Rate of Economic Growth of the United Kingdom*, Cambridge University Press, Cambridge
- 1970 – *The Case for Regional Policies*, em *The Scottish Journal of Political Economy*, pp. 337-47

KASSIM, Hussein
- 1996 – *Air Transport*, em Kassim e Menon (ed.) *The European Union and National Industrial Policy*, cit. pp. 106-131

KASSIM, Hussein e MENON, Anand (ed.)
- 1996 – *The European Union and National Industrial Policy*, Routledge, Londres e Nova Iorque

KAVANAGH, Elle *et al.*
- 1996 – *The Political Economy of EMU in Ireland*, em Frieden, Jones e Torres (ed.) *Joining Europe's Monetary Club: The Challenges for Smaller Member States*, cit. cap. 6

KEELER, T.E.
- 1990 – *Airline Deregulation and Market Performance: The Economic Basis for Regulatory Reform and Lessons from the US Experience*, em Banister, D. e Button, K.J. (ed.) *Transport in a Free Market Economy*, Macmillan, Londres

KEESING, J. B.
- 1974 – *Public Finance Considerations in Tariff Theory for Developing Countries*, em *Public Finance*, vol. 29, pp. 209-20

KEMP, Murray C.
- 1964 – *The Pure Theory of International Trade*, Prentice Hall, Englewood Cliffs
- 1969 – *A Contribution to the General Equilibrium Theory of Preferential Trading*, North-Holland, Amesterdão

KENEN, Peter B.
- 2000 – *The International Economy*, 4.ª ed., Cambridge University Press, Cambridge

KEYNES, John Maynard
- 1923 – *Free Trade and Unemployment*, em Nation and Athenaeum, Novembro
- 1926 – *The End of Laissez-Faire*, Leonard and Virginia Wolf, Londres
- 1930 – *A Treatise on Money*, Macmillan, Londres
- 1936 – *The General Theory of Employment, Interest and Money*, Macmillan, Londres

KHANG, C.
- 1973 – *Factor Substitution in the Theory of Effective Protection: A General Equilibrium Analysis*, em Journal of International Economics, vol. 3, pp. 227-44

KIERZKOWSKI, Henryk (ed.)
- 1984 – *Monopolistic Competition and International Trade*, Clarendon Press, Oxford

KINDLEBERGER, Charles
- 1973 – *TheWorld in Depression*, 1929-39, University of California Press, Berkeley

KING, M. e DE GRAAF, G.
- 1994 – *L'Accord sur les Marchés Publiques dans le Cadre de l'Uruguai Round*, em Revue du Marché Unique Européen, n. 4, pp. 67-82

KIRMANI, Naheed (dir.)
- 1994 – *International Trade Policies. The Uruguai Round and Beyond*, Fundo Monetário Internacional (FMI), Washington

KLEIN, Lawrence, PAULY, Peter H. e PETERSEN, Christian E.
- 1987 – *Empirical Aspects of Protectionism: Results from Project LINK*, em Salvatore (ed.) *The New Protectionist Threat to World Welfare*, cit. pp. 69-94

KLEIN, Lawrence R. e SALVATORE, Dominick
- 1997 – *Welfare Effects of the North American Free Trade Agreement*, em Fatemi (ed.) *International Trade in the 21t Century*, cit. pp. 145-57

KOL, Jacob
- 1996 – *Regionalization, Polarization and Blocformation in the World Economy*, em Curso de Estudos Europeus, *Integração e Especialização. Integration and Specialization*, cit. pp. 17-37

KORAH, Valentine
- 1994 – *An Introductory Guide to EC Competition Law and Practice*, 5.ª ed., Sweet & Maxwell, Londres

KOVAR, J.P.
- 1996 – *Code Européen de la Concurrence*, Dalloz, Paris

KRÄMER, Ludwig
- 2000 – *EC Environmental Law*, 4.ª ed., Sweet & Maxwell, Londres

KRASNER, S.
- 1995 – *State Power and the Structure of International Trade*, em Frieden, Jeffrey A. e Lake, David A. (ed.) *International Political Economy Perspectives on Global Power and Wealth*, 3.ª ed., Routledge, Londres e Nova Iorque, pp. 19-36 (publicado antes em *World Policy*, Abril de 1976)

KRAUSS, Melvyn B.
- 1972 – *Recent Developments in Customs Union Theory: An Interpretative Survey*, em *Journal of Economic Literature*, vol. 10, pp. 413-61
- 1975 – *International Trade and Economic Welfare*, Institute for International Economic Studies, Universidade de Estocolmo
- 1979 – *A Geometric Approach to International Trade*, Basil Blackwell, Oxford

KRAVIS, Irving B.
- 1956 – *"Availability "and other Influences on the Commodity Composition of Trade*, em *The Journal of Political Economy*, vol. 64, pp. 143-55

KREININ, Mordechai E.
- 1964 – *On the Dynamic Effects of Customs Unions*, em *The Journal of Political Economy*, vol. 72, pp. 193-5
- 1979 – *Effects of European Integration on Trade Flows in Manufactures*, Institute for International Economic Studies, Seminar Paper n. 125, Estocolmo

KRUEGER, Anne O.
- 1974 – *The Political Economy of the Rent-Seeking Society*, em *The American Economic Review*, vol. 64, pp. 291-303
- 1978 – *Liberalization Attempts and Consequences*, National Bureau of Economic Research, Ballinger Publishing Company, Nova Iorque
- 1985 – *Proteccionism and Growth*, em EFTA (ed.) *Protectionism and Growth*, Genebra, pp. 11-30
- 1990 – *Free Trade is the Best Policy*, em Lawrence e Schultze (ed.) *An American Trade Strategy. Options for the 1990's*, cit. pp. 68-105
- 1995 – *American Trade Policy. A Tragedy in the Making*, The American Enterprise Institute Press, Washington

KRUGMAN, Paul
- 1979 – *Increasing Returns, Monopolistic Competition and International Trade*, em *Journal of International Economics*, vol. 9, pp. 469-70
- 1980 – *Scale Economies, Product Differentiation and the Pattern of Trade*, em *The American Economic Review*, vol. 70, pp. 950-9
- 1984 – *Import Protection as Export Promotion: International Competition in the Presence of Oligopoly and Economies of Scale*, em Kierkowski (ed.) *Monopolistic Competition and International Trade*, cit. pp. 180-93

– 1987a – *Is Free Trade Passé?*, em *Journal of Economic Perspectives*, vol. 1, pp. 131-44 (tb. em King, Philip, ed. *International Economics and International Economic Policy: A Reader*, MacGraw-Hill, Nova Iorque, pp. 91--107, que referenciamos)
– 1987b – *Economic Integration in Europe: Some Conceptual Issues*, em Relatório Padoa – Schioppa, cit. (tb. em Jacquemin e Sapir (ed.) *The European Internal Market. Trade and Competition*, cit. pp. 357-80, que referenciamos)
– 1990a – *Rethinking International Trade*, The MIT Press, Cambridge (Mass.)
– 1990b – *Policy Problems of a Monetary Union*, em De Grauwe, Paul e Papademos, Lucas (ed.) *The European Monetary System in the 1990's*, Longman, Londres e Nova Iorque, pp. 48-64
– 1991a – *Geography and Trade*. MIT Press, Cambridge (Mass.)
– 1991b – *The Move to Free Trade Zones*, comunicação apresentada na Conferência Policy Implications of Trade and Currency Zones, Jackson Hole, 22-24 de Agosto de 1991 (trad. francesa em *Problèmes Economiques*, n.º 2289, de 2.9.1992
– 1992 – *Does the New Trade Theory Require a New Trade Policy?* em *The World Economy*, vol. 15, pp. 423-4
– 1993 – *Lessons of Massachusetts for EMU*, em Torres e Giavazzi (ed.) *Adjustment and Growth in the European Monetary Union*, cit. pp. 241-61
– 1995 – *The Age of Diminished Expectations*, The MIT Press, Cambridge (Mass.) e Londres (ed. rev. de um livro de 1994)
– 1996 – *Pop Internationalism*, the MIT Press, Cambridge (Mass.) e Londres

KRUGMAN, Paul (ed.)
– 1988 – *Strategic Trade Policy and the New International Economics*, The MIT Press, Cambridge (Mass.)

KRUGMAN, Paul R. e OBSTFELD, Maurice
– 2000 – *International Economics. Theory and Policy*, 5.ª ed., Addison-Wesley, Reading (Mass.) (3.ª ed. de 1994)

LAFFAN, Brigid, McDONNELL, Rory e SMITH, Michael
– 2000 – *European Experimental Union. Rethinking Integration,* Routledge, Londres e Nova Iorque

LAFER, Celso
– 1998 – *A OMC e a Regulamentação do Comércio Internacional: Uma Versão Brasileira*, Livraria do Advogado, Porto Alegre

LAIRD, Sam e YEATS, Alexander
– 1990 – *Quantitative Methods for Trade – Barrier Analysis*, Macmillan, Basingstoke e Londres

LAIRSON, Thomas D. e SKIDMORE, David
– 1997 – *International Political Economy. The Struggle for Power and Wealth*, 2.ª ed., Harcourt Brace College Publishers, Fort Worth

LAL, Deepak
- 1979 – *Comment* ao artigo de Neild, loc. cit. pp. 24-36
- 1994 – *Trade Blocs and Multilateral Free Trade*, em Bulmer e Scott (ed.) *Economic and Political Integration in Europe. Internal Dynamics and Global Context*, cit. pp. 189-98

LAMFALUSSY, Alexandre, BERNARD, Luc D. e CABRAL, António J. (ed.)
- 1999 – *The Euro-Zone: A New Economic Entity?* Bruylant, Bruxelas

LANÇA, Isabel Salavisa
- 2000 – *Competitividade em Portugal*, em Lança, Isabel Salavisa (org.), *A Indústria Portuguesa. Especialização Internacional e Competitividade*, Celta, Oeiras, pp. 5-35

LANCASTER, Kelvin
- 1966 – *A New Approach to Consumer Theory*, em *The Journal of Political Economy*, vol. 84, pp. 132-57

LANG, Time HINES, Colin
- 1994 – *The New Protectionism. Protecting the Future Against Free Trade*, Earthscan Publications, Londres

LANGE, Oskar
- 1936-7 e 1938 – *On the Economic Theory of Socialism*, em *Review of Economic Studies*, vol. 4, pp. 143-4 (reproduzido com alterações em Lippincott, B.L., ed., *On the Economic Theory of Socialism*, University of Minnesota Press, Minnesota, pp. 57-90)

LARANJEIRO, Carlos
- 1994 – *Os Passos da União Económica e Monetária*, em Curso de Estudos Europeus, *A União Europeia*, cit. pp. 17-44
- 2000 – *Lições de Integração Monetária Europeia*, Almedina, Coimbra

LARY, Henri
- 1996 – *La Libre Circulation des Personnes dans l' Union Européenne*, 2.ª ed., Presses Universitaires de France, col. Que Sais-Je?, Paris

LATOUCHE, Serge
- 1996 – *The Westernalization of the World*, versão inglesa de *L'Occidentalisation du Monde*, Polity Press, Cambridge
- 1999(8) – *Os Perigos do Mercado Planetário*, Instituto Piaget, Lisboa (trad. da ed. francesa, de 1998)

LAURÉ, Maurice
- 1956 – *Traité de Politique Fiscale*, Presses Universitaires de France, Paris

LAVERGNE, Real P.
- 1983 – *The Political Economy of U.S. Tariffs. An Empirical Analysis*, Academic Press, Toronto

LAWRENCE, Robert Z.
- 1991 – *Emerging Regional Arrangement: Building Blocs or Stumbling Blocs?* em O'Brian, Richard (ed.) *Finance and the World Economy*, vol. 5, Oxford University Press, Londres, pp. 22-35

– 1996 – *Regionalism, Multilateralism and Deeper Integration*, The Brookings Institution, Washington

LAWRENCE, Robert Z., BRESSAND, Albert e ITO, Takatoshi
– 1996 – *A Vision for the World Economy. Openness, Diversity, and Cohesion*, The Brookings Institution, Washington

LAWRENCE, Robert Z. e SCHULTZE, Charles L. (ed.)
– 1990 – *American Trade Strategy. Options for the 1990's* (Rudiger W. Dornbusch, Anne O. Krueger e Laura D'Andrea Tyson), The Brookings Institution, Washington

LAWRENCE, Robert Z. e SCHULTZE, Charles L.
– 1990 – *Evaluating the Options*, em Lawrence e Schultze (ed.) *An American Trade Strategy. Options for the 1990's*, cit. pp. 1-4

LAWTON, Thomas C. (ed.)
– 1999 – *European Industrial Policy and Competitiveness. Concepts and Instruments,* Macmillan, Basingstoke e St. Martin's Press, Nova Iorque

LEAMER, Edward E.
– 1980 – T*he Leontief Paradox Reconsidered*, em *Journal of Political Economy*, vol. 88, pp. 495-503
– 1987 – *So*u*rces of International Comparative Advantage, Theory and Evidence*, The MIT Press, Cambridge (Mass.)

LEE, Norman
– 1997 – *Transport Policy,* em Artis e Lee (ed.) *The Economics of the European Union, Policy and Analysis*, cit. pp. 202-36

LEIBENSTEIN, Harvey
– 1966 – *Allocative Efficiency versus 'X-Efficiency,* em *The American Economic Review*, vol. 56, pp. 392-415

LEIDY, Michael
– 1994 – *Antidumping: Solution or Problem in the 1990's?* em FMI, *International Trade Policies. The Uruguai Round and Beyond*, vol. II, cit. pp. 53-67

LEIVA, Patricia (ed.)
– 1997 – *America Latina y la Union Europea. Construyendo el Siglo XXI*, CELARE, Santiago do Chile

LEMOS, Maria Teresa
– 1996 – *Linhas Gerais do Novo Sistema Comum IVA Apresentado pela Comissão Europeia (COM (96) 328) final, de 10.7.96)*, em *Ciência e Técnica Fiscal*, n. 382, pp. 49-60

LEONTIEF, Wassily W.
– 1936 – *Quantitative Input and Output Relations in the Economic System of the United States*, em *The Review of Economics and Statistics*, vol. 18, pp. 105-25
– 1941 – *The Structure of the American Economy, 1919-1929*, Harvard University Press, Cambridge (Mass.)

- 1953 – *Domestic Production and Foreign Trade: The American Capital Position Re-examined*, em *Proceedings of the American Philosophy Society* (publicado também em *Economia Internazionale*, vol. 7, pp. 3-32)
- 1956 – *Factor Proportions and the Structure of American Trade: Further Theoretical and Empirical Analysis*, em *The Review of Economics and Statistics*, vol. 38, pp. 386-407

LERNER, Abba
- 1944 – *The Economics of Control*, Macmillan, Londres

LES DOSSIERS DE L'ETAT DU MONDE
- 1997 – *Mondialisation au-dela des Mythes*, La Décourverte, Paris

LEVITT, Malcolm e LORD, Christopher
- 2000 – *The Political Economy of Monetary Union,* Macmillam, Basingstoke

LÉVY, Brigitte
- 1994 – *The European Union and NAFTA: Two Regional Economic Blocs in a Complex Globalized and Interdependent International Economy*, em *Revue d'Integration Européenne/Journal of European Integration*, vol. 17, pp. 211-33
- 1997 – *Globalization and Regionalization: Main Issues in International Trade Patterns*, em Fatemi (ed.) *International Trade in the 21st Century*, cit. pp. 59-74

LÉVY, Philip.
- 1997 – *A Political Economy Analysis of Free-Trade Agreements*, em *The American Economic Review,* vol. 87, pp. 506-19

LÉVY, Philip I. e SRINIVASAN, T. N.
- 1996 – *Regionalism and the Dis(advantage) of Dispute-Settlement Access*, em *The American Economic Review: Papers and Proceedings*, vol. 86, pp. 93-8

LEWIN, Leif
- 1991 – *Self-Interest and Public Interest in Western Politics*, Oxford University Press, Oxford

LEWIS, W. Arthur
- 1952 – *World Production, Prices and Trade*, em *The Manchester School of Economic and Social Sciences*, vol. 20, pp. 105-38
- 1954 – *Economic Development with Unlimited Supplies of Labour*, em *The Manchester School of Economic and Social Studies*, vol. 22, pp. 139-91
- 1980 – *The Slowing Down of the Engine of Growth*, em *The American Economic Review*, vol. 70, pp. 555-64

LEYGUES, Jean-Charles
- 1194a – *Evaluation des Politiques Internes Communautaires et de leurs Dépenses*, em *Revue Française de Finances Publiques*, n. 45, pp. 97-164
- 1994b – *Les Politiques Internes de l'Union Européenne*, Librairie Generale de Droit et de Jurisprudence, Paris

LIMA, Marcos Costa
- 1999 – *MERCOSUL: a Frágil Consistência de um Bloco Regional Emergente e a Necessidade de Aprofundar a Integração*, em Dantas et al., *Processos de Integração Regional...*, cit. pp. 161-93

LIMA, Maria Antonina
- 1998 – *Regionalisation, Globalisation and the Emerging World Economy: the Case of the World Trade Organisation, the Regional Integration Agreements and the European Union*, em *Notas Económicas*, n. 11, pp. 65-81

LINDER, Staffan Burenatam
- 1961 – *An Essay on Trade and Transformation*, Almquist e Wiksell, Estocolmo (ed. tb. por John Wiley, Nova Iorque)

LINDERT, Peter H. e PUGEL, Thomas A.
- 1996 – *International Economics*, 10.ª ed., Irwin, Chicago

LIPGENS, W.
- 1982 – *A History of European Integration*, Clarendon Press, vol. I, Oxford

LIPSEY, Richard G.
- 1957 – *The Theory of Customs Unions: Trade Diversion and Welfare*, em *Economica*, vol. 24, pp. 40-6
- 1960 – *The Theory of Customs Unions: A General Survey*, em *The Economic Journal*, vol. 70, pp. 496-513
- 1970 – *The Theory of Customs Unions: A General Equilibriun Analysis*, Weidenfeld e Nicolson, Londres

LIPSEY, Richard G. e LANCASTER, Kelvin
- 1956-7 – *The General Theory of the Second Best*, em *Review of Economic Studies*, vol. 24, pp. 11-32

LIST, Frederic
- 1841 – *Système National d'Economie Politique*, tradução francesa, Paris, 1851

LITTLE, Ian M., SCITOVSKY, Tibor e SCOTT, Maurice F.
- 1970 – *Industry and Trade in Some Developing Countries*, Oxford University Press, para a OCDE, Londres

LLOYD, Peter
- 1996 – *The Changing Nature of Regional Trading Arrangements*, em Bora e C. Findlay (ed.) *Regional Integration and the Asia-Pacific*, cit. pp. 25-48

LOBO, Carlos
- 1995 – *Impostos Ambientais*, em *Fisco*, n. 70-1, pp. 73-97

LONG, Olivier
- 1977 – *The Protectionist Threat to World Trade Relations*, em *Intereconomics*, n.s 11/12

LOPES, António Calado
- 1998 – *Agenda 2000. Uma Estratégia pouco Ambiciosa do Alargamento e da Consolidação da União Europeia*, em *Brotéria* vol.146, pp. 379-95

LOPES, António Simões
- 1979 – *Regional Development and Integration*, em Fundação Calouste Gulbenkian e German Marshall Fund for Development, 2.ª *Conferência Internacional sobre Economia Portuguesa*, Lisboa, vol. II

LOPES, José da Silva
- 1964 – *Introdução à Teoria da Integração Económica*, em *Estudos Políticos e Sociais*, vol. 2, n.ᵒˢ 2 e 3
- 1980 – *Portugal and the EEC. The Application for Membership*, em *Economia*, vol. 4, pp. 519-45 (tb. em Girão, J.A., ed., *Southern Europe and the Enlargement of the EEC*, Universidade Católica, Lisboa, 1982, pp. 67-93
- 1996 – *A Economia Portuguesa desde 1960*, Gradiva, Lisboa
- 1999 – *Prós e Contras da Integração Monetária Europeia*, em Instituto Europeu da Faculdade de Direito da Universidade de Lisboa, *Aspectos Jurídicos e Económicos da Introdução do Euro*, cit. pp. 121-34

LOPES, José da Silva (ed.)
- 1993 – *Portugal and EC Membership Evaluated*, Pinter Publishers, Londres

LÖSCH, A.
- 1939 – *Die Raümliche Ordnnung der Wirtschaft*, Heidenheim (trad. da 2.ª ed. *Teoria Económica Espacial*, Buenos Aires, 1957)

LOURENÇO, Camilo
- 1997 – *Porque a União Monetária Protege as Pequenas Economias*, em *Europa. Novas Fronteiras*, n. 1, *União Económica e Monetária*, pp. 56-7

LOYAT, Jacques e PETIT, Yves
- 1999 – *La Politique Agricole Commune (PAC)*, La Documentation Française, Paris

LUCÁNGELI, Jorge
- 1993 – *La Presencia del Comercio Intra-Industrial en el Intercambio entre Argentina y Brasil*, em *Boletim Informativo Technint*, n. 275, pp. 49-72

LUDLOW, Peter
- 1997-8 – *Beyond Agenda 2000*, em *CEPS Review*, n. 5, pp. 1-9

LUND, John Diderik
- 1996 – *Can a Small Nation Gain from a Domestic Carbon Tax? The Case With R&D Externalities*, em Anderson, Torben M., Morene, Karl O. e Sorensen, Peter Birch, *Tax Policy in Small open Economies*, Blackwell, Oxford, pp. 83-97

McCORMICK, John
- 1999 – *The European Union. Politics and Policies*, 2.ª ed., Westview Press, Boulder e Oxford

McCULLOCH, Rachel
- 1979 – *Trade and Direct Investment: Recent Policy Trends*, em Dornbush, Rudiger e Frenkel, Jacob A. (ed.) *International Economic Policy. Theory and Evidence*, The Johns Hopkins University Press, Baltimore e Londres

McDONALD, Frank
– 1999 – *Market Integration in the European Union*, em Mc Donald e Dearden (ed.) *European Economic Integration*, cit. pp. 15-41
McDONALD, Frank e DEARDEN, Stephen (ed.)
– 1999 – *European Economic Integration*, 3.ª ed., Longman, Harlow, e Nova Iorque
McFADZEAN, Frank *et al.*
– 1972 – *Towards an Open World Economy*, Macmillan, para o Trade Policy Research Centre, Londres
McGOWAN, Francis
– 1998a – *EU Competition Policy*, em El-Agraa (ed.) *The European Union...*, cit. pp. 171-86
– 1998b – *EU Industrial Policy*, em El Agraa (ed.) *The European Union...*, cit. pp. 187-99
– 1998c – *EU Transport Policy*, em El-Agraa (ed.) *The European Union...*, cit. pp. 247-65
– 1996 – *Energy Policy*, em Kassim e Menon (ed.) *The European Union and National Industrial Policy*, cit. pp. 132-52
– 2000 – *Competition Policy,* em Wallace e Wallace (ed.) *Policy-Making in the European Union*, cit. pp. 115-47
McGOWAN, Francis e SEABRIGHT, Paul
– 1989 – *Deregulating European Airlines*, em *Economic Policy*, n. 9, pp. 283--344
McKINNON, R.
– 1963 – *Optimum Currency Areas*, em *The American Economic Review*, vol. 51, pp. 717-25
McLURE, Charles
– 1972 – *The Tax on Value Added: Pros and Cos*, em McLure, Charles e Ture, Norman B., *Value Added Tax. Two Views*, American Entreprise Institute for Public Policy Research, Washington, pp. 26-33
MACEDO, Jorge Braga de
– 1977 – *Interdependência Económica, Sistema Monetário Internacional e Integração Portuguesa*, Estudos do Banco de Fomento Nacional, Lisboa
– 1990 – *External Liberalization with Ambiguous Public Response: The Experience of Portugal*, em Bliss, Christopher e Macedo, Jorge Braga de (ed.) *Unity with Diversity in the European Economy. The Community's Southern Frontier*, Cambridge University Press, Cambridge
– 1992a – *Coesão e União Europeia: o Exemplo de Portugal*, em Ministério do Planeamento e da Administração do Território, *Fundos Estruturais. Que Futuro?*, cit. pp. 115-160
– 1992b – *Caminhando Gradualmente para a Moeda Única*, em Secretaria de Estado da Integração Europeia, *A Europa Após-Maastricht*, cit. pp. 95--100

- 1996 – *Portugal e a União Monetária Europeia: Vender Estabilidade Internamente, Ganhar Credibilidade Externa*, em *Análise Social*, vol. 31, pp. 891-923
MACEDO, Jorge Braga de, CORADO, Cristina e PORTO, Manuel
- 1988 – *The Timing and Sequencing of Trade Liberalization Policies: Portugal 1948-1986*, Working Paper n.° 114, Faculdade de Economia da Universidade Nova de Lisboa (síntese dos relatórios sobre Portugal preparados para o projecto referido em Papageorgiou, Choksi e Michaely, 1990)
MACHLUP, F. (ed).
- 1979 – *History of Thought on Economic Integration*, Macmillan, Londres
MADDISON, Angus
- 1989 – *The World Economy in the 20th Century*, OCDE, Paris
MADDISON, David, PEARCE, David, JOHANSSON, Olof, CALTHROP, Edward, LITMAN, Todd e VERHOEF, Eric
- 1996 – *The True Costs of Road Transport*, Earthscan, Londres
MADURO, Miguel Poiares
- 1998 – *We the Court. The European Court of justice & the European Economic Constitution*, Hart Publishing, Oxford
MAGEE, Stephen P.
- 1973 – *Factor Market Distortions, Production, and Trade: A Survey*, em *Oxford Economic Papers*, vol. 25, pp. 1-43
- 1976 – *International Trade and Distortions in Factor Markets*, Ancel Dekker, Nova Iorque e Basileia
- 1980 – *Three Simple Tests of the Stolper-Samuelson Theorem*, em Oppenheimer, Peter (ed.) *Issues in International Economics*, Oxford International Symposium, Oriel Press, Stocksfield, pp. 138-53
- 1994 – *The Political Economy of Trade Policy*, em Greenaway e Winters (ed.) *Surveys in International Trade*, cit. pp. 139-76
MAGEE, Stephen, BROCK, William A. e YOUNG, Leslie
- 1989 – *Black Hole Tariffs and Endogenous Policy Theory. Political Economy in General Equilibrium*, Cambridge University Press, Cambridge
MAGNETTE, Paul e REMACLE, Eric
- 2000 – *Le Nouveau Modèle Européen* (2vols.), Institut d' Études Européennes, Universidade Livre de Bruxelas
MAGONE, José M.
- 1997 – *European Portugal. The Difficult Road to Sustainable Democracy*, Macmillan, Basingstoke e St. Martin's Press, Nova Iorque
MAGRINI, Stefano
- 1999 – *The Evolution of Income Disparities Among the Regions of the European Union*, em *Regional Science and Urban Economics*, vol. 29, pp. 257-81
MAIOR, Paulo Vila
- 1999 – *O Modelo Político Económico da Integração Monetária Europeia*, Universidade Fernando Pessoa, Porto

MAIOR, Paulo Vila e MARQUES, Nuno Castro
- 2000 – *Anatomia do Alargamento da Europa Comunitária aos Países do Leste e do Mediterrâneo*, em *Revista da UFP* (Universidade Fernando Pessoa), n. 5, pp. 331-50

MANESCHI, Andrea
- 1998 – *Comparative Advantage in International Trade. A Historical Perspective*, Edward Elgar, Cheltenham e Northampton (Mass.)

MANOÏLESCO, Mihail
- 1929 – *The Theory of Protection and International Trade* (tradução inglesa, P.S. King and Sons, Londres, 1931)

MANSFIELD, Edward D.
- 1993 – *Effects of International Politics on Regionalism in International Trade*, em Anderson e Blackhurst (ed.) *Regional Integration and the Global Trading System*, cit. pp. 199-217

MANZANO, Jean Luis
- 1997 – *Beyond NAFTA: The Opportunity to Build a New Continental Alliance*, em Fatemi (ed.) *International Trade in the 21st Century*, cit. pp. 125-43

MARKUSEN, James R., MELVIN, James R., KAEMPFER, William H., MARKUS, Keith E.
1995 – *International Trade.Theory and Evidence*, McGraw Hill, Nova Iorque, pp. 220-25

MARQUES, Alfredo
- 1993 – *Incentivos Regionais e Coesão. Alcance e Limites da Acção Comunitária*, em *Notas Económicas*, n. 1, pp.24-38
- 1998 – *A Moeda Única na Perspectiva das Economias Menos Desenvolvidas*, em *Notas Económicas*, n. 10, pp. 41-55
- 1999a – *State Aid Policy and Structural Funds. Conflicts and Complementarities*, em Xureb, P. G. (ed.) *Getting down to Gearing up for Europe*, European Documentation and Research Centre, Universidade de Malta
- 1999b – *EU Structural Funds: Scope and Limits*, loc. cit., ref. anterior

MARQUES, Alfredo e SOUKIAZIS, Elias
- 1999 – *Per Capita Income Convergence across Countries and across Regions in the European Union. Some new Evidence*, em CEDIN (ISEG), *Questões de Economia Europeia*, vol. 2, Lisboa

MARQUES, Maria Isabel Mendes
- 2000 – *Política Industrial no Contexto Europeu: Fundamentos, Alcance e Limites*, dissertação de mestrado na Faculdade de Economia da Universidade de Coimbra

MARQUES, Walter
- 1998 – *Moeda e Instituições Financeiras*, 2.ªed., Dom Quixote/ISG, Lisboa

MARSH, John
— 1997 – *The Common Agricultural Policy*, em Stavridis, Mossialos, Morgan e

Machin (ed.) *New Challenges to the European Union: Policies and Policy-Making*, cit. pp. 401-37

MARSH, John e TANGERMANN, Stefan
- 1996 – *Preparing Europe's Rural Economy for the 21st Century*, LUFPIG, Bruxelas

MARTIN, Hans-Peter e SCHUMANN, Harold
- 1998(6) – *A Armadilha da Globalização. O Assalto à Democracia e ao Bem--Estar Social,* Terramar, Lisboa (trad. da ed. alemã, de 1996)

MARTIN, John P.
- 1978 – *X – Inefficiency, Managerial Effort and Protection*, em *Economica*, vol. 45, pp. 273-86

MARTIN, Reiner
- 1992 – *Revising the Economic Case for Regional Policy*, em Hart, M. e Harrison, R. (ed.) *Spatial Policy in a Divided Nation*, Jessica Kingsley, Londres, pp. 270-90
- 1999 – *The Regional Dimension in European Public Policy. Convergence or Divergence?* Macmillan, Basingstoke e St. Martin's Press, Nova Iorque

MARTIN, Stephen
- 1993 – *Vertical Product Differentiation, Intra-Industry Trade and Infant Industry Protection*, Working Paper do Department of Economics, European University Institute, Florença

MARTINEZ, Pedro Soares
- 1998 – *Economia Política*, 8.ª ed., Almedina, Coimbra

MARTINS, Ana Maria Guerra
- 2000 – *A Natureza Jurídica da Revisão do Tratado da União Europeia*, Lex, Lisboa

MARTINS, Ives Gandra da Silva
- 1997 – *Desafios sem Perspectivas Imediatas,* em Martins, Ives Gandra S. (coord.) *Desafios do Século XXI*, Pioneira, S. Paulo

MASSON, Paul R., KRUEGER, Thomas H. e TURTELBOOM, Bart G. (ed.)
- 1997 – *EMU and the International Monetary System*, IMF (Fundo Monetário Internacional), Wastington

MASSOT MARTI, A.
- 1999 – *El Acuerdo de Berlin sobre la Agro-Agenda 2000. El Preludio de una Nueva Reforma de la PAC,* Parlamento Europeu, Bruxelas

MATEUS, Augusto
- 2000 – *A Globalização e os Novos Caminhos da Competitividade: União Europeia e MERCOSUL, Portugal e Brasil*, em C. Albuquerque e Romão (org.) *Brasil-Portugal...,* cit. pp. 69-104

MATEUS, Augusto, BRITO, J. M. Brandão de e MARTINS, Victor
- 1995 – *Portugal XXI-Cenários de Desenvolvimento*, 2.ª ed., Bertrand Editora, Venda Nova

MATLÁRY, Janne Haaland
- 1996 – *Energy Policy: From a National to a European Framework?*, em Wallace, Heden e Wallace, William (ed.) *Policy Making in the European Union*, 3.ª ed., Oxford University Press, Oxford, pp. 257-77
- 1997 – *Energy Policy in the European Union*, Macmillan, Basingstoke e Londres, e St. Martin's Press, Nova Iorque

MATOS, Pedro Verga e RODRIQUES, Vasco
- 2000 – *Fusões e Aquisições. Motivações, Efeitos e Política,* Principia, Cascais

MATTLI, Walter
- 1999 – *The Logic of Regional Integration. Europe and Beyond,* Cambridge University Press, Cambridge

MATTOO, Aaditya
- 1996 – *The Government Procurement Agreements. Implications of Economic Theory*, em *The World Economy*, vol. 19, pp. 695-720

MAYES, D.G.
- 1983 – *EC Trade Effects and Factor Mobility*, em El-Agraa, A. M. (ed.) *Britain within the European Community: The Way Forward*, Macmillan, cap. 6

MAYHEW, Alan
- 1998-9 – *Recreating Europe. The European Union's Policy Towards Central and Eastern Europe,* Cambridge University Press, Cambridge

MAYSTADT, Philippe
- 2000 – *L'Euro et le Système Monétaire International,* em Thévenoz, Luc e Fontaine, Marcel (dir.) *La Monnaie Unique et les Pays Tiers (The Euro and non-Participating Countries),* Bruylant, Bruxelas

MAZIER, Jacques
- 1991 – *Marché Unique, Union Monétaire et Politique Économique en Europe*, em *Revue du Marché Commun et de l'Union Européenne* n. 352, pp. 760-73

MEADE, James E.
- 1955 – *The Theory of International Economic Policy,* vol. II, *Trade and Welfare*, Oxford University Press, Londres
- 1956 – *The Theory of Customs Unions*, North-Holland, Amesterdão
- 1968 – *The Pure Theory of Customs Unions*, North Holland, Amesterdão

MEDEIROS, Eduardo Raposo de
- 1985 – *O Direito Aduaneiro. Sua Vertente Internacional,* Instituto Superior de Ciências Sociais e Políticas, Lisboa
- 1998 – *Blocos Regionais de Integração Económica no Mundo,* Instituto Superior de Ciências Sociais e Políticas, Lisboa
- 1999a – *Organização Mundial de Comércio (OMC),* em Campos (coord.) *Organizações Internacionais...,* cit. pp. 319-79
- 1999b – *Alguns Aspectos da Economia Mundial dos Anos 90,* em Barata (coord.) *Conjuntura Internacional 1999,* cit. pp. 81-123

– 2000 – *Economia Internacional*, 6.ª ed., Instituto Superior de Ciências Sociais e Políticas, Lisboa
MELO, Jaime de e PANAGARIYA, David (ed.)
– 1993 – *New Dimensions in Regional Integration*, Cambridge University Press, Cambridge
MELO, João Joanaz de e PIMENTA, Carlos
– 1993 – *Ecologia (O que é)*, Difusão Cultural, Lisboa
MELVIN, James R. e WILKINSON, Bruce W.
– 1968 – *Effective Protection in the Canadian Economy*, para o Economic Council of Canada, Otava
MENDES, A.J. Marques
– 1986 – *The Contribution of the European Community to Economic Growth*, em *Journal of Common Market Studies*, vol. 24, pp. 261-77
– 1987 – *Economic Integration and Growth in Europe*, Croom Helm, Londres
– 1988 – *The Case for Export-Led Growth*, em *Estudos de Economia*, vol. 9, pp. 33-41
– 1993 – *The Development of the Portuguese Economy in the Context of the EC*, em Lopes, J.S. (ed.) *Portugal and EC Membership Evaluated*, cit. pp. 7-29
MENDES, A.J. Marques e COELHO, Lina
– 1990 – *Comércio Externo e Adesão à CEE: Condicionantes e Potencialidades de Portugal e da Região Centro,* Comissão de Coordenação da Região Centro, Coimbra
MENDES, Nuno Canas
– 1999 – *A Crise Asiática: Análise dos seus Efeitos nos Blocos ASEAN-APEC e na China,* em Barata (coord.) *Conjuntura Internacional 1999,* cit. pp. 283-323
MENDONÇA, António
– 2000 – *Sobre a Participação de Portugal na União Europeia e o Mundo Lusófono como Espaço Económico,* em C. Albuquerque e Romão (org.) *Brasil-Portugal...,* cit. pp. 341-62
MENDONÇA, António, FAUSTINO, Horácio Crespo, BRANCO, Manuel e FILIPE, João Paulo
– 1999 – *Economia Financeira Internacional,* McGraw-Hill de Portugal, Amadora
MESSERLIN, Patrick
– 1981– *The Political Economy of Protectionism: The Bureaucratic Case*, em *Weltwirtschaftliches Archiv*, vol. 117, pp. 469-95
– 1995 – *La Nouvelle Organisation Mondiale du Commerce,* Dunod, Paris
MICHAELY, Michael
– 1977 – *Theory of Commercial Policy: Trade and Protection*, Philip Allan, Oxford

MICHIE, Jonathan e SMITH, John Grieve (ed.)
- 1996 – *Creating Industrial Capacity. Towards Full Employment*, Oxford University Press, Oxford

MIESKOWSKI, P. M.
- 1966 – *The Comparative Efficiency of Tariff and other Tax-Subsidy Schems as a Means of Obtaining Revenue or Protecting Domestic Production*, em *The Journal of Political Economy*, vol. 74, pp. 587-99

MILL, John Stuart
- 1848 – *Principles of Political Economy* (referenciada a ed. de Ashley, W. J., Longmans, Green and Co., Londres, 1929)

MINGASSON, Jean Paul
- 1998 – *Pour que l'Europe s'Elargisse à l'Est: l'Agenda 2000*, em *Regards sur l'Actualité*, n. 239, pp. 3-13

MINISTÉRIO DAS FINANÇAS
1991 – *Portugal e a Transição para a União Económica e Monetária*, Seminário Internacional, Lisboa

MINISTÉRIO DO PLANEAMENTO
- 1999 – *Portugal – Plano de Desenvolvimento Regional 2000-2006*, Lisboa

MINISTÉRIO DO PLANEAMENO E DA ADMINISTRAÇÃO DO TERRITÓRIO
- 1992 – *Fundos Estruturais. Que Futuro?*, Lisboa
- 1993 – *Preparar Portugal para o Séc. XXI. Análise Económica e Social*, Lisboa

MISCALI, Mario
- 1998 – *Armonizzazione Fiscale e Finanza Innovativa. Prospettive per la Fiscalità Europea delle Emprese*, Il Sole 24 Ore, Milão

MOLINA DE POZO, Carlos
- 1996 – *Integracion Euro – Latino America*, ed. Ciudad Argentina, Buenos Aires

MOLLE, Willem
- 1997 – *The Economics of European Integration. Theory, Practice and Policy*, 3.ª ed., Ashgate Aldershot, Dartmouth

MONIZ, Carlos Botelho
- 1995 – *Circulação de Advogados*, em *Revista da Ordem dos Advogados*, vol. 55

MONNET, Jean
- 1976 – *Mémoires*, Fayard, Paris

MONTEIRO, Manuel Gonçalves
- 1964 – *Elementos de Direito Aduaneiro e de Técnica Pautal*, Junta de Investigação do Ultramar, Lisboa

MONTI, Mario (apresent.)
- 1996 – *The Single Market and Tomorrow's Europe. A Progress Report from the European Commission*, Office for Publications of the European Communities, Luxemburgo e Kegan Page Publishers, Londres

MOON, Bruce E.
- 2000 – *Dilemmas of International Trade*, Westview Press, Londres e Oxford
MORAIS, Luís
- 1993 – *O Mercado Comum e os Auxílios Públicos. Novas Perspectivas*, Almedina, Coimbra,
MOREIRA, Adriano
- 1999 – *A Europa no Norte de África*, em Barata (coord.) *Conjuntura Internacional 1999*, cit. pp. 17-27
MOREIRA, José António Cardoso
- 1995 – *Integração Económica e Bem-Estar. A Economia Portuguesa e a Adesão à CEE em 1986: Uma Estimação Empírica dos Efeitos Resultantes da Reafectação de Recursos Induzida pelas Alterações Aduaneiras*, dissertação de mestrado na Faculdade de Economia da universidade do Porto
MOREIRA, Marcílio Marques
- 2000 – *Globalization versus Regionalism: A Brazilian Point of View*, em Hettne, Inotal e Sunkel (ed.), *National Perspectives on the New Regionalism in the South*, cit.
MOREIRA, Teresa
- 1998 – *O Novo Mecanismo de Resolução de Litígios da OMC. A Perspectiva de Portugal*, em FLAD, *A Organização Mundial do Comércio...*, cit. pp. 81-9
MOREIRA, Vital Martins
- 1997 – *Auto-Regulação Profissional e Administração Pública*, Almedina, Coimbra
MORTENSEN, Jorgen (ed.)
- 1994 – *Improving Economic and Social Cohesion in the European Community*, Centre for European Policy Studies (CEPS), Macmillan, Basingstoke e St. Martin's Press, Nova Iorque
MORIN, Edgar
- 1987 – *Penser l' Europe*, Gallimard, Paris
MOTTA, Massimo e THISSE, Jacques-François
- 1994 – *Does Enviramental Dumping Lead to Delocation?*, em *European Economic Review*, vol. 38, pp. 563-76
MOURA, Francisco Pereira
- 1960 – *Parecer n. 30/VII elaborado acerca do projecto de proposta de lei n. 513, do Governo, sobre a Convenção da Associação Europeia de Comércio Livre*, em *Actas da Câmara Corporativa* n. 92, de 13 de Abril de 1960 (reimpresso em Câmara Corporativa – Pareceres, VII Legislatura, vol. I, Lisboa, 1961)
MOURÃO, Fernando Albuquerque
- 1996 – *The Brazilian and South African Foreign Policy for Southern Africa*, em Guimarães, S. Pinheiro (ed.) *South Africa and Brazil. Risks and oppor-*

tunities in the Turmoil of Globalisation, IRRI (International Relations Researchs Institute), Fundação Alexandre de Gusmão, Brasil, pp. 75-91

MOUSSIS, Nicolas
- 1999 – *Access to European Union. Law, Economics, Politicie*, 9.ª ed., European Study Service (ed. fancesa *Accès à l'Union Européenne. Droit, Économie, ed. Politiques Genval*)

MUCCHIELLI, Jean-Louis
- 1987 – *Principes d'Economie Internationale*, Economica, Paris

MUCCHIELLI, Jean-Louis e CELIMÈNE, Fred (ed.)
- 1993 – *Mondialisation et Regionalisation. Un Défi pour l'Europe*, Economica, Paris

MUNDELL, Robert A.
- 1957 – *International Trade and Factor Mobility*, em *The American Economic Review*, vol. 47, pp. 321-35
- 1961 – *A Theory of Optimal Curreny Aress*, em *The American Economic Review*, vol. 51, pp. 509-17
- 1964 – *Tariff Preferences and the Terms of Trade*, em *Manchester School of Economic and Social Studies*, vol. 32, pp. 1-13

MUNI, S.A.
- 2000 – *India in SAARC: A Reluctant Policy-Maker*, em Hettne, Inotal e Sunkel (ed.), *National Perspectives on the New Regionalism in the South*, cit. pp. 108-31

MURPHY, Anna
- 1990 – *The European Community and the International Trading System*, vol. II, *The European Community and the Uruguay Round*, Centre for European Policy Studies (CEPS), Bruxelas

MUSGRAVE, Richard e MUSGRAVE, Peggy
- 1989 – *Public Finance in Theory and Practice*, 4.ª ed., McGraw-Hill, Nova Iorque

MYNT, H.
- 1958 – *The Classical Theory of International Trade and the Underdeveloped Countries*, em *The Economic Journal*, vol. 68, pp. 316-37

MYRDAL, Gunnar
- 1957a – *Economic Theory and Underdeveloped Regions*, Duckworth, Londres
- 1957b – *Rich Lands and Poor*, Nova Iorque

NASH, John e TAKACS, Endy
- 1998 – *Trade Policy Reform. Lessons and Implications*, Banco Mundial, Washington

NEGISHI, Takashi
- 1968 – *Protection of the Infant Industry and Dynamic Internal Economies*, em *The Economic Record*, vol. 44, pp. 56-67

NEILD, D.R.
- 1979 – *Managed Trade Between Industrial Countries*, em Major, R.R. (ed.)

Britain's Trade and Exchange Rate Policy, Heinemann Educational Books, Londres, pp. 5-23

NEVEN, Damien e GOUYETTE, Claudine
- 1995 – *Regional Convergence in the European Community*, em *Journal of Common Market Studies*, vol. 33, pp. 47-65

NEVEN, Damien, NUTTAL, R. e SEABRIGHT, P.
- 1993 – *Competition and Merger Policy in the EC*, Center for Economic Policy Research (CEPR), Londres

NEVEN, Damien e SEABRIGHT, Paul
- 1995 – *European Industrial Policy: The Airbus Case*, em *Economic Policy*, n. 21, pp. 315-58

NEVES, João César das
- 1991 – *Políticas Regionais e Estruturais na União Económica e Monetária*, em Ministério das Finanças, *Portugal e a Transição para a União Económica e Monetária*, cit. pp. 161-66
- 1994 – *The Portuguese Economy: A Picture in Figures (XIX and XX Centuries)*, Universidade Católica Editora, Lisboa
- 1997 – *A Economia da Moeda Única*, em *Europa. Novas Fronteiras*, n. 1, União Económica e Monetária, pp. 58-67

NEVES, João César das e REBELO, Sérgio
- 1996 – *Executivos Interpelam Portugal. Questões-Chave da Nossa Economia*, Verbo, Lisboa

NEVIN, Edward
- 1991 – *The Economics of Europe*, Macmillan, Londres

NICOLL, Sir William e SALMON, Trevor C.
- 2001 – *Understanding the European Union,* Longman, Harlow

NIELSEN, Jørgen Ulff Moller, HEINRICH, Hans e HANSEN, Jørgen Drud
- 1991 – *An Economic Analysis of the EC*, McGraw-Hill, Londres (2.ª ed., de Hansen e Nielsen, 1997, cit.)

NISKANEN, William A.
- 1971 – *Bureaucracy and Representative Government*, Aldine-Atherton, Chicago
- 1973 – *Bureaucracy: Servant or Master?*, Institute of Economic Affairs, Hobert Paperback n. 5, Londres
- 1975 – *Bureaucrats and Politicians*, em *Journal of Law and Economics*, vol. 18, pp. 617-43

NOWZAD, Bahram
- 1978 – *The Rise in Protectionism*, Fundo Monetário Internacional, Pamphlet Series n. 24, Washington

NUGENT, Neill
- 1999 – *The Government and Politics of the European Union,* 4.ª ed., Macmillan, Basingstoke

NUNES, António Avelãs
1993 – *O Keynesianismo e a Contra-Revolução Monetarista*, em *Boletim de*

Ciências Económicas da Faculdade de Direito da Universidade de Coimbra, vol. 34, pp. 14-73
NUNES, Manuel Jacinto
– 1993 – *De Roma a Maastricht,* Publicações D. Quixote, Lisboa
NURKSE, Ragnar
– 1953 – *Problems of Capital Formation in Underdeveloped Countries,* Blackwell, Oxford
O'DONNELL, Rosa
– 1992 – *Policy Requirements for Regional Balance in Economic and Monetary Union,* em Hammequart, Achille (ed.) *Economic and Social Cohesion in Europe. A New Objective for Integration,* Routeledge, Londres
OCDE (Organização de Cooperação e Desenvolvimento Económico)
– 1975 – *Adjustment for Trade. Studies on Industrial Adjustment Problems and Policies,* Paris
– 1978-9 – *The Case for Positive Adjustment Policies. A Compendium of OECD Documents,* Paris
– 1985 – *Costs and Benefits of Protection,* Paris
– 1988 – *Deregulation and Airline Competition,* Paris
– 1989 – *Economies in Transition. Structural Adjustment in OECD Countries,* Paris
– 1993a – *Obstacles to Trade and Competition,* Paris
– 1993b – *Taxer l'Energie: Comment et Pourquoi* (Agence International de l'Energie), Paris
– 1994a – *The OECD Jobs– Study, Evidence and Explanations,* Parte I. *Labour Market Trends and Underlying Forces of Change,* Paris
– 1994b – *Internalising the Social Costs of Transport,* Paris
– 1995a – *Sustainable Agriculture. Concepts, Issues and Policies in OECD Countries,* Paris
– 1995b – *Regional Integration and the Multilateral Trading System: Synergy and Divergence,* Paris
– 1996a – *Indicateurs de Barrières Tarifaires & Non Tarifaires,* Paris
– 1996b – *Regionalism and its Place in the Multilateral Trading System,* Paris
– 1996c – *Subsidies and Environment – Exploring the Linkages,* Paris
– 1997 – *L'Avenir du Transport Aérien International. Quelle Politique Face aux Mutations Mondiales?* Paris
– 2000 – *EMU. One Year On,* Paris
OMC (Organização Mundial do Comércio: WTO)
– 1995 – *Regionalism and the World Trading System,* Genebra
– 1996 – *Trade and Foreign Direct Investment,* Genebra
OMC (ed.)
– 2000 – *From GATT to the WTO: Multilateral Trading System in the New Millennium,* Kluwer, Haia

OCKENDEM, Jonathan e FRANKLIN, Michael
- 1995 – *European Agriculture. Making the CAP fit the Future*, Pinter Publishers, Londres

ODÉN, Bertil
- 2000 – *The Southern Africa Region and the Regional Hegemon,* em Hettne, Inotal e Sunkel (ed.) *National Perspectives on the New Regionalism in the South,* cit. pp. 242-64

OHLIN, Bertil
- 1931 – *Protection and Non-Competing Groups*, em *Weltwirtschaftliches Archiv*, vol. 33, pp. 30-45
- 1933 – *Interregional and International Trade*, Cambridge (Mass.) (nova ed. de 1967)

OHMAE, Kenichi
- 1985a – *Becoming a Triad Power: The New Global Corporation*, em *The McKinsey Quarterly*, Spring, pp. 2-25
- 1985b – *Triad Power: The Coming Shape of Global Competition*, Free Press, Nova Iorque
- 1995 – *The End of the Nation State. The Rise of Regional Economics. How New Engines of Prosperity are Reshaping Global Markets*, The Free Press, Nova Iorque e Harper Collins, Londres

OLSON Jr., Mancur
- 1965 – *The Logic of Collective Action. Public Goods and the Theory of Groups*, Harvard University Press, Harvard (nova ed. revista, Schocken Books, Nova Iorque, 1971)

OMAN, Charles
- 1994 – *Globalisation and Regionalisation: The Chalenge for Developing Countries*, OCDE, Paris

PABST, Haroldo
- 1997 – *Mercosul. Direito da Integração*, Editora Forense, Rio de Janeiro

PACOTE DELORS I
- 1987 – *Realizar o Acto Único. Uma Nova Fronteira para a Europa* (COM (87) 100), Bruxelas

PACOTE DELORS II
- 1992 – *Do Acto Único ao Pós-Maastricht. Os Meio para Realizar as nossas Ambições* (COM (92) 2000), Bruxelas

PAGE, Susan A.B.
- 1981 – *The Revival of Protectionism and its Consequences for Europe*, em *Journal of Common Market Studies*, vol. 20, pp. 17-40

PAIS, Sofia Oliveira
- 1996 – *O Controlo das Concentrações de Empresas no Direito Comunitário da Concorrência*, Almedina, Coimbra

PANAGARIYA, Arvind
- 1996 – *The Free Trade Area of the America: Good for Latin America?*, em *The World Economy*, vol. 19, pp. 445-515
- 2000 – *Preferential Trade Liberalization: The Traditional Theory and New Developments*, em *Journal of Economic Literature*, vol. 38, pp. 287-331

PANAGARIYA, Arvind e FINDLAY, Ronald
- 1996 – *A Political-Economy Analysis of Free-Trade Areas and Customs Unions*, em Feenstra, Grossman e Irwin (ed.) *The Political Economy of Trade Policy*, cit. pp. 265-87

PAPAGEORGIOU, Demetrios, CHOKSI, Armeane M. e MICHAELY, Michael
- 1990 – *Liberalizing Foreign Trade in Developing Countries. The Lessons of Experience*, Banco Mundial, Washington (síntese dos volumes publicados pela Basil Blackwell, Oxford, 1990-1991, resultantes do projecto 'The Timing and Sequencing of a Trade Liberalization Policy')

PAPPALARDO, A.
- 1996 – *La Réglementation Communautaire de la Concurrence (deuxième partie: Le Contrôle des Concentrations d'Entreprises. Récents Développements)*, em *Revue Internationale de Droit Economique*, n. 3, pp. 299-365

PARLAMENTO EUROPEU (Direcção Geral de Estudos)
- 1995 – *Agricultural Strategies for the Enlargement of the EU to Central and Eastern European Countries. Critical Review of Four Studies Considered by the Commission of the European Community*

1997a – *O Alargamento a Leste da União Europeia. É Possível Avaliar as Implicações Financeiras?*, doc. trab. PO/DV/325/325513

1997b – *El Parlamento Europeo y el MERCOSUL*, doc. trab. W-25

PEACOCK, Alan T.
- 1977 – *Giving Economic Advice in Difficult Times*, em *Three Banks Review*, Março
- 1978 – *The Economics of Bureaucracy: An Inside View*, em Buchanan *et al.*, *The Economics of Politics*, cit. pp. 117-28

PEARSON, Mark
- 1992 – *Equity Issues and Carbon Tax*, em OCDE, *Climate Change: Designing a Pratical Tax System*, Paris, pp. 213-40

PECHMAN, Joseph A.
- 1975 – *Making Economic Policy: The Role of the Economist*, em Greenstein, Fred e Polaby, Nelson W. (ed.) *Handbook of Political Science*, Wesley Publishing Company, Addison

PELKMANS, Jacques
- 1980 – *Economic Theories of Integration Revisited*, em *Journal of Common Market Studies*, vol. 18, pp. 166-94
- 1984 – *Market Integration in the European Community*, Martins Nijhoff, Haia

– 1997 – *European Integration. Methods and Economic Analysis*, Longman. Harlow

PELKMANS, J. e GREMMEN, H.
– 1983 – *The Empirical Measurement of Static Customs Unions Effects*, em *Rivista Internazionale di Scienze Economiche e Commerciali*, vol. 30, pp. 612-22

PERROUX, François
– 1955 – *Note sur la Notion de Pôle de Croissance*, em *Economie Appliquée*, pp. 309-20 (publicado também em *A Economia do Séc. XX*, Livraria Morais, Editora, 1967, 2.ª parte)

PERTEK, Jacques
– 1994 – *L' Europe des Diplômes et des Professions*, Bruylant, Bruxelas

PESCATORE, Pierre
– 1986 – *Observations Critiques sur l'Acte Unique Européen*, em Universidade Livre de Bruxelas, *l'Acte Unique Européen* (Jornadas de Estudos), Bruxelas

PETERSON, John
– 1996 – *Europe and America. The Prospect for Partnership*, 2.ª ed., Routledge, Londres e Nova Iorque

PETITH, H.
– 1977 – *European Integration and the Terms of Trade*, em *The Economic Journal*, vol. 87, pp. 262-72

PHAN, Duc-Loi
– 1980 – *Le Commerce International*, 2.ª ed., Economica, Paris

PHILIP, C. e BOUTAYER, C.
– 1993 – *Subsidiarité (Principe de)*, em Barav e Philip (ed.) *Dictionnaire Juridique des Communautés Européennes*, cit. pp. 1023-35

PHINNEMORE, David
– 1999 – *Association: Stepping-Stone or Alternative to EU Membership?*, Sheffield Academic Press, Sheffield

PIGOU, A.C.
– 1920 – *The Economics of Welfare*, Macmillan, Londres

PINCUS, Jonatham J.
– 1972 – *A Positive Theory of Tariff Formation Applied to the Nineteenth-Century United States*, dissertação de doutoramento na Universidade de Stanford
– 1977 – *Pressure Groups and Politics in Antebellum Tariffs*, Columbia University Press, Nova Iorque

PINDER, John
– 1968 – *Positive Integration and Negative Integration: Some Problems of Economic Union in the EEC*, em The *World Today*, vol. 24, pp. 88-110

PINHEIRO, Gabriela
– 1998 – *A Harmonização da Fiscalidade Directa na União Europeia*, Universidade Católica Portuguesa (distrib. Coimbra Editora), Porto

PIRES, Francisco Lucas
- 1992 – *O que é a Europa*, Difusão Cultural, Lisboa
- 1995 – *Portugal e o Futuro da União Europeia. Sobre a Revisão do Tratado em 1996*, Difusão Cultural, Lisboa
- 1996 – *Regionalização e Europa*, Universidade Autónoma de Lisboa
- 1997 – *Schengen e a Comuniade de Países Lusófonos*, Jus Gentium Conimbrigae, Coimbra Editora, Coimbra

PIRES, Luís Madureira
- 1998 – *A Política Regional Europeia e Portugal,* Fundação Calouste Gulbenkian, Lisboa

PITT, William
- 1995 – *More Equal than Others, A Director's Guide to EU Competition Policy*, Director Books, Hemel Hempstead

PLANO DE ACÇÃO
- 1997 – *Plano de Acção para o Mercado Único*, Comunicação da Comissão ao Conselho Europeu (CSE (97), 1 final, de 4.6.1997)

PLUMMER, Michael G.
- 1991 – *Efficiency Effects of the Accession of Spain and Portugal to the EC*, em *Journal of Common Market Studies*, vol. 29, pp. 317-25

POLAK, Jacques J.
- 1996 – *Is APEC a Natural Regional Trading Bloc? A Critique of the 'Gravity Model of International Trade*, em *The World Economy*, vol. 19, pp. 53-43

POMFRET, Richard
- 1986 – *Theory of Preferential Trading Arrangements*, em *Weltwirtschaftliches Archiv*, vol. 122 (tb. em Jacquemin e Sapir (ed.) *The European Internal Market. Trade and Competition*, cit. pp. 44-70, que referenciamos)
- 1991a – *International Trade. An Introduction to Theory and Policy*, Basil Blackwell, Cambridge (Mass.) e Oxford
- 1991b – *The New Trade Theories, Rent-Snatching and Jet Aircraft*, em *The World Economy*, vol. 14, pp. 269-77
- 1996 – *Blocs: The Threat to the System, and Asian Reactions*, em Bora e C. Findlay (ed.) *Regional Integration and the Asia Pacific*, cit. pp. 13-24

PONTES, José Pedro
- 2000 – *Regional Convergence in Portugal in the Context of the European Union,* Working Papers, ISEG, Universidade Técnica de Lisboa

PORTER, Michel
- 1980 – *Competitive Strategy. Techniques to Analyse Industries and Competition*, The Free Press, Nova Iorque e Londres
- 1985 – *Competitive Advantage. Creating and Sustaining Superior Performance*, The Free Press, Nova Iorque e Londres
- 1990 – *The Competitive Advantage of Nations*, Macmillan, Londres e Basingstoke
- 1994 – *Construir as Vantagens Competitivas de Portugal*, Monitor Company e Forum para a Competitividade, Lisboa

PORTO, Manuel C.L.
- 1970 – *O Imposto de Transacções – Tipo a Adoptar*, separata do *Boletim de Ciências Económicas* da Faculdade de Direito da Universidade de Coimbra, vols. 12, 13 e 14
- 1972 – *A Coordenação Fiscal dos Transportes Rodoviários Internacionais*, separata do *Boletim de Ciências Económicas* da Faculdade de Direito da Universidade de Coimbra, vol. 14
- 1979 – *O Argumento das Indústrias Nascentes*, separata do número especial do *Boletim da Faculdade de Direito* da Universidade de Coimbra, *Estudos em Homenagem ao Prof. Doutor José Joaquim Texeira Ribeiro*
- 1981 – *Os Movimentos de Capitais e o Desenvolvimento Regional,* separata de *Desenvolvimento Regional,* Boletim da Comissão de Coordenação da Região Centro, 2.º Semestre de 1980
- 1982 – *Estrutura e Política Alfandegárias – O Caso Português*, separata do *Boletim de Ciências Económicas* da Faculdade de Direito da Universidade de Coimbra, vols. 25, 26 e 27
- 1984 – *Portugal: Twenty Years of Change*, em Williams, Allan (ed.) *Southern Europe Transformed: Political and Economic Change in Greece, Italy, Portugal and Spain*, Harper Row, Londres, pp. 84-112
- 1986a – *Pauta Aduaneira*, em *Polis. Enciclopédia Verbo da Sociedade e do Estado*, vol. 4, Lisboa, pp. 1073-9
- 1986b– *Proteccionismo*, vol. 4 da *Polis*, cit. ref. ant. pp. 1666-84
- 1988 – *Do Acto Único à 'Nova Fronteira' para a Europa*, separata do número especial do *Boletim* da Faculdade de Direito da Universidade de Coimbra, *Estudos em Homenagem ao Prof. Doutor Afonso Rodrigues Queiró*, Coimbra
- 1989 – *A Política Regional e o Aproveitamento dos Fundos Estruturais em Portugal*, em CCRC (ed.) *Portugal e os Fundos Comunitários: Experiência e Perspectivas Regionais*, cit. pp. 311-67 (publicado também, com o título *La Politica Regionale Portughese e i Fondi Strutturali della Comunità Europea,* em Stefani, Georgio (ed.) *Mercato Comune e Sviluppo Regionale. Le Esperienze di Spagna, Portogallo e Grecia*, Cedam, Padua, pp. 159-215, e com o título *European Integration and Regional Development Policy in Portugal,* em Nerlove, Marc (ed.) *Issues in Contemporary Economics*, cap. 2 *Macroeconomics and Econometrics*, Macmillan (para a International Economic Association), Basingstoke e Londres, pp. 182-210
- 1990 – *A Problemática do Défice dos Transportes Colectivos Urbanos de Passageiros: Apreciação e Sugestão de Soluções*, separata do *Boletim de Ciências Económicas* da Faculdade de Direito da Universidade de Coimbra, vol. 30
- 1992a – *A Participação dos Países na União Europeia*, em Secretaria de Estado da Integração Europeia, *A Europa Após Maastricht*, Imprensa Nacional – Casa da Moeda, Lisboa, pp. 33-48
- 1992b – *A Coesão Económica e Social e o Futuro da Europa*, em Ministério

do Planeamento e da Administração do Território, *Fundos Estruturais. Que Futuro?*, cit. pp. 221-39

– 1992c – *A Localização do Novo Aeroporto de Lisboa e a Sua Articulação com os Demais Modos de Transporte*, Estudos para o Planeamento Regional e Urbano, n. 38, Centro de Estudos Geográficos da Universidade de Lisboa, INIC

– 1993a – *A Integração Comunitária e o Desenvolvimento Regional em Portugal*, separata de *Estudos Autárquicos*, Boletim do Centro de Estudos e Formação Autárquica (CEFA), Coimbra

– 1993b – *Os Actuais Acordos de Cooperação da Comunidade Europeia com a América Latina*, em *Revista Brasileira de Direito Comparado*, vol. 7, pp. 107-27

– 1994a – *Portugal, o Uruguai Round e a União Europeia, Intervenções Parlamentares*, Grupo LDR, Coimbra

– 1994b – *Comentário* a Flôres, em Curso de Estudos Europeus, *O MERCOSUL e a União Europeia*, cit. pp. 135-9

– 1994-6 – *A Dimensão Espacial da União Monetária*, em Curso de Estudos Europeus, *A União Europeia*, cit. pp. 61-89, que referenciamos; publicado também, com o título *A União Monetária e os Processos de Convergência*, em P.P. Cunha *et al. A União Europeia na Encruzilhada*, 1996, cit. pp. 99-127

– 1996a – *O Ordenamento do Território Face aos Desafios da Competitividade*, Almedina, Coimbra

– 1996b – *Coesão e Integração numa Europa Alargada*, em *Temas de Integração*, n. 1, pp. 27-49 (publicado simultaneamente com o título *Economic Cohesion in an Enlarged European Union*, em Herr, Richard e Weber, Steven ed. *European Integration and American Federalism: A Comparative Perspective*, University of California, Berkeley, 1996, pp. 69-84)

– 1996c – *O Financiamento do Alargamento da União Europeia*, Parlamento Europeu, doc. 218 272 (PO/DT/301) de 17.6.1996

– 1997 – *Teoria da Integração e Políticas Comunitárias*, 2.ª ed., Almedina, Coimbra

– 1998a – *Portugal e a Agenda 2000* (distrib. Almedina), Coimbra

– 1998b – *O Não de um Regionalista, Face a um Projeto sem Justificação, numa Europa Concorrencial e Exigente* (distrib. Almedina), Coimbra

– 1999a – *A Europa no Dealbar do Novo Século. Intervenções Parlamentares*, Grupo PPE (PSD), Coimbra

– 1999b – *As Implicações Externas do Euro,* em Instituto Europeu da Faculdade de Direito da Universidade de Lisboa, *Aspectos Jurídicos e Económicos da Introdução do Euro*, cit. pp. 215-35 (numa versão em inglês ver *The Euro and the Regional Blocs*, em Comissão Europeia, *L'Euro et le Monde,* 1998c, cit. pp. 215-35)

– 2000a – *A Economia: Objecto e Quadros de Análise* (policopiado), Coimbra

– 2000b – *As Vias Insidiosas da Bipolarização: da Coincineração às Portagens e à Tolerância Zero*, Jornal de Coimbra, Coimbra
– 2000c – *Os Blocos Regionais e o Comércio Mundial*, em Faculdade de Direito da Universidade de Lisboa, *Estudos Jurídicos e Económicos em Homenagem ao Professor João Lumbrales*, cit. pp. 703-19
– 2000d – *Regras Fiscais Europeias*, em Henderson, D. e Neves, J.C. (ed.) *Enciclopédia de Economia*, Principia, Lisboa, pp. 372-7
– 2000e – *O Equilíbrio de Poderes na União Europeia*, em Conselho Económico e Social, *Mesa Redonda sobre a Conferência Intergovernamental (CIG)*, Lisboa
PORTO, Manuel C.L. e CALVETE, Vitor
– 1999a – *O Fundo Monetário Internacional*, em Campos (coord.) *Organizações Internacionais...*, cit. pp. 455-503
– 1999b – *O Grupo Banco Mundial*, em Campos (coord.) *Organizações Internacionais...*, cit. pp. 505-34
PORTO, Manuel C.L. e COSTA, Fernanda Maria
– 1996 – *Trade Liberalization, Intra-Industry Trade and Adjustment in Portugal*, em Curso de Estudos Europeus, *Integração e Especialização. Integration and Specialization*, cit. pp. 143-65
– 1999 – *Portugal*, em Brülhart e Hine (ed.) *Intra-Industry Trade and Adjustment...*, cit. pp. 239-51
PORTO, Manuel C.L., JACINTO, Rui e COSTA, Fernanda
– 1990 – *As Grandes Infraestruturas de Ligação Terrestre de Portugal aos Demais Países Comunitários (TGV e Auto-Estrada)*, separata de *Desenvolvimento Regional*, Boletim da Comissão de Coordenação da Região Centro, Coimbra
PORTO, Manuel e LARANJEIRO, Carlos
– 2000 – *Monetary Union and Structural Policies*, comunicação apresentada no Colóquio das Cadeira Jean Monnet, *La Conférence Intergovernamentale 2000 et Au-Delà*, 6-7 Julho, Bruxelas
POSNER, Michel V.
– 1961 – *Technical Change and International Trade*, em Oxford University Press, Oxford
POUNDSTONE, William
– 1992 – *Prisoner's Dilemma*, Anchor Books, Nova Iorque
PRICE, Victoria Curzon
– 1974 – *The Essentials of Economic Integration. Lessons of EFTA Experience*, Macmillan, Londres
– 1995 – *Competition and Industrial Policies with Emphasis on Industrial Policy*, em Logur, Mehmet (ed.) *Policy Issues in the European Union. A Reader in the Political Economy of European Integration*, Greenwich University Press, Dartford, pp. 69-99

PUGEL, Thomas A. e LINDERT, Peter H.
- 2000 – *International Economics*, 11.ª ed., Irwin/MacGraw Hill, Boston (a ed. anterior, de 1996, cit., é de Lindert e Pugel)

QUADROS, Fausto
- 1994 – *O Princípio da Subsidiariedade no Direito Comunitário após o Tratado da União Europeia*, Almedina, Coimbra

QUEIRÓ, Afonso Rodrigues
- 1970 – *Tendências Actuais da Ciência do Direito Público*, em *Boletim da Faculdade de Direito* da Universidade de Coimbra, vol. 46, pp. 181-94

QUEIROZ, António Jorge da Cruz
- 1984 – *Comunidade Económica Europeia e Direito Aduaneiro. Evolução Histórica. Perspectiva Económica. Síntese Jurídico-Institucional e Orgânica*, vol. I, Imprensa Nacional-Casa da Moeda, Lisboa

QUELHAS, José Manuel Santos
- 1998 – *A Agenda 2000 e o Sistema de Financiamento da União Europeia*, em *Temas de Integração*, n. 5, pp. 53-109

QUESNAY, François
- 1758 – *Tableau Économique* (trad. port. da Fundação Gulbenkian, Lisboa, 1969)

RAMASWAMI, V. K. e SRINIVASAN, T.N.
- 1971 – *Tariff Structure and Resource Allocation in the Presence of Factor Substitution*, em Bhagwati, Jagdish N., Jones, Ronald W., Mundell, Robert A. e Vanek, Jaroslav (ed.) *Trade, Balance of Payments and Growth*, Papers in Honor of Charles P. Kindleberger, North-Holland Publishing Company, Amesterdão e Londres, pp. 291-9

RAMOS, Rui M. Moura
- 1999 – *Das Comunidades à União Europeia. Estudos de Direito Comunitário*, 2.ª ed., Coimbra Editora, Coimbra

RAYMOND, Robert
- 1996 – *L'Unification Monétaire en Europe*, 2.ª ed., Presses Universitaires de France, col. Que Sais-je? Paris

READ, Robert
- 1994 – *The EC Internal Banana Market: The Issues and the Dilemma*, em *The World Economy*, vol. 17, pp. 219-35

REDWOOD, John
- 1997 – *Our Currency, Our Country. The Dangers of European Monetary Union*, Penguin, Londres

REHN, Olli
- 1996 – *Financiamento do Alargamento da União Europeia: Política Agrícola*, Parlamento Europeu, doc 216.971, de 6.6.1996

REINOSO
- 1996 – *Intra Industry Trade in the Andean Group in the 1980's*, em Karlsson, Crigeria e Malaki, Akhil (ed.) *Growth, Trade and Integration in Latin America*, Institute of Latin America Studies, Universidade de Estocolmo, pp. 239-63

REIS, Jaime
- 1992 – *The Historical Roots of the Modern Portuguese Economy: The First Century of Growth, 1850's to 1950's*, em Herr, Richard (ed.) *The New Portugal. Democracy and Europe*, International and Area Studies, University of California, Berkeley

REIS, José
- 2000 – *A Europa e a Coesão: Um Percurso em Fio de Navalha*, em C. Albuquerque e Romão (coord.) *Brasil-Portugal...*, cit. pp. 373-81

RELATÓRIO CHECHINI (v. Chechini, 1988)

RELATÓRIO COATS
- 1995 – *Relatóro sobre uma Estratégia de Emprego Coerente para a União Europeia*, Comissão Temporária do Emprego, Parlamento Europeu (doc. A4-166/95 de 13.7.95)

RELATÓRIO COCKFIELD
- 1995 – *Completing the Internal Market* (COM (85)310 final)

RELATÓRIO DELORS
- 1990 – *Relatório sobre a União Económica e Monetária* (SEC (90)1659 final, de 13.9.1990)

RELATÓRIO EUROPA 2000 +
- 1994 – *Europa 2000+ Cooperação para o Desenvolvimento do Território Europeu*, Comissão Europeia, Bruxelas e Luxemburgo

RELATÓRIO McDOUGAL
- 1977 – *Report of the Study Group on the Role of Public Finance in the European Community*, SEC

RELATÓRIO NEUMARK
- 1963 – *Report of the Fiscal and Financial Committee*, em International Bureau of Fiscal Documentation, *The EEC Reports on Tax Harmonization*, Amesterdão, pp. 93-203

RELATÓRIO PADO-SCHIOPPA
- 1987 – *Efficiency, Stability and Equity*, Oxford University Press, Oxford (trad. da Economica, Paris)

RELATÓRIO DOS 'SÁBIOS'
- 1992 – *Vers des Horizons Meilleurs*, Comité des Sages sur l'Aviation Civile Européenne, Comissão Europeia, Bruxelas

RELATÓRIO WERNER
- 1970 – *Economic and Monetary Union in the Community*, em *Bulletin of the European Communities*, Suplemento n. 7, Bruxelas

RENOUF, Yves
- 1995 – *Le Règlement des Litiges*, em Flory, Thiébaut (dir.) *La Communauté Européenne et le GATT. Evaluation des Accords du Cycle d'Uruguai*, Édtions Apogée, Rennes, pp. 41-61

RIBEIRO, José Joaquim Teixeira
- 1959 – *Economia Política*, lições ao 2.º ano jurídico (policopiadas), Coimbra

– 1962-3 – *Economia Política*, lições ao 3.º ano jurídico (policopiadas), Coimbra
– 1981 – *Objecto da Economia Política*, separata do *Boletim de Ciências Económicas* da Faculdade de Direito da Universidade de Coimbra, vol. 23
– 1991 – *Sobre o Socialismo*, Coimbra Editora, Coimbra
– 1992 – *Reflexões sobre o Liberalismo Económico*, separata do *Boletim de Ciências Económicas* da Faculdade de Direito da Universidade de Coimbra, Coimbra
– 1994(7) – *Lições de Finanças Públicas*, 5.ª ed., refundida e actualizada Coimbra Editora, Coimbra
RIBEIRO, Maria Manuela Tavares
– 1976 – *Conflitos Ideológicos do Século XIX – O Problema Pautal*, Instituto de História e Teoria das Ideias, Coimbra
RIBEIRO, Sérgio
– 1978 – *O Mercado Comum e a Integração de Portugal*, 5.ª ed., Editorial Estampa, Lisboa
– 1994 – *Década da Europa*, ed.do autor, Lisboa
– 1997 – *Não à Moeda Única. Um Contributo*, Avante, Lisboa
RICARDO, David
– 1817 – *The Principles of Political Economy and Taxation* (trad. port. da Fundação Calouste Gulbenkian, Lisboa, 1965, aqui referenciada)
RICHARDSON, J. David
– 1980 – *Understanding International Economics: Theory and Practice*, Little, Brown and Company, Boston e Toronto
RICHTER, Rudolf
– 1992 – *A Socialist Market Economy – Can it Work?*, em *Kyklos*, vol. 45, pp. 185-207
RIEDEL, James
– 1988 – *Trade as an Engine of Growth: Theory and Evidence*, em Greenaway, David (ed.) *Economic Development and International Trade*, Macmillan, Basingstoke e Londres, pp. 25-54
ROBBINS, Lord
– 1937 – *An Essay on the Nature and Significance of Economic Science*, 2.ª ed., Londres
– 1978 – *Comentários* a Grimond Jr., *Introductory Remarks*, em Buchanan *et al., The Economics of Politics*, cit. pp. 26-7
ROBSON, Peter
– 1998 (2000) – *The Economics of International Integration*, 4.ª ed., Routledge, Londres e Nova Iorque (tradução portuguesa, da 3.ª ed., da Coimbra Editora)
– 1994 – *The New Regionalism and the Developing Countries*, em Velmar, Simon e Scott, Andrew (ed.) *Economic and Political Integration in Europe*, Blackwell, Oxford e Cambridge (Mass.), pp. 169-88
ROCHA, Isabel
– 1996 – *A Política Energética na Comunidade Europeia*, Porto Editora, Porto

ROCHA, Maria da Conceição Ramos
- 1999 – *MERCOSUL. Implicações da União Aduaneira no Ordenamento Jurídico Brasileiro,* Lumen Juris, Rio de Janeiro

ROCHA, Mário de Melo
- 2000 – *A Avaliação de Impacto Ambiental como Princípio do Direito do Ambiente nos Quadros Internacional e Europeu,* Publicações Universidade Católica, Porto

RODRICK, D.
- 1986 – *Tariffs, Subsidies and Welfare Analysis with Endogenous Policy,* em *Journal of International Economics,* vol. 21, pp. 285-99

ROGER TYM & PARTNERS
- 1996 – *The Regional Impact of Community Policies,* estudo para o Parlamento Europeu (Direcção Geral de Estudos), Londres

ROLLO, Jim
- 1997 – *Economic Aspects of EU Enlargement to the East,* em Maresceau, Marc (ed.) *Enlarging the European Union. Relations Between the EU and Eastern Europe,* Longman, Londres e Nova Iorque, pp. 252-75

ROLLO, Jim e SMITH, A.
- 1993 – *The Political Economy of Eastern European Trade with the European Community: Why so Sensitive?,* em *Economic Policy,* n. 16, pp. 139-81

ROMÃO, António
- 1983 – *Portugal face à CEE,* Livros Horizonte, Lisboa

ROQUE, Fátima Moura, FONTOURA, Paula e BARROS, Pedro Pitta
- 1990 – *Teorias do Comércio Internacional e Padrão de Especialização da Indústria Transformadora Portuguesa: 1973-82,* em *Economia,* vol. 15, pp. 13-50

ROSAMOND, Ben
- 2000 – *Theories of European Integration,* Mcmillan, Basingstoke e St. Martin's Press, Nova Iorque

ROSEN, Howard F.
- 1994 – *The US-Israel Free Trade Area Agreement: How Well is it Working and What Have we Learned?,* em Schott, Jeffrey (ed.) *Free Trade Areas and US Trade Policy,* Institute for International Economics, Washington, pp. 97-119

ROSS, G.
- 1995 – *Assessing the Delors Era in Social Policy,* em Leibfried, S. e Person, P. (ed.) *European Social Policy: Between Fragmentation and Integration,* Brookings Institution, Washington, pp. 357-88

ROTEMBERG, Julio e WOODFORD, Michael
- 1994 – *Energy Taxes and Aggregate Economic Activity,* em *Tax Policy and the Economy,* n. 8, pp. 159-95

ROWAN, David C.
- 1976 – *Godley's Law, Godley's Rule and the 'New Cambridge Macroeconomics',* em *Banca Nazionale del Lavoro Quarterly Review,* vol. 29, pp. 151-74

ROWLEY, Charles
- 1978 – *Market 'Failure' and Government 'Failure'*, em Buchanan *et al.*, *The Economics of Politics*, cit. pp. 29-43

RUIZ, Nuno
- 1996 – *O Princípio da Subsidiariedade e a Harmonização de Legislações na Comunidade Europeia*, em P.P. Cunha *et al.*, *A União Europeia na Encruzilhada*, cit. pp. 129-38

SACHWALD, Frédérique
- 1997 – *Le Regionalisation contre la Mondialisation*, em Les Dossiers de l'Etat du Monde, *Mondialisation, Au-Dela des Mythes*, cit. pp. 133-46

SALAZAR, António Oliveira
- 1940 – *O Problema do Funcionalismo Público*, em *Boletim da Direcção- -Geral das Contribuições e Impostos*, Janeiro-Março, pp. 487-91

SALEMA, Margarida
- 1991 – *O Exercício das Actividades Profissionais e o Mercado Interno*, em Parlamento Europeu, Grupo LDR, Coimbra, pp. 15-25

SALIN, Pascal
- 1995 – *La Concurrence*, Presses Universitaires de France, col. Que Sais-Je?, Paris

SALVATORE, Dominick
- 1996 – *Theory and Problems of International Economics*, 4.ª ed., Schaum's Outline Series, McGraw-Hill, Nova Iorque
- 1998 – *International Economics*, 6.ª ed., Prentice-Hall, Nova Jersey

SALVATORE, Dominick (ed.)
- 1987 – *The New Protectionist Threat to World Welfare*, North-Holland, Nova Iorque

SAMPAIO, Carlos Almeida
- 1984 – *A Harmonização Fiscal nas Comunidades Europeias. O IVA e o Modelo Económico Português*, Cadernos de Ciência e Técnica Fiscal, n. 131, Lisboa

SAMUELSON, Paul A.
- 1939 – *The Gains from International Trade*, em *The Canadian Journal of Economics and Political Science*, vol. 5, pp. 195-205
- 1948 – *International Trade and the Equalisation of Factor Prices*, em *The Economic Journal*, vol. 58, pp. 163-84
- 1949 – *International Factor Price Equalisation Once Again*, em *The Economic Journal*, vol. 59, pp. 181-97
- 1962 – *The Gains from International Trade Once Again*, em *The Economic Journal*, vol. 72, pp. 820-9
- 1971 – *Ohlin was Right*, em *The Swedish Journal of Economics*, vol. 73, pp. 365-84

SAMUELSON, Paul A. e NORDHAUS, William D.
- 1999 – *Economia*, 16.ª ed., McGraw-Hill, Lisboa

SANDE, Paulo de Almeida
– 2000 – *O Sistema Político na União Europeia (entre Hesperna e Phosphorus)*, Principia, Cascais
SANDHOLTZ, Waynz
– 1996 – *Membership Matters: Limits to the Functional Approach to European Institutions*, em *Journal of Common Market Studies*, n. 34, pp. 403-29
SANTOS, António Carlos dos
– 1993 – *Integração Europeia e Abolição das Fronteiras Fiscais. Do Princípio do Destino ao Princípio da Origem?* em *Ciência e Técnica Fiscal*, n. 372, pp. 7-91
SANTOS, Jorge Costa
– 1993 – *Bem-Estar Social e Decisão Financeira*, Almedina, Coimbra
SANTOS, José Gomes
– 1992 a– *Uma Estratégia Comunitária para Melhorar a Eficiência Energética. O Imposto sobre o CO^2*, em *Ciência e Técnica Fiscal*, n. 365, pp. 113-24
– 1992b – *Principais Tendências de Convergência dos Sistemas Fiscais dos Países Comunitários. Uma Perspectiva Quantificada*, em Centro de Estudos Fiscais, *A Internacionalização da Economia e a Fiscalidade*, Lisboa, pp. 125-60
SANTOS, Luís Máximo dos
– 1998 – *O Mecanismo de Resolução de Litígios da OMC: Um Elogio Merecido?*, em FLAD, *A Organização Mundial do Comércio...*, cit. pp. 53-64
SANTOS, Margarida Lopes dos
– 1991 – *ECU (European Currency Unit). Moeda Europeia?*, Coimbra Editora, Coimbra
SANTOS, Maria Cecília de Andrade
– 1999 – *Controlo de Concentrações de Empresas. Estudo da Experiência Comunitária e a Aplicação do Artigo 54 da Lei Brasileira n.° 8.894/94*, dissertação de mestrado na Faculdade de Direito da Universidade de Coimbra
SANTOS, Vitor Manuel Silva
– 1990 – *A Acção Disciplinadora das Importações na Indústria Portuguesa*, em *Estudos de Economia*, vol. 10, pp. 143-65
SAPIR, André
– 1992 – *Regional Integration in Europe*, em *The Economic Journal*, vol. 102, pp. 1491-1506
– 2000 – *The Political Economy of EC Regionalism*, em Magnette e Remacle (ed.) *Le Nouveau Modèle Européen*, cit., vol. 2, pp. 141-52
SAPIR, André e WINTER, Chantal
– 1994 – *Services Trade*, em Greenaway e Winters (ed.) *Surveys in International Trade*, cit. pp. 273-302

SCHATTSCHNEIDER, E. F.
- 1935 – *Politics, Pressures and the Tariff: A Study of Free Private Enterprise in Pressure Politics, as Shown in the 1929-1930 Revision of the Tariff*, Prentice-Hall, Nova Iorque

SCHERER, F.M.
- 1994 – *Competition Policies in an Integrated World Economy*, The Brookings Institution, Washington

SCHNEIDER, Friedrich
- 1995 – *Is there a European Public Choice Perspective?*, em *Kyklos*, vol. 48, pp. 289-296

SCHOR, Armand-Denis
- 1997 – *La Monnaie Unique*, 2.ª ed., Presses Universitaires de France, col. Que Sais-Je?, Paris
- 1999 – *Économic Politique de l'Euro*, La Documentation Française Paris

SCHUKNECHT, Ludger
- 1992 – *Trade Protection in the European Community*, Harwood Academic Publishers, Churs

SCITOVSKY, Tibor
- 1958 – *Economic Theory and Western European Integration*, George Allen & Unwin, Londres

SCOTT, Maurice F.
- 1981 – *Why the Cambridge Group is so Wrong about Import Restrictions?*, em *The World Economy*, vol. 3, pp. 461-8

SCOTT, Maurice F., CORDEN, W. Max e LITTLE, Ian M.
- 1980 – *The Case Against General Import Restrictions*, Trade Policy Research Centre, Thames Essays n. 25, Londres

SECRETARIA DE ESTADO DA INTEGRAÇÃO EUROPEIA
- 1992 – *A Europa Após Maastricht*, Imprensa Nacional-Casa da Moeda, Lisboa

SEDELMEIER, Ulrich
- 2000 – *East of Amsterdam: The Implications of the Amsterdam Treaty for Eastern Enlargement*, em Neunreither, Karlheinz e Wiener, Antge (ed.) *European Integration after Amsterdam. Institutional Dynamics and Prospects for Democracy*, Oxford University Press, Oxford, pp. 218-37

SEIDEL, Baruhard
- 1994 – *The Regional Impact of Community Policies*, em Mortensen (ed.) *Improving Community and Social Cohesion in the European Community*, cit. pp. 211-28

SERENS, Manuel N. e MAIA, Pedro
- 1994 – *Legislação Comunitária e Nacional de Defesa da Concorrência*, Almedina, Coimbra

SERRA, Jaime *et al.*
- 1997 – *Reflections on Regionalism. Report of the Study Group on International Trade*, Carnegie Endowment for International Peace, Washington

SHAPIRA, Jean
– 1996– *Le Droit Européen des Affaires*, Presses Universitaires de France, col. Que Sais-Je?, Paris
SHAPIRA, Jean, LE TALLEC, Georgeo e BLAISE, Jean-Bernard
– 1996 – *Droit Européen des Affairs*, 6.ª ed., Presses Universitaires de France, col. Thémis, Paris
SHIBATA, Hirofuma
– 1967 – *The Theory of Economic Unions: A Comparative Analysis of Customs Unions, Free Trade Areas and Tax Unions*, em Shoup, Carl (ed.) *Fiscal Harmonization in Common Markets,* Columbia University Press, Nova Iorque e Londres
SIDJANSKI, Dusan e BARROSO, José M. Durão
– 1982 – *Os Grupos de Pressão na Comunidade Europeia*, em *Assuntos Europeus*, vol. 1, pp. 201-23
SILGUY, Yves Thibault de
– 1996 – *Le Syndrome du Diplodocus. Un Nouveau Soufle pour l'Europe*, Albin--Michel, Paris
SILVA, Aníbal Cavaco
– 1978 – *Políticos, Burocratas e Economistas*, em *Economia*, vol. 2, pp. 491-502
– 1992 – *A Europa Após Maastricht,* em Secretaria de Estado da Integração Europeia, *A Europa Após Maastricht*, cit. pp. 9-17
– 1997 – *E Depois da Moeda Única…*, em *Europa. Novas Fronteiras*, n. 1, União Económica e Monetária, pp. 91-7
– 1999 – *União Monetária Europeia. Funcionamento e Implicações,* Verbo, Lisboa ee S. Paulo
SILVA, António Neto da e REGO, Luís Alberto
– 1984 – *Teoria e Prática da Integração Económica*, Porto Editora, Porto
SILVA, Armindo
– 1986 – *An Analysis of the Effects of Preferential Trade Policies Through the Estimation of Quantitative Models: the Case of Portugal*, dissertação de doutoramento na Universidade de Reading
SILVA, Joaquim Ramos
– 1996a – *Vinte Anos de Mudança na Economia Mundial: 1973-1993*, em ISEG (Instituto Superior de Economia e Gestão), Universidade Técnica de Lisboa, *Ensaios em Homenagem a Manuel Jacinto Nunes*, Lisboa, pp. 697-735
1996b – *A Regionalização Multiforme da Economia Mundial (The Multiform Regionalism of the World Economy)*, em Curso de Estudos Europeus, *Integração e Especialização. Integration and Specialization*, cit. pp. 39-55
SILVA, Joaquim Ramos e Lima, Maria Antonina
– 1997 – *L'Experience Européenne des 'Pays de la Cohesion': Rattrapage ou Périphérisation Accrue?* Institut Orléonais de France, Faculté de Droit, d'Économie et de Gestion, Orléans

SINCLAIR, P.J.N e STEWART-ROPER, C.J.K.
– 1991 – *The Rival Merits of Single and Common Currencies – Singular Problems and Common Benefits*, em Driffil e Beber (ed.) *A Currency for Europe*, cit. pp. 213-30
SLATER, J.C. e ATKINSON, B.
– 1995 – *The Common Agricultural Policy and EU Enlargement to the East*, Ministério da Agricultura, Pescas e Alimentação do Reino Unido, Londres
SLIM, A.
– 1998 – *Integrations, Desintégrations et Reintegrations en Europe de l'Est: les Theóries Traditionnelles Remises en Question*, em *Revue d'Etudes Comparatives Est. Onest*, n. 4
SMITH, Adam
– 1776 – *An Inquiry into the Nature and Causes of the Wealth of Nations* (referenciada a ed. de T. Nelson and Sons, Londres, 1901)
SMITH, Alasdair
1992 – *Measuring the Effects of '1992'*, em Dyker, David (ed.)*The European Economy*, Longman, Londres e Nova Iorque
SMITH, Stephen
– 1992 – *The Distributional Consequences of Taxes on Energy and the Carbon Content of Fuels*, em *European Economy*, 1992b, cit. pp. 241-68
– 1995 – *'Green' Taxes and Charges: Policy and Practice in Britain and Germany*, The Institute for Fiscal Studies, Londres
– 1996 – *Taxation and the Environment*, em Devereux, Michael P. (ed.) *The Economics of Tax Policy*, Oxford University Press, Oxford, pp. 215-58
SMITS, Catherine
– 2000 – *Les Enjeux de la Politique Commerciale Commune: La Question du Commerce des Services*, em Magnette e Remacle (ed.) *Le Nouveau Modèle Europeen*, cit., vol. 2, pp. 167-78
SNAPE, Richard H.
– 1972 – *Progress Report on Monash Econometric Analysis of Protection: The Concept of Effective Protection*, 44.º Congresso da Australian and New Zealand Association for the Advancement of Science, Sidney
– 1996 – *Which Regional Trade Agreements?*, em Bora e Findlay (ed.) *Regional Integration and the Asia-Pacific*, cit. pp. 49-63
SOARES, António Goucha
– 2000 – *Uma União cada vez mais estreita*, em *Análise Social*, vol. 34, pp. 397--423
SOARES, Cláudia Alexandra
– 1999 – *Os Instrumentos de Promoção da Qualidade Ambiental. O Imposto Ecológico*, dissertação de mestrado na Faculdade de Direito da Universidade de Coimbra
SOARES, Rogério Ehrhardt
– 1969 – *Direito Público e Sociedade Técnica*, Atlântida Editora, Coimbra

SÖDERSTEN, Bo e REED, Geoffrey
- 1994– *International Economics*, 3.ª ed., Macmillan, Basingstoke e Londres (trad. portuguesa da Editora Interciência, Rio de Janeiro)

SOLOAGA, Isidro e WINTERS, L. Alan
- 1999 – *Regionalism in the Nineties: What Effect on Trade?*, Working paper do Banco Mundial, Washington

SOROS, Georges
- 1996 – *Le Défi de l'Argent* (versão francesa), Plon, Paris

SOUSA, Fernando Freire de
- 1996 – *Economic Integration and Unequal Development in Europe: The Pitfalls of Cohesion and Convergence*, em Curso de Estudos Europeus, *Integração e Especialização. Integration and Specialization*, cit. pp. 249-69

SOUSA, Fernando Freire de e ALVES, I.
- 1985 – *A Adesão de Portugal à CEE: O Impacto do Desarmamento Aduaneiro Português*, Série Cadernos, Direcção de Estudos Económicos e de Marketing, Porto

SOUSA, Sara Rute Silva e
- 2000 – *O Alargamento da União Europeia aos Países da Europa Central e Oriental (PECO): Um Desafio para a Política Regional Comunitária*, dissertação de mestrado na Faculdade de Economia da Universidade de Coimbra

SOUTY, François
- 1995 – *La Politique de la Concurrence aux Etats-Unis*, Presses Universitaires de France, col. Que Sais-Je?, Paris
- 1997 – *Le Droit de la Concurrence de l'Union Européenne*, Montchretien, Paris

SPENCER, Barbara J. e BRANDER, James A.
- 1983 – *International R&D Rivalry and Industrial Strategy*, em *Review of Economic Studies*, vol. 50, pp. 707-22

SPENCER, John E.
- 1991 – *European Monetary Union and the Regions*, em Driffil e Beber (ed.) *A Currency for Europe*, cit. pp. 177-89

SRINIVASAN, T.N.
- 1996 – *The Generalized Theory of Distortions and Welfare Two Decades Later*, em Feenstra, Grossman e Irwin (ed.)*The Political Economy of Trade Policy*, cit. pp. 3-25
- 1998 – *Developing Countries and the Multilateral Trading System, From the GATT to the Uruguai Roundand the Future*, Westview Press, Boulder e Oxford

STAVRIDIS, Stelios, MOSSIALOS, Elias, MORGAN, Roger e MACHIN, Howard
- 1996 – *New Challenges to the European Union: Policies and Policy-Making*, Dartmouth, Aldershot

STEELE, Keith (ed).
- 1996 – *Anti-Dumping under the WTO*, Kluwer, Londres
STEGEMANN, Klaus
- 1996 – *Strategic Trade Policy*, em Greenaway (ed.) *Current Issues in International Trade*, cit. pp. 82-99
STEINBERG, Richard H.
- 1997 – *Transatlanticism in Support of Multilateralism? Prospects for Great Power Management of the World Trading System*, comunicação apresentada no Seminário EU/US/Asia da Transatlantic Policy Network (TPN), Bruxelas, 28.5.1997
STEINHERR, Alfred
- 1994 – *Has the Case for EMU Weakened since September 1992? Policy and Practice in Britain and Germany*, The Institute for Fiscal Studies, Londres
STERDYNIAK, Henri, BLONDE, Marie-Hélène, CORNILLEAV, Gérard, LE CACHEUX, Jacques e LE DEM, Jean
- 1991 – *Vers une Fiscalité Européenne*, Centre d'Etudes Prospectives et d'Informations Internationales, Economica, Paris
STERN, Robert M.
- 1975 – *Testing Trade Theories*, em Kenen, Peter B. (ed.) *International Trade and Finance: Frontiers for Research*, Cambridge University Press, Cambridge
STEVE, Sergio
- 1964 – *Lezioni di Scienza delle Finanze*, 5.ª ed., Cedam, Pádua
STEVENS, Christopher
- 1996 – *EU Policy for the Banana Market: The External Impact of Internal Policies*, em Wallace e Wallace (ed.) *Policy Making in the European Union*, cit. pp. 325-51
STIGLITZ, Joseph E.
- 1994(5) – *Whither Socialism?*, The MIT Press, Cambridge (Mass.) (reimpressão em 1995)
STINK, Peter M.R.
- 1996 – *A History of European Integration since 1914*, Pinter, Londres
STOKES, Bruce (ed.)
- 1996 – *Open for Business. Creating a Transatlantic Market Place*, A Council on Foreign Relations Book, Nova Iorque
STOLPER, Wolfgang e SAMUELSON, Paul A.
- 1941 – *Protection and Real Wages*, em *The Review of Economic Studies*, vol. 9, pp. 58-73
STRANGE, Susan
- 1985 – *Protectionism and World Policies*, em *International Organization*, vol. 39, pp. 233-60
SUBRAMANIAN, Arvind e UIMONEN, Peter
- 1994 – *Trade and the Environement*, em FMI, *International Trade Policies. The Uruguai Round and Beyond*, vol. II, cit. pp. 80-7

SUTHERLAND, Peter Denis
- 1997 – *EMU*, em *Europa. Novas Fronteiras*, n. 1 União Económica e Monetária, pp. 98-102

SWANN, Dennis
- 2000 – *The Economics of Europe. From Common Market to European Union*, 9.ª ed., Penguin, Londres

SWERLING, B.C.
- 1954 – *Capital Shortage and Labour Surplus in the United States*, em *The Review of Economics and Statistics*, vol. 36, pp. 286-9

SWINBANK, Alan
- 1993 – *CAP Reform, 1992*, em *Journal of Common Market Studies*, vol. 31, pp. 359-72
- 1999 – *EU Agriculture, Agenda 2000 and the WTO Commitments*, Blackwell, Oxford

TANG, Helena (ed.)
- 2000 – *Winners and Losers of EU Integration. Policy Essues for Central and Eastern Europe*, Banco Mundial, Washington

TANGERMANN, Stefan
- 1999 – *Agenda 2000: Tactics, Diversion and Frustration*, Agro-Europe, Londres

TANTRAPORN, Airadi
- 1996 – *Asian and Regional Economic Cooperation*, em OCDE, *Regionalism and its Place in the Multilateral Trading System*, cit. pp. 49-52

TAUSSIG, F.W.
- 1924 – *Some Aspects of the Tariff Question*, Cambridge e Londres

TAVÉRA, Chritophe (ed.)
- 1999 – *La convergence des Économies Européennes*, Economica, Paris

TAYLOR, Christopher
- 1995 – *EMU 2000? Prospects for European Monetary Union*, The Royal Institute of International Affairs, Londres

TEMPERTON, Paul (ed.)
- 1998 – *The Euro*, 2.ª ed., John Wiley & Sons, Chichester

TERCINET, Anne
- 2000 – *Droit Européen de la Concurrence. Opportunités et Menaces*, Montchretien, Paris

TERRA, Maria Inés, NIN, Alejandro e OLIVERAS, Joaquín
- 1995 – *Ajuste en los Patrones de Comercio Manufacturero. Uruguai 1988--1994*, documento n. 8/95, Departamento de Economia da Faculdade de Ciências Sociais da Universidade da República, Montevideo

THARAKAN, P.K. Mattew
- 1996 – *Antidumping Measures and Strategic Trade Policy*, em Curso de Estudos Europeus, *Integração e Especialização. Integration and Specialization*, cit. pp. 331-41

THARAKAN, P.K. Mattew (ed.)
- 1983 – *Intra-Industry Trade. Empirical and Methodological Aspects*, North--Holland, Amesterdão

THARAKAN, P.K.Mattew e CALFAT, German
- 1996 – *Empirical Analyses of International Trade Flows*, em Greenaway (ed.) *Current Issues in International Trade*, cit. pp. 59-81

THARAKAN, P.K. Mattew e WAELBROECK, Jan
- 1994 – *Antidumping and Countervailing Duty Decision in the EC and in the US – An Experiment in Comparative Political Economy*, em *European Economic Review*, vol. 38, pp. 171-93

HIRLWALL, A.P.
- 1979 – *The Balance of Payments Constraint as an Explanation of International Growth Rate Difference*, em *Banca Nazionale del Lavoro Quarterly Review*, vol. 32, pp. 45-53
- 1983 – *A Plain Man's Guide to Kaldor's Growth Laws*, em *Journal of Post Keynesian Economics*, vol. 5

THORP, Rosemary
- 1998 – *Progresso, Pobreza e Exclusão. Uma História Económica da América Latina no Século XX*, Banco Interamericano de Desenvolvimento e União Europeia, Washington

THUROW, Lester
- 1994 – *Head to Head. The Coming Economic Battle Among Japan, Europe and America*, Nicholas Berkley Publishing, Londres
- 1996 – *The Future of Capitalism. How Today's Economic Forces Shape Tomorrow's World*, Nicholas Brealey Publishing, Londres

TIESUN, Zhang
- 2000 – *China's Options in Asia-Pacific Regionalization*, em Hettne, Inotal e Sunkel (ed.) *National Perspectives on the New Regionalism in the South*, cit. pp. 25-56

TIETENBERG, Tom
- 2000 – *Environmental and Natural Resource Economics*, 5.ª ed., Addison Wesley Longman, Reading (Mass.)

TINBERGEN, Jan
- 1965 (1945-1954) – *International Economic Integration*, 2.ª ed. (a edição de 1945 com o título *International Economics Cooperation*)

TO, Theodore
- 1994 – *Infant Industry Protection with Oligopoly and Learning-by-Doing*, em *The Journal of International Trade & Economic Development*, vol. 3, pp. 199-212

TOBEY, James A.
- 1990 – *The effects of Domestic Environmental Policies on Patterns of World Trade: An Empirical Test*, em *Kyklos*, vol. 43, pp. 191-209

TODARO, Michael P.
- 1971 – *Development Planning Models and Methods*, Oxford University Press, Londres

TORRENS, Robert
- 1808 – *The Economists Refuted*, S.A. e H. Oddy, Londres e C. La Grange, Dublin
- 1815 – *An Essay ou the External Common Trade*, S. Hatchard, Londres
- 1824 – An *Essay on the Production of Wealth*, Londres
- 1844 – *The Budget. On Commercial and Colonial Policy*, Londres

TORRES, Francisco
- 1993 – *The Politics of Economic Transition in Portugal (1985-93)*, Working Paper do Centro de Estudos Europeus (ECO 8/03), Universidade Católica Portuguesa, Lisboa
- 1995 – *A UEM e a Conferência Inter-Governamental de 1996*, Working Paper do Centro de Estudos Europeus da Universidade Católica Portuguesa, Lisboa
- 1996 – *Portugal Towards EMU: A Political Economy Perspective*, em Frieden, Jones e Torres (ed.) *Joining Europe's Monetary Club: The Challenges for Smaller Member States*, cit. cap. 8
- 1997 – *EMU: Economic and Political Misgivings*, em *Europa. Novas Fronteiras*, n. 1, *União Económica e Monetária*, pp. 103-111

TORRES, Francisco e GIAVAZZI, Francesco (ed.)
- 1993 – *Adjustment and Growth in the European Monetary Union*, Centre for Economic Policy Research (CEPR), Cambridge University Press, Cambridge

TOVIAS, Alfred
- 1991 – *A Survey of the Theory of Economic Integration*, em *Revue d'Intégration Européenne. Journal of European Integration*, vol. 15, pp. 5-23

TRACY, Michael
- 1996 – *Agricultural Policy in the European Union and Other Market Economies*, APS – Agricutural Policy Studies, Bruxelas

TRAVIS, William Penfield
- 1964 – *The Theory of Trade and Protection*, Harvard University Press, Cambridge
- 1968 – *The Effective Rate of Protection and the Question of Labor Protection in the United States*, em *The Journal of Political Economy*, vol. 76, pp. 443-61

TREBILCOCK, Michael J., CHANDLER Marsha A. e HOWAE, Robert
- 1990 – *Trade and Transition. A Comparative Analysis of Adjustment Policies*, Routledge, Londres e Nova Iorque

TREBILCOCK, Michael J. e HOWSE, Robert
- 1999 – *The Regulation of International Trade*, 2.ª ed., Routledge, Londres e Nova Iorque

TROGO, Erasmo Simões
- 1995 – *Uma Análise do Comércio Intra-Industrial no Programa de Integração e Cooperação Económica Brasil e Argentina*, dissertação de mestrado na Faculdade de Economia de Coimbra

TRUMAN, David B.
- 1951-71 – *The Government Process. Political Interests and Public Opinion*, Alfred A. Knopp, Nova Iorque, 1.ª e 2.ª ed., respectivamente

TSOUKALIS, Loukas
- 1997 – *The New European Economy Revisited*, Oxford University Press, Oxford

TULLOCK, Gordon
- 1965 – *The Politics of Bureaucracy*, Public Affairs Press, Washington
- 1967 – *The Welfare Costs of Tariffs, Monopolies and Theftt*, em *Western Economic Journal*
- 1976 – *The Vote Motive – An Essay in the Economics of Politics, With Applications to the British Economy*, The Institute of Economic Affairs, Hobart Paperback n. 9, Londres (reimpresso em 1978)

TUMLIR, Jan
- 1985 – *Protectionism: Trade Policy in Democratic Societies*, American Enterprise Institute, Washington

TUO, Anthony e GADZEI, Hof
- 1994 – *The Political Economy of Power-Hegemony and Economic Liberalism*, Macmillan, Basingstoke e St. Martin's Press, Nova Iorque

TYSON, Laura d'Andrea
- 1990 – *Managed Trade: Making the Best of the Second Best*, em Lawrence e Schultze (ed.) *An American Trade Strategy. Options for the 1990's.*, cit. pp. 142-85

ÜNAL-KESENCI, D.
- 1998 – *Commerce International et Complementarités Régionales*, em *La lettre du CCPII*, n.º 174 (Dezembro)

VAN BAEL, Ivo e BELLIS, Jean-François
- 1994 – *Competition Law of the European Community*, 2.ª ed., Europe Bruylant, Bruxelas

VAN BAEL, Ivo e BELLIS, Jean-François
- 1996 – *Anti-Dumping and Other Trade Laws of the EC*, 3.ª ed., CCH Edition, Bicester

VAN DEN DOEL, Hans
- 1979 – *Democracy and Welfare Economics* (trad. inglesa da 2.ª ed. holandesa), Cambridge University Press, Cambridge

VANEK, Jaroslav
- 1963 – *The Natural Resource Content of United States Foreign Trade, 1870--1955*, The MIT Press, Cambridge (Mass.)

VASQUES, Sérgio
- 1997 – *A Integração Económica na Africa. Textos Fundamentais,* Fim de Século, Lisboa

VELASCO SAN PEDRO, Luís Antonio (coord.)
- 1998 – *Mercosur y la Union Europea: Dos Modelos de Integracion Economica,* Lex Nova, Valladolid

VERDON, Amy
- 2000 – *European Responses to Globalization and Financial Market Integration. Perceptions of Economic and Monetary Union in Britain, France and Germany,* Macmillam, Basingstoke e St. Martin's Press, Nova Iorque

VERNON, Raymond
- 1966 – *International Investment and International Trade in the Product Cycle,* em *The Quarterly Journal of Economics,* vol. 80, pp. 190-207
- 1996 – *Passing Through Regionalism: The Transition to Global Markets,* em *The World Economy,* vol. 19, pp. 621-33

VERNON, Raymond (ed.)
- 1970 – *The Technology Factor in International Trade,* National Bureau of Economic Research, distrib. Columbia University Press, Nova Iorque e Londres

VICKERMAN, R.W.
- 1992 – *The Single European Market, Harvester-Wheatsheaf,* Nova Iorque

VILAÇA, José Luis Cruz e SOBRINO HEREDIA, José Manuel
- 1997 – *A União Europeia e a Transformação do Pacto Andino na Comunidade Andina: Do Protocolo de Trujillo à Acta de Sucre – tentativa de reanimar um moribundo ou oportunidade para relançar a cooperação intercontinental,* em *Temas de Integração,* n. 3, pp. 5-51

VINDT, Gérard
- 1999(8) – *A Mundialização. De Vasco da Gama a Bill Gates,* Temas e Debates, Lisboa

VINER, Jacob
- 1931 – *The Most Favoured Nation Clause,* em *Index,* vol. 6
- 1932 – *Review of the Theory of Protection and International Trade,* de Manoïlesco, cit., em *The Journal of Political Economy,* vol. 15, pp. 121-5
- 1937 – *Studies in the Theory of International Trade,* Harper & Brothers Publishers, Nova Iorque e Londres
- 1950 – *The Customs Union Issue,* Stevens Sons, Nova Iorque
- 1951 – *International Economics,* The Free Press, Glescoe, Illinois
- 1965 – *Carta* a Max Corden, de 13.3.1995 (referida em Krauss, *Recent Developments in Customs Union Theory: An Interpretative View,* 1972, cit. p. 414)

VON HAYECK, Friedrich A.
- 1935 – *Collectivist Economic Planning,* Routledge & Kegan Paul, Londres

- 1940 – *Socialist Calculation: The Competitive 'Solution'*, em *Economica*, vol. 7, pp. 125-49
- 1944 – *The Road to Serfdom*, Routledge & Kegan Paul, Londres

VON MISES, Ludwig
- 1920 – *Die Wirtschaftsrechnung in Socialistischen Gemeinwesenen*, inserto em Von Hayeck, 1935, cit.
- 1938 – *Le Socialisme*, Librairie de Médicis, Paris (trad. de *Die Gemeinwirtschaft*)

VON NEUMANN, John e MORGENSTERN, Oskar
- 1944 – *Theory of Games and Economic Behavior*, Princeton University Press, Princeton

VOUSDEN, Neil
- 1990 – *The Economics of Trade Protection*, Cambridge University Press, Cambridge

WAGNER, Joachim
- 1987 – *Zur politischen Ökonomie der Protektion in der Bundesrepublik Deutschland*, em *Kyklos*, vol. 40, pp. 548-67

WALLACE, Helen e WALLACE, William (ed.)
- 2000 – *Policy Making in the European Union*, 4.ª ed., Oxford University Press, Oxford (3.ª ed. de 1996)

WALRAS, Léon
- 1874-7 – *Éléments d'Économie Politique Pure*

WARÊGNE, Jean-Marie
- 2000 – *L'Organisation Mondiale du Commerce, Règles de Fonctionnement et Enjeux Économiques*, CRISP, Bruxelas

WEBER, Alfred
- 1909 – *Uber den Standort der Industrien*, Tübingen (trad. *Alfred Weber's Theory of the Location of Industries*, Chicago, 1929)

WEI, S.-J. e FRANKEL, J.A.
- 1998 – *Open Regionalism in a World of Continental Trade Blocs*, em *IMF Staff Papers*, vol. 45, pp. 440-53

WHITELEGG, J.
- 1988 – *Transport Policy in the EEC*, Routledge, Londres

WIENER, Jarrod
- 1996 – *The Transatlantic Relationship*, Macmillan, Basingstoke e St. Martin's Press, Nova Iorque

WILLIAMS, Allan M.
- 1994 – *The European Community*, 2.ª ed., Blackwell, Oxford

WILLIAMS, J. H.
- 1929 – *The Theory of International Trade Reconsidered*, em *The Economic Journal*, vol. 39

WILLIAMS, R.H.,
- 1996 – *European Union Spatial Policy and Planning*, Paul Chapman Publishing, Londres

WILLIAMSON, John e MILNER, Chris
- 1991 - *The World Economy. A Textbook in International Economies*, Harvester/Wheastsheaf, Nova Iorque

WILS, G.
- 1993 - *ECU (Unité de Change Européenne)*, em Barav e Philip (ed.) *Dictionnaire Juridique des Communnautés Européennes*, cit., pp. 433-6

WINNICK, L.
- 1961 - *Place Prosperity vs. People Prosperity: Welfare Considerations in the Geographiscal Redistribution of Economic Activity*, em *Essays in Urban and Land Economics*, University of California, Los Angeles, pp. 273-83

WISEMAN, Jack
- 1978 - *The Political Economy of Nationalised Industry*, em Buchanan *et al. The Economics of Politics,* pp. 71-87

WOLF, Martin
- 1979 - *Adjustment Policies and Problems in Developed Countries*, Staff Working Paper n. 349, Banco Mundial, Washington
- 1994 - *The Resistable Appeal of Fortress Europa,* Center for Economic Policy Studies, Londres

WOLFSON, Dirk J.
- 1979 - *Public Finance and Development Strategy*, The Johns Hopkins University Press, Baltimore e Londres

WOOD, Geoffrey E.
- 1975 - *Senile Industry Protection: Comment*, em *The Southern Economic Journal*, vol. 31, pp. 535-7

WOOLCOCK, Stephen
- 1994 - *The European Acquis and Multilateral Trade Rules: Are They Compatible?*, em Bulmer e Scott (ed.) *Economic and Political Integration in Europe, Internal Economics and Global Context*, pp. 199-218

WOOTON, I.
- 1988 - *Towards a Common Market: Factor Mobility in a Customs Union*, em *Canadian Journal of Economics*, vol. 21, pp. 525-38

XAVIER, Alberto Pinheiro
- 1970 - *Portugal e a Integração Económica Europeia*, Almedina, Coimbra

ZORGBIBE, Charles
- 1993 - *Histoire de la Construction Européenne*, Presses Universitaires de France, Paris

YEATS, Alexander
- 1996-8 - *Does Mercorsul's Trade Performance Justify Concerns About the Effects of Regional Trade Arrangments? YES!*, International Trade Division, Banco Mundial, Washington, 1996 (publicado depois na *World Bank Economic Review,* vol. 12, 1998, pp. 1-28)

YOUNG, David e METCALFE, Stan
- 1997 - *Competition Policy*, em Artis e Lee (ed.), *The Economics of the European Union,* cit., pp. 118-38

ÍNDICE DE ASSUNTOS

Abusos de posições dominantes – 277
Acervo comunitário (v. *acquis communautaire*)
Aço – 30, 348
Acordo de Compras Públicas (AGP, *Agreement on Government Procurement*) – 288
Acordo Monetário Europeu (AME) – – 31, 272, 303
Acordos CEE/EFTA – 225
Acordos Europeus – 482, 486
Acordos Intra-Europeus de Pagamentos – 30
Acordos restritivos da concorrência – – 274-7
ACP (países) – 507
Acquis communautaire (acervo comunitário) – 215, 225, 486
Acto Único Europeu – 224, 254, 273--4, 295, 346, 350, 368-9, 374, 416-9
AEC (*African Economic Community*) – – 492-3
África – 492-3
África Sub-Sahariana – 492
AGAA (Administração Geral do Açúcar e do Alcool) – 289
Agenda 2000 – 332-4, 337, 408, 416, 472, 479
Agricultura (v. PAC)
'Água' no imposto – 141
Airbus – 164-5, 212-3, 301, 354
Alargamento – 461-80
números – 463-5
razões determinantes – 465-9

dificuldades principais – 469-80
– na PAC – 470-3
– na política regional – 473-7
– no orçamento – 475-80
Ambiente (indústrias do) – 361-2
Ambiente (política do) – 368-75
justificação – 368-9
filosofia, princípios (precaução, prevenção, correcção na fonte e poluidor/pagador) e vias de actuação – 369-75
programas de acção – 375
América Latina – 23, 488-91
América do Norte – 78, 487-8
América do Sul – 485
Anti-dumping (política) (v. *dumping*)
Anti-monde – 423, 501
APEC (*Asia-Pacific Economic Forum*) – 484, 488, 492
'Aprendizagem fazendo' (*learning by doing*) (v.tb.treino) – 171, 178, 186-9, 228
Areas (zonas) de comércio livre – 213, 216-7, 237
Areas metropolitanas – 298-9, 385, 400-5
Argumento das indústrias nascentes – – 38, 177-93, 344-5
lógica do argumento – 178-82
condições de validade (v. testes de Mill, Bastable e Kemp) – 182-91
vias a seguir e dificuldades – 191-3
Argumento das indústrias senescentes – 40-1, 193-4, 348-9

Argumento das regiões nascentes – – 254, 384
Argumento dos termos do comércio (v. termos do comércio)
ASEAN – 73, 481, 491
Ásia – 26, 491-2
ATR – 279-80
Auto-equilíbrio regional (v. teorias do)
Auxílios estaduais (públicos) – 282-5
Bagatellenverträge ('bagatelas') – – 276
Banana (organização comum do mercado) – 327-8, 507
Banco Central Europeu – 437, 455
Banco Europeu de Investimento (BEI) – 391
Banco Mundial – 31
Barre (planos) – 304-5
Barreiras fiscais – 420-1
Barreiras físicas – 419
Barreiras não visíveis (*invisible* ou *non-tariff barriers*) – 213
Barreiras técnicas – 419-20
Bebidas alcoólicas (tributação) – 421
Beggar-my-neighbour tariff building – – 39, 161
Benelux (Tratado da União Económica do) – 30, 272
Bens públicos (justificando a integração) – 246-7
Blair House (acordos de) – 335
Blocos formais e informais (*policy-led* versus *market-led*) – 215, 482-3
Blocos (espaços) regionais – 43, 256, 480-505
BMW – 280
Boeing – 164-5, 252-3, 280
Boletim de Registo de Importação (BRI) – 119
Boomerang (efeito de) – 281
Bretton Woods (sistema de) – 31, 304
British Aerospace – 280
British Airways e American Airlines – – 280
Building blocks ou *stumbling blocks* – – 497
Burocracia (teoria da) – 166, 173
Cabotagem – 292
Calçado – 41, 115
Cambridge Economic Policy Group – – 42-3
Capitais (livre circulação dos) – 226--7, 236-7, 311-4
Carta de Havana – 31
Carvão – 30, 348, 357-8
Causação cumulativa (modelos de) – – 378, 401
Caves Neto Costa – 289
CE (CEE) –30-1, 36, 113-4, 131, 210-1, 320ss., 339, 357
CECA (Comunidade Europeia do Carvão e do Aço) – 30, 212-3, 269, 277
'Centro-periferia' (modelos de) – 378, 401
Cerâmicas – 194
CIF (*cost, insurance* e *freight*) – 123, 126
Chechini (v. relatório)
'Chuveiro frio' (efeito de: *cold shower effect*) – 233
Ciclo do produto (v. teoria do)
Cimeira de Edimburgo – 461
Cimeira de Haia – 304
Cimeira de Paris – 306, 375
Cimeira de Trujillo – 490
Clearings – 30, 121
Clube de Roma – 370
CMESA (*Common Market for Eastern and Southern Africa*) – 493
Cockfield (relatório) (v. Livro Branco do Mercado Único)
Coesão económica e social (v. regional, política)
COMECON (Conselho de Auxílio

Económico Mútuo) – 210, 486, 495
Comércio horizontal (HIIT, *horizontal intra-industry trade*) – 74, 83
Comércio intra-blocos (regional) – – 494-6
Comércio intra-sectorial (IIT, *intra--industry trade*) – 72-84
Comércio intra-sectorial marginal (MIIT, *marginal intra-industry trade*) – 74, 84
Comércio de serviços (v. serviços)
Comércio vertical (VIIT, *vertical intra-industry trade*) – 74, 83
Compensação (critérios de) – 148
Compras (contratos ou mercados) públicas – 286-8, 502
Comunidade (Pacto) Andina(o) – 73, 490
Concentrações de empresas (*mergers*) – 277-80
Concorrência (política de) – 272-90
Concursos públicos (v. compras públicas)
Conferência de Estocolmo – 369
Conselho Europeu de Amesterdão – – 247, 281, 309-10, 374, 423-4, 454-5
Conselho Europeu de Berlim – 416
Conselho Europeu de Dublin – 454,
Conselho Europeu de Edimburgo – – 425, 459, 461
Conselho Europeu da Feira – 420, 429
Conselho Europeu de Nice – 462
Continental Can – 278
Contratos públicos (v. compras públicas)
Controle aéreo – 301
Convergência nominal (v. p. critérios de Maastricht) – 426
Convergência real – 385, 391-405, 455-61

Cooperação policial e judiciária em matéria penal (CPJMP) – 30
Crawling-peg – 438, 446
Crescimento do comércio – 23-6, 34-6
Crescimento *versus* equilíbrio (*trade--off*) – 381-4
Crescimento do investimento directo estrangeiro – 24
Crescimento do produto – 23, 25, 28, 33-6, 382, 393
Criação de comércio (efeito de) – 222--3, 264
Critérios de compensação (v. compensação)
Critérios de convergência (v. convergência nominal) –
Curvas de indiferença no consumo – – 53-5, 65-8, 94-9, 180-1
Curvas de isoquanta (ou isoquantidade) – 88-92
Curvas de possibilidades de produção – 53-5, 65-8, 90-9, 180-1
Custos administrativos(da intervenção alfandegária) – 173-7
Custos sociais dos transportes – 297-9
De Havilland – 279
De minimis (regra) – 276
Deep (versus *shallow*) *integration* – – 215
Deficiency payments – 319
Deflexão do comércio – 237
Deseconomias externas – 149-50, 153, 155-6
Desemprego – 348-9, 413-5
Desequilíbrio regional
teorias – 378-80
consequências – 380-4
medição – 391-405
Desvalorização cambial – 121-2
Desvio de comércio (efeito de) – 222--3, 236
Diagrama de caixa de Edgeworth--Bowley – 51-3, 90-2

'Dilema do prisioneiro' – 243-4
Diplomas (equivalência de) – 315
Directriz (v. linha)
Direitos (diferenciais) niveladores agrícolas – 320-2, 326
Distorção (distorção derivada) – 144
Divergência(s) doméstica(s) (v. teoria das) – 144
'Dominó' (efeito de) – 211, 485, 504
Dumping – 281-2, 506
Dumping ecológico – 282
Dumping social – 172, 282
Duplo-dividendo (solução de) (*double dividend*) – 361
ECCAS (*Economic Community of Central African States*) – 493
'Economia política do proteccionismo' – 165-73
Economias de escala – 65-6, 228-30
Economias externas – 149-50, 156, 185-9, 251-3, 344-6, 354-5
ECOWAS (*Economic Community of West African States*) – 493
ECU (*European Currency Unit*) – – 307, 425
EEE (*Espaço Económico Europeu*) – – 211, 215, 225, 237, 481, 483, 486
Efeitos de criação (ou diminuição) de rendimento – 37-8, 233-4
Efeitos dinâmicos (das uniões aduaneiras) – 231-33
'Eficiência política' – 170, 402-5
'Eficiência X' – 233
EFTA (*European Free Trade Association*) – 22, 31, 78, 113, 211, 237, 484, 486
Elasticidade-preço de importações – – 27
Emprego (promoção de) – 348-9, 501
Emprego (e fundos estruturais) – 412- -6
Empresas públicas e concorrência – – 280-1

Energia (política de) – 269, 355-67
  justificação – 355-7
  filosofia seguida – 357-8
  tributação – 359-65
  diversificação e racionalização – – 366-7
Ententes (v. acordos restritivos da concorrência)
EPAC (Empresa Pública de Abastecimento de Cereais) – 289
Equilíbrio geral (modelo de) – 65-8, 87-99, 205-6, 218
Equilíbrio parcial – 139
'Escola dos economistas' – 305
'Escola dos monetaristas' – 305
Espaços regionais (v. blocos regionais)
Especialização intra-sectorial (v. IIS, *Intra-Industry Specialisation*)
Estabelecimento (liberdade de) – 314- -5
Estratégia comercial – 163-5, 242-4, 497-9
EURATOM (Comunidade Europeia de Energia Atómica) – 30, 269, 359
Euro – 425, 429-31
'Euroesclerose' – 417
'Europa fortaleza' (*fortress* Europe) – – 256
'Europessimismo' – 417
EUROS (Serviço de Emprego Europeu) – 310
Excedentes agrícolas – 335
Explicação pela diferenciação de atributos (*Lancaster*) – 70-1
Explicação pelas economias de escala – 65-6
Explicação da *resource availability* – – 60
Explicação pela sobreposição de procuras (Linder) – 68-70
Explicação do *vent for surplus* – 60
Explicações pelo lado da procura – – 67-72

Explicações tecnológicas (Posner e Vernon) – 60-4
Factores de produção (liberdade de circulação dos) – 21, 307-14
FAIR (lei) – 319
FED (Fundo Europeu de Desenvolvimento) – 325
FEDER (Fundo Europeu de Desenvolvimento Regional) – 296, 385-91
'Federalismo' orçamental – 456-81
FEOGA-Garantia – 242, 325-33, 397, 405
FEOGA-Orientação – 325, 327, 329, 389-90, 397, 406
FMI (Fundo Monetário Internacional) – 31, 33, 36, 272, 303-4
FOB (*free on board*) – 123
Fokker – 280
Ford-Volkswagen (Auto-Europa) – – 285
Forquilhas tarifárias – 292-3
Fortress Europe (v. Europa fortaleza)
Free-riding (beneficiar sem contribuir) – 171
Funcionalismo (no processo de integração) – 215
Fundo de Coesão – 363-4, 386, 390-1, 396, 459-61
Fundo Social Europeu (FSE) – 311, 388-91, 404
Fundos (acções) estruturais – 325-31, 386-91, 412-6, 455-61
GATT (Acordo Geral sobre Impostos Alfandegários e Comércio) – 31, 33, 36, 113, 131, 248-9, 255-6, 506
GATS (Acordo Geral sobre Impostos Alfandegários e Serviços) – 314
Golden sixties – 32
Grande depressão (de 1929-32) – 29
Grandes projectos europeus (industriais) – 346-8
Grau de abertura (v. taxa de abertura)
Greenhouse effect – 297-8, 301

Greening the CAP – 336
'Grupos esquecidos' (*forgotten groups*) – 171-2
Grupos de pressão (de interesses) – – 165-73
Hard ECU – 437
Hecksher-Ohlin-Samuelson (teorema de) – 40, 49-60, 308
Ideal tax package (v. 'pacote ideal de impostos')
IIS (*Intra-Industry Specialisation*) – – 84
IIT (*Intra-Industry Trade*) (v. comércio intra-sectorial)
Imperfeições do mercado – 189-91, 344-6
Impostos *ad-valorem* (v. tributação *ad valorem*)
Impostos alfandegários (caracterização) – 109-18
Impostos especiais (*excises* ou *accises*) – 112, 421
Impostos (taxas) específicos (v. tributação específica)
Impostos de exportação – 114-5
Impostos fiscais (livre-cambistas) – – 110-4
Impostos igualizadores (*equalizing tariff*) – 116
Impostos de importação – 114-5
Impostos proteccionistas – 110-14
Impostos de trânsito – 114-5
Impostos variáveis (*sliding-scale*) – – 115-6
Índice de liberalização do comércio – – 34
Indústria (política industrial) – 342-9
justificação – 342-6
grandes projectos europeus – 346-8
crise industrial – 348-9
Indústrias nascentes (v. argumento das)
Indústria senescentes (v. argumento das)

Iniciativa para as Américas (Bush) – – 487
Iniciativas comunitárias – 390
Input-output tables (v. matrizes das relações inter-sectoriais)
Instituto Monetário Europeu – 424
Integração económica – 209-65
   história e formas – 209-16
   teorias (justificações) – 216-44, 246-65
   efeitos (medição) – 244-6
Integração funcional – 215
Integração pela negativa e pela positiva – 215
Integração '*shallow* e *deep*' – 215
Intervalo (*gap*) tecnológico (v. teoria do)
Intervenção (meios alternativos de)
   para promover a produção – – 152-4
   para orientar o consumo – 155-6
   para cobrar receitas – 156-60
   para alterar os termos de comércio – 160-2
Investigação e desenvolvimento tecnológico (política de) – 350-5
   justificação – 350-1
   filosofia e vias de actuação – 351-5
   programas-quadro – 355
   desequilíbrios – 352-3, 404
IOC (*Indian Ocean Commission*) – – 492
Isoquanta (v. curvas de)
IVA
   fonte alternativa de receita – 112-4, 156-60
   harmonização – 420-1
   recurso próprio comunitário – 326, 406-12
Jogos estratégicos (v. estratégia comercial)
Josling (proposta) – 334
'Justiça e assuntos internos': 3.º pilar

(v. cooperação policial e judiciária em matéria penal)
'Justo retorno' – 412
LAFTA (*Latin America Free Trade Association*) – 213
Learning by doing (v. 'aprendizagem fazendo')
Leontief (v. paradoxo de)
Licenciamentos – 119
Linha directriz orçamental – 335-6
Livre-cambismo (fases de) – 26-43, 499-505
Livro Branco 'Crescimento, Competitividade e Emprego' – 349
Livro Branco do Mercado Único – – 274, 295, 416-21
Lobbying proteccionista – 170
Lockhead – 252
Luta comercial estratégica (v. estratégia comercial)
Managed trade ('comércio controlado') – 255, 497
Mansholt (proposta, plano) – 333
Mão-de-obra (livre circulação de) – – 226-7, 236-7, 309-11
Marshal (plano) – 29-30
Matrizes das relações inter-sectoriais (*input-output*) – 56-60, 101-5, 127 -39
McDonnel Douglas – 252, 280
McDougall (relatório) – 457
Mercado comum – 214, 226-7, 236--7, 307-14
Mercado Comum da América Central – 74, 490-1
Mercado único (ou interno) – 213-4, 223-5, 236, 504-5
Mercado único (ou interno) europeu (de 1993) – 175, 214, 416-23, 505
   procedimento seguido – 416-9
   barreiras afastadas (v. barreiras)
   resultados alcançados – 421-3

Mercados imperfeitos (estratégia em) – 163-5, 242-4,
Mercados públicos (v. compras públicas)
MERCOSUL – 74, 211, 481.-2, 485, 488-90, 493, 496-7, 503, 507
Mergers (v. concentrações de empresas)
Millenium Round – 336-7, 508
Minimum cost tax package (v. 'pacote ideal de impostos')
Modelo agrícola europeu – 338
Modelo social europeu – 338
Modelos 'neo factoriais' e 'neo-tecnológicas' (v. as teorias explicativas do comércio) – 57, 60-4
Moeda única
    fases anteriores – 303-7, 424-5
    o Tratado de Maastricht – 425-31
    benefícios e custos em geral – 431--43
    benefícios e custos para Portugal – – 443-9
    riscos e exigências – 450-61
Monetária (política) (v. moeda única)
Monopólios nacionais – 288-90
Montantes compensatórios agro--monetários – 305, 321
Multifuncionalidade – 337-8
NAFTA (*North America Free Trade Association*) – 210, 481-2, 484, 487-8, 490, 492, 503, 507
Neofuncionalismo (no processo de integração – 215
Nestlé – 280
'Novas Fronteiras' (caso) – 295
'Novo proteccionismo' – 33-4, 40-1, 122, 273, 348
'Novo (segundo) regionalismo' – 256, 484-6
OCDE (Organização de Cooperação e Desenvolvimento Económico) – – 21, 23, 32-4, 75-9, 113

OECE (Organização Europeia de Cooperação Económica) – 29-31, 35, 113
Open skies (política de) – 295
Orçamento (da União) – 324-33, 386, 389-91, 405-12, 458-61, 470-80
Organização Internacional do Comércio – 31
Organização Internacional do Trabalho (OIT) – 282
Organização Mundial do Comércio (OMC ou WTO) – 31, 255, 484-5, 503-4, 505-8
Organizações comuns do mercado – – 327, 507
Ouchy (Convenção de) – 30
PAC (política agrícola comum)
    objectivos e problemas – 43, 316--7, 470-3
    princípios (unicidade do mercado, preferência comunitária e solidariedade financeira) – 317-8
    modo de actuação e efeitos – 320--33
    preços (indicativo, base ou de limiar e de intervenção) – 320
    a reforma de 1992 – 333-6
    a reforma da Agenda 2000 – 337-9
    nos PECO'S – 470-3
Pacote Delors I – 351
Pacote Delors II – 453, 455, 458, 460-1
'Pacote ideal de impostos' (*minimum cost tax package*) – 157, 174
Pacto de Estabilidade e Crescimento – – 454-5
Painéis da OMC – 507
'País grande' (caso do) – 37-8, 117, 124, 145-7
'País pequeno' (caso do) – 37-8, 117, 139, 161
PALOP's – 493
Paradoxo de Giffen – 96

Paradoxo de Leontief – 56-60
PARC (Política Agrícola e Rural Comum) – 338
Pareto (princípio ou óptimo de) – 148, 150
Paris (Tratado de) – 30
Pauta aduaneira (ou alfandegária) – – 110, 119
Pauta *ad valorem* – 113
Pauta Exterior (aduaneira) Comum (CE) – 131, 326
PECO's – 415, 453, 461-80
People versus *place prosperity* – 384
Perrier – 280
Perspectivas Financeiras – 325-6, 386, 390-1, 515-16
PESC (Política Externa e de Segurança Comum: 2.º pilar) – 30
Pescas (Política de) – 339-42
PETROGAL(Sacor) – 289
Philip Morris – 278
Philips (curva de) – 383, 438-9
Picking the winners (escolher os vencedores) – 191-3, 249, 346-8
PIDAC – 402-4
Place prosperity – 384
Plano de Acção para o Mercado Único – 423
Polarização (regional) do comércio – – 495, 519-25
Política comercial estratégica – 163-5, 242-4
Política keynesiana – 38-9
Política regional – 375-416
Polos de crescimento – 378
Poluidor-pagador (princípio do) – – 371-2
Ponto óptimo (de máximo bem-estar) – 96-9
Posições dominantes (v. abusos de)
Pousio (*set-aside*) – 336
Preço 'efectivo' – 125, 136, 197
Preço líquido – 197

Preços agrícolas – 320
'Preços internacionais' (v. termos de troca)
Preferências generalizadas (sistema de) – 212
Primeiro óptimo (teoria ou solução de) – 87-99, 147-60
'Primeiro regionalismo' – 483-4
Profissionais liberais (serviços de) – – 315
Programas-quadro de ambiente – 375
Programas-quadro de investigação e desenvolvimento tecnológico – – 355
Proibições – 119
Projecto LINK – 34
Protecção efectiva – 124-40
  noção – 124-7
  fórmula de medição e exemplos – – 127-30
  medição em Portugal – 130-6
  avaliação – 136-8
  representação diagramática – 125- -6, 197-201
'Protecção' nominal – 123-4
'Protecção' nominal ajustada – 128-9
Proteccionismo (fases de) – 26-43
Public choice (v. teoria económica da política)
Quadros comunitários de apoio – 391- -405
Quota(s) – 119, 142, 221
Razões de troca (v. termos do comércio)
'Recurso PNB' – 326, 405-12
Recursos próprios (financeiros) – 326, 405-12
'Regiões' (portuguesas) – 397-405, 412-6
Regional (política) – 375-416
  justificação – 375-84
  passos dados – 385-6
  princípios (concentração, partena-

riado, adicionalidade e programação) – 386-7
objectivos – 388-9
mecanismos financeiros – 389-91
cobertura geográfica – 389
iniciativas comunitárias – 390
resultados:
– no conjunto da UE – 391-5
– em Portugal – 395-405
o sentido contrário de outras políticas – 405-12
perspectivas de futuro – 412-6
na caminhada para a moeda única – – 455-61
nos PECO'S – 473-5
Regra *de minimis* – 276
Regressividade (v.g. dos recursos próprios) – 324, 329-31, 405-12, 479
Regressividade 'espacial' – 324, 329--31, 405-6
Relatório Chechini – 225, 287, 421-3, 434-5
Relatório Delors (sobre a União Económica e Monetária) – 449
Relatório Paddoa-Schioppa – 349
Relatório Werner – 305-6, 425
Rendimento (efeitos de) – 38
Repartição do comércio
sectorial – 26
geográfica – 26, 482, 494-6, 519--25
Represália (comercial) – 38, 161, 164, 194
Resolução dos conflitos (na OMC) – – 507-8
Resource availability (v. explicação da)
Restrições ao comércio – 109-94
formas – 109-22
medição – 122-38
efeitos – 139-47
sobre o consumo – 139-40
sobre a produção – 140-1

sobre a balança dos pagamentos – – 142
de receita fiscal – 142
de transferência de rendimento (para os produtores) – 142
de bem-estar – 143-4
sobre os termos do comércio – – 145-7
apreciação – 147-94
Restrições aos pagamentos – 121-2
Restrições quantitativas – 119-20
Restrições 'voluntárias' de exportações (VER's, *voluntary export restrictions*) – 119
Rio de Janeiro (Conferência do) – 362
Roma (v. Tratado de)
Roterdão (porto de) – 290, 407
Rounds (do GATT) – 483-4, 505-8
Rover – 280
Rural (desenvolvimento) – 323, 337-8
SAARC (*South Asian Association for Regional Cooperation*) – 491
SADC (*Southern African Development Community*) – 493
Salvaguarda (medidas de) – 313-4
Schengen (acordo de) – 309-10
'Sectores excluídos' (nas compras públicas) – 287
SEDOC (Sistema de Emprego) – 310
'Segundo óptimo' (teoria ou solução de) – 147-60, 234-7
'Segundo (novo) regionalismo' – – 484-5
Senhoriagem (ganhos de) – 441, 448-9
'Serpente' e 'túnel' monetários – 306
Serviços
comércio de – 21, 314
liberdade de prestação – 314-5
Set-aside (v. pousio)
Shallow versus *deep integration* – 215
Siderurgia – 27, 348
S-III – 285

SIBR – 285
Sistema agro-alimentar – 305, 321
Sistema Europeu de Bancos Centrais (SEBC) – 436-7
Sistema Monetário Europeu (SME) – – 306-7, 439-41
Sistema de Preferências Generalizadas (SPG) – 212
Sociedade europeia – 347
Sociedade Financeira Internacional (SFI) – 31
Stolper-Samuelson (teorema de) – 55
Stumbling blocks (v. *building blocks*) – – 497
Subsidiariedade – 346
Tabaco(s) – 290, 421
TAC's (v. totais admissíveis de captura)
TAFTA (*Transatlantic Free Trade Association*) – 488
Taxa 0 (no IVA) – 159
Taxa (grau) de abertura – 21-4, 482
Taxa de câmbio (v. desvalorização cambial)
'Taxa de câmbio verde' (v. montantes compensatórios agro-moneários)
Taxa marginal de substituição no consumo – 149-50
Taxa marginal de substituição dos factores – 149-50
Taxa marginal de transformação no comércio externo – 149-50
Taxa marginal de transformação na produção – 149-50
Teorema de Hecksher-Ohlin (Samuelson) ou da proporção dos factores (v. Hecksher-Ohlin-Samuelson)
Teorema de Stolper-Samuelson (v. Stolper-Samuelson)
Teorema da 'teia de aranha' – 322
Teoria do ciclo do produto (Vernon) – – 63-4

Teoria clássica (do comércio internacional) – 44-9
Teoria das divergências domésticas (v. divergência doméstica) – 40, 147--62, 193-4
'Teoria económica da política' (*public choice*) – 165-73, 402-3, 415
Teoria do intervalo (*gap*) tecnológico (Posner) – 61-3
Teoria dos jogos – 163-5, 243-4
Teoria neo-clássica (do comércio internacional) (v. Hecksher-Ohlin--Samuelson)
Teoria da vantagem absoluta (Smith) – 37, 44-6
Teoria da vantagem relativa ou comparativa (Ricardo) – 37, 44, 46-9
Teorias do auto-equilíbrio regional – – 377-8
Teorias do desequilíbrio regional – – 378
Termos do comércio (termos de troca, razões de troca ou preços internacionais)
noção – 37-8, 40, 47, 145-7, 239-42
argumento para intervenção alfandegária – 37-8, 160-2
argumento para a formação de uniões aduaneiras – 239-42
Termos de troca (v. termos do comércio)
Teste de Bastable – 184, 192, 194, 249
Teste de Kemp – 184-5
Teste de Mill – 182-3, 192, 249
Têxtil e confecções – 23, 194, 348, 382-3, 501
TGV (combóio de grande velocidade) – 297, 512
Threshold price (v. PAC, preços)
'Totais admissíveis de captura' (TAC's, *total allowable catches*) – 340
Transeuropeias (redes) – 296-7

Transportes (política de) – 290-302
  importância – 290-2
  liberalização – 292-4, 295-6
  harmonização de normas – 294-7
  construção e melhoria de infraes-
    truturas – 296-9
  imputação dos custos – 297-9
  coordenação (v.g. transportes com-
    binados) – 299-302
Tratado de Adesão de Portugal – 281, 289
Tratado de Amesterdão – 368, 418
Tratado de Maastricht – 30, 247, 296, 305, 307, 343-4, 350, 356, 368-9, 390, 409, 418, 423, 429, 435, 453, 458
Tratado(s) de Roma – 30, 224, 272, 280, 290, 309, 311-2, 314, 343, 350, 368-9, 376, 418
Treino (v. tb. 'aprendizagem fazen-
  do') – 186-9
  completamente específico – 187
  específico – 188-9
  geral – 187
Tríade (UE, EUA e Japão) – 350-1
Triângulos do comércio – 67-8, 98-9
Tributação *ad valorem* – 113, 115-8, 421
Tributação específica – 113, 115-8, 176, 421
Turismo (política de) – 356, 445

TV de alta definição – 354
UDEAC (*Union Douanière des Etats de l´Afrique Centrale*) – 492
Uniões aduaneiras
  noção – 213
  teoria estática – 217-23, 234-7
União Económica Belgo-Luxembur-
  guesa – 21-2
União Europeia – 21-2, 34-5, 78-9, 114, 153, 210-1, 323, 480-2
União Europeia de Pagamentos (UEP) – 30, 121, 272, 303
União Soviética – 23, 325
UNIDO – 33
Uruguai Round – 194, 288, 332, 334, 484, 502, 506-8
Vedel (proposta) – 333
Vent for surplus (v. explicação do)
VER´s (v. restrições voluntárias de exportações)
WAEMU (*West African Economic and Monetary Union*) – 492
Werner (v. relatório)
WTO (World Trade Organization) (v. Organização Mundial do Comércio)
Zollverein – 210, 483
Zona de Comércio Livre Latino-Ame-
  ricana – 73
Zonas de comércio livre (v. áreas de comércio livre)